经以济世
建德尚真

贺教育部
重大攻关项目

心王玉...

教育部哲学社會科學研究重大課題攻關項目

"十四五"时期国家重点出版物出版专项规划项目

民营企业参与"一带一路"国际产能合作战略研究

RESEARCH ON THE STRATEGY OF PRIVATE-OWNED ENTERPRISES' PARTICIPATION IN "THE BELT AND ROAD" INITIATIVE INTERNATIONAL PRODUCTION CAPACITY COOPERATION

陈衍泰

等著

中国财经出版传媒集团

经济科学出版社
Economic Science Press

·北京·

图书在版编目（CIP）数据

民营企业参与"一带一路"国际产能合作战略研究/
陈衍泰等著 . -- 北京：经济科学出版社，2023.11
教育部哲学社会科学研究重大课题攻关项目 "十四
五"时期国家重点出版物出版专项规划项目
ISBN 978 - 7 - 5218 - 5399 - 5

Ⅰ.①民…　Ⅱ.①陈…　Ⅲ.①民营企业 - 国际合作 -
经济合作 - 研究 - 中国　Ⅳ.①F279.245

中国国家版本馆 CIP 数据核字（2023）第 244612 号

责任编辑：孙丽丽　纪小小
责任校对：靳玉环　齐　杰
责任印制：范　艳

民营企业参与"一带一路"国际产能合作战略研究

陈衍泰　等著

经济科学出版社出版、发行　新华书店经销

社址：北京市海淀区阜成路甲 28 号　邮编：100142

总编部电话：010 - 88191217　发行部电话：010 - 88191522

网址：www. esp. com. cn

电子邮箱：esp@ esp. com. cn

天猫网店：经济科学出版社旗舰店

网址：http：//jjkxcbs. tmall. com

北京季蜂印刷有限公司印装

787 × 1092　16 开　40.25 印张　770000 字

2023 年 11 月第 1 版　2023 年 11 月第 1 次印刷

ISBN 978 - 7 - 5218 - 5399 - 5　定价：158.00 元

（图书出现印装问题，本社负责调换。电话：010 - 88191545）

（版权所有　侵权必究　打击盗版　举报热线：010 - 88191661

QQ：2242791300　营销中心电话：010 - 88191537

电子邮箱：dbts@ esp. com. cn）

课题组主要成员

首 席 专 家	陈衍泰			
子课题负责人	池仁勇	许　治	杜群阳	罗来军	蓝庆新
其他主要成员	郑胜利	刘高登	吴树斌	戎　珂	刘　云
	王黎莹	余　浩	蓝汉林	吴　宝	程　聪
	汤临佳	郭元源	詹爱岚	刘道学	金陈飞
	程宣梅	穆家柱	李鸽翎	李欠强	吴　哲
	范彦成	厉　婧	王　丽	谢在阳	陈　依
	李新剑	陈　瑜	夏　敏	朱传果	倪　琦
	齐　超	张　依	蒋杭波	罗海贝	李若莹
	郭彦琳	张靖雯	池舒婧	李嘉嘉等	

本书主要作者

陈衍泰　厉　婧　吴树斌　罗来军　刘高登（Gordon Liu）
谢在阳　戎　珂　池仁勇　陈　依　许　治　李欠强
吴　哲　范彦成　李新剑　陈　瑜　夏　敏　朱传果
倪　琦　王　丽　张　依　齐　超　罗海贝　李嘉嘉
郭彦琳　张靖雯　池舒婧　金陈飞等

总　序

哲学社会科学是人们认识世界、改造世界的重要工具，是推动历史发展和社会进步的重要力量，其发展水平反映了一个民族的思维能力、精神品格、文明素质，体现了一个国家的综合国力和国际竞争力。一个国家的发展水平，既取决于自然科学发展水平，也取决于哲学社会科学发展水平。

党和国家高度重视哲学社会科学。党的十八大提出要建设哲学社会科学创新体系，推进马克思主义中国化、时代化、大众化，坚持不懈用中国特色社会主义理论体系武装全党、教育人民。2016 年 5 月 17 日，习近平总书记亲自主持召开哲学社会科学工作座谈会并发表重要讲话。讲话从坚持和发展中国特色社会主义事业全局的高度，深刻阐释了哲学社会科学的战略地位，全面分析了哲学社会科学面临的新形势，明确了加快构建中国特色哲学社会科学的新目标，对哲学社会科学工作者提出了新期待，体现了我们党对哲学社会科学发展规律的认识达到了一个新高度，是一篇新形势下繁荣发展我国哲学社会科学事业的纲领性文献，为哲学社会科学事业提供了强大精神动力，指明了前进方向。

高校是我国哲学社会科学事业的主力军。贯彻落实习近平总书记哲学社会科学座谈会重要讲话精神，加快构建中国特色哲学社会科学，高校应发挥重要作用：要坚持和巩固马克思主义的指导地位，用中国化的马克思主义指导哲学社会科学；要实施以育人育才为中心的哲学社会科学整体发展战略，构筑学生、学术、学科一体的综合发展体系；要以人为本，从人抓起，积极实施人才工程，构建种类齐全、梯队衔接的高校哲学社会科学人才体系；要深化科研管理体制改革，发挥高校人才、智力和学科优势，提升学术原创能力，激发创新创造活力，建设中国特色新型高校智库；要加强组织领导、做好统筹规划、营造良好学术生态，形成统筹推进高校哲学社会科学发展新格局。

哲学社会科学研究重大课题攻关项目计划是教育部贯彻落实党中央决策部署的一项重大举措，是实施"高校哲学社会科学繁荣计划"的重要内容。重大攻关项目采取招投标的组织方式，按照"公平竞争，择优立项，严格管理，铸造精品"的要求进行，每年评审立项约40个项目。项目研究实行首席专家负责制，鼓励跨学科、跨学校、跨地区的联合研究，协同创新。重大攻关项目以解决国家现代化建设过程中重大理论和实际问题为主攻方向，以提升为党和政府咨询决策服务能力和推动哲学社会科学发展为战略目标，集合优秀研究团队和顶尖人才联合攻关。自2003年以来，项目开展取得了丰硕成果，形成了特色品牌。一大批标志性成果纷纷涌现，一大批科研名家脱颖而出，高校哲学社会科学整体实力和社会影响力快速提升。国务院副总理刘延东同志做出重要批示，指出重大攻关项目有效调动各方面的积极性，产生了一批重要成果，影响广泛，成效显著；要总结经验，再接再厉，紧密服务国家需求，更好地优化资源，突出重点，多出精品，多出人才，为经济社会发展做出新的贡献。

作为教育部社科研究项目中的拳头产品，我们始终秉持以管理创新服务学术创新的理念，坚持科学管理、民主管理、依法管理，切实增强服务意识，不断创新管理模式，健全管理制度，加强对重大攻关项目的选题遴选、评审立项、组织开题、中期检查到最终成果鉴定的全过程管理，逐渐探索并形成一套成熟有效、符合学术研究规律的管理办法，努力将重大攻关项目打造成学术精品工程。我们将项目最终成果汇编成"教育部哲学社会科学研究重大课题攻关项目成果文库"统一组织出版。经济科学出版社倾全社之力，精心组织编辑力量，努力铸造出版精品。国学大师季羡林先生为本文库题词："经时济世 继往开来——贺教育部重大攻关项目成果出版"；欧阳中石先生题写了"教育部哲学社会科学研究重大课题攻关项目"的书名，充分体现了他们对繁荣发展高校哲学社会科学的深切勉励和由衷期望。

　　伟大的时代呼唤伟大的理论，伟大的理论推动伟大的实践。高校哲学社会科学将不忘初心，继续前进。深入贯彻落实习近平总书记系列重要讲话精神，坚持道路自信、理论自信、制度自信、文化自信，立足中国、借鉴国外，挖掘历史、把握当代，关怀人类、面向未来，立时代之潮头、发思想之先声，为加快构建中国特色哲学社会科学，实现中华民族伟大复兴的中国梦做出新的更大贡献！

教育部社会科学司

序 一

陈晓红

当今我们面临的是一个机遇、挑战并存和复杂多变的时代。一方面，以人工智能、区块链、云计算和大数据等为代表的新一轮科技革命与产业变革正在重塑全球经济结构和世界创新版图，全球化与科技创新的融合已成为世界增长的根本动力。另一方面，全球又面临着部分国家和地区贸易保护主义抬头、地缘政治局势恶化带来区域冲突、全球气候变化等问题。但和平与发展始终是世界各国人民的共同愿望。

中国的"一带一路"倡议和全球发展倡议等具有全球宏观视野的综合框架紧扣时代发展脉搏，回应国际社会的共同需求。2013 年，习近平总书记首次提出"一带一路"倡议。正如习近平总书记指出的，提出这一倡议的初心，是借鉴古丝绸之路，以互联互通为主线，同各国加强政策沟通、设施联通、贸易畅通、资金融通、民心相通，为世界经济增长注入新动能，为全球发展开辟新空间，为国际经济合作打造新平台。10 年来，"一带一路"国际合作从无到有，蓬勃发展，取得丰硕成果。国务院新闻办公室于 2023 年 10 月发布的《共建"一带一路"：构建人类命运共同体的重大实践》白皮书中指出，10 年来，共建"一带一路"取得显著成效，开辟了世界经济增长的新空间，搭建了国际贸易和投资的新平台，提升了有关国家的发展能力和民生福祉，为完善全球治理体系拓展了新实践，为变乱交织的世界带来更多确定性和稳定性。共建"一带一路"，既发展了中国，也造福了世界。

习近平总书记在党的二十大报告中强调："中国坚持对外开放的基本国策，坚定奉行互利共赢的开放战略""推进高水平对外开放"。二十大报告强调，推动共建"一带一路"高质量发展。在保护主义抬头、经济全球化遭遇逆风的背景下，党的二十大报告关于"一带一路"的重要表述，向世界传递了我国坚定不移扩大高水平开放、坚定不移推动共建"一带一路"高质量发展的决心和信心，向世界表明了我国通过共建"一带一路"推动全球经济复苏和构建人类命运共同体的大国担当。在 2023 年 10 月于北京举行的第三届"一带一路"国际合作高峰论坛上，中国国家主席习近平在开幕式上发表主旨演讲，宣布了中国支持高质量共建"一带一路"的八项行动。

在中国经济进入新常态的背景下，在以国内大循环为主体、国内国际双循环相互促进的新发展格局下，更需要扩大内需与深化开放共同推进。而企业作为微观主体，是社会主义市场经济发展的基石。新发展阶段中国政府强调充分利用国内国际两种资源、两个市场服务"两个健康"（即非公有制经济健康发展和非公有制经济人士健康）。微观主体中的民营企业有着诸多发展优势，发展前景越来越广阔，已经成为支撑和推动国家实体经济持续、稳定、快速发展的重要力量，更是国民经济中最为活跃的经济增长点。

多方共建"一带一路"是一个复杂的系统工程，如何发挥民营企业优势参与"一带一路"国际产能合作，也需要进行系统的设计、规划和研究。

"一带一路"倡议为我国民营企业高质量发展和"走出去"提供了机遇。但"走出去"过程中民营企业也面临着诸多问题和困难，这既源自民营企业自身资源基础和国际化经验相对不足等，也源于部分"一带一路"共建国家和地区制度发展和营商环境等。如何在"一带一路"倡议十周年良好的发展基础上，在新的发展阶段高质量推进未来"一带一路"合作，企业、公共部门和其他共建主体协同，中国和东道国共同努力促进互利共赢发展，是广受关注的问题。从过去十年发展中的最佳企业案例中进行成果经验小结，为未来发展提供共性知识和政策启示，是一个有益的探索。

很高兴受到浙江工商大学副校长陈衍泰教授的邀请。陈教授长期关注科技全球化问题，特别是企业创新国际化问题，在这个领域进行了较长期的深入研究，有着良好的学术积累。

此次陈教授团队在教育部哲学社会科学研究重大课题攻关项目、

国家自然科学基金重点项目等支持之下，立足于以浙江、广东等民营经济最活跃地区为主的民营企业"一带一路"实践，以民营企业国际化为主线，围绕"企业走出去—走进去—走上去—公共政策体系"四个方面，在理论分析的基础上，开展相关实证分析，深入剖析多家中国民营企业在参与"一带一路"国际产能过程中的成功案例和经验教训，总结其成功的模式和经验；帮助中国民营企业更好地参与"一带一路"国际产能合作，在"一带一路"高质量发展中发挥重要作用，成长为高质量共建"一带一路"的生力军；旨在进一步推动中国经济高质量发展。

　　该书从框架到案例，结合理论与实践，进一步梳理和总结了中国民营企业参与"一带一路"国际产能合作的战略问题、实现路径、企业与区域能力建设、公共政策建议等问题，研究脉络清晰，对未来中国企业，特别是民营企业有效发挥作为"一带一路"倡议共建主体的作用提供了有益参考，也为各级公共部门进一步出台相关公共政策提供了参考启示。当然，这里也呼吁全社会共同探讨"一带一路"建设，为推动"一带一路"高质量发展共同提供智慧。

（中国工程院院士，湖南工商大学党委书记，
中南大学商学院名誉院长）

序 二

武常歧

当前，国际形势复杂多变，全球性机遇、挑战和变局交织影响着世界格局。一方面，国际贸易保护主义有抬头的迹象，经济全球化面临逆流，企业间跨国合作遭遇一定困难；另一方面，全球气候变化和全球公共卫生等全球共性问题不断涌现。在这样的背景下，世界需要积极寻求新的全球化战略发展路径。

作为中国对于世界经济发展的一项重大贡献，2013 年由习近平总书记提出的"一带一路"倡议引起了全球的关注。这一倡议旨在通过建设互联互通的基础设施网络，促进共建国家之间的经贸合作和文化交流，推动区域间的互利共赢，实现共同发展和繁荣。"一带一路"倡议是一个具有时代意义的重要举措，不仅为中国企业"走出去"提供了更广阔的舞台，助力中国加强与其他国家的合作，同时也为推动全球经济增长和"一带一路"共建国家发展提供新的机遇，"一带一路"倡议的影响已经远远走出欧亚大陆，成为发展中国家的共同愿望，是实现人类命运共同体的重要步骤。然而"一带一路"倡议的实施依然面临着困难和挑战，要求各国共同努力，加强沟通合作，建立互信关系，促进地区和世界的繁荣与稳定，实现互利共赢的目标。

经国务院授权，发展改革委、外交部和商务部于 2015 年 3 月共同发布了《推动共建丝绸之路经济带和 21 世纪海上丝绸之路的愿景与行动》。该文件旨在加强国际产能合作，推动优势互补、互利共赢的经贸合作，促进互联互通和经济一体化。这一方针为推动经济全球化健康发展做出重要贡献，同时为我国民营企业"走出去"，开拓新的市场、提升技术水平和创新能力提供了广阔空间。2020 年底，《中共中央关

1

于制定国民经济和社会发展第十四个五年规划和二〇三五年远景目标的建议》提出了以国内大循环为主体、国内国际双循环相互促进的发展理念。这个文件明确强调了发挥企业的主体作用，发挥企业家精神和创造力，加强企业创新能力和市场竞争力，推动产业结构调整和优化升级，带动国内市场潜力的释放，提升中国经济的抗风险能力和可持续发展能力，同时也为参与全球治理、构建人类命运共同体做出积极贡献。在党的二十大及相关文件中，明确指出"共建'一带一路'成为深受欢迎的国际公共产品和国际合作平台"。2023 年 10 月，在第三届"一带一路"合作高峰论坛上，习近平总书记提出了"推动共建'一带一路'高质量发展"的战略定位以及 8 项行动。

自 2001 年我国首先推出有条件的中国企业走出去的政策以来，作为一个新兴市场国家和高速增长的经济体，我国企业为什么走出去，走到哪里去，怎样走出去，以及如何管理国际化企业和如何控制风险等新的问题广受国内外学术界和企业界关注，就理论和实践问题进行了广泛的讨论。在这一过程中，在国家自然科学基金委管理学部的大力支持之下，我曾先后主持了"中国企业国际化战略研究"和"我国企业对外直接投资及国际并购战略研究"两项重点项目，就中国企业在国际化战略层面的问题和中国对外直接投资及其方式进行了研究。国际化动机、海外市场进入模式、地域选择、跨国并购、制度和文化差异挑战和全球研发活动都是中国企业国际化过程要回答的重要问题。随着越来越多的中国企业走向世界，特别是随着民营企业竞争力和抗风险能力的不断提升，中国企业走出去、走进去、走上去的势头正在形成。随着中国经济规模的扩大，国际秩序正在发生重要变化，"一带一路"倡议下很多项目的实施对于很多发展中国家的经济发展带来了实实在在的好处，形成了积极的成果。而国内经济大循环和国内国际双循环的政策将推动中国经济持续发展，这些都为各类企业"出海"创造了好的发展机会。

在这样的大背景下，浙江工商大学陈衍泰教授团队在教育部哲学社会科学研究重大课题攻关项目、国家自然科学基金重点项目等支持之下，立足以浙江、广东、江苏等地为主的中国企业国际化实践，特别是民营企业的实践，重点探讨母国资源基础、"一带一路"沿线国海外选址、东道国创新生态系统构建、国际动态能力构建、区域能力评价及相关公共政策问题,具有重大的现实和理论意义。

这些成果是陈衍泰教授团队近十年来针对民营企业"一带一路"国际化相关研究的一个系统性梳理。通过对"一带一路"国际产能合作的背景、意义,民营企业参与该合作的理论基础的理解,梳理其框架并结合中国情境分析,进而深入研究海外进入过程因素;通过世界主要经济体企业对外投资与产业合作的比较研究,针对中国企业海外创新生态系统协同机制、民营企业全球动态能力体系建构以及促进民营企业共建"一带一路"的治理机制与政策启示等方面,提出民营企业国际化模式选择及战略性的规划建议。

作者从中国民营企业"一带一路"国际产能合作实践出发,基于中国所处的从后发追赶向全球学习并跑的国际化独特情境,运用并拓展了资源基础观、动态能力理论、制度理论、基于创新生态系统的企业国际化理论、实物期权理论等,较大程度上丰富了基于中国实践的新兴市场国家企业国际化理论。

这些研究成果促进民营企业参与"一带一路"国际产能合作的理论分析结果与政策实践紧密联系起来,分别针对国家和地方政府不同层面提出相关的政策建议。通过对"国际化模式选择""海内外协同机制""多主体能力建设""治理机制与政策"等问题深入系统分析,旨在提供对中国民营企业参与"一带一路"国际产能合作战略的理论支持和科学依据,为研究者、决策者和实践者提供建议和实践启示,值得推荐。这里也建议社会各界更多地参与到新时期背景下的中国企业国际化问题研究,讲好中国企业"一带一路"国际化故事,努力构建自主知识体系。

（山东大学管理学院院长、讲席教授,
北京大学光华管理学院战略管理学教授）

前　言

　　进入 21 世纪第 2 个十年以来，当今世界正经历百年未有之大变局，新一轮科技革命和产业变革深入发展。国际力量对比深刻调整，其中最引人瞩目的变化是以中国为代表的新兴经济体群体性和平崛起。然而中国的崛起面临着新的机遇和挑战：一方面，中国与发达经济体、新兴经济体和发展中经济体形成了"两竞争两互补"的关系，这使得中国拥有面向全球不同经济体对外开放、不断拓展对外发展战略空间的新机遇；另一方面，我国全球化也面临着巨大的挑战，国际环境日趋复杂，以俄乌冲突、巴以冲突等事件为标志的地缘政治冲突，经济全球化遭遇逆流，一些国家单边主义、保护主义盛行，尤其是 2008 年全球金融危机、2020 年新冠疫情加剧了世界百年之未有大变局的演进。而后疫情时代正是巩固"一带一路"合作的良好契机。

　　在这样国内外发展的大背景下，习近平总书记在 2013 年提出共建"丝绸之路经济带"和"21 世纪海上丝绸之路"的战略构想，蕴含平等、互利、互动、共赢的东方哲学思想，是中国在新的历史条件下实现全方位对外开放、传承历史、面向未来的重大举措。党的十八届三中全会通过的《中共中央关于全面深化改革若干重大问题的决定》明确指出"推进丝绸之路经济带、海上丝绸之路建设，形成全方位开放新格局"。在参与"一带一路"国际产能合作的中国企业中，有一批来自浙江、广东、江苏、山东等地先行先试的民营企业已经在"走出去"过程中摸索形成了一些创新模式。中国民营企业深度参与"一带一路"国际产能合作建设的同时，也面临着一系列新老问题：市场战略选择的决策、东道国制度情境不完善与复杂性（简称为"弱制度情境"）、现有全球规则与治理体系的约束、与主要发达国家跨国企业在东道国的竞争压力，等等。

这些参与"一带一路"国际产能合作的中国民营企业，面临着多重挑战：一是在本土成长过程中面临着国内的转型制度，其国内成长路径、国际化道路与发达经济体的跨国企业具有显著的差异，这体现在国内成长过程中面临的制度环境和中国自身的市场特征，抑或是国际化的经验和国际化路径的选择。二是不断应对东道国的弱制度情境和复杂性。"一带一路"共建国家国内市场制度差异化较大，多数国家的市场经济发展程度不高，基础设施和配套的产业链相对不成熟、政策不稳定性加剧了开展国际产能合作的复杂性。三是需要不断应对国际产业分工及国际经济科技规则调整带来的挑战。四是中国民营企业参与"一带一路"国际产能合作，促进共建国家的共同发展，本身具备"正外部性"效应，需要公共部门和第三方中介部门协同参与共商，实现共建、共享，但总体上其他参与主体的作用以及整体参与程度有待进一步提升，尚未形成东道国与母国的制度协同。

针对以上问题，在教育部哲学社会科学研究重大课题攻关项目支持下，本研究团队经过近六年的协同攻关，在广泛调研和深入研究基础上，构建中国民营企业参与"一带一路"国际产能合作的跨层次、跨理论、跨情境的综合性分析框架，基于微观、中观和宏观三个层面的理论视角，从国际化模式选择、海内外协同机制、多主体能力建设、治理机制与政策四方面开展研究。在近六年的协同攻关和基于团队十多年的相关学术积累基础上，经过梳理，形成本书。

本书的主要阶段性研究成果已经公开发表在《管理世界》、《经济研究》、《光明日报》、《科学学研究》、《科研管理》、《管理评论》、《研究与发展管理》、《国际贸易问题》、《清华管理评论》、*Strategic Management Journal*、*Journal of World Business*、*Production and Operations Management*、*Management & Organization Review*、*Journal of Business Research*、*International Marketing Review*、*Energy Policy* 等国内外优秀期刊和媒体上，相关案例也荣获"中国企业管理案例与质性研究论坛（2020）"最佳案例。这些研究成果不仅为中国民营企业参与"一带一路"国

际产能合作提供理论指导，也有助于为中国情境下工商管理（战略管理、创新管理）、国际商务和公共政策的国际话语权获取提供理论支撑。

在应用对策方面，本书将促进民营企业参与"一带一路"国际产能合作的理论分析结果与政策实践紧密联系起来，分别针对中央和地方政府不同层面提出相关的政策建议。先后形成了 12 篇专题研究报告，这些资政报告引起关注，并被相关部门采纳及应用。

本书是教育部哲学社会科学研究重大课题攻关项目（编号：17JZD018）研究成果的小结；同时也是国家自然科学基金重点项目（编号：72032008）、国家社科基金项目、国家自然科学基金面上项目（编号：71772165）、国家万人计划青年拔尖人才项目（W03070173）、浙江省文化研究工程（22WH11－5Z）等项目支持下获得的阶段性成果；另外，本书也是浙江省哲学社会科学重点培育研究基地：浙江工商大学数字创新与全球价值链升级研究中心、浙江省新型重点专业智库——浙江工业大学中小企业研究院、浙江省哲学社会科学重点研究基地（技术创新与企业国际化研究中心）相关资助项目的科研成果。

全书由陈衍泰、厉婧、吴树斌负责出版策划、组织和统撰工作。罗来军、刘高登（Gordon Liu）、谢在阳、戎珂、池仁勇、苏竣、许治、李欠强、吴哲、陈依、范彦成、李新剑、陈瑜、夏敏、朱传果、倪琦、王丽、张依、齐超、苏云、蒋杭波、白汶松、李嘉嘉、罗海贝、魏诗嫚、吴宝、王黎莹、杜群阳、汤临佳、程聪、金陈飞、郭彦琳、张靖雯、池舒婧等参加了本书各章节的编写。陈衍泰负责全书的总体设计、各篇章研究过程的总指导和总校订。

本书在研究和撰写过程中，一直得到教育部社科司、国家自然科学基金委员会管理科学部、全国哲学社会科学规划办公室、外交部国际经济司、国家发展和改革委员会国际合作中心、浙江省人民政府研究室、浙江省社会科学界联合会、浙江省工商业联合会、杭州市公共政策研究中心等有关部门及相关机构的大力支持，在此一并表达作者诚挚的感谢。

特别感谢中国工程院院士、湖南工商大学党委书记、中南大学商学院名誉院长陈晓红教授和北京大学光华管理学院教授、山东大学管理学院武常岐院长百忙之中拨冗阅读本书，并为本书分别做推荐序言。

尽管本书是笔者在民营企业创新管理、战略管理和国际化领域近20年的跟踪研究成果，但由于国际形势和外部环境复杂多变，民营企业自身也在不断地国际化中探索与成长，很多理论、实际问题和政策建议都需要进一步思考与整理。加之编撰本书时间较紧张，难免存在着不足之处，敬请各位读者批评指正。

摘　要

当今世界正经历百年未有之大变局，以中国为代表的新兴经济体群体性和平崛起引起了广泛的关注，但随之而来的机遇和挑战也不容忽视。在分析和研究中国民营企业参与"一带一路"国际产能合作的经验和问题时，发现深层次体现在国际化模式选择、海内外协同机制、多主体能力建设、治理机制与公共政策四个核心科学问题及其解决的过程中。其中，国际化模式选择是基础，海内外协同机制是关键，多主体能力建设是保障，治理机制与公共政策是支撑。因此，本书的逻辑体系是按照这四个方面来展开，深入探讨中国民营企业参与"一带一路"国际产能合作的战略问题和关键路径。

基于此，本书的总体结构分为五个部分："概述 + 四个核心问题"。

第一篇总论，简要总结中国民营企业参与"一带一路"国际产能合作的概念和内涵、意义等问题，回顾三个层次相关理论的基础上，提出相关的整合分析框架；并分析中国民营企业参与"一带一路"国际产能合作的四个特殊情境。

第二篇"民营企业参与'一带一路'国际产能合作的模式选择"部分，由第四至八章组成，分别解析我国参与"一带一路"国际产能合作的民营企业商业模式创新、海外进入模式选择、东道国区位选择、母国与东道国的供需模式匹配、世界主要经济体国际产业合作模式比较等问题。一是从民营企业资源基础与企业能力的视角探讨了不同国际产能合作的商业模式选择问题；二是从民营企业研发基础与国际化经验的视角探讨了海外进入模式选择问题；三是从东道国工业化水平、制度质量和国家距离等多维度探讨了东道国区位选择问题；四是从母国区域产业基础、区域制度质量与东道国资源禀赋、需求潜力等多维度探讨了供需模式匹配问题；五是从创新生态系统结构与实物期权等视角比较了主要经济体国际产业合作的模式以及海外渐进投资的策略选择问题。

第三篇"'一带一路'国际产能合作中的创新生态系统协同机制"部分，由第九至十三章组成。第九章构建了国际产能合作创新生态系统"制度—组织—知识"协同机制分析框架；后续章节分别探讨不同模式创新生态系统结构的制度、组织和知识三个维度的协同机制。一是分别结合母国制度、母国区域制度和东道国制度多视角探讨开展国际产能合作的海内外创新生态系统的制度协同、领军企业的海外制度战略与组织合法性策略；二是从组织共享愿景、共创价值和重构制度三个维度解析海内外创新生态系统的组织协同机制；三是从"知识—组织—网络"非线性拓展视角分析海外创新生态系统拓展中的知识协同机制与知识基础的先决性作用。

第四篇"民营企业参与'一带一路'国际产能合作中的能力体系构建"部分，由第十四章和第十五章组成，分别从民营企业国际产能合作所需的国际动态能力（也就是高阶能力）、关键能力（具体的低阶能力）两个方面来阐述。从国际双元能力解析民营企业国际化中的国际动态能力及其构建过程；从行业标准、知识产权能力等解析民营企业"一带一路"国际产能合作中具体的创新管理能力培育问题，探讨参与"一带一路"国际化背景下民营企业获得动态竞争优势的能力体系建构问题。

第五篇"促进民营企业参与'一带一路'国际产能合作的治理机制"部分，由第十六章和第十七章组成。包括顶层制度保障、地方参与实践和对策建议。一方面从国家战略层面、政策文本分析、面向新兴的数字丝绸之路等视角解析顶层制度设计问题；另一方面从国内区域发展特征如创新生态系统协同度和民营企业景气情况、地方参与的治理机制与实践，重点以民营企业国际产能合作最活跃区域之一浙江为例进行分析，提出促进民营企业国际产能合作的对策建议。

本书是研究团队近二十年（特别是自"一带一路"倡议提出的10年）来理论研究成果的总结。希望建构的分析框架能够为中国民营企业参与"一带一路"国际产能合作提供理论启示，并为民营企业"走出去""走进去""走上去"不断深化的过程提供实践启示。

本书的学术价值主要体现在以下方面：第一，构建起"全球治理—创新生态系统国际化—能力体系建构"三位一体整合分析框架，为探究中国民营企业开展"一带一路"国际产能合作这一现象提供理论解释。第二，辨析出我国民营企业国际产能合作过程中面临的"制度转型—全球价值网络嵌入—要素空间变更—需求多样化"特殊情境分析框架，突破已有研究常忽视国际产能合作面临的国内外特殊情境问题，拓宽了"一带一路"国际产能合作的相关理论分析边界。第三，提出了"制度—组织—知识"协同机制，深化了跨越地理边界的创新生态系统协同创新理论。第四，探讨了"高阶动态能力—低阶创新能力"融合的民营企业国际化能力体系建构模式，分别从国际动态能力内涵、"行业标准—知识产权能力"等解析中国民营企业"一带一路"国际产能合作中的能力体系及建构路径。另外，本书也进一步丰富了战略管理中的制度理论、动态能力理论和期权理论，以及创新生态系统、创新国际化和协同创新等相关理论。

本书的应用价值主要体现在以下方面：第一，在梳理、对比、总结国内外已有做法基础上，提出了促进与规范民营企业参与"一带一路"国际产能合作的制度安排和政策体系相关建议。第二，基于对浙江、广东、江苏等民营经济活力较强地区的分析，为地方政府出台和完善民营企业参与"一带一路"国际产能合作相关政策提供了思路和启示。第三，通过提炼典型的国际产能合作模式"最佳实践"、协同机制与能力构建等策略，为其他民营企业在"一带一路"共建国家开展国际产能合作提供前瞻性思路和启示。第四，相关研究案例和建议将为参与国际产能合作的行业协会、商业中介组织等如何参与共建海内外创新生态系统提供相关启示。第五，中国民营企业参与东道国的国际产能合作，也有可能激发"一带一路"共建国家的创新创业活力、培育良好的产业生态系统，这也是共建"一带一路"中秉承的"共商、共享、共建"原则的体现，为"一带一路"东道国相关主体提供发展启示。

Abstract

The world today is experiencing profound changes unseen in a century. The peaceful rise of emerging economies represented by China has attracted wide attention, but the opportunities and challenges that come with it cannot be ignored when analyzing and studying the problems and experiences of Chinese private enterprises participating in the international production capacity cooperation under "the Belt and Road" Initiative. It is found that the four core scientific issues deeply reflected in the choice of internationalization mode, domestic and overseas coordination mechanism, multi-agent capacity building, governance mechanism and policy and the process of solving them. Among them, the choice of internationalization mode is the foundation, the coordination mechanism at home and abroad is the key, the multi-agent capacity building is the guarantee, and the governance mechanism and public policy are the support. Therefore, the logical system of this book is based on these four aspects, and in-depth discussion of the strategic issues and key paths for Chinese private enterprises to participate in the international production capacity cooperation under "the Belt and Road" Initiative.

Based on this, the overall structure of the book is divided into five parts: "Overview + four core issues".

The first chapter briefly summarizes the concept, connotation and significance of Chinese private enterprises' participation in "the Belt and Road" international production capacity cooperation, reviews the relevant theories at three levels, and puts forward the relevant integrated analysis framework; And analyze the four special situations in which Chinese private enterprises participate in "the Belt and Road" international production capacity cooperation.

The second part, "Mode selection of private enterprises participating in international production capacity cooperation under 'the Belt and Road' initiative", consists of chapters 4 to 8, which respectively analyzes the business model innovation of China's private enterprises participating in "the Belt and Road" international production capacity cooperation, overseas entry mode selection, host country location choice, supply and demand mode matching between home and host countries, and international industrial cooperation mode comparison of the world's major economies. Secondly, from the perspective of private enterprises' research and development foundation and internationalization experience, the selection of overseas entry mode is discussed. Thirdly, the location selection of the host country is discussed from the perspective of industrialization level, institutional quality and national distance. Fourthly, the matching of supply and demand pattern is discussed from multiple aspects, such as the regional industrial base, regional institutional quality, resource endowment and demand potential of the host country. Fifthly, from the perspective of innovation ecosystem structure and real options, it compares the mode of international industrial cooperation of major developed economies and the strategy choice of overseas progressive investment.

The third part, "Synergistic mechanisms of innovative ecosystems in international industrial cooperation under 'the Belt and Road' initiative", is composed of chapters 9 to 13. Chapter 9 builds the analysis framework of "institution-organization-knowledge" cooperation mechanism in the innovation ecosystem of international production capacity cooperation; The collaborative mechanism of system, organization and knowledge of different model innovation ecosystem structure is discussed. The first is to discuss the institutional synergy of innovation ecosystems at home and abroad, the overseas institutional strategy and organizational legitimacy strategy of leading enterprises in international production capacity cooperation from the perspectives of home country system, home country regional system and host country system respectively. Second, it analyzes the organizational coordination mechanism of innovation ecosystem at home and abroad from three dimensions: sharing vision, creating value and restructuring system. Third, from the perspective of "knowledge-organization-network" nonlinear expansion, the paper analyzes the knowledge collaboration mechanism and the decisive role of knowledge base in the expansion of overseas innovation ecosystem.

The fourth part is "Construction of capabilities system for private enterprises' participation in international production capacity cooperation of 'the Belt and Road' initiative", which is composed of chapters 14 to 15. It is elaborated from two aspects: the international dynamic capability (that is, the high-level capability) and the key capability (the specific low-level capability) required by the international production capacity cooperation of private enterprises. This paper analyzes the international dynamic capability and its construction process in the internationalization of private enterprises from the perspective of international dual capability. From the industry standards, intellectual property capabilities and other aspects of private enterprises in "the Belt and Road" international production capacity cooperation specific problems of innovation management capacity cultivation, to explore the participation in "the Belt and Road" internationalization in the context of private enterprises to obtain dynamic competitive advantages of the capacity system construction.

The fifth part, "Governance mechanisms to promote private enterprises' international production capacity cooperation in 'the Belt and Road' initiative", is composed of chapters 16 to 17. It consists of top-level system guarantee, local participation practice and countermeasures and suggestions respectively. On the one hand, it analyzes the top-level system design from the perspectives of national strategy, policy text analysis and the emerging digital Silk Road. On the other hand, it analyzes the characteristics of domestic regional development, such as the cooperation degree of innovation ecosystem and the prosperity of private enterprises, the governance mechanism and practice of local participation, and focuses on Zhejiang, one of the most active regions for international production capacity cooperation of private enterprises, and puts forward countermeasures and suggestions to promote international production capacity cooperation of private enterprises.

This monograph is a summary of the theoretical research results of the research team in the past 20 years (especially since "the Belt and Road" Initiative was proposed in the past 10 years). It is hoped that the analytical framework constructed can provide theoretical enlightenment for Chinese private enterprises to participate in "the Belt and Road" international production capacity cooperation, and provide practical enlightenment for private enterprises to "go out", "go in" and "go up" deepening process.

The academic value of this monograph is mainly reflected in the following aspects: First, it constructs a three-in-one integrated analysis framework of "global governance-internationalization of innovation ecosystem-capacity system building", which provides theoretical enlightenment for exploring the phenomenon of Chinese private enterprises' international production capacity cooperation under "the Belt and Road" Initiative. Second, it distinguishes the special situation analysis framework of "system transformation-global value network embedment-factor space change-demand diversification" faced by Chinese private enterprises in the process of international production capacity cooperation, breaks through the special situation problems faced by international production capacity cooperation at home and abroad that are often ignored by existing studies, and widens the relevant theoretical analysis boundary of "the Belt and Road" international production capacity cooperation. Third, it puts forward the "institution-organization-knowledge" synergy mechanism, deepening the collaborative innovation theory of innovation ecosystem that crosses geographical boundaries. Fourth, it discusses the construction model of private enterprises' internationalization capability system with the integration of "high-order dynamic capability and low-order innovation capability", and analyzes the capability system and construction path of Chinese private enterprises' international production capacity cooperation under "the Belt and Road" from the connotation of international dynamic capability and "industry standard-intellectual property capability" respectively. In addition, this monograph further enriches the institutional theory, dynamic capability theory and option theory in strategic management, as well as the relevant theories of innovation ecosystem, innovation internationalization and collaborative innovation.

The application value of this monograph is mainly reflected in the following aspects: First, on the basis of combing, comparing and summarizing the existing practices at home and abroad, it puts forward relevant suggestions on the institutional arrangements and policy systems at the national level to promote and standardize the participation of private enterprises in the international production capacity cooperation under "the Belt and Road" Initiative. Second, based on the analysis of Zhejiang, Guangdong, Jiangsu and other regions with strong private economic vitality, it provides ideas and inspiration for local governments to introduce and improve the relevant policies of private enterprises to participate in "the Belt and Road" international production capacity cooperation. Third, it provides forward-looking ideas and inspiration for other private enterprises to carry out international production capacity cooperation along "the Belt and Road" by refining typical international production capacity cooperation model "best practice", coordination mechanism and capacity building strategies. Fourthly, relevant research cases and suggestions will provide relevant inspiration for industry associations and commercial intermediary organizations participating in international production capacity cooperation to participate in the construction of domestic and overseas innovation ecosystem. Fifth, the participation of Chinese private enterprises in the host country's international production capacity cooperation is also likely to stimulate the innovation and entrepreneurship vitality of the countries along the Belt and Road and foster a sound industrial ecosystem, which is also a reflection of the principle of "extensive consultation, sharing and joint contribution" enshrined in the Belt and Road Initiative, and provides development inspiration for relevant entities in the host countries of "the Belt and Road".

目 录

Contents

第五篇

促进民营企业参与"一带一路"国际产能合作的治理机制　491

Contents

3

第一篇

民营企业参与"一带一路"国际产能合作战略概论

本篇关于民营企业参与"一带一路"国际产能合作战略概论,包括第一至三章。首先,在归纳国内外研究者和实践者对"一带一路"国际产能合作问题认识的基础上,提出"一带一路"国际产能合作的基本概念和内涵,简要回顾"一带一路"国际产能合作缘起、发展和演进的过程。进一步结合民营企业的所有制特征,解析民营企业参与"一带一路"国际产能合作的发展态势、现实与理论意义。

其次,从跨层次多理论视角构建民营企业参与"一带一路"国际产能合作的整合分析框架。企业的国际产能合作问题涉及企业微观、生态系统中观和宏观治理多个层面:其中企业微观层面问题的分析需要综合新兴经济体企业国际化和创新国际化等国际商务理论,企业战略管理中的资源基础观、动态能力理论、期权理论和制度理论,以及知识管理、创新网络和协同创新理论等创新管理相关理论,解析民营企业微观层面参与"一带一路"国际产能合作的机理;中观层面问题的分析涉及产业经济和产业发展中的产业创新生态系统及其国际化、区域产业合作与发展等区域经济理论,探究民营企业参与"一带一路"国际产能合作中观层面的相关问题;宏观层面的分析既包括国家层面的制度与政策,也涉及全球治理体系与治理机制相关问题，通过国家创新系统理论、全球治理和公共管理等相关理论来解析微观主体国际化过程中如何被国家和全球相关制度与机制影响，以及民营企业参与"一带一路"国际产能合作的制度创业与动态能力建构交互过程。基于上述企业微观、生态系统中观和宏观治理跨层次多视角理论，建构民营企业参与"一带一路"国际产能合作的整合分析框架。

最后，民营企业国际化的发展环境面临深刻复杂的变化，当今世界正经历着百年未有之大变局；同时，也需要从改革开放四十多年中国民营企业成长和国际化的历史进程来解析参与"一带一路"国际产能合作的时代特殊情境。本研究结合中国、全球和共建"一带一路"国家多主体，从制度转型情境、全球价值网络嵌入、要素空间变更和需求多样化四个维度探析共建"一带一路"国家产能合作的特殊情境及民营企业参与的战略逻辑起点。

第一章

民营企业参与"一带一路"
国际产能合作概述

为深刻理解推动共建"一带一路"国际产能合作高质量发展的重大意义，准确把握共建"一带一路"国际产能合作高质量发展的实践要求，本章将具体从"一带一路"国际产能合作的基本概念和内涵、发展态势和意义以及新形势下的未来趋势和亟待深入讨论议题三方面展开详细阐述，为读者进一步深入探究共建"一带一路"国际产能合作的其他更深层次内容奠定基础。

第一节 "一带一路"国际产能合作的基本概念和内涵

2013 年，国家主席习近平提出了建设"丝绸之路经济带"和"21 世纪海上丝绸之路"的倡议。2013 年 11 月，党的十八届三中全会审议通过了《中共中央关于全面深化改革若干重大问题的决定》，将"推进丝绸之路经济带、海上丝绸之路建设，形成全方位开放新格局"作为全面深化改革的重大决策部署，合作共建"一带一路"跨越不同地域、不同发展阶段、不同文明国家和地区。"一带一路"倡议自提出以来，在国际社会各方的共同努力之下，取得了良好进展。2018 年召开的推进"一带一路"工作 5 周年座谈会上，习近平总书记对"一带一路"倡议 5 年来的成就做了精辟总结，强调"政策沟通、设施联通、贸易畅通、资金融通、民心相通"是建设的重要内容，明确了"基础设施等重大项目建设和产能合作"等重点。2023年召开的第三届"一带一路"国际合作高峰论坛开幕式上，总书记进一步对共建"一带一路"十年来的成就做了精辟总结，提出了中国支持高质量共建"一带一路"的八项行动：构建"一带一路"立体互联互通网络、支持建设开放型世界经济、开展务实合作、促进绿色发展、推动科技创新、支持民间交往、建设廉洁之路以及完善"一带一路"国际合作机制。①

国际产能合作的概念最早由中国提出，时任国务院总理李克强2014年12月将中国优势产能与哈萨克斯坦基础设施需求对接，签订了《中哈产能合作》框架协议。2015年5月，国务院《关于推进国际产能和装备制造合作的指导意见》首次明确了开展国际产能合作的指导思想、原则和任务。

当今世界面临着百年未有之大变局。共建"一带一路"，不仅是中国新发展阶段的必然选择，而且也是世界各国应对不确定性、实现各自发展和全球可持续发展的共同诉求。"一带一路"被誉为当今全球范围内规模最大的国际合作平台和最受欢迎的国际公共产品。从地理边界角度看，"一带一路"涉及的范围包括狭义和广义范围。狭义的"一带一路"是指2015年由国家发展和改革委员会（以下简称"国家发改委"）、外交部、商务部联合发布的《推动共建丝绸之路经济带和21世纪海上丝绸之路的愿景与行动》等文件界定的65个国家（含中国）；广义的"一带一路"则是指人类命运共同体实践的平台，此平台具有开放性，没有显著的地理边界。

国际产能合作是伴随"一带一路"倡议而产生的。国内外学术界并没有针对"国际产能合作"做出严格的定义。罗斯（Ross，2016）将国际产能合作解读为中国全球化的一种新阶段，不仅包含产品成品的出口，还包括整个产业链的转移，从而帮助东道国增强制造能力、提升工业化水平。国务院发展研究中心"一带一路"课题组（2020）提出，国际产能合作是将母国产业和资金与东道国需求相结合，以企业为主体、市场为导向，以实现产业能力跨境优化配置和产业链与价值链的共赢为目的的国际产业合作。我们认为，国际产能合作的内涵可以从企业层面、产业层面和国家层面三个相互关联的维度来进行解读。企业是国际产能合作的微观主体和市场执行者，既包括大型企业（含国有企业、民营企业和其他非国有企业），又包括中小企业（多数是非公企业）。企业根据自身的生产能力、国内外市场需求的匹配程度进行自主决策。在产业层面，国际产能合作是指根据产品的劳动分工程度和技术复杂度，不同国家在某个产业的产业间分工、产

---

① 中华人民共和国国务院新闻办公室：《共建"一带一路"：构建人类命运共同体的重大实践》，人民出版社2023年版，第10页。

业内分工，或者产品内分工合作的过程。在国家层面，国际产能合作通常超越了传统的、单一的国际分工模式（如国际贸易、国际投资和国际技术流动等），是跨越国家地理边界，包含产品分工合作、消费市场和生产要素市场的跨国合作模式。另外，需要特别指出的是，国际产能合作还应包括各合作方在技术、管理制度和标准等领域的跨国合作，这样的合作还可能在一定程度上影响某个行业的国际规划话语权等软实力。

第二节　民营企业参与"一带一路"国际产能合作的背景、发展态势和意义

"一带一路"倡议自 2013 年提出至今，历经了从总体布局到实施落地的过程，中国和世界各国合作共建实践不断走向更广的范围、更深的层次，发展质量得到不断提高。国际产能合作已经成为共建"一带一路"的重要抓手和建设内涵，企业已经成为"一带一路"国际产能合作的主体。10 年来，"一带一路"合作网络从亚欧大陆延伸到非洲和拉丁美洲，150 多个国家、30 多个国际组织和中国签署"一带一路"合作文件。[①] 2013～2022 年，我国与共建国家的累计双向投资超过 3 800 亿美元，其中对共建国家的直接投资超过 2 400 亿美元，涵盖经济社会发展的多个领域。[②]

国际产能合作是"一带一路"倡议实施的重要抓手，在积极推进共建"一带一路"中，推进国际产能合作，使我国有望实现从"雁行"分工模式追随者向国际分工"领航者"的角色转变。经过 10 多年的发展，共建"一带一路"在政策沟通、设施联通、贸易畅通、资金融通、民心相通等方面都取得了丰硕成果。在参与"一带一路"产能合作的主体上，形成了国企、民企协同"走出去"的态势。其中 2023 年，民营企业 500 强出口总额 2 763.64 亿美元，比上年增加 309.34 亿美元，增幅为 12.60%，占我国出口总额的 7.69%，比上年增加 0.39%。[③] 民营企业已经成为参与"一带一路"国际产能合作的重要力量，且有着自身的特征。

---

① 《第三届"一带一路"国际合作高峰论坛主席声明》，中华人民共和国中央人民政府网，https：//www.gov.cn/govweb/yaowen/liebiao/202310/content_6910132.htm。

② 《从数据看"一带一路"十年历史性成就》，新华网，http：//www.xinhuanet.com/2023－10/23/c_1129931841.htm。

③ 《2023 中国民营企业 500 强发布报告》，中华全国工商业联合会，https：//www.acfic.org.cn/ztzl-hz/2022my5bq/2022my5bq_4/202208/t20220830_111966.html。

一、民营企业参与"一带一路"国际产能合作的国内外背景与发展态势

（一）国际产业分工合作大趋势

逆全球化趋势、全球新冠疫情、俄乌冲突、巴以冲突等事件为全球经济体带来新的挑战，"脱钩""制造业回流""安全的第二选择"等话题已经或正在深入影响包括中国在内的全球各大经济体（林雪萍，2023）。在新的全球产业分工新形势下，我国面临着"两竞争两互补"的格局，共建"一带一路"为我国国际产业合作开辟了广阔新天地。21世纪以来，世界经济格局最引人瞩目的变化就是以中国、印度、巴西、俄罗斯、南非这些"金砖国家"为代表的新兴经济体群体性和平崛起。在传统的"发达国家"和"发展中国家"二元结构中开辟出第三极力量，使世界经济初步形成美欧日等发达经济体、中俄印巴南非等新兴经济体以及亚非拉欠发达国家"三个梯队"的并存格局。其中，我国的发展成就尤为引人注目，与其他国家的经济关系也从原先的"一竞争一互补"（是指过去我国比较优势和产业结构与其他发展中国家存在较强竞争性，但与发达经济体则呈现高度互补性）转向"两竞争两互补"（是指一方面我国的劳动密集型产业与其他发展中国家仍存在较强竞争，而船舶、新能源、通信设备等资本和技术密集产业与发达国家的竞争日趋显现；另一方面，我国与发达国家要素禀赋和产业结构总体仍呈互补大于竞争态势，而我国充裕的资本、完整的工业体系、强大的制造能力和素质不断提高的人力资本又与多数发展中国家的要素禀赋形成明显互补）。

现阶段，我国与发达经济体、新兴市场国家和发展中国家形成"两竞争两互补"关系，使我国拥有面向发达经济体开放和面向新兴市场及发展中国家开放并重、不断拓展对外发展战略空间的新机遇。这为我国企业走出去开展对外投资、利用国外市场和资源、提升国际化经营能力带来新机遇。与此同时，中国的经济也面临着全面转型升级的重任，四十多年改革开放建设形成的一些富余但具有竞争力的产能需要输出，对外开放区域结构需要转型。在这一背景下，习近平总书记提出的共建"丝绸之路经济带"和"21世纪海上丝绸之路"的战略构想，蕴含平等、互利、互动、共赢的东方哲学思想，是中国在新的历史条件下实现全方位对外开放，传承历史、面向未来的重大举措。

随着全球经济合作的进一步深入发展，国际产业分工进一步精细化，逐渐呈现模块化、外包化的趋势。"模块"是具有某种特定独立功能的半自律性的子系统，这些子系统可以通过标准化的界面与其他半自律性子系统按照一定的规则相

互联系，以构成更加复杂的系统或过程。"外包"是企业整合利用其外部专业化资源，作为一种能够使企业降低成本、提高效率、充分发挥自身核心竞争力和增强企业对环境的迅速应变能力的管理模式。外包将内部生产的投入品（有形商品、知识产权、服务等）转变为从外部供应商处购买，其实质是企业重新确定定位，截取企业价值链中比较窄的部分，缩小经营范围，重新配置企业的各种资源，将资源集中于最能反映企业相对优势的领域，构筑自己的竞争优势，获得自身持续发展的能力。分工模块化和外包化的趋势为中小企业参与国际产业分工提供了机遇。

（二）中国企业制造能力与创新能力不断提升

通过走中国特色的新型工业化发展道路，我国 70 多年完成了发达国家几百年的工业化历程。新中国成立以来，我国工业经济快速发展，工业生产能力稳步提升。经过 70 多年的发展，特别是 1978 年改革开放以来，我国主要产品的生产能力发生了根本性变化，实现了由短缺到充裕的巨大转变。我国建成门类齐全、独立完整的现代工业体系，工业经济规模跃居全球首位。我国拥有 41 个工业大类、207 个工业中类、666 个工业小类，是全世界唯一拥有联合国产业分类中全部工业门类的国家。同时，工业规模进一步壮大。2022 年，全部工业增加值突破 40 万亿元大关，占 GDP 比重达 33.2%。其中，制造业增加值占 GDP 比重为 27.7%。[1]

与此同时，我国整体创新能力稳步上升，特别是企业创新能力不断提升。2023 年国家统计局、科学技术部和财政部联合发布了《2022 年全国科技经费投入统计公报》（以下简称《公报》）。数据显示，2022 年我国研究与试验发展（R&D）经费投入总量突破 3 万亿元，达到 30 782.9 亿元，迈上新台阶；比上年增长 10.1%，延续较快增长势头。按不变价计算，R&D 经费比上年增长 7.7%，高于"十四五"发展规划"全社会研发经费投入年均增长 7% 以上"的目标。同时，《公报》中提及，R&D 经费投入强度水平在世界上位列第 13，介于欧盟（2.2%）和经济合作与发展组织（OECD）国家（2.7%）[2] 平均水平之间，与 OECD 国家差距进一步缩小[3]。值得注意的是，《公报》还提及重点领域 R&D 经费投入强度稳步提高，为关键核心技术攻关和产业基础能力提升创造条件。在规

---

[1] 《工信部：我国新型工业化步伐显著加快》，中华人民共和国中央人民政府网，https://www.gov.cn/xinwen/2023-03/02/content_5744063.htm。

[2] 经济合作与发展组织（OECD）官方网站数据库，https://data.oecd.org，最新数据为 2021 年。

[3] 国家统计局：《2022 年全国科技经费投入统计公报》，https://www.stats.gov.cn/sj/zxfb/202309/t20230918_1942920.html。

模以上工业中，高技术制造业 R&D 经费 6 507.7 亿元，投入强度为 2.91%，比上年提高 0.20%；装备制造业 R&D 经费 11 935.5 亿元，投入强度为 2.34%，比上年提高 0.15%。① 由此可见，高新技术产业已经成为我国建设创新型国家的主力军，高新技术产业的全要素生产效率得到了大幅度提升；高新技术产品进出口通过投资、人力资本、技术进步、消费与经济结构这些介体对经济增长发挥了重要作用。② 我国正在加快形成新质生产力，增强发展新动能。

伴随着我国整体创新能力的提升，经过改革开放四十多年的快速发展，中国企业也已经从最初的靠资源优势和技术引进阶段，发展到了一个靠创新引领的新阶段。同时国内涌现了一批具有世界影响力的创新型企业，不仅有中国航天科技集团、中国信息通信科技集团、中国电子信息产业集团等一批大型国企，还有一批诸如华为公司、海尔集团、阿里巴巴、吉利汽车、大华技术、比亚迪等其他制造企业。中国企业制造能力和创新能力的不断提升，为企业国际化和开展"一带一路"国际产能合作奠定了良好的国内基础。

（三）民营企业的壮大和能力的积累

随着改革开放的不断深入和市场经济转型发展，鼓励民营企业和民营经济发展已经成为国家政策的又一新篇章。根据国家统计局数据显示，民营经济已经逐渐成为国民经济的重要组成部分。截至 2022 年底，我国民营经济贡献了 50% 以上的税收，60% 以上的国内生产总值，70% 以上的技术创新成果，80% 以上的城镇劳动就业，90% 以上的企业数量。③

从区域分布角度看，区域经济发展良好的地区，也是民营企业活跃和市场经济发展比较好的区域。民营企业活跃的省份多分布在沿海地区，中西部地区相对偏弱。中小企业景气指数被誉为衡量民营企业动态发展状况的"晴雨表"。由浙江工业大学中国中小企业研究院联合工业和信息化部（以下简称"工信部"）中小企业发展促进中心等单位共同编制的《中国中小企业景气指数研究报告（2022）》④ 系列报告显示，华东、华南地区是我国中小企业发展最具活力的区域，这些地区的科技型成长企业和创业型企业数量多，近年来持续保持地区均衡

---

① 国家统计局：《2022 年全国科技经费投入统计公报》，https：//www.stats.gov.cn/sj/zxfb/202309/t20230918_1942920.html。

② 罗雨泽、罗来军、陈衍泰. 高新技术产业 TFP 由何而定？基于微观数据的实证分析，载于《管理世界》2016 年第 2 期，第 8~18 页。

③ 《为民营企业解难题、办实事》，中华人民共和国中央人民政府网，https：//www.gov.cn/xinwen/2023-02/04/content_5739996.htm。

④ 池仁勇、刘道学、金陈飞等：《中国中小企业景气指数研究报告（2022）》，中国社会科学出版社2022 年版。

发展的明显优势。其中长三角是中国经济活动竞争力、科技创新竞争力、营商环境竞争力、社会包容竞争力最强的区域之一。2022 年第一季度生产总值突破 6.6 万亿元，较 2021 年同期增长 7.27%，占全国第一季度 GDP 比重约 24.47%。此外，华北、华中、西南地区中小企业综合景气指数提升较快，与这些地区实施产业发展战略、推进区域中小企业发展促进对策等有很大关联。就西北地区而言，中小企业仍以劳动密集型为主，科技型成长企业和创业型企业数量相对较少。从 2022 年整体中国中小企业景气评价指数看，数字化赋能中小企业高质量发展成效显著，"专精特精"引领中小企业发展潮流，跨境电商造就中小企业国际化新机遇，"精准纾困"助力中小企业渡过难关，"统一大市场"激发中小企业活力。2018～2022 年期间，广东、浙江、江苏、山东、河南、福建、河北、湖南等地的中小企业景气指数较为稳定，且地位居全国前列。但上海整体有所回落，2022 年位居第十四。

从产值规模和研发能力来看，民营企业的发展规模不断壮大。根据全国工商业联合会（以下简称"全国工商联"）发布的"2023 中国民营企业 500 强"榜单和《2023 中国民营企业 500 强调研分析报告》，2022 年民营企业 500 强的营业收入总额为 39.83 万亿元，增长 3.94%，户均 796.66 亿元。资产总额 46.31 万亿元，增长 11.21%，户均 926.15 亿元。第二产业入围企业 359 家，较上年增加 17 家，黑色金属冶炼和压延加工业、电气机械和器材制造业、批发业位居前列。民营企业 500 强中，研发人员占员工总数的比例超过 10% 的达到 8 家，较上年增加 2 家。研发经费投入强度超过 3%～10% 的企业 78 家，超过 10% 的企业 4 家。[1]

从民营制造业企业发展来看，全国各省份发展存在着较大的差异。由于全国各省的营商环境、产业结构和地理地缘等因素，民营制造业的存活率、发展壮大情况存在着较大的差异。根据 2023 年全国民营制造业 500 强企业的区域分布数据来看，500 强仍集中于浙江省、江苏省、山东省，三省入围企业数量合计 246 家，较上年增加 9 家，占制造业民营企业 500 强的 49.20%，较上年增加 1.80 个百分点；三省入围企业的营业收入总额分别为 62 522.15 亿元、51 324.33 亿元、36 582.09 亿元。浙江省、江苏省、山东省企业数量分别为 100 家、82 家、64 家，较上年分别增加 6 家、0 家、3 家。入围企业数量前十的省份中，前八位与上年保持一致，山西省由第十位升至第九位、湖北省由第十二位升至第十位。此外，2022 年中西部地区营业收入总额分别较上年增加 3 889.19 亿元、3 405.25 亿元，资产总额分别增加 4 284.97 亿元、2 259.32 亿元，税收净利润分别增加

---

① 中华全国工商业联合会：《2023 中国民营企业 500 强发布报告》，2023 年。

82.35 亿元、472.68 亿元；东北地区入围企业数量较上年减少 2 家，营业收入总额、资产总额、税后净利润也较上年有所减少（见表 1-1）。

表 1-1　　中国民营制造业 500 强企业前十省市（2022 年）

排名	省区市	入围企业数量（家）	2022 年营业收入（亿元）	2022 年资产总额（亿元）	2022 年净利润（亿元）
1	浙江	100	62 522.15	44 016.35	2 197.52
2	江苏	82	51 324.33	35 735.59	1 664.18
3	山东	64	36 582.09	23 277.27	982.66
4	广东	46	34 607.24	37 101.28	1 883.12
5	河北	39	27 009.27	16 408.86	771.36
6	福建	19	10 773.08	12 766.73	651.88
7	河南	18	5 445.71	4 445.08	233.10
8	安徽	17	4 184.74	4 393.32	110.64
9	山西	15	5 342.69	4 430.72	201.66
10	湖北	14	4 302.18	3 515.92	163.50

资料来源：全国工商联经济服务部：《2023 中国民营企业 500 强调研分析报告》，2023 年。

民营企业已经成为"走出去"和参与共建"一带一路"的重要力量。全国工商联发布的"2023 中国民营企业 500 强"榜单及《2023 中国民营企业 500 强调研分析报告》提及，2022 年有 148 家 500 强企业参与共建"一带一路"，与上年基本持平。民营企业 500 强开展海外投资 188 家，海外投资项目（企业）2 436 项（家），受到新冠疫情、俄乌冲突等国际环境因素影响，降幅分别为 20.00%、9.81%。[①] 另一组数据是本研究团队根据由商务部对外投资与经济合作司获取的公开资料梳理显示，截至 2016 年 1 月 1 日，在狭义的"一带一路"沿线新兴经济体开展对外直接投资的企业总数为 9 751 家（其中涉及研发、技术咨询和服务、信息咨询等"开发利用型"活动的企业 1 133 家）。

（四）民营企业"走出去"开展国际产能合作的独特优势

相对于国有企业，民营企业参与"一带一路"产能合作有着自身的优势。第一，民营企业比国有企业进入海外市场更具有所有制优势。近年来，世界各国或地区在贸易和投资领域的保护主义有所抬头，我国的国有企业海外投资受阻，但

① 全国工商联经济服务部：《2023 中国民营企业 500 强调研分析报告》，2023 年。

是海外东道国对我国民营企业总体上持欢迎的态度，这在一定程度上也提高了民营企业"走出去"的积极性。第二，中国民营企业决策机制灵活。中国民营企业在海外直接投资时其体制比国有企业更具有优势，民营企业海外直接投资具有更强的主动性。此外，许多民营企业的所有权比较集中，倾向于扁平式组织结构，决策周期用时较短，能够快速对国际市场的变化或者信息传递和应对。第三，民营企业拥有一定的母国集群优势。近几年，我国民营企业形成了一些企业集群，比如义乌的小商品、宁波的服装等中小企业集群。这些企业集群，既有助于民营企业免去较高的市场交易费用，又能避免企业完全内部化所引起的较高组织成本。企业集群的民营企业信息交流更加充分迅速，能够共享市场机会、分担风险，同时技术溢出效应使得企业技术创新能力更容易提高，增强了企业的学习能力，减少了创新的不确定性，进而增强其竞争力，避免了规模小的缺点，使得企业在进行海外直接投资上具有一定的优势。第四，我国民营企业也具有一定的技术创新优势。经过改革开放四十多年的学习和积累，我国民营企业中涌现了大量科技型企业，其占我国高新技术产业开发区企业的80%以上。我国民营企业是技术创新的重要主体，其中高新技术产业是世界各国争夺的焦点，也是推动我国经济发展升级转型的主要引擎。无论是发达国家还是发展中国家，都纷纷制订国家战略和出台政策，大力发展高新技术产业。目前，我国经济发展进入新常态，部分传统产业产能过剩、出口增速下滑，房地产业发生转折性变化，经济增长的传统动力弱化，经济下行压力加大的同时，人口老龄化、发展不平衡等诸多矛盾和问题有待破解和解决，而核心突破口就是要通过创新提高经济运行的效率。高新技术企业是我国建设创新型国家的重要主体，决定着我国转型升级的成败。高新技术产业的发展能够从总体上提高国民经济的技术含量集约化程度，降低单位产出对资源的消耗，减轻其对环境的压力，从而有力地推动产业结构的优化与升级；高新技术产业具有很强的渗透性和扩散性，与传统产业之间存在着一种相辅相成、相互促进的关系，不仅会带动传统产业的改造和技术进步，并且能够带动一批相关产业的成长，较快地形成新的经济增长点（罗雨泽等，2016）。第五，我国民营企业具有小规模技术优势。我国民营企业大部分属于中小企业，企业规模不大，但是在服装、家电、轻工等劳动密集型产业和部分战略性新兴产业都有一定的技术优势，这些产业对于"一带一路"沿线的发展中国家和经济转型国家来说具有一定优势。第六，中国民营企业具有海外华商、商会等社会网络的资源优势。全世界130多个国家和地区都有华侨华人，形成了巨大的华商网络，基本上有华人的地方就有华商网络。全球华商网络使得我国民营企业更容易进入国际市场，降低交易成本和分散风险，并且能够及时获得各种商业信息。

二、研究民营企业参与"一带一路"国际产能合作的现实与理论意义

（一）现实意义与应用价值

第一，构建一套中国民营企业参与"一带一路"国际产能合作战略分析框架，可以为我国广大民营企业、各级政府和相关公共部门、中介机构等提供一套可操作性强的推动广大民营企业参与"一带一路"产能合作的新思路和实施新方案。

第二，国内外企业开展国际产能合作的案例分析、经验总结及其政策建议，对中国民营企业开展"一带一路"国际产能合作具有较强的借鉴意义。特别是针对浙江、江苏、广东等地典型的民营企业在"一带一路"共建国家开展国际产能合作的鲜活案例分析、模式归纳和关键成功因素分析，将为全国范围内的民营企业开展"一带一路"国际产能合作提供前瞻性思路和启示。

第三，通过辨析我国与共建"一带一路"国家的特殊情境，并识别获取国际话语权的关键影响因素，可为广大民营企业成功参与"一带一路"国际产能合作提供战略性的思路，为构建能力体系提供启示。

第四，建构和完善民营企业参与"一带一路"国际产能合作的促进和规范体系，可为我国中央和地方政府、社会和中介组织支持民营企业参与"一带一路"国际产能合作提供良好的制度支撑和政策环境。

第五，我国民营企业参与"一带一路"国际产能合作，也有可能激发东道国的创新创业活力、培育东道国的产业生态系统，最终推动共建"一带一路"国家的共同发展，这也是共建"一带一路"秉承的"共商、共享、共建"原则的现实体现。

（二）学术价值

第一，尝试创建国内外新形势下民营企业参与"一带一路"国际产能合作的理论体系。当前，我国及"一带一路"共建国家面临着新发展的形势；同时，我国已成为资本的净输出国，而已有的诸如"雁行模式"等国际理论是基于发达国家与发展中国家间产业合作提出的。"一带一路"产能合作的国际背景、合作主体、合作方式与以往大不相同，国际产能合作新实践的全新情境需要新的理论为我国政府和民营企业提供理论层面的指导。基于我国的特殊情境，结合企业国际

化、发展中国家对外直接投资、国际产业分工合作等理论，构建相关理论体系，可以丰富企业国际化、国际产业分工合作、企业战略管理、跨国公司理论，特别是对新兴经济体对外直接投资、国际产能合作理论、"一带一路"与全球治理等相关学说理论做出相应的理论贡献。

第二，辨析民营企业参与"一带一路"国际产能合作面临的特殊情境，构建"制度转型—全球价值网络嵌入—要素空间变更—需求多样化"的国际产能合作四维情境分析框架，解析民营企业参与"一带一路"国际产能合作的分析框架。以金砖国家为代表的新兴经济体群体性崛起，促使国际制度体系正在发生深刻的转型，也促使我国与其他国家的经济关系从"一竞争一互补"转向"两竞争两互补"，与此同时我国与东道国生产要素空间的动态变化也增添了民营企业参与"一带一路"产能合作外部环境的复杂程度。在这一背景下，基于新制度经济理论、产业链理论、制度理论、生态系统理论，探究全球网络嵌入机理，构建民营企业在弱制度情境下建立、扩展海外创新生态系统、嵌入全球价值网络的模式、路径理论，构建"制度转型—全球价值网络嵌入—要素空间变更—需求多样化特征"四维情境分析框架，突破已有研究忽视国内外特殊情境的问题，也拓宽了"一带一路"国际产能合作相关理论的分析边界，探讨建构了我国民营企业参与"一带一路"国际产能合作的理论基础和操作方案。

第三，归纳和解析异质性民营企业参与"一带一路"国际产能合作的新模式内涵，揭示民营企业及其相关利益者在母国和东道国之间的协同机制。从创新生态系统理论视角出发，构建东道国和母国之间以及海外创新生态系统不同主体之间的协同机制。这不同于以往采取的对企业个体自身行为的分析，而是旨在揭开母国和东道国的协同发展关系，以及民营中小企业、龙头企业、共建"一带一路"国家本土企业、国内外高校科研机构、政府、行业协会和中介服务机构的"共生演化"关系。这可以为民营企业参与"一带一路"国际产能合作模式选择提供理论支撑，丰富企业国际化、国际产业分工合作、跨国公司理论，特别是对创新生态系统理论、制度理论、国际产能合作理论做出突出的理论贡献。

第四，剖析我国民营企业在实施"一带一路"产能合作"走上去"过程中国际话语权运行机理和构建能力体系的影响因素。从全球价值网络升级、行业标准话语权获取、东道国知识产权战略布局、市场定价权获取与新需求创造四个方面，探究民营企业国际话语权获取的运行机理，为推进民营企业在共建"一带一路"国家"走进去""走上去"和母国区域能力建构提供有针对性的理论支撑。

第五，建立和完善民营企业参与"一带一路"国际产能合作的促进、保护和规范体系。在总结、梳理、对比、借鉴国内外已有产能合作促进、保护和规范体系经验的基础上，一是提出进一步构建与完善我国民营企业参与"一带一路"国际产能合作的促进体系，包括民营企业参与"一带一路"国际产能合作的制度安排、运行体系、政策支撑体系、信息与技术服务体系等多方面组合的促进体系。二是提出建立符合国际惯例的、促进我国民营企业参与"一带一路"国际产能合作的保护体系，包括建立健全中国民营企业海外产品、技术、专利、商业秘密、网络域名等的组织保护制度、政策法规、运作机制。三是规范民营企业海外行为的相关政策制度，为可持续的"一带一路"国际产能合作提供政策建议。

第三节 新形势下重新审视民营企业参与"一带一路"国际产能合作战略

自中国秉持"共商、共建、共享"原则、提出"一带一路"倡议以来，国际合作信心不断增强，在"政策沟通、设施联通、贸易畅通、资金融通、民心相通"方面均取得了良好的进展，推动中国与共建国家实现合作共赢和可持续发展。然而，自提出"一带一路"倡议以来，国际国内形势发生了巨大的变化。需要重新审视新形势，以推动我国企业特别是民营企业参与"一带一路"国际产能合作。

一、全球化发展环境变得更加复杂

第一，逆全球化思潮泛化，特别是部分发达经济体推行单边主义带来的全球治理体系巨大不确定性。当前全球正在经历一场大变局、大调整，以美国为首的部分主要发达经济体为了维系其全球霸权地位，纷纷推出单边主义、保护主义，使得逆全球化思潮加剧。同时，现有的国际治理体系受到挑战，区域性各类经济协定不断涌现，且新涌现的国际经贸规则出现了圈层化、排他性等特征。这些变化都给中国企业参与"一带一路"国际产能合作带来了很大的不确定。

第二，以美国为首的现有少数传统发达经济体直接设法遏制中国企业参与"一带一路"国际产能合作，如指责中国海外融资是一种"债务陷阱"外交，不断泛化国家安全概念，对中国实体出口、贸易实施制裁，甚至将中国企业列入"黑名单"，这将对全球供应链产业链造成严重威胁。[1] 以西方少数政客为代表，

---

① 《"一带一路"倡议迈入新十年：沿着正确道路再创辉煌》，中国日报网，https：//baijiahao.baidu. com/s？id=1782242257483751384&wfr=spider&for=pc，2023 年 11 月 11 日。

将共建"一带一路"视为中国挑战其现有国家利益的做法,不仅限制中国企业在本国直接开展产能合作活动,甚至还利用本国的制度进行所谓的"长臂管辖",例如美国商务部通过其"出口管制实体清单"将一些机构和个人列入其中。[①] 目前已有不少中国企业和高校等机构被列入其中,这对其参与共建"一带一路"产生了很大的负面影响。

第三,全球性共性问题,特别是突发性重大公共卫生事件加剧了全球化发展的不确定性。进入后疫情时代,全球多数国家和地区随之进入了新的发展阶段,遇到新的发展问题,如为稳定经济各国政府采取的积极财政政策和宽松货币政策,以及因防疫等驱动而得以迅速提升的市场数字技术变革和数字需求。

第四,共建"一带一路"部分东道国营商环境不稳定性加剧。部分共建"一带一路"参与国的市场化发展程度不高。由于受到新冠疫情冲击,以及国际形势的影响等,使得原有营商环境的不确定性进一步加大,这给已在东道国或者拟去往东道国开展产能合作的中国企业带来较大的挑战。

第五,新兴科技和新兴业态集中孕育,全球科技治理范式尚未形成也加剧了全球化发展的不确定性。伴随着科学技术日新月异的发展,特别是以人工智能、区块链、云计算、大数据、物联网等为代表的新一代数智科技的快速发展,产业变革和新兴业态正在不断涌现。一方面给共建"一带一路"参与国带来了巨大的机会;另一方面也存在着一定的风险,特别是参与方对于新一代互联网的新基础设施能力建设和网络安全等产生了更多的思考。

二、世界各国对中国"一带一路"倡议与国际产能合作态度和看法多样性

中国等新兴经济体的发展以及不断融入全球化的进程引起了全球不同国家的多样化反应。在这样的大背景下,中国 2013 年首先发起的"一带一路"倡议引发了传统西方发达经济体、参与到共建"一带一路"国际产能合作的国家以及国内各界的广泛关注,近年来已经成为全球化的重要议题。

从中国 2013 年发起"一带一路"倡议及后续提出"国际产能合作"理念至 2023 年底的发展来看,共建"一带一路"引发世界各国的多样看法具有极其深刻的时代背景。2013 年底,中国的国内生产总值(GDP)为 9.57 万亿美元(人均约为 7 000 美元),美国的 GDP 为 16.77 万亿美元(人均约 53 000 美元),当

---

① 《报告全文发布!美国滥施"长臂管辖"及其危害》,载于《浙江日报》,https://baijiahao.baidu.com/s? id = 1756806634933034748&wfr = spider&for = pc,2023 年 2 月 13 日。

时美国 GDP 是中国的 1.78 倍；欧元区为 13.2 万亿美元，日本为 5.16 万亿美元。而 2022 年按照美元现价计算，中国的 GDP 为 17.96 万亿美元（人均 GDP 为 1.27 万美元），作为比较，美国的 GDP 为 25.74 万亿美元（人均约为 7.64 万美元），美国 GDP 是中国的 1.43 倍，差距进一步减小；欧元区为 15.81 万亿美元，中国已经超过欧元区总和；日本约为 4.23 万亿美元。另外，2022 年，我国制造业增加值占全球比重近 30%，制造业规模已经连续 13 年居世界首位。[①] 部分科学基础研究和产业创新能力也逐渐在全球具有更为重要的影响力。在这个背景下，现有传统发达国家对中国的崛起和共建"一带一路"具有多样化的看法，甚至部分具有一定的戒备心理也不足为奇。可以从两个方面来解析：

一方面，传统发达国家对中国"一带一路"倡议与国际产能合作具有多样化的看法。

在中国提出"一带一路"倡议初始阶段，并没有引起传统发达国家太多的反应。欧洲的反应以好奇和开放的态度为主（蔡昉等，2021），截至 2023 年 11 月已有超过一半的欧盟成员国支持共建"一带一路"和欢迎国际产能合作。相比之下，美国在奥巴马政府时期主要试图通过沉默的方式来对待，特朗普政府时期开始发生重大转变，直到拜登垒砌"小院高墙"，美国官方对共建"一带一路"及国际产能合作的批评越来越多，甚至出现部分政客恶意抹黑等做法。部分日本官方人士则多以追随美国为主，对"一带一路"国际产能合作持怀疑或批评的观点。

从国际舆论的分析来看，依托谷歌全球新闻事件、语言和态度数据库（GDELT）对 2017 年 1 月至 2020 年 3 月有关共建"一带一路"的新闻报道进行大数据分析显示：欧洲国家和地区媒体总体上积极评价共建"一带一路"在包容性发展和绿色发展等领域的进展；西欧的媒体评价轻微消极；而美国和加拿大媒体评价针对"债务与融资""透明与反腐败"等方面则表现消极（陶平生等，2020）。

传统发达国家针对中国"一带一路"国际产能合作的主要看法或疑问还体现在以下方面（王义桅，2020）：中国首发的"一带一路"倡议是否为中国版的"马歇尔计划"抑或是中国版的"WTO"？部分发达国家媒体或学者也在质疑"一带一路"倡议是在挑战现有的国际规则，少数发达国家政客、媒体或学者甚至抹黑共建"一带一路"，称其在制造"债务危机"。事实上，"一带一路"倡议和"马歇尔计划"在时代背景、发展理念、实施主体、内涵和合作方式上有着显著不同，自始至终都在推行开放、包容、均衡、普惠、可持续的全球化。

另一方面，参与"一带一路"国际产能合作的东道国国内也存在多样化的

[①] 中华人民共和国工业和信息化部：《为中国式现代化构筑强大物质技术基础——论贯彻落实全国新型工业化推进大会精神》，https://www.miit.gov.cn/xwdt/szyw/art/2023/art_968ac63768f64133af8fcf921fbc6a8d.html，2023 年 9 月 25 日。

观点。

中国提出的"一带一路"国际产能合作建议，得到了参与国的普遍欢迎。不仅得到最初的积极共建参与国如哈萨克斯坦、印度尼西亚等国家的支持，而且也得到其他亚非拉、欧洲参与国家和地区的广泛支持。谷歌全球新闻事件、语言和态度数据库（GDELT）对 2017 年 1 月至 2020 年 3 月有关"一带一路"倡议的新闻报道进行大数据分析显示：这些国家和地区中超过 2/3 持积极评价，其中参与共建的国家和地区更为积极（陶平生等，2020）。尽管各区域存在着一定的差异，但总体上积极评价多于消极评价。特别是在 2023 年 10 月第三届"一带一路"国际合作高峰论坛的召开之后，共建"一带一路"的国际认可度不断攀升，十年"一带一路"的成果展示得到了国际舆论的高度关注、密集报道以及积极评价，纷纷认同共建"一带一路"迈入高质量发展新阶段，是推动全球经济发展、实现国际公平正义的有效助力。

当然，受到以美国为首的部分西方发达经济体的影响，部分参与合作的东道国国内也对"一带一路"国际产能合作持有一定的疑虑和不同见解。部分疑虑主要包括：参与"一带一路"国际产能合作是否会破坏当地的生态环境或可持续发展，参与之后是否会导致国内的分化，是否会导致对中国的战略依附等。事实上，中国倡议的"一带一路"国际产能合作发展理念就是"和平之路、繁荣之路、开放之路、绿色之路、创新之路、文明之路"。另外，通过国际产能合作促进工业化进程，增加当地就业和税收，只要东道国分配政策合理，不存在分化问题；而中国一贯以来秉持独立外交政策；"一带一路"国际产能合作是开放的，且注重培育东道国的内生能力，并不存在着所谓的"战略依附"。

三、民营企业参与"一带一路"国际产能合作中涌现的一些新问题亟待深入探讨

伴随着全球化环境变得更加复杂、呈现出"易变性、不确定性、复杂性、模糊性"（四个英文单词首字的简称为"VUCA"）特征，中国民营企业在不断深化参与"一带一路"国际产能合作过程中涌现出一些新的现象和新问题，这些现象和问题是在全球发展和中国改革开放四十多年过程中尚未遇到的，需要重新审视和探讨。

从全球治理体系角度看，现有的多数国际治理体系和治理规则是由以美国为首的西方发达经济体主导建立的，在国际贸易、投资、金融、发展合作和科学技术等领域的主要规则，构成了当代全球治理规则体系（薛澜等，2015）。主要传统发达经济体为了维护自身现有利益和继续灌输自身的价值观，借助现有的治理

体系和相关规则对参与"一带一路"国际产能合作的民营企业施加影响（陈晓红等，2022）。这些规则体现在绿色发展领域、包容性发展领域（如国际劳工组织系列公约、联合国全球契约、世界银行《环境与社会框架》等）、透明与反腐败领域等，以及现有的全球标准制度、专利制度和与贸易相关的知识产权制度规则等规章制度。有关这些全球治理体系和规则如何应对的问题，对于"走出去"的中国民营企业而言是亟待解决的现实问题。

另外，东道国政府还通过本国的各类政策和做法对开展"一带一路"国际产能合作的企业进行限制，特别是各类反垄断审查、所谓的"国家安全"审查等，在不同程度上影响甚至限制了正常的国际产能合作活动。参与共建"一带一路"的诸多东道国往往又是市场经济发展不是特别完善的经济体（也被称为"弱制度情境"），如何应对东道国的"弱制度情境"和一些东道国的政策不确定性，也是我国民营企业面临的挑战。

为了应对这些源于现有全球治理体系和东道国方面的挑战，需要公共部门和民营企业私人部门协同推进。一方面，需要我国各级政府不断完善国内的制度安排和出台相关的公共政策，公共研究机构与行业协会相关公共部门协同，营造良好的国际化条件和环境，搭建与东道国和国际机构的沟通协调机制，为民营企业和其他所有制企业开展"一带一路"国际产能合作提供良好的支持和规范，这是民营企业所亟待解决的现实需求。另一方面，民营企业也应抓住机会，直面挑战和风险，发挥企业家精神，应对"一带一路"国际产能合作过程中的不确定性和各类风险。那么，民营企业国际化有何新的商业模式？其如何从"走出去"到"走进去"（也就是在东道国的组织合法性问题），以及从"走进去"再到"走上去"获得国际竞争优势？这个过程需要民营企业建构什么样的能力体系？这些微观行为主体方面的相关问题也需要学术界开展相关研究。

综上所述，本书希望重点回答的问题包括：

（1）中国民营企业参与"一带一路"国际产能合作过程中面临着国际国内新形势，需要重新思考如何处理企业利益、国家利益与东道国利益之间的关系，为"一带一路"国际产能合作可持续运营创造良好的发展环境。

（2）民营企业如何制定参与"一带一路"国际产能合作的战略决策，包括选择何种"走出去"的商业模式及其依据、东道国区位选择、海外进入模式和进入过程因素的选择等问题。已有的国内外最佳实践案例是否有相关的经验启示，而企业自身又应如何进行战略制定。

（3）单一的民营企业如何与母国及东道国的创新生态系统进行协同发展，以实现在"一带一路"共建国家更好地嵌入，获得动态的组织合法性问题。在跨越地理边界的同时，进行组织、制度和知识多维度协同，是民营企业在东道国"走进去"的关键。

（4）民营企业及其创新生态系统为了应对来自全球治理、东道国及竞争对手等多种外在因素影响和不确定性的挑战，应该构建什么样的能力体系，并进行组织创新和变革，重新配置内外资源以获得动态的竞争优势，这是在参与"一带一路"国际产能合作过程中如何"走上去"的核心。

（5）中央和地方政府、大学与研究机构和行业协会等相关公共部门如何协同，以完善国内的制度安排和出台相关的公共政策、搭建公共平台并提供公共产品、营造良好的外部环境和支持体系等，将是民营企业面向2035年甚至更长远的中长期开展"一带一路"国际产能合作的重要战略问题。

第二章

民营企业参与"一带一路"国际
产能合作的理论基础

在全面了解"一带一路"国际产能合作内涵、现状及发展趋势的基础上，有必要进一步深入加强对共建"一带一路"国际产能合作的相关理论研究，构建"一带一路"国际产能合作的理论体系。这是凝聚国际共识、营造良好氛围的迫切要求，也是有效推进"一带一路"国际产能合作建设的基础工程，具有重要的理论意义和实践价值。本章重点聚焦民营企业参与"一带一路"国际产能合作的理论基础，从微观层面（对外直接投资、企业国际化、研发国际化、资源基础观、知识基础观、动态能力、制度理论、实物期权等）、中观层面（产业合作、国际产能合作、"一带一路"与国际产能合作等）和宏观层面（全球经济治理、全球科技治理、其他全球化宏观因素）三个不同视角进行了详细且系统地阐释，并进一步提出未来研究展望。

第一节　微观层面相关理论综述

一、新兴经济体对外直接投资相关研究

（一）传统对外直接投资理论

对外直接投资理论最早可以追溯到亚当·斯密的绝对优势理论和大卫·李嘉图

的比较优势理论，这两个理论为对外贸易奠定了理论基础，也为对外直接投资理论的形成提供了理论准备。在这两个理论的基础上，套利理论和生产要素禀赋理论分别从利率差和生产要素禀赋差异两个视角揭示国际贸易的原因（见表 2 - 1）。

表 2 - 1　　　　　　　　经典的对外投资理论

对外投资理论	代表人物	核心观点
垄断优势论	海默（Hymer，1960）	对外直接投资（Outward Foreign Direct Investment，OFDI）应该从不完全竞争出发，在市场不完全的情况下，企业才能够以自己的各种垄断优势，对他国进行直接投资
产品周期理论	维农（Vernon，1966）	对外直接投资的动机和基础不仅取决于企业拥有的特殊优势，还取决于企业在特定东道国所能够获得的区位优势
内部化理论	巴克莱和卡森（Buckley and Cason，1976）；拉格曼（Rugman，1981）	世界市场的不完全性和中间产品的性质决定了跨国公司的内部化行为。跨国公司用公司内部交易来替代外部市场交易，克服外部市场障碍或弥补市场机制的内在缺陷
比较优势论	小岛清（Kojima，1978）	对外直接投资应该按照比较成本的原则，首先从本国比较成本已经处于劣势或者即将丧失比较优势的产业开始，并将其投向东道国在提高生产率方面具有潜在比较优势的同类产业
国际生产折衷理论	邓宁（Dunning，1977）	企业进行对外直接投资需要同时具备三种优势：所有权优势、内部化优势和区位优势，否则只能采取出口贸易或技术转让的方式来参与国际经济活动
小规模技术理论	刘易斯·威尔斯（Louis，1983）	发展中国家跨国公司的竞争优势来自低生产成本，这种低生产成本是与其母国的市场特征紧密相关的生产成本
技术地方化理论	拉奥（Lall，1983）	第三世界跨国公司的技术特征虽然表现为规模小、标准技术和劳动密集型，但是其中却包含着企业自身的创新活动，有自己的"特定优势"
技术创新产业升级理论	康特韦尔和托伦蒂诺（Cantwell and Tolentino，1990）；托伦蒂诺（Tolentino，1993）	技术能力的提高是一个长期积累的过程，而且与该国对外直接投资的增长直接相关，发展中国家对外直接投资的产业分布和地理分布会随着时间的推移而逐渐变化

　　20 世纪 60～80 年代是西方对外直接投资理论发展的重要阶段，其间形成了一些具有深远影响的对外直接投资理论。美国学者海默（1960）运用西方微观经济学中关于厂商垄断竞争的原理来说明跨国公司对外直接投资的动因，提出了"垄断优势论"。美国经济学家维农（1966）在其提出的产品周期理论中解释了发达国家在什么情况下会进行出口贸易、技术转让以及对外直接投资。英国雷丁大学经济学家巴克莱、卡森（1976）以及加拿大经济学家拉格曼（1981）在对传统对外直接投资理论进行批判的基础上提出了内部化理论，认为世界市场的不完全性和中间产品（特别是知识产品）的性质决定了跨国公司的内部化行为。小岛清（1978）提出了具有本国特色的对外直接投资理论——比较优势论。英国经济学家邓宁（1977）在借鉴垄断优势理论和内部化理论并引入区位理论的基础上，采用折衷的方法提出了跨国公司对外直接投资的一般理论：国际生产折衷理论，指出企业进行对外直接投资需要同时具备三种优势：所有权优势、内部化优势和区位优势（自称其为"三优势范式"），否则只能采取出口贸易或技术转让的方式来参与国际经济活动。

　　从 20 世纪 70 年代中期开始，一些学者逐渐关注发展中国家对外直接投资的理论探讨，提出了许多有价值的理论和观点。美国研究跨国公司的学者刘易斯·威尔斯（1983）提出的"小规模技术理论"，认为发展中国家跨国公司的竞争优势来自低生产成本，这种低生产成本是与其母国的市场特征紧密相关的生产成本。英国学者拉奥（1983）在对印度跨国公司的竞争优势和投资动机进行了深入研究后，提出了"技术地方化理论"，认为第三世界跨国公司的技术特征虽然表现为小规模、标准技术和劳动密集型，但是其中却包含着企业自身的创新活动，有自己的"特定优势"。技术地方化理论强调发展中国家对发达国家的技术引进不是被动的模仿和复制，而是对引进的技术加以消化、改进和创新。

　　康特韦尔和托伦蒂诺（1990）针对 20 世纪 80 年代中期以后新兴工业国家和地区对发达国家的对外直接投资活动，提出了"技术创新产业升级理论"，指出技术能力的提高是一个长期积累的过程，而且与该国对外直接投资的增长直接相关，并且进一步认为是可以被预测的：发展中国家对外直接投资的产业分布和地理分布会随着时间的推移而逐渐变化，显示出技术引进对本国产业转换和升级的推动作用。近年来有研究引入代理理论，关注个体高管两职合一和两职分离状态对企业国际化战略的影响，研究发现两职合一时首席执行官（CEO）倾向于管家角色，对企业国际化投资有正向推动作用，薪酬和股权激励在其中也发挥有效促进作用，并且在民营企业的股权性质下所有关系更显著（林润辉、李飞和薛坤坤，2021）。

（二）以中国为代表的新兴经济体对外直接投资相关研究

1. 新兴经济体对外直接投资的驱动因素研究

对投资动因的研究是早期研究发展中国家对外直接投资现象的一大领域，《世界投资报告》（2006）将发展中国家对外直接投资的优势总结为 4 大类 12 小类，且总结出的投资动因总体上与传统理论相一致，但详细来看又具备各自特征。在市场寻求方面，虽然发展中国家和地区内的投资具有文化地域和资源上的相近性，但考虑到市场的开放度和市场规模，发达国家日益成为主要的投资目标国。在效率寻求方面，因发展中国家和地区的国别产业不同而有差异，如中国内地和印度对这一因素的考虑并不占主要地位，而对于在全球价值链中面临较大竞争压力的中国香港、中国台湾和韩国等则非常重要。邓宁（1993）正是基于对此的观察而对折衷理论进行了新的补充。发展中国家的对外直接投资受资产开拓和资产寻求双方驱动。新兴经济体进行对外直接投资一方面是为了分散政府管制或时局不稳定等政治风险，另一方面也是为了应对汇率等其他经济风险。有研究指出，相对于发达国家的跨国公司而言，欠发达国家的跨国公司对东道国的政治风险相对不敏感，而且由于它们更知道如何与这些欠发达国家的政府打交道，反而拥有了一定的比较优势（杜秀红，2020）。许晖和丁超等（2022）研究指出，中国企业对外投资、国际化成长过程主要受海外市场压力、制度规制压力和前沿技术压力三个方面影响，而在此过程中民营企业彰显适应性特征，灵活地调整资源配置和制度安排，实现对外市场的探索、危机转化到高端突破。尤其是东道国政府、非政府机构、不同所有制的企业、不同背景的管理者等多种参与者，这些多种参与者的不同特征应纳入"一带一路"研究（Li，Qian and Zhou et al.，2022）。

新兴经济体对外直接投资相关研究成果如表 2 - 2 所示。

表 2 - 2 　　　　　　　新兴经济体对外直接投资相关研究成果

关键词	主要人物	核心观点
驱动因素	邓宁（1993）	资源寻求，尤其是战略性资产的寻求，更多地着眼于获得新的互补型资产
	卡弗斯（1996）	新兴经济体进行对外直接投资，一方面是为了分散政府管制或时局不稳定等政治风险，另一方面也是为了应对汇率等其他经济风险
	许晖和丁超等（2022）；许晖、刘田田和丁超（2021）	中国企业对外投资主要受海外市场压力、制度规制压力和前沿技术压力三个方面影响

续表

关键词	主要人物	核心观点
逆向技术溢出	科格特和常（1991）；吴崇等（2023）	东道国的逆向技术溢出已成为跨国公司OFDI的重要动因
	刘洪愧和谢谦（2017）	内向外商直接投资（FDI）对国内生产率并无显著提升作用，而外向FDI和进口则显著地促进了国内生产率
	比泽尔和克里克斯（2008）；周记顺和万晶（2020）	对外直接投资并未对国内技术进步产生显著的促进效应
	陈继勇（2010）；陈菲琼（2013）；许晖等（2017）	对外直接投资促进了我国的技术创新，有助于企业自主创新能力的提升
母国产业升级	小岛清（1978）	"边际产业扩张"理论：按照"边际产业"的顺序进行对外投资，既可以实现产业的国际间转移，也可以促进国际贸易的发展
	布洛姆斯特伦（2000）；谢洪明等（2019）	对外直接投资对于产业升级有正向的推动作用，有效促进了产业结构调整
	拉姆斯泰特（2002）；迟歌（2018）	对外直接投资对于投资国的就业等方面有负面影响
区位选择	邓宁（1977）；邢乐斌等（2023）	国际生产折衷理论：FDI流向直接受到所有权优势、区位优势以及市场内部化优势的影响
	巴克利等（2007）；简（2007）；罗等（2010）；李新春和肖宵（2017）；杨勃（2019）	东道国制度环境的优劣与FDI流入正相关
	宗芳宇等（2012）	认为双边投资协定能够弥补母国制度支持的不均衡性，对于帮助非国有企业到签约国投资有着显著的积极作用
	冀相豹和葛顺奇（2015）；黄胜等（2015）	中国OFDI对母国制度环境具有显著的依赖性，国内地区间制度环境的差异是导致地区间OFDI差异的主要因素之一

2. 新兴经济体对外直接投资的特征和模式研究

新兴经济体对外直接投资的特征主要包括"政府推动型""效率寻求型""资源寻求型"等。而往往新产品占比、人均管理成本、人均产出、资本密集度、利润率和出口强度等因素可以作为母公司竞争优势的体现，对 OFDI 具有促进作用，但是体现竞争劣势的债务利息率则阻碍了新兴市场企业的 OFDI（葛顺奇和罗伟，2013）。随着新兴市场企业参与国际分工的程度深入，其参与方式和层次都会发生巨大变化，投资结构将得到改善，质量也会呈现明显提升。

从新兴经济体对外直接投资模式的视角看，可总结为主要受到 3 个层次因素的影响：（1）国家层面因素，如东道国市场规模、东道国所有制结构、东道国法律和制度环境、母国和东道国的文化差异等；（2）产业层面因素，如产业技术水平、产业多元化、产业集中度等；（3）企业层面因素，如企业的研发能力和管理组织能力、企业的跨国经营经验、企业的国际性策略等。近年来企业国际化进程的研究包括对跨国企业的海外市场进入模式的研究，通常采用多维分析框架，尤其就新兴市场企业而言，有必要同时考虑到国家、产业和企业层面的影响因素。

薛求知和韩冰洁（2008）认为东道国国家层面和产业层面感知腐败会使跨国公司采用持股比例较低的合资进入模式，并且东道国腐败程度对跨国公司进入模式战略的影响会受到跨国公司进入东道国战略动机的调节。刘渝琳和梅新想（2013）发现发达国家偏好跨国并购的投资模式，组件制造密集型产品的对外投资是资源寻求型 FDI，是发达国家的对外强势投资，能够获得多于预期的收入份额；总部服务密集型产品的对外投资是战略资源寻求型 FDI，是发展中国家以牺牲收入份额为代价、获取互补战略资源为目的的对外弱势投资。綦建红和杨丽（2014）认为文化距离对 OFDI 多样化和平行模式选择具有显著的直接影响，文化距离通过母公司因素对进入模式选择产生了显著的间接传导作用。周茂等（2015）则从生产率的视角发现生产率越高的企业在对外直接投资时选择并购模式的概率越大，母国企业上游知识资产跨国流动性差异会在一定程度上影响生产率的选择效应。张海波和李彦哲（2020）认为母公司技术水平越先进、国际化经验越丰富，跨国企业越倾向于采用独资模式，并且相比于合资模式，独资模式能获取更佳的海外经营绩效。同时，东道国投资环境不确定性风险越大、经济增长潜力越小，跨国企业越倾向于选择合资模式，并且相比于独资模式，合资模式能产生更佳的海外经营绩效。

3. 新兴经济体对外直接投资与本土产业发展相关研究

国外关于对外直接投资与产业结构关系的研究主要集中于对发达国家的理论及实证研究，具有代表性的理论是维农的"产品周期理论"和小岛清的"边际产业扩张理论"。

国内学者主要从理论分析和实证研究着手。汪琦（2004）认为对外直接投资通过发挥资源补缺、传统产业转移、新兴产业促长、产业关联和辐射、海外投资收益等方面的效应有力地带动投资国的产业结构调整和升级。冯春晓（2009）分

25

析了制造业对外直接投资对其产业结构优化的影响，认为我国制造业对外直接投资与其产业结构优化存在正相关关系。李逢春（2012）分析了对外直接投资的母国产业升级效应，认为不同数量和水平的对外直接投资对于母国产业升级的效果是不一致的，对外直接投资过程的节奏和不规则度可以反向影响对外直接投资的产业升级效应，不同的市场化水平对产业升级的效应是不同的。另外，我国对外直接投资对国内产业结构的调整效应也与国内产业结构优化调整的关联度存在着从高到低的特征（韩先锋等，2023）。

国外关于对外直接投资与产业结构关系的研究主要集中于对发达国家的理论及实证研究，较少有对发展中国家的研究。而国内已有研究中，实证分析大多采用了以对外投资总量对产业结构进行计量分析的方法，基于国家层面研究对外直接投资的产业结构优化效应，较少开展基于具体行业或具体区域的研究。

4. 东道国制度与新兴经济体对外直接投资相关研究

东道国制度与区位选择。邓宁（1977）的国际生产折衷理论首次将区位选择引入国际直接投资的问题分析中，此后他还进一步地通过国际生产折衷理论论证了制度是 OFDI 区位选择的间接影响因素。随着理论层面的研究日趋成熟，实证层面的研究也日渐丰富，尤其是中国 OFDI 区位选择的决定因素问题。鉴于发达国家拥有企业市场化运作和国家制度优越的优势，选择发达国家作为东道国研究样本一度成为研究者探讨 OFDI 区位选择问题的主要方式，并认为东道国制度环境的优劣与 FDI 流入正相关（Luo et al.，2010）。孟醒和董有德（2015）认为探讨社会风险和政治风险对我国企业对外直接投资区位选择产生影响。冀相豹（2014）认为东道国制度因素对中国 OFDI 具有差异性影响，发达国家的制度因素对中国 OFDI 具有正向影响，发展中国家对中国 OFDI 则具有反向影响。王恕立和向姣姣（2015）认为中国 OFDI 的投资选择和投资规模表现出不同的制度偏好，OFDI 投资规模更偏好优越的制度环境，多元化的母国投资动机使中国 OFDI 面向不同国家或地区表现出差异化的制度偏好。阎大颖（2013）认为东道国的经济制度质量对跨国公司对外直接投资的区位选择决策的作用最明显。蒋殿春和彭大地（2023）认为强化国内知识产权保护可以显著提升企业对外直接投资规模。李潇和韩剑（2023）聚焦数字型跨国公司的投资行为，发现在理论层面，技术、资源、距离、市场等传统要素在数字型 FDI 中具备了新的内涵。

东道国制度与逆向技术溢出。早期的文献主要集中于贸易和内向 FDI 渠道的国际技术溢出方面。自相关学者（Kogut and Chang，1991）的开创性研究以来，越来越多的学者开始相信外向 FDI 也是国际技术溢出的重要渠道，即对外直接投资可以通过逆向技术溢出效应提高母公司的生产率。有学者（Fosfuri and Motta，1999）基于一个对外直接投资决策的古诺模型的分析表明，即便在承担建立成本且出口运输成本为零的情形下，技术落后企业仍然可以选择以直接投资的方式进入国外市场。还有学者（Siotis，1999）在双向溢出的假设前提下也得出了类似的结论，从而在理论上证明了对外直接投资逆向技术溢出的可能性。陈继勇等（2010）认为知识溢出净流入地区自主创新能力的提升，有助于吸引更多的知识溢出和外商直接投资流入。其中东道国高效的公共治理、严格的知识产权保护以及完善的技术市场体制均可通过与我国 OFDI 逆向技术外溢的协同作用对我国的技术创新起到促进作用。而东道国创新水平和东道国经济发展水平都对中国对外直接投资逆向技术溢出具有显著的正面影响，东道国知识产权保护制度越健全，越有利于中国企业通过对外直接投资获取逆向技术溢出。此外，刘志东等（2023）认为对外直接投资，尤其是在"一带一路"共建国家的对外投资有效提升了我国的技术创新效率，加速技术创新动力结构转变，但也加剧了技术进步的衰减。

对于东道国制度和对外直接投资的研究主要集中于区位选择和逆向技术溢出两个方面。鉴于发达国家拥有企业市场化运作等优势，现有研究大多选择发达国家作为东道国研究样本，都忽略了中国作为新兴经济体国家日益成为主要对外直接投资国的特殊性，就东道国制度对于对外直接投资的影响尚未在实证层面达成共识。有研究表明中国对非洲国家的投资不存在偏好性，而主要取决于目标国经济、市场及能源储量。"制度距离"对东道国吸收 OFDI 往往具有负面影响，中国作为发展中国家，可以尝试通过经济制度和法治制度进行有效溢出（赵伟等，2006）。蒋冠宏和蒋殿春（2012）实证检验了中国 OFDI 在发展中国家的分布特征，重点考察了东道国制度对中国 OFDI 的影响，认为中国投资发展中国家有市场和资源寻求动机，东道国制度质量对中国资源寻求型 OFDI 有负面影响，中国与东道国制度的绝对差异对中国 OFDI 有正向影响。常君晓等（2023）以 2008年金融危机爆发后全球宏观经济环境的恶化为背景，分析发现在不利的经济环境中，高制度质量国家（地区）更能维护企业利益、降低交易成本，稳定企业投资的预期回报，吸引外商直接投资。

5. 对外直接投资与母国制度、政策相关研究

目前国内外学者对母国制度环境与 OFDI 进行的研究大多是制度对 OFDI 决定和区位选择的影响。阎大颖等（2009）结合中国经济转型时期的制度环境，对中国企业的对外直接投资的决策进行了多因素回归分析，认为政府政策扶植对企业对外直接投资的动机和能力有重要影响。宗芳宇等（2012）建立了关于双边投资协定、东道国制度环境与母国制度对发展中国家企业对外投资区位选择作用的研究框架，认为双边投资协定能够弥补母国制度支持的不均衡性，对帮助非国有企业到签约国投资有着显著的积极作用。王海军（2012）认为本土的政治风险对

OFDI 有实质影响，经济增长、经济开放程度以及政府政策等因素对 OFDI 也有显著作用。郝新东和杨俊凯（2020）认为东道国政治稳定程度、施政有效性、规制质量、法治程度、贪腐控制和公民参政与问责 6 个制度质量指标均存在单一门槛，说明东道国制度质量对其科技创新及中国直接投资具有影响。张海伟等（2023）提出东道国腐败控制水平提升、市场经济环境更加自由，会正向影响中国对外直接投资，有利于促进中国企业提高对外直接投资效率并扩大投资规模，而东道国法治水平导致的高贸易壁垒会对中国企业对外直接投资产生明显阻碍作用。当然中国 OFDI 对母国制度环境具有显著的依赖性，同时国内地区间制度环境的差异是影响地区间 OFDI 差异的主要因素之一。

此外，李梅等（2014）从母国制度环境视角考察了制度因素对 OFDI 逆向技术溢出效应的影响，认为政府的教育扶持、科技扶持、金融支持、政策开放度和知识产权保护对我国 OFDI 逆向技术溢出有显著的正向影响，但是政府对企业的扶持未能发挥积极作用；同时，制度环境对 OFDI 逆向技术溢出的影响存在显著的地区差异。

可以发现目前国内外学者对母国制度环境与 OFDI 进行的研究大多是制度对 OFDI 决定和区位选择的影响，也有一部分学者就母国制度环境对 OFDI 逆向技术溢出的影响进行了考察，然而针对国内地区之间 OFDI 差异和基于企业微观层面的相关文献比较少。

二、新兴经济体企业国际化相关研究

（一）传统企业国际化相关研究

对 6 本国际知名管理学期刊进行检索及评价：《管理学评论》（*Academy of Management Review*）、《美国管理学学会期刊》（*Academy of Management Journal*）、《行政管理季刊》（*Administrative Science Quarterly*）、《战略管理期刊》（*Strategic Management Journal*）、《组织科学》（*Organization Science*）、《国际商业研究期刊》（*Journal of International Business Studies*），另外还包括《国际商业研究期刊》（*Journal of International Management*）、《国际商业评论》（*International Business Review*）、《世界商业期刊》（*Journal of World Business*）、《管理国际评论》（*Management International Review*）和《全球战略期刊》（*Global Strategic Journal*）。通过文献综述发现，已有关于新兴经济体企业国际化涉及的理论主要涵盖 15 种相关理论，在国际代表性期刊发表的相关论文数及占这一主题论文总数的比例见表 2 - 3。

表 2 - 3 　　　　新兴经济体企业国际化相关理论流派及在国际
代表性期刊的发表情况

企业国际化理论	论文数量（篇）	占比（%）
制度理论	27	11.84
资源基础观/知识基础观/动态能力理论	25	10.96
OLI 模型/所有制优势理论	24	10.52
跳板理论	14	6.14
组织学习理论	14	6.14
跨国企业理论	10	4.38
对外直接投资理论（例如外来者劣势理论）	10	4.38
国际化阶段理论	8	3.50
社会资本理论/关系视角	6	2.63
交易成本理论	3	1.31
国际贸易理论（例如比较优势理论）	3	1.31
网络理论/联盟理论	2	0.87
资源依赖性理论	2	0.87
文化距离理论	2	0.87

资料来源：Yadong Luo，Huan Zhang. Emerging Market MNEs：Qualitative Review and Theoretical Directions ［J］. *Journal of International Management*，2016，22（4）：333 - 350.

（二）以中国为代表的新兴经济体企业国际化相关研究

1. 驱动因素研究

大多数学者指出，发达国家基于市场的跨国公司和外国直接投资理论不能充分解释新兴市场跨国公司（Emerging Market Multinational Enterprises，EMNEs）的国际扩张，尽管这些理论仍然与跨国公司的研究有关（陈衍泰等，2021）。因此，许多研究试图提供定制 EMNEs 的理论延伸，如"跳板视角"认为面对来自母国的制度和市场制约，EMNEs 将追求国际扩张作为减少这些压力和获得资源的跳板。它们系统地和递归地使用国际扩张作为跳板以获得关键资源，与国内外的全球对手进行更有效的竞争。已有研究表明，EMNEs 既是资产寻求，又是机会寻求（许晖和单宇，2019）。

研究还表明，EMNEs 存在利用其竞争优势的动机，如在其他新兴和发展中国家的成本创新和高价值成本比率，甚至在发达市场，这些公司的优势适合中低端市场（Luo and Tung，2007）。随着全球开放资源的可用性提高，这些优势使

EMNEs 能够在其他国家制造技术标准化产品，并向当地消费者提供一个非常具有吸引力的价格。另外，在母国的制度环境中，一些研究确定并审查了对外直接投资的关键决定因素（Tolentino，2010）。焦点公司的所有权类型（私营企业、国有企业、家族企业等）和企业集团也被视为增加 EMNEs 活动的推动变量。部分学者还分析了宏观经济变量，如区域贸易协定（Banalieva et al.，2010）和微观层面的力量，如个人行为者的意图和感知，表明了这些因素与 EMNEs 的 OFDI 决策的相关性（Fabian et al.，2009）。微观层面的研究还引入代理理论和管家理论来讨论 CEO 和董事长两职合一对企业国际化的影响，代理理论认为两职合一意味着决策管理与决策控制一体化，企业进行国际化要求决策者具备应对文化、制度及环境差异所带来的不确定性的能力，厌恶风险的 CEO 不倾向国际化战略，当 CEO 同时兼任董事长即拥有更大的自由决策权时，出于其自身利益考虑不会选择国际化战略；管家理论认为两职合一能够强化 CEO 的决策控制权、避免多重结构、保证决策命令统一、提升决策效率。新兴经济体国际化战略面临陌生复杂的外部环境，并且国际化战略是一项高风险和高失败率的战略，企业更需要具备自由度的领导者快速做出国际扩张的决策（林润辉、李飞和薛坤坤，2021）。

2. 中国企业国际化进入模式相关研究

有研究显示企业国际化进入模式（mode）按可控制程度高低分为独资（或购并）、合资、授权三种（Hennart and Reddy，1997）。有学者按投资股权高低将其分为三类：不牵涉股权投资的国际化形式、股权投资介于 0 ~ 100% 之间的国际化形式、100% 股权投资的形式（即独资）；也有学者归纳为三种模式：出口、契约（特许）及（国外）投资；或按操作特性划分为四种模式：一是设立全资子公司，二是合资或合作企业，三是特许经营，四是出口（赵曙明等，2010）。

一般认为企业决策者的个人关系会使企业以风险更高的模式进入国际市场，而企业关系则不会影响其国际化进入模式。黄速建和刘建丽（2009）认为企业的进入模式选择必须考虑特定战略动因的实现，并针对中国企业的实际情况，构造了一个分层次树型选择模型和动态的多目标进入模式决策模型。有研究表明制度环境中的调节机制对我国企业海外投资进入模式选择具有显著影响（黎文靖和赵曼妮，2016；马晓飞和杜中文，2022）。规范机制方面，中国企业主要通过所有权模式的调整来应对文化距离等非正式制度因素的影响；模仿机制方面，母子公司一体化程度越高，企业越倾向于以新建子公司的方式进入当地市场。吴晓波等（2016）认为相比文化差异，规制差异对技术资源与进入模式之间关系的调节效应更加明显，在进入制度评分比中国高的东道国时，文化差异相比规制差异对技术型资源与进入模式之间关系的调节效应更加明显。

3. 中国企业国际化的学习、组织模式和影响绩效的过程机制研究

中国民营企业国际化面临动荡的国际环境，因此呈现出"市场探索—危机转化—高端突破"的演化轨迹，管理学习、适应性重构与创新能力是其过程中的三大关键要素，企业通过管理学习持续提升认知能力和经营管理水平，通过适应性重构灵活地调整资源配置和制度安排，通过创新能力发挥特定优势并构建核心竞争力（许晖和丁超等，2022）。而中国企业国际化的组织模式也伴随跨国企业中资源和权力的分散化以及海外子公司作为新优势获取者的定位日益凸显，不难发现跨国母公司和子公司之间基于依赖性的支配与被支配的关系需要进一步演变为基于领导、激励、支持、信任和合作的伙伴化关系。陈衍泰等（2020）指出，中国企业海外研发既到发达经济体的探索学习，又有到新兴经济体的开发利用式学习，国内的双元组织、知识基础是海外边界拓展的基础。

另外也有研究发现，企业外部网络规模和网络强度对企业国际化绩效有显著影响，而网络稳定性对企业国际化绩效的影响则不显著，国际化知识获取在企业外部网络结构与企业国际化绩效之间起到部分中介的作用（王雪莉等，2013）。同时，对于现阶段的中国制造业企业来说，国际化广度和深度的提高可能对企业成长或绩效具有不同效应。有学者提出了国际化程度与企业绩效之间存在着"S"型曲线关系，这表明随着多元化程度的提高，国际化对绩效的影响逐渐减弱。另外，不仅高的创业导向对国际化绩效产生了正面影响，网络能力也是影响国际化绩效的一个重要因素，并对创业导向与国际化绩效之间的关系起到调节效应。在国际化速度方面，也有文献发现其与企业绩效之间往往呈"U"型曲线关系，未考虑地区市场化程度的影响时，政府参与和外资参与对两者关系具有显著的正向调节作用（陈林等，2019）；考虑地区市场化程度的影响时，一方面它削弱了政府参与、企业隶属关系对企业绩效的调节作用，另一方面对外资参与和企业绩效关系的二次调节作用则不显著。吴航和陈劲（2014）从动态能力理论视角，探索了出口和对外直接投资对创新绩效的影响机制，认为机会识别能力和机会利用能力在出口和创新绩效、对外直接投资与创新绩效之间均起到部分中介作用。许晖等（2022）提出企业对环境不确定性动态程度（突变程度和渐变程度）的感知分别源于其自身的"资源约束"和"信息约束"。同时，环境不确定性感知影响中国跨国企业海外客户参与策略的选择，包括动态参与和预期参与。最后，在海外客户参与过程中，企业可以通过将不同维度的学习（认知维度和行为维度）进行转化，以形成应对环境不确定性的快速响应机制。

三、新兴经济体企业研发国际化相关研究

虽然传统跨国公司进行研发国际化已经有较长的历史，但新兴经济体企业的

研发全球化是近年来的新发展，因此更加吸引学者的注意。与发展中国家企业研发国际化有关的传统理论主要包括：美国经济学家韦尔斯（Wells，1977）提出的"小规模技术理论"，拉奥（Lall，1983）提出的"技术地方化理论"，康特韦尔和托伦蒂诺（Cantwell and Tolentino，1990）、康特韦尔和纳鲁拉（Cantwell and Narula，2001）等提出的发展中国家 OFDI 技术创新升级理论等。阿奇布奇和米奇（Archibugi and Michie，1995）进一步界定深化了研发国际化的内涵和类型分析，指出新兴经济体/发展中国家"开发利用型"研发国际化和来自新兴国家的跨国公司进行的"技术追赶型"研发全球化，其主要目的是获取发达国家丰富的科技知识。企业内部组织能力和外部环境对研发国际化中开发利用型、探索学习型活动与绩效之间的关系起到了调节作用，而组织双元性对均衡开发利用型、探索学习型和企业可持续绩效同样具有重要作用。

有学者（Deng，2009）指出中国对发达国家直接投资的主要动因是获得战略性资源和能力。研究指出，新兴国家海外研发投资的动因在于其母国的制度优势和产业结构，而其母国的技术积累需求动力则相对不显著。而新兴国家的海外战略性资产寻求型投资的主要目的是获取海外研发资源，其中中国企业海外研发投资力度相对较小，并且多是政府驱动型的。有学者针对中国企业在欧洲研发投资，指出其海外研发动机为全球学习，其海外研发单元动机经历技术开发、技术学习到海外技术利用的演化过程，而新兴国家到海外研发还受到国内和国际制度框架的治理因素影响（Yang et al.，2009）。有学者（Wang and Liu，2022）探究了国家股权对"一带一路"倡议下的对外直接投资（OFDI）的影响，研究发现企业的国有股权占比越高，越能够提高它们对共建"一带一路"国家进行投资的积极性。还有学者（Chen，Ning，Pan et al.，2022）考察了绿色保险对企业对外直接投资决策的影响，结果表明，绿色保险减少了企业对外直接投资。此外，绿色保险对企业对外直接投资的影响在市场化程度较高的地区更强，而在投资共建"一带一路"国家时则比较弱。

冼国明和杨锐（1998）通过研究发展中国家企业技术积累、竞争策略和对外投资的发展阶段，提出了中国"逆向投资"的目的之一是获取先进技术或管理技能；鲁桐（2000）针对中国在英国投资企业的实证调查，发现其投资动机是获得硬件技术和海外市场信息等；陈劲等（2003）调查研究了中国企业 R&D 国际化的组织模式现状，并对中国企业 R&D 国际化的组织模式演化路径进行了分析；喻世友等（2004）认为投资规模是跨国企业研发区位选择的关键因素；徐康宁和陈健（2008）认为高端跨国公司在区位选择上对低成本劳动力这一重要因素并不敏感；有学者（Filippaios et al.，2009）提出构建一个全球创新战略（GIS）模型，确定技术战略的演变以及海外研发实验室或跨国公司技术合作伙伴的关键角色；陈衍泰等（2017）进一步指出了以中国为代表的新兴经济体企业研发国际化的未来研究方向。刘娟等（2022）探讨了研发国际化与企业创新价值获取之间的关系，发现研发国际化通过延长专利国内首次被引时间间隔、降低专利国内引用次数，对企业国内创新价值获取呈现出独占效应；同时，研发国际化通过缩短专利国外首次被引时间间隔、提升专利国外引用次数，对企业国外创新价值获取呈现出共享效应。

四、企业资源基础观、知识基础观和动态能力理论

彭罗斯（Penrose）1959 年在《企业增长理论》一书中指出，企业基本上可以看作生产性资源的集合，强调企业建立强大的资源优势远胜于拥有突出的市场位势。20 世纪 80 年代波特提出的"竞争优势理论"一度从企业在产业的战略定位视角来分析企业竞争优势。但是该理论受到越来越多的质疑，战略的研究视角开始转向企业内部分析。沃纳菲尔特（Wernerfelt）开创性地提出了企业资源基础观，将企业战略学者的关注引回到作为产品乃至企业绩效基础的资源。巴尼（Barney，1991）提出了可论证的关于资源基础观最详细、规范的描述，提出企业资源基础观的两个基础假设——资源异质性和不完全转移性，并进一步提出被广泛引用的具有持久竞争优势潜力的四个必要非充分条件，即"资源价值性、稀缺性、不可模仿性和不可替代性"（简称"VRIN"特征）。拥有某种资源和能力或在某种行业中运营的公司可以拥有竞争优势，这反过来又可以带来卓越的业绩。所有这些研究关注特定的资源特征如何决定组织的竞争优势，认为资源在组织之间的分配是高度异质性的，而组织资源的"非完全流动"特性又使得资源的异质性特征难以随时间而发生改变。由此，资源基础观的外延在于组织资源的静态性，其核心便在于将组织拥有的资源和能力作为组织竞争优势的关键。公司设想并实施战略，通过集合各种利益相关者的资源和能力，提升客户为产品或服务付费的意愿，降低生产该产品或服务的成本。

普拉哈拉德和哈默尔（Prahalad and Hamel，1990）提出的"核心能力"概念使企业资源基础理论进一步获得广泛关注并被接受，随后围绕"核心能力"掀起了研究高潮，企业能力理论也由此逐步形成。企业能力理论的核心观点是，企业成功的关键不在于资源本身，而在于企业对资源的使用方式。核心能力理论认为，企业异质性静态资源需要通过核心能力（如知识管理）才能转化为企业竞争优势并提高企业绩效。随着核心能力理论的快速发展，学者也指出其局限性：在动态环境中，如果企业核心能力得不到更新，其终将成为阻碍企业发展的"核心刚性"。

知识基础观由资源基础观发展而来，试图探究企业核心能力的决定因素是企业的知识，其基本观点包括：隐藏在核心能力背后并决定企业持久竞争优势的是

企业掌握的知识，尤其是隐性知识；企业异质性起因于知识的异质性，企业作为整合知识的机构而存在，知识基础观将企业视为能创造条件使多个个体整合其特有知识的机构，是知识集成的组织。企业高管或个体的知识、知识结构和认知能力的异质性决定了企业的异质性。另外，知识基础观还解释了竞争优势的获取与维持：在不同任务环境、具有不同的成长路径以及不同的组织文化的企业所产生的隐性知识，以及嵌入在个体身上、根植于企业的实践和经验之中的隐性知识，有助于企业获取并保持竞争优势。纳迪和戴维（Naldi and Davidsson，2014）研究发现，从国际市场上获取的知识更有利于企业的成长，尤其是年轻企业。自基郁萨和曼齐尼·温兹尼（Chiesa and Manzini，1996）对跨国公司内部知识转移的管理机制进行研究以来，出现了很多关于跨国公司知识流动的研究，如阿尔梅达（Almeida，1996）发现在美国的外国子公司积极从当地获取知识并将其用于创新；霜（Frost，2001）探索海外子公司在技术创新过程中利用知识的地理起源，解释并论证了海外创新子公司利用来自母公司基地或子公司东道国知识源的各种条件，以及不同知识源与跨区域知识整合对子公司创新的影响；莱勒和浅川（Lehrer and Asakawa，2002）提出离岸知识孵化（Offshore Knowledge Incubation，OKI）的概念，并指出这是跨国公司海外子公司发展的一条新路径。通过对日本和美国企业在欧洲的知识孵化器的比较我们发现日本企业的传统"种族中心主义"在促进公司内部隐性知识流动的同时，可能会阻碍获取嵌入在企业边界之外的国外创新系统中的关键知识；相比之下，"明确的"美国公司似乎在获取外国创新系统中的知识方面具有一定的优势。辛格等（Singh et al.，2007）对跨国公司与东道国企业间的知识流量（流入量与流出量）进行比较研究，发现存在非对称知识溢出——技术先进国家的跨国公司，知识流出大大超过知识流入，即使技术不太先进国家的跨国公司，知识流出也只比流入量略少；而跨国公司内部的知识转移通常发生在高能力单位之间，孤立的少数群体很少参与知识共享活动，存在"内部隔离劣势"的可能性。阿瓦雷等（Awate et al.，2015）通过对先进经济体跨国公司（AMNEs）和新兴经济体跨国公司（EMNEs）的研发（R&D）国际化进程中知识流的深入比较发现，在EMNEs中，总部往往是研发子公司的主要知识来源；相比之下，EMNEs总部追赶创新的主要驱动因素是海外研发子公司向总部的"逆向"知识流动。

蒂斯等（Teece et al.，1997）首次提出并系统地阐述了动态能力的内涵和基本理论分析框架。动态能力是"企业整合、建立和再配置内外部能力以适应快速变化环境的能力"，主要强调恰当地调整、整合和重构内外组织技能、资源和能力以适应环境变化。为了更好地理解动态能力的本质，其他学者从组织惯例与流程、存在条件、组织知识等不同角度，对动态能力的内涵和特征开展了进一步研究。越来越多的学者认识到动态能力不是一个统一的概念，且表现出各种不同的形式（Eisenhardt and Martin，2000）。因此，学者们开发了不同的方法来量化动态能力的构造。这些构成和维度化分类法主要包括：（1）参与动态能力的流程类型（例如，协调/学习/重新配置；感知/抓住/转换）；（2）动态能力的惯例化程度（例如，与相对于自发解决问题相比，应用模式化的惯例情况）；（3）应用动态能力的功能域（例如，联盟、新产品开发、合并和收购）；（4）能力等级（零阶、一阶、二阶以及更高阶的能力）；（5）分析的聚焦单元层次（个人、团队、组织内的和组织外的）。后人的研究多是延续这些分类法，对动态能力的构成和维度化进行延伸。

企业知识被认为是动态能力和价值创造的主要贡献者（Zollo and Winter，2002）。有研究表明学习型惯例和知识管理流程在企业动态能力的演化过程中发挥了重要作用（贺小刚等，2006）。而动态能力是企业获取、创造和整合知识资源以感知、应对、利用开创市场的能力。郑等（Zheng et al.，2011）认为基于知识的动态能力指的是获取、生成和组合内外部知识资源以感知、探索和解决环境动态的能力，而知识组合能力在动态能力与创新绩效之间起着中介作用。企业需要基于知识的动态能力来创造组织间的知识以便在联合研发项目中取得成功的创新成果。王和于（Wang and Yu，2007）指出基于知识的动态能力是信息技术和知识管理之间的完全中介，信息技术对知识管理的支持对企业基于知识的动态能力和绩效产生了积极影响。部分学者将知识管理定位为动态能力的前因，认为良好的知识管理有助于开发企业的动态能力（焦豪，2011；周翔等，2023）。部分学者将动态能力作为中介变量，对知识管理和组织绩效之间的关系进行了探讨（Santoro et al.，2019）。近年来，有学者引入动态能力理论阐述数字化转型对企业国际化广度的影响，发现数字化转型能促进企业洞察国际市场机会和提高应对动态复杂国际竞争的能力，提升企业国际化广度，并且这种影响力在制度逆差、非共建"一带一路"国家以及民营企业，比在制度顺差、共建"一带一路"国家和国有企业更强（王墨林和宋渊洋等，2022）。

五、企业的制度理论与组织合法性逻辑

（一）企业的制度逻辑与制度理论

制度构成一个组织、社会或国家内的经济、政治和社会关系的游戏规则（Scott，1995）。鲍威尔和迪马吉奥（1991）定义了"新制度主义"，通过考虑无法归结到个体属性和动机的总和与直接影响的超个体层面属性，寻找组织和社会现象的认知和文化解释。斯科特（1995）将制度定义为"规制、规范和认知的结构和活动，这些结构和活动能为社会行为提供稳定性和意义"，并把制度划分

为正式制度和非正式制度。而企业的战略选择是管理者所处的特定制度框架中正式和非正式制度约束的反映，制度直接决定了企业在制定和执行战略以及构建竞争优势的过程决策。例如，有研究关注到资本市场交易制度会影响企业对外投资决策，资本市场开放是深化金融体制改革的主要内容之一，而沪港通交易制度又是中国资本市场开放过程中的关键步骤之一，沪港通交易制度会通过增强股价信息含量以及影响企业融资来作用于企业对外投资（连立帅、朱松和陈超，2019；徐照林、朴钟恩和王竞楠，2016）。

制度作为组织行动约束的相关研究。组织制度理论学者认为，外部环境中的法律、规则以及信念等制度会约束组织的结构与行为（Maksimov et al.，2017）。趋同与合法性机制构成了制度约束过程的宏观与微观机理（姚小涛，2015）。由于资源的有限性导致组织在遵守规则和追求技术效率之间会存在冲突的空间，因此组织经常会选择只具有信号性质的"脱耦"行为。制度约束组织行为的过程称为"趋同"（Dimaggio and Powell，1983），在共同环境下趋同机制（isomorohism）驱使组织得以与其他组织保持相似。他们将趋同机制归纳为三种，分别为强迫性趋同、模仿过程和规范性压力。在制度的规约下，组织也会因遵从共同的制度安排而采取相似的结构和行为。组织采取相似结构的目的在于获得社会的普遍认可，即获取合法性。由此，合法性便成了组织制度之间关系的纽带。

制度与组织行动结果的相关研究。无论是组织本身还是组织内外部的利益相关者都处在动态演化的过程中，所以制度的约束作用也并非一成不变。制度的变迁是行动者在构建新制度合法性过程中一系列塑造新形象、提供合理解释的"符号性活动"的结果。因此，制度作为组织行动的后果便是导致制度打破旧有的均衡状态，进而推动自身的变迁。在制度变迁的过程中，制度创业和社会运动得到了广泛关注。制度创业家（Garud et al.，2007）通过整合可用资源推动制度变迁，改变原有制度所规定的行为标准和模式而创造和发展新的制度规范。而组织集体为了改变现存的制度安排，宣传其集体的主张，引发关于新旧制度的社会舆论，便引起了制度创新。

（二）组织合法性相关研究

在企业战略管理和创新管理领域，组织合法性被定义为"在社会互动过程中，在特定的信念、规范和价值观等由社会化所建构的系统内部对行动是否合乎期望的恰当的一般认识和假定"，是"一个个体的行为被普遍认为是令人满意并且合理适当的感知和假设"，同时也是"被客观拥有但主观创造的具体评价"（Suchman，1995）。合法性会影响利益相关者对组织的认同，同时也会影响利益相关者如何理解组织的活动和战略。在利益相关者看来，具备合法性的组织将更加具有价值和社会意义，也更加值得信赖。而对于组织合法性构成维度在不同层面上的界定将影响内外部利益相关者对组织的认同。在关于组织合法性的框架下，时效合法性和道德合法性构成了合法性的基本层面，道德合法性又进一步被具体为结果合法性、过程合法性和结构合法性。达克林等（Dacin et al.，2007）将组织合法性划分为市场合法性、投资合法性、关系合法性、社会合法性和联盟合法性。郭海等（2018）则在制度视角和战略视角下区分了市场合法性和非市场合法性对企业创新和绩效的影响效果。

关于组织合法性的研究主要集中在战略和制度两个视角，分别强调了组织合法性不同的聚焦点。

组织合法性的战略研究视角。战略视角把组织合法性当作一种帮助企业获取其他资源的资源来看待，企业通过制定相应的战略可以获取组织合法性。从战略观的角度来看，组织的合法化过程可以通过有效的管理控制来达到预先设定的目标。组织的内部管理者往往与外部利益相关者在合法性问题上存在周期性冲突，解决两者冲突的关键便在于规则和制度的确立。战略视角强调了合法性建构中管理者的作用，即危机或冲突发生后可采用相应的战略重构组织合法性，其理论范式为合法性理论和利益相关者理论，分析的焦点为实体管理和象征管理。传统的战略观视角关注的是国家边界内企业的合法性获取问题，魏江等（2020）则拓展到了跨越国家边界的合法性获取问题上，在演化过程中企业实施一定的政治战略和区分不同的结构模式进而分别通过直接和间接维持机制来克服来源国劣势。

组织合法性的制度研究视角。制度视角将合法性看作一种结构化的信念机制，认为组织追求合法化的目的在于适应外部制度化环境的压力，出发点为"向里看"（looking in）。制度理论认为外部制度建构了组织并且不断与组织相互渗透，进而形塑了组织的行为。组织合法性的制度视角将文化环境看作决定组织产生和运行方式的关键要素，同时也是决定外界对组织认知和评价的外在显现。制度视角强调了媒体刻画后的组织在建构合法性时旁观者的作用，理论范式为制度理论和合法性理论，分析焦点为同构机制和去耦化。程聪等（2017）则指出中国企业在进行跨国并购时会面临着发达国家市场和非发达国家市场的"双元情境"，成熟的制度环境与弱制度环境导致企业面临着不同的合法性聚焦点，并且对企业进入市场的策略和获取资源的难易程度产生影响。在共同的制度环境约束下，企业间通过选择合作伙伴结成战略联盟可以获取合法性并影响企业绩效。

六、实物期权理论

迈尔斯（Myers，1977）创造了"实物期权"一词，并设想将财务期权理论带入战略决策领域。实物期权被视为"以优惠条件购买期权的机会"。这些优惠条件取决于调整成本、市场支配力或产品或要素市场的其他缺陷。在实物期权中，基础是"实物"资产。增量现金流与工厂的建设或规模扩大、研发计划中产品的开发或专利的利用等相关。因此，实物期权理论已将期权思想从金融市场扩展到了有形或无形的实物资产，存在许多不同类型的实物期权。

目前有关实物期权的类别主要分为五种（Trigeorgis，1996）：一是延迟期权：这种期权适用于在外部市场需求不确定的情况下，企业可以选择进入或推迟进入决策。例如，一家公司可能正在考虑是否进入一个新兴的产品市场或某个东道国市场。二是增长期权：当一家公司在国外市场开始经营时，可能会持有另一家公司的部分股权，并保留未来扩大规模的可能性。这种期权为企业提供了未来增长的机会。三是扩张或收缩期权：包括扩大或缩减规模的选择，如扩大生产或采用外包安排。这种期权使企业能够根据市场和运营的需要灵活调整规模。四是切换投入产出或供应商期权：这种期权适用于跨国公司，它们可以根据外部条件（如汇率变化）在不同的子公司之间重新分配生产活动。这样的调整有助于优化运营效率和成本。五是放弃期权：在市场退出或技术转让方面，当情况不利时，企业可以选择放弃某个市场或出售某项技术。这为企业提供了减少损失或重新定位的机会。

大多数公司都在以上五个类别中拥有各自的实物期权投资组合，这表明企业在决定购买、维护或行使某个实物期权时，其决策会对持有的其他期权的价值产生影响。因此，企业在做出这些战略决策时，需要综合考虑这些期权之间的相互作用。另外，即使面对单一的投资决策（如决定进入市场的时机），企业也可能同时面临多种期权选择，如延期和增长等选择。这就要求企业在做出决策时，能够全面评估并平衡不同期权之间的潜在利益与风险（Folta and O'Brien，2004）。

已有研究证实影响企业实物期权价值的因素不仅包括基础资产的价值（即投资相关的现金流量价值）和行权成本（即投资的成本），还有很多方面。例如，事后谈判中的讨价还价成本可能会增加行权成本，进而削弱行使期权的净收益。在某些市场结构下（例如寡头垄断环境），行使实物期权可能会影响（如损害或优先购买权）竞争对手等其他期权持有人，因此这种潜在的反应必须在最初的战略决策中考虑。此外，不同公司间的实物期权条款也可能存在差异，从而导致不同的公司行为，如面对特定市场的不确定性较小的公司可能会首先进入市场，从而获得先发优势。

与传统的不确定性会抑制投资的观点不同，实物期权理论为决策者提供了对不确定性更主动的响应。具体而言，实物期权允许公司在市场条件变化时延迟投资承诺，分期履行或更改未来决策，从而使公司能够在有利的发展条件下控制亏损并受益于不确定性。在不确定性和由此导致的公司收益不对称性下，正是这种固有的管理自由裁量权驱动着期权价值，减少了下行损失并提高了公司绩效。不确定性利用了决策灵活性的影响，并打开了作为价值来源而非惩罚本身的机会之窗。因此，如果企业能够正确理解、发展和利用实物期权，那么不确定性和决策灵活性便可转化为创造价值的关键途径。企业管理的不仅是战略增长，也包括经营选择的多样组合。这些选择的适应能力的高低，将直接决定企业利用上行机会或限制下行风险的能力（Trigeorgis，1996）。如果实物期权被合理设计，并有效整合到公司的战略计划和组织结构中，它们便能促进更佳的战略决策，从而提升公司价值，并实现有效的风险管理。当然，这需要企业拥有适宜的组织结构安排、管理层的注意力有效分配，以及对有限资源的高效组织协调使用。

在国际商务背景下，新的信息可能涉及公司产品在海外市场的需求、潜在收购对象的协同作用与能力，或是跨国公司网络中子公司生产成本的更精确估计。虽然在某些情况下，如合资企业中，合作伙伴可能拥有按规定价格购买另一伙伴股权的合法权利，但实物期权通常基于特权信息或独特的资源和能力，使得某些公司能在未来行使这一权利。例如，公司通过在海外市场销售新产品，可以获得有关该产品海外需求的更可靠信息，从而更明智地决定是否在该国建厂。类似地，作为潜在收购目标的合资伙伴可以让公司了解合作伙伴的真实能力和有效整合的前景（Chi and McGuire，1996）。此外，与金融期权的事前确定行使价格不同，许多实物期权的行使价格并不是事前精确了解的，例如，在海外建立新工厂的未来成本，有时需要事后通过谈判确定，如收购合资伙伴股份的价格。

对于跨国公司来说，其跨国网络赋予了它们运营和战略上的灵活性，允许它们根据环境变化来调整采购、生产或分销的地理位置。科格特和库勒提拉卡（Kogut and Kulatilaka，1994）的研究指出，在面临汇率变动和投入成本差异的情况下，跨国公司将生产转移至成本较低的地区是一个有价值的选择。贝尔德斯和邹（Belderbos and Zou，2009）的研究也发现，在不同地理位置的输入价格相关性较低时，转换期权的价值较高，但同时转换成本也更高。因此，跨国网络中的期权价值取决于外部不确定性、成本或价格相关性与转换成本之间的相互作用。这表明，跨国公司在评估期权价值时需要综合考虑这些因素，以达到最佳的战略部署。

基于实物期权理论的分析往往体现了灵活性与承诺之间的权衡。每个选择既代表着某种灵活性，又构成了一种承诺，而改变这种承诺往往需要付出高昂的代价。因此，在权衡灵活性和承诺时，一方面可能涉及对新的或改善后的灵活性的承诺（如获取增长期权或转换期权），另一方面则可能放弃现有形式的灵活性（如延期期权），以及与行使期权相关的投资承诺所带来的收益（如新的利润或战略优先的收益）。这种权衡是战略和管理研究的核心内容，而理解和管理这种权衡是企业战略决策的关键（Smit and Trigeorgis，2017）。

第二节　中观层面相关理论综述

一、产业合作相关研究

（一）国际产业合作相关理论脉络演化简要回顾

近年来，产业分工这一现象逐渐受到重视，与之相关的研究成果也陆续出现，主要集中在国际分工、产业经济和区域发展等学科领域。国内外学界对新型产业分工的研究可总结为以下几个方面：

一是研究新型产业分工的现象，对它的特征及与以往分工的不同进行探讨。随着海外组装、外包生产方式的出现，国外学者开始对生产环节的多国家配置进行研究，考察多区段生产系统在不同国家的分配情况（Jones，1990）。

二是对分工的影响因素进行研究，如比较优势、规模经济、技术和贸易壁垒等因素受到学者们的重视。技术进步是推动产品内分工发展的重要原因，对于劳动力丰富的发展中国家来说，可以通过参与劳动密集工序的生产而获利。在发展中国家快速变革的产业更新中，产品内分工本来在技术上是可行的，但某些壁垒的存在会对它的发展产生一定阻碍（Deardorff，1998）。

国际分工是国民经济内部的劳动分工发展到一定程度后，跨越国家界限在世界范围内的延伸和继续，它体现在国际产业的梯度转移，即由劳动密集型产业到资本、技术甚至知识密集型产业的梯度转移。但由于跨国公司转移技术或产业时，始终保持着一定的"梯度"并掌握着主动权，并且大型跨国公司控制了产业价值链的关键环节，因此，发展中国家参与国际分工的风险随之增加。

一个多世纪以来，国际分工经历了从产业间分工到产业内分工，再到产品间分工的不断深化的过程。当代国际分工实际上已发展成为一个多层次的国际分工体系，其中，建立在"价值链"基础之上的同一产品不同工序间分工是国际分工深化的崭新成果。全球价值链的形成是要素配置全球化和分工国际化的结果，是价值增值在国际经济关系中的体现。生产性服务业和先进制造业的融合将会成为各国实现跨越式升级、提高全要素生产效率和国际竞争力的重要路径（王金波，2014）。

国际分工格局根本上是由一个国家的产业和企业的核心能力或竞争力决定

的。企业可以通过两种方式参与从而影响国际分工格局：一是通过国际直接投资的方式，利用所有权关系下的科层体系构建其全球生产网络；二是通过市场采购关系参与全球价值链分工。在现实条件下，企业会采取混合策略以最有利的形式参与国际分工（李晓华，2015）。

过去欧美国家的产业经济学，主要研究同一产业内企业之间的关系，为竞争政策或垄断政策服务，其实是微观经济学的翻版。以日本为代表的产业经济学，除了产业组织外，重点是研究产业结构、产业关联、产业布局，主要是为政府制定产业政策服务。开放条件下的国际贸易理论，促进了增加值贸易的分析，并且把它与投入产出分析结合起来，这样产业经济学与国际贸易合二为一。从产品和劳务最终使用的角度看产业链，展开对产业经济的全面观察和分析，这是产业经济学深入微观分析的重要内容和创新方向。

（二）以中国为代表的新兴经济体与全球产业分工相关理论脉络

19 世纪和 20 世纪初的第一次全球化规模巨大，运输费用的降低促进了世界市场的统一，促进了发达国家与发展中国家的贸易。生产率的提高使中心国家对边缘国家的原材料需求大幅度提高。当泡沫破裂时，中心国家与边缘国家的收入差距进一步拉大（Williamson，2009）。

1. 以中国为代表的新兴经济体在全球产业分工变化的驱动因素研究

经济规模、外商直接投资和贸易不平衡是影响我国产业内贸易的主要国家特征因素，其中，经济规模与我国产业内贸易尤其是水平型产业内贸易呈正相关，且显著性有增强趋势；外商直接投资与我国产业内贸易呈负相关，且影响程度有减弱趋势；贸易不平衡与我国总体、水平型和垂直型产业内贸易都呈明显负相关，且影响程度有增强趋势。我国正是通过对外投资的不同产业选择来实现资源互补，从而体现出原材料寻求型、劳动力寻求型、市场寻求型及技术提升寻求型等不同的投资目的。我国对外投资在石油、天然气和黑色金属开采上的高度集中，揭示了中国经济发展的资源缺口和中国企业的全球寻源，这也正是兼具"开发国内国际两个市场"和"利用国内国际两种资源"作用的"走出去"战略应有之意（陈立敏，2008）。

代工模式向自主品牌模式转型升级，是当今新兴经济体产业价值链中的一个明显趋势，服务设计在这样的背景下得以诠释并成为企业变革和转型升级的驱动力。全球金融危机后，新兴经济体面临着经济增长、结构调整、可持续发展和就业的压力。在逐步融入全球价值链，成为全球产业新型分工格局的重要环节过程中，推动产业转型升级、攀升全球价值链高端环节成为新兴经济体产业发展面临的重要任务。新兴国家的跨国公司进行的"技术追赶型"研发全球化，其主要目

41

的是获取发达国家丰富的科技知识，但其规模较小、海外创新能力弱并且缺乏管理经验（Zedtwitz，2005）。新兴国家海外投资的动因在于其母国的制度优势和产业结构，而其母国的技术积累需求动力则显得相对不显著。其海外战略性资产寻求型投资的主要目的是获取海外研发资源，其中早期中国企业海外研发投资力度相对印度企业更小，并且多是政府驱动型的。

2. 中国参与全球产业分工的模式及其影响因素研究

20 世纪 60 年代以来，国际贸易格局出现了一系列新变化：出现了大量同一产业内既有出口又有进口的产业内贸易；跨国公司空前发展，跨国公司内部贸易成为工业国总贸易量的主要组成部分。中国自 1978 年改革开放以来，利用全球化机遇，集聚国际要素，融入世界生产体系，从一个基本自给自足的封闭经济体发展成为世界商品贸易大国，国际分工地位不断提升，但还是处于价值链中低端，劳动力素质的提升和研发投入的增加对于提高一国的国际分工地位具有重要的作用（孟祺，2014）。总体看来，中国的国际分工地位在加入世界贸易组织以后有所改善，低技术产品的分工地位要高于中高技术产品，规模经济、研发投入、良好的融资条件和制度因素以及外商直接投资都促进了分工地位提升。

近年来，研究通过加入时间和空间等新维度，引入外来者劣势等新理论，切入企业所有权性质等新视角，探讨新兴市场民营企业进入国际市场、海外并购溢价的影响因素，以及"一带一路"倡议对中国企业走出去和转型升级战略决策的影响作用。吴冰、阎海峰和杜子琳（2018）提出中国中小民营企业在进入国际市场前的内向国际化过程中存在"前发外来者劣势"，与外国跨国公司的合作时间会导致企业前发外来者劣势感知的升高，并且合作时间越长，企业越倾向选择出口、设立代表处等低控制型进入模式。由此，中国企业应更好地认识前发外来者劣势及其发生机制，尽早采取应对措施，降低不必要的、消极的劣势感知，提高外向国际化水平。孙翔宇、孙谦和胡双凯（2019）立足于公司、行业和国家三大层面探讨我国企业海外并购溢价的影响因素，发现国有企业海外并购溢价更高，中国企业并购敏感行业企业、国家间文化差异较大以及被并购方来自发达经济体时，并购溢价较高，此外"一带一路"倡议的提出一定程度上影响了中国企业海外并购溢价。李军、甘劲燕和杨学儒（2019）研究"一带一路"倡议对中国企业走出去的推动力和拉动力，主要是来自市场竞争压力、政府推力、舆论推力与利益相关者的推力，以及来自新的市场机会、出口固定成本降低、出口边际成本降低、投资壁垒减少和融资成本变化的拉力。在双重力量作用下，企业"主动"或"被动"重新识别地域性机会、产业机会或全球价值链重构机会而实施转型升级，形成依托管理变革能力在省内、国内和国际等层面实施空间转移战略，利用公司创业能力择机实施跨业转型，基于突出的创新和市场能力着力打造自主价值链的一体化战略。上述研究夯实了"一带一路"倡议下中国对外投资效应的微观基础，为有效推动企业国际化和转型升级提供了参考依据。崔登峰、李锦秀和王海忠（2023）研究并评估"一带一路"倡议对中国企业品牌价值提升的作用效果及作用机制，发现企业参与"一带一路"国际产能合作能够显著促进企业品牌价值的提升，其中国际化经营的经济价值和企业社会责任的社会价值发挥了重要的中介作用。同时，企业品牌价值的提升存在空间溢出效应，对于周边其他企业随地理距离的增加呈先抑制、后促进、再抑制的趋势。

3. 全球治理体系、规则及其对中国参与国际产业合作的相关研究

全球治理体系正面临新旧转换的历史节点。全球治理体系在现实层面和法理层面不断扩大的鸿沟是当今时代的核心问题。为了更好地应对全球性问题所引发的问题与挑战，迫切需要变革原有的全球治理格局。

新兴国家崛起后，美国主导的传统型全球治理体系逐渐失灵，随着经济全球化深入发展，各种全球性问题日益凸显，国际体系和全球治理体系正经历新的变革与重构（刘清才和周金宁，2017；盛玉明、杜春国和李铮，2019；唐永胜，2020）。伴随着全球工业化发展，众多发展中国家与中国产生了一定的竞争合作关系，如盟友关系、近邻关系、合作关系、竞争关系、僵持关系等。南南合作已成为发展中国家实现共同可持续发展的重要渠道，也是确保发展中国家融入和参与世界经济的有效手段（代洪海，2014）。

从经济维度上说，"一带一路"倡议的目标是促进海上互联互通、港口合作和海上贸易等。同时，这也为中国公司和资本进入国外投资提供了渠道，中国要么进行基础设施建设，要么开展国际产能合作。这样的对外基础设施投资对于基础设施领域的发展是极为重要的，可以与共建国家开展国际产能合作，并刺激东道国国内经济增长。

二、国际产能合作相关理论脉络

（一）产能相关研究

微观产能是指在正常生产条件下（如不延长工作周期、含常规假期、机器正常维护）所能达到的产出水平（Klein and Preston，1967）。宏观产能是指整个社会在给定技术、偏好以及制度前提下，所有各类资源（如资本、劳动力等）正常限度地得到充分有效利用时所能实现的产出（王毅，2013）。由于受到社会总需求的限制，经济活动没有达到正常限度的产出水平，从而存在着资源的未充分利用。一定时期内，当某行业的实际产出数量（或产值）在一定程度上低于该行业的生产能力，通过行业的相关经济指标所反映出来的这种程度超过了行业的正常水平范围时，表明该行业在此时期内出现了产能过剩问题（周劲和付保宗，2011）（见表 2-4）。关于产能过剩的成因和影响一直是经济和管理学界关注的热门问题，汪涛、颜建国和王魁（2021）从企业微观视角探讨民营制造企业的政企关系如何影响其产能利用率，结果发现民营制造企业的政企关系与其产能利用率之间具有"U"型关系，并且地方经济缓慢增速和企业内部低水平治理能够强化这种"U"型关系。罗栋梁和窦宝琦（2023）探讨了产能过剩对微观企业盈余质量的影响，发现产能过剩影响企业的盈利能力，产能过剩会导致企业的固定资产投资增加、可支配的现金流水平降低，从而增加企业的盈余管理。

表 2-4 产能和产能过剩定义

关键词	核心观点
产能	微观产能是指在正常生产条件下所能达到的产出水平（Klein and Preston，1967）；宏观产能是指整个社会在给定技术、偏好以及制度前提下，所有各类资源正常限度地得到充分有效利用时所能实现的产出（王毅，2013）
产能过剩	由于受到社会总需求的限制，经济活动没有达到正常限度的产出水平，从而存在着资源的未充分利用。一定时期内，当某行业的实际产出数量在一定程度上低于该行业的生产能力时，通过行业的相关经济指标所反映出来的这种程度超过了行业的正常水平范围，表明该行业在此时期内出现了产能过剩问题（周劲和付保宗，2011）

（二）产能合作相关研究

企业微观层面的产能合作（production capacity cooperation）是指两个或多个企业在生产能力、生产的产品或服务之间的合作，这涉及产品或服务之间的劳动分工程度和技术复杂度等问题。如果一个产品劳动分工程度较高，通常也是技术复杂度较高，涉及的合作企业以及其他机构更多，合作网络相对复杂，特别是模块化的产品，往往超越国家的地理边界在全球内进行合作分工（戴翔，2014；徐野等，2023）。

从行业中观视角看，产能合作本质上是设备利用率的合作，主要是指产业内或产品内的产能合作（李小建和李二玲，2004）。由于行业的产能主要是指某国或地区地理范围的概念，因此，产能合作在一定程度上可理解为一般是指跨过国家或地区地理边界的设备利用的合作，即产业国际化合作；但在更广意义上，产能合作还将包括产品内分工合作、产业内分工合作以及消费市场、生产要素市场等领域的合作（刘云等，2010；陈默等，2022）。

　　从宏观角度来看，20 世纪以来，经济全球化主要表现为国际贸易、国际投资、国际金融、国际技术流动以及国际规则等跨越国家边界，符合一定的经济发展规律，在全球范围内流动和整合。区域一体化尽管也包含贸易、投资、货币、技术自由化等单一要素的一体化，但最终体现为一个有机统一体。区域经济一体化是通过原材料、资本、人力及各项政策的合作，最终有机会促进区域的产业优化和经济增长（魏礼群等，2014；盛斌等，2023）。因此，区域经济合作的实质是产业国际合作。产业国际合作，即根据各国之间的"相对比较优势"，要在经济发展的每一个阶段上都选择符合自己要素禀赋结构的产业结构和生产技术（林毅夫，2012）（见表 2 – 5）。

表 2 – 5　　　　　　　　　　　　产能合作定义

关键词	核心观点
企业微观层次	产能合作是指两个或多个企业在生产能力、生产的产品或服务之间的合作，涉及产品或服务之间的劳动分工程度和技术复杂度等问题。如果一个产品劳动分工程度较高，涉及的合作企业，以及其他机构更多，合作网络相对复杂，特别是模块化的产品，往往超越国的地理边界在全球内进行合作分工（戴翔，2014；陈默等，2022）
行业中观层次	产能合作，本质上是设备利用率的合作，主要是指产业内或产品内的产能合作（李小建和李二玲，2004）。由于行业的产能主要是指某国或地区地理范围的概念，产能合作在一定程度上可理解为跨过国家或地区地理边界的设备利用的合作，即产业国际化合作；但在更广意义上，产能合作还将包括产品内分工合作、产业内分工合作以及消费市场、生产要素市场等领域的合作（刘云，2010；陈默等，2022）
宏观层次	区域经济一体化是通过原材料、资本、人力及各项政策的合作，最终促进区域产业优化和经济增长（魏礼群等，2014；盛斌等，2023）。区域经济合作的实质是产业国际合作。产业国际合作，即根据各国之间的"相对比较优势"，要在经济发展的每一个阶段上都选择符合自己要素禀赋结构的产业结构和生产技术（林毅夫，2012）

　　国际产能合作概念由我国首次提出。就国际产能合作而言，我国应当发挥"领头羊"的带动和引领作用，形成具有中国特色的"领头羊"模式。该合作模式与日本主导的"雁阵"模式存在着明显的区别。21 世纪以来，世界经济格局最引人瞩目的变化是以金砖国家为代表的新兴经济体群体性崛起，我国充裕的资本、完整的工业体系、强大的制造能力和素质不断提高的人力资本，又与大多数发展中国家形成明显互补。在当前世界经济面临深度调整、发达国家经济增速放

缓的背景下，我国作为世界制造业中心，积极开展以我国为主导的国际产能合作，不仅能够促进国内产业转型升级和迈向全球中高端水平，也能够促进相关国家经济增长和世界经济持续稳定复苏。

区别于发达国家推行的国际产业转移，我国推行的是国内富余优势产能和先进装备与技术及充裕资本共同对外转移或输出，并主要集中于一些传统产业领域和部分新兴产业领域，如劳动密集型产业和钢铁、冶金、建材和石化等重化工领域，以及工程机械设备、轨道交通设备、汽车、航天航空、通信等领域。在与相关国家开展双边重点产能合作过程中，不仅注重转移产业，同时也注重帮助其培育发展有竞争力的产业集群，从而为该国经济发展和产业结构升级提供重要助力（魏礼群等，2014）。

综上所述，我国"领头羊"模式的初具雏形和进一步确立，是当前经济全球化和区域经济一体化深入发展、大国和平崛起的客观规律和历史必然，也是当今世界经济发展的一大重要产物，具有鲜明的时代特征和浓厚的中国特色。

（三）国际产能合作相关研究

1. 合作模式研究

国际产能合作主要包括以下三种形式：一是利用国家在基础设施建设方面的优势帮助他国；二是把国家先进的制造装备销售到国外，在国外开设工厂并进行生产加工，如有需要再把产品运回国内；三是利用国家拥有价格优势的中端装备与拥有国际先进技术和核心装备的发达国家公司开展合作，服务于第三方国家（袁丽梅和朱谷生，2016）。中哈产能合作采用典型的共生模式，其在组织模式上具有连续性，在行为模式上呈现由非对称性向对称互惠共生发展，并能进一步提升稳定性和高效性的共生关系（张洪和梁松，2015）。张宁宁、张宏和杨勃（2019）指出中国企业更倾向于选择合资模式进入制度风险较高的共建"一带一路"国家，良好的双边政治关系可以提高企业选择独资模式的可能性。

2. 治理机制研究

就短期治理而言，政府应以法律和行政手段进行应急式治理；就长期治理而言，政府更需要发挥作用。第一，政府应在经济转型升级中化解产能过剩问题：政府应推进价格改革，发挥市场价格在化解产能过剩与产业升级中的作用；大力促进科技创新，推动过剩产业整合升级。第二，政府应利用国际市场化解产能过剩：通过海外投资，与非洲、拉丁美洲等地建立产业垂直分工体系，以带动我国技术和设备出口。实施对外援助等计划，以商品输出方式对外援助。第三，政府应制定应对经济系统危机预案：重点关注与产能过剩相关联的房地产泡沫破裂带来的系统风险的应对预案,推动国民经济和产业高质量发展。

3. 国际产能合作其他相关研究

当前我国在国际产能合作上存在一些应及时纠正的认识上的误区:第一,国际产能合作不是过剩产能,而是优质富余产能;第二,国际产能合作不是"万能药",切忌盲目、冲动;第三,国际产能合作是手段,不是最终目的;第四,走出去的不仅仅是产能,更伴随着装备、技术、标准、人才乃至资本;第五,国际产能合作不是只针对发展中国家,也涉及发达国家;第六,要统筹国内市场和国外市场,不能将国内产业转移与国际产能合作割裂开来(安晓明和王海龙,2016)。

产能合作是由我国首次提出的,包括产品内分工合作、产业内分工合作以及消费市场、生产要素市场等领域的合作。当前我国经济进入新常态,产能合作推动了国内富余优势产能和先进装备与技术及充裕资本共同对外转移或输出,对共建"一带一路"和经济高质量发展均具有重大意义。

三、"一带一路"与国际产能合作及企业国际化相关研究

(一)"一带一路"与国际产能合作相关研究

早期狭义的"一带一路"途经世界五大洲 65 个国家,涵盖了全球 60% 的经济体,这为人民币国际化提供了巨大的机会和平台,有不少学者在国际产能合作方面提出自己的见解。有研究以哈萨克斯坦与中国的产能合作为例,运用国家能力结构指数模型对中哈两国 2005 ~ 2014 年间的能力结构指数、能力结构耦合度进行了量化分析(孙楚仁等,2017)。裴长洪(2016)则根据目前中国国际产能合作的现状分别从项目、部门、产业以及国家等不同层面提出中国未来国际产能合作的发展趋势和实现路径。徐野等(2023)研究发现,"一带一路"倡议显著提升了企业产能利用率。进一步机制分析表明,"一带一路"倡议主要通过资源配置与技术创新两条路径有效提升企业产能利用率。

中国、印度、新加坡在"一带一路"的高端制造业贸易网络中发挥着重要的"桥梁"和"枢纽"作用,而中亚、北亚众多国家处于"一带一路"高端制造业贸易网络的边缘。有学者提出在一定区域内由中方投资工业园区基础设施,充分发挥上海合作组织的平台作用,依托欧亚经济论坛,推动建立双边、多边精品旅游合作项目(林民旺,2015)。以物流企业为主建立统一的货运代理体系,形成一对一的货运代理服务模式,并在新亚欧大陆桥各物流节点城市设立运输服务网点,对货运代理等相关事宜进行统一管理。从人才资源的角度,不同类型的人才培养在产能合作中有着不可忽视的地位,并重点借鉴引力模型分析了来华留学规

模与国际产能合作之间的关系，其中在国际产能合作层面，增加我国的产能输出和东道国的外来投资需求是扩张来华留学规模的关键途径。

"一带一路"与国际产能合作相关研究见表2-6。

表2-6 　　　　　　　"一带一路"与国际产能合作相关研究

作者	主要观点
裴长洪 （2016）	中国推进国际产能合作的贸易政策背景主要表现为：一是贸易政策通过减少"距离"、降低成本以实现我国全球价值链地位的提升；二是第一代FDI和第二代FDI政策的巨大差异；三是相对于以往WTO的多边主义，"一带一路"的区域合作更有助于中国全球价值链地位的提升
赵东麒和桑百川 （2016）	制造业是推动我国产业国际竞争力的主要动力，是我国与"一带一路"国家产能合作的切入点；西亚和独立国家联合体（独联体）地区在资源密集型产品部门具有极强的国际竞争力，这是确保我国能源供应稳定、保障我国经济安全的关键所在

国际产能合作是中国倡议共建"一带一路"的重要实现形式，是中国对外开放新方式的重要创新，是中国国际经济合作的新范式、新模式。目前我国国际产能合作取得了初步成效，但仍面临着众多挑战。国家对国内企业"走出去"给予战略性支持，企业才有更大动机和动力开展国际产能合作。

（二）"一带一路"与企业国际化相关研究

共建"一带一路"是助推中国民营企业转型升级和国际化战略的重要政策情境（李军、甘劲燕和杨学儒，2021）。屠启宇和杨传开（2016）提出了"丝路城市"的概念，强调丝路城市在"一带一路"建设中的重要性，应当通过采取多种措施，促进丝路城市间的相互联系结网，形成丝路城市网络，这不仅有利于中国企业"走出去"，也为共建国家、区域发展提供了巨大机遇。有学者认为通过对"一带一路"倡议和民营企业国际化进程的分析，结合案例的对比能够得知在企业国际化的过程中不仅要考虑政治、出口边际成本、融资成本、税务、市场竞争等可分析的因素，更要考虑到母国环境、政策沟通、舆论等难以具体测量的因素，切实地反映出战略核心"五通三同"[①]对民企国际化经营的指导意义。另外，中国企业实施"一带一路"倡议既需要积极推进工业园区建设、完善交通等

[①] 五通：政策沟通、设施联通、贸易畅通、资金融通、民心相通。三同：利益共同体、命运共同体和责任共同体。

基础设施与当地社会、文化、法治的良性融合，也需要有强烈的风险防范意识，重视合作机制、规章制度等软性设施建设，还需要企业"修炼内功"重新识别地域性机会、产业机会或全球价值链重构机会，通过管理变革和创新提高团队海外经营水平和海外投资利益保障能力，并且在国内和国际层面实施空间转移战略，基于突出的创新和市场能力着力打造自主价值链的一体化战略（刘追、张志菲和姜海云，2018）。

四、创新生态系统及其国际化的相关研究

当前行业被分为大量的细分市场，每个细分市场都生产专门的产品或服务。特定行业中企业之间的互动程度不断增强，数百家组织经常参与设计、生产、分销或实施。在专业分工背景下，企业必须被视为属于更大、更复杂和无边界的实体，可称为商业生态系统。摩尔（Moore，1993）将"商业生态系统"定义为"一个由相互作用的组织和个人的基础——商业世界的有机体——支持的经济共同体"。他认为，就扮演领导角色的公司而言，其可能会随着时间的推移而改变，但是生态系统中领导者的功能尤其需要被重视，因为它承担着使成员拥有共同愿景、协调资源以促使相互扶持的重要角色。也有学者将商业生态系统定义为一个相互交流的经济环境，不同类型的关系作为一个相互作用的系统。需要注意的是，生态系统其实并没有固定的边界，它们与商业生态系统的其他成员一起处于共同进化的动态运动之中（Gueguen and Torres，2004；谭劲松等，2021）。

2002~2004年间，哈佛商学院教授马克·扬西蒂（Marco Iansiti）及其合作者通过一系列论文在创新生态系统结构和动态中定义了新的概念，包括定义了创新生态系统中不同角色的参与者及其策略（Iansiti and Levien，2002）。扬西蒂（Iansiti）在《基石优势》一书中描述了一种组织理解复杂商业网络行为的方法，并探讨了战略制定、创新和运营管理的可能性。剑桥大学石涌江博士和戎珂博士进一步对商业生态系统进行了深入的研究。他们审视新兴行业背景下的创新生态系统，同时从根本上探索和确定创新生态系统的四个基本领域：创新生态系统的关键建设性要素、元素配置的典型模式、生命周期的五阶段培育过程和公司视角下的战略和流程（Rong et al.，2015）。他们进一步从背景、合作、架构、配置、能力、变革提出6C框架，较全面地分析了基于物联网的创新生态系统内部，以及不同合作伙伴的内外部关系的协调、建设和架构。

戈麦斯等（Gomes et al.，2016）研究了商业生态系统向创新生态系统的转变，并从战略管理、价值创造和商业模式、创新生态系统的内部关系三个维度确定了六个研究主题；许多学者（柳卸林、张运生等）也调查了创新生态系统的变

49

化，创新战略由独立发展向协同发展、共演联盟转变，从产品竞争向平台竞争转变，系统配置模式如何从一种类型向另一种类型急剧转变，其中演化经济学、经济活动嵌入型理论等视角被用于解释生态系统的共生演化。唐震、张露和张阳（2020）以水电工程技术标准"走出去"为例，强调企业应以构建创新生态系统为支点，关键成员有序展开标准竞争是技术标准国际化的关键，新技术标准建立取决于其创新生态系统能否提供与当前系统同样或更加完善的配套环境条件和服务功能。目前学者们已经充分研究了创新生态系统的战略、结构和网络、治理模式、价值创造、竞合关系、绩效及其影响机制等多方面内容，并与企业、产业、数字经济、枢纽、开放式创新和平台等不同议题深度结合。

但对于创新生态系统国际化的维度和新兴经济体的情境研究还尚未明确（Valkokari，2015），而这对于 EMNEs 的研究至关重要。一方面，在全球一体化的趋势下，一些 EMNEs 为避免或转移在发达国家的竞争劣势，已经开始逐步将国际化活动扩展到一些制度薄弱、风险未知且可能存在不稳定政局的其他新兴经济体环境中，这类"EM–EM"的国际化模式显然无法如同传统的资源主导逻辑下以资源优势为准入条件，而是需要采用对东道国市场、国际化经验、全球化价值或地缘政治等信息充分评估后才能成功实施国际化战略的国际商务（IB）理论进行解释。而鉴于创新生态系统生物学的基因，其非线性、多面性、共同进化的特征为解释在制度弱势情境下的新兴经济体国际化行为打开了全新的研究视角。另一方面，由于各类与生态系统构建和健康发展紧密关联的利益相关者群体及其制度逻辑会因国家不同而发生改变，而生态系统在生命周期中又会随着利益相关者及其之间的相互作用的变化而动态改变，因此除了面临外来者劣势、来源国劣势、新企业劣势外，还必须面对东道国更为复杂的"生态系统"劣势（Rong et al.，2015），并且这种劣势在"EM–EM"的国际化模式中会被放大且恶化。

在新时代的开放背景下，陈衍泰等（2018；2021）提出了如何与创新生态系统国际化研究相结合的问题：首先，中国逐渐变成了全球开放体系的主导者，但现有规则和话语权却多数不利于中国的企业（特别是创新生态系统的龙头企业），那么中国企业走出去构建"海外创新生态系统"中相关的构建、嵌入、演化和战略问题，将面临新的制度差异性等特殊情境，需要研究相关理论和政策问题；其次，在共建"一带一路"背景下，越来越多的中国企业集群式地向制度相对不完善的新兴经济体拓展，如何在弱制度东道国情境下构建海外创新生态系统及促进话语权形成也需进一步研究；最后，伴随着越来越多平台型企业的国际化，众多的国际平台型企业（特别是互联网企业）进入中国，其如何嵌入中国本土的创新生态系统及相关问题，也是目前新涌现的现实和理论问题，值得未来进一步研究。

第三节　宏观层面相关研究简述

中国提出的共建"一带一路"倡议和实践行动，为全球治理提供了基于自身发展经验和价值理念的解决方案。我国学者对此发表了不同的看法，归纳如表 2-7 所示。

表 2-7　　　　　　　　　我国部分代表性学者观点摘要

学者	发表时间	核心观点
金玲	2013 年	新兴国家的不断兴起以及发展中国家和发达国家在国际问题上的话语权的不平等，随着全球治理不断深化，对我国参与全球治理提出了新的要求
李向阳	2015 年	"一带一路"的提出是中国参与全球治理的最新尝试，不仅可以带动共建国家间经济发展，也可以推进国家间的交流与政策透明化
卢峰	2015 年	中国通过"一带一路"倡议形成与共建国家间的良性互动，在互相经济竞争与合作中构建起新的全球化价值产业链，推进全球治理体系更加的多元化
毛艳华	2016 年	"一带一路"倡议体现了中国作为负责任大国的形象，标志着中国积极参与国际事务新阶段的到来，是中国对全球治理体系的重大发展与延伸
杜德斌、马亚华	2017 年	"一带一路"倡议是基于中国理念和情怀的全球治理新实践，是中国主导建立人类命运共同体的新探索，其"新"主要表现在指导理念、道路实践、价值目标上
王桂军、卢潇潇	2019 年	"一带一路"倡议可以通过研发创新助推国有企业和民营企业升级，且对"瓶颈产业"的企业升级影响最大，其次为新兴产业和成熟产业，中国经济发展形成了"国进民进"的新格局
周茂等	2023 年	共建"一带一路"推动了共建国家之间全方位、多层次、复合型互联互通网络的构建，具体表现为 2014 年倡议实施后"五通"*网络规模持续扩大、网络密度不断提高、节点联系更加紧密，并且沿线国家联通网络中的中国"桥梁"作用明显

注：*"五通"指政策沟通、设施联通、贸易畅通、资金融通、民心相通。

一、共建"一带一路"与中国参与全球经济治理相关研究

当前的全球经济治理体系已难以适应国际经济格局新要求。"一带一路"倡议既是构建人类命运共同体的重要平台，也是推动中国参与全球经济治理的重要机制。

对世界主要国家经济、金融、贸易、科技等指标的考察表明，中国应作为国际制度体系的深度参与者、重要建设者和共同改善者，按照参与进程的渐进性、参与方式的合作性和参与层面的国内外统筹性原则融入全球经济治理体系。构建一个与综合实力相适应、权力和责任基本对称、发展共同利益和促进本国利益相结合的参与全球经济治理的战略框架，提升中国的国际形象和全球经济治理机制的合法性、有效性，最终推动建立更加公正合理的国际经济新秩序。有学者提出了"一带一路"倡议推动全球经济治理创新的三个维度：一是有助于推动全球经济治理理念创新，缓解政治变数对全球治理的冲击；二是有助于人民币国际化，推动国际货币体系多元化，促进国际金融货币体系稳定；三是有助于缓解全球经济治理"碎片化"的问题（李晓和李俊久，2015；王桂军和卢潇潇，2019）。"一带一路"倡议将推动全球治理体系变革、发展区域经济合作，实现对现有的全球治理机制的有效改革，推动更加公正合理的全球治理规范的出现，最终有利于推动人类命运共同体的形成与发展。中国通过共同推动基础设施合作、经贸合作、开发合作等机制化建设，与共建"一带一路"国家一道积极探索构建国际公共产品供给的新机制，致力于完善国际公共产品供给体系。以发展"五通"为重点，以共商、共建、共享为原则，以发展战略对接为路径。通过整合资源、优化配置，促进地区经济合作，实现共同发展与繁荣。

近年来，全球数字经济面临数字资源禀赋差异、国际间数字战略竞争、发达经济体对数字规则的实质垄断等挑战。中国作为全球数字经济的主要参与者，在以规则为基础，透明、非歧视、开放和包容的多边贸易体制的前提下，还可以"一带一路"倡议为契机，凝聚相关国家的强大合力，在全球数字经济治理中发挥重要影响力（王璐瑶、万淑贞和葛顺奇，2020）。

二、共建"一带一路"与中国参与全球科技治理相关研究

全球科技治理是在国际层面上干预、规制科学技术发展的制度和规则体系，反映了全球化时代科技创新的新特点和新环境。全球科技治理的内容可分为两方面：科技全球化的国际规则和基于全球问题的科技治理。国家政府、市场（跨国

公司）和公民社会是全球科技治理中最重要的行动者，它们的行为中渗透着全球主义与国家主义、工具理性和价值理性之间的冲突。三类主体在两对冲突中的行为组合，导致当代全球治理中的工具理性和国家主义，并进而导致了全球科技治理中的诸多困境。王健和梁正（2008）认为，全球科技治理时代推动自主标准需要协调复杂利益关系，为我国标准发展创造有利条件。在公平、开放、竞争的原则下，政府对我国具有自主知识产权的标准提供支持，而企业走到标准发展的前台，并且发挥行业协会、技术联盟等组织的作用，适应全球科技治理时代的游戏规则。白春礼（2023）系统总结"一带一路"建设十年以来科技合作领域的成就，提出未来我国应持续推进"一带一路"科技创新合作，携手共建国家深度参与全球前沿领域科技治理，打造全球科技创新高地。

进入新世纪以来，全球治理机制处于转型之中，中国被推到了全球治理的前台，主动参与全球治理成为中国的必然选择（谢恩等，2021）。跨国企业成为国际舞台上日趋活跃的行为体，对全球治理结构和进程的影响越来越大。在这种意义上，中国积极参与全球治理，中国跨国企业不能缺位。张蛟龙（2017）认为其重要意义有三点：第一，企业是全球治理各类机制治理的重要对象。全球化和信息技术的不断发展扩大了跨国企业的经济权力，提高了跨国企业的议价能力；第二，跨国企业在围绕全球治理的规模和实践的议程设置上具有重要影响力，能够在不同领域里提供公共产品服务；第三，跨国企业所形成的市场网络本身就是一种全球治理机制。另外他还分析得出结论：中国跨国企业参与全球治理必须注重提高自主创新能力，提升在全球价值链的地位，强化自己的工具性权力；加速推进国内行业标准统一与升级，与行业主管机构等通力合作，积极参与国际贸易规则的修改和制定，提升结构性权力；要同各国政府和工商界形成良性互动，积极承担社会责任；媒体企业应加速国际化，提高话语性权力。此外，市场的竞争是标准竞争的核心，形成紧密的利益联盟、完整的产业链以占领最广大的市场是中国标准发展的关键。标准的推广不能依赖政府的强力，而必须建立起广泛的企业支持力量，迅速将技术标准推向大规模商用。企业与政府在全球科技化中的相互关系归纳如表2-8所示。

表2-8　　　　　　企业与政府在科技全球化中的相互作用

	企业—企业	政府—政府	政府—企业
技术的全球应用	为获得市场份额而激烈竞争	激烈的经济竞赛，保护国民生产	支持国内的优胜者；设置进口壁垒
技术的全球产生	为在更大区域产生经济影响而竞争；保存专有知识，防止被模仿	为吸引和获得高技术与R&D投资而激烈竞争	在科技投资和鼓励创新方面不断进行协商

续表

	企业—企业	政府—政府	政府—企业
全球科技合作	企业之间的合作协定；企业卡特尔之间的竞争在增多	双边和多边的技术协定；控制垄断的卡特尔；双边联盟以对抗其他国家	支持国内企业拓展国际范围，进行合作学习

三、共建"一带一路"下中国企业参与全球化的宏观因素分析

在共建"一带一路"倡议背景下，中国企业参与全球化竞争主要受到数字化转型、资本市场开放程度、国有股权与家族涉入、"一带一路"共建国家贸易便利化程度、东道国综合制度环境等宏观因素影响。第一，数字化转型通过影响企业动态能力拓宽企业国际化广度，数字化转型提高了企业在动态环境下感知机会、捕获和重构内外部资源的动态能力，这有益于企业对国际市场机会的洞察，积极地提升企业国际化广度，并且这种影响力在民营企业更强（王墨林等，2022）。第二，资本市场开放通过优化投资者结构与提高股价信息含量，增强股价的资源配置功能，并通过股价信息反馈与融资机制引导企业进行海外投资（连立帅、朱松和陈超，2019）。第三，"一带一路"倡议下，国有股权影响家族企业国际化，家族涉入对企业国际化具有显著的影响，而国有股权派驻董事可以有效地改变控股家族对企业国际化的态度，促使控股家族更有意愿进行国际化发展（徐炜、马树元和王赐之，2020）。第四，"一带一路"共建国家贸易便利化对中国制造业企业出口技术复杂度的提升具有显著的促进作用，主要通过降低企业贸易成本和提升企业运行效率、缩短运转周期来实现（肖扬、直银苹和谢涛，2020）。第五，东道国综合制度环境的改善会促进中国民营企业到该国跨境并购，主要表现为监管质量的改变和政府效率的改变对中国企业海外并购区位选择的促进作用。因此，共建"一带一路"东道国可以构建风险预警体系，加强对投资企业的保护力度，同时拓宽企业融资渠道，为企业"走进去"提供可靠的资金支持。上述研究从国家层面和行业层面分析中国企业"走出去"的影响因素，也有研究发现"一带一路"倡议的实施一定程度上影响了中国企业海外并购溢价，以及资本的相对价格，诱使中国资本尤其是国有资本偏向资本密集型行业，导致中国投资对共建国家的收入增进效应、就业改善效应、制度进步效应产生不同程度影响（孙翔宇、孙谦和胡双凯，2019；祝继高，2023）。

综上所述，国内外学者对全球治理等相关内容进行了比较系统的研究，随着全球化的演进，国际社会面临的全球性挑战也不断增多，全球经济治理、全球科技治理都变得尤为重要，而宏观政策因素、数字化环境驱动也对其产生重要影响。在世界经济增长乏力、贸易保护主义抬头的背景下，共建"一带一路"开创了相互尊重、平等协商、开放包容、互惠互利、合作共赢的区域经济合作新模式，也为全球治理和可持续发展提供了基于自身发展经验和价值理念的解决方案。

第四节　对已有相关代表性成果及观点的评价

一、对已有研究的简要评价

（1）针对"民营企业参与'一带一路'国际产能合作"这一相关主题，国内外学者从国际贸易和对外直接投资、国际产业分工合作和全球价值链、中小企业发展及其国际化、"一带一路"相关研究、全球治理等不同理论视角的探索已经取得了较好的研究成果，奠定了学术基础。主要成果体现在三个方面：第一，研究范围广泛，既涉及国际产业内分工、产品内分工和全球价值链相关分析，又涉及新兴经济体在国际贸易新模式、对外直接投资新规律，以及民营企业发展模式及其国际化影响因素、全球经济和科技治理等因素的影响等诸多方面；第二，研究内容丰富，既体现了由浅入深、由发达经济体到新兴经济体、由特征到内在机理的分析过程，又剖析了新形势下国际产业分工合作和产能合作的现实表征及未来发展趋势预测；第三，研究综合性和交叉性强，从产业经济、中小企业成长、组织行为学、国际贸易、演化经济学、动态能力理论、技术创新管理、全球治理理论、公共政策分析、地缘政治等多学科、多理论视角开展。值得肯定和提倡的是，国内一批学者在学习、吸收国外相关理论的基础上，结合中国发展的特殊情境，多角度重点考察了我国参与全球产业分工、产能合作、对外直接投资、参与"一带一路"及全球治理的理论、发展模式和管理控制机理，为我国参与"一带一路"国际产能合作的理论和实践做出了一定贡献。

（2）"一带一路"倡议是中国民营企业走出去和转型升级战略决策的重要宏观情境，学界广泛关注其出口贸易效应和对外投资效应，但多为宏观和中观层面研究，多关注东道国政府、非政府机构、不同所有制的企业、国内市场压力、海外市场压力、东道国和母国制度规制、前沿技术驱动下的数字化转型对企业是否进入共建"一带一路"国家开展产能合作的影响，但整体缺乏从微观层面分析企业高管个体或者组织成员的特性、能力是否影响企业的国际化战略决策，以及企业整合国际市场资源与内部资源、自身能力与国际市场环境机会的匹配机制问题尚未探讨。此外，已有研究基于资源基础观、知识基础观、动态能力理论、制度理论、实物期权理论以及组织合法性视角探讨企业进入"一带一路"共建国家的区位选择、模式选择，企业国际化的广度与深度，东道国的资源获取难易程度，跨国网络转换等问题，目前研究多为影响关系的验证，解决企业"是否"选择国际产能合作及其后续获利问题，而在上述理论支撑下有关新兴经济体对外直接投资、企业国际化、企业研发国际化的发展路径以及微观层面的驱动机制尚未关注，关于如何开展国际产能合作的机制"黑箱"尚未揭示。

（3）经文献综述可见，过去国内学者对于"民营企业"这一主体参与"一带一路"国际产能合作的战略及内在机理的研究较少。只有在全球金融危机之后，特别是2013年国家提出"一带一路"倡议、"国际产能和装备制造业合作"战略提出之后，一批浙江、江苏、广东等地民营企业开创性地开展国际化和国际产能合作，发挥我国民营企业独特优势，发现并解决"一带一路"国际产能合作战略及其实施过程中的相关问题，才开始引起理论界、公共部门和产业界的广泛重视，相关研究刚刚起步。我们必须牢牢把握当前国际经济发展，特别是"一带一路"共建国家的新形势，从我国民营企业实际出发，从浙江、江苏、广东等一批先发民营企业国际化实践中，提炼一般性的经验和理论问题，针对存在的问题进行客观研究，这样得到的研究结论才具有科学性和合理性，并为国家层面上推动民营企业参与"一带一路"国际产能合作、广大中小企业发展及制定国际化相关公共政策提供理论支撑和实践启示。

二、已有研究可进一步拓展的方向

通过以上的发展动态及文献的总体分析，本研究发现以往的研究存在的不足和可拓展的方向如下：

（1）已有研究存在理论研究的系统性不足、理论依托与研究现象的契合性不足。已有研究中国民营企业国际化与国际产业分工合作的文献主要是从微观、中观、宏观这些单一维度来分析"国际产业分工合作"，缺乏一个整合框架；已有研究多是沿用传统跨国投资理论来解释新兴经济体企业的现实情况，或者采用"探索学习型"的理论来解释到"一带一路"新兴经济体开展"开发利用型"国际化行为；把已有研究的逻辑和方法照搬到新兴经济体企业国际化的情境之下，由于缺乏新的理论支撑和对新兴经济体民营企业竞争优势、国内外的制度和行业环境的深刻分析，理论与研究对象不匹配，导致无法透彻理解新兴经济体民营企业国际化的独特机制，特别是当东道国也是新兴经济体时的制度情境。

（2）研究的侧重点和"一带一路"独特情境结合不足。已有研究重视中国企业对东道国是发达经济体直接投资的研究，而忽视对新兴经济体（特别是共建"一带一路"国家）直接投资的研究；已有研究重视以国有企业为对象的国际产能合作相关研究，忽视了民营（中小）企业参与国际产业合作和产能合作的研究；已有研究重视一般情境的研究，忽视了我国与共建"一带一路"国家面临的特殊情境。无论是引进性理论创新还是探索性理论创新，其突破口都在于把握情境的关键特征，全面细致地反映中国民营企业国际化战略行为与其所嵌入情境的关系，并在此基础上实现情境理论化。由于缺乏多维度的依托，特别是关于"弱制度"情境依赖的研究，从而限制了对两者之间关系影响机制和路径的深刻认识。虽然近年来学者们开始注重研究影响中小企业国际化与国际产业合作/产能合作关系的权变因素，但迄今尚未开展在全球价值网络嵌入、东道国弱制度、海内外要素空间动态变化、需求多样化等特殊情境下的民营企业参与"一带一路"国际产能合作的重要理论、实证和案例分析工作。

（3）已有研究较少归纳民营企业国际产能合作新模式的共性和异质性，也较少深入探析开展国际产能合作之后如何融入东道国并获得国际话语权的机理及相关战略。现有研究较少把参与"一带一路"新兴经济体国际产业合作/产能合作战略中的"制度环境复杂性"（非市场战略）、"技术环境复杂性"（市场战略）组合来看待，更少研究分析组合的各种协同效应。由于从以中国为代表的新兴经济体民营企业，到"一带一路"沿线其他新兴经济体开展相关投资和产能合作活动，其面临双重环境挑战：东道国制度环境的复杂性和技术环境的复杂性。仅关注海外的市场战略，或仅关注海外的制度战略（非市场战略），均难以洞悉我国民营企业参与"一带一路"国际产能合作的战略和行为。需要从民营企业全球价值链融入和提升、在东道国布局中国行业标准话语权、知识产权保护和运营战略、获取东道国市场定价权和创造新需求等运行机理进行深入探析。

（4）已有研究的数据与分析方法有待完善。从数据来说，有关中国民营企业国际化（特别是到"一带一路"新兴经济体开展国际产能合作活动）及其效果的前期研究大部分以个案研究为主，目前较少运用民营企业大样本数据全面和深入考察。从实证来说，很多已有研究的一个主要问题在于没有考虑民营企业国际化与母国产业转型升级之间可能的双向因果关系，即两者互为影响导致的估计结果的偏差；只分析了母国和东道国相关变量之间的数学呈现形式和简单的权变因素，很少结合我国和"一带一路"共建国家的特殊情境，以及区分各种民营企业国际产能合作模式的结构、内部治理机制等动态分析民营企业参与"一带一路"国际产能合作及母国绩效的内在机制和路径。

第五节　关于民营企业参与"一带一路"国际产能合作研究亟待关注的若干重点问题

（1）亟待以我国民营企业在国内外新格局下参与国际产能合作为依据，尝试构建民营企业参与"一带一路"国际产能合作战略的研究框架。针对已有研究对民营企业发展及其国际化、共建"一带一路"、国际产能合作等具体内容研究较多，研究视角往往聚焦于企业微观层面或者宏观制度层面等单一维度的问题，需要从企业自身战略决策、企业创新生态系统、产业分工与民营企业参与、全球治理影响因素等多个层次，创建一个多层次、综合理论视角的"民营企业参与'一带一路'国际产能合作战略"研究框架和理论体系。

（2）依据以史为鉴与实践中创造新知识的研究思路，本书以我国浙江、江苏、广东等地民营企业参与"一带一路"国际产能合作的实践与国际经验比较支持体系的探索性路径，通过实地调研、问卷调查、综合分析、历史文献和国际经验比较等方法，探索浙江、江苏、广东等先行地区民营企业参与"一带一路"国际产能合作的新模式、运行机理和支持体系等新鲜经验；并结合欧美日发达经济体、亚洲新兴经济体等国家产业/产能合作经验，归纳其典型经验，剖析存在的问题，进一步提出对策思路。

（3）需要进一步深入探讨我国民营企业参与"一带一路"国际产能合作的特殊情境下的战略选择。需要进一步深入探讨我国民营企业在制度转型、嵌入全球价值网络、海内外要素空间变更、需求多样化等特殊情境下，如何在共建"一带一路"国家，构建母国与东道国之间以及海外创新生态系统不同主体之间的协同机制，以实现形成提升话语权的运行机理及推进机制。这是针对现有研究多是从现象描述、影响因素分析等表层分析问题，而如何构建适应中国与共建"一带一路"国家特殊情境的国际产能合作科学运行机理，是一项亟须研究的重要理论和拟解决的应用问题。

（4）促进和规范我国民营企业参与"一带一路"国际产能合作的制度安排和政策体系完善问题。虽然国内外学者已经对相关制度调整、政策提出了一些建议，但普遍存在着分析不深入、没有剖析促进和支持体系的内在机理、结合民营企业对象针对性不足等问题，如何从民营企业国际化的实际需求出发，系统分析现有国内制度安排和政策体系的不足、应对全球治理的能力不足等，构建一个适应国内外新形势的民营企业参与"一带一路"国际产能合作支持体系、制度安排和政策支撑，是一个拟解决和突破的问题。

第三章

民营企业参与"一带一路"国际产能合作的分析框架与情境分析

在全面回顾"一带一路"国际产能合作已有理论，并对相关理论简要评述、提出亟待关注的若干重点方向后，需要进一步提炼观点、构建具有中国特色的"一带一路"国际产能合作理论体系和分析框架。本章节聚焦民营企业参与"一带一路"国际产能合作的分析框架与情境，从微观、中观和宏观三层次视角展开分析，构建了民营企业参与"一带一路"国际产能合作的综合分析框架，并进一步嵌入母国、东道国制度情境、全球价值网络、生产要素动态变迁以及市场需求多样性四个具体情境，以期更为全面且真实地还原民营企业参与"一带一路"国际产能合作现实机遇与挑战，提升本书研究的现实意义和理论贡献。

第一节 民营企业参与"一带一路"国际产能合作的三层面分析视角

综合现有关于企业国际化的相关理论视角，本书提出，民营企业参与"一带一路"国际产能合作的综合影响因素可以从三个层面进行分析：微观行为主体企业层面、生态系统中观层面、宏观制度和全球治理层面（见图 3-1）。

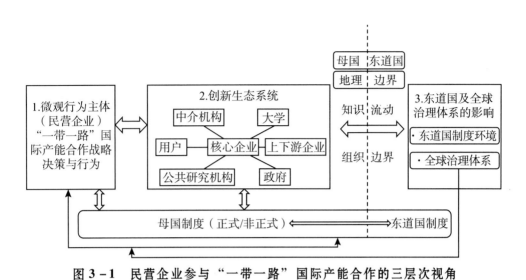

图 3 – 1　民营企业参与"一带一路"国际产能合作的三层次视角

一、第一层面：微观行为主体民营企业参与"一带一路"国际产能合作分析

企业作为参与建设"一带一路"、开展国际产能合作的行为主体，遵循其战略意图进行分析、决策、执行和战略调整等活动（孙志远，2015；秦琳等，2016；裴长洪，2021）。民营经济已经成为中国国民经济最为活跃也是重要的组成部分，也是开展对外投资、国际产能合作的重要组成部分（刘伟和郭濂，2015）。因此，需要以民营企业微观层面的战略决策为出发点进行分析，主要涉及：（1）国际化战略决策与商业模式选择；（2）海外进入模式选择与东道国区位选择；（3）海外进入过程的相关因素，如节奏、步伐、范围等；（4）从"走出去"到"走进去"良性的本地化嵌入，再到"走上去"形成一定的东道国话语权；（5）东道国—母国的全球整合战略等。

二、第二层面：生态系统中观层面参与"一带一路"国际产能合作分析

从创新生态系统的视角来看，单一企业作为行为主体，其与创新生态系统的其他成员一起处于共同演化的动态运动中。企业国际化过程中，其与东道国的创新生态系统也是共同形成、发展和演化的。单一企业国际化过程中面临着"外来者劣势"等挑战，而跨越地理边界的创新生态系统也面临着一系列亟待解决的新

问题：（1）组织合法性和制度协同；（2）生态系统成员的知识差异和知识协同；（3）生态系统成员的组织协调与价值共创问题；（4）国际化主体企业自身及其生态系统的能力建构问题。这些都需要从创新生态系统中观层面对民营企业在"一带一路"共建国开展国际产能合作活动进行分析，从而更好地探析多元参与主体如何协同发展。

三、第三层面：宏观制度和全球治理层面民营企业参与"一带一路"国际产能合作分析

无论是母国、东道国的宏观制度安排和公共政策，还是全球治理层面的相关因素，均在不同程度上对国际化企业及其创新生态系统产生影响。一方面，分析母国的制度设计和已有政策体系，并了解民营企业参与"一带一路"国际产能合作过程中的需求及动态变化，是完善支持体系、制度安排和政策支撑的基础；另一方面，民营企业"一带一路"国际产能合作过程中也越来越多地受全球性或区域性的治理体系、规则和议事程序的影响，需要运用新的战略思维应对不断变化的宏观制度环境和全球治理环境（李雪灵和万妮娜，2016；朱莉等，2016；韦政伟和陈雨晗，2022）。

第二节　民营企业参与"一带一路"国际产能合作的综合分析框架

本书在综述现有国内外关于企业国际化及参与共建"一带一路"、国际产能合作等研究的理论基础上，结合三个层面：单一企业微观行为主体、创新生态系统、宏观制度和全球治理层面，构建民营企业参与"一带一路"国际产能合作战略的综合分析框架，如图3-2所示。

研究总目标：探析新形势下我国广大民营企业如何发挥自身优势特色，选择在共建"一带一路"国家开展国际产能合作的发展战略、创新合作模式、实现协同和能力提升等相关战略选择和运营机制。研究的总体思路可以概括为"一条核心主线、两大发展目标、三个分析层面、四项关键机制、多元主体融合"。

一条核心主线：围绕民营企业的国际化及我国与"一带一路"共建国的特殊情境展开研究，挖掘民营企业及其创新生态系统参与国际产能合作的核心问题。

两大发展目标：一方面推动企业自身转型升级及母国的高质量发展；另一方面推进"一带一路"东道国的工业化与可持续发展。

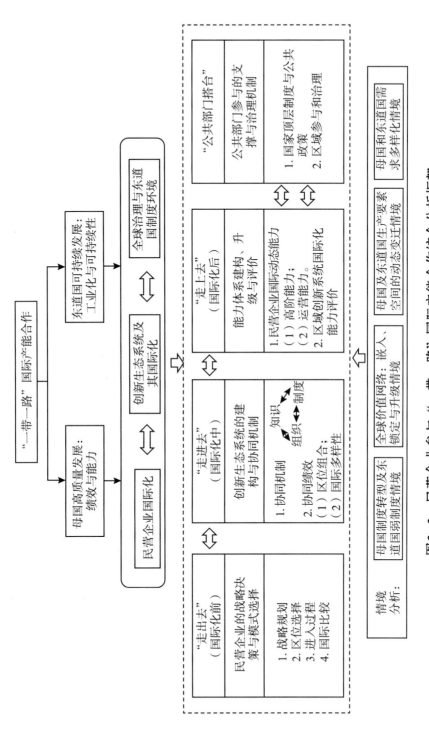

图3-2 民营企业参与"一带一路"国际产能合作综合分析框架

第三章 民营企业参与"一带一路"国际产能合作的分析框架与情境分析

三个分析层面：民营企业自身国际产能合作战略决策问题、民营企业所在的创新生态系统国际化协同问题、宏观制度和全球治理环境影响机制问题。

四项关键机制：分别探析民营企业个体层面、创新生态系统层面、公共部门在民营企业这一主体"走出去""走进去"和"走上去"过程中为了实现发展目标的四个关键机制。（1）民营企业"走出去"战略决策机制，应该如何选择国际化模式以实现在共建"一带一路"国家开展国际产能合作。在审视开展国际产能合作的中国民营企业资源条件和能力基础、国际化经验及母国与东道国的制度影响等多重因素基础上，通过比较发达经济体私营企业国际化的历史经验做法，更好地为"一带一路"国际产能合作提供综合决策分析依据。（2）探讨"走进去"过程的协同机制，即开展国际产能合作"走出去"之后如何在东道国和母国之间、全球网络之间协同发展相关机制和影响因素。分别从制度协同、组织协同和知识协同三个维度解析"一带一路"国际产能合作中创新生态系统的多元行为主体实现协同与价值创造的过程。（3）民营企业"一带一路"国际产能合作中"走上去"的能力构建、提升机制与评价问题，探讨民营企业国际化过程中，自身及其生态系统应该具备什么样的能力以获取动态竞争优势。特别是在现有的全球治理体系下，跨越地理边界之后，中国民营企业如何构建运营能力以在东道国弱制度情境下获取竞争优势的问题。（4）公共部门的治理机制，也就是探析民营企业在共建"一带一路"国家"走出去""走进去""走上去"过程中，国家层面、地方政府、相关公共部门和其他主体共同参与创新生态系统治理的相关问题。在国家层面的顶层设计基础上，一些地方有何经验做法可供借鉴是值得探讨的问题。

多元主体融合：民营企业、创新生态系统中的商业合作伙伴、商业中介组织、大学和公共研究机构、媒体、公众等，以及政府部门协同与有机融合，推动民营企业在母国和东道国高效运营，以实现企业自身转型升级、母国高质量发展，以及"一带一路"东道的工业化与可持续发展。

第三节　民营企业参与"一带一路"国际产能合作的情境分析

一、母国的制度转型及东道国的弱制度情境

我国民营企业参与"一带一路"国际产能合作会受到母国和东道国制度框架

的影响。自 1978 年改革开放以来，在我国计划经济向市场经济转型的背景下，民营企业从无到有并不断壮大，在母国面临着政府与市场的角色、资源配置制度、创新激励制度以及金融制度等方面发生巨大改变（陈衍泰等，2016；胡必亮等，2018；马建堂等，2021）。而在共建"一带一路"的国家里，由于各国的市场发展存在着多样性，民营企业还会面临市场机制和法制相对不完善、创新系统不健全、创新基础设施薄弱、缺乏相应的产业配套和商业中介服务机构等问题，即"弱制度情境"。

二、全球价值网络中的嵌入、锁定与升级情境

改革开放后，中国积极融入国际分工体系。与多数发展中国家一样，改革开放初期中国企业依靠本国劳动力成本优势，主要承接低附加值的加工组装环节，而高附加值的研发设计和品牌营销等战略环节，则依然牢牢掌握在发达国家企业手中。总体上，中国企业在全球价值产业链条中处于从属地位，供应链、产业链安全稳定受到一定的影响。长期代工模式使得我国企业陷入全球价值网络低端锁定困局（张明玉，2014；胡大立等，2021）。改革开放四十多年来，随着中国技术进步和自主创新能力不断提升，比较优势动态变化催生出冲破原有全球价值链低端束缚的强大内生动力。"一带一路"倡议是我国和其他新兴国家拓展产业链升级空间、构建新型产业分工格局、提升在全球价值网络中位势的重要机遇，更是全球稳定和安全的"基石"。

三、母国及东道国生产要素空间的动态变迁情境

随着中国经济持续发展，要素禀赋优势已经发生变化，劳动力等传统比较优势弱化，而资金供给、技术创新、信息网络等方面的比较优势增强。中国与发达经济体、新兴市场和发展中国家的经济关系从"一竞争一互补"转向"两竞争两互补"的格局，部分发达国家甚至将中国视为战略竞争对手，采用各种举措来打压甚至拟脱钩。中国相对充裕的资本、完整的工业体系、不断增强的制造能力和素质不断提高的人力资本与多数发展中国家的要素禀赋形成互补，而与发达国家要素禀赋和产业结构总体呈互补大于竞争的态势。共建"一带一路"旨在促进中国与共建国家的人力、能源、资本、技术等生产要素有序自由流动、资源高效配置和国内外市场、行业和项目深度融合，将经济互补性转化为发展驱动力，共同打造各取所需、优势互补、互惠互利、共享共赢的区域经济合作新框架。

四、母国和东道国需求多样化的情境

中国国内市场规模庞大，不同地区孕育了多层次的市场空间，表现出多细分和多层次的需求与消费结构。共建"一带一路"国家的收入水平、生活习惯、文化传统和宗教信仰等都具有较大差异，因而需求存在多样性。既有对中高端产品需求量较大的新加坡等国，也有对中低端产品需求比较大的东盟国家，如印度尼西亚、越南和其他国家或地区。我国民营企业是在服务于全国各地区多样化需求的基础上发展起来的，具有满足共建"一带一路"国家差异化需求的产业基础。"一带一路"倡议的实施形成了广阔的国际市场，也为促进国内区域协调发展提供了机遇。在共建"一带一路"国家市场开发中，民营企业需要提供匹配各国需求的产品，才能更好地对接和开拓国际市场。

以上是中国民营企业参与"一带一路"国际产能合作的特殊情境和逻辑出发点。基于此，接下来将探讨特殊情境下我国民营企业参与国际产能合作的商业模式选择，展开不同参与模式下海外创新生态系统的主体结构及协同机制研究，并进一步探讨民营企业参与"一带一路"国际产能合作新模式的能力建构问题。

第二篇

民营企业参与
"一带一路"
国际产能合作的
模式选择

本篇关于中国民营企业参与"一带一路"国际产能合作的模式，包括第四至八章，主要探讨"走出去"相关问题，也就是国际产能合作的"走出去"过程相关影响因素。中国的民营企业是伴随着改革开放四十多年进程不断地成长和国际化发展的，既不同于西方发达经济体的私营企业国际化，也不同于中国国有企业的成长和国际化模式，有其独特的发展环境、成长和国际化路径。在这种条件下，中国民营企业应该如何选择国际化模式以实现在参与共建"一带一路"国际产能合作战略过程中得以顺利实施？

基于这个研究问题，需要重新审视开展国际产能合作的中国民营企业的资源条件和能力基础、国际化经验及母国与东道国的制度影响等多重因素，并通过比较发达经济体私营企业国际化的历史经验做法，更好地为"一带一路"国际产能合作提供综合决策分析依据。因此，本篇通过理论演绎、计量分析、案例研究等研究方法，剖析中国民营企业在制度和市场不完善（简称"弱制度情境"）的"一带一路"共建国家开展国际产能合作的模式选择策略。

具体而言，第四章从资源基础与企业能力的视角探讨了不同民营企业开展国际产能合作的商业模式选择问题，结合典型地方民营企业案例，分别解析了传统模式、"抱团出海"模式、平台型企业"以大带小"模式等不同国际产能合作商业模式选择问题。 第五章从民营企业研发基础与国际化经验等视角探讨了海外进入模式选择、组合策略及其对海外扩张速度的影响。 第六章从东道国工业化水平、东道国制度质量、东道国与母国国家距离等多维度探讨了东道国区位选择相关问题，并探讨了中国与发达经济体开展第三方产能合作中的选择和合作潜力问题。 第七章从母国区域的产业基础、区域的制度质量与东道国资源禀赋、需求潜力等多维度探讨了供需模式匹配问题，也为促进中国各区域与共建"一带一路"国开展国际产能合作提供参考。 第八章从创新生态系统中各主体的分工协作等视角，对历史上主要经济体国际产业合作的模式、海外进入时机决策与不确定性的渐进投资的策略选择及其相关经验启示进行比较，为中国民营企业国际产能合作提供相关启示，并丰富了企业国际化战略中的实物期权理论等。

第四章

民营企业参与"一带一路"国际产能
合作的过程与动因分析

基于已构建的综合性分析框架和嵌入性情境分析，本章聚焦中国民营企业参与"一带一路"国际产能合作的过程与动因问题，解决"为什么"参与"一带一路"国际产能合作的问题。本章首先提出了"动因—资源条件—过程"的整合过程框架，深入挖掘了中国民营企业参与"一带一路"国际产能合作的前、中、后三个过程中的多元动因，在此基础上提出了富有研究价值的多个主题。其次本章进一步总结凝练了中国民营企业参与"一带一路"国际产能合作的五大动机，即获取全球资源驱动、全球市场获取驱动、效率驱动、战略资源驱动和制度套利驱动，为理解并引导民营企业参与"一带一路"国际产能合作前因提供理论支撑。

第一节　民营企业国际化过程的整合分析框架

一、中国民营企业国际化过程整合框架

在整合现有文献的基础上，本研究提出了"动因—资源条件—过程"的新兴经济体企业参与"一带一路"国际产能合作（在本章节具体指代在共建"一带

一路"国家开展国际化活动）过程整合研究框架（见图 4 - 1），该框架展现了包括企业国际化前、中、后三个阶段的全过程。

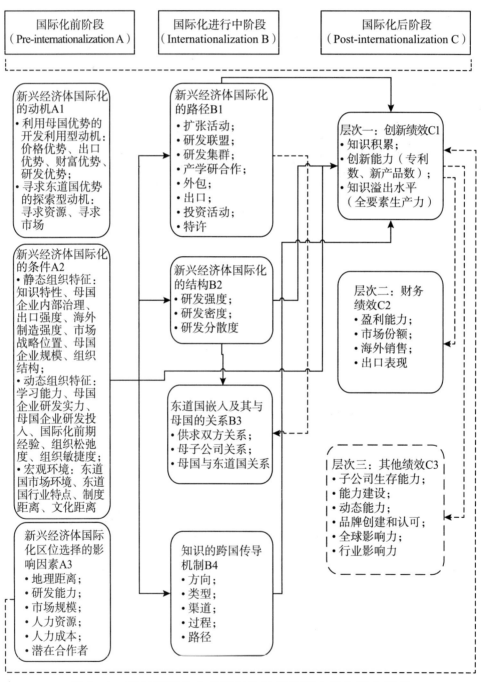

图 4 - 1 新兴经济体企业国际化过程研究内容的整合框架

"国际化前"（A）过程展示了新兴经济体企业开展国际研发活动之前需要考虑的内容，包括为什么要进行国际化、具备国际化的前置资源基础条件和区位选择等问题，包括企业国际化的动机（A1）、国际化的资源基础条件（A2）、国际化区位选择的影响因素（A3）（陈衍泰等，2017）。

"国际化进行中"（B）过程展示了新兴经济体企业进行国际化的模式，包括以什么方式进入东道国、进入东道国后与当地关系如何、知识和技术如何跨国传导等问题，涉及企业国际化的路径/进入模式（B1）、国际化的网络结构（B2）、东道国嵌入及其与母国的关系（B3）、知识的跨国传导机制（B4）等。

"国际化后"（C）过程旨在反映主体实施国际战略及其对绩效的影响，包括创新绩效（C1）、财务绩效（C2）和其他绩效（C3）。

本书所构建的新兴经济体企业国际化的整合框架展示了企业国际化上述三个过程之间的关系，并将过程间的相互关系归纳为以下研究主题：

主题一：A1（企业国际化的动机）。

有学者认为企业国际化的动机分为利用母国优势的"开发利用型"和寻求东道国优势的"探索学习型"两类；此外，过往研究中学者们对发达经济体和新兴经济体的企业国际化动机进行比较研究，但结论并不一致。有学者认为新兴经济体国际化的动机主要是支持母国制造业的发展；另有学者认为发展新兴经济体国际化的动机和发达经济体国际化的动机并无不同（陈衍泰等，2017）。行业异质性对企业建立海外分支机构的区域选择也有影响，基于扩大知识动机的企业倾向于在靠近大学和研究机构的区域建立研发机构，而基于开发知识动机的企业倾向于在生产机构或市场附近建立海外机构。

主题二：A2—C（企业国际化的资源基础条件与国际化绩效之间的关系）。

企业国际化主体的静态和动态组织特征及其面临的宏观环境都会影响国际化的绩效。

（1）组织静态特征与绩效。组织静态特征包括国际化主体企业有形资源基础、公司治理情况、组织结构、出口和制造能力、市场战略位置等。研究发现，出口和海外制造强度对企业的绩效起到促进作用，而企业规模对绩效没有显著影响；主体企业公司治理水平和管理者受教育程度对国际化有积极促进作用；国际化主体当前的技术水平在国际化和创新绩效之间起到正向调节作用，但这种调节作用仅在一定的研发边界内才存在，一旦超过技术边界，国际化主体当前的技术水平对高技术地位的企业有正向调节作用，而对低技术地位的企业有反向调节作用；企业的市场战略位置影响着国际化的绩效，高商业增长率和高市场占有率的主体企业拥有高于平均水平的企业能力，前者易从国际研发中获得关于新产品的想法，而后者从中获得组织扩展。有学者从组织结构角度进行研究，发现那些有利于知识横向分层交换的组织结构能够促进企业国际化的创新绩效，而具有官僚和控制特征的组织结构则会抑制企业的创新绩效；市场能力不仅加强了企业国际化对创新绩效的作用，同时也加强了国际化对创新绩效的影响（毛其淋和许家云，2014）。胡欣悦（2022）探究跨国研发网络中，研发单元不同程度跨组织边界和国家边界建立知识连接对研发单元双元创新的差异化作用，发现组织边界和地理边界存在相互作用，跨边界来源知识新颖性收益更高，而内部知识连接和本地知识连接有助于减少研发单元跨边界知识获取的障碍与成本，增强跨国内部知识连接和本地外部知识连接对挖掘性创新的促进作用；跨国知识连接和外部知识连接组合能最大化知识新颖性收益，使得跨国外部知识连接对探索性创新的促进作用最大。

（2）组织动态特征与绩效。国际化主体企业的投资水平、前期运作经验等组织动态特征对绩效均有影响，有研发投入的外商独资工厂的研发绩效更优，拥有国际化运作经验企业的财务绩效更佳；而企业国际化当前的研发强度与研发国际化绩效的关系尚无定论。组织松弛度同样调节了企业国际化和创新绩效的关系，在研发分散阶段，组织松弛度高的企业将获得较高的创新绩效，在研发再集中阶段，组织松弛度低的企业将获得较高的企业绩效（Chen et al.，2012）。邱晨和杨蕙馨（2022）认为作为新兴经济体，中国企业更倾向于通过研发国际化获取东道国先进的技术经验和知识，进而实现东道国子公司和母公司之间的逆向知识转移，并进一步发现知识搜索节奏对于研发国际化深度和母公司绿色创新关系具有正向调节作用。

（3）宏观环境与绩效。影响企业国际化的宏观环境因素包括东道国的市场环境，东道国的行业特点，母国和东道国间的地理、制度和文化距离等。这些因素除了会影响企业国际化时最初的领域选择外，一方面会影响母国企业与东道国合作伙伴的双边合作，如果国家间具有更为相似的技术专业性、共享语言且地理更接近，则更容易进行合作（Picci，2010）；另一方面上述因素对企业国际化的绩效产生直接影响，在国家文化距离和组织文化距离对企业总体绩效的影响上，后者是更具有影响力的因素，母国和东道国之间存在语言和文化差异确实降低了全球国际化的绩效，而共同化的举措可以减轻这种负面影响的程度。常晓然和张蕾（2023）探讨正、负绩效反馈对研发国际化模式选择的影响，以及东道国环境不确定性的竞争性调节效应。研究发现，正绩效反馈越大，企业越倾向于选择跨国技术合作、新建海外子公司研发部门等低风险模式；而当进入技术环境不确定性高的东道国时，正绩效反馈、负绩效反馈幅度越大越有可能选择跨国技术并购、新建海外研发机构等高风险模式。

主题三：A2—B（企业国际化的资源基础条件与模式选择之间的关系）。

企业国际化过程中的研发强度受到资源基础条件的影响：较大的母国市场会

刺激海外投资，进行产品和生产过程的调整，母国和东道国之间的地理距离将会诱导跨国企业为了满足东道国消费者需求而更多地开展产品适应型研发。此外，研究证明企业母国资源基础和能力也会影响国际化过程中的研发强度。企业国际化过程中的行为差异影响着国际化的模式选择，而行为差异受到组织内部知识本质、知识累积和知识产权保护措施使用程度的影响（Herstad et al.，2014）。

主题四：A3（企业国际化区位选择的影响因素）。

发达经济体企业国际化区位选择的影响因素是研究重点，跨国企业进行国际区位选择时，会考虑东道国的市场规模、东道国的人力成本以及东道国的技术成就。谢德施拉格等（Siedschlag et al.，2013）认为欧盟企业国际化的区位选择由东道国研发活动的聚集程度和区域知识基础决定。大部分学者认同成本是区位选择重要因素的观点，但也存在不同意见，认为在科学工程领域受过高等教育的毕业生是区位选择的显著因素，而非成本（王永钦等，2014；司月芳等，2020）。当多数研究仍关注企业海外区位选择的问题时，研发国际化存在"回乡"趋势，由于组织惯性和知识产权总部中心化的存在，国内核心研发项目存在区位粘性。企业国际化选择的区位合理与否应该会影响国际化的绩效，但现有的文献中缺少这一领域的实证研究。

主题五：B1—C（企业国际化的路径与企业国际化绩效之间的关系）。

在海外投资路径方面，FDI 通过知识溢出提高技术水平的观点得到普遍支持，但是 FDI 对母国和东道国的技术水平有何影响这个问题的结论各有不同。比如，有学者认为只有跨国企业本身从 FDI 研发溢出中获利，而东道国企业没有获得此类收益，另有学者却认为 FDI 能够提高东道国的技术水平（王凤彬和杨阳，2013）。在扩张路径方面，"出口中学"的模式有助于提高母国企业的创新绩效；出口强度对新上市企业的销售成长有正向作用；并购确实增加了内部和外部的研发预算，而并购密度对创新绩效有负面影响。此外，外包作为海外合作的路径之一，与创新绩效有正相关关系，且对产品创新的影响大于过程创新，但两类影响均小于绿地投资对企业绩效的影响。学者们同样十分重视产业集群与研发联盟对国际研发的重要作用：通过集群组织创新活动，跨国公司子公司与国内公司体现出明显的一致性；研发联盟的建立只有在以研究而非发展为目的，并且外国投资者具备在东道国的研发经验时，东道国大学和研发机构的合作取得的效果最好。樊霞和李芷珊（2021）探讨了制度环境、社会嵌入和组织学习对企业实现创新高绩效的组态效应，发现实现研发国际化创新高绩效有两条途径，分别为制度主导下开发市场的基地打造型和环境复杂化下突破创新的联盟合作型，说明实现路径并不唯一。

主题六：B2—C（企业国际化的网络结构和国际化绩效之间的关系）。

企业国际化的网络结构表示国际化主体的合作网络所具有的特点，包括了合作研发强度、研发密度和研发分散度等。相较于其他主题，这一领域的研究略少。企业国际化结构受到合作伙伴分散度的强烈影响，包括外部知识资源的分散度和关键内部研发资源的分散度；研发活动的持续时间越长，国际研发结构越趋向于分散；许等（Hsu et al.，2015）从知识投入强度和多样性两个角度研究企业国际化对创新绩效的影响，结果显示两者呈现"U"型关系，说明在一定的强度和多样性之后，国际化的收益大于成本，且国际化扩张的经验对两者有正向调节作用。李晨蕾、柳卸林和朱丽（2017）研究发现结构洞与创新绩效负相关，共同认知削弱了这一负向作用；网络紧密程度与创新绩效正相关，共同认知增强了这一正向作用；而关系强度的调节作用不显著。

主题七：B3—B4（东道国嵌入及其与母国的关系对知识跨国传导的关系）。

新兴经济体企业国际化进入东道国之后面临着诸多嵌入难题，比如，如何管理跨国团队、如何进行母子公司的管理、如何处理由于文化和制度等因素造成的母国和东道国的关系障碍等，这些关系处理得当与否影响了知识的跨国传导和企业国际化的绩效。近几年的研究尤其关注这类问题：杰茜卡等（Zeschky et al.，2014）分析了跨国公司总部控制海外研发机构的机制，高科技含量、市场导向的研发机构倾向于被非正式机制协同，相反的研发机构倾向于被正式机制协同；此外，总部与子公司的关系受到产品架构的影响：发生在系统层面的复杂研发活动、组件层面复杂程度低的研发活动、模块化的产品架构在全球商务活动中具有不同的效应。帕克和乔伊（Park and Choi，2014）研究了跨国公司控制机制对知识获取的影响，将控制机制分为管理控制机制和经营控制机制两类，其中，高层管理者职位、政策制定的参与、与跨国公司子公司高层管理者的互动、海外派遣者在关键领域的参与程度等控制机制对组织学习有正相关关系。李杰义、刘裕琴和曹金霞（2018）发现海外网络嵌入性对国际化绩效具有正向影响，而且国际学习在海外网络嵌入性与国际化绩效关系中起部分中介作用。

主题八：B4 和 B4—C（知识跨国传导对创新绩效的关系）。

知识跨国传导机制，包括知识跨国传导的方向、类型、过程等。根据知识转移程度和知识创新程度高低，知识跨国传导有三条路径，包括传统演化即时嵌入和知识孵化。国际化背景下的知识跨国传导可以分为知识评估、知识分享和知识同化三个阶段。根据知识在东道国和母国之间流动方向的不同，知识跨国传导的类型可以分为正向知识溢出和逆向知识溢出。有学者（Fu，2012）讨论了FDI过程中管理知识的水平和垂直溢出，认为从母国到东道国的正向溢出显著存在，逆向溢出受限。根据知识在企业间流动方向的不同，知识跨国传导的过程导向型研发战略促进纵向知识流动，自治型研发战略促进知识从当地环境向子公司流动。也有学者认为知识流动和研发国际化绩效间存在直线关系，高知识流动的研发子公司具有高水平的知识累积，从而获得高绩效（王春法，2008）；也有研究表明跨国知识转移与创新绩效之间存在曲线关系，中低水平的国际知识内容提高了创新绩效，高水平的国际知识内容则减少了海外知识转移的边际报酬（薛澜等，2015）。

二、下一步丞待研究主题的探索

上述的系统分析为我们提供了新兴经济体企业国际化过程研究的学术基础，并指明了未来的研究方向。本书提出新兴经济体企业国际化下一步可能进行研究的四个潜在或未充分探索的主题。

第一是新兴经济体企业国际化的网络组合、网络连接与耦合。新兴经济体企业国际化，既包括在不同发达经济体的"探索学习型"国际化，也包括在"一带一路"新兴经济体开展"开发利用型"国际化。国际化过程中东道国选择的网络组合结构参数对于海外知识获取的整体效果至关重要。未来研究可以从网络组合的宽度、深度及重叠度如何调节企业国际化与创新绩效之间的关系展开进一步研究，尤其是以中国为代表的新兴经济体企业，基于政府的"创新战略""走出去战略"以及共建"一带一路"倡议，企业国际化的动机、区位选择更趋多样化，应用"相互嵌套"网络理论，探讨构建子母公司"地理—组织—知识"的链接耦合网络，对国外子公司研发网络、国内与国外研发网络链接耦合的影响因素与机制展开研究。

第二是基于企业异质性的研究。借鉴现有学者（Luo and Zhang，2016）的做法，建立 n×m 矩阵，区分跨国企业的所有权（国有与非国有、国有持股比例等）、东道国（发达国家、发展中国家以及新兴经济体国家等）、组织形式、企业规模（小规模与大规模）、进入模式（并购与绿地）、动机（探索与开发、技术与市场等）以及国际化阶段（新生、生长与成熟等），未来研究可以解开矩阵中的每个象限，选择典型案例，通过跨案例比较，研究不同类型和身份的跨国企业战略或组织特征。特别是针对民营企业在共建"一带一路"大背景下的行为及其绩效影响因素进行深入研究，具有良好的理论与实践价值。

第三是研究新兴经济体企业从"走出去"到"走进去"，再到"走上去"的过程及相关影响因素。现有文献主要分析了母国或东道国制度以及两者制度距离分别对企业国际化的影响，但是母国与东道国制度如何与企业异质性（所有权、组织形式、经验、资源禀赋、能力等）协同作用值得进一步探讨。首先，对企业国际化的区位选择（组合）、进入模式及合法性、组织结构以及结果等的交互效应值得未来进一步探索研究。其次，未来研究可以同时考虑母国与东道国制度因素对企业国际化的交互影响来分析两国制度间的替代与互补作用。再次，以中国为代表的新兴经济体企业的制度套利/制度规避策略选择、在多元的东道国制度环境下的制度战略制定以及组织合法性获取等相关问题值得研究。最后，深入研究新兴经济体企业"走上去"具备东道国话语权的相关形成机理及企业所需要的能力基础，同样具有良好的理论和实践意义。

第四是企业新组织模式的国际化研究。随着跨国企业国际化进程的不断深入，涌现了一些新的组织模式，例如企业越来越以生态系统的整体模式进行国际化，或者通过互联网技术融合或平台生态系统进行国际化。创新生态系统理论的发展，是探讨海外创新生态系统的影响因素、形成机理以及生命周期动态演化过程等相关研究的重要基础。尤其以中国为代表的新兴经济体企业，在"开发"与"探索"二元动机以及复杂的母国与东道国制度环境下，其如何构建、培育与优化海外创新生态系统，解析跨情境多重嵌入对海外学习、全球整合创新的作用机制与影响因素等问题仍旧值得探究。

第二节　民营企业参与"一带一路"国际产能合作的动机研究

民营企业既有一般企业的市场属性，而且在中国改革开放以来的转型制度成长过程中又具备其自身的特殊性。中国民营企业参与"一带一路"国际产能合作的主要动因包括：

第一是获取全球资源的驱动力。共建"一带一路"国家绝大部分是发展中国家和新兴市场国家，这些国家有着丰富的自然资源、廉价的劳动力，因而一部分民营企业前往共建"一带一路"国家寻求的资源主要以自然资源和劳动力资源为主，以能力为基础的资源诉求相对较少（吴凤平和白雨卉，2020）。共建"一带一路"国家的资源分布状况不同，我国民营企业与"一带一路"东道国的资源互补性也有差异，因此，不同的民营企业根据自身的资源需求选择到不同的东道国开展国际产能合作。

第二是全球市场获取的驱动力。中国民营企业的传统经营模式是通过出口等方式向"一带一路"市场提供产品，但是随着进口国关税的提高、出口成本的上涨和来自发达经济体的贸易壁垒等综合因素影响，加之当地市场规模的扩大，出口不再是服务当地市场的最佳方式。因此，这些企业选择对外直接投资，在共建"一带一路"国家组织生产经营活动成为获取当地市场的合理选择（徐绍史等，2017）。

第三是效率驱动。习近平总书记提出构建"丝绸之路经济带"要创新合作模式，加强"五通"，即政策沟通、设施联通、贸易畅通、资金融通和民心相通，以点带面，从线到片，逐步形成区域大合作格局。"五通"提升了我国与共建"一带一路"国家的区域整合程度，为我国民营企业通过产能合作提升企业效率创造了重要前提条件。"五通"不断提高东道国与我国的区域融合度，推动母国和东道国的民营企业提升国际资源配置效率。

第四是战略资源驱动。以寻求战略资产为目的的产能合作活动并不是为了开发竞争对手所不具备的某种特定的成本或市场优势。具备良好基础性资源和能力的中国民营企业，为了在现有资产组合的基础上以维持或增强现有竞争地位，逐步在"一带一路"开展国际产能合作，以提升全球的整合创新能力。

第五是制度套利驱动。国内区域市场化程度存在着差异、特定经营领域的政府规制以及物流费用、土地和资金成本对不同所有制企业的差异性定价等多方面因素都影响了中国企业尤其是民营企业的国内经营成本，但由于共建"一带一路"国家的生产要素成本、消费能力、制度和政策存在多样化的差异，这些使得民营企业"走出去"在多国经营，有可能产生"套利"的可能性；从而驱使它们前往共建"一带一路"国家寻求制度套利的机会。

第五章

资源基础、商业模式选择与民营企业参与 "一带一路"国际产能合作的战略规划

在深入分析中国民营企业参与"一带一路"国际产能合作的过程与动因基础上，本章进一步深入探讨民营企业"一带一路"国际产能合作的进入模式问题，其中资源基础、商业模式选择以及战略规划对进入模式决策最为关键。首先，根据已有研究结论，针对资源基础、商业模式选择与企业国际化三者之间的内在逻辑关联展开详细阐述。并进一步将民营企业参与"一带一路"国际产能合作的商业模式总结为"抱团出海"、传统平台型企业"以大带小"、"互联网+"、第三方国际产能合作、基于技术和标准输出的模式等多种类型。其次，依据上述分析，将资源分为有形资源和无形资源两类，并对资源基础影响民营企业国际化的效应展开实证分析。具体而言，本章以企业母国研发投入、国际化经验对海外选址决策影响为例，探讨有形资源对民营企业国际化的影响效应；以海归高管作为中国企业的独特资源及其对民营企业海外并购为例，探讨无形资源对民营企业国际化的影响效应。

第一节 资源基础、商业模式选择 与"一带一路"国际产能合作

一、资源基础、商业模式选择与企业国际化

根据资源基础观（RBV）（Barney, 1991），如果企业拥有一种或者多种有价

值、稀有、不可模仿和不可替代（简称"VRIN特征"）的资源，就可以带来可持续的竞争优势。企业要在竞争中获得竞争优势，就必须比竞争对手创造更高的价值并通过创新获益，而这一过程的实现需要依靠企业自身具备 VRIN 特征的资源存量以及在使用这些资源过程中积累的独特能力（Schilke et al.，2018）。企业资源既包括企业所有的实物资源、财力资源、组织资源、技术资源等有形资源，又包括人力资源及其形成的管理能力、组织管理、创新资源和声誉资源等无形资源。企业依靠关键资源获取租金，一般需要异质性、事先限制竞争、事后限制竞争和流动性受限等。企业通过控制资源、实施战略、优化资源利用途径来提升绩效，其中优化资源利用的模式通常包括集中资源、积累资源、获取互补资源和保护自身独特资源等。

商业模式是企业价值创造的基本逻辑，企业商业模式创新通过战略性选择与重构，提供顾客价值、从创新中获得收益并提升企业竞争力。企业商业模式的选择依赖于其资源基础，商业模式创新具有较大的转换成本和风险，只有具备一定资源基础的企业才可能开展创新。商业模式创新可能既包括商业模式构成要素的变化，也包括要素间关系或者动力机制产生的变化（刘刚等，2017；Huikkola et al.，2022）。民营企业的资源异质性，导致其选择的商业模式及其创新也具备异质性。中国民营企业伴随着改革开放四十多年的历程而成长，其积累的资源基础存在着显著的异质性，不同民营企业国内成长过程中的商业模式也存在着多样性，这影响着其国际化过程中的商业模式选择与创新。

资源基础与企业国际化。从资源基础观的视角来看，企业是资源的集合。具备 VRIN 特征的资源存量、可获得性和获取这些资源过程中积累的独特能力决定了企业国际扩张的快慢和国际化程度。将企业所有的实物资源、财力资源、组织资源、技术资源等有形资源以及人力资源及其形成的管理能力和组织管理、创新资源、声誉资源等无形资源简化为物资资源和知识资源，研究发现：企业资源会对国际化程度产生影响，知识资源比物资资源对国际化程度影响更为持久（宋渊洋等，2011；Cuervo–Cazurra and Li，2021）；在中国制度转型的情境下，非国有控股企业更偏好于国际化战略，因此资源对国际化程度影响更为显著。企业在进行国际化过程中要保持良好的资源存量以覆盖国际化中的短期成本和应对不确定性。对于民营企业来说，由于相对融资约束较大，在国际化过程中更要注重知识资源的积累和利用。

资源基础与民营企业国际化中的商业模式选择。一方面，民营企业的资源基础决定了其国内价值创造的逻辑和商业模式。改革开放初期，在物资资源和知识资源双重缺乏的背景下，民营企业从承接"代工"和简单零部件加工或者生产简单的劳动密集型产品开始，慢慢地实现了物资资源的积累和知识的累积性学习；

伴随着改革开放的不断深入，民营企业逐渐积累了财力资源、技术资源等有形资源，部分民营企业还逐渐积聚了良好的创新资源、不断增强的高端人力资源和声誉资源等无形资源，开始实施独特的商业模式创新策略，在国内形成了良好的竞争优势。另一方面，东道国资源基础也影响了民营企业国际化过程中的商业模式选择、海外进入模式等。而国际化过程中不断积累的全球有形资源与无形资源，也不断反哺着企业的全球化整合创新。

二、中国民营企业参与"一带一路"国际产能合作的商业模式选择与创新

尽管民营企业之间存在着异质性，但分布在中国各区域的一批具有良好发展基础的民营企业已经探索出了一些相对成功的参与"一带一路"国际产能合作的商业模式。我们将这些商业模式概括为"抱团出海"、传统平台型企业"以大带小"、"互联网＋"、第三方国际产能合作、基于技术和标准输出的模式等类型。这些商业模式可供其他已经在或者计划前往共建"一带一路"国家开展国际产能合作的企业参考。民营企业可以根据自身的国内资源基础和能力条件进行科学决策。

1. 绿地投资

传统模式主要包括绿地投资和跨境并购两种形式。传统上中国对共建"一带一路"国家的投资以绿地投资为主、并购为辅。绿地投资指在东道国新建子公司，是一种能够有效转移较强竞争优势的模式。具有较高全球竞争力的跨国公司多采取绿地模式进入东道国。绿地投资，即企业在全球范围内合理配置生产、设计、研发和销售活动，以提高运营效率，提升品牌价值，并能够实现本地研发、生产和销售，最大限度地发掘本地客户需求的一系列活动。总体上，通过在共建"一带一路"国家设立子公司、中外合资企业或者进行跨国投资，中国民营企业可以进行国内产能转移、获取海外优势资源、凭借优势技术品牌实现全球化布局。

中国对共建"一带一路"国家的绿地投资主要分布在制造业、电力、采矿业和建筑业。特别是当下国际形势更为复杂和地缘政治风险加剧，这为中国民营企业的海外投资带来一定的不确定性，使得民营企业海外并购活动减少，绿地投资正迅速成为民营企业"一带一路"国际化的一种重要方式。民营企业更需注重经济可行性，降低项目融资成本，提升竞争优势。因此，民营企业通过投资建厂将产业链、供应链延伸到海外，同时也带动当地就业和经济发展，受到东道国的欢迎。而伴随数字化趋势盛行和国际社会对可持续发展的要求日益提高，绿地投资项目落地后，其运营也将面临一系列的考验。例如，企业亟须平衡数字化转型、科技赋能与加强跨境数据安全和信息保护之间的关系，另外也在不断加大在环

境、社会与治理（ESG）合规方面的投入。

2. 跨国并购

跨国并购通过收购当地企业达到进入东道国市场的目的，在相对良好的东道国制度环境中，跨国公司更倾向于通过收购的方式获得深层次和隐形的资源。20世纪80年代和90年代的跨国并购主要是美国、日本、德国和法国的公司对发达国家之间企业的并购；90年代以后，发展中国家、新兴市场经济体成为跨国并购的主要战场和力量。其中，全资是一种高控制的进入模式，当东道国的稀缺资源比较容易获取且交易成本较低时，这一模式往往会被有强竞争力的跨国公司所采用。例如，美国制造业企业在向与其文化距离大的国家进行扩张时，更倾向于采用控制度较高的股权模式。而当东道国的法规限制和规范压力较大时，跨国公司更倾向于通过合资方式获得资源。又如，日本企业在进入美国市场时面临较高的进入壁垒，因此更倾向于选择合资模式。

除了股权式的进入模式外，也存在非股权式的进入模式：出口、技术许可、特许经营、合同协议等。这些模式更多代表着本地适应，通过减少对外生环境因素的依赖从而减少东道国的各种风险。

自2023年以来，鉴于中国企业的国际化需求和转型需要，加之疫情管控放开后国际互动频率提升，中企海外布局的步伐再次提速，中国民营企业会将重心放在共建"一带一路"国家和新兴经济体。例如，东盟区域经济一体化将带动中国民营企业将供应链转移到东南亚，投资布局制造业、新能源相关产业；中东海湾国家正向经济多元化转型，这将为中国部分民营企业提供新能源、先进制造业、数字经济和生物医药等领域的投资机遇；中国企业与非洲及拉丁美洲国家在"一带一路"框架下的能源、资源和基建合作将继续；而墨西哥等中美国家凭借临近北美的区位优势、贸易便利及制造业基础，也吸引了众多民营企业前去投资建厂。[①]

3. "抱团出海"

这是目前民营企业参与"一带一路"国际产能合作不断得到采纳的方式。其核心主体结构如图5-1所示。通过政府引导，结合市场力量牵头建设境外产业园区、经济合作区、工业园等各类境外产业集聚区，为民营企业参与共建"一带一路"提供了"聚集地"。这些产业集聚区不但满足了共建国家推进工业化、现代化和提高基础设施水平的需要，也降低了民营企业"走出去"的成本和风险。按照产业集聚区筹建的主导力量，可以分为由政府主导力量建设的产业聚集合作区和由市场机制自发力量建设的产业聚集合作区。按功能则可以分为产业间关联不

---

① 毕马威企业咨询（中国）有限公司：《中国企业海外投资并购的新趋势以及所面临的机遇和挑战》，2023年11月2日，中国全球投资峰会2023，上海。

强的混合型园区与同类型产业或关联度较强的上、下游专业型产业园区。按照产业类型，可以分为高新技术、商贸物流、能源资源加工、工业、劳动密集型和农业产业合作集聚区等。其中泰中罗勇工业园是典型案例。华立集团泰中罗勇工业园以中国境外工业园为载体，践行浙江省"地瓜经济"理论，截至 2023 年，在泰中罗勇工业园二期项目建设完成后，园区总面积达到 20 平方千米，有 300 家以上企业落户，是中国民营企业在海外集聚规模最大的工业园之一。

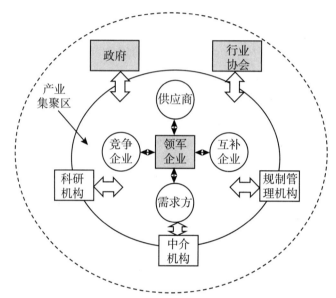

图 5 - 1 "抱团出海"模式的核心主体结构

以华立泰中罗勇工业园区为例，其已经在全球 120 多个国家和地区构建了产品销售网络，在泰国、墨西哥、中越边境搭建了境外工业园平台，并助力近 200 家中国制造业企业参与国际产能合作，其中包括中策橡胶、富通集团等，增强全球制造资源配置能力。①

4. 传统平台型企业"以大带小"模式

传统"平台型"大企业通过"以大带小"合作"出海"，通过全产业链"走出去"的方式推进国际产能合作。这类"平台型"大企业包括行业内龙头大企业、中国在海外的专业商品市场、海外工程总承包企业等。例如，浙江在海外构建的诸多专业商品市场，带动了中国轻纺、建材、化工等领域一大批中小企业走出国门；江苏、山东和重庆等地的民营企业在海外承办相关建设工程，带动了国内水泥、平板玻璃等行业的一大批中小企业开展国际产能合作。浙江省也走出去到共建"一带

---

① 详见华立集团北美华富山工业园官网，http：//www.hfsip.com/? mod = news - info&id = 615。

一路"国家开展产能合作，呈现出"以大带小"抱团"走出去"的特征。

传统平台型企业"以大带小"模式的实质是一种非股权式战略联盟，民营企业依托产业链联盟"走出去"。龙头企业基于海外工程项目承包，引领和带动位于产业链上下游及其他关联、配套的中小企业，形成战略协作伙伴关系。龙头企业主导产业链联盟伙伴的选择，以弥补企业的战略缺口和增强企业的核心能力。中小企业可以成为某项专项活动的合作伙伴，从而把本企业的经营与发展相对固定地嫁接到龙头企业。在结成风险共担、利益共享的共同体的同时，中小企业保有相对独立的地位和灵活的战略。2023 年 1 月，我国企业在共建"一带一路"国家非金融类直接投资 170.6 亿元人民币，同比增长 42.7%，占同期总额的22.5%。对外承包工程方面，我国企业在共建"一带一路"国家新签对外承包工程项目合同 270 份，新签合同额 342.5 亿元人民币，占同期我国对外承包工程新签合同额的 49.2%。① 央企、其他国有企业和大型民营企业在对外工程承包方面占据优势，通过带动产业链上民营企业，以全产业链方式"走出去"。

5. "互联网 +"模式

互联网与制造业的深度融合不仅拓展了商贸流通领域，也减少了国内外需求方和制造商之间的沟通时间与成本，使得产业组织模式逐渐以需求方为中心开展。本书分析的"互联网 +"模式主要包含两种类型，第一种类型是出口型电子商务，即民营企业利用互联网平台企业提供的信息和交易服务，将销售范围扩展到共建"一带一路"国家。大龙网中波双园是这一类型模式的典型案例。第二种类型是指基于互联网与服务业、制造业创新融合发展，民营企业在参与"一带一路"国际产能合作的过程中，释放离岸服务外包市场潜力，充分享受国际分工的收益，以我国民营企业承接东南亚国家服务外包为典型案例。"互联网 +"模式的典型特征之一是通过"互联网"平台沟通需求方和供给方，其核心主体结构如图 5 - 2 所示。

2022 年 11 月，习近平总书记在第五届进博会开幕式致辞中提出，"创建'丝路电商'合作先行区"，"推进高质量共建'一带一路'"。2023 年 10 月，习近平总书记在第三届"一带一路"国际合作高峰论坛开幕式主旨演讲中宣布"中方将创建'丝路电商'合作先行区，同更多国家商签自由贸易协定、投资保护协定"。"丝路电商"是在"一带一路"倡议框架下，充分发挥中国电子商务技术应用、模式创新和市场规模等优势，积极推进电子商务国际合作的重要举措。"丝路电商"拓展了国际经贸合作新空间，为探索搭建数字经济国际规则体系、推动

---

① 中华人民共和国商务部对外投资和经济合作司网站，http://hzs.mofcom.gov.cn/。

构建新发展格局、促进共建"一带一路"国家数字经济发展增添动力。①

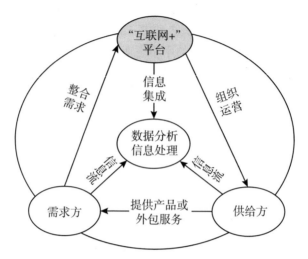

图 5 - 2　"互联网 +"模式的核心主体结构

6. 第三方国际产能合作模式

中国企业与发达国家企业联手开展国际产能合作，共同开发第三方市场。一批领先型的中国企业通过海外并购或与发达国家企业形成联盟，借助其相对先进的技术或品牌并结合中国的制造能力，共同开发其他国家的市场。近年来，中国民营企业通过与发达国家的企业开展产能合作，共同开发了全球市场。也有一批具有创新精神的企业，积极探索新的商业模式，例如，中国宁波均胜电子股份有限公司（以下简称"均胜电子"）在 2011 年收购德国老牌汽车电子企业普瑞公司。经过十多年的融合，两家互补的公司逐渐实现了"1 + 1 > 2"的双赢目标。均胜电子在产品研发技术、营运水平、欧洲及全球市场拓展等各方面获得了快速提升；同时也为德国当地提供了众多就业机会和财政贡献。基于此，均胜电子又与德国机器人公司 IMA、QUIN，美国 KSS 等合作，在罗马尼亚、波兰、匈牙利、捷克等生产并拓展了当地市场。

中国企业与发达国家企业合作开拓"一带一路"新兴国家市场和能源，称为第三方国际产能合作。在第三方国际产能合作模式中，我国拥有优质中端产能和充足资金的企业与拥有先进技术和核心设备的发达国家企业间形成优势互补，共同开拓共建"一带一路"国家市场，带去高性价比的产品和服务，满足它们对基础设施建设和工业化水平提升的需求，以实现三方共赢。其中，能源化工、基础

---

① 中华人民共和国商务部：《推进"丝路电商"合作先行　发展"一带一路"数字经济》，http：// tradeinservices. mofcom. gov. cn/article/szmy/zjyjgd/202310/158032. html。

设施、装备制造等行业是开展第三方市场的优先合作领域。这一合作模式既可以发挥我国的成本、规模优势，以及发达国家的技术、品牌优势，也能够满足共建"一带一路"国家对基础设施建设的需求。其核心主体结构如图5-3所示。

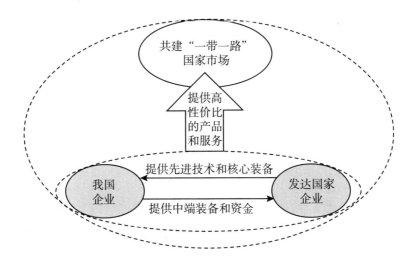

图5-3 第三方国际产能合作模式的核心主体结构

7. 基于技术和标准输出的国际产能合作模式

在"一带一路"倡议引领下，民营企业作为技术许可方，许可他人使用其技术和商标，将技术和品牌输出到共建"一带一路"国家，实现"以技术和品牌换市场"。同时，民营企业作为被技术许可方，发挥资本等优势，在技术先进国家用资本换技术和品牌，进而形成国际大协同效应。我国民营企业进行技术许可的具体模式主要包括：以获取资金回报和市场竞争优势的进攻型模式、相互需要对方技术的企业间通过交叉许可或专利联盟实施的防御型模式、为促进一类产业发展而在生产技术方面进行合作的合作共享型模式、小型企业掌握某项核心技术但不能或不愿进行具体产品生产的专利性技术许可模式等。

2023年是"一带一路"倡议提出10周年，在过去的10年间，"一带一路"建设从无到有、连点成线、由线及面，中国民营企业中的高科技企业未来将演绎"丝路"新故事，为高质量共建"一带一路"提供重要支撑，向全球产业链价值链中高端迈进。例如，小米、比亚迪、华为和宁德时代四大硬核科技企业，在智能手机技术和物联网平台、通信技术、新能源技术、电池技术等方面深刻影响共建"一带一路"国家技术研发和供应链、产业链高质量发展。小米自2014年开启国际化征程，到2023年业务已经进入100多个国家和地区，持续引领高端手机全球化布局，同时还是全球最大的消费级物联网平台，设备连接数量为全球最多。在技术研发和技术标准输出方面，小米坚持先立好标杆，探索验证成功之后再向产业链、供应链合作伙伴输出,赋能共建"一带一路"国家乃至全球产业升级。小米涉足的研发领域十分广泛,包括 5G 移动通信技术、大数据、云计算及人工智能等多项细分领域,因此,小米成为坚持拥抱全球化的捍卫者与引领者,坚持高水平技术输出和国际产能合作。

第二节　有形资源对民营企业国际化的影响
——以企业母国研发投入、国际化经验对海外选址决策分析为例

关于企业有形资源对其国际化的影响,多是研究资源基础对海外进入模式的影响。一般认为,如果企业在母国拥有良好的财务资源、物资资源或技术资源,在开发利用母公司的资源基础上拓展,那么通过绿地投资进入海外市场的内部增长是常见的战略选择;而如果企业的技术资源等有形资源不如东道国伙伴,获取竞争资源的重要手段往往是并购。

中国企业早期的海外进入较多采用并购方式,以应对环境变化和不断加剧的全球竞争。当企业重新调整资源分布时,如果模仿目标企业的独特组织资源非常困难,或者需要很长的时间,海外并购方式比绿地投资更容易被采纳。并购的另外一个重要优势是进入新领域的速度快,因为快速变化的竞争环境不允许企业用充足的时间通过内部的资源来开发。另外,并购能够帮助企业超越组织学习边界,重新再造企业。

当母公司具有比东道国更为高级且可获利的技术并计划将技术转移到东道国子公司时,往往选择建立完全独资机构,而非合资企业;如果东道国的合作伙伴能够提供互补性资源,例如特定的技术或者当地的市场知识等,那么企业倾向于采取合作企业方式。

中国民营企业在海外投资的数量和规模在近十年呈现快速增长,目的地和投资产业出现多元化的特征,但是中国民营企业在海外投资的不同行业和区域存在一定的差异性。总体而言,长三角地区的企业对外投资规模比较均衡,但侧重以制造业为主;京津冀地区的企业海外投资侧重金融等服务业,单笔投资规模比较大。从行业分布来看,信息通信技术、建筑、纺织和机械行业的企业对外投资程度相对较高;各行业投资以东南亚居多;机械、信息技术和生物制药行业的企业以获取海外知识为主,其他行业以获取海外市场、资源为主。

为了验证有形资源对中国民营企业国际化的影响,我们采取了跨案例研究

方法进行探讨。分别选择了机械、机床、汽车和计算机软件四个典型行业中的一个典型企业作为研究案例对象，通过访谈记录、调查问卷、文献和档案记录，建构研究案例的信度；同时为了保证研究的外在效度，每个案例严格遵循可复制逻辑，如果某一个案例提供了新的信息，我们就对前面案例进行补充调查。在访谈过程中，分别对不同层面的人员进行访谈，包括高管和中层干部。应企业的要求，我们在研究过程中隐去企业名称和企业家姓名，分别用 A、B、C、D 来代表各个案例。为了简化，我们将选择访谈的企业基本信息整理概况为表 5 - 1。

表 5 - 1   企业资源基础与国际化四个案例概况

研究对象	案例 A	案例 B	案例 C	案例 D
行业	重型机械	机床	汽车	计算机
所有制性质	民营企业	国有企业	股份制企业	民营企业
成立时间	1989 年	1953 年	1958 年	1984 年
开始国际化时间	2002 年	1996 年	1996 年	1989 年
海外进入方式	绿地投资	并购、合资（占多数股份）	并购	并购
设立海外研发中心时间	2006 年	2004 年	2005 年	2005 年
海外研发所在地	印度、美国、德国、巴西等	美国、德国	英国、意大利	中国香港、美国、日本
企业国际化与研发历程	2002 年进入海外市场；2006 年在印度投资 6 000 万美元建设工程机械制造基地和相关的研发机构；2007 年在美国建立研发基地；2009 年在德国建立制造和研发基地	1996 年开始开拓海外市场；2002 年并购处于世界领先地位的美国某生产制造系统公司。2004 年 10 月，又在大型龙门五面加工中心技术处与世界领先的德国某公司合作，占 70% 股权，向高技术产品和国外市场延伸	1996 年中意合资制造并将产品出口到海外；2004 年同 4 家世界顶级设计公司合作，历时 4 年的整车最终投放国际市场；2005 年收购了英国某汽车集团的资产	1989 年在中国香港收购某著名美国公司在香港成立的研究开发中心，从事电脑主机板的开发和设计业务；1992 年初在美国硅谷设立实验室，以获取电脑最新技术情况与信息；2004 年并购美国著名公司 PC 分部及在全球的相关机构

资料来源：笔者整理。

四个案例分别来自机械、机床、汽车和计算机这四个不同行业。企业发展历史也不相同，但是开展国际化战略的时间都是在 2000 年前后，其国际化都经历了从海外市场销售到海外直接投资的过程。

通过对四个案例的综合分析看出，中国企业母国的资源基础与海外投资的进入模式关联性存在着不同的特征：

通过早期以绿地投资方式进入海外市场的公司，其国内的研发基础要高于海外的子公司。但随着跨国公司母公司拥有更多的国际化经验，母公司会将更多的研发任务移交给海外子公司并增加其在海外的研发强度。A 公司之所以能够在工程机械这一典型的传统产业获得成功，最重要的一个原因就是敢于对研发投入、敢于创新，并始终将研发创新能力作为一项核心竞争力来培植。近年来，A 企业每年将销售收入的 5% ~ 7% 投入研发，平均为 5.89%，这是中国同行业平均水准的 3 ~ 5 倍，2007 年 A 企业的研发投入为 8 亿元人民币。其在中国拥有 18 个研究院、89 个研究所，拥有 1 个国家级企业技术中心等，设立了 2 个国家博士后科研工作站。2011 年公司在册员工 21 538 人，从事科技活动人员 4 821 人，研发人员 2 800 人。该公司承担了 4 项国家 "863" 计划项目、1 项国家重大装备项目、4 项国家重点新产品项目的研究，承担省部级项目 60 多项，研发成果转化率 100%。共申请专利 710 项，累计授权专利 446 项，其中发明专利 149 项、国际专利 27 项，专利数以每年 30% 的数量增长。良好的发展步伐，使得 A 企业的国际市场逐渐步入成熟期。A 企业在保持主导产品在国内市场领先地位的同时，国际销售成倍增长，2007 年全年销售突破 2 亿美元。在加速海外营销的同时，A 企业海外投资计划开始逐步实施。2006 年 11 月与印度马哈拉斯特拉邦政府签订了投资协议，在孟买附近的小城市投资 6 000 万美元建设工程机械制造基地，并进行本地化的研发工作。

子公司的相关国际化经验对以绿地投资方式进入的子公司的研发强度有正向的影响。2007 年 9 月，A 企业在美国亚特兰大建立第二个海外基地，投资 6 000 万美元，并在 2009 年 1 月于德国建立相关的研发和制造基地。

被并购公司往往比跨国企业在海外绿地投资的子公司具备更强的研发实力。相比于 A 企业，B 企业曾是新中国成立初期全国机床行业的重点龙头企业之一。从 20 世纪 90 年代末至 "十五" 期间，B 企业走出了一条具有自身特点的集成创新之路，企业规模、技术水平、制造能力取得了突飞猛进的发展，成为中国最大的组合机床、柔性制造系统及自动化成套技术与装备的研发制造基地和中国机床行业的排头兵企业。但是其研发能力和行业竞争对手相比尚不足，关键零部件还需要经过美国和德国等同行的技术处理，才能充分延长设备使用寿命。所以 B 企业产品主要广泛应用于中国的机械加工中轴类和盘类零件的车削加工市场，少数批量出口到韩国、意大利等国家，但是大部分的高端市场还是被美国、德国的同行竞争对手占领。B 企业希望能够进一步推动企业的国际化。1996 年，出于提升自我技术装备能力的需求，B 企业与美国同行业 EG 生产系统公司就合资一事开始谈判。理由也很简单，因为 EG 公司的组合机床和柔性制造线技术世界领先，而组合机床又是 B 企业的代表性产品。于是，B 企业想以合资的形式引进技术。但是由于矛盾的焦点主要集中在控股权问题，EG 企业由于自身实力的强势不肯让步，结果导致 6 年来均没有取得理想结果。2002 年 EG 生产系统公司由于财务上的困境，被其母公司列入对外出售名单。经过相关的谈判，B 企业就 EG 公司把研发、营销、装配全部保留在当地等达成共识之后，对 EG 企业进行了 100% 的全资并购。

在积累了与美国企业合作的经验之后，2004 年 B 企业又与德国 CM 企业建立合资企业，原因是 CM 企业是全球生产龙门五面体加工中心的领先者。其设备每台造价在数百万欧元左右。造价如此之高的设备，随着企业的发展壮大，作为私有生产者的 CM 在融资方面会有一定的困难。德国 CM 企业考虑到市场、资金等方面的原因，最终也同意与中国 B 企业共同建立合资企业，并共享在德国的研发中心。

对于通过并购进行扩张的公司来说，国际化经验和海外研发之间不存在相关关系。这可以通过 C 企业和 D 企业的案例看出。C 企业最早的国际化是在 1996 年通过与意大利同行企业的合作开始在海外进行销售，经过近十年发展，除了整车生产公司外，还拥有铸、锻、装备和一批汽车零部件企业，有 7 个专业研究所以及技术中心和国家级汽车质量监督检验鉴定试验所，技术能力与中国同行业企业相比属于中上。但是与国际著名汽车企业近百年的技术积累相比，还存在着比较大的差距。虽然没有海外研发管理的经验，但 C 企业在 2005 年购进了英国 LF 企业部分生产技术、生产设备等无形和有形资产，以提高其在全球的技术能力和品牌等综合影响力。D 企业国际化的历史比较长，早在 1989 年起步阶段就以开展电脑贸易为主要业务，为电脑开发、生产积累资金，并尝试摸索国际市场脉搏，逐步成立研究开发中心，从事电脑主机板的开发和设计业务；其在 2004 年的并购是经过 15 年的海外经营经历后才首度实施的。

被并购公司往往比跨国企业在海外绿地投资的子公司有更强的研发实力，但是随着子公司经验的增多，这种差别会减小。从 C 企业和 D 企业来看，这两个案例选择并购的对象都是西欧和北美具有近百年研发经验积累的著名企业，在行业中的研发能力均是全球领先的；而 A 企业通过绿地投资的子公司，无论是在印度还是在美国和德国，首先是重视制造和销售，但是也在不断地增加海外的研发投资，希望利用当地的研发资源并支持当地子公司的发展。相比之下，D 企业在 2004 年并购美国的公司，次年其在美国的子公司研发投资反而下降。

交叉案例研究结果表明，被并购子公司与全资子公司在研发增长形式上存在以下主要差别：（1）独资新建子公司的国际化经验与研发实力有相关性；（2）没有相关证据表明并购子公司的研发支出随时间推移而增长；（3）并购后的经验对海外子公司研发实力存在负面影响。我们认为，并购后研发部门的重组确实会导致现有项目研发支出的减少；另一个可能的解释是，并购使得员工研发动力降低，而员工流动率增长，从而影响后续的研发进程。

通过跨案例研究，可以得到五个基本命题：

命题1：通过早期以绿地投资方式进入海外市场，从而拥有更多国际化经验的跨国公司母公司，会将更多的研发任务移交给海外子公司并增加其在海外的研发强度。

命题2：子公司的国际化相关经验对以绿地投资方式进入的子公司的研发强度有正向的影响。

命题3：对母公司技术资源实力比较弱的跨国公司来说，通过参与多数股份模式进入的合资企业下的子公司的研发强度比完全独资形式下的子公司的要高。并购经常被恰当地采用以改变现有的组织学习以及知识技术范围，以实现与海外研发资源的互补。因此，这样的跨国企业对组织学习过程的依赖较小，这也就允许国外研发资源的渐进式提升。

命题4：对那些通过并购进行扩张的公司来说，国际化经验和海外研发资源之间的相关关系不大。

命题5：被并购的发达国家公司往往比发展中国家的跨国企业在海外绿地投资的子公司有更好的研发技术资源，但是随着子公司经验的增多，这种差别会减小。这一命题对少数股份和多数股份的收购同样适用。

以上结果同样论证了在中国企业国际化进程中，并购海外研发中心和战略性资源的重要性，也就是"开放创新战略"的重要性。中国企业国际参与较少，它们积极地通过海外并购来获得海外技术等战略性资源，并加速建立海外研发能力。此外，以并购获得技术资源也暗示着并购子公司研发活动的目标、性质与全资新建子公司是不同的：（1）全资新建子公司更可能注重在母公司现有技术的资源基础上，进行产品开发与设计以迎合当地市场；（2）在被并购子公司开展研发一方面更多的是一种技术资源，囊括技术扫描和进一步的研究活动；另一方面并购方的动力还在于获得当地公司的新产品以及设计工艺，与本公司的基本技术资源形成互补。

第三节　无形资源对民营企业国际化的影响
——以海归高管作为中国企业的独特资源
及其对民营企业海外并购影响为例

海归高管是新兴市场跨国企业（以下简称"跨国企业"，EMNEs）全球扩张的关键资源（Cui et al.，2015）。作为全球竞争"追赶游戏"的后来者，新兴市场国家需要外国知识和人脉（Kunisch et al.，2019）以开展海外冒险。EMNEs 的这些人才需求由海归高管提供，即在回国之前在国外积累了工作或教育经验的人。海归高管将帮助 EMNEs 感知海外机会，应对国外市场的不确定性，并管理其外国直接投资（Cui et al.，2015；Azam et al.，2018；Guo and Clougherty，2020）。

根据资源基础观（Resource-based review，RBV）（Barney，1991），海归高管代表着战略性人力资源用于 EMNEs 的全球扩张。这种资源只要有价值、稀有、不可模仿和不可替代，就可以带来可持续的竞争优势（Barney，2016）。然而，随着新兴市场经济的快速增长，越来越多的海外专业人才选择回国，海归高管与往年相比，正成为一种不那么稀缺的人力资源（Giannetti et al.，2015）。例如，多年来，中国一直在见证"人才增长"，即越来越多的中国公民在国外接受培训和教育后返回中国。与此同时，海归高管也面临着来自国内同行的日益激烈的竞争和替代威胁，因为国内教育系统正迅速提高高校的课程质量，以培养出训练有素的国内人才。从某种意义上说，海归高管为 EMNEs 全球扩张做出贡献正面临着潜力减少的风险。事实上，关于海归高管对公司国际扩张影响的实证研究得到了好坏参半的结果。尽管大多数文献都记录了海归高管与国际业务之间的积极而重要的联系，但其他学者也发现非线性或统计上不显著的关系（Cuervo-Cazurra，2020）。

已有研究尚存在两个空白。首先，学者们呼吁将资源基础观（RBV）时间成分纳入分析（例如，资源的相对价值如何随着时间的推移受到外部变化的影响）（Bridoux et al.，2013；Barney，2016）。从人才流失到人才获取的转变代表了海归高管供应的时间变化，因此，提供了一个经验背景，以检验一旦供应变得充足，海归高管的相对价值可能如何不同。其次，关于资源配置，即公司如何使其人力资源与其战略相匹配也会影响资源价值的实现，这意味着海归高管的价值可能取决于其部署地点。总体而言，虽然在先前的研究中通常从一般意义上讨论海归高管，但忽略了他们的能力和价值观的潜在变化，这些变化会影响公司的国际行为。此外，如何适当地部署海归高管以更好地利用他们的外国专业知识，在公司的管理实践中受到较少关注。随着海归高管人数的大幅增长以及他们面临来自国内管理人员的替代威胁，重新审视他们在为 EMNEs 的外国投资结果做出贡献方面的作用是及时且重要的。

本研究重点关注企业跨国并购，这是 EMNEs 海外投资的主要进入模式，并提出以下问题：鉴于近年来海归高管人数越来越多，海归高管是否以及在何种条件下会增加 EMNEs 完成跨国并购的可能性？因此，将本书研究与已有文献区分开来，并通过扩展 RBV 对其时间效应和资源部署的作用，提供对回归管理人员作用更细致的理解。具体而言，本研究重点关注来自跨国并购目标国的海归高管（以下简称"目标国海归"），这是一种与公司跨国并购实践更相关和更有价值的人力资源，并探讨他们如何影响公司完成跨国并购交易以及可能的调理作用。

我们的研究发现海归高管对完成跨国并购没有影响。然而，研究发现，如果一家中国公司有更多目标国海归，特别是那些在跨国并购目标国家有工作经验的和在跨国并购目标国担任执行董事的海归高管，那么该公司完成跨国并购交易的概率会更高。此外，当收购方缺乏国际经验（以海外上市来衡量）以及目标国制度环境薄弱时，目标国海归的影响更大。

一、理论与假设

1. 海归高管是一种关键人力资源

根据资源基础观（Barney，1991），有价值的、稀有的、不可模仿的和不可替代的资源是公司竞争优势的基础。尤其是成功追求国际扩张战略需要的关键资源，包括财务资源（Westhead et al.，2001）、政府支持（Pinto et al.，2017）、社会资本（Jhl et al.，2019），更重要的是人力资源（Tarba et al.，2020；Krause et al.，2021），例如评估投资东道国、促进交易谈判和管理外国投资的专业人员。对于 EMNEs 来说，海归高管是重要的人力资源，他们不仅带来了尖端技术，还有国际知识、管理经验和外国社会关系（Cui et al.，2015；Tarba et al.，2020）。有研究发现，海归高管可以提升 EMNEs 的创新能力、公司治理水平、企业社会责任实践水平以及最终的财务业绩（Giannetti et al.，2015；Han et al.，2019）。

随着新兴市场经济的快速增长，近年来吸引了越来越多的海归人士（Lin et al.，2019），这种人力资源趋于成为一种商品。RBV 强调有助于可持续竞争优势的资源应该是稀有和不可模仿的（Barney，1991）；然而，随着海归高管在 EMNEs 中变得不再是稀缺资源，其他竞争对手很容易模仿，例如，聘请具有类似资历的海归高管，从而复制他们的价值并竞争利益。例如，尽管海归高管对EMNEs 全球扩张的影响在现有文献中已有详细记载，本书相关研究数据并未显示在近期中国公司海归高管人数激增情况下跨国并购完成率有所提高。

2. 目标国海归高管对企业完成跨国并购的影响

跨国并购是一项耗时且风险高的活动。作为全球"追赶游戏"的后来者，EMNEs 承受着作为外来者和新进入者的额外责任（Li et al.，2016；Cuervo - Cazurra and Li，2021）。海归高管的第一手经验和知识为 EMNEs 提供了应对外国制度压力的隐性知识，避免潜在风险，并在目标国家建立相应的合法性（Zhang et al.，2018）。此外，他们在东道国的个人网络将帮助 EMNEs 更好地与关键利益相关者（例如，供应商、政府机构、工会、客户）建立联系，这些对海外业务的成功至关重要。他们在外国文化中建立和维持关系的经验也有助于公司与外国利益相关者建立联系。总体而言，海归高管的海外知识和人脉对于 EMNEs 建立当地联系、获得认可和支持，从而减少外国和新兴的负资产具有重要作用。

根据 RBV，人力资源能否创造竞争优势取决于是否有效部署资源，即技能在满足任务需要时是否变得更有效率（Hatchand Dyer，2004；Tarba et al.，2020）。在海外扩张的情况下，当海外投资目标是海归回国前所在国家时，海归高管带来的外国知识和社交网络更有价值（Meyer et al.，2009；Krause et al.，2021）。例如，对于一家在日本投资的公司，来自日本的海归高管比来自其他国家的海归高管更有价值且相关性更高，而其他国家的外国知识和人脉的价值较低，与向日本扩张的相关性较低。因此，虽然一般而言，海归高管对完成跨国并购的影响可能有限，但当 EMNEs 的海归高管碰巧来自跨国并购交易的目标国家时，这种影响可能会持续。换句话说，当海归高管的知识和人脉与 EMNEs 的国际扩张目的地相匹配时，其价值最为显著（Hatchand Dyer，2004）。假设海归高管在跨国并购目标国家待的时间越长，可能对目标市场有越深入的了解和越多的社会关系，我们提出：

假设 5 - 1a：在跨国并购目标国家停留较长时间的海归高管，企业完成跨国并购的可能性更大。

海归高管在为 EMNEs 的全球扩张做出贡献的能力方面各不相同。在目标国的海归中，回国前获得工作经验的人更有价值、更稀缺。例如，大多数中国海归只有国外教育经历，没有国外工作经历。工作经验可以让海归对国外市场和专业关系有更深入的了解，这两者对于 EMNEs 减少潜在的不确定性和风险至关重要（Herrmannand Datta，2002）。而且，在跨国并购目标国工作的海归高管在开展业务的同时，直接与当地的外国合作伙伴互动，建立了业务网络（Cui et al.，2015），他们在目标国家建立关系的经验也有助于公司更好地与当地利益相关者打交道并获得合法性。由此提出：

假设 5 - 1b：拥有在跨国并购目标国家获得工作经验的海归高管比例较高的公司，完成跨国并购的可能性更大。

此外，担任执行董事职位的目标国海归代表了为 EMNEs 的全球扩张而部署的人力资源。虽然先前的研究表明，海归高管有可能促进公司的外国业务（Cui et al.，2015；Kunisch et al.，2019），除非将海归高管置于可以直接影响流程的位置，否则这种潜力将无法实现。正如哈奇和戴尔（Hatch and Dyer，2004）所指出的，能够将员工部署在最合适职位的公司可以更好地在公司的管理实践中利用和应用他们的技能、知识和能力，并增加公司的价值。与其他海归相比，担任执行董事职务的海归对企业的决策和组织运作拥有更多的权力和控制权。因此，他们能够利用其目标国家特定的知识和联系，直接促进 EMNEs 扩展到跨国并购目标国家。由此提出：

假设 5 - 1c：目标国海归担任执行董事比例较高的公司，完成跨国并购的可能性较大。

3. 企业国际化经验的调节作用

根据 RBV，能够带来可持续发展的资源竞争优势必须是不可替代的，这样竞争对手就不能通过部署替代资源来抵消优势（Barney，1991）。当一家国际经验丰富的公司建立了处理跨国并购的能力时，目标国海归的角色会受到替代效应的影响，因此他们对 EMNEs 的贡献较小。

随着海外业务的增加，EMNEs 迅速积累了国际经验。例如，在新兴市场企业中，有的企业在国际上筹集资金并在海外股票市场公开上市（Tzeng，2018）。海外上市的 EMNEs 受到严格监管，必须遵守国外市场的规定。因此，在外国上市的 EMNEs 熟悉外国商业环境，并学习如何应对外国监管机构（例如美国证券交易委员会）的持续监控（Li et al.，2017；Cuervo - Cazurra and Li，2021）。与境内上市公司相比，境外上市的新兴市场企业在应对外部不确定性和解决境外市场合法性问题方面的能力更强。因此，EMNEs 在国外股票市场上的上市公司地位表明 EMNEs 具有更多的国际经验。有学者（Li et al.，2018）发现在发达经济体上市的新兴市场公司更有可能完成跨国并购，因为上市有助于收购方规避国内一些制度的空白。EMNEs 在海外上市过程中积累的知识和能力可以进一步应用于新的制度环境，从而减少公司在进行国际投资时目标国海归的需求。

这种影响尤其适用于具有目标国家工作经验的海归，他们有潜力帮助公司更好地与外国合作伙伴联系并深入了解外国商业市场。此外，具有丰富国际经验的 EMNEs 更可能培训国内内部管理人员并利用他们成功进行全球扩张；因此，担任执行董事的目标国海归人员的角色，至少可以部分地由这些经理代替，以协助公司的跨国并购实践。境外上市公司的替代效应限制了目标国海归高管贡献的知识和社交网络资产。也就是说在海外上市，表明 EMNEs 已经积累了国际经验，有利于海外投资，替代海归高管的潜在贡献。由此提出：

假设 5 - 2a：如果公司拥有更多的国际经验，那么在目标国家停留更长时间的海归高管对完成跨国并购的积极影响会减弱。

假设 5 - 2b：如果公司拥有更多的国际经验，具有目标国家工作经验的海归高管对完成跨国并购的积极影响较弱。

假设 5 - 2c：如果公司拥有更多的国际经验，目标国海归担任执行董事对完成跨国并购的积极影响较弱。

4. 目标国制度环境的调节作用

各国的制度环境不同。在制度环境良好的发达经济体，有透明的监管体系、开放稳定的资本市场和专业的中介机构，共同鼓励和赋能外商投资。相反，欠发达国家通常存在制度空白，因此，金融市场规模更小、波动性更大、流动性更低且透明度更低（Meyer et al. , 2009）。

在完成和管理跨国并购时，拥有强大制度环境的目标国家为 EMNEs 提供了除个人知识和来自目标国家海归高管的联系之外的其他选择。首先，丰富的公共信息可以大大减少信息不对称。其次，更加透明的金融市场使新兴市场国家能够加强与目标国家利益相关者的沟通与合作（Meyer et al. , 2009）。此外，发达的金融中介机构为公司提供咨询服务，可以帮助其避免收购风险。因此，这些替代方案对目标国海归贡献的经验知识产生了替代效应。换句话说，EMNEs 将较少依赖从目标国家获得的海归高管国际经验的作用，因为如果目标国家具有更高的制度质量和更开放的环境，这些公司将更有可能在海外收购中取得成功（Zhang et al. , 2011）。相比之下，在弱制度环境的国家投资的 EMNEs 将因该国监管框架薄弱而遭受信息不透明的劣势。

专业中介机构的短缺也限制了企业对目标国家的情况的了解。具有目标国家工作经验的海归高管和担任执行董事的海归高管不仅能够帮助公司获得当地必要的知识和社交网络资产，而且能够运用他们的技能和能力直接影响公司的跨国并购流程。在这种情况下，这些目标国海归可以成为促进企业完成跨国并购的更不可替代的资源。由此提出：

假设 5 - 3a：如果公司投资于制度环境更强的目标国家，则在目标国家停留时间更长的海归高管对完成跨国并购的积极影响较弱。

假设 5 - 3b：如果企业投资于制度环境较强的目标国家，具有目标国家工作经验的海归高管对完成跨国并购的积极影响较弱。

假设 5 - 3c：如果企业投资于制度环境较强的目标国家，担任执行董事的目标国海归对完成跨国并购的积极影响较弱。

二、研究设计

1. 样本和数据来源

本研究以 2008～2017 年完成跨国并购的中国上市公司为研究样本。我们从 Wind 数据库中收集了跨国并购交易的数据。此外，我们剔除满足以下条件的样本：（1）收购方主要拥有海外子公司或分支机构的样本；（2）被收购公司来自英属维尔京群岛或开曼群岛的样本。

公司财务数据、首次公开募股（IPO）数据和行业信息来自 CSMAR 数据库。我们还从世界银行数据库和 CEPII 数据库中收集了国家级数据。后剔除数据缺失的样本，共包括 788 家公司宣布的 1 153 笔交易，其中完成了 599 笔跨国并购交易。在宣布跨国并购的 788 家公司中，只有 153 家公司至少有一名目标国海归高管。样本中共有 386 名目标国归国人员，其中 138 人有目标国工作经验（35.7%），193 人担任执行董事（50%）。

2. 变量

因变量：跨国并购完成的可能性用一个虚拟变量表示，如果交易完成，取值为"1"，否则取值为"0"。

自变量：

（1）我们通过衡量海归高管在跨国并购目标国家工作或接受高等教育的时间长度（以年为单位）来检验目标国家海归的作用。考虑到数据集和中国公司的年报中缺乏一些管理人员的详细履历信息（Cui et al.，2015），我们使用各种新闻和互联网搜索对这些不确定样本交叉验证并补充传记信息，使用以下标准来确定他们在目标国家经历的持续时间：①1、2 和 5 用于代表高管作为访问学者、硕士生或博士生的教育经历；②如果记录显示海归曾在目标国家任职，但没有说明具体年限，我们将工作经历编码为 3，即海归在国外的平均逗留时间，如果还不清楚，但海归高管在目标国家工作了相当长的时间，我们认为是 20 年；③否则，我们根据他们的年龄和任期以及他们的情况综合确定他们在目标国家的时间长短。

（2）通过计算测量在国外工作或教育年限来计算海归高管在跨国并购目标国家度过的年数。此外，具有目标国家工作经验的可变海归以及获得目标国家工作经验的海归高管占目标国家总人数的比例衡量。所有自变量均基于跨国并购公告前一年年底的数据进行测量。

调节变量：

（1）海外上市。我们通过一个虚拟变量来衡量它，如果该公司在跨国并购公告之前完成了在海外市场的 IPO，则取值为"1"，否则为"0"。

（2）目标国制度环境。我们使用世界银行全球治理指数（WGI）的平均值衡量可变目标国家的制度环境，该指数提供了关于 200 多个国家治理质量的六个项目。

控制变量：

（1）公司层面。我们控制了公司规模、债务与资产比率、公司所有权对完成收购的可能性的影响（Li et al.，2018），使用虚拟变量控制一家公司是否为国有企业，如果该公司最终由中国政府任何级别控制，则取值为"1"，否则为"0"。此外，公司过往业绩可能会影响其跨国并购能力；因此，我们控制了公司上一年的股本回报率（ROE）。

（2）行业层面。我们对高科技行业使用虚拟变量进行控制，如果收购企业属于高技术产业，则取值为"1"，否则为"0"。此外，我们控制了同一行业的收购，如果收购公司和目标公司在同一行业，则取值为"1"，否则为"0"。

（3）交易级别。我们控制了交易价值对公司完成跨国并购的可能影响，并通过公司公布的交易价值的对数来衡量这个变量。

（4）目标国家层面。考虑到目标国经济发展对企业跨国并购的影响，我们控制了目标国 GDP（以 GDP 值的对数衡量）和 GDP 增长率（Li et al.，2018）。同时控制了母国和目标国之间的地理距离，这可能会给企业获取目标国信息和资源带来困难。此外，我们控制了文化距离，以考虑其对公司对目标情况的理解的影响。我们测量了这个变量的六项文化指标（Hofstede，2004），包括权力距离、个人主义、男子气概、不确定性规避、长期取向和放纵。公式如下：

$$\sum_{i=1}^{6} \left\{ \frac{(I_{ihost} - I_{ihome})^2}{V_i} \right\} \Big/ 6$$

其中 i 等于文化指数的每个维度；I_{ihost} 和 I_{ihome} 分别是东道国和中国的文化指数；V_i 是每个文化维度的差异。

此外，我们还控制了语言距离，以捕捉其对公司跨国并购完成情况的影响。我们通过计算两个国家基于主要国家的语言相似度来衡量这个变量语言（Fearon and Laitin，2003），数据来自 CEPII 数据库。最后，我们使用一年滞后控制了时间效应。

3. 模型建构

为了以因变量为虚拟变量来检验所提出的假设，我们在分析中使用了以下逻辑回归模型：

$$P(\text{跨国并购完成} = 1) = \Lambda(\alpha + \beta^T X_i + \varepsilon_i)$$

其中 P（跨国并购完成 $=1$）是指完成跨国并购的概率。$\Lambda(z)$ 表示逻辑响应函数 $e^z/1e^z$。X_i 和 ε_i 分别代表自变量和标准误差。此外，α 和 β 是模型参数。相同的建模策略被相关学者（Li et al.，2018）用于分析中国国有企业的跨国并购。

鉴于数据的纵向性质，我们还需要解决未观察到的异质性的存在。分析单位是收购，公司可以在观察窗口（2008~2017 年）内每年完成多次收购或不收购。使用诸如此类的面板数据，我们创建了一个"时间"变量，以唯一且顺序地标记每笔交易，即"公司 1 交易 1""公司 1 交易 2""公司 2 交易 1"等。然后，我们部署了随机效应回归并添加了日历年虚拟变量以将年份作为固定效应。我们选择随机效应模型而不是固定效应模型，因为自变量和调节变量不会随时间变化或变化很小，并且因为在这种情况下，固定效应估计量仅选取测量误差，因此不应计算。

三、结果

逻辑回归的结果如表 5 - 2 所示，第 1 列是包含所有控制变量的基准模型。结果表明，收购交易价值较大的目标公司对公司的跨国并购完成度有正向影响，收购方在同一行业或语言相似的国家进行跨国并购的交易更有可能完成。

表 5 - 2　　　海归高管对企业跨国并购完成率的回归分析

变量 （Variables）	基础 （Base）	主效应（Main effect）				
	Model 0	Model 1	Model 2	Model 3	Model 4	Model 5
企业水平（Firm level）						
企业规模（Firm size）	- 0.071 (0.079)	- 0.082 (0.080)	- 0.068 (0.080)	- 0.079 (0.080)	- 0.081 (0.080)	- 0.078 (0.081)
资产负债率（Debt-to-asset ratio）	0.975 (0.607)	0.998 (0.608)	0.978 (0.608)	1.087* (0.613)	1.010* (0.610)	1.061* (0.618)
股本回报率（ROE）	1.084 (0.918)	1.040 (0.915)	1.099 (0.921)	1.043 (0.919)	1.042 (0.917)	1.073 (0.930)
国有企业（State-owned enterprise）	0.088 (0.273)	0.119 (0.275)	0.078 (0.275)	0.085 (0.275)	0.090 (0.274)	0.093 (0.277)

变量 （Variables）	基础 （Base）	主效应（Main effect）				
	Model 0	Model 1	Model 2	Model 3	Model 4	Model 5
行业水平（Industry level）						
高技术行业（High-tech industry）	−0.012 （0.299）	−0.023 （0.300）	−0.004 （0.300）	0.004 （0.302）	−0.013 （0.300）	0.002 （0.304）
同行业收购（Same industry acquisition）	0.342* （0.186）	0.330* （0.187）	0.345* （0.187）	0.327* （0.187）	0.330* （0.187）	0.330* （0.189）
交易水平（Deal level）						
交易金额（Deal value）	0.247*** （0.054）	0.245*** （0.054）	0.248*** （0.054）	0.245*** （0.054）	0.245*** （0.054）	0.251*** （0.054）
目标国家层面（Target country level）						
GDP目标（Target GDP）	−0.093 （0.064）	−0.095 （0.064）	−0.096 （0.065）	−0.112* （0.065）	−0.123* （0.067）	−0.127* （0.068）
GDP增长目标（Target GDP growth）	0.023 （0.047）	0.024 （0.047）	0.022 （0.047）	0.023 （0.048）	0.021 （0.047）	0.023 （0.048）
双边国家距离水平（Bilateral country distance level）						
文化距离（Cultural distance）	−0.020 （0.097）	−0.022 （0.097）	−0.019 （0.097）	−0.027 （0.098）	−0.019 （0.097）	−0.023 （0.098）
地理距离（Geographic distance）	−0.169 （0.371）	−0.147 （0.372）	−0.177 （0.372）	−0.159 （0.373）	−0.176 （0.372）	−0.169 （0.375）
语言相似性（Language similarity）	1.100* （0.561）	1.094* （0.562）	1.114** （0.564）	1.106* （0.566）	1.148** （0.565）	1.188** （0.572）
海归高管（General returnee managers）		0.492 （0.392）				
来自其他国家的海归高管（Returnee managers from other countries）			−0.187 （0.570）			

续表

变量 （Variables）	基础 （Base）	主效应（Main effect）				
	Model 0	Model 1	Model 2	Model 3	Model 4	Model 5
目标国家海归（Target country returnees）				0.026** （0.011）		
具有目标国家工作经验的海归（Returnees with target country work experience）					0.680* （0.383）	
目标国海归担任执行董事（Target country returnees serve as executive directors）						0.644* （0.346）
虚拟年份（Year Dummy）	Control	Control	Control	Control	Control	Control
常数（Constant）	4.225 （2.731）	4.512 （2.750）	4.253 （2.736）	4.870* （2.759）	5.222* （2.801）	5.204* （2.829）
对数似然函数值（Log likelihood）	−713.342	−712.834	−713.288	−710.492	−711.716	−711.539
Wald chi^2	47.58***	47.96***	47.57	50.22***	49.25***	48.59***

注：***、**、* 分别表示在1%、5%、10%的显著水平下通过显著性检验。

模型1~5显示了海归高管与跨国并购完成情况之间关系的结果。首先，我们考虑了海归高管的整体效应，它以一般海归高管的比例来衡量，没有区分他们的原籍国。模型1显示存在积极但不显著的影响，支持本书的论点，即随着中国公司海归高管人数的增加，他们对公司跨国并购的价值会下降。此外，我们的数据在中国跨国公司的跨国并购完成率与快速增加的海归高管人数之间没有明显的相关性。

模型2考虑了在其他国家（不是跨国并购目标国家）获得国外经验的海归高管的影响。结果表明，来自其他国家的海归高管不能显著促进企业完成跨国并购。此外，我们检查了目标国家海归高管的影响。模型3的结果表明，目标国海归高管的系数为0.026，p值小于0.05，对数似然大于模型1和模型2，说明模型3有显著提升。因此，该结果支持假设5-1a，即目标国海归可以显著增加企业完成跨国并购的可能性。此外，模型4和模型5显示，具有目标国工作经验的海归和担任执行董事的目标国海归与企业完成跨国并购呈正相关。因此，假设5-1b和假设5-1c也得到支持（见图5-4）。

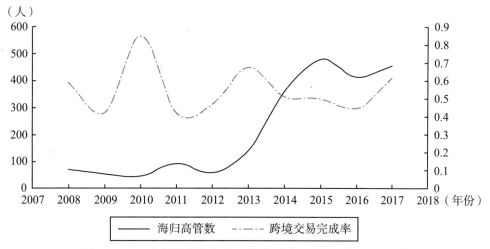

图 5 - 4　中国跨国并购公司海归高管和跨国并购完成率

表 5 - 3 显示了测试调节的回归结果。如模型 6~8 所示，公司的国际经验对目标国海归 （ -0.038， $\bar{p}<0.1$）、具有目标国工作经验的海归 （ -1.651， $\bar{p}<0.1$） 以及目标国海归作为执行董事三者对跨境收购完成的影响 （ -1.952， $\bar{p}<0.05$）。这些结果支持我们的论点，即具有更多国际经验的公司会产生替代效应。因此，支持假设 5 - 2a、5 - 2b 和 5 - 2c。

此外，模型 9~11 表明，当企业进行跨国并购时，目标国强大的制度环境负面调节了目标国海归对公司跨国并购完成的影响 （ -0.079， $\bar{p}<0.1$）。正如预期的那样，这种负向调节效应也体现在具有目标国家工作经验的海归 （ -4.137， $\bar{p}<0.05$） 和担任执行董事的目标国家海归对跨国并购完成的影响上 （ -4.516， $\bar{p}<0.01$）。因此，也支持假设 5 - 3a、5 - 3b 和 5 - 3c。

表 5 - 3　　企业国际化经验与目标国制度环境的调节作用结果

变量 （Variables）	调节效应检验 （Moderating effect test）					
	企业的国际经验 （Firm's international experience）			目标国制度环境 （Target country institutional environment）		
	Model 6	Model 7	Model 8	Model 9	Model 10	Model 11
企业水平 （Firm level）						
企业规模 （Firm size）	-0.024 (0.086)	-0.061 (0.092)	-0.066 (0.092)	-0.051 (0.051)	-0.082 (0.081)	-0.084 (0.082)
资产负债率 （Debt-to-asset ratio）	0.992* (0.593)	1.003 (0.621)	1.076* (0.624)	0.642 (0.403)	1.034* (0.616)	1.163* (0.627)

续表

变量 （Variables）	调节效应检验（Moderating effect test）					
	企业的国际经验 （Firm's international experience）			目标国制度环境（Target country institutional environment）		
	Model 6	Model 7	Model 8	Model 9	Model 10	Model 11
股本回报率（ROE）	0.949 （0.863）	1.080 （0.925）	1.192 （0.951）	0.458 （0.605）	1.055 （0.930）	1.084 （0.947）
国有企业（State-owned enter-prise）	0.181 （0.264）	0.139 （0.281）	0.130 （0.281）	0.142 （0.174）	0.115 （0.277）	0.097 （0.281）
行业水平（Industry level）						
高技术产业（High-tech in-dustry）	0.033 （0.290）	−0.0245 （0.304）	−0.005 （0.305）	0.040 （0.190）	0.0105 （0.303）	0.009 （0.308）
同行业收购（Same industry acquisition）	0.390** （0.178）	0.346* （0.189）	0.329* （0.189）	0.290** （0.138）	0.359* （0.190）	0.345* （0.192）
交易水平（Deal level）						
交易值（Deal value）	0.253*** （0.052）	0.248*** （0.054）	0.252*** （0.054）	0.166*** （0.038）	0.239*** （0.054）	0.247*** （0.055）
目标国家层面（Target country level）						
GDP 目标（Target GDP）	−0.115* （0.063）	−0.124* （0.067）	−0.124* （0.068）	−0.090* （0.049）	−0.133* （0.068）	−0.141** （0.069）
GDP 增长目标（Target GDP growth）	0.039 （0.046）	0.022 （0.048）	0.024 （0.048）	0.005 （0.038）	0.033 （0.048）	0.036 （0.049）
双边国家距离水平（Bilateral country distance level）						
文化距离（Cultural distance）	−0.036 （0.094）	−0.025 （0.098）	−0.035 （0.098）	−0.046 （0.075）	−0.075 （0.102）	−0.088 （0.104）
地理距离（Geographic dis-tance）	−0.103 （0.359）	−0.167 （0.375）	−0.165 （0.375）	−0.276 （0.281）	−0.049 （0.381）	−0.023 （0.385）
语言相似性（Language simi-larity）	1.066* （0.545）	1.170** （0.569）	1.240** （0.572）	1.136*** （0.437）	1.394** （0.591）	1.487** （0.601）

续表

变量 （Variables）	调节效应检验（Moderating effect test）					
	企业的国际经验 （Firm's international experience）			目标国制度环境（Target country institutional environment）		
	Model 6	Model 7	Model 8	Model 9	Model 10	Model 11
目标国海归（Target country returnees）	0.037 *** （0.013）			0.115 * （0.061）		
具有目标国家工作经验的海归（Returnees with target country work experience）		1.039 ** （0.440）			5.824 ** （2.390）	
目标国海归担任执行董事（Target country returnees serve as executive directors）			0.991 ** （0.385）			6.402 *** （2.214）
企业的国际化经验（Firm's international experience）	−0.194 （0.431）	−0.078 （0.460）	0.006 （0.470）			
目标国海归×企业的国际化经验（Target country returnees × Firm's international experience）	−0.038 * （0.023）					
目标国海归的工作经验×企业的国际化经验（Returnees with target country work experience × Firm's international experience）		−1.651 * （0.921）				
目标国海归高管×企业的国际化经验（Target country returnees serve as executive directors × Firm's international experience）			−1.952 ** （0.885）			
目标国制度环境（Target country institutional environment）				0.242 * （0.129）	0.309 * （0.175）	0.328 * （0.177）
目标国海归×目标国制度环境（Target country returnees × Target country institutional environment）				−0.079 * （0.047）		

续表

变量 （Variables）	调节效应检验（Moderating effect test）					
	企业的国际经验 （Firm's international experience）			目标国制度环境（Target country institutional environment）		
	Model 6	Model 7	Model 8	Model 9	Model 10	Model 11
具有目标国经验的海归×目标国制度环境（Returnees with target country work experience × Target country institutional environment）					−4.137** （1.866）	
目标国海归高管×目标国制度环境（Target country returnees serve as executive directors × Target country institutional environment）						−4.516*** （1.681）
虚拟年份 （Year Dummy）	控制变量 （Control）	控制变量 （Control）	控制变量 （Control）	控制变量 （Control）	控制变量 （Control）	控制变量 （Control）
常数（Constant）	1.490 （2.492）	4.804 （2.921）	4.707 （2.932）	3.637* （2.016）	5.186* （2.832）	5.193* （2.867）
对数似然函数值（Log likelihood）	−709.456	−709.917	−708.823	−708.524	−707.691	−706.047
Wald chi^2	50.79***	50.75***	51.42***	53.38***	53.05***	53.73***

注：***、**、*分别表示在1%、5%、10%的显著水平下通过显著性检验。

四、讨论和结论

海归高管被视为促进 EMNEs 全球扩张的关键人力资源（Cui et al.，2015），即使文献记录了混合的经验证据（Masulis et al.，2012）。从 RBV 的角度来看，随着海归高管已成为新兴市场的稀缺资源，他们为公司在全球扩张中的竞争优势做出贡献的潜力有所减弱。为了探索这种可能性，本研究选取了中国 788 家上市公司（2008～2017 年），考察海归高管对完成跨国并购交易的影响。这项研究还揭示了一些重要的发现。

一方面，与之前国际商务文献中的研究表明海归高管与公司国际化水平之间存在正相关关系不同，我们的研究结果发现海归高管对跨国并购完成没有影响；

然而，来自跨国并购目标国家的海归高管似乎提高了公司完成跨国并购的可能性。调查结果加深了当前对海归高管作为 EMNEs 人力资源的理解（Giannetti et al.，2015），揭示了并非所有的海归高管在他们成为相应的资源时都会有所作为。我们进一步的研究发现，海归高管的目标国工作经验和他们担任执行董事的职位与完成跨国并购呈正相关。这些细微差别也扩展了现有文献，这些文献仅在更一般的意义上确定了海归高管的作用（Athanassiou and Nigh，2002）。

另一方面，我们的研究结果揭示出改变公司层面的国际经验和国家层面的制度环境等本土资源可以替代人力资源，即海归高管。从某种意义上说，具有深厚国际经验的 EMNEs 可能能够实现成功的全球扩张，而不是依赖于海归高管。同样，在具有相对成熟制度环境的国家，海归高管可能会被专业服务所取代。因此，作为一种人力资源，海归高管被部署在最需要他们和替代资源最不可用的地方时更有价值。

第六章

民营企业参与"一带一路"国际
产能合作的东道国区位选择

在了解民营企业参与"一带一路"国际产能合作过程中如何依据资源基础做出商业模式选择和战略规划的基础上，本章进一步探讨民营企业东道国区位选择的问题。具体而言，本章首先构建"新兴经济体工业化水平测度"的五维模型，即"发展阶段—工业竞争力—工业化效益—国际化程度—可持续发展制度"的测度模型，测算了科技全球化下新兴经济体的工业化水平。其次，选择文化距离、制度距离、经济距离以及地理距离四个维度测量我国与其他国家的国家距离，实证探究了国家距离对我国开发利用型海外研发区位选择的影响。再次，把东道国制度质量作为调节变量，并进一步考虑了制度质量与市场需求、研发人力成本和技术水平交互对结果的影响异质性问题。最后，从定量角度研究了中欧非国际产能三方合作的比较优势和合作潜力，对区位选择提供有价值的决策参考。

第一节　科技全球化下新兴经济体工业化水平测度

工业化是全球各国重要的战略选择，而新兴经济体将面临工业化进程中更加严峻的考验。为推动工业化进程，探讨科技全球化背景下各国工业化发展模式和路径，新兴经济体急需构建一套适合新形势的工业化水平测度体系。本部分基于国家创新系统国际化理论、新增长经济理论和新制度经济学等理论，拓展传统工业化测度模型，构建"新兴经济体工业化水平测度"的五维模型，即"发展阶段—工业竞争力—工业化效益—国际化程度—可持续发展制度"的测度模型，并运用层次分析、聚类分析、主成分分析、数据包络分析（DEA）等方法，测算以广义共建"一带一路"国家为代表的新兴经济体的工业化水平。本章构建了新兴经济体工业化测度五维模型，并且开发了科技全球化下新型工业化水平测度指标体系。本节采用 2013 年前后数据进行"初始分析"，后续研究则是在此基础上的"进展"和"绩效"研究。

一、问题提出

随着新一轮的技术和产业创新，全球经济进入了深度调整期，现有产业的发展模式、竞争规则以及分工体系发生根本性变化。同高质量发展中的中国一样，位于共建"一带一路"的多数国家尚处于工业化阶段，如何在全球化加剧的背景下促进本国内生增长和可持续发展，是多数新兴经济体和发展中国家亟待解决的科学问题，而中国的新兴工业化发展模式对其他国家具有良好的借鉴意义。新兴经济体工业化过程中除了具备发达经济体工业化过程中出现的基本发展规律和特征之外，最为显著的特征包括：其发展处于后发追赶状态，本国市场制度不完善或处于制度转型阶段，并且面临着全球化的挑战。如何构建其内生增长的工业化发展模式、完善本国市场制度以促进工业可持续发展、应对全球化的挑战是三个亟待解决的研究问题。

学术界对工业化水平测度的研究由来已久，大致可以分为传统工业化研究和新型工业化研究。传统工业化理论从经济发展水平、产业结构、工业结构、就业结构和城乡结构五个方面来衡量工业化水平，其中应用最为广泛的是 H. 钱纳里和西蒙·库兹涅茨的指标体系。面对全球不断涌现的环境污染、信息化挑战等新问题，新兴发展经济学开始对工业化过程中的新问题进行研究，对新型工业化进行理论探索，研究主要集中在三个方面：一是研究工业化过程中的环境问题及其治理手段；二是研究信息化与工业化的关系；三是研究不同部门在工业化中的分工问题，并将产权制度和市场交易、交易成本和技术创新、人力资本因素结合起来进行分析。

国内学者在这方面的研究大多集中在中国或某地区的新型工业化水平测度上，例如，陈佳贵等（2006）对中国地区工业化进程进行评价；李美洲和韩兆洲（2007）从工业化进程、信息化指数、科技进步指数、经济效益指数、资源消耗指数、生态环境指数和人力资源指数 7 个方面构建了中国新型工业化进程统计体系；孙智君和戚大苗（2014）从工业化程度、结构变动、信息化水平、科技含量、经济效应、环境资源、人力资源 7 个方面对长江经济带 11 个省市的新兴工业化水平进行测度。

如何在全球化加剧的背景下促进本国内生增长和可持续发展，是亟待解决的科学问题。工业发展在科技全球化背景下有了新的变化，因此对工业化水平测度也随之有了新的要求。上述理论支持了这些新的变化，但是仍然缺少科技全球化对工业化影响分析的系统理论框架。与现有研究相比，本章研究具有以下特色：（1）提出的概念模型构建了新兴经济体工业化发展过程中三个核心困境的理论解决方案：内生增长能力、可持续发展制度和国家创新系统国际化；（2）结合中国新型工业化的测度模型，提出的"新兴经济体工业化水平测度五维模型"拓展了传统以发达经济体为背景的工业化水平测度模型，并在此基础上构建了相应的测度指标体系；（3）以包括亚洲、非洲、拉美国家在内的广义共建"一带一路"主要新兴经济体的数据作为分析对象，测度了 57 个新兴经济体国家的工业化水平的同时，为中国"一带一路"倡议和国际产能合作实施过程中东道国工业化水平评价提供了学理基础。

二、科技全球化背景下新兴经济体工业化水平测度的理论模型

研究新兴经济体的工业化发展水平的理论基础，除经典工业化理论之外，内生增长理论、国家创新系统国际化理论、新制度经济学可以分别从不同的理论角度解释和构建新型工业化发展模式及其测度问题。

新内生增长理论认为内生技术进步是经济增长的源泉，而技术进步是由知识积累或人力资本积累引起的。20 世纪 90 年代以来，新的内生增长理论所刻画的两个维度的分工，特别是中间品种类以及质量的提高和劳动力专业化加深，在科技全球化大背景下的现实表现就是"全球价值链分工体系"。在科技全球化背景下，一个国家和地区要想提高工业化水平，除了资本、劳动力因素外，还必须通过提升创新能力、提高信息化水平和人力资源水平三个渠道，提高本地区的技术水平。

科技全球化打破了技术和研发的国界，通过提高技术和研发跨国界转移的速度与频率，逐渐形成了国际化的高级形态，即国家创新系统的国际化。国家创新系统国际化致力于研究发达国家创新系统国际化程度和不同国家在国家创新系统国际化中的关系。在国家创新系统国际化的趋势下，一个国家或地区通过跨国公司研发国际化、技术联盟国际化、技术转移国际化、商品和资本国际贸易额、科学技术人员国际交流等方式，从创新制度、创新资源和创新主体三个维度主动或被动地参与全球化，其结果一方面通过"溢出效应"，引起东道国劳动生产率的提高、技术水平

的进步和人力资源水平的提升；另一方面通过"挤出效应"，破坏东道国产业结构，阻碍东道国技术进步和生产率提高。这种负向外部性在新兴经济体国家中更为明显。为了应对"挤出效应"带来的压力和挑战，东道国不得不提高国际化水平，通过对他国的投资来对冲这种压力，同时提高本国绿色制造能力，用有限的国内资源生产出具有国际竞争力的产品（刘云等，2015；陈晓红等，2023）。

科技全球化不仅带来了科技和研发的跨国转移，还改变了全球科技规则的制定和全球科技问题治理的方式。新的分工、新的规则要求支撑工业化发展的制度环境更加具有灵活性和适应性。新制度经济学将制度性因素作为重要变量引入经济研究，认为经济增长的决定因素是制度性因素，技术创新的成果需要通过产权、法律等制度的构建得以巩固。制度变迁理论作为新制度经济学重要的组成部分，探讨了制度变迁的内在规律和机制，以及制度变迁对经济增长的影响，认为政治和经济组合的结构决定了经济的实绩及知识和技术存量的增长速度。科技全球化背景下，全球分工体系、科技规则、交易规则等均发生变化，新兴经济体国家需要通过强制手段和诱导手段进行制度变迁，构建使得交易成本最小化的规制结构。因此制度变迁的灵活性和适应性成为影响发展中国家工业化水平的重要因素。

经典工业化理论解释了一般工业化发展的基本规律，钱纳里、霍夫曼、库兹涅茨、克拉克等学者各自提出了自己的工业化理论。新兴经济体的工业化则面临着新的全球化形势和本国追赶情境，科技全球化对工业化进程产生了不同程度的影响，进而工业化水平测度也有所改变，而内生增长理论、国家创新系统国际化理论和新制度经济学则为新兴经济体工业化的新情景提供了理论支撑。据此，本章提出了科技全球化下新兴经济体工业化水平测度的概念模型（见图6-1）。

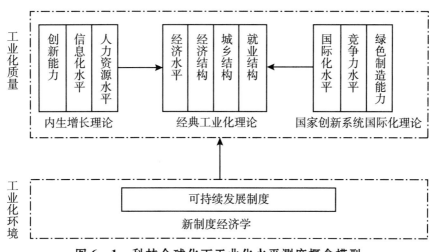

图6-1　科技全球化下工业化水平测度概念模型

在判断一个国家或地区的工业化水平时必须考虑到该地区的工业发展阶段，但是又不能因过度强调发展阶段，而忽视了不同国家各个发展阶段后的核心能力的连续性和根植性。因此，在上述概念模型基础上，本章构建了"新兴经济体工业化水平测度"的五维模型，即"发展阶段—工业竞争力—工业化效益—国际化程度—可持续发展制度"的测度模型，分别测度工业化发展阶段、工业竞争力、工业化效益、工业化的国际化程度以及工业化的可持续发展制度，其中前四个维度刻画了该地区工业化的质量，可持续发展制度刻画了该地区工业化的环境。

参考黄群慧（2012）对工业强国一般特征的描述，构建的指标体系如表6-1和表6-2所示，共包括5个一级指标、28个二级指标，其中"工业化效益"又包含了11项代表投入的三级指标和15项代表产出的三级指标，并用数据包络分析DEAP软件计算投入产出比，代表二级指标值。

表6-1   科技全球化下工业化水平测度指标体系指标及权重分布

一级指标	一级指标综合权重（%）	一级指标主观权重（%）	一级指标客观权重（%）	二级指标及其权重
1. 工业化阶段	50.3	50.1	21	1.1 人均 GDP（36%）；1.2 产业产值结构（22%）；1.3 制造业增加值占比（22%）；1.4 人口城市化率（12%）；1.5 第一产业就业人员占比（8%）
2. 工业竞争力	28.2	24.6	24	2.1 人均制造业增加值；2.2 人均制造业出口；2.3 一国占全球制造业增加值的比重；2.4 一国占全球制造业出口的比重；2.5 制造业增加值占 GDP 的平均比重；2.6 中高端技术活动占制造业增加值的比重；2.7 制造业出口占出口总量的比重；2.8 中高端技术产品占制造业出口的比重（不设权重，直接引用《全球工业竞争力排行》的综合评分）
3. 工业化效益	6.5	10.4	13	3.1 绿色制造能力（17%）；3.2 创新能力（30%）；3.3 人力资源水平（25%）；3.4 信息化水平（28%）
4. 工业国际化	10.4	10.4	21	4.1 外商直接投资流量全球占比（16%）；4.2 对外直接投资流量全球占比（13%）；4.3 外商直接投资存量全球占比（17%）；4.4 对外直接投资存量全球占比（9%）；4.5 ICT 进口额占该国商品总贸易额比例（23%）；4.6 ICT 出口额占该国商品总贸易额比例（22%）

一级指标	一级指标综合权重（%）	一级指标主观权重（%）	一级指标客观权重（%）	二级指标及其权重
5. 可持续发展制度	4.6	4.5	21	5.1 公众参与度或话语权与责任（14%）；5.2 政治稳定性（15%）；5.3 政府效率（18%）；5.4 政策质量（18%）；5.5 法律环境和腐败程度（18%）

表 6 - 2　　　　工业化效益指标的投入指标和产出指标

效益指标	三级投入指标	三级产出指标
3.1 绿色制造能力	3.1.1 耗电量（人均千瓦时）； 3.1.2 能源使用量（人均千克石油当量）； 3.1.3 工业用水占淡水总抽取量的百分比	3.1.4 获得改善水源的城市人口占比； 3.1.5 获得改善水源的农村人口占比； 3.1.6 一氧化氮排放量（千吨二氧化碳当量）； 3.1.7 二氧化碳排放量（千吨）； 3.1.8 甲烷排放量（千吨二氧化碳当量）； 3.1.9 GDP 单位能源使用量
3.2 创新能力	3.2.1 研发支出占 GDP 比重； 3.2.2 每百万人研发人员比重	3.2.3 居民的专利申请量； 3.2.4 发表的科研论文数； 3.2.5 高科技产出占制造业产出的比重
3.3 人力资源水平	3.3.1 教育公共开支总额占 GDP 比重	3.3.2 受教育程度以上的比例； 3.3.3 工业就业人员占就业总数的比重； 3.3.4 就业人口的人均 GDP
3.4 信息化水平	3.4.1 每百名居民固定电话线长； 3.4.2 每百名居民移动电话用户数； 3.4.3 每名用户国际互联网带宽（bit/s）； 3.4.4 家庭计算机占有率； 3.4.5 家庭接入互联网比例	3.4.6 每百名居民互联网用户数； 3.4.7 每百名居民固定互联网用户数； 3.4.8 每百名居民移动互联网用户数

　　工业化阶段指标指的是一个国家或地区在工业化进程中所处的阶段。在钱纳里和赛尔奎工业化模型基础上，根据经济发展阶段划分为前工业化、工业化实现和后工业化三个阶段，其中工业化实现阶段又分为初期、中期、后期三个时期。

并用人均 GDP、三次产业结构、工业结构、就业结构和城市化水平 5 个指标判定工业化阶段。

工业竞争力指标反映一个国家或地区的工业化竞争力水平。根据联合国工业发展组织（UNIDO）的工业竞争力（CIP）指数，分别用 6 个方面的 8 项指标构成工业竞争力指标：（1）工业能力，以人均制造业增加值衡量；（2）制造业出口能力，以人均制造业出口衡量；（3）对全球制造业增加值的影响，以一国占全球制造业增加值的比重衡量；（4）对世界制成品贸易的影响，以一国占全球制造业出口的比重衡量；（5）工业化强度，以制造业增加值占 GDP 的平均比重和中高端技术活动占制造业增加值的比重衡量；（6）出口质量，以制造业出口占出口总量的比重和中高端技术产品占制造业出口的比重衡量。

工业化效益指标反映一个国家或地区工业化过程中的各项投入的产出效率。这里分别从绿色制造能力、创新能力、人力资源水平和信息化水平 4 个方面的投入产出比测算工业化效益指标。其中绿色制造能力指一个国家或地区组织实施能够统筹节能、降耗、减排、治污的集成化、系统化绿色解决方案的能力；创新能力指技术和各种实践活动领域中不断提供具有经济价值、社会价值、生态价值的新思想、新理论、新方法和新发明的能力；人力资源水平指从事工业生产的人力资源所具有的体质、智力、知识和技能水平；信息化水平指充分利用信息技术，开发利用信息资源、促进信息交流和知识公用的能力，信息化是工业发展的逻辑必然。各分指标的投入指标和产出指标见表 6-2。

工业国际化程度指标反映工业化过程中一个国家或地区与国际交流的程度。本章将从国外直接投资水平（FDI）和高科技产品贸易水平两个维度刻画国际化程度。

可持续发展制度指标反映一个国家或地区的制度环境支持工业化的可持续程度。根据世界银行的全球治理指数（WGI），本章将从公众参与度或话语权与责任、政治稳定性、政府效率、政策质量、法律环境和腐败程度 6 个方面刻画可持续发展制度。

三、广义共建"一带一路"国家工业化水平测度的实证研究

（一）数据样本的确定与采集

人均 GDP、非农产业占比和城镇人口比率是传统工业化水平测度的主指标，因此，本部分根据上述 3 个指标，利用 SPSS 软件对样本国家进行聚类分析，由此将 57 个广义共建"一带一路"样本国家分为三个梯队（见表 6-3）。暂不考

虑石油输出国工业化过程中的特殊性。

表6-3　　　　　　　　　三个梯队的57个样本国家

第一梯队（3）	第二梯队（33）	第三梯队（21）
新加坡、沙特阿拉伯、阿联酋	中国、哈萨克斯坦、马来西亚、俄罗斯、白俄罗斯、南非、秘鲁、伊朗、蒙古国、塞尔维亚、罗马尼亚、匈牙利、阿尔及利亚、塞尔维亚、墨西哥、委内瑞拉、厄瓜多尔、牙买加、阿塞拜疆、格鲁吉亚、乌克兰、阿曼、黎巴嫩、土耳其、爱沙尼亚、波兰、捷克、克罗地亚、拉脱维亚、立陶宛、北马其顿、斯洛伐克	印度尼西亚、巴基斯坦、印度、越南、孟加拉国、埃塞俄比亚、肯尼亚、坦桑尼亚、埃及、泰国、柬埔寨、尼日利亚、加纳、喀麦隆、摩尔多瓦、亚美尼亚、吉尔吉斯斯坦、尼泊尔、斯里兰卡、也门、阿尔巴尼亚

注：本章采用2013年的数据，个别数据由于不可获，采用了2012年以前的数据，并进行标注。

资料来源：世界银行数据库、UNCTAD 数据库、Science and Engineering Indicators 数据库等国际数据库。

具体数据来源如表6-4所示。

表6-4　　　　　　　　　　指标数据来源

指标	数据来源
工业化进程5项指标	World Bank 数据库
工业竞争力8项指标	UNIDO（Ranking of Industrial Competitiveness）
工业国际化6项指标	World Bank 数据库、UNCTAD 数据库
工业化效益26项指标	World Bank 数据库、ITU（Measuring the Information Society Report）、WIPO and INSEAD（The Global Innovation Index 2014）
可持续发展制度6项指标	World Bank（The Worldwide Governance Indicators）

（二）权重指标的确定

工业化阶段指标中5项二阶指标的权重采用了陈佳贵等（2006）使用的单项指标权重，然后同样根据陈佳贵等（2006）对工业化不同阶段的单项指数标志值的设计计算工业化不同阶段的综合指数，并以此判断各国的综合工业化阶段水平。

由于联合国工业发展组织（UNIDO）的《全球工业竞争力排行》中已经对二级指标进行综合评分，因此，本书直接采用工业竞争力综合评分，而不再对工

113

业竞争力二级指标设置权重。

工业化效益指标中，对 4 项二级指标进行 DEA 分析，并对所得的综合效率值进行主成分分析，以此获得权重。工业国际化指标和可持续发展制度指标中的二级指标采用主成分分析法得到客观权重。

对本书提出的工业化测度模型的五个维度的权重采用综合权重赋予方法：首先利用 yaahp 软件，采用层次分析法确定主观权重；其次利用 SPSS 软件，采用主成分分析法确定客观权重；最后利用乘法合成归一法确定综合权重，乘法合成归一法计算公式为：$W_i = \alpha_i \times \beta_i / \sum \alpha_i \times \beta_i$，其中 α_i 为主观权重，β_i 为客观权重，W_i 为综合权重。测评指标体系的具体权重见表 6 - 1。

（三）测度结果分析

本部分对 57 个新兴经济体的工业化水平的五个维度的指标值进行归一化处理（0 分代表最低指标值，1 分代表最高指标值），同时对 57 个新兴经济体的单项工业化进程和综合进程进行判断，详细指标值和工业化进程情况见表 6 - 5 和表 6 - 6。

表 6 - 5　　广义"一带一路"沿线 57 个国家工业化发展进程
及单指标工业化进程判析

国别	人均 GDP（美元）（2005 年不变价美元）（2013 年）	一二三产业产值比（%：%：%）（2013 年）	制造业增加值占总商品增加值比重（%）（2013 年）	人口城市化率（%）（2013 年）	一二三产业就业比（%：%：%）（2012 年）	工业化进程综合指数 K
第一梯队国家（3 国）						
沙特阿拉伯	16 748.2100	1.9000：60：38.1000	19.5267	82.7190	4.7000：24.7000：70.7000	78
单指标进程	V	V	I	V	V	IV
新加坡	37 491.0800	0：25.1000：74.9000	80.6488	100	1.1000：21.8000：77.1000（2009）	100
单指标进程	V	V	V	V	V	IV

续表

国别	人均 GDP（美元）（2005 年不变价美元）（2013 年）	一二三产业产值比（%∶%∶%）（2013 年）	制造业增加值占总商品增加值比重（%）（2013 年）	人口城市化率（%）（2013 年）	一二三产业就业比（%∶%∶%）（2012 年）	工业化进程综合指数 K
第一梯队国家（3 国）						
阿联酋	25 992.1800	0.7000∶59∶4.3000	17.6060	84.9810	3.8000∶23.1000∶73.1000（2009）	70.7600
单指标进程	V	Ⅲ	I	V	V	Ⅳ
第二梯队国家（33 国）						
中国	3 619.4390	34.8000∶29.5000∶35.7000	54.9517	53.1680	34.8000∶29.5000∶35.7000	80.9900
单指标进程	Ⅲ	V	Ⅳ	Ⅲ	Ⅲ	Ⅳ
哈萨克斯坦	5 425.3000	4.9000∶36.9000∶58.2000	26.6000	53	25.5000∶19.4000∶55.1000	69.3300
单指标进程	Ⅲ	V	Ⅱ	Ⅲ	Ⅳ	Ⅳ
马来西亚	7 057.4840	9.3000∶40.5000∶50.2000	53.3548	73.2840	12.6000∶28.4000∶59	99.4900
单指标进程	Ⅳ	V	Ⅳ	Ⅳ	Ⅳ	Ⅳ
俄罗斯联邦	6 922.7920	3.9000∶36.3000∶59.8000	42.5108	73.8510	9.7000∶27.9000∶62.3000（2009）	92.2700
单指标进程	Ⅳ	V	Ⅲ	Ⅳ	V	Ⅳ
白俄罗斯	4 922.2380	8.1000∶42∶49.9000	55.9372	75.8770	10.5000∶33.7000∶49.9000（2009）	87.8300
单指标进程	Ⅲ	V	Ⅳ	V	Ⅳ	Ⅳ

续表

国别	人均 GDP（美元）（2005 年不变价美元）（2013 年）	一二三产业产值比（%：%：%）（2013 年）	制造业增加值占总商品增加值比重（%）（2013 年）	人口城市化率（%）（2013 年）	一二三产业就业比（%：%：%）（2012 年）	工业化进程综合指数 K
第二梯队国家（33 国）						
南非	6 090.2680	2.3000：29.9000：67.8000	56.8705	63.7880	4.6000：24.3000：62.7000（2011）	99.4900
单指标进程	Ⅴ	Ⅴ	N.A.	N.A.	Ⅴ	Ⅳ
秘鲁	4 082.7620	7.5000：38.9000：53.5000	0	77.9540	25.8000：17.4000：56.8000（2011）	65.8800
单指标进程	Ⅲ	Ⅴ	Ⅰ	Ⅴ	Ⅳ	Ⅲ
伊朗伊斯兰共和国	2 956.5420	10.2000：44.5000：45.3000（2007）	20.2726	72.3200	21.2000：32.2000：46.5000（2008）	61.4400
单指标进程	Ⅱ	Ⅴ	Ⅱ	Ⅳ	Ⅳ	Ⅲ
蒙古国	1 776.7460	15.4000：35.5000：49.1000	11.9854	70.3660	32.6000：17.3000：49.6000（2011）	43.7600
单指标进程	Ⅱ	Ⅲ	Ⅰ	Ⅳ	Ⅲ	Ⅲ
塞尔维亚	4 302.9760	9.4000：31.7000：59	46.7584	55.3730	21：26.5000：52.6000	76.5400
单指标进程	Ⅲ	Ⅴ	Ⅲ	Ⅲ	Ⅳ	Ⅳ
罗马尼亚	6 066.7310	6.4000：43.2000：50.4000	N.A.	54.2350	29：28.6000：42.4000	N.A.
单指标进程	Ⅳ	Ⅴ	N.A.	Ⅲ	Ⅳ	N.A.

续表

国别	人均 GDP（美元）（2005 年不变价美元）（2013 年）	一二三产业产值比（%：%：%）（2013 年）	制造业增加值占总商品增加值比重（%）（2013 年）	人口城市化率（%）（2013 年）	一二三产业就业比（%：%：%）（2012 年）	工业化进程综合指数 K
第二梯队国家（33 国）						
匈牙利	11 434.6700	4.4000：30.2000：65.4000	66.3666	70.3060	5.2000：29.8000：64.9000	99.9600
单指标进程	V	V	V	IV	V	IV
阿尔及利亚	3 330.8020	10.5000：47.6000：41.9000	8.8000	69.5100	10.8000：30.9000：58.4000（2011）	58.3400
单指标进程	III	III	I	IV	IV	III
塞尔维亚	4 302.9800	9.4000：31.7000：59	46.7600	55.3730	21：26.5000：52.6000	76.5400
单指标进程	III	II	III	III	IV	IV
墨西哥	8 450.7590	3.5000：34.4000：62.1000	46.7878	78.6910	13.4000：24.1000：61.9000（2011）	92.4200
单指标进程	IV	V	III	V	IV	IV
委内瑞拉	6 429.2050	5.5000：49.3000：45.3000（2012）	25.1893	88.8940	7.7000：21.2000：70.7000	84.9200
单指标进程	IV	IV	II	V	V	IV
厄瓜多尔	3 718.6180	9.4000：38.7000：52	33.1091	63.2980	27.8000：17.8000：54.4000	73.1500
单指标进程	III	V	II	IV	IV	IV

续表

国别	人均GDP（美元）（2005年不变价美元）（2013年）	一二三产业产值比（%：%：%）（2013年）	制造业增加值占总商品增加值比重（%）（2013年）	人口城市化率（%）（2013年）	一二三产业就业比（%：%：%）（2012年）	工业化进程综合指数K
			第二梯队国家（33国）			
牙买加	N.A.	6.9000：20.5000：72.6000	28.3221	54.3360	18.1000：15.5000：66.5000	N.A.
单指标进程	NA	V	Ⅱ	Ⅲ	Ⅳ	N.A.
阿塞拜疆	3 252.7580	5.7000：62.1000：32.3000	5.2057	54.1000	37.7000：14.3000：48	59.0400
单指标进程	Ⅲ	Ⅳ	Ⅰ	Ⅲ	Ⅲ	Ⅲ
格鲁吉亚	2 159.9240	9.4000：24：66.6000	43.4049	53.3090	53.4000：10.4000：36.2000（2007）	59.3100
单指标进程	Ⅱ	V	Ⅲ	Ⅲ	Ⅱ	Ⅲ
乌克兰	2 098.8820	10.2000：26.2000：63.6000	42.9356	69.2740	17.2000：20.7000：62.1000	53.7300
单指标进程	Ⅱ	Ⅱ	Ⅲ	Ⅳ	Ⅳ	Ⅲ
阿曼	11 595.8000	1.3000：68.6000：30.1000	13.2311	76.6990	5.2000：36.9000：57.9000（2010）	77.9800
单指标进程	V	Ⅳ	Ⅰ	V	V	Ⅳ
黎巴嫩	7 198.6700	7.2000：19.7000：73.1000	38.2717	87.5480	6.3000：21：72.6000（2009）	85.1900
单指标进程	Ⅳ	V	Ⅱ	V	V	Ⅳ

国别	人均GDP（美元）（2005年不变价美元）（2013年）	一二三产业产值比（%：%：%）（2013年）	制造业增加值占总商品增加值比重（%）（2013年）	人口城市化率（%）（2013年）	一二三产业就业比（%：%：%）（2012年）	工业化进程综合指数K
		第二梯队国家（33国）				
土耳其	8 719.7300	8.3000：26.6000：65.1000	52.8597	72.3700	23.600：26：50.4000	99.63000
单指标进程	IV	V	IV	IV	IV	IV
爱沙尼亚	12 056.2200	3.6000：28.9000：67.5000	51.1605	67.7210	4.7000：31.1000：64.1000	99.7500
单指标进程	V	V	IV	IV	V	IV
波兰	10 923.2300	3.3000：33.2000：63.5000	62.1312	60.6170	12.6000：30.4000：57	99.8000
单指标进程	IV	V	V	IV	IV	IV
捷克共和国	14 647.5300	2.6000：36.7000：60.7000	76.8490	73.0600	3.1000：38.1000：58.8000	99.9800
单指标进程	V	V	V	IV	V	IV
克罗地亚	10 555.6000	4.3000：27.2000：68.6000	48.8001	58.3590	13.7000：27.4000：58.7000	88.6300
单指标进程	IV	V	III	III	IV	IV
拉脱维亚	9 635.5270	3.6000：16.9000：79.4000	48.8997	67.4760	8.4000：23.5000：68.1000	92.5500
单指标进程	IV	V	III	IV	IV	IV
立陶宛	10 653.4100	3.8000：24.2000：72	56.6940	66.5540	8.9000：24.8000：65.9000	99.8200
单指标进程	IV	V	IV	IV	V	IV

119

续表

国别	人均GDP（美元）（2005年不变价美元）（2013年）	一二三产业产值比（%：%：%）（2013年）	制造业增加值占总商品增加值比重（%）（2013年）	人口城市化率（%）（2013年）	一二三产业就业比（%：%：%）（2012年）	工业化进程综合指数K
第二梯队国家（33国）						
北马其顿	3 840.4170	11：24.5000：64.4000	34.3255	56.9810	17.3000：29.9000：52.8000	69.2300
单指标进程	Ⅲ	Ⅴ	Ⅱ	Ⅲ	Ⅳ	Ⅳ
斯洛伐克	15 371.3100	4：33.2000：62.7000	62.9603	53.9450	3.2000：37.5000：59.2000	95.9700
单指标进程	Ⅴ	Ⅴ	Ⅴ	Ⅲ	Ⅴ	Ⅳ
斯洛文尼亚	18 640.0900	2.1000：32：65.8000	67.0237	49.7640	8.3000：30.8000：60.3000	92.0800
单指标进程	Ⅴ	Ⅴ	Ⅴ	Ⅲ	Ⅴ	Ⅳ
第三梯队（22国）						
印度尼西亚	1 787.5010	13.7000：43.6000：42.6000	46.6472	52.2520	35.1000：21.7000：43.2000	54.5000
单指标进程	Ⅱ	Ⅲ	Ⅲ	Ⅲ	Ⅲ	Ⅲ
巴基斯坦	793.7242	25.1000：21.1000：53.8000	39.8576	37.8600	43.7000：21.5000：33.2000（2013年）	16.8400
单指标进程	Ⅰ	Ⅰ	Ⅱ	Ⅱ	Ⅲ	Ⅱ
印度	1 164.3430	18：30.7000：51.3000	39.8076	31.9940	47.2000：24.7000：28.1000	0
单指标进程	Ⅰ	0	Ⅱ	Ⅱ	Ⅱ	0

国别	人均GDP（美元）（2005年不变价美元）（2013年）	一二三产业产值比（%：%：%）（2013年）	制造业增加值占总商品增加值比重（%）（2013年）	人口城市化率（%）（2013年）	一二三产业就业比（%：%：%）（2012年）	工业化进程综合指数K
		第三梯队（22国）				
越南	1 028.6290	18.4000：38.3000：43.3000	42.5486	32.3090	47.4000：21.1000：31.5000	0
单指标进程	I	0	III	II	II	0
孟加拉国	713.2701	16.3000：27.6000：56.1000	39.2862	32.7530	48.1000：14.5000：37.4000（2005）	0
单指标进程	0	0	II	II	II	0
埃塞俄比亚	293.3517	1.882753472	10.2443	18.5900	79.3000：6.6000：13（2005）	0
单指标进程	0	I	I	I	I	0
肯尼亚	642.1411	29.4000：20.1000：50.5000	25.7434	24.7800	61.1000：6.7000：32.2000（2005）	0
单指标进程	0	I	II	I	I	0
坦桑尼亚	578.6727	33.3000：24.2000：42.5000	16.7564	30.1960	76.5000：4.3000：19.2000（2006）	0
单指标进程	0	I	I	II	I	0
埃及	1 467.6120	14.5000：39.2000：46.3000	33.9483	43.0250	29.2000：23.5000：47.1000（2011）	34.0300
单指标进程	I	III	II	II	IV	III

续表

国别	人均GDP（美元）（2005年不变价美元）（2013年）	一二三产业产值比（%：%：%）（2013年）	制造业增加值占总商品增加值比重（%）（2013年）	人口城市化率（%）（2013年）	一二三产业就业比（%：%：%）（2012年）	工业化进程综合指数K
			第三梯队（22国）			
泰国	3 415.3660	12：42.5000：45.5000	64.7601	47.9430	39.6000：20.9000：39.4000	62.6900
单指标进程	Ⅲ	Ⅱ	Ⅴ	Ⅱ	Ⅲ	Ⅲ
柬埔寨	711.1617	33.6000：25.6000：40.9000	38.6537	20.3190	51：18.6000：30.400	0
单指标进程	0	Ⅰ	Ⅱ	Ⅰ	Ⅱ	0
尼日利亚	1 060.7170	21：22：57	6.7911	46.0940	N. A.	N. A.
单指标进程	Ⅰ	Ⅱ	Ⅰ	Ⅱ	N. A.	N. A.
加纳	752.2565	22.4000：28.8000：48.8000	13.8313	52.7350	41.5000：15.4000：43.1000（2010）	20.5300
单指标进程	Ⅰ	Ⅱ	Ⅰ	Ⅲ	Ⅲ	Ⅱ
喀麦隆	991.1771	22.9000：29.9000：47.2000	34.0431	53.2500	53.3000：12.6000：34.1000（2010）	25.3300
单指标进程	Ⅰ	Ⅱ	Ⅱ	Ⅲ	Ⅱ	Ⅱ
摩尔多瓦	1 137.6410	14.8000：17.1000：68.1000	57.4767	44.8790	26.4000：19.3000：54.3	0
单指标进程	Ⅰ	0	Ⅳ	Ⅱ	Ⅳ	0
亚美尼亚	2 297.6620	21.9000：31.5000：46.6000	25.7115	62.9750	38.9000：16.7000：44.4000（2011）	58.6300
单指标进程	Ⅱ	Ⅴ	Ⅱ	Ⅳ	Ⅲ	Ⅲ

国别	人均GDP（美元）（2005年不变价美元）（2013年）	一二三产业产值比（%∶%∶%）（2013年）	制造业增加值占总商品增加值比重（%）（2013年）	人口城市化率（%）（2013年）	一二三产业就业比（%∶%∶%）（2012年）	工业化进程综合指数K
第三梯队（22国）						
吉尔吉斯斯坦	627.4245	17∶28.9000∶54.1000	27.8765	35.4830	34∶20.6000∶45.3000（2008）	0
单指标进程	0	0	Ⅱ	Ⅱ	Ⅲ	0
尼泊尔	408.4925	35.1000∶15.7000∶49.2000	14.1782	17.8770	N. A.	0
单指标进程	0	Ⅰ	Ⅰ	Ⅰ	N. A.	0
斯里兰卡	2 004.2580	10.8000∶32.5000∶56.8000	42.3832	18.3000	39.4000∶17.7000∶41.5000	53.9100
单指标进程	Ⅱ	Ⅴ	Ⅲ	Ⅰ	Ⅲ	Ⅲ
也门共和国	709.4693	10.1000∶49.2000∶40.6000（2006）	11.9777	33.4500	24.7000∶18.8000∶56.2000（2010）	0
单指标进程	0	Ⅳ	Ⅰ	Ⅱ	Ⅳ	0
阿尔巴尼亚	3 916.2310	22.6000∶15.1000∶62.4000	19.1622	55.3830	41.5000∶20.8000∶37.7000（2010）	37.2000
单指标进程	Ⅲ	Ⅰ	Ⅰ	Ⅲ	Ⅲ	Ⅲ
塞内加尔	796.6143	17.5000∶24∶58.4000	34.7041	43.0790	33.7000∶14.8000∶36.1000	31.2100
单指标进程	Ⅰ	Ⅲ	Ⅱ	Ⅱ	Ⅲ	Ⅱ

注：（1）表格中数据后的括号表示可获得的最近的数据年份；N. A. 表示暂时无法获得该国的此项数据；单指标工业化进程判析中的"0"代表该国不在陈佳贵等（2006）的"工业化不同阶段的单项指数标志值"范围内。（2）制造业增加值占总商品增加值比重无法通过官方数据库直接获得，通过"制造业增加值÷（第一产业增加值＋第二产业增加值）"计算获得。

123

表6-6 五维度工业化水平测度指标值

国别	工业化进程	工业竞争力	可持续发展制度	工业国际化	工业化效益	工业综合值
第一梯队（3国）						
沙特阿拉伯	0.74	0.27	0.37	0.13	0.27	0.50
新加坡	1.00	1.00	1.00	1.00	0.98	1.00
阿联酋	0.65	N. A.	0.69	N. A.	0.48	N. A.
第二梯队（33国）						
中国	0.77	0.95	0.28	0.99	1.00	0.84
哈萨克斯坦	0.63	0.10	0.23	0.10	0.15	0.38
马来西亚	0.99	0.53	0.60	0.85	0.12	0.77
俄罗斯联邦	0.91	0.28	0.22	0.27	0.35	0.60
白俄罗斯	0.85	0.22	0.17	0.05	0.64	0.54
南非	0.99	0.22	0.53	0.16	0.10	0.61
秘鲁	0.59	0.12	0.37	0.13	0.44	0.39
伊朗	0.54	0.15	0.08	N. A.	0.55	N. A.
蒙古国	0.33	0.02	0.38	0.04	0.00	0.19
塞尔维亚	0.72	0.07	0.41	N. A.	0.42	N. A.
罗马尼亚	N. A.	0.19	0.50	0.17	0.62	N. A.
匈牙利	1.00	0.40	0.67	0.49	0.43	0.73
阿尔及利亚	0.50	0.06	0.17	0.05	0.26	0.30
塞内加尔	0.18	0.02	0.38	N. A.	0.49	N. A.
墨西哥	0.91	0.51	0.40	0.59	0.09	0.69
委内瑞拉	0.82	0.17	0.00	0.06	0.45	0.50
厄瓜多尔	0.68	0.05	0.25	0.09	0.44	0.41
牙买加	N. A.	0.04	0.45	0.03	0.35	N. A.
阿塞拜疆	0.51	0.02	0.22	0.03	0.45	0.30
格鲁吉亚	0.51	0.03	0.53	0.08	0.31	0.32
乌克兰	0.45	0.16	0.21	0.07	0.46	0.32
阿曼	0.74	0.10	0.51	0.02	0.16	0.44
黎巴嫩	0.82	0.08	0.21	0.05	0.47	0.48
土耳其	0.996	0.37	0.44	0.10	0.75	0.68

国别	工业化进程	工业竞争力	可持续发展制度	工业国际化	工业化效益	工业综合值
第二梯队（33国）						
爱沙尼亚	0.997	0.16	0.82	0.35	0.41	0.65
波兰	0.998	0.49	0.73	0.24	0.38	0.72
捷克共和国	1.00	0.56	0.74	0.44	0.55	0.78
克罗地亚	0.86	0.17	0.60	0.10	0.49	0.55
拉脱维亚	0.91	0.10	0.69	0.22	0.47	0.57
立陶宛	0.998	0.19	0.73	0.08	0.24	0.61
北马其顿	0.63	0.06	0.44	0.05	0.47	0.39
斯洛伐克	0.95	0.45	0.69	0.51	0.56	0.73
斯洛文尼亚	0.91	0.33	0.74	0.06	0.36	0.61
第三梯队（21国）						
印度尼西亚	0.45	0.23	0.33	0.19	0.53	0.36
巴基斯坦	不在范围	0.09	0.08	0.05	0.62	不在范围
印度	不在范围	0.21	0.33	0.14	0.55	不在范围
越南	不在范围	0.15	0.28	0.73	0.39	不在范围
孟加拉国	不在范围	0.07	0.14	N. A.	0.44	不在范围
埃塞俄比亚	不在范围	0.00	0.15	0.04	0.07	不在范围
肯尼亚	不在范围	0.02	0.22	N. A.	0.13	不在范围
坦桑尼亚	不在范围	0.02	0.29	0.04	0.07	不在范围
埃及	0.21	0.13	0.15	0.06	0.18	0.17
泰国	0.55	0.49	0.36	0.45	0.22	0.49
柬埔寨	不在范围	0.04	0.20	0.03	0.93	不在范围
尼日利亚	0	0.04	0.07	0.05	0.65	0.06
加纳	0.05	0.01	0.47	0.05	0.46	0.08
喀麦隆	0.10	0.03	0.13	N. A.	0.41	N. A.
摩尔多瓦	0.21	0.01	0.35	0.04	0.51	0.16
亚美尼亚	0.50	0.03	0.40	0.03	0.83	0.34
吉尔吉斯斯坦	不在范围	0.01	0.18	0.02	0.02	不在范围
尼泊尔	不在范围	0.01	0.17	0.04	0.38	不在范围

国别	工业化进程	工业竞争力	可持续发展制度	工业国际化	工业化效益	工业综合值
第三梯队（21 国）						
斯里兰卡	0.45	0.06	0.34	0.05	0.68	0.31
也门共和国	不在范围	0.01	0.01	0.00	0.47	不在范围
阿尔巴尼亚	0.25	0.04	0.37	0.04	0.33	0.18

注："不在范围"表示该国的人均 GDP 水平不在陈佳贵等（2006）的"工业化不同阶段的单项指数标志值"范围内，并小于前工业化阶段的最低值；"N. A."表述该国数值缺失。

分析测度结果可以发现：

（1）57 个新兴经济体工业化水平测度的综合评价。东南亚传统制造业国家、部分东欧国家的工业化综合水平较高，非洲国家工业化综合水平最低。工业综合值最大的 10 个国家分值从高到低依次是新加坡（1）、中国（0.84）、捷克（0.78）、马来西亚（0.77）、匈牙利（0.73）、斯洛伐克（0.73）、波兰（0.72）、墨西哥（0.69）、土耳其（0.68）和爱沙尼亚（0.65），第三梯队的工业综合水平较差，并且由于梯队内国家基础统计体系不完善，因此很多国家无法计算工业综合值。

（2）57 个新兴经济体工业化水平测度的单维度评价。工业化进程维度下，广义共建"一带一路"国家的工业化进程差异较大，并呈现明显的梯队特征。第一梯队综合工业化水平最高，全部国家处于工业化后期；第二梯队的国家除蒙古国、阿尔及利亚、格鲁吉亚和阿塞拜疆外，其他大部分国家处于工业化后期阶段或即将迈入工业化后期阶段；第三梯队综合工业化水平最低，梯队内国家处于工业化初期或中期，其中部分国家的人均 GDP 水平甚至未达到前工业化阶段的最低临界值。

工业竞争力维度中，第一梯队的沙特为石油输出国，因此其工业竞争力较为薄弱；与第一梯队的新加坡相比，除了中国具有较强的工业竞争力外，其他新兴经济体的工业竞争力水平普遍较弱。

可持续发展制度维度下，第一梯队的新加坡依然是 57 个样本国中的最高值；第二梯队中爱沙尼亚、捷克、斯洛文尼亚、波兰、立陶宛、拉脱维亚的制度环境处于中上水平；包括中国在内的大部分第二梯队国家和第三梯队的绝大部分国家的制度可持续发展水平较弱。

工业国际化维度下，第一梯队的新加坡是样本国中的最高值。第二梯队的中国的国际化水平非常高，这与中国近年来的"走出去"密不可分；马来西亚的国际化水平较高，墨西哥、斯洛伐克、匈牙利的国际化水平综合值高于 0.5，处在中游水平，其余第二梯队各国的国际化水平较弱。第三梯队中，越南的国际化水平较高，泰国以 0.45 的分值处于中游水平，第三梯队中其他国家工业国际化交流水平较低。

工业化效益维度下，中国处于所有样本国的最高值，第一梯队中新加坡效率佳；第二梯队中，土耳其、俄罗斯的工业化水平较佳；第三梯队中柬埔寨、亚美尼亚、斯里兰卡的工业化效率较为理想。工业化综合水平及工业化五维度水平表现最佳前 5 位国家详见表 6 - 7。

表 6 - 7　　　　　　　工业化表现最佳前 5 位国家

位次	工业综合值	工业化阶段	工业竞争力	可持续发展制度	工业国际化	工业化效益
1	新加坡	新加坡、匈牙利	新加坡	新加坡	新加坡	中国
2	中国	波兰	中国	爱沙尼亚	中国	新加坡
3	捷克	爱沙尼亚	捷克	捷克、斯洛文尼亚	马来西亚	柬埔寨
4	马来西亚	土耳其	马来西亚	波兰、立陶宛	越南	亚美尼亚
5	匈牙利	马来西亚、南非	墨西哥	拉脱维亚、斯洛伐克	墨西哥	土耳其

（3）中国工业化综合水平分析。中国工业化发展的障碍在于人均 GDP 水平和城市化率水平有待提高、产业结构有待调整，与科技全球化下的工业化水平相适应的制度环境有待改善。从表 6 - 7 可以发现，在新兴经济体中，中国的工业综合水平仅次于新加坡，位于 57 个样本国家的第二位，属于新兴工业化国家和工业大国；五个维度下，工业竞争力维度、工业国际化维度处于第二位，工业化效益维度处于第一位，中国在这三个维度上表现出了强有力的竞争力；在工业化阶段维度下，中国尚未位于样本国的前五位。

工业化进程方面，从表 6 - 5 可以发现，三产产值比单指标中国处于第五阶段，即后工业化阶段；制造业增加值占总商品增加值比重单指标中国处于第四阶段，处于工业化后期；而人均 GDP、人口城市化率和三产就业比三个单指标均处于第三阶段，即工业化中期，落后于工业化后期的进程判断，可见，中国下一阶段需要从提高人均 GDP 水平、提高城市化比例和提高二、三产就业比三个途径加快工业化进程。

根据世界银行的国家治理指数值（区间为 - 2.5 ~ 2.5 的得分，分数越高代表国家治理水平越高），中国的六项可持续发展制度分指标的得分分别为：公众参与度或话语权与责任（−1.58）、政治稳定性（−0.55）、政府效率（−0.03）、政策质量（−0.31）、法律环境（−0.46）、腐败程度（−0.35），得分最高的政府效率也仍为负数。由此可见，党的十八大之前，国际对中国制度环境的认可度不高，中国的制度环境与其工业竞争力水平不符。当然，该指标科学性尚待讨论。

（4）工业化水平综合值与经济发展水平的关系分析。国际上通常将人均GDP水平作为该地区经济发展水平的指标。表6−8给出了工业化综合水平各单项维度及工业化综合水平与人均GDP的PEARSON相关系数。可以看出，人均GDP与工业化阶段、工业竞争力、可持续发展制度、工业国际化水平存在显著相关关系，且相关程度较高；其中与可持续发展制度的关系最强，这从另一个角度论证了中国改善制度环境对于提高工业化水平的重要性；人均GDP与工业化综合水平也存在显著相关关系，进一步论证人均GDP与产业结构、出口产品结构、产业升级之间的正相关关系，即一个人均GDP中等水平的国家不大可能会出现高收入国家的产业结构；工业化综合水平、人均GDP与工业化效益的相关性不高，且并不显著，这是因为绿色环保、创新、人力资源和信息化指标本身存在滞后性，并不能在当年的人均GDP指标上反映出来，可能在未来几年甚至几十年工业化效率才能影响经济发展水平。

表6−8　经济发展水平与工业化综合水平及单维度水平的相关性分析结果

	工业进程	工业竞争力	制度	国际化	效益	综合	人均GDP
工业化阶段	1	0.5800**	0.5990**	0.4170**	0.0690	0.9020**	0.6500**
工业竞争力	—	1	0.4730**	0.8610**	0.3150*	0.7680**	0.5700**
可持续发展制度	—	—	1	0.4330**	0.0770	0.5930**	0.7380**
工业国际化	—	—	—	1	0.2130	0.6270**	0.4260**
工业化效益	—	—	—	—	1	0.2370	0.2010
工业综合值	—	—	—	—	—	1	0.6090**
人均GDP	—	—	—	—	—	—	1

注：***、**、*分别表示在1%、5%、10%的显著水平下通过显著性检验。

四、结论

通过以上实证分析，本研究获得以下主要启示。首先，与发达经济体相比，新兴经济体的工业化水平整体不高，而在新兴经济体内部，拉大工业化发展水平差距的是工业竞争力水平和工业国际化水平，新兴经济体国家要提高工业化水平，必须要提升产品和创新的国际化，加强工业化强度。其次，与发达国家的工业化进程相比，目前新兴市场国家如需加快工业化进程，特别是包括中国在内的后发新兴经济体想要跃升为工业强国，必然要建立与该国制造业的核心能力相匹配的制度环境。最后，中国在实施"一带一路"倡议和开展国际产能合作过程中，不仅应选择东道国工业化水平适中、外交关系良好和风险相对小的国家，而且在合作过程中应注重培养东道国的内生能力、推动其工业化制度完善，并通过"主动国际化"战略，通过推动我国国家创新体系国际化，拓展在共建"一带一路"国家的影响力，形成对其国内工业化进程的外部制度环境。

第二节　民营企业"一带一路"开发利用型国际化的区位选择——基于国家距离的视角

一、引言

随着经济和科技全球化趋势的深化，创新制度、创新主体和创新资源的边界趋向模糊，创新体系也跨越了国家地理边界呈现全球化趋势，海外研发区位选择的影响因素也就成为学者们研究的重点（薛澜等，2015）。在国际产能合作中，有各种各样的风险需要面对，无论是在合作项目的选择上，还是在合作区位的选择上，以及在合作管理的过程中（Yan et al.，2019）。在已有探究影响企业海外研发区位选择因素的研究中，学者们关注的多是东道国要素对企业海外研发区位选择的影响，并且多以东道国研发活动的聚集程度和区域知识基础，以及东道国的市场规模、研发人力成本、技术水平，东道国制度、通信能力、金融环境等要素为主，而对国家距离对企业海外研发区位选择的影响关注较少。在国家距离的研究中，虽然已有研究将文化距离、制度距离、地理距离、经济距离纳入了国家距离分析框架，但是对其影响我国企业研发区位选择的分析不足，并且学者们对投资区位选择的研究关注的多是线性影响。虽然綦建红等（2012）关注了文化距离存在的非线性关系，但是对于国家距离中其他距离（如经济距离）的非线性关系并未关注。同时，以往的研究多关注发达经济体海外研发区位选择，而针对新兴市场国家跨国企业海外研发区位选址，尤其是新兴市场国家间的跨国研发选址的研究存在不足。

二、研究假设

已有的研究中，学者们分析影响企业海外研发中心选址的要素主要包括东道国制度，东道国研发活动的聚集程度和区域知识基础，东道国的市场规模、研发人力成本、技术水平，东道国通信能力、金融环境以及东道国与母国知识的互补性等（Leiponen and Helfat，2010），这些因素以不同的方式同时影响海外研发中心产生创新成果的能力以及从创新成果中获益的能力。而基于母国优势，企业的跨国研发可以分为以发达经济体为代表的"开发利用型"和以新兴经济体为代表的"探索学习型"（Chung，2001），"探索学习型"往往是为了获取研发资源和先进技术知识，而"开发利用型"则主要是为了支持母国制造业的发展。以往的研究多关注发达经济体海外研发区位选择，而针对新兴国家跨国企业海外研发区位选址方面，已有研究指出，东道国与投资企业的知识互补性、全球产业知识来源可获性会影响新兴国家企业在海外区位的选址。

但是影响企业海外研发的因素除了东道国环境外，东道国与母国间国家距离因素同样会对企业海外研发选择产生影响。对于国家间的距离要素学者们更多关注的是地理距离、文化距离以及制度距离。而对于国家距离度量维度的选取，已有研究从文化距离、制度距离以及地理距离这三个维度度量国家距离，对制度距离进行了细分，从文化距离、管制距离、政治距离以及地理距离这四个维度度量国家距离。但是这些常用的维度并没有将知识、经济、人口等要素考虑进去。虽然也有研究同时考虑了文化、制度、经济、地理等因素，但是对其影响我国企业海外研发的分析不足；虽然结合我国的情景进行了分析，但是对国家距离影响企业海外研发区位选择分析不足，并且只分析了国家距离对跨国投资的线性影响。

国家间地理距离的增加在显著提升实物产品运输成本的同时，也会阻碍母公司海外企业知识溢出效果的学习路径，从而导致知识溢出效应的减弱。并且已有的研究也表明，与母公司东道国地理距离的增加会降低海外子公司的销售额，相反地理距离越接近越有利于企业的跨国投资（Chao and Kumar，2010）。而文化距离的存在会导致东道国与母国在沟通及管理方式上存在冲突，从而增加企业的管理成本，并且较大的文化距离也意味着企业的跨国投资需要整合的资源、投入的成本也就越大。同时文化距离也会阻碍企业对东道国信息的获取，影响两国间的知识转移。制度距离是由东道国与母国在管制制度、规范制度以及认知制度等方面的差异形成的，由于非正式制度、规范制度、认知制度的定义与文化距离存在一定重合性，因而本书的制度距离主要是正式制度距离/管制制度距离。制度距离的存在使得企业在获取海外市场合法性时面临着困难，并且制度距离越大，企业在东道国建立合法性的难度也越大，而合法性的缺失又会降低企业的投资绩效（Chao and Kumar，2010）。并且从东道国获取的知识是形成企业竞争优势、提高企业绩效的重要来源，而制度距离也会阻碍知识跨区域的传递。经济距离是由东道国与母国在经济发展水平上的差异形成的，其存在往往会导致两国在要素成本以及技术能力上存在差异，而这两者是影响海外直接投资的重要因素。较小的经济距离意味着东道国与母国具有相似的经济发展水平和市场结构，因而有利于企业在东道国复制现有业务模式，便于海外直接投资的快速进入。

但是以上分析都是基于国家距离阻碍企业跨国研发投资角度分析的，国家距离在给企业的跨国研发产生阻碍的同时也会产生积极作用。企业在不同国家的扩张能够丰富企业的国际多样性、促进企业绩效的提升（Lu and Beamish，2004）。并且东道国与母国间的文化、制度距离能够使企业产品更具差异化，有助于提升企业核心竞争力，相反，较小的文化、制度距离会使企业面临更激烈的竞争。同时较大的文化、制度距离也为企业获取差异性战略性资产、丰富企业隐性知识储备、提升企业跨国投资收益提供了可能。而且国家的技术水平往往与经济发展状况直接相关，经济距离能够使企业获得特殊的发展优势以及战略性资产，从而使企业更好地发展。同样，较远的地理距离往往意味着东道国与母国在资源、网络等有利于企业经营的要素上会存在较大差异，这会促进企业在东道国的经营活动（Chironga et al.，2011）。相反，东道国与母国较近的区位反而会使两国存在更大的利益冲突，这在一定程度上会阻碍企业的进入、限制企业参与东道国市场竞争、阻止企业在东道国的发展。但是过大的国家距离又会导致阻碍作用形成的成本超过促进作用产生的收益，因而企业在跨国研发区位选择时会在母国与东道国国家距离产生的阻碍与促进作用间权衡，基于以上分析本书提出以下假设：

假设6-1：文化距离与在东道国从事研发活动企业的数量存在倒"U"型关系，即文化过于相似或者差异过大，参与海外研发企业的数量均较少。

假设6-2：制度距离与在东道国从事研发活动企业的数量存在倒"U"型关系，即制度差异过小或者差异过大，研发企业参与海外研发企业的数量均较少。

假设6-3：经济距离与在东道国从事研发活动企业的数量存在倒"U"型关系，即经济差异过小或者差异过大，参与海外研发企业的数量均较少。

假设6-4：地理距离与在东道国从事研发活动企业的数量存在倒"U"型关系，即地理区位差异过小或者差异过大，参与海外研发企业的数量均较少。

三、数据与模型

(一) 变量的测量

1. 样本

当前关于企业跨国研发的探究多是基于案例分析，并且不存在一个数据库能够很好地披露中国企业研发机构在海外的分布情况。而商务部《境外投资企业（机构）名录》在披露中国境内投资主体、境外投资企业（机构）、境外投资国家/地区以及核准日期的同时，还披露了中国企业境外投资的经营范围，在一定程度上可以帮助我们了解中国企业境外从事研发活动的情况。并且企业跨国投资活动本身也会对母国企业产生逆向知识溢出效应，影响企业的技术效益，起到与跨国研发相似的效果，因而本书通过商务部《境外投资企业（机构）名录》，借助其披露的境外经营范围中与"研发"相关的投资活动，用以测度企业参与海外研发的情况。本节选取我国在共建"一带一路"65 个国家从事研发活动的企业，进一步结合霍夫斯泰德（Hofstede）发布的国家文化指数以及世界银行发布的世界治理指数（World wide Governance Indicators），剔除无法获得文化指数以及治理指数的国家样本。相关样本以 2014 年为截止时间，最终获得 2002～2014 年我国在共建"一带一路"35 个国家海外研发投资样本企业数据。

2. 被解释变量

在探究跨国公司研发区位选择的国外研究中，通常基于跨国公司海外研发投资区位分布二元选择变量进行分析，而在我国 OFDI 区位选择的研究中，学者们常用的是我国对东道国 OFDI 额或者微观层面二值变量（0/1），即企业对候选东道国投资与否，对于我国在东道国从事研发活动企业数量的关注不足。本部分根据商务部《境外投资企业（机构）名录》披露的我国对外投资情况进行筛选、匹配，选取 2002～2014 年我国在上述国家进行研发相关活动的企业来了解我国对东道国的研发选址情况。

3. 解释变量

本节对地理距离、文化距离、制度距离以及经济距离这四个维度的测量方法如下：

（1）地理距离（Geographic Distance，GD）。对地理距离的度量常用的方法是测量两国首都间的直线距离以及两国间的航运距离，但是这种方法较为粗放。本节基于 CEPII 数据库计算北京与东道国首都间的直线距离，并采用国际货币基金组织披露的当年国际原油价格进行加权，以更真实地反映地理距离对企业跨国活动的影响。

（2）文化距离（Cultural Distance，CD）。在跨国投资的研究中，霍夫斯泰德将国家文化划分为男性与女性主义（MVF）、不确定性规避（UAI）、个人与集体主义（IVC）、权力距离（PD）这四个维度，科格特和辛格（Kogut and Singh）在霍夫斯泰德的基础上提出了 KSI 指数，规避了文化的复杂性。本节采用 KSI 指数的同时，借鉴綦建红等（2013）的方法将与东道国建交时间纳入分析框架，以度量两国交往对缩小文化距离的影响。计算公式如下：

$$CD_{it} = \left\{ \sum_{i=1}^{4} \left[(I_{cj} - I_{ij})^2 / V_j \right] / 4 \right\} / T_{it} \tag{6.1}$$

其中，CD_{it} 表示 t 期我国与东道国 i 之间的文化差异，I_{cj} 表示我国在 j 维度上的得分，I_{ij} 表示 i 国在 j 维度上的文化得分，V_j 表示第 j 个维度文化得分的方差，T_{it} 表示我国与东道国建交至投资时的时间间隔。

（3）制度距离（Institutional Distance，ID）。对制度距离测量常用的数据来源有《全球竞争力报告》以及经济自由度指数。由于世界治理指数几乎涵盖了世界上所有的国家和地区政府效率、制度政策、法治、政治稳定性和不存在暴力/恐怖主义、话语权和责任以及腐败控制六个方面的治理得分，本书决定采用这一数据衡量国家的制度得分。本节将六个维度的得分取平均值，并用我国与东道国该指数的差值衡量两国间的制度距离。计算公式如下：

$$I_{it} = \sum_{j=1}^{6} (I_{it,jt}) / 6 \tag{6.2}$$

$$ID_{cit} = I_{ct} - I_{it} \tag{6.3}$$

其中，I_{it} 表示 t 期 i 国的制度得分，$I_{it,jt}$ 表示 t 期 i 国在 j 维度上的得分。ID_{cit} 表示 t 期我国与东道国间的制度距离，I_{ct} 表示 t 期我国的制度得分，I_{it} 表示 t 期东道国制度得分。

（4）经济距离（Economic Distance，ED）。在度量一国经济发展水平时，本节采用世界银行披露的 2005 年基期人均 GDP 衡量一国经济水平，并采用两国差值度量经济距离。计算公式如下：

$$ED_{cit} = E_{ct} - E_{it} \tag{6.4}$$

ED_{cit} 表示 t 期我国与东道国间的经济距离，E_{ct} 表示 t 期我国的人均 GDP，E_{it} 表示 t 期东道国人均 GDP。

4. 控制变量

考虑到企业研发投资区位选择还会受到其他因素的影响，本节选取以下控制变量：①外资开放度（OPEN）。对外资采取开放的政策会吸引海外资本的进入，本节采用东道国 FDI 与当年 GDP 的比值衡量一国的外资开放程度；②通信能力（COMMU）。东道国完善的通信设施，能够降低母公司与海外子公司的沟通成本，本节选取每百人固定电话以及移动电话使用数量度量东道国通信能力；③GDP 增长率（GDPGR）。东道国 GDP 增长在一定程度上能够反映东道国的市场潜力，潜力较大的市场能够吸引更多的投资，本节选取东道国 GDP 增长率作为控制变量之一；④东道国技术水平（TECH）。东道国技术水平的高低，在一定程度上可以反映企业能够获取技术资源的多少，较高的技术水平能够吸引更多的外资，本节采用东道国专利申请数衡量一国的技术水平。

（二）模型的设定

考虑到本节以我国在共建"一带一路"国家从事研发活动的企业数作为因变量，是非负整数的离散变量，因而需要采用泊松回归模型作为本节的分析模型，即：

$$P(Y_{it} = y_{it} \mid x_{it}) = \frac{e^{-\lambda_{it}} \lambda_{it}^{y_{it}}}{y_{it}!} \tag{6.5}$$

$$E(Y_{it} \mid x_{it}) = \lambda_{it} = \exp(\beta x_{it}) \tag{6.6}$$

但是泊松回归模型是建立在样本分布的期望和方差相等的假设前提之下的，经过计算，本节样本方差与均值的比值达到了 44.6550，并不满足这一假设，可能存在过离散效应。而进一步的聚类稳健性标准误混合负二项回归结果表明，过度分散参数 α 的 95% 置信区间为 $[1.13, 2.03]$，因而存在过度分散，需采用负二项分布模型，在期望函数中加入一项个体异质性，模型如下：

$$\lambda_{it} = \exp(\beta x_{it} + \varepsilon_{it}) \tag{6.7}$$

其中 ε_{it} 为未观测到的个体效应，假设 $\exp(\varepsilon_{it})$ 服从 $\mathrm{Gamma}(\delta, 1/\delta)$ 的分布，则 y_{it} 服从负二项分布：

$$P(Y_{it} = y_{it} \mid x_{it}) = \frac{\Gamma(\lambda_{it} + y_{it}) \delta^{\lambda_{it}}}{\Gamma(\lambda_{it}) \Gamma(\lambda_{it} + 1)(1 + \delta)^{\lambda_{it} + y_{it}}} \tag{6.8}$$

其中均值为 $E(Y_{it} \mid x_{it}) = y_{it}$，方差为 $\mathrm{Var}(Y_{it} \mid x_{it}) = \lambda_{it}\left(1 + \frac{1}{\delta}\lambda_{it}\right)$。当 $\delta \to \infty$ 时，负二项分布收敛于泊松分布，因而负二项分布是泊松分布的一般化形式。本节的模型设定为：

$$E(invest_{it} \mid x_{it}) = \exp(\alpha_{it} + \beta_{it} x_{it} + \beta_{it} control_{it} + \xi_{it}) \tag{6.9}$$

其中 $invest_{it}$ 表示 t 期我国在东道国 i 投资的企业数，α 为常数项，x_{it} 表示不同的自变量（地理距离 GD、文化距离 CD、制度距离 GD、经济距离 ID），$control_{it}$ 则表示控制变量，ξ_{it} 为其他未观测变量。

四、实证结果与分析

1. 描述性统计及相关分析

在正式回归检验分析之前，为确定模型中是否存在严重的多重共线性，先对主要变量间的相关系数矩阵进行报告。从表 6-9 可以看出，除了 id 与 id^2、$\ln(gd)$

表6-9

描述性统计与相关矩阵

序号	变量	平均值	标准差	1	2	3	4	5	6	7	8	9	10	11	12
0	$invest$	10.520	21.670												
1	cd	1.830	2.050	1											
2	cd^2	7.520	16.120	0.940***	1										
3	id	-0.520	0.720	-0.481***	-0.364***	1									
4	id^2	0.780	0.940	0.390***	0.297***	-0.753***	1								
5	$\ln(gd)$	20.480	0.780	0.248***	0.1140**	-0.109**	0.075	1							
6	$\ln(gd)^2$	419.980	31.390	0.246***	0.111**	-0.113**	0.077*	0.999***	1						
7	ed	-0.620	1.590	-0.405***	-0.289***	0.669***	-0.457***	-0.101**	-0.100**	1					
8	ed^2	2.920	8.040	-0.006	0.015	0.074	0.140***	0.057	0.057	0.520***	1				
9	$open$	0.040	0.060	0.004	-0.005	-0.317***	0.315***	0.027	0.027	-0.228***	-0.068	1			
10	$\ln(commu)$	4.470	0.830	0.305***	0.200***	-0.498***	0.348***	0.482***	0.484***	-0.382***	0.032	0.221***	1		
11	$\ln(tech)$	4.960	2.880	0.137**	0.116**	-0.205***	0.060	-0.029	-0.028	-0.148***	-0.263***	0.011	0.223***	1	
12	$gdpgr$	4.190	4.970	0.052	0.063	0.023	-0.008	-0.104**	-0.106**	-0.044	-0.011	0.042	-0.124***	0.045	1

注: ***、**、* 分别表示在1%、5%、10%的显著水平下通过显著性检验。

与 $\ln(gd)^2$、cd 与 cd^2 外，其余变量间的相关系数均低于 0.5，因而不存在共线性约束。而为了控制 $\ln(gd)$ 与 $\ln(gd)^2$ 以及 cd 与 cd^2 间存在的共线性，后面的分析对 $\ln(gd)$、cd 进行标准化处理，标准化后两者相关系数均显著下降。为了控制异方差，本节对 gd、ed、$commu$ 以及 $tech$ 均采用自然对数的形式。

2. 数据平稳性及模型类型选择检验

（1）数据的平稳性检验。

为了保证面板数据分析结果的有效性、避免伪回归问题的出现，在进行面板回归分析之前需要进行单位根检验，本节分别使用相同根单位根检验 LLC 检验和不同根单位根检验 Fisher－ADF 检验，来检验面板数据的平稳性。由表 6－10 可知，在原值检验情况下，所有变量均通过了 5% 显著性水平下的 LLC 检验和 Fisher－ADF 检验，因而不存在单位根，即数据平稳。

表 6－10   单位根检验结果

变量	LLC	Fisher－ADF
$invest$	－1.6963 **	102.8483 ***
cd	－47.6418 ***	2 523.0557 ***
id	－9.1878 ***	124.1310 ***
gd	－9.1239 ***	244.0608 ***
ed	－3.0458 ***	135.6372 ***
$open$	－5.0703 ***	186.5212 ***
$commu$	－13.1315 ***	331.6575 ***
$tech$	－7.9363 ***	119.6255 ***
$gdpgr$	－7.5884 ***	189.9665 ***

注：*** 、** 、* 分别表示在 1%、5%、10% 的显著水平下通过显著性检验。

（2）模型类型选择检验。

面板数据模型主要有混合模型、随机效应模型和固定效应模型，由表 6－11 可知，LR 检验结果拒绝了模型为混合负二项回归的假设，Hausman 检验结果拒绝了模型为随机效应负二项回归的假设。因而，本节采用固定效应负二项回归进行检验。

表 6－11   面板模型类型选择检验

检验方法	原假设	统计量	P
LR 检验	模型为混合负二项回归	286.9200	0.0000
Hausman 检验	模型为随机效应负二项回归	25.2800	0.0010

（3）全样本检验。

作为基准，首先进行全样本回归，检验结果如表 6 - 12 所示。在模型 6.2、模型 6.3 中，文化距离（CD）与从事研发活动企业数量的系数分别为 - 0.557 和 - 0.751（在 0.01 的水平上显著），而其平方项系数与从事研发活动企业数量的系数并不显著，也就意味着文化距离对我国企业从事海外研发活动的阻碍并不显著，假设 6 - 1 未得到实证支持。进一步分析认为这是由于企业跨国研发投资是从规避文化距离所带来风险角度考量的，而对于文化距离能够丰富企业知识储备的关注不足。

在模型 6.5、模型 6.7 中，制度距离的平方（ID^2）以及经济距离的平方（ED^2）与数量的系数分别为 - 0.565 和 - 0.087（均在 0.01 的水平上显著），也就意味着制度距离、经济距离产生的阻碍作用以及促进作用都会对企业的跨国研发活动产生影响，制度距离、经济距离与企业海外研发东道国选择存在倒 "U"型关系，假设 6 - 2、假设 6 - 3 成立。在模型 6.8、模型 6.9 中，地理距离（GD）与从事研发活动企业数量的系数分别为 0.426、0.427（均在 0.01 的水平上显著），并且其平方项系数并不显著，假设 6 - 4 未得到实证支持。进一步分析认为，这是由于较远的地理距离往往意味着东道国与母国在资源、知识储备等方面会存在较大差异，这会促进企业在东道国的研发投资活动，因而在一些地理距离较远的国家的研发投资较多，也就导致地理距离对企业跨国研发活动的区位选择呈现出正向影响关系。

（4）分时间检验。

由于我国对外直接投资存在着 "跃增"的情况，大部分企业的跨国投资行为产生于 2008 年之后，在样本中有 71% 的企业投资行为产生于 2008 年之后。为了探究这一分界点前后，国家距离对我国企业研发区位选择的影响是否仍然一致，本书将 2008 年作为分界点进行检验，检验结果如表 6 - 13、表 6 - 14 所示，可以看出国家距离对企业研发区位选择的影响在 2008 年前后还是存在差异的。

表 6 - 13 中模型 6.3 的检验结果表明，文化距离的平方（CD^2）与从事研发活动的企业数量的系数为 0.278（在 0.1 的水平上显著），意味着东道国与我国文化距离越小或者文化距离越大，从事研发活动的企业数量越多，这与假设相反。进一步分析认为，选择文化距离较小的东道国从事研发活动是基于规避风险的考量，而由于 2008 年之前，我国大多数企业的海外行为往往具有非市场化导向，在获取海外知识的同时，更主要的是起到对我国海外软实力影响力延伸的作用，因而在文化差异较大国家的投资也有很多。

表6-12

全样本回归结果

变量	模型6.1	模型6.2	模型6.3	模型6.4	模型6.5	模型6.6	模型6.7	模型6.8	模型6.9
open	-1.818 (-1.61)	-1.917* (-1.70)	-1.988* (-1.76)	-1.177 (-1.03)	-1.026 (-0.91)	-0.326 (-0.31)	0.204 (-0.20)	-0.700 (-0.70)	-0.699 (-0.69)
commu	0.971*** (-9.81)	1.002*** (-10.36)	1.011*** (-10.52)	0.990*** (-10.31)	1.062*** (-10.84)	0.975*** (-11.08)	1.034*** (-12.16)	0.705*** (-6.64)	0.705*** (-6.60)
tech	-0.014 (-0.49)	-0.029 (-0.99)	-0.034 (-1.18)	-0.024 (-0.85)	-0.030 (-1.16)	-0.048* (-1.64)	-0.091*** (-3.46)	-0.044 (-1.59)	-0.044 (-1.58)
gdpgr	-0.031*** (-3.66)	-0.027*** (-3.18)	-0.026*** (-3.10)	-0.029*** (-3.49)	-0.028*** (-3.47)	-0.022*** (-2.57)	-0.017 (-1.94)	-0.028*** (-3.50)	-0.028*** (-3.50)
cd		-0.557*** (-4.12)	-0.751*** (-3.79)						
cd^2			0.097 (-1.39)						
id				0.365*** (-2.72)	-0.272 (-1.21)				
id^2					-0.565*** (-3.66)				

138

续表

变量	模型 6.1	模型 6.2	模型 6.3	模型 6.4	模型 6.5	模型 6.6	模型 6.7	模型 6.8	模型 6.9
ed						0.473*** (-6.24)	0.586*** (-8.16)		
ed^2							-0.087*** (-7.22)		
gd								0.426*** (-5.45)	0.427*** (-4.99)
gd^2									0.0004 (-0.01)
常数项	-3.680*** (-8.29)	-3.860*** (-8.74)	-3.959*** (-8.86)	-3.549*** (-8.12)	-3.680*** (-8.31)	-3.057*** (-7.14)	-2.765*** (-6.50)	-2.057*** (-4.02)	-2.057*** (-4.02)
样本量	453	453	453	453	453	453	453	453	453
Loglikelihood	-922.300	-913.028	-912.039	-918.504	-910.906	-899.115	-906.941	-906.941	-876.426
Wald chi^2	115.22	137.04	142.79	130.15	144.02	193.73	163.07	163.02	270.20

注：***、**、* 分别表示在 1%、5%、10% 的显著水平下通过显著性检验。

表 6-13

2002~2008 年回归结果

变量	模型 6.1	模型 6.2	模型 6.3	模型 6.4	模型 6.5	模型 6.6	模型 6.7	模型 6.8	模型 6.9
$open$	2.201 (-1.76)	1.581 (-1.23)	1.193 (-0.90)	2.775** (-1.94)	2.787** (-1.94)	2.09* (-1.62)	1.248 (-0.87)	1.057 (-0.89)	0.832 (-0.69)
$commu$	0.837*** (-5.59)	0.951*** (-6.16)	1.034*** (-6.53)	0.967*** (-7.06)	0.978*** (-6.92)	1.014*** (-7.24)	1.199*** (-9.3)	0.652*** (-4.25)	0.642*** (-4.18)
$tech$	0.050 (-1.00)	0.025 (-0.51)	0.005 (-0.10)	-0.026 (-0.55)	-0.023 (-0.48)	0.029 (-0.57)	-0.084* (-1.70)	0.017 (-0.34)	0.015 (-0.29)
$gdpgr$	-0.011 (-0.78)	-0.010 (-0.74)	-0.009 (-0.69)	-0.014 (-1.10)	-0.014 (-1.08)	-0.008 (-0.62)	-0.011 (-0.80)	-0.025** (-1.91)	-0.025 (-1.83)
cd		-0.729*** (-2.77)	-1.220*** (-3.19)						
cd^2			0.278* (-1.89)						
id				1.139*** (-4.33)	0.988* (-1.88)				
id^2					-0.114 (-0.33)				

续表

变量	模型6.1	模型6.2	模型6.3	模型6.4	模型6.5	模型6.6	模型6.7	模型6.8	模型6.9
ed						0.421*** (−5.00)	0.739*** (−7.04)		
ed^2							−0.086*** (−4.93)		
gd								0.768*** (−6.38)	0.786*** (−6.90)
gd^2									0.096* (−1.77)
常数项	−3.562*** (−5.32)	−4.010*** (−5.89)	−4.442*** (−6.22)	−3.061*** (−4.95)	−3.117*** (−4.85)	−3.614*** (−5.75)	−2.979*** (−4.88)	−1.657** (−2.26)	−1.765* (−2.41)
样本量	217	217	217	217	217	217	217	217	217
Loglikelihood	43.14	50.18	53.65	74.57	74.10	81.31	144.62	97.89	112.30
Wald chi^2	−332.592	−328.706	−328.133	−323.242	−323.186	−318.443	−306.351	−314.514	−312.989

注：***、**、*分别表示在1%、5%、10%的显著性水平下通过显著性检验。
资料来源：笔者整理。

表6-14　2009~2014年回归结果

变量	模型6.1	模型6.2	模型6.3	模型6.4	模型6.5	模型6.6	模型6.7	模型6.8	模型6.9
open	0.788 (-0.47)	1.003 (-0.6)	0.865 (-0.53)	0.980 (-0.57)	1.525 (-0.84)	2.240 (-1.19)	2.852 (-1.5)	1.088 (-0.66)	0.955 (-0.57)
commu	1.009*** (-3.41)	1.044*** (-3.63)	1.036*** (-3.55)	1.055*** (-3.37)	1.317*** (-4.22)	1.149*** (-4.09)	1.303*** (-4.63)	0.970*** (-3.37)	0.978*** (-3.41)
tech	0.007 (-0.20)	0.007 (-0.19)	0.010 (-0.30)	0.009 (-0.26)	0.004 (-0.15)	0.001 (-0.02)	-0.003 (-0.08)	0.017 (-0.46)	0.018 (-0.48)
gdpgr	0.005 (-0.50)	0.004 (-0.36)	0.004 (-0.38)	0.004 (-0.41)	0.003 (-0.38)	0.001 (-0.11)	0.002 (-0.18)	0.011 (-1.05)	0.012 (-1.12)
cd		-0.598*** (-2.73)	0.104 (-0.22)						
cd^2			-0.323* (-1.70)						
id				0.105 (-0.45)	-0.708** (-2.12)				
id^2					-0.889*** (-3.89)				

续表

变量	模型 6.1	模型 6.2	模型 6.3	模型 6.4	模型 6.5	模型 6.6	模型 6.7	模型 6.8	模型 6.9
ed						0.442*** (-2.56)	0.426** (-2.72)		
ed^2							-0.120*** (-4.28)		
gd								-0.228** (-2.43)	-0.268** (-2.17)
gd^2									-0.022 (-0.50)
常数项	-2.707* (-1.92)	-3.122** (-2.22)	-2.606* (-1.82)	-2.881** (-1.96)	-3.578** (-2.48)	-3.015** (-2.19)	-3.428** (-2.50)	-2.750** (-2.00)	-2.777** (-2.02)
样本量	204	204	204	204	204	204	204	204	204
Loglikelihood	-409.358	-406.431	-404.853	-409.258	-400.662	-406.581	-406.48	-406.607	-399.648
Wald chi^2	13.240	20.190	22.530	13.390	29.600	22.870	19.900	19.930	38.900

注：***、**、* 分别表示在 1%、5%、10% 的显著水平下通过显著性检验。

143

第六章　民营企业参与"一带一路"国际产能合作的东道国区位选择

模型 6.4、模型 6.5 检验结果表明，制度距离（ID）与从事研发活动企业数量的系数为 1.139（在 0.01 的水平上显著）、0.988（在 0.1 的水平上显著），并且其平方项系数并不显著，意味着东道国与我国制度距离越大，从事研发活动企业数量越多，假设 6-2 不成立。进一步分析认为，2008 年之前企业跨国投资活动主要起到对我国海外软实力影响力延伸的作用，因而在制度差异较大的国家反而投资更多。模型 6.6 和模型 6.7 的检验结果与全样本检验结果一致，具有很好的稳健性。

模型 6.8、模型 6.9 检验结果表明，地理距离的平方项（GD^2）与投资企业数量的系数为 0.096（在 0.1 的水平上显著），意味着东道国与我国地理距离越大或者越小，从事研发活动企业的数量越多。进一步分析认为，与我国存在较小地理距离的东道国对于阻碍东道国与母国间知识传导的影响更弱，并且我国与周边国家的关系较为稳定，不存在较大的冲突，因而对于企业进入的阻碍也就更小，这也就导致了地理距离越小，从事研发活动企业的数量越多。而在地理距离较大东道国投资与前文全样本检验表现一致，同样是基于东道国与母国在资源、知识储备等方面会存在较大差异的考量，也就导致地理距离与从事研发活动的企业数量呈现出正 "U" 型关系。

表 6-14 中模型 6.3 检验结果表明，文化距离的平方项（CD^2）与投资企业数量的系数为 -0.323（在 0.1 的水平上显著），表明文化距离对企业海外研发产生的阻碍以及促进作用会同时对企业的跨国投资区位选择产生影响，假设 6-1 得到了实证支持。模型 6.5~模型 6.7 的检验结果与全样本检验结果一致，具有很好的稳健性。而模型 6.8、模型 6.9 的检验结果表明，地理距离（GD）与投资企业数量的系数分别为 -0.228、-0.268（均在 0.05 的水平上显著），也就意味着东道国与我国的地理距离越大，从事研发活动企业的数量越少，假设 6-4 未得到实证支持。进一步分析认为，这是由于 2008 年之后从事海外研发活动中民营企业的比例迅速增加，而民营企业的跨国研发行为市场化导向更重，对于地理距离对跨国研发的阻碍作用考虑更多，并且由于我国与周边国家关系较为稳定，相对而言企业进入的制约因素也较少，因为企业的跨国研发也倾向于选择地理因素阻碍较小的东道国。

五、本节小结

1. 结论

本节选择文化距离、制度距离、经济距离以及地理距离四个维度测量我国与其他国家的国家距离，并利用 2002~2014 年我国在共建 "一带一路" 35 个国家参与研发活动的企业数据，基于负二项回归面板模型，探究国家距离对我国开发利用型海外研发区位选择的影响，并以此为基础进一步研究 2008 年前后国家距离对我国企业研发投资区位选择影响的差异性。研究得到以下主要结论：总体而言，我国企业研发投资倾向于选择与我国存在较小文化距离、较大地理距离的东道国，并且制度距离和经济距离与我国从事海外研发企业的数量呈倒"U"型关系，因而存在最佳距离的情况。进一步分析发现，总体上我国企业海外研发投资对文化距离能够带来的知识储备差异化关注不足，并且倾向于选择地理距离较远的东道国开展研发活动，因而对文化距离以及地理距离表现出单一倾向。

国家距离对我国企业海外研发区位选择的影响具有时间差异性。通过进一步的分时间检验，本节发现 2008 年之前我国企业海外研发倾向于选择与我国存在较大文化距离、地理距离或者较小文化距离、地理距离的东道国，并且倾向于选择与我国存在较大制度距离东道国，而经济距离与我国从事海外研发活动的企业数量仍呈倒"U"型关系。进一步分析发现，2008 年之前我国企业的海外投资活动非市场化导向，因而在获取海外知识的同时还起到延伸我国海外软实力影响力的作用。2008 年之后，我国企业海外研发倾向于选择与我国存在较小地理距离的东道国，并且文化距离、制度距离以及经济距离与我国从事海外研发企业的数量呈倒"U"型关系。进一步分析这是由于 2008 年之后对外投资企业中民营企业比例迅速增加，而民营企业的跨国研发行为更具有市场化导向，因而在决策时会权衡文化、制度、经济等方面的差异性给企业海外研发活动带来的利弊，但是相较于制度距离和经济距离的全面考量，对文化距离能够丰富企业知识储备的关注显然不足。并且由于我国与周边国家总体上关系较为缓和，海外研发也倾向于选择地理因素阻碍较小的东道国。

2. 启示

随着"一带一路"倡议的实施，我国企业"走出去"的步伐正逐步加快，新一轮 OFDI 活动的浪潮正在兴起，随之而来的中国企业海外研发投资步伐也在加快，上述结论对我国企业海外研发有一定的启示意义。第一，非市场导向的跨国投资行为往往对文化、制度等距离产生的风险重视不足，这就要求我国政府在推动新一轮企业"走出去"的过程中以市场为导向，引导企业进行跨国投资。而企业在跨国研发区位选择过程中需要综合考虑国家距离对企业跨国研发产生的阻碍与促进作用，在规避风险的同时，实现企业长足发展。第二，我国企业海外研发对文化距离形成的促进作用重视程度有待提高，因而企业"走出去"过程中应当增强对海外国家尤其是与我国存在较大文化差异国家的了解，积极利用文化距离对跨国研发产生的促进作用，将其转化为自身竞争优势。第三，国家距离对企业海外研发投资区位选择存在非线性影响，因而企业可以优先考虑位于文化、制度、经济等距离拐点附近的国家，并根据实际情况选择产能合作重点国家。

第三节　企业海外研发投资区位选择的影响因素
——基于东道国制度质量的调节作用

一、引言

随着科技全球化进程的不断加剧，研究与开发（R&D）资源作为科技竞争的核心要素，被全球各国和地区作为增强科技创新竞争力的主要手段，在全球范围内进行优化配置。中国企业以"后发追赶者"的角色更加重视研发活动的国际化，比如华为、吉利汽车以及联想等公司纷纷在国外设立研究院、实验室等各类研究机构。

科格特和赞德（Kogut and Zander，1992）基于资源基础观视角认为，跨国公司进行海外研发投资是由于无法从企业内部获得维持竞争优势的持续资源，因此为了保持这种竞争优势，企业必须不断从外部吸取知识并加以利用。巴斯和谢拉（Bas and Sierra，2002）研究发现，驱动跨国公司开展海外研发的主要因素是市场和技术，与此相对应分别采取市场开发型或是技术探索型的研发战略。但是研发战略并不是一成不变的，随着跨国公司研发国际化的不断深入，国家间的技术差距会越来越小，根据母国和东道国技术优势的变化，跨国公司会相应调整研发战略。黑格和希克斯（Hegde and Hicks，2008）以1991～2002年的美国跨国公司海外研发数据，发现决定跨国公司海外研发投资的根本原因是海外市场规模，并且强调不同行业海外投资影响因素的差异性。

在投资区位选择上，东道国的产业集群及其拥有的特殊产业技术优势、东道国丰富的研发人才、东道国的技术外溢机会、竞争情况和跨国企业利用知识溢出的能力、母国与东道国知识的互补性是影响海外研发中心选址的重要决定因素。喻世友等（2004）指出，影响跨国公司海外投资国别选择的因素主要包括东道国已有FDI数量、国内经济发展规模以及知识产权保护水平。针对新兴国家跨国企业海外研发区位选址方面，东道国与投资企业的知识互补性是新兴国家海外选址的主要依据。赵囡囡和卢进勇（2011）根据跨国公司研发全球化的空间组织，指出新兴国家企业在海外区位选址早期还是以全球产业知识来源可获性为主要依据；吕萍等（2008）指出中国企业早期是对国外先进技术保持紧密联系的跟踪模仿和组合创新，因此海外研发选址也基于跟踪模仿对象的所在国；祝影和路光耀（2015）通过因子分析得出，东道国的研发实力和市场潜力在中国企业海外研发区位选择中的地位进一步上升。

从 20 世纪 90 年代开始，学者开始关注制度因素在对外直接投资区位选择中的作用。通过对发达国家的对外直接投资进行研究，得出较为一致的结果：东道国的制度质量对该国吸引外资起着积极的作用。低政治风险（高制度质量）的国家对我国的对外直接投资有更大的吸引力。而海外研发投资作为对外直接投资的一种形式，关于东道国制度质量对中国企业海外研发区位选择的研究目前较少，根据对美国跨国公司进行的实证研究发现，东道国的政策环境因素对跨国公司海外研发投资区位选择有很大影响。

本节基于商务部境外投资企业（机构）的微观数据库中的投资数据①，筛选出 2004～2014 年中国企业以研发为目的的境外投资项目数作为因变量，以东道国市场需求、研发人员成本和技术水平作为自变量，同时考虑到东道国制度质量会影响其他因素对海外研发区位的选择，因此引入东道国制度质量作为调节变量，采用面板负二项回归模型进行研究，以期得出客观的结论。

二、研究假设

1. 传统理论视角

（1）东道国市场需求。邓宁（1999）的折衷理论提出市场寻求动机是跨国公司进行直接投资的主要动机之一。在对日本跨国公司的研究中发现，海外销售和生产对海外研发区位选择有着很大的影响。此外，通过对美国跨国公司的调查，发现在国外设置研发机构的主要目的是通过开发适合当地市场的产品来扩大市场份额（Odagiri and Yasuda，1996）。因此本节提出假设：

假设 6 - 5：东道国的市场需求对中国企业进行研发投资具有显著的积极影响。

（2）东道国研发人力成本。面对激烈的全球化竞争，海外研发投入成本尤其是人力成本是跨国公司选择区位主要考虑的要素。跨国公司可以通过在海外开展先进技术活动以利用研发劳动力成本差异进行套利。在关于海外研发机构的研究中，大多数企业认为在影响研发区位选址的因素里，低成本是最重要的因素（Kedia and Mukharjee，2009）。研发人力成本是研发活动中很重要的一部分，东道国是否拥有相对研发人力成本优势是决定跨国公司海外研发选址的决定因素。

---

① 根据商务部官网，境外投资企业（机构）的微观数据库可检索数据为 2004～2015 年，但 2015 年数据不系统，因此本研究选取了官方数据中的 2004～2014 年数据进行分析。

因此，在研发工资水平上拥有劳动力成本套利空间的国家将更有可能成为跨国公司的海外研发选择。随着国内研发人员工资的提高，越来越多的中国企业趋向于把研发机构设置于研发成本较低的国家。因此提出假设：

假设6-6：东道国研发人力成本越低，中国企业越有可能对其进行研发投资。

（3）东道国技术水平。过往对半导体行业的跨国企业研究发现，跨国公司通常把它们的海外技术活动放在其母国具有劣势的地区（以"技术相对优势"来衡量）。新兴经济体的跨国公司可能不会拥有发达国家公司那样强大的技术资源，那就会促使像中国这样的新兴国家通过海外研发投资获取发达国家的先进技术资源，来缩小技术差距和弥补后发劣势，增强在国际市场上的竞争能力（Deng，2009）。因此提出假设：

假设6-7：东道国的技术水平对中国企业进行研发投资具有显著的积极影响。

2. 制度视角

一般情况下，东道国恶劣的制度环境导致跨国公司出于风险回避的考虑，会远离该国，但中国早期的对外直接投资是国有企业主导，带有一定政府主导的因素，会承担更多的制度风险（Buckley et al.，2007）。但是随着中国民营企业对外投资比重上升以及政府主导因素的削弱，中国企业规避制度风险的意愿会增强。同时我们考虑到东道国的制度质量不仅仅是作为一个单独自变量在起作用，而且很有可能在东道国的市场需求、研发人力成本、技术水平三者与中国对其海外研发投资之间起着正向的调节作用。因此提出假设：

假设6-8a：东道国的制度质量对中国企业进行研发投资具有显著的积极影响。

假设6-8b：东道国的制度质量在市场需求与中国企业海外研发投资之间起着正向的调节作用。

假设6-8c：东道国的制度质量在研发人力成本与中国企业海外研发投资之间起着正向的调节作用。

假设6-8d：东道国的制度质量在技术水平与中国企业海外研发投资之间起着正向的调节作用。

三、数据与模型

1. 样本选择

基于数据的可得性，以及剔除中国香港、开曼群岛、英属维尔京群岛、百慕大群岛等地以避税为目的的投资，选择中国企业在2004~2014年期间有海外研发投资行为的79个国家作为样本国，其中28个经济合作与发展组织（OECD）国家，51个非OECD国家，具体见表6-15。

表 6 - 15　　　　　　　　　　本书选择的样本国

OECD 国家	非 OECD 国家
奥地利、比利时、捷克、丹麦、荷兰、芬兰、法国、德国、挪威、波兰、西班牙、瑞典、瑞士、土耳其、英国、希腊、匈牙利、以色列、爱尔兰、意大利、日本、韩国、新西兰、澳大利亚、美国、加拿大、墨西哥、智利	俄罗斯、菲律宾、越南、柬埔寨、泰国、马来西亚、新加坡、印度尼西亚、印度、巴基斯坦、斯里兰卡、哈萨克斯坦、阿曼、也门、格鲁吉亚、约旦、沙特阿拉伯、卡塔尔、阿联酋、阿塞拜疆、白俄罗斯、乌克兰、罗马尼亚、保加利亚、阿尔巴尼亚、克罗地亚、埃及、埃塞俄比亚、苏丹、阿尔及利亚、摩洛哥、喀麦隆、塞内加尔、科特迪瓦、加纳、赞比亚、安哥拉、津巴布韦、莫桑比克、南非、马达加斯加、毛里求斯、哥斯达黎加、哥伦比亚、委内瑞拉、厄瓜多尔、秘鲁、玻利维亚、巴西、阿根廷、乌拉圭

2. 变量设定与数据来源

（1）因变量。

本节把中国企业海外研发区位选择作为因变量，通过对商务部境外投资企业（机构）的微观数据库进行整理筛选，选取中国对各个国家在 2004～2014 年各个年度的研发投资项目数来衡量海外研发行为。

（2）自变量、调节变量和控制变量。

本节研究的自变量、调节变量和控制变量设定如下（具体见表 6 - 16）。

表 6 - 16　　　　　　　　　　变量的说明与数据来源

变量名	描述	数据来源
海外研发投资项目数	中国 2004～2014 年在样本国每年直接投资项目数	商务部境外投资企业（机构）数据库
市场需求	中国对样本国的出口额（对数形式）	Worldbank 数据库
研发人资成本	各国电气工程师的美元工资总额（对数形式）	UBS 数据库
技术水平	样本国高科技出口额（对数形式）	Worldbank 数据库
制度质量	世界治理指标（World Governance Indicator）中的"法治情况"（rule of law）	WGI 数据库
GDP	样本国的 GDP	Worldbank 数据库
通货膨胀	样本国的通货膨胀率	Worldbank 数据库
FDI 依赖度	样本国 FDI 占 GDP 的比重	Worldbank 数据库
基础设施	样本国家每百人拥有的移动电话数量	Worldbank 数据库

自变量：样本国市场需求以中国对其出口额的对数形式来衡量，研发人力成本通过各国电气工程师的美元工资总额的对数形式来衡量，技术水平以高科技出口额的对数形式来表示。

调节变量：在评价各个国家制度质量的指标时，考夫曼等（Kaufmann，1999）构建的政治治理指标体系使用频率最高，其搜集了目前已有众多关于制度的评价指标，在对相关信息按照一定的方法进行综合处理之后，构建出了一个综合性的政治管理指标体系，具体包括六个子指标，其中"法治情况"（rule of law）与本书研究的制度质量最为符合，因此选择该指标来衡量国家制度质量。该指标值在 -2.5 和 2.5 之间，数值越高，表示制度质量越好。

控制变量：本节设定控制变量包括样本国的 GDP、通货膨胀、基础设施和 FDI 依赖度等。

3. 模型构建

本节的基本模型如下：

$$海外研发投资 = f(市场需求，研发人力成本，技术水平，市场需求 \times 制度质量，$$
$$研发人力成本 \times 制度质量，技术水平 \times 制度质量，控制变量，\xi)$$

考虑到本节选取的因变量是中国企业在 2004～2014 年各个年度对样本国的海外研发投资项目数，是非负整数的离散变量，对于这类计数数据，在计数模型中通常应用泊松回归模型，泊松回归模型假设每个 y_i 都是从参数为 λ_i 的泊松分布中抽取的，这个参数与解释变量 x_i 相关。模型的基本方程为：

$$\text{Prob}(Y = y_{it} \mid x_{it}) = \frac{\exp(-\lambda_{it})\lambda_{it}^{y_{it}}}{y^{it}!}, \; y_{it} = 0, \; 1, \; 2, \; \cdots \tag{6.10}$$

参数 λ_i 的对数线性模型为：

$$\ln\lambda_{it} = x'_{it}\beta \tag{6.11}$$

容易证明每个期间的期望事件数：

$$E[y_{it} \mid x_{it}] = VAR[y_{it} \mid x_{it}] = \lambda_{it} = \exp(x'_{it}\beta) \tag{6.12}$$

将式（6.12）代入式（6.10）后取对数可得到泊松回归的对数似然函数：

$$\ln L(\beta) = \sum_{i=1}^{N} \sum_{t=1}^{T} [-\lambda_{it} + y_{it}x'_{it}\beta_i - \ln(y_{it}!)] \tag{6.13}$$

对式（6.13）求偏导，即可得到参数估计值 $\tilde{\beta}$。但泊松回归模型的主要缺点是分布的期望与方差必须相等，笔者经过计算，本节的样本方差不满足与期望相等的假设，存在过度分散现象，在这种情况下若仍采用泊松回归模型，将会导致较大误差，为消除这种不利影响，需采用负二项回归模型：

$$\lambda_{it} = \exp(\beta_i x_{it} + \mu_{it}) \tag{6.14}$$

其中 μ_{it} 为未观测到的个体效应，假设 $\exp(\mu_{it})$ 服从参数为 $(1, \delta)$ 的 Gamma

分布，且独立同分布，那么这时 y_{it} 服从负二项分布：

$$\text{Prob}(Y_{it} = y_{it} \mid x_{it}) = \frac{\Gamma(\lambda_{it} + y_{it})[\delta]^{\lambda_{it}}}{\Gamma(\lambda_{it})\Gamma(y_{it} + 1)[1 + \delta]^{(\lambda_{it} + y_{it})}} \tag{6.15}$$

其均值和方差分别为 $E(Y_{it} \mid x_{it}) = \lambda_{it}$ 和 $\text{Var}(Y_{it} \mid x_{it}) = \lambda_{it}\left(1 + \frac{1}{\delta}\lambda_{it}\right)$。当 δ 为任意非零常数时，条件方差大于条件均值；而当 δ 趋向无穷时，负二项分布模型收敛于泊松分布模型，故泊松分布模型是负二项分布模型的一个特例。参数 β 和 δ 的估计值，可通过如下负二项极大对数似然函数求得：

$$\ln L(\beta) = \sum_{i=1}^{N}\sum_{t=1}^{T}\left[\Gamma(\lambda_{it} + y_{it}) - \ln\Gamma(\lambda_{it}) - \ln\Gamma(y_{it} + 1) + \lambda_{it}\ln(\delta)\right.$$
$$\left. - (\lambda_{it} + y_{it})\ln(1 + \delta)\right] \tag{6.16}$$

所以本文的基本模型设为：

$$E(R\&D_{it} \mid X_{it}) = \exp(\alpha_i + \beta_1 md + \beta_2 hc + \beta_3 tech + \beta_4 institution + \beta_5 md \times institution$$
$$+ \beta_6 hc \times institution + \beta_7 tech \times institution + \beta control + \xi_{it}) \tag{6.17}$$

其中 i 和 t 分别表示国家和年度；$R\&D$ 指投资项目数；α 为常数，代表国别差异，md、hc 和 $tech$ 分别代表东道国市场需求、研发人力成本和技术水平；$institution$ 指制度质量；三个交互项代表制度质量的调节效应；$control$ 代表其他控制变量；ξ_{it} 为无法观测因素。为了降低多重共线性带来的潜在问题，对变量进行中心化后再生成交互项。再对式（6.17）通过 Stata11 的面板数据负二项回归估计方法得到估计参数。

四、实证结果与分析

1. 变量描述性统计

基于 79 个国家 11 年（2004 ~ 2014 年）的数据，表 6 – 17 提供了所有变量的描述性统计与相关矩阵。结果显示，因变量投资项目数与东道国的市场需求、研发人力成本、技术水平和制度质量都显著相关。

表 6 – 17　　　　　　　　变量的描述性统计与相关矩阵

序号	变量	均值	标准差	式 (6.10)	式 (6.11)	式 (6.12)	式 (6.13)	式 (6.14)	式 (6.15)	式 (6.16)	式 (6.17)
1	投资项目数	14.57	36.65								
2	市场需求	12.35	1.94	0.15 *							
3	研发人力成本	11.30	2.35	− 0.09 *	− 0.11						

151

续表

序号	变量	均值	标准差	式(6.10)	式(6.11)	式(6.12)	式(6.13)	式(6.14)	式(6.15)	式(6.16)	式(6.17)
4	技术水平	19.97	3.65	0.21*	0.14*	-0.35*					
5	制度质量	0.17	1.03	0.23*	0.28*	-0.17*	0.18				
6	GDP	25.41	1.86	0.19*	0.43*	-0.22*	0.25*	0.35*			
7	通货膨胀	7.07	21.17	0.08	0.12	0.15	0.08	0.05	0.07		
8	FDI依赖度	0.55	1.79	0.11	0.07	0.09	0.07	0.09	0.11	0.12	
9	基础设施	75.73	42.83	0.22*	0.19	-0.21	0.21*	0.29*	0.31*	0.17	0.09

注：*表示在10%的显著水平下通过显著性检验，样本数为869（79×11）。

2. 回归结果分析

本节采用层级回归方法，模型1先对控制变量进行回归，结果显示东道国的GDP和基础设施这两个控制变量在1%水平下是显著的，说明控制变量的选择是有效的。模型2在模型1的基础上加入自变量，模型3、4、5在模型2的基础上分别加入三个交互项，具体结果见表6-18。

表6-18　　　　　　　　回归结果

变量	模型1	模型2	模型3	模型4	模型5
常数	-3.1343*** (0.4391)	-1.4268 (1.1813)	-1.0158 (1.4013)	-1.0050 (1.3015)	-1.0138 (1.3053)
GDP	0.3560*** (0.0569)	0.2146*** (0.0677)	0.2348*** (0.0792)	0.2465*** (0.0799)	0.2468*** (0.0805)
FDI开放度	0.0749 (0.0588)	0.0893 (0.0559)	0.1481* (0.0529)	0.1523* (0.0601)	0.1531* (0.0611)
通货膨胀	0.0042 (0.0029)	-0.0011 (0.0031)	-0.0022 (0.0032)	-0.0023 (0.0035)	-0.0022 (0.0032)
基础设施	0.0150*** (0.0010)	0.0115*** (0.0009)	0.0103*** (0.0009)	0.0104*** (0.0009)	0.0105*** (0.0009)
出口额		0.7048*** (0.0678)	0.7548*** (0.0687)	0.7567*** (0.0688)	0.7559*** (0.0684)
研发人力成本		-0.4374** (0.0378)	-0.5823*** (0.0398)	-0.5864*** (0.0388)	-0.5873*** (0.0402)

152

变量	模型 1	模型 2	模型 3	模型 4	模型 5
技术水平		0.0949 *** (0.0271)	0.1189 *** (0.0286)	0.1257 *** (0.0325)	0.1225 *** (0.0298)
制度质量		0.3460 *** (0.0847)	2.7501 *** (1.0729)	2.8503 *** (1.0959)	2.7899 *** (1.0789)
市场需求 × 制度质量			0.1614 *** (0.0552)		
研发人力成本 × 制度质量				− 0.0107 *** (0.0030)	
技术水平 × 制度质量					0.0930 *** (0.0295)
样本数	869	869	869	869	869
Loglikelihood	− 2 265.8294	− 2 183.7762	− 2 155.9368	− 2 165.5764	− 2 158.7358
Wald chi^2 (5)	662.0500 ***	1 014.3200 ***	1 187.8500 ***	1 202.4600 ***	1 195.3400 ***

注：***、**、*分别表示在1%、5%、10%的显著水平下通过显著性检验。

模型2结果显示，东道国市场需求、研发人力成本、技术水平和制度质量在1%水平下全部显著，其中东道国市场需求、技术水平和制度质量的系数为正，研发人力成本的系数为负，说明东道国的市场需求、技术水平和制度质量对中国企业海外研发投资区位选择有显著的积极影响，研发人力成本对中国企业海外研发投资区位选择有显著的消极影响，这验证了本章的假设6-5、假设6-6、假设6-7和假设6-8a。

模型3结果显示，东道国市场需求与制度质量的交互项在1%水平上高度显著，并且系数为正，说明东道国的制度质量在东道国市场需求与中国企业海外研发投资区位选择之间起着正向的调节作用，东道国的制度质量越高，相对高的东道国市场需求越能吸引中国企业的海外研发投资，验证了假设6-8b。模型4结果显示，东道国研发人力成本与制度质量的交互项在1%水平上高度显著，并且系数为正，说明东道国的制度质量在东道国研发人力成本与中国企业海外研发投资区位选择之间起着正向的调节作用，东道国的制度质量越高，较低的东道国研发人力成本越能吸引中国企业的海外研发投资，验证了假设6-8c。模型5结果显示，东道国技术水平与制度质量的交互项在1%水平上高度显著，说明东道国的制度质量在东道国技术水平与中国企业海外研发投资区位选择之间起着正向的调节作用，东道国的制度质量越高，较高的东道国技术水平越能吸引中国企业的海外研发投资，验证了假设 6 - 8d。

3. 稳健性检验

为了进行稳健性检验，本节参考其他研究的做法，采用世界治理指标（World Governance Indicator）中的"腐败控制"作为东道国制度质量的代理变量进行稳健性检验。结果显示，可得到上述的近似结果，说明上述模型得出的结果具有较好的稳健性。

五、本节小结

1. 结论

本节在综述众多国内外相关文献的基础上，发现东道国的制度质量在母国海外研发投资区位选择中起着重要的作用，它不仅作为一个自变量影响母国企业区位选择，还影响其他因素（比如东道国的市场需求、研发人力成本和技术水平等）与母国企业海外研发投资区位选择之间的关系。当东道国的制度质量发生变化时，会影响中国企业海外研发投资动机与投资行为之间的关系，因此，本节把东道国制度质量作为调节变量，在计量模型中放入制度质量与市场需求、研发人力成本和技术水平的三个交互项，并选取在商务部备案的 2004～2014 年中国企业海外研发投资的 79 个国家作为样本，得到以下两个结论：

（1）东道国的市场需求、研发人力成本和技术水平积极影响中国企业海外研发投资的区位选择。

（2）本节研究的一个主要贡献是实证检验了东道国的制度质量存在显著的调节作用。随着东道国制度质量的上升，市场需求、技术水平与中国企业海外研发投资之间的正向关系在加强，研发人力成本与中国企业海外研发投资之间的负向关系在加强。

2. 启示

在分析中国企业海外研发投资区位选择的影响因素时，不仅要分析东道国的市场需求、研发人力成本、技术水平和制度质量等因素的直接作用，更要深入探讨东道国制度质量对其他影响因素的调节作用，比如东道国政府更替带来的政局不稳定、产业保护及相关政策和利益集团所带来的各种不确定性。2014 年之前中国企业作为"后发追赶者"，技术水平普遍较低，但在海外选择研发投资区位时，更多趋向于能满足当地市场需求、研发成本较低以及制度质量较高的国家。当把制度质量较高的欧美发达国家作为海外研发投资的目标国时，需要政府鼓励企业多采用"海外并购"的投资模式来获取东道国的高新技术。

第四节 共建"一带一路"下的国际产能三方合作：比较优势和东道国合作潜力

在全球生产网络及新一轮产业技术革命的推动下，全球价值链深度整合，世界经济融合发展，区域合作方兴未艾。发达国家纷纷回归制造业，实施"再工业化"，中国优质产能具备跨出国门、走向全球的雄厚实力，发展中国家大力推进工业化、城镇化，为国际产能三方合作创造了前所未有的机遇。中国与发达国家实现产能与技术的优势互补，联合开发第三方市场，使工业化初期的发展中国家、工业化中期的中国和后工业化时代的发达国家实现三赢。2015年4月3日，李克强总理在中国装备"走出去"和推进国际产能合作座谈会上首次提出，中国与发达国家合作开拓第三方市场是"各得其所、互利共赢"的好事①。加强国际产能三方合作，也是贯彻落实党中央、国务院推进共建"一带一路"的重要内容。

国际产能三方合作致力于各方优势互补、资源高效配置和市场深度融合，形成全球产能合作的新产业链，实现共同升级、三方共赢。现实问题在于，中国与发达国家和共建"一带一路"国家开展国际产能三方合作的产业基础如何？合作三方的比较优势在哪里？竞争态势如何？国际产能三方合作的潜力如何？这些问题的研究将有利于为中国与发达国家、共建"一带一路"国家继续开展产能合作提供指导和借鉴，对中国有潜力开展国际产能三方合作的重点行业、重点领域进行靶向引导，为政府机构引导中国企业参与"一带一路"国家国际产能三方合作提供支撑，提高中国企业参与国际产能三方合作的频率和效率，进一步推动高质量共建"一带一路"。本节采用2007~2015年数据分析，为未来三方合作提供研究基础。

一、国际产能合作的研究说明

国际产能三方合作开创了"地球村"合作共赢的新方式、新局面。2013年9月习近平总书记提出"一带一路"重大倡议，2014年11月欧盟启动"容克投资计划"，国际产能三方合作实现中欧这两大战略构想的对接，成为"中国制造2025"以及发达国家"德国工业4.0""新工业法国"和"英国制造2050"等制

---

① 《李克强：用中国装备和国际产能合作结缘世界 推动形成优进优出开放型经济新格局》，中华人民共和国中央人民政府网，https://www.gov.cn/guowuyuan/2015-04/03/content_2842768.htm。

造业振兴战略的重要连接点。2015 年，中法发表开展第三方市场合作的联合声明，建立中法共同基金；中欧发表联合声明，以装备制造为重点，寻求第三方合作突破；中比签署双边合作文件，开展三方国际产能和装备制造业合作；中英签署《关于促进非洲投资和出口合作备忘录》，正式启动"非洲投资与增长的合作伙伴"（PIGA）项目。截至 2016 年底，中国已与法国、英国、欧盟等多个欧洲发达经济体达成第三方市场合作的共识。非洲是中国共建"一带一路"的重要组成部分。在 2010 年成立的中非合作论坛框架下，中国不断加大对非投入，中非经贸合作关系日益紧密。2015 年，国家主席习近平对外宣布中非十大合作计划，对接非洲联盟委员会提出的非洲工业化中长期战略规划——《2063 年议程》。加快工业化进程是非洲经济转型发展的迫切需要，也是中非产能对接合作的重点领域。2023 年习近平总书记在第三届"一带一路"国际合作高峰论坛开幕式上讲到"一带一路"合作从亚欧大陆延伸到非洲和拉丁美洲，遍及 150 多个国家，中国将继续支持高质量共建"一带一路"，例如中方将加快推进中欧班列高质量发展，积极推进"丝路海运"港航贸一体化发展，加快陆海新通道、空中丝绸之路建设。基于此，本节将中国、欧洲和非洲作为主要研究对象，并以 G20 国家和中国国际产能合作重点国家为标准，分别选择如表 6 - 19 所示的欧洲和非洲国家。

表 6 - 19 　　　　　国际产能三方合作的相关国家及对应代码

区域	国家及代码
欧洲	法国 FRA、德国 DEU、意大利 ITA、俄罗斯 RUS、土耳其 TUR、英国 GBR、欧盟 EU
非洲	埃塞俄比亚 ETH、肯尼亚 KEN、坦桑尼亚 TZA、南非 ZAF、埃及 EGY、安哥拉 AGO、阿尔及利亚 DZA、尼日利亚 NGA、莫桑比克 MOZ、刚果（布）COG、乌干达 UGA、加纳 GHA、塞内加尔 SEN、赤道几内亚 GNQ、利比里亚 LBR、喀麦隆 CMR、苏丹 SDN

本节从行业层面剖析中欧非国际产能三方合作的比较优势和合作潜力，将贸易数据和专利数据与行业分类标准进行衔接。贸易数据根据 UNComtrade 数据库整理得到，将 SITCRev. 4 下的编码产品通过联合国《全部经济活动的国际标准产业分类》（ISICRev. 4）转换为中国《国民经济行业分类与代码（2011）》的行业分类；专利数据来源于欧洲专利局 PATSTAT 数据库，根据国家知识产权局的《国际专利分类与国民经济行业分类参照关系表》转换为行业分类统计。

二、国际产能三方合作的比较优势和竞争优势

1. 中欧非三方的比较优势

比较优势是国际产能三方合作的重要基础。中欧非由于各自经济禀赋和发展阶段的差异，在不同行业上各有比较优势和劣势，从而产生三方共赢的合作空间。显示性比较优势指数（RCA）可以反映一国某行业的比较优势水平，通过一个国家某行业出口占出口总额的份额与世界贸易总额中该行业的出口份额之比来表示。

$$RCA_{i,t}^k = \frac{X_{i,t}^k / X_{i,t}}{X_{w,t}^k / X_{w,t}}$$

其中，$X_{i,t}^k$ 表示在 t 时刻 i 国 k 行业的出口额，$X_{i,t}$ 表示在 t 时刻 i 国的出口总额，$X_{w,t}^k$ 表示在 t 时刻 k 行业的世界出口额，$X_{w,t}$ 表示在 t 时刻世界出口总额。一般而言，如果 $RCA > 1$，则认为该国该行业具有比较优势，且数值越大比较优势越大；如果 $RCA < 1$，则反之。通常会将 RCA 划分为四个区间（< 0.8、$0.8 \sim 1.25$、$1.25 \sim 2.5$、> 2.5）来分别代表较弱、中等、较强和极强的比较优势。

从本节研究计算的中欧非 31 类制造行业的显示性比较优势指数可以看出，中欧整体制造业比较优势较强，非洲具有较强比较优势的行业集中在部分行业，但非洲不乏一些极强比较优势的行业。

中国有一半以上的制造行业具有中等、较强和极强的比较优势，其中纺织、服装和家具制造业具有极强的比较优势，化纤、橡胶塑料、非金属矿物和黑色金属等制造行业也显现较强的比较优势，体现了中国产能结构的不断优化。欧洲国家具有中等以上比较优势的行业几乎涵盖了整个制造业。除俄罗斯和英国外，欧洲各国均有一半以上制造行业具有中等、较强和极强的比较优势，欧盟有 75% 的制造行业具有中等以上的比较优势。具体而言，法国和英国的运输设备制造业，土耳其的纺织、纺织服装和化纤制造业等均具有极强的比较优势。非洲各国具有极强比较优势的行业较为集中，这些行业显示性比较优势指数（RCA）数值较大，且很少有行业处于中等或较强的比较优势区间，两极分化严重。埃塞俄比亚、塞内加尔和莫桑比克等国的农副食品加工和食品制造业具有极强的比较优势；塞内加尔和莫桑比克等国的烟草制造业和有色金属加工业、苏丹的印刷业、喀麦隆的木材加工业等比较优势明显。

从整体来看，中欧非各自具有比较优势的制造行业存在较大差异与互补性，为中欧非国际产能三方合作奠定了坚实的基础。

2. 国家产能三方合作的竞争态势

为剖析中欧非国际产能三方合作的竞争态势，本节分别构建行业相似度指数和市场相似度指数，从行业和市场双视角展开分析。

行业相似度指数的构建主要借鉴出口相似度指数（Export Similarity Index）的原理和方法来衡量中欧出口非洲市场的行业相似程度，计算公式为：

$$S^p(ij, f) = \left[\sum_k \min(X^k_{if,t}/X_{if,t}, X^k_{jf,t}/X_{jf,t}) \right] \times 100$$

其中，$X^k_{if,t}/X_{if,t}$ 和 $X^k_{jf,t}/X_{jf,t}$ 分别表示在 t 时刻 i 国和 j 国向 f 国出口的 k 行业所占份额。指数分布区间为 $[0, 100]$，指数数值越大，表明中国和欧洲出口非洲某国的行业结构相似程度越高。

市场相似度指数的原理和方法与出口行业相似度指数类似，计算公式为：

$$S^m(ij, k) = \left[\sum_f \min(X^k_{if,t}/X^k_{i,t}, X^k_{jf,t}/X^k_{j,t}) \right] \times 100$$

其中，$X^k_{if,t}/X^k_{i,t}$ 和 $X^k_{jf,t}/X^k_{j,t}$ 分别表示在 t 时刻 i 国和 j 国的 k 行业向 f 国出口占该行业总出口的份额。指数变动区间为 $[0, 100]$，指数数值越大，表明中国和欧洲某行业在非洲市场的分布结构相似程度越高。

考虑到国家规模差异带来的测算误差，本研究以出口份额代替出口额，并通过加权平均进一步改进相似度指数，行业相似度指数公式如下：

$$S^p(ij, f)' = \sum_k \left\{ \left[\frac{(X^k_{if,t}/X_{if,t}) + (X^k_{jf,t}/X_{jf,t})}{2} \right] \left[1 - \left| \frac{(X^k_{if,t}/X_{if,t}) - (X^k_{jf,t}/X_{jf,t})}{(X^k_{if,t}/X_{if,t}) + (X^k_{jf,t}/X_{jf,t})} \right| \right] \right\} \times 100$$

市场相似度指数公式如下：

$$S^m(ij, k)' = \sum_f \left\{ \left[\frac{(X^k_{if,t}/X^k_{i,t}) + (X^k_{jf,t}/X^k_{j,t})}{2} \right] \left[1 - \left| \frac{(X^k_{if,t}/X^k_{i,t}) - (X^k_{jf,t}/X^k_{j,t})}{(X^k_{if,t}/X^k_{i,t}) + (X^k_{jf,t}/X^k_{j,t})} \right| \right] \right\} \times 100$$

不难发现，行业相似度指数和市场相似度指数仅是从行业和市场两个维度来反映中欧在非洲市场上的竞争态势。行业相似度指数和市场相似度指数数值越大，分别表明中国和欧洲在非洲市场的行业同构化程度越高、市场趋同程度越高，即竞争越激烈，反之则表明结构趋于分散化，形成专业化分工，市场竞争较为缓和。

从表 6 - 20 可知，中欧在非洲市场上的行业同构化程度较高。中国与意大利、土耳其等的行业同构程度最高，在非洲市场的竞争较为激烈，与俄罗斯竞争最为缓和，与法国、德国和英国也只在个别非洲国家［刚果（布）、赤道几内亚等］存在激烈的竞争。

表 6 – 20　　　　　　　　中欧出口非洲的行业相似度指数

国家	法国	德国	意大利	俄罗斯	土耳其	英国	欧盟
阿尔及利亚	45.69	48.39	54.83	33.85	75.16	49.10	52.21
安哥拉	46.98	51.85	49.88	44.55	39.63	48.14	59.49
喀麦隆	47.50	44.52	57.31	17.36	59.32	36.82	49.22
刚果（布）	60.45	45.50	53.79	18.85	63.05	49.69	58.51
赤道几内亚	61.75	44.25	51.60	52.63	50.75	46.32	53.06
埃塞俄比亚	35.25	33.67	52.82	25.57	42.90	36.27	51.63
加纳	45.63	47.39	58.68	9.66	64.80	55.93	50.90
肯尼亚	45.75	39.80	47.81	15.44	56.55	42.04	44.27
利比里亚	26.04	54.32	59.72	41.71	53.40	37.35	66.50
莫桑比克	42.67	39.52	49.05	9.58	54.80	47.49	60.54
尼日利亚	1.57	45.69	55.79	14.00	65.84	53.32	38.92
塞内加尔	41.68	41.10	50.54	10.95	49.37	36.44	16.33
南非	51.08	47.82	64.27	15.77	58.15	50.83	27.61
苏丹	36.73	39.42	49.59	12.43	40.11	42.58	44.13
乌干达	52.99	56.66	54.95	14.78	62.01	60.06	57.11
埃及	21.34	49.14	19.23	27.27	56.78	1.26	47.48
坦桑尼亚	30.70	42.64	38.43	13.11	1.34	42.68	47.50
平均	40.81	45.39	51.08	22.21	52.59	43.31	48.55

从表 6 – 21 可知，中欧在非洲市场上的市场趋同程度较高，尤其与德国、意大利和英国等存在较为激烈的市场竞争。区分行业来看，在中国具有极强比较优势的制造行业，中国与部分欧洲国家之间在非洲市场上存在激烈竞争，如中国与欧盟的纺织业，中国与德国的纺织服装、服饰业，中国与意大利、英国的家具制造业等。非金属矿物制品业、黑色金属冶炼、压延加工业等中国具有较强比较优势的行业与欧洲国家的竞争相对较为缓和。

表 6 – 21　　　　　　　　中欧出口非洲的市场相似度指数

国家	法国	德国	意大利	俄罗斯	土耳其	英国	欧盟
13	60.48	57.66	63.21	19.16	35.90	59.81	72.36
14	44.83	64.28	51.22	39.24	52.12	74.59	66.14
15	61.80	73.95	86.81	38.52	54.21	53.72	75.36

续表

国家	法国	德国	意大利	俄罗斯	土耳其	英国	欧盟
16	7.25	18.93	26.45	84.33	21.12	46.88	21.76
17	48.49	48.42	53.52	52.97	46.18	48.09	72.02
18	25.54	60.91	53.60	6.99	41.42	56.56	40.94
19	42.80	67.67	57.33	30.39	44.93	58.22	67.15
20	31.02	53.98	66.64	20.27	63.27	43.00	48.16
21	33.31	56.91	67.48	34.13	48.76	67.20	59.49
22	46.32	45.18	52.23	61.45	52.70	46.12	54.84
23	22.12	72.42	42.15	6.29	38.86	52.15	56.52
24	56.23	67.68	55.62	43.80	55.10	58.94	77.07
25	14.38	26.61	15.39	10.57	14.61	20.82	19.20
26	61.74	59.83	57.85	82.72	44.89	71.11	70.91
27	52.28	50.71	58.40	43.51	64.73	56.98	73.74
28	17.34	73.67	82.98	17.03	75.75	23.25	74.36
29	48.54	60.00	63.98	42.50	62.39	60.33	70.19
30	49.74	46.41	55.44	40.10	54.83	56.12	59.91
31	43.33	54.08	32.00	36.46	43.63	54.04	48.63
32	44.25	48.70	36.90	25.63	44.63	34.24	53.12
33	43.73	60.63	58.57	28.73	53.84	66.48	70.56
34	47.94	71.34	65.47	40.09	62.88	66.43	67.85
35	51.71	68.61	61.04	42.59	62.81	64.50	67.11
36	33.52	43.24	51.16	26.18	52.54	51.65	64.55
37	36.61	55.73	35.82	15.24	52.81	49.55	54.07
38	47.58	52.82	60.55	37.50	56.37	67.38	63.06
39	48.58	69.40	59.46	33.36	58.17	69.37	64.28
40	48.49	65.66	52.07	41.69	69.81	40.63	57.78
41	45.21	45.55	34.58	33.83	25.70	21.70	43.06
42	14.66	8.36	5.55	—	28.91	18.67	20.46
43	—	—	—	—	—	—	—
平均	39.67	53.20	50.43	33.40	47.87	50.27	56.60

注：表中行业分类参考国家标准《国民经济行业分类》（GB/T 4754—2011）。

由于基于行业层面数据测算的相似度指数无法考虑行业内分工的影响，本节研究的测算结果可能高估了中欧在非洲市场的竞争程度。这也从侧面反映中欧在非洲形成了类似的市场和行业布局，同时欧洲国家均是这些行业的专利技术领军国家，为中欧非细化行业内分工、开展国际产能三方合作奠定了坚实的基础。

三、国际产能三方合作的合作潜力

国际产能三方合作的潜力取决于三方经济发展水平和资源禀赋所影响的产业竞争性和互补性。中欧非国际产能三方合作旨在中欧强强联合共同开发非洲市场，发挥中国的产能优势和欧洲的技术优势，与非洲形成优势互补，实现互利三赢。本节借鉴已有研究设计贸易互补指数的思路，基于 RCA 构建国际产能三方合作的综合潜力指数，计算公式为：

$$C_{ijf} = RCA_{i,t}^{k} \times RCA\_T_{j,t}^{k} \times RCA\_I_{f,t}^{k}$$

其中，$RCA_{i,t}^{k}$ 表示中国 k 行业的显示性比较优势。$RCA\_T_{j,t}^{k} = (P_{j,t}^{k}/P_{j,t})/(P_{w,t}^{k}/P_{w,t})$，表示用专利申请量来衡量的欧洲 j 国 k 行业的显性技术比较优势，$P_{j,t}^{k}$ 表示在 t 时刻 j 国 k 行业的专利申请量，$P_{j,t}$ 表示在 t 时刻 j 国所有行业的专利申请总量，$P_{w,t}^{k}$ 表示在 t 时刻 k 行业所有国家的专利申请总量，$P_{w,t}$ 表示在 t 时刻所有国家所有行业的专利申请总量。在计算过程中，为剔除专利申请的本国优势效应，本节所采用的专利申请量均为本国企业或个人在国外的专利申请。$RCA\_I_{f,t}^{k} = (I_{f,t}^{k}/I_{f,t})/(I_{w,t}^{k}/I_{w,t})$，表示用进口来衡量的非洲国家 f 在 k 行业的比较劣势，$I_{f,t}^{k}$ 表示在 t 时刻 f 国 k 行业的进口额，$I_{f,t}$ 表示在 t 时刻 f 国的进口总额，$I_{w,t}^{k}$ 表示在 t 时刻 k 行业的世界进口额，$I_{w,t}$ 表示在 t 时刻的世界进口总额。

剔除无贸易数据的金属制品、机械和设备修理业，本节计算了行业层面中欧非 3 570 组国际产能三方合作组合的综合潜力指数。在国家层面，中欧非国际产能三方合作潜力突出表现为"两个集中化"特征（见表 6 – 22）。国际产能三方合作的欧洲伙伴集中在意大利和土耳其，中意非和中土非三方合作潜力指数平均值为 1.74 和 1.78；有 14 个非洲国家与中意、中非的组合表现出巨大的三方合作潜力。结合中意和中土在非洲市场上的行业同构程度相对较高、竞争态势凸显的情况，可以看出中国和意大利、土耳其不仅聚焦于非洲市场的相同行业，而且具备产能和技术的互补优势。国际产能三方合作的非洲伙伴集中在埃及、苏丹、尼日利亚和埃塞俄比亚等国，分别与中国和 4 个以上欧洲国家组合形成巨大的三方合作潜力。

表 6 - 22　　　　中欧非国际产能三方合作的综合潜力指数

国家	法国	德国	意大利	俄罗斯	土耳其	英国	欧盟
阿尔及利亚	1.24	1.47	1.87	1.06	1.77	1.17	1.43
安哥拉	1.09	1.32	1.67	0.85	1.48	1.04	1.29
喀麦隆	1.13	1.30	1.45	0.76	1.66	1.00	1.25
刚果（布）	0.90	1.06	1.12	0.63	1.21	0.70	1.01
赤道几内亚	1.81	1.83	2.38	1.25	2.38	1.66	1.86
埃塞俄比亚	1.62	1.87	2.43	1.33	2.44	1.50	1.79
加纳	1.19	1.38	1.57	0.82	1.69	1.03	1.32
肯尼亚	1.25	1.46	1.69	1.03	1.89	1.14	1.38
利比里亚	1.38	0.71	1.00	1.14	0.80	0.95	0.87
莫桑比克	1.29	1.33	1.57	0.90	1.60	1.16	1.32
尼日利亚	1.90	1.56	2.88	2.21	2.78	1.38	1.77
塞内加尔	1.12	1.23	1.64	0.92	1.63	1.12	1.25
南非	1.08	1.24	1.54	0.80	1.54	1.08	1.17
苏丹	1.42	1.64	1.88	0.92	1.92	1.37	1.54
乌干达	1.42	1.45	1.96	1.27	1.99	1.19	1.47
埃及	1.23	1.82	1.84	0.76	2.47	1.29	1.58
坦桑尼亚	1.07	1.06	1.07	0.73	1.06	0.90	1.04
平均	1.30	1.40	1.74	1.02	1.78	1.16	1.37

　　在行业层面，国际产能三方合作潜力巨大，指数大于 5 的有 187 种组合（见表 6 - 23），主要是中国具备极强和较强比较优势的行业。在纺织业，共有 37 种组合潜力巨大，中国与德国、土耳其形成较好的产能和技术互补，与非洲的三方合作潜力平均指数分别为 5.18 和 8.40，主要聚焦苏丹、埃及、埃塞俄比亚等国。非金属矿物制品业是中欧非三方合作潜力第二大的行业，共有 34 种组合潜力巨大，且涉及的欧洲国家和非洲国家相对较多。法国、德国和土耳其等是该行业最具潜力的欧洲合作伙伴，刚果（布）、喀麦隆和加纳等是最具潜力的非洲合作伙伴。废弃资源综合利用业是中欧非三方合作潜力第三大的行业，共 28 种组合潜力巨大，意大利、俄罗斯、土耳其和尼日利亚、乌干达、埃塞俄比亚等是该行业最具合作潜力的国家。黑色金属冶炼和压延加工业也有 22 种潜力巨大的组合，主要集中在意大利、俄罗斯。在家具制造业，共有 18 种组合潜力巨大，中国和意大利是主要合作组态。总体而言，中欧非在多个行业具备巨大的三方合作潜

力。其中，中国在纺织业、非金属矿物制品业和废弃资源综合利用业与欧洲、非洲的三方合作潜力较大，且合作选择较多。另外，不同国家的三方合作组合均有多个潜力巨大的行业可以优先考虑。

表 6 - 23　　　　中欧非国际产能三方合作的潜力行业分布

国家	法国	德国	意大利	俄罗斯	土耳其	英国	欧盟
阿尔及利亚	30	31	21、31、42	31、42	17、30、42	—	31
安哥拉	—	31	21、31	31	21、30、33	21	21、31
喀麦隆	30	17、30	30	21、31、37	17、30	—	30
刚果（布）	30、33	30、31、33	30、31	31、42	30、33	—	30、31
赤道几内亚	21、30、33、37	30、31、33	21、30、31、33、37	—	15、21、30、33	21、37	21、30、33、37
埃塞俄比亚	42	17、18、33	17、21、31、42	—	17、21、28、30、33、42	17、21	17、42
加纳	30	17、30	21、30、31	—	17、30	—	30
肯尼亚	—	17	17、31、42	31、42	17、28、30、42	17	17
利比里亚	37	37	37	37	37	37	37
莫桑比克	30、37	30	21	37	17、21、30	—	—
尼日利亚	42	42	42	42	17、28、30、42	42	42
塞内加尔	—	17	17、42	42	17、42	17	17
南非	—	18	18、42	42	17	—	—
苏丹	17、37	17、18	17、18	37	17、30	17	17

续表

国家	法国	德国	意大利	俄罗斯	土耳其	英国	欧盟
乌干达	30、42	17、30	31、42	42	17、28、30、42	—	30、42
埃及	17	17、28	17、28、31	31	17、28	17	17、28
坦桑尼亚	25、41	41	—	25	—	25	25、41

注：表中行业分类参考国家标准《国民经济行业分类》（GB/T 4754—2011）。

四、本节小结

本节从定量角度研究了中欧非国际产能三方合作的比较优势和合作潜力，研究结论如下：（1）基于显示性比较优势指数，中欧非具有比较优势的制造行业存在较大差异，中国和欧洲制造业的整体比较优势较强，非洲制造行业的比较优势两极分化严重，存在部分极强比较优势的行业；（2）从行业和市场双视角的竞争态势来看，中欧在非洲市场存在较激烈的竞争。考虑到本研究计算方法可能高估中欧在非洲市场的竞争程度，激烈竞争也从侧面反映中欧在非洲形成了类似的市场和行业布局，为中欧开展三方合作奠定基础；（3）在国家层面，中欧非国际产能三方合作潜力突出表现为"两个集中化"特征，欧洲伙伴集中在意大利和土耳其，非洲伙伴集中在埃及、苏丹、尼日利亚和埃塞俄比亚等国。在行业层面，中欧非在多个行业具备巨大的三方合作潜力，中国在纺织业、非金属矿物制品业和废弃资源综合利用业与欧洲、非洲的三方合作潜力较大，且合作选择较多。

第七章

民营企业参与"一带一路"国际产能合作的海外进入过程因素分析

在第六章详细讨论了有关中国民营企业参与"一带一路"国际产能合作东道国区位选择相关议题的基础上，本章需要进一步探讨有关海外进入过程中的关键影响因素及其影响效应，以期为民营企业实际出海过程中识别、解决关键性难题提供助力。首先，本章构建了一个制度逻辑框架，提出跨国公司对外直接投资扩张是由市场逻辑所驱动的，并受到国家总体目标的调节。其次，考虑到跨国公司多国性的具体特征，本章基于期权组合特点与组织因素的权变角色的研究视角，对海外投资多国性分布与下行风险之间的内在关联展开讨论，提出相关命题。最后，探讨了国际商务管理研究中有关"进入哪个国家"和"怎样进入"的问题，将跨国企业进入时机决策与国际化战略中的主要实物期权进行关联研究，并特别关注了转换期权及其关键权变因素。

第一节 民营企业国际产能合作的扩张速度影响因素

对外直接投资扩张速度决定了一个公司能否抓住机遇，培养全球竞争力，赶上并超越国际竞争对手。改革开放初期，尽管与发达国家企业相比中国跨国企业的特定优势较少，但中国民营企业正以惊人的速度崛起，在《财富》全球500强榜单中迅速攀升，并且丝毫没有放缓的迹象。我国政府积极鼓励企业对外直接投资，先后提出"走出去"战略和"一带一路"倡议，并将对外直接投资扩张视为企业在全球市场上的重要成就。然而，政府持股对跨国公司对外直接投资扩张速度有何影响？鉴于新兴市场企业的资源和能力有限，政府通常是推动企业对外直接投资的关键力量，国有企业可以通过政府获得关键资源，这似乎有助于企业参与国际竞争。近年来，国际商务学者将国有企业国际化归因于母国制度，分别从国家和地方层面开展研究。虽然这些研究为国有企业的国际扩张提供了一个重要的制度途径，但他们对地方制度一致性的命题可能值得仔细推敲。在制度环境中，企业面临着来自多种制度逻辑的潜在竞争对手，这表明影响企业国际化的组织属性存在异质性。本节构建了一个制度逻辑框架，在这个框架中，国有跨国公司对外直接投资扩张是市场逻辑所驱动的，并受到国家总体目标的调节。非国有经济发展与企业资源基础投入则是影响民企国际产能合作扩张速度的关键因素。

一、研究命题

1. 国有股份比例与企业对外直接投资扩张速度

新兴市场企业的全球化正在成为一种普遍现象。传统的国际商务理论提出企业的海外扩张应该是渐进的，并且需要知识经验积累以应对国际化风险，例如企业选择逐步扩大国际活动的范围以增强在国际市场上生存的可能性。然而，近年来国际商务学者指出在快节奏的国际经济中，由于等待时间较长而进军国际市场失败的风险超过了任何全球化进程所固有的风险，新兴市场企业在母国制度影响下呈现快速国际化态势（Ramamurti and Hillemann，2018）。国有企业在新兴市场占据重要地位，政府通过国有股权、政府干预和政治关联直接拥有或控制企业来影响对外直接投资决策。政府鼓励企业抓住国际机遇，开发国际市场的竞争优势，通过税收政策和融资保障，刺激国有企业快速对外扩张。

然而这些政治关系是有影响的，国有企业与母国政府机构之间的特殊依存关系引发东道国市场的特别关注，导致企业后续国际投资等待时间被迫延长，现有的研究已经揭示了政府对企业"走出去"的相关影响。孙晓华和李明珊（2016）提出，政府干预激化了国有企业的过度投资行为，虽可避免短期经济衰退，但会对国有企业长期效率的增长产生重大影响。还有学者（Guo et al.，2016）提出中国国有跨国公司支付的收购溢价远高于非国有跨国公司支付的收购溢价，尤其是目标国为发达国家时，国有企业需要支付更高的收购费用。姜广省和李维安（2016）认为政府干预会降低跨国公司对外直接投资的意愿，而营销资源的增加会削弱政府干预对跨国公司对外直接投资的负面影响。周凤秀（2017）提出政府会制约企业对外直接投资活动，而市场化的制度环境会弱化政府对企业对外直接投资的消极作用。高国珍（2020）发现政府对农业企业对外直接投资的数量和绩效具有负面影响，随着政府层级的降低，对农业企业国际化活动的抑制作用增大。据此，本节提出：

假设7-1：国有股份比例与企业对外直接投资扩张速度负相关。

2. 地方非国有经济的调节作用

虽然非国有经济不具备影响国有企业国际化的正式权利，但地区私营企业会共同形成一种非正式的制度环境，在这种环境中，企业拥有共同的价值观和行为准则。国有企业更容易在国内获得政府控制资源，然而部分国有企业的生产效率低下导致在经济新常态下产能大量过剩甚至出现亏损，从而影响企业对外直接投资的扩张速度。在非国有经济良好发展的地区，市场机制成为资源配置的主要途径，高质量的民营经济为市场参与者提供了更加公平的竞争环境，弱化了政府持股对企业的控制。民营企业更多地将经营目标设定在获取市场份额和利润最大化上，逐利性迫使企业密切关注海外市场发展动向，提升国际竞争力。在市场力量的影响下，国有企业具有强烈的动机模仿地区私营企业的对外直接投资模式。尽管这种影响可能不会导致国有企业偏离国家的既定目标，但一些细微的变化可能会对它们的战略行动产生重要影响，这意味着，总部位于非国有经济发达地区的国有企业，可能会以市场导向的方式应对风险，对海外市场投资机会作出快速反应。据此，本节提出：

假设7-2：在非国有经济发达的地区，国有股份比例与对外直接投资的负相关关系会减弱。

3. 行业竞争程度的调节作用

行业竞争作为企业行为的非正式外部环境约束因素，与企业内部资源及能力共同影响企业的国际决策（Meyer，2014）。企业外部的制度环境由政府和市场共同构成，其中，母国市场竞争强度是影响企业对外直接投资行为的关键环境因素。作为企业国际化的重要组成部分，对外直接投资扩张是一个复杂的过程，涉及多方的冲突和妥协，如母国和东道国、股东和管理层、企业和它们同行业竞争对手。在瞬息万变的新兴市场中，企业不仅是全球价值链的一部分，而且还受制于某个行业的竞争状况。当行业竞争程度加剧时，资源可获得性限制和生存威胁会加大企业对母国市场的逃离，从而推动企业向境外扩张。

对外直接投资因较高的资源需求而被视为一种高风险活动，只有在存在竞争压力的环境中，基于必要性逻辑运作的企业才有可能承担这种风险。因此，在竞争激烈的行业中，企业之间存在实质性的国内竞争，这可能会促使国有企业将对外投资作为一种应对机制。据此，本节提出：

假设 7 - 3：在竞争激烈的行业中，国有股份比例与企业对外直接投资扩张速度的负相关关系会减弱。

4. 营销资源的调节作用

资源基础观提出企业是资源集合体，企业在国际市场竞争的关键是自身独有的稀缺资源，而企业持续竞争优势来自由企业拥有和控制的难以模仿的异质性资源（Wernerfelt，1984）。如果一个企业能够比竞争对手更好地获得关键资源，它就具有独特的优势能够实施竞争对手难以效仿的战略，从而创造竞争优势。与民营企业相比，国有企业往往更容易获得母国政府的支持，例如银行低息贷款和国际商业信息，然而并非所有企业都能利用这些制度优势。

营销资源是指帮助企业将其产品与竞争对手区分开来，建立品牌优势并在产品价值链中更好定位的企业资源。营销资源通过使企业能够在国外销售其产品、增强其与供应商的议价能力来推动企业对外直接投资（Kotabe，2002）。企业国际市场调研等营销活动具有高风险性和不确定性。新兴市场企业对国际市场状况了解有限，而独特的市场资源可以帮助企业发展竞争优势从而对国际化绩效产生重大影响。国有企业可以通过获取政府关于海外投资机会的信息进一步降低营销成本（姜凌，2018）。然而要从政府提供的营销资源中获益，企业必须拥有互补的营销资源。中国企业在国内竞争中积累的营销资源可以运用于海外市场，帮助企业化解东道国合法性压力并与来自发达国家的竞争对手直接竞争（吴先明，2017）。在企业对外直接投资进程中，营销资源能够实现企业与外部环境的有效沟通，从而比竞争对手更准确地预测市场需求变化，并通过与顾客、供应商和经销商等建立起稳定的关系来推动企业"走出去"。据此，本节提出：

假设 7 - 4：在营销资源丰富的企业中，国有股份比例与企业对外直接投资扩张速度的负相关关系会减弱。

5. 人力资源的调节作用

人力资源是指从教育和经验中获取的知识和技能，能够推动企业生产方式变化的人才的集合（Nyberg，2014）。随着国际化竞争压力的不断加剧，国际化人才已成为企业培养国际竞争优势的主要来源，企业必须迅速部署其核心资源，以产生可持续的竞争优势。企业国际竞争优势的来源之一体现在具备相关高管技能、知识优势、经验优势和专业知识的企业人力资源。与不具备国际经验的高层管理团队相比，具备国际经验的高层管理团队更有可能培养出国际视野，以国际视角而非以纯粹国内视角看待公司成长。在海外扩张进程中，高管的国际经验能够推动企业加大对海外市场的渗透，加速国际扩张。由于高管对海外市场的了解更全面，克服东道国壁垒所需的时间得以缩短。具有跨国经验的高层管理团队可以利用国际关系深入分析海外市场，增强企业获取东道国资源和处理市场信息的能力，并更迅速地做出扩张决策。与民营企业相比，国有企业和政府关系密切，更容易获得政府总结的海外市场信息和国际投资机会。然而并非所有国有企业都能充分利用这些资产，本节假定这些资源的利用效率取决于企业高层管理团队的国际化经验。国际经验丰富的高管更容易发现海外市场风险较低的领域，促使企业更快地做出对外直接投资扩张决策。据此，本节提出：

假设7-5：在人力资本丰富的企业中，国有股份比例与企业对外直接投资扩张速度的负相关关系会减弱。

综上所述，本节的研究框架如图7-1所示。

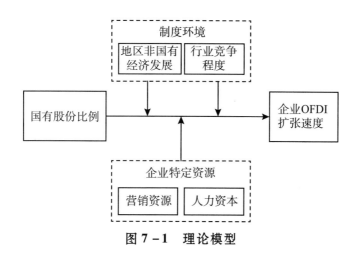

图7-1　理论模型

二、研究设计

1. 研究样本和数据来源

本节选取2007～2017年中国沪深两市A股所有国有上市公司为研究对象，并将被解释变量相对于解释变量滞后一期。研究基期设定为2007～2016年，在此期间，私营企业获得了很强的合法性，中国企业对外直接投资稳定增长。政府出台一系列政策法规，鼓励民营经济发展，例如2007年《物权法》中对私有资产的保护，"走出去"战略和习近平总书记提出的共建"一带一路"也为中国企业在海外投资提供了大量机会。本节首先按照以下要求对企业进行筛选：（1）剔除ST、退市和净资产为负的企业；（2）剔除2007年以后上市的企业；（3）剔除年度不全或缺失的企业；（4）剔除期间内不进行对外直接投资或目的地为"避税天堂"（如开曼群岛和维尔京群岛）的企业。最终，研究选取了2007～2016年具有对外直接投资行为的519家国有上市公司5 190个平衡面板观测值作为样本，原始数据均来源于Wind、CSMAR数据库、世界银行和各企业年报。

2. 变量及其测量

（1）被解释变量：对外直接投资扩张速度。

先前的研究通常将国际化速度定义为从其成立到首次国际扩张之间的时间，这更多地涉及国际化初始阶段，而非国际化过程本身，因此有必要研究"一旦开始"国际化的速度。对于国际化进入后速度，学者们采用了多种测量方法，例如海外子公司数量与对外直接投资年限的比值、海外销售比重的变化率、两次相邻的海外投资之间的时间差、海外市场数量与国际化年限的比值、海外资产比例与企业年龄的比值等。基于数据的可获得性，借鉴方宏等（2018）的研究，本节将对外直接投资扩张速度定义为基于广度的对外直接投资扩张速度，即企业对外直接投资项目所在国家和地区的数量与企业海外投资年限的比值。

（2）解释变量：国有股权比例。

本节使用国有股权比例（Soe）来衡量政府持股程度。政府通过控股或拥有企业的股份可直接影响企业战略决策。同时，国有股权会影响企业的对外直接投资行为。本研究中，Soe 表示为国有股权占企业总股本的比例。

（3）调节变量。

①地方非国有经济发展（Mark）。本节借鉴樊纲（2011）提出的市场化指数的子指数，量化了地区非国有经济的发展。该指数反映了各省市制度建设的地区差异，包括政府与市场的关系、非国有经济的发展、产品市场的发育程度、要素市场的发育程度和市场中介组织发育和法治环境五个方面，被广泛应用于国际商务研究。其中，非国有经济发展（Market）由民营企业固定资产总投资比重、占城镇总就业人数和占工业销售收入比重构成，反映了各省份民营企业实力。故本节使用这一指标来衡量地方非国有经济发展水平。

②行业竞争程度（Compet）。随着行业中企业数量的增加，企业市场占有率下降，市场竞争程度加剧，故本节采用反映特定行业中企业数量和市场占有率分布的赫芬德尔指数（HHI）来衡量行业竞争程度（Compet）。其值越大意味着行业中企业数量越少，企业所占市场份额越高，市场竞争越不激烈。为便于解读结果，本节使用 1 – HHI 来定义行业竞争程度。

③企业营销资源（Mr）。营销资源表示为销售费用占营业收入的比重。

④企业人力资源（Hr）。企业人力资源的关键是高层管理者，高管国际经验是高管海外求学或工作的反映。人力资源表示为企业具有海外任职或求学经历的高管人数占高管团队总人数的比例。

（4）控制变量。

依据现有研究，本节还控制了如下变量：企业规模（Size），表示为企业年销售收入的自然对数；企业年龄（Age），表示为企业成立时间的自然对数；资产收益率（Roa），表示为企业净利润占总资产的比重；东道国市场规模（Hcp），表示为东道国人均国内生产总值的自然对数；东道国制度环境（Hci），表示为WGI 全球治理指数的平均值；出口（Osse），表示为出口销售额占总销售额的比重（见表 7 – 1）。

表 7 – 1   变量定义

类型	名称	定义	数据来源
被解释变量	对外直接投资扩张速度（Speed）	对外直接投资项目所在国家和地区数量与企业海外投资年限的比值	企业年报
解释变量	国有股权比例（Soe）	国有股权占总股本的比例	企业年报
调节变量	地方非国有经济发展（Mark）	市场化指数子指数	樊纲（2011）
	行业竞争程度（Compet）	赫芬德尔指数，使用 1 – HHI 来定义行业竞争程度	Wind 数据库
	企业营销资源（Mr）	销售费用占营业收入的比重	CSMAR 数据库
	企业人力资源（Hr）	企业具有海外任职或求学经历的高管人数占高管团队总人数的比例	CSMAR 数据库
控制变量	企业规模（Size）	企业年销售收入的自然对数	CSMAR 数据库
	企业年龄（Age）	企业成立时间的自然对数	CSMAR 数据库
	资产收益率（Roa）	企业净利润占总资产的比重	CSMAR 数据库
	东道国市场规模（Hcp）	东道国人均国内生产总值的自然对数	世界银行
	东道国制度环境（Hci）	WGI 全球治理指数的平均值	世界银行
	出口（Osse）	出口销售额占总销售额的比重	Wind 数据库

三、模型设定

为了有效检验上述命题，本节采用面板数据进行回归测试。通过豪斯曼检验（Hausman 检验）来确定回归方程为固定效应还是随机效应，结果表明 P 值拒绝了原命题，应该选择固定效应模型。变量的单位根检验表明，所有变量的 P 值都小于 0.01，说明本节的面板数据具有平稳性，可以直接建立回归方程。根据前文命题，本节所用的模型构建如下：

$$Speed_{i,t+1} = \alpha_0 + \alpha_1 Soe_{i,t} + \alpha_2 Mark_{i,t} + \alpha_3 Compet_{i,t} + \alpha_4 Mr_{i,t} + \alpha_5 Hr_{i,t}$$
$$+ \alpha_6 Soe_{i,t} \times Mark_{i,t} + \alpha_7 Soe_{i,t} \times Compet_{i,t} + \alpha_8 Soe_{i,t} \times Mr_{i,t}$$
$$+ \alpha_9 Soe_{i,t} \times Hr_{i,t} + \alpha_{10} Control_{i,t} + \varepsilon_{i,t}$$

i 代表从样本中抽取的企业数量，t 代表检验年份，$Speed_{i,t+1}$ 为企业在 $t+1$ 年的对外直接投资扩张速度，$Soe_{i,t}$ 是企业在 t 年的国有股权比例，$Mark_{i,t}$ 是 t 年企业总部所在省市的非国有经济发展水平，$Compet_{i,t}$ 是 t 年企业所处行业的竞争程度，$Mr_{i,t}$ 是企业在 t 年的营销资源水平，$Hr_{i,t}$ 是企业在 t 年的人力资源水平。$Control_{i,t}$ 是企业在 t 年的控制变量，$\varepsilon_{i,t}$ 是模型的随机干扰项。

四、实证检验与分析

1. 描述性统计与相关性分析（见表 7 - 2）

表 7 - 2　　　　　　　　描述性统计分析与相关系数

变量	Ibs	Soe	Mark	Compet	Mr	Hc	Size	Age	Roa	Hcpc	Hci	Osse
1. Ibs	1											
2. Soe	- 0. 367 *	1										
3. Mark	0. 108 *	- 0. 113 *	1									
4. Compet	0. 105 *	- 0. 071 *	0. 059 *	1								
5. Mr	0. 321 *	- 0. 023	- 0. 029 *	0. 042 *	1							
6. Hr	0. 112 *	0. 048 *	0. 070 *	0. 011	0. 078 *	1						
7. Size	0. 148 *	0. 164 *	0. 011	- 0. 013	- 0. 049 *	0. 169 *	1					
8. Age	- 0. 008	- 0. 004	0. 101 *	- 0. 010	0. 032	0. 239 *	0. 126 *	1				
9. Roa	- 0. 0004	0. 008	0. 033 *	- 0. 006	0. 003	0. 005	0. 038 *	- 0. 003	1			
10. Hcp	0. 338 *	- 0. 010	0. 123 *	0. 041 *	0. 021	0. 195 *	0. 289 *	0. 140 *	0. 006	1		
11. Hci	0. 067 *	0. 004	0. 056 *	0. 052 *	- 0. 040 *	0. 112 *	0. 113 *	0. 065 *	0. 002	0. 659 *	1	
12. Osse	0. 169 *	- 0. 046 *	0. 209 *	0. 129 *	- 0. 066 *	- 0. 047 *	- 0. 005	- 0. 003	- 0. 044 *	0. 277 *	0. 209 *	1
均值	0. 148	0. 289	7. 876	0. 721	0. 055	0. 096	21. 888	2. 752	0. 021	2. 557	0. 176	0. 146
标准差	0. 246	0. 430	2. 330	0. 083	0. 064	0. 137	1. 306	0. 312	0. 710	4. 374	0. 531	0. 210
VIF	N. A.	1. 050	1. 080	1. 030	1. 040	1. 130	1. 180	1. 090	1. 010	2. 110	1. 810	1. 180

注：N = 5 190；* 表示在 10% 的显著水平下通过显著性检验。

表 7 - 2 报告了关键变量的相关系数、均值和标准差。从表 7 - 2 可以看出，我国国有上市公司平均对外直接投资扩张速度为 0.148，整体"走出去"水平较低。国有股权占股本总数的均值为 28.9%，国有股份比例与企业对外直接投资扩张速度显著负相关（$p < 0.05$）。方差膨胀因子（VIF）检验的结果表明，所有变量的 VIF 值都低于 2.11，远小于临界值 10，这表明本节的自变量不存在严重的多重共线性。

2. 回归结果分析

本节运用 Stata15.0 实现多元回归分析。表 7 - 3 列出了检验命题的固定效应模型回归结果。模型 1 只包括控制变量和调节变量，模型 2 增加了政府持股的影响，模型 3 ~ 6 分别考察了国有股份比例与四个调节变量之间的交互效应，模型 7 是包含解释变量及其与所有调节变量交互项的完整模型。部分控制变量表现出显著的效果，例如大型公司、出口导向型公司和成立较早的公司迅速进入海外市场。此外，东道国的制度环境似乎不能推动对外直接投资的快速扩张，尽管东道国市场规模的快速增长可能导致中国企业对外直接投资的快速扩张。

表 7 - 3　国有股份比例与企业对外直接投资扩张速度的检验结果

变量	模型 1	模型 2	模型 3	模型 4	模型 5	模型 6	模型 7
$Size$	0.005 *** (2.82)	0.006 *** (2.87)	0.006 *** (2.85)	0.006 *** (2.88)	0.006 *** (2.87)	0.005 *** (2.81)	0.005 *** (2.83)
Age	0.063 *** (3.57)	0.063 *** (3.56)	0.061 *** (3.47)	0.055 *** (3.12)	0.061 *** (3.46)	0.063 *** (3.61)	0.053 *** (3.02)
Roa	− 0.00003 (− 0.03)	− 0.00004 (− 0.04)	− 0.00005 (− 0.04)	− 0.00009 (− 0.08)	− 0.00004 (− 0.04)	− 0.00006 (− 0.05)	− 0.0001 (− 0.10)
Hcp	0.007 * (1.85)	0.007 * (1.85)	0.007 * (1.83)	0.006 (1.59)	0.007 * (1.84)	0.007 * (1.87)	0.006 (1.58)
Hci	− 0.037 *** (− 10.07)	− 0.037 *** (− 10.08)	− 0.037 *** (− 10.09)	− 0.036 *** (− 9.95)	− 0.037 *** (− 10.14)	− 0.037 *** (− 10.14)	− 0.037 *** (− 10.07)
$Osse$	0.050 *** (5.61)	0.050 *** (5.64)	0.051 *** (5.67)	0.046 *** (5.22)	0.049 *** (5.52)	0.051 *** (5.69)	0.046 *** (5.15)
$Mark$	− 0.0004 (− 0.25)	− 0.0004 (− 0.24)	− 0.002 (− 0.99)	− 0.00006 (− 0.04)	− 0.0004 (− 0.23)	− 0.0008 (− 0.47)	− 0.001 (− 0.57)
$Compet$	0.191 *** (10.03)	0.191 *** (10.04)	0.193 *** (10.10)	0.034 (1.30)	0.190 *** (9.95)	0.193 *** (10.11)	0.034 (1.32)

续表

变量	模型1	模型2	模型3	模型4	模型5	模型6	模型7
Mr	0.140*** (5.24)	0.140*** (5.25)	0.141*** (5.29)	0.136*** (5.14)	0.031 (0.73)	0.142*** (5.31)	0.024 (0.59)
Hc	0.018* (1.88)	0.019* (1.91)	0.018* (1.82)	0.021** (2.23)	0.019* (1.95)	0.002 (0.14)	0.007 (0.59)
Soe		-0.206*** (-3.13)	-0.234*** (-3.49)	-0.449*** (-6.35)	-0.208*** (-3.16)	-0.206*** (-3.14)	-0.463*** (-6.47)
$Soe \times Mark$			0.003** (2.00)				0.001 (0.89)
$Soe \times Compet$				0.335*** (8.91)			0.333*** (8.85)
$Soe \times Mr$					0.183*** (3.38)		0.190*** (3.55)
$Soe \times Hr$						0.030** (2.12)	0.025* (1.76)
$\_cons$	-0.304*** (-4.88)	-0.202*** (-2.86)	-0.184** (-2.59)	-0.068 (-0.95)	-0.194*** (-2.75)	-0.198*** (-2.82)	-0.050 (-0.69)
$Industry$	Yes	Yes	Yes	Yes	Yes	Yes	Yes
$Year$	Yes	Yes	Yes	Yes	Yes	Yes	Yes
R^2	0.213	0.215	0.216	0.227	0.217	0.216	0.229
F	78.04	74.75	71.42	75.99	71.88	71.45	67.40

注：***、**、*分别表示在1%、5%、10%的显著水平下通过显著性检验。

假设7-1预测，国有股份比例对企业对外直接投资扩张速度有负向影响。在模型2（$\beta = -0.206$，$p < 0.01$）和模型3~7（$p < 0.01$）中，国有股份比例系数显著为负，这表示随着企业对外直接投资活动的不断推进，企业对外直接投资项目涉及国家和地区数量增速逐步放缓。因此，假设7-1得到支持。

假设7-2预测，地区非国有经济更好地发展可以弱化国有股份比例对企业对外直接投资扩张速度的负向影响。模型3（$\beta = 0.003$，$p < 0.05$）的国有股份比例与地区非国有经济发展的交互项系数为正，具有统计学意义。因此，假设7-2得到支持。

假设7-3预测，行业竞争程度激烈可以缓解国有股份比例对企业对外直接投资扩张速度的负向影响。在模型4（$\beta = 0.335$，$p < 0.01$）和模型7（$\beta = $

0.333，p<0.01）中，国有股份比例与行业竞争程度交互项系数为正，具有统计学意义。因此，假设7-3得到支持。

假设7-4预测，丰富的营销资源可以削弱国有股份比例对企业对外直接投资扩张速度的负向影响。在模型5（$\beta=0.183$，p<0.01）和模型7（$\beta=0.190$，p<0.01）中，国有股份比例与营销资源交互项系数为正，具有统计学意义。因此，假设7-4得到支持。

假设7-5预测，丰富的人力资源可以削弱国有股份比例对企业对外直接投资扩张速度的负向影响。在模型6（$\beta=0.030$，p<0.05）和模型7（$\beta=0.025$，p<0.1）中，国有股份比例与人力资源交互项系数为正，具有统计学意义。因此，假设7-5得到支持。

3. 讨论

第一，中国企业对外直接投资活动的一个显著特征是国有股份的大量参与。国有股份比例对中国企业对外直接投资的各个方面都存在显著影响，但这些影响并非都是积极的。本节以具有对外直接投资行为的国有上市公司为研究对象，实证研究表明国有股份比例对企业对外直接投资扩张速度具有消极作用。在国际化后续阶段，政府干预对企业对外直接投资的数量存在消极影响。

第二，先前关于企业对外直接投资的研究，大多将母国的制度条件视为在一国内具有同质性。虽然学者们承认不同国家之间存在制度差异，但通常仍假设在一个特定国家的不同地区或行业内，制度力量保持相似。本节提出，在地区和行业内部存在显著的制度差异，新兴市场企业的对外直接投资是由特定的地区和行业制度环境所驱动的，而这些制度环境对所有新兴市场跨国公司的影响并非同质。这在一定程度上验证了学者们的结论：地区制度环境的提升会减轻政府干预与企业对外直接投资的负相关关系，而行业市场的充分开放与竞争是推动国有企业技术寻求型海外投资的核心要素。

第三，现有研究对国有企业如何产生不同的优势从而引发海外投资扩张方面进行了深刻解释。但是之前的研究往往基于一种命题，即所有的新兴经济体都能充分利用制度因素来实施对外直接投资计划。本节提出，由于新兴市场企业拥有不同的资源和能力，它们应对制度压力和利用政府相关优势的资源能力各不相同，因此，成功实现"走出去"的能力也不同。政府对新兴市场跨国公司对外直接投资的影响取决于企业自身的营销和人力资源。对外直接投资差异不仅是制度环境和政府干预的结果，也是企业能够应对同构压力并利用这些优势的结果，这在一定程度上验证了学者们的结论。随着营销资源的不断累积，国有企业更可能进行对外直接投资，因此政府更愿意支持拥有营销资源的国有企业开展对外直接投资。此外，高管国际经验能够推动企业快速国际扩张。

4. 稳健性检验

本节进行了以下稳健性检验：①借鉴方宏（2018）的做法，本节将被解释变量调整为基于深度的对外直接投资速度（Ids），定义为对外直接投资项目数量与企业海外投资年限的比值；②由于 2008 年金融危机对世界经济造成重大影响，本节选择金融危机后的 2009～2016 年观测值重新进行回归分析。经过上述稳健性检验后，结果基本一致。表 7-3 模型 1~7 再次验证了我们的假设。

五、本节小结

本节主要研究结论有以下四点：

第一，国有股份比例对企业对外直接投资扩张速度有显著负向影响。国有企业的对外直接投资被视为遵循政府的指令。为了保持国内经济的快速增长，政府鼓励企业参与国际竞争。"走出去"和"一带一路"倡议的提出激发了国有企业对外投资的热情。受益于具有高风险承受能力的政府控制资源，国有企业开展了一系列国际活动。尽管如此，我们的研究表明，虽然政府鼓励企业对外直接投资，国有企业享受了一些政府支持资源，但国有企业的对外直接投资扩张进展仍然缓慢。这种缓慢的扩张与各种制度约束理论预测一致。国有股份比例可能有利于企业在国内市场的发展，但国内获取的资源和政府支持可能无法克服国有企业在海外市场上缺乏合法性和效率低下的问题，这意味着国有股份比例可能并非总是有利于迅速的国际扩张。因此，鼓励地区民营企业参加"一带一路"合作是一种有益的策略。

第二，地区非国有经济发展正向调节国有股份比例与对外直接投资扩张速度之间的关系。本节的研究表明，当国有企业遵循市场逻辑制定战略，国有股份比例可以成为经济增长的有效途径。在非国有经济较为发达的省份，国有企业的行为可能更加市场化。国有企业可以通过模仿私营企业，采取市场导向的做法，迅速扩张海外市场，获得全球竞争力。因此，政策制定者应鼓励和支持民营企业的发展。

第三，行业竞争程度正向调节国有股份比例与对外直接投资扩张速度之间的关系。在竞争激烈的行业内，国有企业更有动力实施"走出去"战略，提升全球竞争力。如果某个行业的政策对民营企业更加开放，鉴于在母国拥有的特定优势，国有企业更有可能会发展成为行业内的领军企业。如果能够适应全球化的市场机制，在自有资源和政府支持条件下，国有企业可在国际市场迅速扩张。

第四，营销资源和人力资本正向调节国有股份比例与对外直接投资扩张速度之间的关系。企业内部资源在企业对外直接投资中的作用不可忽视。政府对企业对外直接投资决策的影响取决于企业自身的资源。营销资源鼓励企业对外直接投资，帮助企业获取外国客户的消费偏好并在海外市场销售产品。海外市场知识丰富的高管更容易理解东道国文化以及法律法规，更有可能鼓励企业把握政府提供的市场机会从而加快海外扩张。这也就意味着，在营销和人力资源丰富的企业，国有股份比例程度越强，企业越有可能加快对外直接投资扩张。

第二节　海外投资多国性分布与下行风险：期权组合特点与组织因素的权变角色

一、引言

跨国企业的一个重要特点是它们在多个国家投资以及在不同的异质性环境中经营子公司。根据实物期权理论，国际经营网络为跨国公司提供了转换期权组合（Kogut，1989），这给予了企业一项权利而不是义务，使之能够在其处于不同国家中的子公司之间转移经营活动，以应对环境进化中发生的变化。理论研究表明，在这些期权为企业提供可利用的有价值的转换机会的意义上，实物期权应该提升企业的经营灵活性并且降低其下行风险（即绩效处于某一目标之下）。然而，有关转换期权的价值和跨国企业经营灵活性的实证研究却产生了混合的结果。比如，跨国企业为了应对要素成本的变动，确实会转移采购、生产和其他活动，尽管这些转变在程度上可能相对较弱。国际化投资也能降低跨国企业遭遇外汇汇率波动的风险，但程度更高的多国性分布并不一定导致更低的下行风险。

战略的期权方法的显著特点是投资于那些能"遏制下行风险"的项目，我们的研究聚焦于国际投资对于下行风险的意义。尤其是，我们认为之前研究的混合结果需要更严密地检验跨国企业中实物期权理论的边界条件，需要包括那些能够促进或阻碍企业执行实物期权的更加明确的组织权变因素。第一，我们的研究检验在东道国环境中，企业海外子公司组合的特点如何影响多国性分布和下行风险之间的关系。研究表明，如果期权的特点相互关联，组合内的多重期权可能会负向相互作用。在这种情况下，组合中的期权被认为是不可叠加的，并且期权组合的价值也比各个期权价值的总和要小。我们论证在多国转换期权的情境中，不可叠加性可能来自东道国经济条件，比如劳动力成本变化之间的相关性。这种相关性降低了在不同国家之间转换期权的灵活性所带来的好处，并因此削弱了多国性分布对下行风险的负向影响。本节研究聚焦于不可叠加性对企业绩效产出的意义，之前的实物期权研究表明期权组合中的不可叠加性影响企业诸如市场进入或退出（McGrath and Nerkar，2004）这样的战略决策，我们的研究是对这些实物期权研究的补充。第二，我们探讨跨国企业海外子公司组合中的组织特点如何影响多国性分布与下行风险之间的关系。我们认为更高的股权份额和对子公司进行人员外派使企业拥有了更高的控制权并且能在跨国经营中进行系统范围内的协调，因此强化了多国性分布对下行风险的负向影响。我们进一步表明对于那些在子公司组合中拥有最大潜在转换机会的企业（即在劳动力成本相关性低的国家中经营的企业）而言，这些调节作用更强（低不可叠加性）。我们的理论论点与科格特和库拉蒂拉卡（1994）最初的开创性论点一致，即转换期权为经营灵活性提供了可能性。为了协调子公司之间的跨国界活动以获得来自灵活性的好处，企业必须拥有这种"组织手段"。尽管在文献中组织因素的重要性已在很大程度上得到承认，但几乎没有研究从实证上来检验这些因素，据我们统计，在实物期权的过往研究中尚未以整合的方式检验组织特点和外部条件的联合与交互效应。

二、假设的提出

1. 海外投资期权组合中的不可叠加性

进行多重投资项目的企业可被视为拥有一个实物期权组合。然而，由于期权之间的相互作用，导致组合中的各个期权的价值可能具有不可叠加性，即期权的组合价值可能小于这些期权相互独立时的价值之和。经济学家已经在相互关联的成本函数环境中发展了不可叠加性的概念，并且提出了组织实务的最优设计（Milgrom and Roberts，1990）。利用他们的表示方法，在一个期权组合中，A 和 B 这两个期权之间的不可叠加性可以表示为 $V(A, B) < V(A) + V(B)$，在这里，$V(A, B)$ 表示期权组合的价值，$V(A)$ 与 $V(B)$ 分别表示期权 A 和期权 B 的价值。以上的期权数量可以延伸至多个。

长期以来，实物期权研究者认识到了期权组合中各个期权之间价值上的不可叠加性是由多重投资当中的冗余性和重叠性造成的。比如，在评估项目的期权集合时，由于项目之间的相互依赖，就需要考虑潜在的项目之间的交互效应（Trigeorgis，1996）。迈克·格拉斯（McGrath，1997）表明企业定位投资的技术组合中的多种期权之间可能相互影响，导致不可叠加性并且降低了期权组合作为一个整体的价值。也有研究从实证上检验了期权组合中的不可叠加性如何影响企业的战略决策。瓦索洛等（Vassolo et al.，2004）证明了在一个企业的期权组合中表现为一个联盟的技术重点与另一个联盟的技术重点之间高相关性的不可叠加性会提高联盟被撤资的可能性。迈克·格拉斯和内卡（McGrath and Nerkar, 2004）发现在企业以前获得过期权的技术领域中，企业不太可能去除额外的期权（比如专利），这与一个组合中期权可能不可叠加的概念不一致。

期权不可叠加的思想也适用于在多个国家经营制造子公司的跨国企业，这些国家为之提供了制造活动的转换期权。这种不可叠加性是跨国企业在其中经营的国家的外部环境中，经济条件的潜在相关性的函数。比如，科格特和库拉蒂拉卡（1994）的分析模型表明，随着两个东道国中由汇率和其他因素决定的要素输入成本的相关性提高，在这些国家中的子公司之间的转换期权的价值下降。换言之，随着企业在一个国家中的经营的转换期权价值与企业在另一个国家中经营的转换期权价值的重叠，在这两个国家中维持企业活动的期权价值就变得不可叠加。总体而言，企业高管期望这些国家中的经济和其他条件相关性越高，跨国企业期权组合中的期权越是不可叠加；相反，这些相关性越低，企业的期权组合越可能经历更少的不可叠加性。这些思想与最初的分析模型研究结果一致，即多个东道国中生产成本波动的相关性会降低这些国家之间转移活动的价值并且影响企业的风险和利润水平。

跨国企业期权组合中不可叠加性的概念不同于那种"随着多国性分布的提高，边际收益降低"的概念。不可叠加性专注于一个企业期权组合中期权（它们的特点）之间的相关性（Belderbos and Zou, 2009），而不是专注于企业期权组合中权的数量。在我们的研究背景中，不可叠加性专注于企业在其中经营子公司的东道国的特点，而不是专注于企业在其中拥有生产经营业务的国家的纯粹数量。比如，一个企业在两个东道国经营子公司，如果这两个东道国的特点（比如劳动力成本变动）高度相关，那么这个企业将经受高的不可叠加性，然而过往研究发现，对于只包含两个国家的多国性分布来说，多国性分布的边际收益递减通常并没有发生。

现有研究强调对跨国经营中的不可叠加性进行研究的重要性。比如，贝尔德博斯和邹（Belderbos and Zou, 2009）发现，当一个子公司在跨国企业的子公司组合中具有更高的不可叠加性时（例如，当这个子公司东道国的经济条件与母公司在其中经营子公司的其他国家的经济条件高度相关时），它更可能被撤资。我们提出，不可叠加性不仅影响跨国企业像撤资决策这样的战略选择，并且也会通过改变多国性分布对下行风险的影响而对跨国企业的绩效结果产生影响。特别是，从跨国企业的期权组合中各个期权之间存在不可叠加性的意义上来说，这将会降低经营灵活性所带来的益处，因为这时跨国企业转换生产和其他活动的有价值的机会更少。不可叠加性程度越高，投资于多个国家对在多个国家转移企业活动的灵活性价值的贡献越小（Kogut and Kulatilaka, 1994），并且这样的投资对于降低下行风险的贡献也越小。

一直以来，研究者对跨国经营中的不可叠加性的一个重要来源给予了最多的关注，即跨国企业在其中经营子公司的东道国之间劳动力成本波动的相关性（Kogut and Kulatilaka，1994）。尤其是对于制造业企业来说，劳动力成本波动是国际制造成本波动的关键因素，也是海外投资决策的主要驱动因素（Belderbos and Zou，2009）。这一逻辑遵循之前实物期权关于跨国企业工厂布局和经营灵活性的研究，追求最小化生产成本是其主要目标之一（Kogut and Kulatilaka，1994）。考虑到在影响期权组合价值时不可叠加性的角色，我们提出：对于那些在东道国劳动力成本方面经历更高相关性的跨国企业，与经历更低劳动力成本相关性的跨国企业相比，可由实物期权理论预测的多国性分布对下行风险的影响更弱。

假设7-6：对于在劳动力成本相关性相对低的东道国中经营的跨国企业来说，多国性分布对下行风险的负向影响更强。

2. 子公司组合的组织

跨国企业国际经营中像劳动力成本波动这样的异质性经济条件为企业提供了更有价值的转换机会，并使企业从经营灵活性中获益提供了更大的潜力。然而，这种灵活性是否得到了实现，下行风险是否得到了降低，这取决于企业控制与协调发生在地理上分散的子公司之间转移跨国界活动的能力。长久以来，研究强调，在管理跨国企业中的转换期权的组合时，我们需要关注组织和协调问题。这一点已在科格特（1989）的开创性研究中得到了清楚的说明："拥有实施灵活性的潜力绝不意味着拥有了成功实施它的管理系统。"在促进或阻碍实物期权的执行并因此影响跨国企业的灵活性时，组织形式和管理系统起着至关重要的作用。

学者呼吁要对实物期权的组织方面给予更多的关注。与这种呼吁一致，我们检验了跨国企业可能组织其海外子公司以获得灵活性和降低风险的几种方式。跨国企业海外子公司的所有权结构可能是影响其控制和协调转换生产及其他活动的一个重要因素，因为所有权影响跨国企业在整个国际经营中激励与控制权的分布。所有权结构可能影响海外子公司中的激励一致性以及可能会影响跨国企业追求系统范围内的经营灵活性的观点可以追溯到斯托普福德和韦尔斯（Stopford and Wells，1972）关于跨国企业的开拓性研究。斯托普福德和韦尔斯分析了子公司所有权环境下服务于子公司还是服务于系统目标之间的冲突问题，他们表明在当地伙伴占有更多股权和对子公司有更多控制权时，伙伴之间的冲突更可能增加，并且企业可能因此失去灵活性（Kogut，1989）。伙伴企业之间通常在目标、价值观、惯例以及文化背景方面存在差异，这些差异可能导致这些伙伴企业在子公司的战略决策和经营实务方面产生更大的冲突。实物期权研究文献表明，这种冲突抑制了企业实施期权以协调跨国活动的系统目标并且"阻碍了经营灵活性"（Kogut and Kulatilaka，1994）。

所有权结构也会决定企业对其海外子公司实施控制和协调跨国界经营的能力。要获得经营灵活性，控制和协调是重要的，因为要想将生产调整到最优状态以对东道国的环境条件做出反应，企业需要将其子公司作为一个整体经营网络来进行管理（Kogut and Kulatilaka，1994）。的确，科格特和库拉蒂拉卡（1994）论证了有效控制与协调的缺乏通常是许多跨国企业不能从嵌入在其国际化经营中的灵活性获益的原因。然而，当企业在海外子公司中的股权更小时，经营灵活性所需的这种控制与协调就更难以被获得。事实上，在这种情况中，更多的控制权掌握在东道国的合作伙伴手中，他们的目标更可能具有国家专有性，而不是与跨国企业的整体利益相一致。与早期伙伴之间激励与冲突的论点相结合，专注于控制与协调的推理路线表明，在子公司中拥有更多股权份额的企业能够更好地利用、转换机会。利用实物期权的术语就是，激励一致性的提高、卓越的控制与协调应该使企业更容易评估和实施转换期权，最终导致更低的下行风险。因此，我们认为企业在其海外子公司中的股权份额将会强化多国性分布对下行风险的负向影响。

假设7-7a：跨国企业在其海外子公司中的股权份额越高，多国性分布对下行风险的负向影响越强。

一般而言，上述命题表明了跨国企业在其子公司中的股权份额对于多国性分布与下行风险之间关系的调节作用。在假设7-6中强调的不可叠加性的角色将进一步表明这种调节效应在那些在东道国中面临不同经济条件的跨国企业之间也发生改变。尤其是，当企业东道国的环境，比如劳动力成本更具异质性，为企业提供了更大的灵活性潜力时，我们期望更大的股权份额对于促进处于分散状态的子公司之间的协调与执行转换期权来说更重要。相比之下，当劳动力成本更具同质性和关联性时，转换活动的范围就更小，协调子公司的管理和组织需求也更低，这意味着股权份额的调节作用可能更不显著。因此：

假设7-7b：对于在劳动力成本的相关性更低的东道国中经营的企业来说，股权份额对于假设7-7a中描述的多国性分布和下行风险之间的关系的调节效应更强。

可能影响跨国企业对海外子公司进行控制和协调的另一个重要因素是其人力资源管理政策，尤其是我们认为企业向海外子公司派驻人员会影响多国性分布与下行风险之间的关系。跨国企业常常向海外派驻人员以对子公司与总部及子公司之间的活动进行控制和协调，向海外派驻人员有助于保证子公司被管理的方式与母公司的全球利益保持一致以提高系统范围内的协调性。比如，通过直接监督子公司的经营，外派经理们有助于降低子公司与总部之间目标的不一致性和信息的不对称性。为了获得这些益处，某些国家的跨国企业，比如日本的跨国企业，常常让海外派驻人员在他们的海外子公司中担任高级管理职位。

我们论证，通过向海外派驻人员以加强母公司对海外子公司的控制与协调，能够提升企业执行嵌入在跨国经营中的转换期权的能力，这有助于灵活性的增加和风险的降低。我们的观点与过往将实物期权理论用于跨国企业的研究时强调管理系统和内部结构的重要性的研究具有一致性。比如，科格特（1989）认为为了从经营灵活性中获益，跨国企业的人力资源管理系统是一种重要的组织资源，这种组织资源有助于企业协调分散在不同地域的子公司中的活动。科格特和库拉蒂拉卡（1994）也强调跨国企业的管理控制系统和企业报告程序必须能够支持跨国经营的网络结构，并且外派人员的使用和人力资源管理政策有助于达到这一目标。企业海外子公司中的命令传承这样的弱控制系统可能提高了子公司经理在当地的权利，但偏离了企业的利益并且降低了整体灵活性。一般地说，实物期权研究者强调，企业需要遵循最优政策（optimal policies）来执行实物期权并从其投资中获益，这时拥有合适的管理系统与控制程序是至关重要的（Trigeorgis，1996）。考虑到企业海外人员派驻政策在协调跨国企业经营中的作用，本节提出下面的命题：

假设 7 - 8a：跨国企业向其海外子公司组合中派驻人员越多，多国性分布对下行风险的负向影响越强。

我们进一步提出，当跨国企业在具有异质性劳动力成本的东道国中经营时，外派人员的控制和协调作用可能更加重要。由于在企业期权组合中更低的不可叠加性（如前所述），这种跨国经营不仅有更具价值的转换期权，而且也可能对企业在国际上协调活动与转移资源提出更大的挑战。因此，在劳动力成本相关性低的条件下，向海外派驻人员应该有助于企业更好地执行有价值的转换期权并且在更大程度上降低下行风险。这一设想正式表述为：

假设 7 - 8b：对于在劳动力成本的相关性相对低的东道国中经营的企业来说，海外人员派驻对假设 7 - 8a 中表述的多国性分布与下方风险之间的负向关系的调节作用更强。

三、本节小结

根据来自海外投资多国性分布与下行风险的研究，对中国民营企业参与"一带一路"国际产能战略投资有以下几点具体启示：

第一，中国民营企业"一带一路"国际产能战略投资中应该考虑到企业在其外国子公司中的股权和外派人员分配政策。研究表明，跨国公司在其外国子公司中的股权和外派人员分配政策加强了跨国性对下行风险的负面影响，并且这些组织政策对于在劳动力成本相关性相对较低的东道国运营的公司更为显著。如果跨国公司在其外国子公司中的股权较小，会增加增长期权的价值，但需要平衡其在实施转换期权和降低下行风险方面的价值降低。

第二，中国民营企业在进行"一带一路"国际产能战略投资时，不仅要关注东道国环境因素，也要考虑内部组织因素。研究表明，跨国投资下行风险和东道国劳动力成本相关性的作用、组织因素的作用以及两者之间的交互作用有关。

第三，中国民营企业"一带一路"国际产能战略投资要考虑同时在多个国家投资对下行风险的非线性影响。亚洲国家的制度环境往往更加异质，而美国公司的海外投资历史上主要集中在欧洲等发达国家，这些国家的制度环境相对更加同质。因此，多国性组合投资因素也是中国民营企业"一带一路"国际产能战略投资中需要重点考虑的。

综上，海外投资多国性分布与下行风险的研究为企业跨国投资提供了期权组合特点与组织因素的权变视角，也为中国民营企业"一带一路"国际产能战略投资提供了值得借鉴的经验启示。

第三节　实物期权与国外进入时机决策

一、引言

实物期权普遍存在于跨国企业的国际化进程中。在企业国际化战略中我们观察和注意到最多的是延迟期权（deferral option）、增长期权（growth option）和转换期权（switching option）（Trigeorgis and Reuer，2017）。延迟期权和增长期权是两种处于彼此竞争状态的实物期权形式。当在东道国面临不确定性时，企业可以选择等待不确定性水平的消退（deferral option），或者在保持最初投资水平的情况下立即进入，以获得未来增长潜力（growth option）。究竟哪一种期权形式会处于占优状态取决于诸多因素，比如竞争状态、项目及其他资源投入的不可逆性等。转换期权可描述为一种允许跨国企业在一个或多个东道国中面临不利冲击时重新对生产网络进行布局以遏制下行风险的能力。最近的四十年见证了实物期权作为一种新兴的理论在企业国际化战略研究中的应用。正如已有研究（Kogut，1989）表明，如果一个公司能够有效地创造和管理期权，那么它就能在保持其升值潜力（upside potential）的同时遏制下行风险。这些预测到的好处对跨国企业的战略决策（比如海外进入时机选择）具有很强的意义。然而，据我们所知，较少研究考察过这些期权形式，尤其是关于转换期权如何以及在什么条件下影响跨国企业的海外进入时机选择决策的问题。

自从迈尔斯（1977）首次提出实物期权的概念以及科格特（1983）首次将之用于国际战略以来，实物期权理论已经取得了实质性的发展。然而，相对于理论发展，实证研究却相对滞后。根据研究对象，实物期权研究可以划分为多国性分布（multinationality）与经营灵活性（operational flexibility）、市场进入模式（entry mode）以及最优海外市场进入时机（entry timing）等方面的研究；与前两个研究对象相比，最优市场进入时机受到的关注最少，而且主要集中于企业聚类和模仿、竞争性互动、企业属性（比如经验）、无形和可转移资产、产业成长以及政治风险等方面。但在产业水平和国家水平等总体水平上检验进入时机无法明确企业经理们在战略上如何根据未解决的不确定性采取行动。考虑到跨国企业因可以拥有在不同国家间的转换期权而获益，而在这些国家中要素输入成本是不同的。如果在跨国企业的多国性分布组合中增加一个国家，能通过减少分布组合中要素输入市场，尤其是劳动力市场之间的相关性，那么这个东道国将会对跨国企业具有更大的吸引力。因此亟待在企业层面揭示企业海外进入的时机选择机理。

在本章中，主要探讨跨国企业的进入时机决策如何与体现在国际化战略中的主要实物期权，即延迟期权、增长期权和转换期权发生相互作用。特别关注已有研究忽略的转换期权和影响它的权变因素。主要解答国际商务管理研究者努力解决的两个重要问题，即进入哪个国家和怎样进入。

第一，我们讨论经营灵活性的提高和需求不确定性如何影响企业进入东道国的决策。与只在国内经营不同的是，人们普遍认为跨国企业享有很大的经营灵活性。然而，如果要素市场网络以高相关性（不可叠加性）为特点，那么这种益处将受到很大的制约。因此，当企业意欲进入一个新的国家时，将不可避免地要考虑潜在的不可叠加性的减少。此外，我们关注需求不确定性对进入一个新东道国的倾向的影响。与在不同环境中以及使用不同方法的研究一致，这种影响也被证明呈"U"型。

第二，我们进一步探讨了经营灵活性提高的边界条件。我们分析了经营灵活性的提高带来的正向影响被跨越国界的产品多样化负向调节。很明显，如果企业的产品范围高度分散，那么转换机会将被显著减少，这降低了经营灵活性的提高对进入可能性的影响。我们进一步认为，由于转换期权的"交易成本"，由东道国年 GDP 增长率带来的增长潜力会正向调节经营灵活性的提高带来的影响。

接下来，将对上述关系做简要陈述，并提出本节研究相关命题。

二、理论与假设

通常意义上，不确定性是风险的同义词。风险应该被规避，或者被分散。跨国公司（MNCs）通过在外国产品和要素市场上的经营为降低其收益流的不稳定性提供了独特的工具。在实物期权理论出现在国际战略中之前，国际多元化战略的这种思维方式一直占有主流地位。在国际商务研究方面，实物期权提供了一种创新性的方法并且为我们提供了关于不确定性的新理解。这两个研究流派最显著的区别是，国际多元化战略强调"最小化期望收益的风险"，即通过平衡异质性风险，压缩可能结果的分布，而实物期权理论强调通过创造转换期权并在正确的时间实施期权来遏制下行损失。正如科格特和库拉蒂拉卡（1994）强调的那样，多元化的益处是由子公司结果的综合组合的变异的减少所致。

另外，一种实物期权之所以拥有价值是因为它给了管理者对于不确定性事件的实现进行有利回应的自由裁量权。在异质性的环境中，跨国企业面对的不确定性使企业可以接触到有利或不利条件。跨国公司可以通过创造期权来利用不确定性，而不是被动地遭受不确定性带来的损害。通过以序贯方式采取战略行动，MNCs 可以遏制下跌损失并且提升升值潜力。自从迈尔斯（1977）提出实物期权的概念以来，实物期权理论已经获得了长足的发展，这极大地丰富了我们对于不确定性情境下跨国公司行为的理解。中国民营企业参与"一带一路"国际产能合作与跨国经营，赋予企业一系列增长期权和转化期权，有助于企业在不确定环境中提高经营弹性和决策柔性，从而降低业绩下行风险并提高业绩上行潜力。但相关研究相对较少。

一般来说，有三种形式的期权与海外进入决策相关。增长期权与延迟期权是两种彼此竞争（相互替代）的期权。依赖于东道国的不确定性水平，MNCs 可能采取进入或推迟进入的策略，这已在几项研究（Folta and O'Brien，2004；Fisch，2008；Chi et al.，2019；Belderbos et al.，2020）中经过了实证检验。然而，转换期权，这一嵌入在海外进入中的重要期权却在很大程度上被忽略了。当一个企业进入一个新的国家并创造了一项转换期权时，这个企业就可以在它扩大后的附属机构组合中调整价值链，以对要素输入市场尤其是劳动力市场上的不利冲击做出反应，从而吸收掉这种冲击。这种伴随着国际扩张的益处应该会对进入时机的选择有影响。特别是，如果在投资组合中进入一个新的国家能提升经营灵活性，那么这个被考虑的国家就更可能被进入。这种期权导向的影响到目前为止还没有在实证上被检验过。在本研究中，我们将探讨其对进入时机决策的影响以及它的边界。

1. 不可叠加性的下降

科格特（1985；1989）强调，与国内企业相比，MNCs 通过在不同的国家之间创造转换期权而享有高度的经营灵活性。通过转移生产活动以对环境条件做出回应，MNCs 能够实现对下行风险的遏制和提升生产效率。只要要素输入成本，尤其是劳动力成本出乎意料地升高，MNCs 就可以在不同的国家之间转换生产以降低下行风险。之前的学者发现，不利的汇率和劳动力成本变动缺失会触发跨国企业对它们的生产和销售网络进行重新布局（Belderbos and Zou，2009）。而理论的发展表明转换期权有助于降低下行风险，但实证上的发现却没有肯定的答案。不同东道国要素市场的平行活动会显著降低期权价值，因此也降低了经营的灵活性的好处，这会在技术上成为不可叠加性（Kogut and Kulatilaka，1994；Song，2022）。由于要素市场尤其是劳动力市场的相关性，这种类型的不可叠加性在跨国企业投资组合中的普遍性程度是不同的。因此，为了充分利用体现在生产网络中的转换期权的好处，跨国企业有更大动机进入能够降低扩大后的组合中劳动力成本相关性的国家。比如，如果被考虑的东道国的劳动力市场平均水平与当前组合中的每一个国家的相关性低于当前组合中国家之间的平均相关性，那么进入这个国家就可以降低当前组合的下方风险。换句话说，这会提高可叠加性，并提升经营灵活性。结果，MNCs 更可能进入这个国家。正式的表述为：

假设 7-9：如果一个即将进入的东道国的劳动力成本与目前国外子公司组合中的劳动力成本的相关性越低，MNCs 更可能进入这个国家（不可叠加性降低）。

2. 需求的不确定性

实物期权相关的文献表明在进入时机选择方面，延迟期权与增长期权处于一种竞争状态（Fisch，2008；Chi et al.，2019）。在现实中，当存在不确定性时，推迟投资与立刻进行投资之间普遍存在紧张关系。一方面，推迟投资，即延迟期权可以在环境呈现不确定性时避免由于投资不可逆性造成的可能损失，无论可能的现金流的机会成本怎样；另一方面，通常具有与立即进入（增长期权）联系在一起的先动优势，与推迟进入相比，企业可以获得更大的市场份额与更高的利润。究竟哪种形式的期权处于占优状态取决于外生于投资者的环境不确定性。正如我们所知，延迟期权的价值随着不确定性单调递增，但不会超过进入一个行业、一个技术领域等所要求的总成本的价值。相比之下，创造一项增长期权的可能损失仅限于最初的投资规模。但增长期权的价值没有上界，这意味着收益的非对称分布。当不确定性水平低时，延迟期权占优。随着不确定性的增长，升值机会比延迟期权价值增长得更快。因此，增长期权就比延迟期权更重要。一些学者注意到这两种嵌入在进入决策中的相互竞争的期权并且尝试调和它们。然而，所有这些研究都带有方法偏误的特点。他们没有考虑随时间而变化的解释变量，也没能得到对于进入时机的有效估计；他们可能基于各种不同的总体水平对总的进入数量进行检验，而没能控制企业层次在诸如产业层面（Campa，1993）或国家层面（Fisch，2008）的前因。所有这些偏误都从相互冲突的结果中得到了反映，比如，负相关（Campa，1993）和"U"型（Fisch，2008）。考虑到上述方法和样本问题，我们尝试通过运用事件分析方法来检验不确定性对于海外进入决策的"U"型影响。我们期望，跨国企业在一个新东道国建立第一个制造设施时，由于更高的不确定性和沉没成本，这种"U"型关系应该是显著的。这一假设正式表述如下：

假设7-10：MNCs进入一个新东道国的概率与东道国需求的不确定性呈"U"型关系。

3. 可叠加性增长的调节效应

（1）产品多元化。制造子公司组合中转换期权的实施要求在这些子公司之间重新布置生产时要相对容易。这就要求专有性资产、机器与技术具有相似性。如果不同子公司生产不同的产品，有效转换的机会会被降低。MNCs在进入时机决策中较少考虑转换期权。因此我们期望，产品跨国界分散度低时，假设7-9会更显著，正式表述如下：

假设7-11：不可叠加性（即高相关性）的降低对进入一个东道国的正向影响被MNCs的制造子公司组合中的产品多样化程度负向调节。

（2）市场潜力。保持转换期权需要大量的源于闲置生产能力的成本。除非灵活性的提高带来的潜在收益能够补偿转换期权带来的搬迁成本，否则一个企业不会选择进入。如果东道国的经济前景黯淡，那么较低的获利前景也会阻止企业进入，即使从经营灵活性的角度来看进入是合理的。相反，给定东道国的有利环境，如果子公司的经营本身可能是有利可图的，那么转换期权带来的搬迁成本会被降低。结果，一个企业对降低的相关性的反应在很大程度上依赖于东道国的市场潜力，这可能对子公司的获利性具有明确的影响。

假设7-12：转换期权可叠加性的增长对进入一个东道国的概率的正向影响受到东道国市场潜力的正向调节。

第八章

世界部分经济体企业对外投资
与国际产业合作的模式比较研究

虽然到目前为止，前几章节内容已经深入讨论了中国民营企业参与"一带一路"国际产能合作动因、商业模式选择、东道国区位选择、海外进入过程因素影响等一系列问题，但在全球视角下，我们需要采纳开放的思维来识别中国民营企业参与"一带一路"国际产能合作的共性与个性。因此有必要针对世界部分经济体企业对外投资与国际产业合作模式进行总览性分析。本章首先对美国、日本、德国、韩国、印度五个国家的企业国际产业合作典型模式进行了阐释和比较。其次，在不同模式分析基础上，我们进一步从国际化速度、竞争优势、政治能力、扩张途径、进入模式、组织适应能力等方面对不同经济体企业国际产业合作模式异质性展开探讨。最后，探讨了增量战略和环境不确定性如何相互作用以产生在企业跨国投资中的增长期权价值的议题，发现跨国投资和增长期权价值之间的正向关系主要适用于在市场不确定性高的东道国投资的公司，为解答中国民营企业参与"一带一路"国际产能合作的特异性提供思路。

第一节　世界部分经济体企业国际产业合作的典型模式比较

一、美国马歇尔计划

美国仍然是当今世界的经济霸主，但由于经济周期性，历史上曾多次面临产能过剩的问题，其通过"马歇尔计划"顺利化解"二战"之后的产能过剩问题（王新谦，2012）。美国通过捐赠、贷款、有条件补贴等形式对欧洲国家进行经济援助，在促进被援助国家经济恢复的同时，也进一步推动了美国工业经济和贸易的发展。在国家战略上，美国通过"马歇尔计划"强力实施对外投资战略和推动企业对外投资，成功地控制了西欧以及西欧的殖民国家的政治和经济，完成美国确立全球经济领导权和成为资本主义世界头号经济大国的梦想。在政府扶持方面，美国政府设立经济合作署，将其作为欧洲复兴计划的主管机构，负责欧洲复兴计划的运作和实施。同时美国政府成立了驻欧洲特别代表办事处，并委派一人担任驻欧洲特别代表，统筹管理欧洲事务：一是评估美国在该国援助物资的数额；二是具体研究该地区的金融贸易等政策及其实施情况。此外，美国在"马歇尔计划"期间首创海外投资保证制度，奖励、促进和保护私人海外投资的安全与利益，美国政府设立国际开发署接管投资保证业务，与发展中国家和地区签订投资保证协定，而后设立海外私人部门投资公司，主管美国私人海外投资保证和保险。同时，美国政府早在20世纪初就开始对私人对外直接投资实行纳税优惠政策，支持和鼓励美国私人海外直接投资。技术援助计划由经济合作总署主导，资助欧洲的技术人员和企业家参观访问美国的厂矿企业，以使他们能够将美国的先进经验和制度应用于本国。在法律保障上，美国制定了许多旨在保护美国私人对外直接投资利益的法律，其中重要的有《美英贸易和金融协定》《经济合作法》《对外援助法》《肯希卢伯修正案》及1974年贸易法中的限制条款。此外，美国还广泛利用它所发起和参与的国际组织为本国海外私人部门投资服务。

在"马歇尔计划"实行阶段，美国的大公司开始了大规模的跨国投资活动。在欧洲市场的复苏以及整合下，大量美国公司被吸引到欧洲。由于这些公司有更先进的技术水平，能够提供更好的薪水和工作环境，并逐步占领了欧洲市场，这促进了美国跨国企业的形成，控制了大量的海外分支机构。跨国公司的发展标志着美国经济势力的扩张，加强了美国对世界经济的影响。

"马歇尔计划"专门设立对应基金，用于向私人企业贷款。杜鲁门政府组织了三个非政府组织——克鲁格委员会、诺斯委员会、哈里曼委员会去调查美国援助以及欧洲一体化对美国的影响。金融机构方面，由美国进出口银行负责办理企业对外直接投资的贷款，包括开发资源贷款、对外私人部门直接投资贷款和出口信贷等。

自从中国提出共建"一带一路"倡议以来，美国官方对"一带一路"的经济意义给予部分肯定，例如，美国的"新丝绸之路"与中国的"丝绸之路经济带"可以进行合作，恢复大中亚地区历史上作为全球贸易、思想与文化的重要枢纽作用。但美国少数政客依然视中国为最主要竞争对手和最大地缘政治挑战。在共建"一带一路"逐步推进的情况下，美国也进一步意识到将战略重心转向亚太地区实施"再平衡"战略。美国会继续坚持在亚太地区加强同传统盟国的关系，建立新的伙伴关系，增加在制度性框架下对东盟的参与，保持战略主动性。

二、日本雁行模式

20世纪70年代以后，日本经济面临产品过剩、资本过剩、海外市场和资源供应问题，日本政府第一次提出要把对外直接投资提高到对外经济战略地位。由于受到发达国家的关税等限制，日本将市场目标转到拥有相对廉价的劳动力和原材料的东亚发展中国家，确立其在东亚经济集团的核心地位。日本是继美国之后世界上第二个创设海外投资保险制度的国家，为企业投资所在国遇到战争、社会动乱等非常风险提供投资保险服务，为海外合作伙伴破产造成的损失提供信用保险。税收优惠政策主要是海外投资亏损准备金制度，由政府和企业共同承担对外直接投资需要面临的风险并采取措施，在一定程度上刺激了企业对外直接投资的兴趣和动力。政府还专派大学教授、高级技术人员、法律顾问等组成的技术指导员为中小企业提供技术生产管理、经营诊断、质量管理等服务，并帮助从事海外业务的中小企业开展技术创新、争取国际认证等。为了保证日本企业的海外利益，日本政府与许多国家和地区签订双边投资保护协定，确保其最惠国待遇。

综合商社是日本特有的企业类型，以从事贸易批发为主，兼有多种经营，有许多具备规模大、经营产品多、活动范围广、功能多样特点的跨国公司。以汽车产业为例，在早期采取由主要汽车制造商与关联供应商联合，共同"走出去"的方式，实为基于核心企业配套的上下游的资源、技术、销售等环节的联合体"共同出海"的模式。日本企业特征之一是实行严格而灵活的科学管理制度，推行"年功序列工资制"和"终身雇佣制"，重视培养员工"以厂为家"的敬业精神，这种模式通过充分发挥人力资源的作用，帮助日本企业大幅度地提高了生产能力。此外，日本企业重视海外员工的技能培养，且得到政府大力支持。企业可委托海外技术者研修协会对其海外员工进行培训，对此政府可提供一定比例的补助金。企业组团赴海外调查时可享受"海外投资调查辅助制度"的政府资助。

日本成立了多个专门机构与发展援助结合促进本国企业对外直接投资。专门设立了国民生活金融公库、中小企业金融公库和商工组合中央公库3个主要面向中小企业的政策性金融机构；成立日本进出口银行，专为日本企业对外投资提供项目贷款，为金融企业提供联合贷款、贷款担保，对日本企业在境外从事带有公共性质的项目进行股权融资。专设服务于企业对外直接投资的中介机构：中小企业振兴事业团和日本贸易振兴会，还有一批中小企业团体为走出去的中小企业对外直接投资提供服务。

自中国提出共建"一带一路"倡议以来，日本从最初的消极观望、警惕质疑态度逐渐转变为称赞共建"一带一路"是连接东西方不同地区有潜力的构思，日本也愿意加入合作之中。2023 年 10 月在日本东京还举行了"一带一路"倡议十周年国际研讨会，日本政界、商界、学界，媒体界数百位来宾参加研讨会，并表达中日两国产业优势互补，在第三方市场开展合作等积极声音。①

三、德国企业国际产能合作模式

工业发达的欧洲国家同样出现过产能过剩的问题。以德国为例，1960 年德国的传统制造业及其相关产业开始出现产能过剩问题。德国在对国内产业进行优化升级的同时，十分注重国内产业"走出去"的发展态势，大力支持存在过剩产能行业的海外转移战略，鼓励国内企业进行海外投资，以化解国内产能过剩的问题。德国推行经济外交战略，积极发展同其他国家的经贸关系。德国政府在财政、税收、金融、外交等方面也制定了一系列大力支持企业对外直接投资的政策，还为企业在信息和技术服务方面提供资助。除了海外投资保险制度外，德国政府还向中小企业的信用担保银行提供贷款，德国经济合作部提供特殊专项贷款支持中小企业；新成立的企业和特殊项目还可获得政府的补贴贷款；在海外设立子公司和提高合资企业中德方的股份比例也可以申请政府的资金支持。德国对其海外投资的保护措施主要是通过与东道国签订双边投资保护协定和对企业提供海外投资担保来实施的，大部分是与发展中国家签订的，投资保护协定提高了对外直接投资的稳定性和可预见性。政府聘请专家和顾问为中小企业的经营提供咨询服务；政府牵头组成企业家考察团赴国外考察，承担海外投资可行性研究的部分费用。此外，德国金融监督管理局对德国的跨国公司，特别是银行和保险公司境外资本运作起着重要的监督和管理作用，并定期向联邦财政部提交报告，加强市场监管。

在德国，中小企业的数量已占德国企业总数的 98% 以上，其产品占德国产品 70% ~90% 的市场份额，已经成为国民经济的重要支柱。② 中小企业是德国劳动力就业的主渠道和财政收入的主要来源，也是企业技术创新、技术进步的重要生力军。隐形冠军是德国中小企业的特征之一。"隐形冠军"是指一些不知名却占有全球主要市场的中小型企业，其典型特点是高度专业化，向深度进军而非广

---

① 《总台记者看世界｜日本各界人士高度评价"一带一路"共建成果，期待共享更多发展机遇》，央广网，https：//baijiahao. baidu. com/s？id = 1780278127935425626&wfr = spider&for = pc，2023 年 1 月 20 日。

② 中华人民共和国驻德使馆数据，详见 http：//de. mofcom. gov. cn/sys/print. shtml？/ztdy/200506/20050600139781。

度扩展。隐形冠军企业在国外市场上建立自己的分支机构（一般是销售和服务机构），在销售方面开展国际化的营销。

德国金融体系十分庞大，大体分为德意志联邦银行、商业银行、储蓄银行、信用合作银行和专业银行五大类，在世界各地建立了4万多家分行和办事机构[1]，能集中大量游资进行各种经济活动，推动德国经济发展。德国促进国外投资的主要机构有德国复兴信贷银行，其作用是促进本国经济和发展中国家的经济发展，为德国中小企业到国外投资进行融资，也给德国在国外的大型项目，尤其是电力、通信、交通等基础设施提供贷款；德国开发公司提供金融与咨询服务；德国投资金融公司提供东道国的宏观经济状况、合作企业的背景信息、投资相关的法律法规等资料，大比例资助企业对外投资可行性分析和最终投资决策前的论证、帮助培训管理人员等；专业咨询公司专门设立中小企业境外投资咨询服务处，通过信函、电话、面谈等多种方式向中小企业提供咨询服务。

自中国提出共建"一带一路"倡议以来，德国联盟政府及民间多以开放合作态度肯定支持。中德因为共建"一带一路"在鲁尔区的杜伊斯堡建立欧亚物流贸易"枢纽"，截至2013年底，中欧班列（重庆）开行量突破1.5万列，运输货物从早期单一的IT产品拓展至智能终端、汽车整车及零部件、高端医疗药品及器械等上千种物资。[2] 如今杜伊斯堡的发展战略以数字化和物流为核心，与中国企业联系日益密切，中国园、中国节成了当地的名片。

四、韩国企业国际产能合作模式

由于出口贸易不断受阻，韩国不断通过扩大对外投资代替出口主导型经济发展战略。韩国政府通过补贴和奖励措施，积极扶持并促进大型企业集团与发达国家的跨国公司开展合作以获取先进技术。韩国海外投资审议委员会负责制定对外投资的有关政策、措施，统一掌管和协调对外投资业务，负责审批对外投资项目。为鼓励和支持企业对外投资，韩国政府实行税额扣除、减免制度以及对外直接投资损失准备金制度，同时特设境外投资保险制度，带有"国家保险"和"政府保险"的性质，且与政府间的双边投资保护协议密切联系。在法律方面，韩国制定和颁布了一系列有关海外投资的法律，规定海外投资应具备的条件、鼓励和禁止海外投资的行业、审批程序，以及海外投资应注意的事项等。并同许多

---

[1] 中华人民共和国驻德意志联邦共和国大使馆经济商务处，http：//de. mofcom. gov. cn/aarticle/ztdy/200905/20090506262811. html。

[2] 详见国家发展和改革委员会：《中欧班列发展报告》。

国家签订了《投资保护协定》和《防止双重课税协定》以防止各种经济摩擦，保障海外投资的安全。

韩国对外直接投资的一个突出特点是因产业集中而拥有多个颇具规模优势和技术经济实力的大型企业集团，作为重要参与者，它们通常是集贸易、实业、金融和信息于一体的多元化企业集团。韩国企业根据自身条件的差异，分为两种发展模式：大公司主要向欧（德国、法国、英国）美日和中国等国家和地区投资，主要目的在于开拓市场、开发技术和出口创汇；中小企业主要向东南亚、中东、独联体和东欧等国家投资，主要目的在于资源开发、市场开拓、技术转让和降低成本，增强产品在国际市场上的竞争力。形成大企业集团与中小企业的对外投资相辅相成的态势。

韩国进出口银行内设立海外投资信息中心，负责搜集各东道国的信息、提供对外投资咨询服务。除此之外，中小企业振兴公团内的"海外投资商谈中心"以及大韩贸易振兴公社、大韩商工会议所、韩国贸易协会等机构均设有提供海外投资信息及咨询服务的业务。

自中国提出共建"一带一路"倡议以来，中韩两国共同协商讨论在共建"一带一路"和粤港澳大湾区框架下的经贸合作问题，中方共建"一带一路"、粤港澳大湾区建设与韩方"新南方政策"等发展战略实现对接，香港高度自由开放的金融贸易体系在其中发挥重要桥梁作用，中韩共同开拓大湾区及东盟等市场，加强互联互通，深化务实合作。

五、印度企业国际产能合作模式

为了扩大在国际上的影响，印度政府推行了"援助外交"政策。除了向尼泊尔、不丹等国家提供经济援助外，印度政府还通过"科伦坡计划"和"英联邦特别援助计划"等国际援助机制，对亚洲和非洲地区的一些发展中国家提供经济技术援助，帮助这些国家修建学校、公路、机场等基础设施。长期以来，印度政府把海外合资企业作为扩大政治影响的重要手段，成立海外合资企业委员会负责批准、管理和审查一切有关海外合资企业的事宜，鼓励企业对外投资。印度政府对海外合资企业的所得税实行减免，对海外合资企业出口的机器设备给予现金补贴，与有关国家达成避免双重税收的协议，防止加重海外企业的纳税负担。信息支持方面，印度政府在外交部特设一名技术顾问，由对技术转让和促进国际经济合作具有丰富经验的科学家担任；同时在政府科学技术部设立一个专家小组，负责协调有关出口技术的工作；印度工商界也在全国设立一个专门机构为海外合资企业提供世界各国的商业信息。

印度的民营企业是海外投资的主体，私营企业如比拉、塔塔、辛哈尼亚等财团都积极建立海外分支机构。印度企业海外投资的根本动机就是获得先进技术、整合全球资源、提升企业的核心竞争力，试图以全球作为舞台进行战略布局。

印度咨询服务公司是中介机构的特色之一，其在英国、美国和中国等国家建立了咨询服务中心，提供许多新型的咨询服务。同时，印度国内咨询服务企业还受理海外咨询服务业务，如为万里之外的美国医生提供病人的病历，为美国公司收回贷款等。

中国正在大力推进"一带一路"建设，而印度正在加快实施"东进"战略。中国依靠其强大的制造业基础积极推进国际产能合作，而印度制造业相对滞后，正在实施"印度制造"。中国"一带一路"自首次提出至今已历时十年，在此期间，印度对该倡议的态度始终在变化中摇摆不定：从起初的怀疑到逐渐改善再到目前消极反对[①]。印度对"一带一路"倡议的担忧和反对，是基于对该倡议的误解和偏见。"一带一路"倡议并不针对任何第三方，也不影响任何第三方利益。

第二节　世界部分经济体企业对外直接投资与产业合作的相关影响因素比较分析

按照全球治理环境、国家背景、产业分工及其价值链、（民营）企业参与模式等维度分析，比较已有国际产能合作/产业合作相关的影响因素（见图 8-1）。

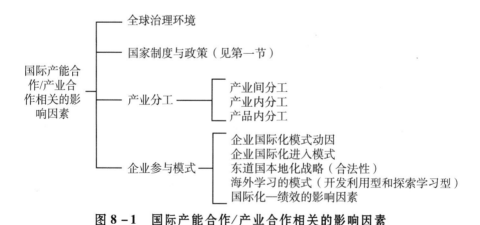

图 8-1　国际产能合作/产业合作相关的影响因素

---

① 《印度反对"一带一路"无效　中国不给莫迪机会》，中华网，https：//kan.china.com/article/2829668.html，2023 年 10 月 23 日。

一、全球治理环境维度

从现代历史上看，全球治理经历了四个发展阶段。第一阶段是 1945～1976 年，即从联合国与布雷顿森林体系诞生到七国集团（G7）成立。这一阶段尚不是严格意义的全球治理，而是国际治理，或可称其为"旧的全球治理"。第二阶段是 20 世纪 70 年代末中国改革开放到 2008 年全球"金融危机"爆发前夕。在此期间，全球化在中国实施改革开放、柏林墙倒塌、苏联解体等事件中加速，同时世界历史上前所未有的金融危机、发展危机和生态危机爆发。旧的全球治理无法应对发生深刻复杂变化的全球局势，20 世纪 90 年代开始，联合国改革特别是安理会改革被提上议事日程；亚洲金融危机爆发后，国际金融组织也启动了改革进程。第三阶段则是 2008～2020 年，这一次转型是在西方金融危机爆发的背景下，是在新兴经济体国家群体性崛起的浪潮中，是在以对抗和孤立为特征的传统大国关系向以合作与共赢为核心的新型大国关系演进的基础上实现的。第四阶段是自 2020 年起，习近平主席指出"为世界经济发展增添新动能，迫切需要我们加快数字经济发展，推动全球互联网治理体系向着更加公正合理的方向迈进"[①]。世界银行发布《2022 世界发展报告》指出，新冠大流行期间数字技术使得企业得以继续运营，政府继续提供服务，世界银行协助推进交通、金融、教育、卫生和农业在内许多部门的数字化转型，采用新兴技术并制定更好的数字法规和政策（World Bank, 2022）。新一轮工业革命将以智能化、网络化和数字化为核心特征全面拓展，数字技术、数字贸易、数字金融、数字政务等在丰富经济形态、优化资本配置、促进跨境协作的同时，也涉及属地管辖、本地化要求、数据安全、国家数据主权、隐私保护等多方面挑战，因此全球数据治理体系亟须适应时代发展，未来将本着多边主义、求同存异、多方共建的原则不断完善全球数字治理机制。

全球各国开展国际产业合作和产能合作所处的时代不同，其所面临的全球治理体系和治理规则也差异巨大。需要从宏观上研判全球治理体系对本国及共建国的影响，趋利避害，促进可持续发展。

二、产业分工及其价值链的维度比较

国际产业分工大致可以分为三个阶段：产业间分工（从第一次工业革命后期

[①] 《习近平向第五届世界互联网大会致贺信》，http://www.cppcc.gov.cn/zxww/2018/11/08/ARTI1541639628417199.shtml？eqid=fc6de82f000124260000000026463381d。

到第二次世界大战）；产业内分工（"二战"之后持续到20世纪80年代）；产品内分工（20世纪90年代以来至今）。产业分工主要是发生在以英国、欧洲大陆、美国为宗主国，以亚、非、拉国家为殖民地和半殖民地的世界范围内。这种分工实质上是一种产业间分工，并以垂直分工为主：欧洲国家和美国专门生产工业制成品，亚、非、拉国家专门生产矿物原材料、农业原料等初级产品，国际贸易基本形态也是典型的产业间贸易（林毅夫等，2021）。产业内分工主要是发生在以美国、西欧、日本和东亚新兴市场国家和部分拉丁美洲国家。这个阶段的国际产业分工合作主要是产业部门内部生产的专业化，即产品专业化。产品内分工则是很多产品的生产过程被拆分为若干环节，不同工序、不同区段、不同零部件等被分散到不同国家或地区进行，每个参与的国家或地区针对产品生产价值链的特定环节进行专业化生产的国际分工现象。现在全球价值链网络已经从以美国为核心的亚太区块和以德国为核心的欧洲区块的"双极结构"，演化成以美国、德国和中国为核心节点的"北美—欧洲—亚洲"三足鼎立区块格局，中国在实现三大区块产业间、产业内和产品内分工协作共赢中发挥重要的作用。

三、企业对外直接投资与国际合作参与模式的维度

企业作为市场的主体、执行者，同时也是产业体系的主要组成部分。它在产能合作中位于核心地位，需要考量自身条件和目标，同时根据国内外市场发展的需求进行路径选择。因此，本节着重从企业参与模式角度探讨成功国际产能合作和产业合作相关的影响因素。

吉伦和加西亚·卡纳尔（Guillen and Garcia – Canal，2009）在比较发展中国家和发达国家的企业跨国投资时，认为发展中国家企业表现出了很多不同于发达国家企业的特征，在国际化速度、竞争优势、政治能力、扩张途径、进入模式、组织适应能力方面与发达国家跨国公司相比都表现出了较大的差异（见表8 – 1）。本节将从以下五个方面展开研究：（1）企业国际化动因；（2）企业国际化进入模式；（3）东道国本地化战略（合法性）；（4）海外学习的模式（开发利用型和探索学习型）；（5）国际化—绩效的影响因素，尝试探究发达国家和发展中国家企业国际化模式及影响因素的异同，有助于进一步认识发展中国家与发达国家之间的差距以及两类跨国企业各自的竞争优势。

表8 – 1　　发展中国家新兴跨国公司与传统发达国家跨国公司的比较

维度	发展中国家跨国公司	发达国家跨国公司
国际化速度	加速式：缩短与发达公司差距的需求迫切	渐进式

维度	发展中国家跨国公司	发达国家跨国公司
竞争优势	弱：缺乏核心资源	强：拥有核心资源
政治能力	强：对不稳定的环境适应能力强	弱：适应稳定的环境
扩张途径	双重：同时进入发达国家和发展中国家	单一：根据距离由近及远
进入模式	外部增长：联盟和并购	内部增长：新建全资
组织适应能力	强：刚开始国际化，可塑性强	弱：国际化已久，形成了固定结构和文化

资料来源：Guillen，M. F. and Garcia - Canal，E. 2009. The American Model of the Multinational Firm and the "New" Multinationals from Emerging Economies. *Academy of Management Perspectives*，2009，23（2）：23 - 35.

1. 企业国际化的动因

本部分将对成本导向型、市场寻求型、资源利用型、效率导向型、战略性资产寻求型展开比较研究，主要内容包括：（1）发达国家和发展中国家可能存在的国际化的动因分析及比较；（2）归纳和总结发达国家以及发展中国家企业国际化的特征和规律。

成本导向型主要发生在发达国家对发展中国家的投资以及发展中国家向弱制度的发展中国家的产业转移。资源利用型多为资源丰富的大国（如美国）或资源匮乏的国家（日本）向资源禀赋的国家进行投资。目前发展中国家对外直接投资的基本模式为市场寻求型。效率导向型为发达国家具备资产多元化能力和在多国市场挖掘生产优势的能力的跨国企业，中国、印度等新兴经济体需进一步研究此动机的国际化。战略性资产寻求型主要可能发生在发达国家之间，甚至是来自新兴市场经济体对发达国家的直接投资。吴先明和张玉梅（2020）从新贸易理论视角实证研究发现，市场寻求的国际化动因越强、生产率异质性水平越高，企业越可能选择海外并购的方式进入国际市场，并且政府补助正向调节国际化动因与海外市场进入模式之间的关系，负向调节生产率与海外市场进入模式之间的关系。王晟锴和李春发等（2020）研究发现，既有市场资源优势、比较制度优势和后发优势能够助力中国企业实现跨国研发逆向创新，在国际化初期主要依托母国技术能力挖掘市场需求开拓东道国市场，中后期受国家政策、本地竞争和市场竞争驱动进行探索性创新，最终实现突破性的逆向创新。国际投资报告（WIR）指出，在全球价值链中发挥重要作用的中国因为新冠疫情的暴发，可能会进一步抑制对全球价值链密集型产业的绿地投资。数字化跨国企业受动荡环境的影响表现出更强劲的活力，相较于传统企业的绿地投资方式更多地参与海外并购，因为它们只需要相对较少的实物资产投资就可以进入海外市场（WIR，2022）。

每种投资动因相互区别又相互联系，如发达国家在发展中国家的投资，以中国、印度为例，其中既有市场动因（市场规模大，有潜在的、巨大的市场需求空间），又有传统的获取低成本劳动力、自然资源的动机。这些动机也会随着全球经济、技术、政治环境的演进而不断变化，从而推动企业产生新的投资动机，以及与之联系的区位选择倾向。表 8 - 2 为发达国家和新兴经济体国际化动因的比较，而各动因的比较需要进一步探析和研究。

表 8 - 2　　　　　发达国家和新兴经济体国际化动因的比较

	发达国家	新兴经济体	中国
成本导向型	发达国家跨国公司一般会选择在工业化基础和基础设施较好的发展中国家进行成本导向型对外投资，如中国、墨西哥和东南亚国家	为了保持成本竞争优势，新兴工业化国家和地区的企业寻找资源成本更低的场所进行投资，在全球范围内配置资源以保持相对的成本优势	中国以投资代替贸易，将部分优质富余产能转移到综合成本更低的国家生产，保持产业整体的价格竞争力
市场寻求型	发达国家多出于对占领东道国市场的考虑，对东道国市场的规模更敏感，此外考虑东道国的工资水平、原材料价格等成本性因素	新兴经济体面临出口受阻的情况，在转向没有出口限制的第三国进行投资生产，再出口到原有市场	具有比较优势的中国企业凭借其优势进入国外市场，扩大市场份额，进而获得相应的利润
资源利用型	为获得稳定而廉价的自然资源供给，发达国家早期对资源禀赋的国家进行资源利用型直接投资以满足本国的工业化进程需要	新兴工业国家或地区在工业化初期，也以资源寻求作为投资的动因，以弥补本国资源匮乏的劣势	中国通过境外投资、工程承包等方式，在境外开采、加工资源能源，并向上游延长产业链
效率导向型	效率导向型企业把价值链活动中的资本、技术和信息密集部分集中到发达国家，把劳动力和自然资源密集部分放到发展中国家，实现全球资源的最佳配置	根据发展中国家和地区的国别、产业而有差异，对于在全球价值链中面临较大竞争压力的中国香港、中国台湾和韩国考虑效率导向这一因素	待进一步研究
战略性资产寻求型	发达国家跨国公司以追求长期、全球范围内的最大利润，追随主要竞争对手对市场的投资，优先占领海外市场	发展中国家跨国企业通过与发达国家建立紧密产业联合或合作，获取技术和知识，得到逆向技术转移	中国企业作为"后来者"迫切需要采取跨国并购方式以获取互补性战略资产，赶超国际竞争对手

资料来源：笔者整理。

2. 企业国际化进入模式

进入模式是企业对外直接投资的重要战略决策之一，也是影响企业国际化绩效的重要战略行为。因此，本部分拟对发达国家和发展中国家企业国际化进入模式进行比较，讨论不同经济体跨国公司进入国外市场的独特性，重点选取以美国、日本、德国为代表的发达国家以及中国、印度等新兴经济体国家的企业国际化模式进行分析。

从股权的角度来看，可进入模式划分为两个维度：股权的模式（绿地和收购）和股权的多少（全资和合资）。绿地投资指在东道国新建子公司，是一种有效转移较强竞争优势的模式。具有较高的全球竞争力的跨国公司多采取绿地模式进入东道国。跨国并购则是通过收购当地企业来达到进入东道国市场的目的，在相对较强的东道国制度环境中，跨国公司更倾向于以收购的方式获得深层次的和隐形的资源。20 世纪 80 年代和 90 年代的跨国并购主要是美国、日本、德国和法国等发达国家之间的并购；90 年代以后，发展中国家、新兴市场经济体成为跨国并购的主要战场和力量。研究也进一步发现，企业选择海外并购的模式与市场寻求的国际化动因强弱、企业生产率水平高低以及政府补助存在一定关系，市场寻求的国际化动因越强，生产率水平越高，更可能采取海外并购的进入模式，政府补助正向调节国际化动因与海外市场进入模式之间的关系，负向调节生产率与海外市场进入模式之间的关系（吴先明和张玉梅，2020；杜奇睿，2020）。全资是一种高控制的进入模式，当东道国的稀缺资源比较容易获取且交易成本较低的时候，全资的模式往往会被有强竞争力的跨国公司所采用。美国制造业企业在向与其文化距离大的国家进行扩张时，更倾向于采用控制度较高的股权模式。当东道国的法规要求和规范压力较大时，跨国公司更倾向于以合资方式获得资源，如日本企业进入美国市场面临较高的进入壁垒，更可能选择合资模式。再如中国企业进入制度风险较高的部分共建"一带一路"国家倾向于选择合资模式，而良好的双边政治关系能够提高企业选择独资模式进入制度风险较高国家的可能性（张宁宁等，2019；沈桂龙，2020）。

除了股权式的进入模式外，也存在非股权式的进入模式：出口、技术许可、特许经营、合同协议等，这些模式更多代表着本地适应，减少对外生环境因素的依赖从而避免东道国的各种风险。

3. 东道国本地化战略（合法性）

发达国家和发展中国家在市场发展和制度上存在巨大差异，且企业自身的资金、国际经营经验、自身技术能力等也存在差距，从而影响进入模式的选择。由于企业层面的因素与产业和国家层面的因素会交互作用于企业国际化，因此本部分将采取制度理论作为解释机制来浅析：（1）跨国企业所嵌入特定国家的制度安

199

排在多大程度上影响了国际产能合作行为，而企业又如何适应不同类型的东道国制度环境；（2）考察发达国家和发展中国家跨国企业作为不同母国制度类型的投资主体，如何应对与东道国的制度距离；（3）不同行业的企业在进入东道国时可能面临不同的制度环境，发达国家和发展中国家又会存在怎样的差异，同样值得进一步探讨和研究。

跨国公司在进入东道国进行经营时必须适应当地的制度环境，需要获得合法性，合法性可以使企业获得生存和发展所需要的客观资源和主观认同，包括政府许可、消费者认可、高素质员工等。在外部制度环境中，企业国际化模式不仅受到东道国地域、风险、新市场机会吸引、出口边际成本和出口固定成本的影响，基础设施建设对共建"一带一路"国家和地区的多边贸易、经济增长也产生影响（Lu，Hui and Charlene Rohr et al.，2018；Zhang and Chen，2022），因此还受到母国管理偏好、国家间关系、政府推力和利益相关者推力的影响，但只有得到东道国制度文化环境的认可，才能有效获得国际化合法性。一般而言，多数发达国家具备市场机制成熟、法制相对完善、创新系统较为健全、创新基础设施较完备、产业配套和商业中介相对齐全等特征。相比之下，多数发展中国家和新兴经济体的制度相对不完善，如市场机制相对不完善、创新系统不健全、创新基础设施薄弱、与贸易和运输相关的基础设施薄弱、缺乏相应的产业配套和相关中介服务机构等，而且在部分发展中国家还存在东道国政治稳定性、腐败等比较特殊的情境。有研究通过海外并购交易数据检验了东道国制度环境对中国企业海外并购的影响，发现东道国综合制度环境的改善会促进中国企业到该国并购投资，最主要表现为监管质量改善和政府效率提高两方面的作用，因此共建"一带一路"国家构建风险预警体系，建立互信互助机制，拓宽企业融资渠道，对吸引外来企业"走进去"十分重要（葛璐澜和金洪飞，2020）。也有研究基于制度理论和跨国公司理论，分析共建"一带一路"国家制度风险对企业海外市场进入模式选择的影响，制度风险较高的东道国会给进入者造成压力，因此企业倾向于选择与东道国企业合资的方式进入，良好的政治双边关系一定程度上能够缓和进入者的压力与担忧（Lu et al.，2018）。此外，共建"一带一路"国家若实施贸易便利化制度，则对中国制造企业出口技术复杂度具有显著提升作用（葛璐澜和金洪飞，2020）。多式联运基础设施和互联互通可以促进贸易扩张、吸引外国直接投资、加快工业化进程并实现更高效的生产网络、促进区域一体化并加快经济增长进程（Lu et al.，2018）。

现如今民营企业已经成为中国企业国际化的重要主体，中国民营企业在"一带一路"市场的合法性获取问题面临巨大挑战，关于合法性获取的驱动因素、影响机制、不同的合法性作用途径，以及不同合法性的作用效果等问题值得进一步探讨。

4. 海外学习的模式（开发利用型和探索学习型）

根据不同经济发展水平的母国和东道国主体可区分四种企业国际化形式（见

图 8-2）：（Ⅰ）传统型——母国和东道国都为发达国家，这种形式仍是目前最主要的流向；（Ⅱ）现代型——母国为发达国家，东道国是发展中国家，目前正在不断发展深化；（Ⅲ）追赶型——母国是发展中国家，东道国为发达国家；（Ⅳ）扩张型——母国和东道国均为发展中国家，不同的制度情境和四种类型企业的海外学习模式存在着显著差异性。

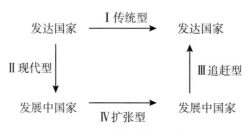

图 8-2　四种企业国际化形式

从组织学习的视角，可将企业国际化海外学习模式分为开发利用型和探索学习型。开发利用型企业是指基于母公司现有的优势到东道国，进一步改进和拓展组织技能、惯例和能力从而提高资本和资产的生产率与效率。探索学习型企业则需要在东道国寻找未来的新机遇以及学习吸收新鲜的知识和经验，往往比开发利用型企业更具不确定性且更耗时。

对发达国家而言，自身竞争优势强且拥有核心资源的成熟跨国企业到较发达国家和新兴经济体投资，通常会选择开发利用型模式；而到更发达经济体投资，企业会采用探索学习型模式，利用社会网络关系作为信息渠道收集有关国际市场的信息，发现产品改进和创新的新方法从而产生新的知识。以中国为代表的新兴市场经济体到发达经济体开展探索学习型的创新模式，是一个向发达国家技术追赶和超越的学习过程。同时，新兴经济体也不断向创新能力相对弱的新兴经济体进行逆向技术转移和对外直接投资，即到新兴经济体开展开发利用型的创新模式，发挥新技术的生命周期规律特征，在东道国实现产品生命周期的利润最大化。中国企业在进行研发国际化的过程中便是在发挥和利用既有市场资源优势、比较制度优势和后发优势基础上实现从"引进来"到"走出去"再到"走上去"的战略转型。具体而言，中国企业的跨国研发活动初期依托母国技术能力优势挖掘本地化市场需求，快速开拓海外市场；进一步在国家政策、本地竞争和市场竞争驱动下实现从开发性研发到探索性研发的突破，最终呈现"顺轨创新—换轨创新—突破性创新"演变的跨国技术创新（王晟锴等，2020）。有研究以国际学习作为机制，探讨本土企业通过主动嵌入海外网络提升国际化速度的问题，实证结果表明国际学习能够中介作用于海外网络关系嵌入性与国际化速度的关系，这也充分证明国际学习对于中国企业推进国际化战略的重要性（李杰义、闫静波和王重鸣，2019）。也有研究打破对外投资独立性时间的假设，拓展组织学习、经验学习理论边界与企业国际化时间维度融合，探讨连续性经验学习与企业随后连续对外投资的关系，发现连续性经验学习提高了企业随后连续对外直接投资的可能性，并且这种作用在资源更冗杂的企业愈发明显。关于组织学习与企业海外投资、国际化问题的研究洞见与实证发现为中国企业更高质量"走出去"和构建新发展格局提供了理论依据和实践启示（王珏等，2023）。

第三节　跨国经营何时提供有价值的增长期权——来自发达经济体不确定性渐进投资的国际经验比较

一、引言

战略管理研究学者的长期观察发现，企业经常增量地做出战略决策，并试图开发一个理论来解释这种增量战略的使用。基于实物期权理论的研究提出，企业在不确定性下增量投资的关键原因之一是为了获得可供未来行使的增长期权（Kogut，1991；Song，2022）。主要来源于许多企业投资的价值不仅包括当前使用资产的收入，还包括未来的增长期权（Myers，1977）以及当前投资能够在未来带来的增长机会（Baldwin，1982；张斌等，2022）。现有的在一系列企业投资背景下的战略研究已经提出一系列的增长期权概念，例如联盟和合资企业、市场进入、研发、风险投资项目和跨国投资（Lee et al.，2023）。

现有研究大多采用决策理论的方法，关注企业的投资行为是如何根据不确定性水平而发生变化的。基于这种方法的研究已经显著加深了我们对不确定性下企业投资的理解，但很少有研究探讨是否以及何时进行增长期权的投资能够有助于企业估值或提升绩效（Tong and Reuer，2007；Song，2022）。虽然之前的研究已经关注到合资企业中嵌入的增长期权，但要获得对企业如何从投资中创造增长期权价值的理解，需要构建整合企业（投资）异质性和不确定性的框架，而这正是战略管理研究中采纳实物期权理论的核心（Trigeorgis and Reuer，2017；Lee et al.，2023）。

在本节研究中，通过探讨增量战略和环境不确定性如何相互作用，以获取在企业跨国投资中的增长期权价值，为现有研究做出贡献。基于跨国公司嵌入有价值的增长期权这一基本观点，我们认为在市场不确定情况下，企业在投资外国子公司时，可以使用两种增量资源策略来获得更大的增长期权价值：一是企业在子公司中持有更少的股权；二是它们可以保持对子公司更小的投资规模。特别是，当公司采取这种增量投资战略时，东道国的市场不确定性能够首先去推动公司增长期权的价值。因此，研究观点强调保持公司的增量投资战略与东道国不确定性水平相一致的重要性，以便获得增长期权的价值。

鉴于在东道国的外国直接投资（FDI）创造了所谓的"国内增长期权"，因此选取跨国公司为对象适合本节的研究目的（Li et al.，2018）。此外，跨国公司在国际经营中往往需要面对高度的不确定性，鉴于实物期权理论强调不确定性在塑造公司投资行为中的作用，因此本节研究选取期权理论视角。跨国公司海外扩张的特殊性使得实物期权理论的应用前景广阔，国际战略领域越来越多关注实物期权理论（Chi et al.，2019；Belderbos et al.，2020），但公司何时从其外国投资组合中获得增长期权价值的问题尚未得到充分关注。

二、理论与假设

在战略管理领域，明茨伯格（Mintzberg，1978）最早提出企业经常通过连续决策的方式进行增量战略。随着时间和其他条件的发展，"增量战略"已经成为解释企业如何在不确定性下管理战略变化过程和资源分配决策的关键性概念。在外国直接投资方面，有学者建议通过对国际合资企业进行增量投资，使企业能够在资金受限的情况下进行更广泛的全球扩张（Chi，et al.，2019；Song，2022）。另外，国际化阶段理论强调循序渐进的增量扩张战略如何帮助企业积累经验，克服文化和其他距离的限制。

实物期权理论与这些观点不同，它提供了一个不确定情况下企业增量资源投资的经济逻辑（Bowman and Hurry，1993）。该理论的经济逻辑在于其关注企业的不对称性，即企业在做出有限的初始承诺后，有权利但没有义务进行扩张，因此该理论认为企业能够在不确定性下利用未来的增长机会（Kogut，1991；Belderbos et al.，2020）。这种期权在不确定条件下是有价值的（Sakhartov and Folta，2014），具体而言，如果不确定性得到有力解决，企业能够逐步投入资源并有选择地利用增长机会，它们应该能够从跨国投资中创造增长期权价值。实物期权理论的独特价值之一是不确定性塑造了企业的跨国投资行为和影响这种投资中嵌入的增长期权的价值（Tong et al.，2008；Song，2022）。因此，通过研究企业增长期权价值、增量投资和不确定性之间的关系，可以阐述实物期权的作用。

研究跨国公司投资中蕴含的增长期权价值与大量关于跨国性—绩效（M-P）关系的国际战略研究有关。这些文献通过借鉴交易成本经济学或OLI（Dunning，1988）模型等理论，重点研究了跨国性程度与企业一般绩效指标（如资产回报率）之间的关系。现有研究已经检验了跨国性对绩效的线性和非线性影响，并进行了系列概念和方法上的改进。但已有研究忽视了东道国环境的异质性，同样也没有充分重视跨国公司及其子公司的特征。在这方面，环境条件和跨国投资企业战略之间的"适配"应该是绩效最关键的决定因素，这一理念多年来也一直是战略管理思想的核心。

基于实物期权理论和不确定性、增量战略和适应性的基本思想，接下来从综合视角提出假设，认为环境不确定性和增量投资战略，特别是东道国的不确定性条件和增量战略之间的一致性，对企业从跨国投资中获得增长期权价值至关重要。

实物期权理论的一个关键观点是，公司的投资项目通常创造价值，不仅源于它们当前运营的直接现金流，还因为未来可能出现的增长期权（Noorizadeh et al.，2021）。本质上，增长期权是公司未来可自由支配的投资机会。增长期权具有类似期权的特征，因为公司有权利但没有义务，根据不确定性和其他条件的演变来决定在未来一段时间内是否利用这些机会（Kogut and Kulatilaka，1994；Lee et al.，2023）。考虑到公司可以作为投资项目的投资组合进行估价，公司增长期权的价值应该通过承担具有更大嵌入增长期权的项目来增加，如跨国投资决策（Zingales，2000；Posen et al.，2018）。

科古特（Kogut，1983）首先提出跨国投资为企业提供了"对企业价值的重要贡献"的增长期权。通过在东道国的投资，企业创造了一个未来在该国进一步扩张的平台。这种增长期权可能随后以几种方式行使，例如公司可以从合资企业子公司的合伙人处购买额外的股权、增加附属公司的规模，以及在条件允许的情况下开设新的机构。对跨国公司投资模式的实证研究还表明，在对东道国进行初始投资后，公司通常会以与期权理论预测一致的方式扩大在该国的投资。随着不确定性的消退和东道国市场的发展，公司可以通过增加承诺和参与顺序投资。

如果在东道国的投资创造了一种增长期权，那么在更多东道国投资的公司应该能够获得更大的增长期权价值，因为它们能够更好地利用市场上更多的增长机会。在这方面，实物期权理论的前提是不确定性提高了公司投资中嵌入期权的价值，即期权价值在不确定性条件下被放大。具体来说，只有外生不确定性或环境不确定性随着时间推移减少时，才会带来期权价值；内生不确定性或者企业可以通过投资或其他方式形成的不确定性，可能与期权估价本身没有系统关系。

我们认为跨国公司在东道国市场所面临的不确定性是一个最具代表性的环境不确定性，将塑造企业的增长期权价值。由于跨国公司在具有不同市场和经济条件的国家投资，并开发不同的地理活动配置，它们在外国投资组合中面临不同程度的市场不确定性。对高不确定性东道国的投资带来了重要的增长期权，当不确定性减少且增长潜力显现时，这为企业提供了扩张的机会（Posen et al.，2018；

Song，2022），因此在这些国家运营的公司将能够从跨国投资中获得更大的增长期权价值。相比之下，对于在市场不确定性相对较低的国家投资组合的公司来说，跨国投资将创造较少的增长期权价值。这一命题在下面的假设中进行了陈述，该假设对比了在高度不确定性的东道国经营的公司和在低度不确定性的东道国经营的公司跨国性对增长期权价值的影响。

假设 8-1（不确定性）：在平均市场不确定性较高的东道国经营的企业比在市场不确定性较低的环境中经营的企业，跨国性和增长期权价值之间表现出更强的正相关关系。

增量投资的调节作用——企业可以通过两种方式逐步投入资源，使自己能够从跨国投资中获得更大的增长期权价值：一是在其外国子公司中持有较少的股权，二是限制对这些子公司的业务规模和财务资源的投入。

具体解释如下：首先，通过在合资企业中承担部分所有权，而不是在独资企业中投资，如果市场不确定性得到有力解决，公司就可以扩张，而如果有利信号没有实现，它仍然可以保留最初的投资（Song，2022）。此外，通过限制其股权份额，公司较少受到负面市场发展的影响，如果经济条件证明是有利的，可以触发公司事后行使其期权来获得更多的价值。事实上，先前的理论分析和概念讨论认为，企业在风险企业中的股权份额与风险企业中的增长期权价值之间存在负相关关系。其次，该公司可以限制对其外国子公司的投资规模，减小运营规模，同时保留以后扩大规模的潜力。"小投资"不仅限制了公司勘探的下行风险，而且有利于公司在未来扩张（Noorizadeh et al.，2021）。类似地，科古特（1994；1996）和他的同事们还提出，公司最初有限的投资可以作为促进后续扩张的平台。

跨国公司可以通过收购额外的股权、扩大和增加对子公司的经营规模和投资、建立新的子公司来行使增长期权。尽管跨国投资中蕴含的成长期权在本质上往往是共享期权，但是外国直接投资往往是连续的（Tong et al.，2008；Song，2022），企业可以利用其最初的投资作为平台扩大随后的承诺（Fisch，2008）。

因此，实物期权理论表明，投资于大量东道国的跨国公司，如果限制其子公司的股权或对子公司投入的资金规模，将特别有利于从其投资中获得有价值的增长期权。这表明，增量投资战略在跨国公司与增长期权价值之间发挥着调节作用。同样，这种调节关系对于在高不确定性环境中运营的公司来说应该是最显著的。正是因为在高不确定性国家，企业需要进行增量投资为未来发展创造增长期权，同时限制潜在的下行风险。因此，将增量投资战略与公司经营外国子公司的东道国的不确定性条件相结合，有望产生更大的增长期权价值。以下两个假设正式提出关于两种增量投资策略调节作用的论点。

假设 8-2a（增量投资）：在高市场不确定性环境中，跨国公司和增长期权价值之间的关系越强,公司在子公司中的股权就越小(这种调节效应对于在低市场不确定性环境中运营的公司来说不太明显)。

假设 8 – 2b(增量投资):在高市场不确定性环境中,跨国公司和增长期权价值之间的关系越强,公司对其子公司的投资规模越小(这种调节效应对于在低市场不确定性环境中运营的公司来说不太明显)。

在国家层面调整增量战略以应对不确定性:上述假设侧重于公司在所有东道国的投资,将公司的增长期权价值与其面临的市场不确定性以及在这些国家的附属投资组合中部署的增量投资策略联系起来。该论点也应适用于公司在一个国家内的投资,因为公司根据东道国的不确定性条件在该国部署增量投资战略也可能存在异质性。具体来说,投资战略与每个东道国的环境不确定性相一致,提高了投资战略与单个国家层面不确定性之间的"适配度",因此也有望提高企业整体增长期权的价值。以此推理,企业要在不确定性相对较高的国家进行金额相对较小的投资(就股权和规模而言),或者在不确定性相对较低的国家进行金额相对较大的投资。如果公司经营所在的东道国平均表现出高度的不确定性,国家层面的一致性对增长期权价值的影响将再次最为显著。因此提出以下假设:

假设 8 – 3(国家层面投资调整):对于在高市场不确定性环境中运营的公司,公司的增长期权价值与每个国家的增量投资和每个国家的市场不确定性之间存在正相关关系(表现为在市场不确定性较高的国家中财务承诺较小)。这种关系对于在低市场不确定性环境中运营的公司而言不太明显。

三、数据和方法

本部分研究了跨国公司成长性与投资期权增量之间的关系。通常很难衡量公司的增长期权,此外,在细分市场的投资规模数据和项目水平通常不适用于大样本的公司。如下文所述,我们将增长期权的价值作为公司的市场估值减去先前金融相关工作后的资产价值,使用日本跨国公司在华投资的详细数据。

用来计算公司增长期权价值的数据来自 1994 ~ 2001 年的 Stern 报告,该数据集由斯特恩·斯图尔特(Stern Stewart)公司开发,该公司专门从事开发基于价值的性能指标,涵盖了 1 000 个最大的日本上市公司的市场价值,并已被用于优先战略研究。研究将该数据集与从日本开发银行获得的其他财务和会计信息合并,该银行的数据直接来自日本公司提交给日本财政部的财务报告。然后,将这些公司与东洋经济产业公司的海外子公司名录进行比对。关于日本上市公司的外国子公司信息,包括子公司的行业,成立年份、员工人数、实收资本和母公司的附属机构。我们用从目录的年度电子版本收集的信息来确定每个子公司的成立时间,以及该子公司的经营时间，以及归哪个日本母公司所有。与之前研究一致，日本母公司拥有子公司至少10%的股权，如果一个子公司有多个日本母公司，则该子公司被分配给每个母公司。我们在合并的数据集上设定几个限制：首先，将样本限制在制造企业和关联企业，因为这些企业的资本投资具有难以逆转的性质，这是实物期权分析的一个核心原则（Dixit and Pindyck，1995），最终涵盖斯特恩·斯图尔特数据集中420家制造企业的样本。其次，鉴于对跨国投资的特点和对企业投资东道国的兴趣，样本仅限于至少经营一家外国制造子公司的企业。在考虑了变量的缺失数据后，应用样本生成了一个包含396家公司和总共2 054个公司年观察值的不平衡面板数据集。

四、变量和度量

1. 因变量

因变量是公司的增长期权价值，这是公司市场估值的一部分，可归因于未来的增长机会（Myers，1977；Smit and Trigeorgis，2004）。计算这个变量的方法与以前研究中使用的方法一致。公司的市场价值可以分解为成长期权的价值和现有资产的价值，后者是资产的重置价值和经济增加值（EVA）的现值之和。经济增加值，也称为经济利润，衡量所有资本费用的净利润。EVA的现值是用企业的EVA除以其加权平均资本成本计算出来的；因此，如果一个公司能够永久地产生当前水平的经济增加值，这就是该公司估值的一部分。增长期权的可变价值以十亿日元为单位表示。

2. 解释变量

用于检验假设8-1的核心解释变量是跨国性，以日本经营制造子公司的东道国数量来衡量。假设8-1"市场不确定性"中的另一个关键衡量标准是公司在运营子公司的东道国面临的市场不确定性。通过对一个国家过去5年的国内生产总值随时间的变化进行回归，并使用回归系数的标准误差乘以国内生产总值的值，得出每个东道国和每一年的市场不确定性的标准化代表。市场不确定性是该公司活跃的东道国不确定性度量的平均值。

3. 被解释变量

为检验假设8-2a和假设8-2b，我们创建了两个变量股权和投资规模。股权是按日本公司在其外国子公司中的平均股权来计算的，投资规模是衡量投资于外国子公司的金融资源的指标。关于面板数据，需要使用子公司层面的数据构建一个投资规模的时变度量。虽然东洋经济产业目录提供了子公司实收资本的价值信息，但没有总资产价值的信息。实收资本最初是由母公司在成立时提供的股本，然而由于子公司后来可能会使用其他融资方式，如贷款或其留存收益，其通常不会随着时间的推移有很大变化。另外，员工人数可作为衡量子公司规模的一个指标。因此，我们的方法是结合就业和实收资本信息，得出一个随时间变化的投资规模衡量标准。计算特定国家和行业的实收资本与就业比率，然后将该比率乘以每个子公司的年员工人数（按国家和行业匹配）。此外，由于要素成本（如劳动力成本）和生产率的跨国差异，各国的资本密集度也有很大差异。投资规模是公司附属公司一年的平均财务投资，以亿日元为单位计算。为了检验假设 8 - 2a 和假设 8 - 2b，对跨国公司与股权进行互动投资规模。

假设 8 - 3 的检验需要一个详细的衡量标准，需考虑到子公司的规模、母公司的股权以及每个东道国的不确定性。对于每个东道国，需要确定公司的投资策略是否与不确定性水平一致，这需要确定投资和不确定性阈值。为了使分析易于处理，我们开发了一个基于母公司对子公司总投资的增量战略综合指标，以子公司的投资规模乘以公司在子公司的股权份额来衡量。由于没有关于对齐"大小"的明确指导，我们采用了一种简单但直观的方法。具体来说，当国家不确定性较高时，如果公司对子公司的投资较低，或者当国家不确定性较低时，公司对子公司的投资较高，则指标变量国家级投资一致性取值 1；如果相反，变量取值 -1。就投资规模而言，决定投资水平高低的门槛是该行业所有日本样本公司子公司的平均投资规模（对各行业之间的资本强度差异进行标准化）。对于市场不确定性，该阈值是样本公司经营制造子公司的国家的平均不确定性。如果一个公司在一个国家有多个分支机构，指标值将在分支机构之间取平均值。为了在公司的东道国投资组合中得出国家一级投资一致性的公司年度衡量标准，对所有东道国的指标进行汇总。国家级投资调整旨在捕捉额外的增长期权价值，这是由于假设 8 - 3 建议的投资战略与不确定性的国内调整。

4. 控制变量

第一组控制变量：（1）公司规模，以 100 亿日元为单位来衡量公司合并资产的价值。（2）出口强度，以公司出口值除以总销售额来衡量。出口不仅可以为企业提供当期利润，还可以为企业提供未来的增长机会。（3）销售分支机构，衡量企业从事销售相关活动（分销、批发、促销、服务）的外国分支机构的数量，因为先前的研究表明，企业的外国销售分支机构可能提供后续的扩张机会（Kogut and Chang, 1996）。（4）杠杆，指公司的长期债务与其总资本的比率，因为增长期权更有可能由股权而不是债务融资（Myers, 1977）。（5）收购比率，先前的研究表明，绿地投资和收购可能赋予不同的期权价值（Smit and Kil, 2017），收购比率用以衡量通过收购进入企业的外国子公司的百分比。（6）可从公司的跨国经营网络中获得的转换期权的价值（Chang et al., 2016）。

第二组控制变量包括企业无形资产的三个指标。（1）强度，用公司的研发支出除以总销售额来衡量（Levitas and chi，2010）。（2）添加变量，该变量代表了企业由于在客户服务和广告方面的投资而获得的声誉和品牌形象。销售成本包括公司在广告、销售人员、保修和服务等方面的支出。这些支出是销售和管理费用的一部分，在经济和金融文献中被认为代表组织资本的形式，并与企业价值正相关。（3）公司的国际经验，计算为公司外国子公司的平均经营年数，这可能增强公司识别和行使增长期权的能力。

另外两个控制变量与公司经营外国子公司的环境有关。一是选取公司经营分支机构的东道国的平均国内生产总值增长率和文化距离，计算日本和每个东道国之间文化距离的平均值。二是选取一组企业固定效应和年度固定效应，以控制对企业利润或增长机会的时变经济冲击。由于增长期权的价值来自年终股票市场估值，这反映了相关的战略决策（跨国投资战略）和一年中的财务状况，我们遵循先前的工作来衡量第三年的所有时变变量。

5. 统计方法

研究利用数据的纵向维度并估计面板数据模型来检验假设。研究表明固定效应模型比随机效应模型更受青睐，还测试了固定效应模型或第一差分模型是否适合本研究。两种模型都控制未观察到的企业特征，但当误差项连续不相关时，固定效应模型是适当且有效的，而当误差项遵循随机游走时，第一种差异模型更有效。测试结果支持使用固定效应模型，固定效应模型通过研究增长期权价值的"公司内部"维度，即公司内部增长期权价值的变化如何受到公司跨国投资战略变化的影响，符合本研究目的。

为了检验关于跨国性效应、股权和投资规模的调节效应以及国家级投资一致性效应的假设，通过执行二次抽样分析来检验变量的系数估计及其显著性水平，以样本公司所在的东道国市场不确定性的中间水平为标准进行划分。子样本分析由于其提供的许多优点而被广泛用于比较组间的系数：子样本分析不要求两组公司之间无法解释的差异相同，并且它允许组间右侧变量的影响不同，导致组内估计一致。除了检查每个子样本的估计系数的显著性水平（高不确定性和低不确定性）外，本研究还对子样本的系数相等性进行瓦尔德检验。

五、研究结论

表8-3报告了高不确定性和低不确定性子样本所有变量的描述性统计和相关性。表8-4报告了企业增长期权价值决定因素的固定效应面板回归结果。第1~3列报告仅包含控制变量的模型结果，第4~6列报告添加了假设检验变量的模型结果。除了对高不确定性（第1列和第4列）和低不确定性子样本（第2列和第5列）进行分析外，该表还包括完整样本的结果（第3列和第6列）。

209

表 8 – 3 （a）　均值、标准差和相关性（高市场不确定性）

高市场不确定性（N = 1 027）	μ	S.D.	1	2	3	4	5	6	7	8	9	10	11	12	13	14	15	16
增长期权价值	107.832	220.159	1.000															
公司规模	42.663	87.034	0.338	1.000														
出口强度	0.078	0.164	0.170	0.068	1.000													
销售子公司	3.227	3.429	0.275	0.393	0.178	1.000												
杠杆作用	28.217	20.699	0.159	0.109	-0.003	-0.026	1.000											
收购比率	3.778	9.558	0.008	0.036	0.034	0.038	0.004	1.000										
R&D强度	2.751	2.182	0.056	0.088	0.075	0.234	-0.185	0.027	1.000									
销售成本	2.300	4.722	-0.053	0.061	-0.022	0.193	-0.189	0.124	0.115	1.000								
国际经验	8.016	2.858	-0.085	0.079	-0.166	0.098	-0.009	0.053	0.004	0.114	1.000							
GDP增长	3.815	3.816	0.196	0.009	0.393	0.041	0.047	-0.021	0.028	-0.058	-0.374	1.000						
文化距离	3.459	0.563	-0.029	-0.057	-0.065	-0.199	0.112	-0.098	-0.116	-0.075	0.016	-0.076	1.000					
市场不确定性	0.100	0.045	-0.055	-0.094	0.002	-0.144	-0.009	-0.041	-0.075	0.003	-0.073	-0.238	0.166	1.000				
切换灵活性	-0.364	0.303	-0.113	-0.038	-0.262	-0.026	-0.034	-0.039	0.096	0.099	-0.125	-0.273	-0.066	0.012	1.000			
跨国性	5.451	3.466	0.288	0.469	-0.006	0.240	0.057	0.077	0.077	0.017	0.190	0.023	-0.104	-0.204	-0.21	1.000		
股权	0.639	0.204	-0.003	-0.043	0.148	0.179	-0.232	0.078	0.167	0.101	-0.001	0.016	-0.014	-0.122	-0.030	-0.028	1.000	
投资规模	1.050	3.273	0.046	0.161	0.015	0.044	0.066	0.048	-0.005	-0.009	0.103	0.015	0.029	-0.032	-0.065	0.163	-0.025	1.000
国家层面投资一致性	-0.269	1.920	-0.024	-0.006	-0.007	0.011	0.057	0.024	-0.143	0.010	-0.059	-0.071	0.142	0.232	-0.044	-0.270	-0.018	0.081

表 8 - 3 （b）

均值、标准差和相关性（低市场不确定性）

低市场不确定性 （N = 1 027）	μ	S. D.	1	2	3	4	5	6	7	8	9	10	11	12	13	14	15	16
增长期权价值	146. 417	212. 206	1. 000															
公司规模	35. 011	49. 111	0. 563	1. 000														
出口强度	0. 146	0. 198	0. 145	0. 135	1. 000													
销售子公司	2. 806	3. 123	0. 302	0. 456	0. 297	1. 000												
杠杆作用	31. 108	20. 281	0. 198	0. 127	-0. 004	0. 030	1. 000											
收购比率	5. 768	15. 526	0. 033	-0. 009	-0. 044	0. 002	-0. 045	1. 000										
R&D 强度	2. 927	2. 949	0. 011	0. 051	-0. 014	0. 115	-0. 177	-0. 020	1. 000									
销售成本	3. 356	5. 991	-0. 077	0. 041	-0. 182	0. 074	-0. 160	0. 176	0. 117	1. 000								
国际经验	6. 480	2. 689	-0. 066	0. 057	-0. 134	0. 149	-0. 060	0. 080	0. 081	0. 105	1. 000							
GDP 增长	8. 950	3. 986	0. 172	-0. 023	0. 303	-0. 017	0. 084	-0. 126	-0. 152	-0. 156	-0. 362	1. 000						
文化距离	3. 372	0. 626	0. 035	-0. 009	0. 018	-0. 114	0. 098	0. 117	-0. 063	-0. 096	-0. 047	0. 242	1. 000					
市场不确定性	0. 031	0. 013	0. 199	0. 243	0. 057	0. 227	0. 003	-0. 052	-0. 073	-0. 118	0. 066	-0. 059	0. 026	1. 000				
切换灵活性	-0. 433	0. 365	-0. 182	-0. 105	-0. 186	-0. 013	-0. 128	0. 044	0. 114	0. 123	0. 030	-0. 416	-0. 194	-0. 085	1. 000			
跨国性	4. 017	3. 052	0. 479	0. 553	0. 126	0. 219	0. 069	-0. 002	-0. 072	-0. 081	0. 049	0. 129	0. 040	0. 452	-0. 337	1. 000		
股权	0. 672	0. 222	-0. 073	-0. 051	0. 187	0. 115	-0. 184	0. 078	0. 117	0. 082	0. 161	-0. 263	-0. 036	-0. 082	0. 179	-0. 140	1. 000	
投资规模	0. 944	2. 389	0. 096	0. 110	0. 186	0. 050	-0. 011	0. 052	-0. 047	-0. 062	0. 055	0. 040	-0. 011	0. 030	-0. 073	0. 108	0. 002	1. 000
国家层面投资—致性	-1. 837	1. 987	-0. 202	-0. 083	0. 191	0. 099	-0. 081	-0. 029	0. 052	0. 110	0. 074	-0. 104	-0. 069	-0. 027	0. 224	-0. 422	0. 232	0. 194

表8-4　　跨国投资和增长期权的价值：固定效应面板数据估计结果

	（1）高的	（2）低的	（3）全部	（4）高的	（5）低的	（6）全部
公司规模	-1.59 (0.026)	-4.04 (0.000)	-1.66 (0.000)	-1.68 (0.019)	-4.16 (0.000)	-1.73 (0.000)
出口强度	-72.12 (0.140)	8.32 (0.835)	-80.24 (0.008)	-75.80 (0.118)	-1.82 (0.964)	-89.16 (0.004)
销售子公司	18.99 (0.000)	-7.17 (0.132)	8.22 (0.011)	18.34 (0.001)	-5.30 (0.274)	9.24 (0.005)
杠杆作用	-1.16 (0.174)	0.97 (0.066)	0.29 (0.474)	-1.24 (0.144)	0.85 (0.109)	0.24 (0.553)
收购比率	3.42 (0.151)	0.19 (0.769)	0.63 (0.340)	2.38 (0.318)	0.13 (0.841)	0.44 (0.513)
R&D 强度	16.32 (0.005)	8.02 (0.055)	14.06 (0.000)	15.66 (0.007)	8.52 (0.044)	13.46 (0.000)
销售成本	-3.39 (0.664)	14.98 (0.005)	1.30 (0.736)	-3.86 (0.619)	15.12 (0.005)	1.23 (0.752)
国际经验	5.21 (0.461)	5.28 (0.175)	3.85 (0.254)	10.22 (0.192)	8.73 (0.047)	9.45 (0.013)
国内生产总值增长	1.70 (0.696)	1.64 (0.476)	1.74 (0.366)	2.65 (0.543)	1.45 (0.541)	2.31 (0.238)
文化距离	34.40 (0.188)	-3.67 (0.808)	5.96 (0.675)	25.87 (0.373)	-6.58 (0.685)	5.41 (0.717)
市场不确定性	-114.28 (0.633)	470.43 (0.336)	111.69 (0.413)	-85.91 (0.720)	209.24 (0.685)	96.31 (0.490)
切换灵活性	28.60 (0.482)	-28.38 (0.202)	-17.19 (0.369)	38.74 (0.338)	-29.06 (0.197)	-18.29 (0.339)
跨国性				52.91 (0.020)	-11.67 (0.530)	23.01 (0.067)
股权				157.67 (0.317)	-10.31 (0.889)	80.67 (0.234)
股权×跨国公司				-53.05 (0.086)	40.16 (0.120)	-9.02 (0.594)

	（1） 高的	（2） 低的	（3） 全部	（4） 高的	（5） 低的	（6） 全部
投资规模				26.48 (0.116)	−1.51 (0.779)	5.19 (0.336)
投资规模×跨国性				−5.73 (0.018)	−0.16 (0.918)	−2.30 (0.026)
国家层面投资一致性				9.68 (0.042)	1.88 (0.589)	2.01 (0.378)
常数	109.05 (0.380)	159.30 (0.033)	108.22 (0.082)	−51.25 (0.748)	127.00 (0.179)	−28.60 (0.721)
固定效应	包括	包括	包括	包括	包括	包括
年度固定效应	包括	包括	包括	包括	包括	包括
普通	1 027	1 027	2 054	1 027	1 027	2 054
对数似然	−6 274.03	−5 963.73	−12 691.16	−6 260.82	−5 958.68	−12 678.95
对数似然比检验				26.42 0.000	10.10 0.121	24.43 0.000
系数等式的瓦尔德检验						
跨国性				4.49 (0.034)		
股权×跨国公司				5.66 (0.017)		
投资规模×跨国性				4.51 (0.034)		
国家层面投资一致性				1.42 (0.233)		

注：括号内为 p 值；LLR 检验将模型（4）、模型（5）和模型（6）分别与模型（1）、模型（2）和模型（3）（基础模型）进行比较；公司和年度固定效应包括在内，但未报告（均 $p < 0.001$）。高和低是指公司经营制造子公司的东道国的平均市场不确定性。

在第 1～3 栏中，企业规模总体上呈显著负相关模型，与小公司通常拥有更大的未来增长的想法一致。出口强度系数为负在全样本模型中意义重大，因此似乎出口主要影响企业目前的盈利能力，而不是未来的增长机会，如果出口集中在成熟市场，这种模式可能会上升。相反，在高不确定性和全样本中观察到销售子公司的正系数和显著系数，这一发现与之前的研究一致，表明东道国的销售和分销设施可以作为随后各国企业成长的平台（Kogut and Chang, 1996）。在所有模型中，研发强度都有一个正的显著系数，一致优先强调企业研发中蕴含的实质性增长期权价值投资（Reuer and Tong, 2007；Levitas and Chi, 2010）。最后，公司和年份都确定了影响是共同显著的，指出了对未观察到的公司的重要性异质性和宏观经济条件的控制。

关于假设检验模型（第 4 列和第 5 列），在高不确定性子样本（第 4 列）中，研究首先观察到跨国投资对增长期权的价值有着积极而显著的影响，但在低不确定性子样本（第 5 列）中影响不显著。Wald 检验表明，子样本之间的系数差异显著（p = 0.034）。因此，这些结果支持假设 1。假设 8 - 2a 和假设 8 - 2b，随着公司在其附属公司中持有较少的股权或建立较小规模的附属公司，跨国公司对增长期权价值的影响将更大，尤其是在高不确定性的环境中。第 4 列和第 5 列的结果提供了对这些假设的支持：股权与资本的相互作用系数在第 4 栏中，跨国性为负且显著，但在第 5 栏中不显著，这两列中投资规模与跨国性相互作用的系数相同。两组的系数差异具有统计学意义（分别 p = 0.017 和 p = 0.034）。最后，国家层面投资的假设 3 得到合理的支持。在高不确定性子样本中，国家层面的投资一致性系数为正且显著（p = 0.042），但在低不确定性子样本中不显著，这与我们的预测一致。然而，这些系数的差异在统计学上不显著（p = 0.233），可能是由于在低不确定性子样本中，该变量的估计标准误差较大。

与跨国性效应在高不确定性子样本中最为显著的发现相一致，我们注意到增加焦点假设检验变量显著改善了高不确定性子样本（和全样本）的模型拟合度，但对于低不确定性子样本，如表 8 - 5 的底行对数似然比检验统计量所示。

1. 结论解释

在高不确定性环境中，国家层面投资一致性的隐含影响可以从系数估计中得出，即增加一个标准差会导致价值增加 190 亿日元。在高不确定性环境中，跨国性隐含经济效应的关键取决于调节变量。为了便于解释相互作用效应，图 8 - 3 和图 8 - 4 分别绘制了跨国公司对不同股权股份价值和投资规模的增长期权价值的边际效应。这些数字是为高不确定性子样本（表 8 - 4 第 4 列）绘制，其中系数是显著的。在图 8 - 3 中，为了突出关键调节变量（如股权）的作用，其他调节变量（如投资规模）的水平保持不变，保持在其样本最小值。中间线是计算出的多国家边际效应；底行和顶行分别代表边际效应 90% 置信区间的下限和上限。

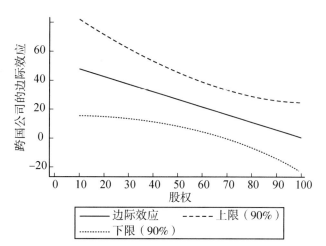

**图 8 - 3 高市场不确定性环境下跨国公司对增长期权价值的
边际效应：股权的调节作用**

注：图表是根据表 8 - 5 第 4 栏（高不确定性）中报告的结果绘制的，并基于显著系数。纵轴表示跨国公司对增长期权价值的边际效应（以十亿日元计），横轴表示股权（以百分比计）。中间的实线是跨国公司对增长期权价值的估计边际效应。底线和顶线分别代表跨国公司边际效应 90% 置信区间的下限和上限。该图是在投资规模的值保持恒定在其样本最小值的情况下绘制的。

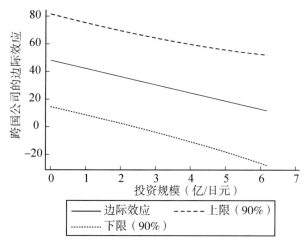

**图 8 - 4 高市场不确定性环境下跨国公司对增长期权价值的
边际效应：投资规模的调节作用**

注：图表是根据表 2 第 4 栏（高不确定性）中报告的结果绘制的，并基于显著系数。纵轴表示跨国公司对增长期权价值的边际效应（以十亿日元为单位），横轴表示投资规模（以亿日元为单位）。中间的实线是跨国公司对增长期权价值的估计边际效应。底线和顶线分别代表跨国公司边际效应 90% 置信区间的下限和上限。该图绘制时，股权价值保持不变，为 10%，投资规模价值从样本最小值增加到第 99 个百分点。

图 8-3 显示，跨国性对增长期权价值的正向影响随着公司在其海外子公司的平均股权水平的下降而下降。例如，以 25% 的股权，投资于新东道国公司的一家制造业子公司，将使增长期权的估计价值增加约 400 亿日元。然而，如果公司持有其外国子公司接近 100% 的股权，则底线表明跨国性的影响，如果该公司持有其子公司平均 70% 的股权，跨国公司的影响就失去了其重要性，在高市场不确定性子样本中，63% 的公司年观察值超过了这一水平。图 8-4 显示了跨国性对增长期权价值的边际影响随着投资规模的增加而减少。跨国性的影响非常显著，高达投资规模约 2.5 亿日元的阈值。这个价值大约是投资规模平均值的 2.5 倍，很少有公司经营的子公司超过这个水平。

总的来说，这些结果指出了跨国公司与增长期权价值之间的强边界，并表明我们样本中的一些公司可以通过采取更为增量的投资策略来进一步提高其增长期权的价值。

2. 补充解释

增长分析：上述分析没有直接考察公司增长期权价值的动态变化，这种变化是跨国性、不确定性和子公司特征变化的函数。然而，对跨国性（东道国的数量）变化的简单分析并不能充分反映投资变化的复杂性和异质性以及公司子公司投资组合的不确定性：这种变化可能是由于现有子公司和东道国的投资变化和不确定性、新的国家进入和东道国退出造成的。我们的目的是通过分解跨国投资的影响来对进入、退出和调整现有投资组合的影响有更进一步的见解。通过现有投资组合调整衡量子公司投资与东道国现有投资组合不确定性调整的变化。如果当东道国的不确定性增加时（t-1 年和 t 年之间），对子公司的投资减少，或者当这种不确定性减少时，投资增加，则子公司调整取值为 1。如果模式相反（不一致），该变量取值为 -1，如果投资保持不变（与国家不确定性的变化无关），则取值为 0。该指标是该公司在全国多个子公司的平均值，然后在投资组合中的国家之间进行汇总。新成立或剥离的子公司不能遵循此程序。因此，我们根据之前用于计算假设检验变量"国家级投资一致性"的阈值和程序，创建了变量"国家进入一致性"和"国家退出一致性"。具体来说，如果对新成立的子公司的投资与东道国的不确定性水平一致，则国家进入一致性指标取值为 1；如果不一致取 -1。如果被剥离的子公司与东道国的不确定性不一致，则国家退出一致性指标的值为 1；如果一致则取 -1。然后，增长模型将增长期权价值的同比变化与这三个不断变化的跨国投资组合来源以及控制变量的同比变化联系起来。为了控制未观察到的剩余企业异质性，模型还包括企业固定效应。

估算结果见表 8-5。R&D 强度、出口强度和企业规模等变量对企业增长期权价值的影响与表 8-4 中的报告相似。而现有投资组合中的调整变化（现有投资组合一致性）与增长期权价值的变化显著相关，与国家进入一致性或国家退出一致性没有显著关系。进一步的检查表明，新进入的国家比现有投资组合中的国家表现出更低的不确定性水平：进入的国家的不确定性平均值为 0.057，而现有投资组合中的国家的不确定性平均值为 0.067，p = 0.002 时差异具有统计学意义。研究结果表明，企业的新进入者可能经常寻求避免不确定性，其动机不仅是创造增长期权，也可能是利用现有企业特有优势，后续在讨论部分重新讨论。

表 8 - 5 　　　增长分析的结果：分解跨国公司和联盟变化的影响

	（1）	（2）
公司规模	- 5.67 (0.000)	- 5.73 (0.000)
出口强度	- 86.50 (0.035)	- 81.80 (0.047)
销售子公司	1.49 (0.754)	1.86 (0.695)
杠杆作用	- 0.32 (0.531)	- 0.32 (0.525)
收购比率	0.06 (0.957)	0.12 (0.915)
R&D 强度	18.62 (0.000)	18.88 (0.000)
销售成本	6.64 (0.346)	6.53 (0.354)
国际经验	1.94 (0.684)	1.96 (0.683)
国内生产总值增长	1.55 (0.638)	1.58 (0.633)
文化距离	8.05 (0.733)	9.19 (0.698)
市场不确定性	124.23 (0.462)	82.13 (0.632)
切换灵活性	- 14.59 (0.745)	- 17.29 (0.700)

续表

	（1）	（2）
现有的国家协调		4.40 （0.041）
国家条目对齐		-0.75 （0.943）
国家出口路线		-16.26 （0.339）
常数	44.07 （0.000）	41.23 （0.001）
固定效应	包括	包括
年度固定效应	包括	包括
普通	1 613	1 613
对数似然	-10 123.93	-10 120.70
对数似然比检验		6.46 （0.091）

注：括号内为 p 值；公司和年度固定效应包括在内，但未报告（均 p < 0.001）。

3. 稳定性检验

研究还进行了一系列稳定性检验，展示的实证规律可能是反向因果关系的结果：市值过高的公司可能会寻求进行更多的外国投资。虽然样本期始于日本 20 世纪 80 年代末的主要股市泡沫之后（1994～2001 年），但先前的开创性工作表明，外国直接投资反映的是市场失灵，而不是资本流动或金融套利考虑，但还是从实证角度检验了这种可能性。具体来说，如果存在反向因果关系，研究应该观察公司的增长期权价值（反映高估），以增加公司的跨国性或增加其股权、投资规模、国家层面的投资组合。研究以公司的增长期权价值为核心解释变量运行了四个回归模型，同时控制公司固定效应和年份固定效应。在这些模型中，公司增长期权价值的同期或滞后项均未对因变量产生显著影响。此外，我们还研究了焦点变量在面板数据规范中是否可以被认为是严格外生的。如果方程的误差项与投资和调整变量的未来值之间存在相关性，固定效应模型中的估计系数可能不一致（即固定效应模型假设严格的外生回归）。通过伍德里德（Woodridge，2002）提出的测试来检验严格的外生假设是否成立。具体来说，将跨国公司、股权、投资规模和国家级投资组合的一年领先（t + 1）值添加到模型中。实证发现，不能拒绝这些变量的前导值共同为零的零假设（全样本为 0.79，高不确定性子样本为

1.16，低不确定性子样本为 0.67）。

本部分还研究了几种代替规范和测量特定关键变量的替代方法。首先，检验跨国公司对增长期权价值的边际效应递减。在模型中加入"跨国性"的平方项，这表明与前面的论点一致：东道国的特征和附属投资模式而不是国家的纯粹数量限制了跨国性的影响。第二，如果企业在多个国家同时行使增长期权时面临资源限制，也可以观察到跨国性的递减效应。增加一个变量，表明进行多次实验（公司在多个高不确定性东道国的增量关联投资）是否不会改变结果。关于同时行使增长期权的问题，虽然在理论上是可能的，但在实践中不太可能发生。这是因为同时解决多个东道国之间的不确定性可能很少或很难预测，也因为公司可能有资源来处理同时行使增长期权。

跨国公司和增长期权价值之间的估计关系可能是虚假的，因为它们与企业规模有共同的相关性——尽管这不会直接影响增量投资战略或市场不确定性的调节作用。通过测试以确定这种关系不是虚假的，在实证模型中纳入或排除企业规模对关键变量没有实质性影响，企业规模和增长期权价值之间的企业层面（企业内部）相关性是负的。这些规律并不意味着与规模相关的因素虚假地推动了跨国公司对增长期权价值的积极影响。此外，当研究遵循先例使用三个变量的主成分作为替代因变量增长期权时，发现非常稳定的结果（增长期权价值的当前衡量标准，即该价值与公司资产的比率），后两种是按大小衡量的。

其他替代模型规范在实证结果中几乎没有变化。第一，如果制造子公司主要作为出口平台，受益于东道国的低劳动力成本，它们可能嵌入较少的国内增长期权价值。研究识别出具有出口导向动机的子公司，并创建一个变量来指示该重点公司在一年中是否至少经营一家这样的子公司，包括这一指标及其与跨国公司的互动不会产生显著的系数。第二，当使用一种替代的不确定性度量时，这种度量不仅因东道国而异，而且因行业而异。第三，我们没有发现可衡量的竞争影响，这种影响可能会阻碍增长期权的价值，正如重点公司的本土产业 Herfindahl 指数上的一个无关紧要的系数所显示，或者东道国的日本制造子公司在该产业中的数量。第四，研究发现投资规模的调节作用虽然显著，但在资本密集型产业中却减半，因为规模小可能会限制规模经济的实现。

4. 公司行使增长期权的证据

最后，研究还检验了样本中的跨国公司是否与实物期权理论预测一致的方式行使增长期权。基本预测是，当企业在东道国面临的不确定性逐渐减少，且不确定性得到了有力的解决时，该公司将通过增加其在现有子公司中的股权、扩大对现有子公司的投资规模或在该国建立新的子公司来行使其增长期权。与预期一致，研究发现，在不确定性降低中位数以上、GDP 增长中位数以上（表明不确定性得到了有力的解决）的东道国经营分支机构的公司，与在未表现出强烈不确定性减少的国家投资附属公司的公司相比更有可能以三种可能的方式行使增长期权。此外，在这种有利于解决不确定性的情况下，持有其子公司少数股权的公司比持有多数股权的公司增加股权的可能性要大得多。总的来说，这一分析提供了与增长期权理念相一致的有力证据：企业确实在不确定性消退的情况下行使增长期权，尤其是在伴随着东道国市场增长的情况下。

六、本节小结

1. 讨论

本研究结果证明了跨国投资与企业增长期权价值之间关系的重要边界条件。研究发现，跨国投资和增长期权价值之间的正向关系只适用于在市场不确定性高的东道国进行投资的公司。正是在这种环境下，企业需要使用增量投资策略，通过在子公司中持有较少的股权份额或保持较小的子公司投资规模，从外国投资中获得更大的增长期权价值。另外，在这种环境下，持有高股权份额并向子公司投入大量资本，可以将跨国投资的增长期权价值降至接近零。与这些发现一致，研究证实如果不确定性得到有效解决，公司可通过增加在东道国的投资来行使增长期权。因此，要获得增长期权价值，关键要求企业调整增量投资战略，以适应东道国之间以及运营所在国内部环境的不确定性。本研究通过提供在不确定条件下增量投资的一致性证据，对企业如何在跨国投资背景下创造增长期权价值有重要启示。

补充分析部分旨在将增长期权价值增长的驱动因素分解为进入新国家、退出国家和改善公司现有附属投资组合投资策略的一致性影响。结果表明，增长期权价值的增长主要是由于公司内部的现有投资组合，而不是新的进入或退出的投资组合。这一发现可以部分解释为公司的进入模式侧重于不确定性相对较低的东道国。这种进入模式建议企业避免高不确定性环境，强调企业进行跨国投资有许多原因，而不仅仅是创造增长期权。特别是，外国投资者往往通过利用东道国现有的公司特有资产和当前市场机会，专注于更确定的直接回报。此外，假设更大的股权份额和对关联公司的更大控制有利于系统范围的协调，这对于转换期权价值和操作灵活性至关重要（Chang et al.，2016）。总之，这一发现暗示了跨国投资和增长期权价值之间关系的一个重要限定条件，即虽然在高不确定性环境中追求增量投资战略的一致性可以创造有助于公司市场估值的增长期权价值，但公司面临着追求增长期权价值与跨国投资其他目标之间的权衡，因此增长期权可能不一定是投资最主要的考虑。

本研究补充了采用决策理论的方法来检验企业的投资行为或决策模式是如何根据不确定性影响投资中期权价值。此外，本研究在这一系列研究和（金融）文献之间架起了一座桥梁，这些文献侧重于实物期权的估值（Smit and Trigeorgis，2017），通过将增长期权的价值与公司的投资策略和围绕其投资的不确定性联系起来（Reuer and Tong，2007），本研究还加入了具有期权特征的公司投资的估值效应的研究，包括资本、技术开发、和合资企业。

本研究还对跨国公司与绩效关系的研究有所启示。尽管学者们做出了重大贡献，但他们认为这项工作没有充分关注跨国公司的投资战略和东道国的不同条件（Hennart，2011）。我们关注的是在不确定条件下在各国做出有限投资承诺的公司，同时考虑了环境条件和东道国的具体战略，从而解决了并购文献中的一些局限性。研究结果表明，开启未来增长机会的关键不仅在于投资的东道国数量，还在于要进入的特定国家类型和投资战略类型。

本研究也存在一定的局限性。第一，我们测量公司层面的增长期权价值，而不是特定项目或投资的增长期权价值，衡量标准是使用公司价值和现有资产（预期）价值的信息作为剩余价值进行计算的。虽然这一衡量标准在文献中有重要的先例，并且我们使用不同增长期权代理的主成分作为因变量发现了类似的结果，但这一衡量标准有其局限性。例如，它可能受到股票市场噪声和波动的影响，也可能与公司的无形资产相关（Myers，1977）。鼓励未来研究通过收集公司投资项目的更详细数据以及它们如何长期管理这些项目来获得增长期权价值的更精细度量，这将需要问卷调查或案例研究等其他研究方法（Smit and Trigeorgis，2004）。

第二，研究分析仅限于东道国市场不确定性的作用，我们从企业可能面临的其他不确定性来源中抽象出来，如与制度和政治环境相关的来源。在对上市公司的跨国比较分析中可观察到，在机构交易不确定性较高的国家，增长期权和经济不确定性之间的关系较弱，企业在这些国家行使期权的机会有限。未来的研究可能会在检验企业跨国投资中制度和市场不确定性之间相互作用方面找到更广阔的研究方向。这种分析需要克服将投资组合层面的特征与东道国层面的环境和投资特征相分离的复杂性，除了本节中研究的平均投资组合特征之外，可能还需要在投资组合层面上对一致性进行其他概念化以详细解决这些更复杂的关系。

第三，本研究加入了最新应用实物期权理论研究美国以外国家的跨国公司的研究观点，但研究发现部分是针对总部设在日本的跨国公司。与美国同行相比，日本跨国公司在经济发展和市场不确定性方面更加多样化的一系列新兴经济体，以及更加稳定和同质的发达经济体中进行了大量投资。日本公司的投资策略被建议逐步发展，涉及国际扩张中的资源顺序，本研究数据样本涉及的时期还包括亚洲金融危机期间，存在大量不确定性。这是一个能够很好的表示不确定性在塑造企业增长期权价值中的关键作用的适当时期，但同时这一时期构成了一套相对独特的环境条件。鼓励未来研究将此综合框架扩展到其他本土国家的公司来检验结论的普遍性。

2. 对中国民营企业参与"一带一路"国际产能合作战略的启示

根据来自发达经济体不确定性渐进投资的国际经验的研究，对中国民营企业"一带一路"国际产能战略有以下几点具体启示：

第一，当中国民营企业"一带一路"国际产能投资遇到东道国市场不确定性很高时，需要使用增量投资策略，即通过在子公司中持有较少的股权份额或保持较小的子公司投资规模，从跨国投资中获得更大的增长期权价值。另外，在相同环境下，持有高股权份额并向子公司注入大量资本可能减少跨国投资的增长期权价值。因此，中国民营企业在跨国投资中需要根据不同市场环境调整其投资战略。

第二，中国民营企业"一带一路"国际产能投资中在使用增量投资策略以期取得增长期权价值时，应当全面地考虑各影响因素，包括进入新国家、退出国家以及改善现有附属投资组合的投资策略。企业通过全面的考虑和决策，可以更好地理解增长期权的来源和影响，有助于创造市场估值的增长期权价值。另外，根据发达国家的国际经验，增长期权价值的增长主要源于公司内部现有的投资组合，而不是新的进入或退出。中国民营企业在对外跨国投资时应该关注内部投资组合的质量和效益，可能通过优化现有业务来实现增长。

第三，中国民营企业"一带一路"国际产能投资选择新进入东道国时，应当更加注重对不确定性因素的考虑，有效解决不确定性有助于企业更好地实现增长期权价值。根据发达国家的国际经验，企业进行跨国投资新进入模式时跨国投资者往往通过利用东道国现有的公司特有资产和当前的市场机会，专注于更确定的直接回报。因此，当东道国的市场不确定性较低时，企业能通过增加在东道国的投资来行使增长期权。另外，当跨国投资处于高不确定性环境下时，虽然增量投资有助于创造市场估值的增长期权价值，中国民营企业仍需谨慎权衡风险和机会，需要在确保投资战略的灵活性的同时，追求增量投资战略与企业整体目标的一致性。因此，要获得增长期权价值，关键要求企业调整其增量投资战略，以适应东道国之间以及运营所在国内部的环境不确定性。

第四，中国民营企业"一带一路"国际产能投资时不仅要考虑投资的东道国数量，还应重点考虑要进入的特定国家类型和要采用的投资战略类型。根据对发达经济体不确定性渐进投资的国际经验的研究，获得未来增长机会的关键不仅在于投资的东道国数量，而更在于进入的特定国家类型和采用的投资战略类型。因此，中国民营企业在跨国投资时应重点关注选择投资的东道国和投资战略的灵活性，除了考虑增长期权价值以外，还要考虑投资中的转换期权价值。

综上，发达经济体不确定性渐进投资的国际经验研究为跨国投资与企业增长期权价值之间关系界定了重要的边界条件，也为中国民营企业"一带一路"国际产能战略投资提供了值得借鉴的经验启示。

第三篇

"一带一路"国际产能合作中的创新生态系统协同机制

本篇是关于中国民营企业作为主体或参与的"一带一路"国际产能合作创新生态系统的协同机制相关问题，主要探讨"走进去"相关问题，即开展国际产能合作"走出去"之后，东道国和母国之间、全球网络之间的协同发展相关机制和影响因素问题。本篇内容包括第九至十三章。

本篇研究从作为研究对象的民营企业视角出发，将参与国际产能合作的相关境内外行为主体视为民营企业的创新生态系统。民营企业在共建"一带一路"国开展国际产能合作的创新生态系统，跨越了地理边界，处于母国与东道国不同的制度环境中；从组织视角来看，民营企业不仅需要对跨越制度边界的母公司与东道国子公司进行组织协同，更要对整个创新生态系统的多元行为主体之间进行组织协同，以实现价值共创和价值分享；进一步从企业内部资源和知识基础来看，只有促进跨越制度边界的多组织成员之间实现协同，才能实现民营企业"一带一路"国际产能合作过程中真正的"走进去"融入当地、实现母国与东道国之间的有机大循环。因此本篇文章内容主要解决以下两个问题：现有不同的国际产能合作商业模式中，创新生态系统结构特征和治理模式有何差异性？如何促进不同创新生态系统在共建"一带一路"国与母国合作实现协同？

具体来说，在第九章中探析了在民营企业现有的不同国际产能合作商业模式中，创新生态系统结构特征和治理模式的差异性与共性，并构建了跨越地理边界的海内外创新生态系统"制度—组织—知识"三维度协同分析框架，解析中国民营企业在"一带一路"共建国家开展国际产能合作与母国的协同机制，以实现价值共创和协同。第十至十二章分别从制度协同、组织协同和知识协同三个维度解析"一带一路"国际产能合作中创新生态系统的多元行为主体实现协同与价值创造的过程。主要通过双重差分模型（DID）、案例研究和博弈模型分析等方法检验和分析了"一带一路"倡议推动中国民营企业与海外东道国主体的知识协同效应、价值共创机制及其条件。第十三章从不同视角检验了样本企业的协同绩效。

第九章

创新生态系统视角下民营企业参与"一带一路"国际产能合作的主体协同

在前文解决"走出去"的问题后，本章重点关注民营企业参与"一带一路"国际产能合作的过程性问题，即"走进去"问题。本章首先探讨了"一带一路"国际产能合作不同商业模式中的创新生态系统特征及其地理边界拓展问题，将地理距离纳入创新生态系统地理边界以拓展双元维度。其次，分析了民营企业参与"一带一路"国际产能合作过程中，东道国和母国之间，以及海外创新系统不同参与主体之间的协同机制问题。提出在企业海外投资的过程中具有"分散—集中""相似—相异"的双元战略选择问题。最后，以上海复星集团为典型案例，发现"一带一路"国际产能合作过程中，创新生态系统主体的协同过程呈现出"制度—组织—知识"三维度非线性边界拓展，以实现海外创新生态系统的融合、创新和发展。

第一节 "一带一路"国际产能合作不同商业模式中的创新生态系统特征及其地理边界拓展

在"一带一路"倡议下，越来越多的中国企业不再仅通过传统的"绿地投资"或者"海外并购"单独进行国际拓展，而是根据自身的资源基础和能力条件选择多样化的商业模式到制度相对不完善的新兴经济体拓展。无论是传统

227

平台型企业通过"以大带小"、海外"抱团取暖"集群式出海、"互联网+"国际产能合作模式，还是基于技术和标准输出的国际产能合作等模式，中国民营企业在"一带一路"国际产能合作过程中均与上下游合作企业、供应商、消费者、海外社区和东道国政府，甚至是高校科研院所等产生知识交换和流动（张素平、胡保亮和项益鸣，2023；赵磊，2021），均呈现出创新生态系统的特征（陈劲，2017）。

创新生态系统边界拓展过程中，地理边界拓展最为显著，同时也最容易被观测和计量的。因此，地理边界拓展是学者们关注且研究颇多的领域，但是地理边界拓展的研究维度比较单一，或者将研究机构数量作为衡量地理边界拓展的唯一维度，或者将东道国母国间距离作为衡量地理边界拓展的唯一维度，也有一些研究从空间结构方面考察地理边界拓展（杨贵彬、李婉红，2018）。

基于创新生态系统边界拓展中的"多样性"和"差异性"两个核心问题，本节将从地理距离和地理多样性双元维度构建创新生态系统地理边界方面进行拓展，认为合作伙伴或研究机构的数量仅仅是衡量指标，而不能作为地理边界拓展的维度。双元维度中，地理多样性关注企业在海外投资时，创新生态系统边界拓展的"地理集聚度/分散度"问题，即企业进行海外拓展时，一定区域内合作国家的数量多少问题；地理距离关注企业在海外拓展时，创新生态系统边界拓展的距离远近问题，即企业在进行海外投资时，东道国与母国的地理距离问题（谭劲松、宋娟和陈晓红，2021）。

创新生态系统地理距离边界拓展。企业海外研发的过程可被视为创新生态系统跨越国家地理边界的过程。与本地研发相比，研发东道国与母国间的地理距离增加。在以发达国家为对象的研究中，地理距离过大将会负面影响东道国与母国间的交互频率和交互效果，但是随着交通和通信技术的发展，这一影响逐渐减弱，刘洋（2014）从交易成本的经济学流派、知识观流派、能力观流派等多个角度进行论证。那么，这一结论在新兴经济体为东道国的海外研发合作中是否依然适用？是否有所不同？以及地理距离与地理多样性、地理距离与其他创新系统边界拓展的交互中，是否会有不一样的结论？基于此，本部分将地理距离纳入创新生态系统地理边界以拓展双元维度。

创新生态系统地理多样性边界拓展。在研究"集聚度/分散度"的地理多样性维度时，学者们倾向于研究影响多样性水平的因素，比如，马莱茨基（Malecki，1985；1991）发现城市规模影响企业研发机构和高技术产业集聚度；卡斯特利斯（Castells，2000）则指出高技术产业布局具有双向性特征，创新和决策倾向于集中，而生产和应用倾向于分散；祝影和杜德斌（2008）认为综合实力、研发环境和市场规模影响了集聚度；盛垒（2010）则认为区域比较优势、地方性制度和新经济地理因素影响外资在中国的研发集聚度；杜群阳（2011）研究得出区域创新环境因子、市场因子是跨国公司研发空间选择的影响因子的结论；魏江、应瑛等（2013）将研发的地理分散化分为两个维度讨论，一个维度考察企业开展研发活动的网点的数量多少，而另一个维度考察研发网点之间的聚集或离散度，前者能够帮助企业获取各类异质性知识（郑爱琳、蓝海林，2023），后者有利于避免较高的成本以及获取更大的范围经济和规模经济，同时避免知识泄露（顾桂芳、胡恩华和李文元，2017）。

本部分从合作国家的数量角度定义创新生态系统地理多样性边界拓展，当企业的海外研发合作伙伴集中在少数几个国家时，认为地理边界拓展较为集聚；当企业的海外研发合作伙伴分布在更为多数的国家时，认为地理边界拓展较为分散。

第二节　中国民营企业海内外创新生态系统"制度—组织—知识"三重协同机制

本部分主要分析民营企业参与"一带一路"国际产能合作过程中，东道国和母国之间，以及海外创新系统不同参与主体之间的协同机制问题。在企业海外投资的过程中具有"分散—集中""相似—相异"的双元战略选择问题，这是企业海外研发全过程的核心问题。"分散—集中"问题，通俗来说就是"走到很多国家去还是集中在一个或少数几个国家""在很多领域进行投资还是集中在一个或少数领域""和很多合作者合作还是保持一个或少数几个合作关系"以及"集中或分散到底能不能提高创新能力，能不能带来国际化绩效"等问题；"相似—相异"问题则是创新生态系统主体跨越边界前后各维度的差距问题。

从内在机理角度划分国际多样性的研究，创新生态系统边界拓展的国际多样性的维度可进一步整合为以下三类：制度多样性、组织多样性和知识多样性。第一类从制度维度刻画多样性，制度多样性意味着文化、经济的差异，即组织跨越国家边界的制度多样性；第二类从组织维度考察多样性，组织多样性意味着企业获取不同类型的知识，并将"组织多样性"表述为研发伙伴来自多种组织类型的程度，因此又称研发伙伴组织多样性（以下简称"组织多样性"）；第三类从知识/技术的角度研究资源多样性，体现知识/技术的集聚和分散程度，并定义"知识多样性"为知识主体所具有的与知识、技能和能力相关的个体特征，知识多样性包括了知识和技能多样性。

根据卡明斯等（Cummings et al.，2003）和姚威（2009）的观点，将伙伴异质性理解成合作组织间的差距和距离，并用焦点企业与合作组织间各个维度间的距离衡量"相似或相异"的问题（武建龙、鲍萌萌和杨仲基，2023）。结合创新生态系统边界拓展框架和现有研究基础，我们将民营企业"一带一路"海内外创新生态系统的距离的维度划分为制度距离、组织距离和知识距离。知识距离定义为焦点企业在海外研发过程中，由于合作者组织类型的不同、所处的国家不同、企业知识和专业背景不同、海外经验不同、企业高管对海外拓展的重视程度不同等，造成了焦点企业与合作者之间客观存在着的知识接受者和发送者之间的知识势差。组织距离定义为是由于不同合作伙伴处于有差异化的背景中，在组织结构、组织技能、制度传统和文化习惯等方面产生的距离。制度距离指国家间管制、规范和认知的差异。

一、制度协同机制

在研究新兴经济体国际化的战略问题中，制度理论是其中一个重要的视角。和发达国家较完善的市场制度相比，处于转型经济背景中的新兴经济体国家的制度相对不完善，供求机制、价格机制、竞争机制和风险机制相对不健全故而交易成本和风险有可能增加。

制度是制约人类交互行为的约束条件，在海外研发创新生态系统边界的拓展中，制度边界拓展起到调节作用。一方面，梅耶（Meyer，2009）认为新兴经济体弱制度情境的现状通过放大信息的不对称性提高研发合作风险，缺乏透明的财务和其他信息，减少了企业海外研发边界拓展的可能，同时使得海外研发边界拓展活动更为复杂。制度越不完善，对边界拓展的抑制作用越强。另一方面，正式制度的缺失使得企业在海外研发边界拓展时更加依赖非正式制度以应对随之而来的高风险。

在创新生态系统制度边界拓展中，同样包括了多样性和差异性两个维度。创新生态系统制度的多样性边界拓展指的是，企业在跨越国家边界进行企业海外研发时，将会面临各种不同制度以及制度复杂性所带来的挑战。分散和集中将构成制度多样性维度的两端。在研究新兴经济体企业国际化时，企业海外投资过程中研究合作双方的制度多样性非常重要，但是更为重要的是东道国和母国间的制度差异。制度差异性指的是东道国与母国间制度环境和制度水平的差距。企业海外投资过程中，组织面临来自东道国和母国间政治、文化、认知等制度差异所带来的阻碍，影响其他边界拓展的发生，即东道国和母国间制度差异所带来的调节作用。

二、组织协同机制

随着经济全球化和科技全球化的深入，企业的组织边界进一步拓展。在企业国际化的过程中，研发网络向海外延伸，不仅需要与国内高校、科研机构、供应商、竞争者、用户、政府等合作，同时也需要与海外东道国所在地的高校、科研机构、供应商、竞争者、用户、政府形成战略合作关系（陈衍泰等，2020）。这无疑增加了企业克服来自不同国家经济发展水平、技术水平、组织文化、组织结构、战略定位和发展战略、行业归属的障碍，也增加了灵活选择合作方式的难度，对创新生态系统跨组织边界下的组织协同提出了更高的要求。我们采用双重边界拓展模式，从组织距离拓展和组织类型拓展两个维度研究企业海外投资过程中的创新生态系统组织边界拓展与协同问题。

1. 创新生态系统组织距离边界拓展

组织及其成员的实际行为与期望行为之间存在差距，这些差距构成了组织运行过程中的"距离问题"。不同个体、不同类型的组织具有不同的组织文化、不同的组织规范、不同的行为准则、不同的企业实践，这些都构成了组织间的组织距离。覃正和井然哲（2006）认为组织距离影响着组织目标的实现程度。根据相关研究，组织距离可以划分为显性的物理距离和隐性的心理距离两个维度，组织间显性的物理距离是不同成员间所直观体现的差异化特征，比如地理距离和技术距离，而组织成员间隐性层面的心理距离则变现为成员内心情感的表达，并非可以直接观察的，包括社会距离、文化距离等（Stphen Chen and Nidthida Lin，2008）。本节在研究组织边界拓展中的组织距离边界拓展维度时，仅指隐性的组织距离，即随着企业海外研发活动的展开，创新生态系统的组织边界拓展到研发东道国，由于母国与东道国的社会、文化、经济、制度的不同，创新生态系统在跨越组织边界时会体现出社会、文化等差异化特征。

2. 创新生态系统组织多样化边界拓展

丁雪和杨忠（2017）认为企业海外研发过程中的组织边界拓展就是指企业在跨地理边界过程中出现的外部边界拓展。在梳理国内外学者相关研究的基础上，海外研发创新生态系统构成主体可以分为三大类：第一类参与者组织是创新生态系统内的主体性组织及其联盟，包括研发母国国内的高校、科研机构及其研究联合体，以及研发东道国的高校、科研机构及其研究联合体，主体性参与者组织是创新生态系统的创新知识生产者，是系统内创新动力的核心力量；第二类参与者组织是创新生态系统内的辅助性组织，包括研发母国国内的供应商、生产企业、经销商、用户、竞争对手等在内的利益相关者，以及研发东道国国内的供应商、生产企业、经销商、用户、竞争对手等在内的利益相关者辅助性参与者组织以目标市场为服务对象，连接了价值链上下游，是创新生态系统价值转化的关键环节；第三类参与者组织是创新生态系统内的服务性组织，包括由研发母国国内的政府管理部门、各类市场化的中介服务机构等组成的市场维护群，以及由研发东道国国内的政府部门、各类市场化的中介服务机构等组成的利益相关者。张蕴萍（2017）认为政府管理部门是创新生态系统规则的制定者和维护者，可以有效弥补市场的缺陷，而中介服务机构促进生态圈的形成，是生态网络的连接点，具有粘合剂的作用。市场环境的激烈变化和产品生命周期的不断缩短，使得企业不得不依赖创新产品供应链上下游企业的参与进行价值共创，实现不同类组织之间的优势互补和价值分享。

三种不同类型的组织之间存在着同质性组织边界拓展和异质性组织边界拓展。有研究（Xiao et al.，2015）从跨组织边界和跨技术边界两个维度来研究企业的跨界研究行为，认为在中国情境下，跨组织边界研究将进一步分为技术驱动型跨界研究和市场驱动型跨界研究。技术驱动型跨界行为主要是指企业跨组织边界，与大学、科研院所、商业实验室等研究机构合作，搜索研究科学技术资源；市场驱动型跨界行为是企业跨组织边界的市场信息搜索行为，其主要目标是市场信息交换主体，包括供应商、竞争对手、行业协会、专业会议等。本书的"同质性组织边界拓展"是指研发企业向技术驱动型组织进行跨组织边界活动，企业首先需要联合其他外部创新知识生产者，这些同类组织间强强联合；"异质性组织边界拓展"是指研发企业向市场驱动型组织进行跨组织边界活动，此时，创新生态系统的组织边界向东道国辅助性参与者组织和辅助参与者组织进行异质性拓展。

三、知识协同机制

在创新生态系统中流动着的知识是创新驱动的基石（肖振红、李炎，2023）。企业整合和利用组织外部相似或不同知识的创新活动进行知识边界拓展。当企业海外研发行为发生时，创新生态系统的知识突破母国边界，开始向东道国延伸：企业不仅从本国，也能从海外研发东道国的高校和科研机构等获得新知识，更新知识储备；同时，企业与母国上下游相关企业间、企业与海外子公司间、企业及其子公司间以及海外下上游企业间将通过专利转让、交叉许可、专利捐赠、人员流动与借调等方式进行知识转移。为实现知识共享、消化、吸收和增值，不同组织所拥有的知识需要具有协同性质。因此，组织间知识内容、形式的匹配，专利转让、产权保护等政策的协同，在跨国界拓展的过程中显得更加复杂和重要。

学者们习惯用单一边界模式进行知识边界拓展研究，探索二分法维度下研发行为中的知识边界拓展及其协同效应。但知识搜索是在不同的边界进行的，企业进行海外研发时，其创新生态系统往往同时跨越多个知识边界进行。因此，本部分将基于双重边界拓展模式，从知识距离边界拓展和知识多样性边界拓展两个维度进行企业海外研发创新生态系统知识边界拓展的研究。

1. 创新生态系统知识多样性边界拓展

有学者（Sidhu et al.，2004；2007）提出企业研发探索和开发具有"供给侧""需求侧"和"地理侧"，分别对应于技术功能、产品市场功能和空间维度。还有学者（Li，2008）从知识距离和知识类型两个方面讨论了时间维度、空间维度以及认知维度的探索和开发知识边界拓展问题，并从技术生命周期的视角来理解知识类型的差异，企业早期在基础研究领域进行研发投资，获得科学知识；在中期，企业进行应用研究的研发投资以获得新技术；后期将寻找将产品和服务商业化的新知识。这是从价值链功能差异角度进行的知识类型的划分，体现知识的多样性。因此，海外研发过程中创新生态系统知识多样性边界拓展可以是科学知识、应用技术和产品服务商业化知识间的互相转化。

2. 创新生态系统知识距离边界拓展

本书将知识距离定义为企业搜索的新知识与现有存量知识之间的距离。价值链上不同环节各主体之间跨越认知差异发生不同功能类型的知识边界拓展，可能是跨越学科差异的拓展，比如生物学、化学、物理学间的知识边界拓展；可能是跨越技术差异的拓展，这类知识拓展涉及技能和实践，比如化合物开发、半导体材料、软件编码、运动工程等；也可能是市场细分差异的拓展，这类拓展是跨越不同产品、不同市场、不同营销实践知识功能的。在同一学科维度或同一技术维度或同一市场维度的知识称为同质性知识，而涉及不同学科或不同技术或不同市场的知识称为异质性知识。因此，企业在进行海外研发时，创新生态系统知识距离边界的拓展可以是跨产品市场知识的距离，可以是跨技术知识的距离，也可以是跨学科知识的距离。

综上，在知识多样性维度中，企业在海外研发时，如果拥有"科学、技术、产品市场知识"三种类型的知识越多，知识多样性程度越高；拥有的知识类型越少，知识多样性程度越低。在知识距离维度中，企业和合作伙伴跨学科距离越远、技术水平差距越大、产品的目标市场距离越远，则知识距离越大，反之知识距离越小。因此，企业在进行海外研发时，知识边界将会有四类拓展方向："距离近—类型少"知识边界拓展、"距离近—类型多"知识边界拓展、"距离远—类型少"知识边界拓展和"距离远—类型多"知识边界拓展。

第三节　复星集团案例[*]

一、复星集团简介

复星集团（以下简称"复星"）是一家立足于全球化的综合性工业企业。该集团的旗下业务有健康、快乐、富足、智造四个大板块，并且持有众多家知名企业。公司在生物制药、啤酒、白酒、房地产、金融证券、航空旅游、钢铁矿业等拥有诸多企业。复星的使命是让全球家庭生活更幸福。复星成立于1992年，于2007年在香港股票交易所（以下简称"港交所"）挂牌。公司的2022年底总资产达到8 064亿元，在福布斯年度世界企业2 000名中名列第589名。复星的历史和发展可以分为三个阶段：初创业、再创业和共创业。以下通过三个阶段来描述复星的发展历史。

1. 初创业（1992～2011年）

复星成立于1992年，以咨询、医药、地产等业务为基础，取得了稳健、持续的企业发展，并成功实现了在港交所上市。复星业务涵盖健康、幸福、富足、智造四大产业，健康医疗行业涵盖医药、医疗、保险等领域。复星的创始人毕业于复旦大学，初始投资4 000美元，随后在1994年成立了复星医药和复地。复星医药1998年已经在A股上市。后于2002～2004年成立了豫园股份、扭金矿业等子公司。在2007～2009年又成立永安财险、和睦家等。可以看到在初创业时期，复星集团就犹如一匹"黑马"，迅速扩大市场份额。

2. 再创业（2012～2021年）

自2012年起，复星立足于"以创新为导向的家居消费产业集团"，依托中国的动力和全球的资源，实现"全球化＋新产业"的布局并持续开拓新的产业和区域，持续创新。在此时期，复星集团又创立了地中海俱乐部、BFC外滩金融中心、复星保德信人寿、星堡老年服务等，努力往健康、创新、家居靠拢。2014～2015年又实现了地中海俱乐部私有化、共同创立浙江网商银行等。2016～2018年又成立了复星联合健康保险。

---

[*] "复星集团简介"部分的数据由笔者根据复星集团相关资料整理。

3. 共创业（2022 年至今）

从 2022 年开始，复星与其他公司携手，计划共同创造一个快乐的生态圈。复星在世界五大洲二十多个国家建立了深入的工业网络，在全世界范围内拥有76 000 名雇员。健康产业涵盖文旅、时尚、富足、金融、智能制造、科创等领域。复星健康是复星集团的支柱，公司主要经营范围包括医药制造与研发、医疗服务、医疗设备及诊断、医药分销、健康险健康管理、健康消费品等。复星一直致力于技术创新，比如研制出了青蒿琥酯，拯救了数以万计疟疾重症病人，"汉利康"是国内第一个获得批准的生物类似药物。复星的"幸福"板块是复星旗下的一个主要业务，其业务涵盖了旅游、文娱、时尚、娱乐、影视等多个领域。复星旅游文化公司正努力建立一个包括 Club Med 环球度假酒店、Thomas Cook 旅行社等在内的 FOLIDAY 旅游生态系统。复星时装集团旗下拥有 LANVIN 高级服饰品牌、豫园股份旗下拥有中华特色品牌、珠宝时尚专卖店等。复星娱乐公司已经开始涉足演艺、影视制作等行业。百合佳缘是复星幸福品牌的一个主要业务。复星的丰盛板块包含三大板块：保险金融、投资以及蜂巢地产。复星已对保险、银行、证券、资产管理等多个领域进行了深入的布局，并在近几年加速布局新兴的金融领域。未来，复星将继续加强"金融＋工业"的无缝衔接，为广大家庭客户提供健康、快乐的财务支撑。

二、复星集团参与"一带一路"建设历程介绍

复星集团是一家民营企业，其在"一带一路"共建国家和地区投资了医疗健康、旅游文化、金融保险等多个领域的项目，为当地提供了多元化的服务。复星的"国际青年创新计划"荣获 2018"一带一路"创新企业社会责任案例奖，旨在为中国的健康医疗、保险创新、金融技术等行业提供技术支持。复星通过其的自主投入研发，还有投资的孵化、专利授权、创新产品生产，以创新产品和家庭为核心，抢占全球创新市场的话语权，打造复星优质产品。复星还成立"创新伙伴"这个项目，将其旗下最优秀的创新人才和资源聚集起来，涵盖了医药研发、智能科技、智能制造、产品设计、IP 打造、建筑设计等多个领域。复星全球领袖学校以各种跨行业的分享还有项目制学习以及案例研讨和星战场等形式去发展培养，并储备高技能人才。复星集团与多个"一带一路"国际产能合作共建国进行了合作，包括德国、葡萄牙、印度和俄罗斯等。

1. 复星集团与德国的合作

复星集团于 2022 年 9 月 9 日在德国法兰克福举行的中德第九次经贸对话上，介绍了复星集团在环境、社会、企业治理（"ESG"）领域的杰出业绩，并为促进

可持续发展做出了积极的贡献。复星集团董事长在中德企业家圆桌会上发表演讲，呼吁打破国与国之间的无形墙壁，建立更多的合作平台。

复星集团在 2014 年收购了德国私人银行海格特，成为其最大股东，搭建起中德之间的沟通桥梁，为复星公司在欧洲开展业务提供了金融支持。在 2015 年收购了德国工业巨头博世的汽车发动机起动机业务。在 2017 年收购了德国服装品牌汤姆·泰勒，成为其第一大股东。在 2020 年与德国生物技术公司 BioN-Tech 合作开发新冠疫苗，并获得中国市场的独家代理权。在收购海格特银行后，复星集团将其打造成为复星金融的重要平台，提供全球资产配置、财富管理、家族办公室等服务。在收购博世汽车发动机起动机业务后，复星集团将其更名为翌耀科技，成为全球领先的汽车电子和工业技术供应商。收购汤姆·泰勒后，复星集团将其作为复星时尚的核心品牌之一，推动其在中国市场的扩张和数字化转型。与 BioNTech 合作开发新冠疫苗后，复星集团成功申请了中国国家药品监督管理局（NMPA）的紧急使用许可（EUA），并开始在中国大陆提供疫苗接种。

复星集团与德国的合作有如下优势：可以利用德国的先进技术、品牌和市场，提升自身的创新能力和竞争力。可以借助德国的金融平台，实现全球资产配置和财富管理。可以通过与 BioNTech 的合作，为中国和全球提供有效的新冠疫苗。而德国企业可以通过与复星集团的合作，拓展中国和亚洲市场，增加收入和利润；促进双边贸易和投资，增强经济关系。

2. 复星集团与葡萄牙的合作

《中葡共建"一带一路"合作谅解备忘录》是复星集团与葡萄牙政府共同签署的，在葡萄牙电力、保险、金融、医疗等多个领域开展了广泛的合作。复星集团对葡萄牙最大的上市银行 BCP 进行了投资，并为银联与 BCP 建立了战略伙伴关系，为中葡两国的金融交流和贸易往来提供了便利。复星集团旗下豫园股份与意大利珠宝品牌 IGI 签署了投资合作协议，将共同开发中国市场，打造高端珠宝消费平台。作为一个多元化投资公司，复星和葡萄牙公司的业务主要集中在保险业。2014 年，复星公司收购葡萄牙最大的保险集团 Caixa Seguros，该集团旗下有 Fidelidade、Multicare 和 Cares 三家子公司，业务覆盖欧洲、亚洲、非洲和美洲。

复星表示将与葡萄牙保险集团进行长期稳定的合作，提高其在国际市场的竞争力，并与鼎睿再保险有限公司、永安财产保险股份有限公司等复星保险公司合作。复星收购葡萄牙的保险公司，其理由如下：一是顺应复星的国际化发展战略，利用葡萄牙保险集团在欧洲、非洲和拉美等地的业务网络，拓展复星在全球的影响力；二是为了提升复星的金融业务能力，借鉴葡萄牙保险集团在多元化产品和渠道方面的经验，增强复星旗下其他保险公司的竞争优势；三是为了抓住葡萄牙经济危机后的投资机会，利用低估值的资产实现高回报，同时帮助葡萄牙政府进行私有化改革。收购后复星对葡萄牙保险集团的改变主要有以下几个方面：一是提升和改善了葡萄牙保险集团的资本实力和财务状况，为其未来发展提供了更多的支持和保障；二是增加了葡萄牙保险集团的产品和服务的多样性和创新性，为其客户提供了更多的选择和更大的价值；三是扩大了葡萄牙保险集团在全球市场的影响力和竞争力，利用复星在亚洲、非洲等地区的资源和网络，为其开拓新的商机和合作伙伴。收购后复星与葡萄牙政府又加深了如下的合作：（1）在抗疫方面，复星公司为葡萄牙提供了超过 12 吨的医用用品；（2）在经济上，复星给葡萄牙经济注入了新的生机，并对葡萄牙的经济恢复起到了积极的作用；（3）在文化方面，复星基金会与葡萄牙政府及机构合作举办了中葡现代艺术大展和葡语国家电影周等活动，促进和加深了两国的文化交流和理解。

在葡萄牙投资电力、保险、金融、医疗等领域后，复星集团不仅拓展了自身的业务范围和规模，也为葡萄牙当地带来了技术创新和服务提升，增强了中葡两国在"一带一路"框架下的政治互信和经济互利。

3. 复星集团与印度、俄罗斯和巴基斯坦的合作

根据相关介绍，复星收购了印度医药公司 Gland Pharma。[①] 在印度收购 Gland Pharma 后，复星集团不仅提高了自身的国际竞争力和市场份额，也为印度当地创造了就业机会和税收收入，促进了中印两国在医药领域的交流与合作。复星和俄罗斯最大的黄金制造商——PolyusGold 签订了一项战略伙伴协议，共同开发世界上最大的黄金矿床之一——苏霍伊洛格金矿。在俄罗斯开发苏霍伊洛格金矿后，复星集团不仅增加了自身的资源储备和财富增值，也为俄罗斯当地带来了环境保护和社会责任，深化了中俄两国在能源领域的战略合作。复星集团与巴基斯坦哈比银行签署了《战略合作框架协议》，双方将在共建"一带一路"国家开展多元化的金融服务和产品。在巴基斯坦与哈比银行合作后，复星集团不仅丰富了自身的金融产品和服务，也为巴基斯坦当地带来了金融普惠和风险管理，推动了中巴两国在共建"一带一路"国家的金融合作。

综上可见，复星集团在"一带一路"国际产能合作中实现了双赢或多赢，并且充分展示了复星集团在"一带一路"国际产能合作中的积极探索和创新实践，以及在海外创新生态系统拓展中的杰出成果。

---

① 详见复星收购印度医药公司介绍，https://www.jiemian.com/article/676425.html。

三、复星集团海内创新生态系统"制度—组织—知识"案例分析

根据复星集团在"一带一路"与共建国进行的国际产能合作，通过分析东道国与母国之间的过程进展，结合"制度—组织—知识"三维度框架进行案例分析。

1. 制度维度边界拓展

复星集团与多个共建国进行国际产能合作，在制度边界拓展中，它采取的是"与很多的合作者合作"的战略方式，采取"分散"手段，并且在很好地得到了国际化绩效的提高的同时又提高了彼此之间的创新能力。在制度边界拓展的研究中，本节采用制度理论视角去进行分析。因为复星集团选择的合作国有发达国家相对完善的制度和新兴经济体国家相对不完善的制度，故采用"分散"的手段。复星集团与德国、葡萄牙、印度、俄罗斯和巴基斯坦进行合作，与共建国家进行了经贸、投资、经济技术合作，充分地加强了双方的产能合作。

在海外研发创新系统边界的制度拓展中，由于各种制度不完善，会有很多问题。复星集团在制度拓展方面，在具备多样性的同时，也具备差异性。不同的共建国的制度水平与国内的制度水平的差距也不同，在制度边界拓展中，也的确遇到了许多问题：中美两国战略竞争日益激烈，中国在国际产能合作上的海外制约也在加大；疫情影响下，共建国家的经济增长放缓，市场需求萎缩，投资环境恶化；共建国家的政治、法律、文化等制度差异较大，导致合作中出现沟通障碍、信任缺失、利益冲突等问题。

而在制度边界拓展的过程中，要解决通关效率低、通关成本高的问题，必须建立与各有关部门之间的沟通与协调机制。要分析国际宏观形势，即各国或地区的接受度，并加强风险防范，增强国际产能合作的稳定性（傅梦孜，2019）。复星集团利用自身在金融、医药、旅游等领域的优势，打造跨国产业链和价值链。积极参与共建国家的基础设施建设和工业化进程，推动中国铁路、电力、通信等优势产业"走出去"。并且复星集团的国际产能合作涉及多个领域和行业，这都要求其必须协调各方利益和资源，才能提高项目管理和运营效率。复星集团通过加强与共建各国的交流与协调，促进高水平贸易、投资、经济技术合作，减少投资风险和贸易费用。加强风险管理，加强与各相关部门的交流与协调，以确保通关的安全和高效。并且重视工程建设与经营效益，引进先进技术、设备，提升产品品质，提升服务水平。积极参加地方公益活动，增强对地方人民的亲和力并提高当地居民的信任度。

2. 组织维度边界拓展

复星集团通过收购、投资、合资等方式，参与基础设施建设、能源开发、工

业制造等领域。通过整合全球优质资源，打造跨境产业链和价值链，提升自身的国际竞争力和影响力。通过与共建国家的政府、企业、学校和社会组织等开展多层次、各方面的交流与合作，促进彼此的理解与互信。因为复星集团拥有多元化的业务板块，涵盖健康、快乐、富足、智造等领域，能够提供全方位的解决方案和服务。复星集团还具有强大的资本实力和并购能力，能够有效地整合全球优质资源和市场。其还注重与当地政府和社会的沟通及协调，尊重当地法律和文化，积极履行社会责任和环境保护。复星集团与沿线国的这些战略性合作，克服了这些不同共建国经济发展水平和战略定位问题等合作方式的障碍，从组织距离拓展和组织类型拓展这两个维度解决了复星集团海外创新生态系统的组织边界拓展问题。

在组织边界拓展的过程中，复星集团在共建"一带一路"国家的投资布局还不够均衡，主要集中在欧洲、亚洲及非洲的一些国家，而在拉丁美洲、中东等地区则相对较少。复星集团在某些领域也面临着激烈的竞争和风险，例如电力、金融、医药等行业都涉及敏感的政策和监管问题。复星集团还需要进一步加强与其他中国企业以及共建"一带一路"下的区域性合作机制的对接与协同，构建更加开放包容、互利共赢的产能合作新格局。这样就可以在创新生态系统的组织拓展中进行距离和多样化的双重维度拓展。趋利避害、以患为利，是"一带一路""走出去"的重要模式（龙永图，2017）。

3. 知识维度边界拓展

知识边界拓展是指企业在不断学习和创新的过程中，突破原有的知识范畴，掌握更多的知识资源和能力。在共建"一带一路"中，扩大知识边界有助于推动贸易、投资便利化，在共建各国和区域间的贸易、投资、科技创新合作、人文交流等方面具有重要意义。复星集团是一家以创新为导向的家居消费企业，秉承"中国动力和全球资源"的双重驱动，以"全球化＋新兴产业"为核心，该集团在"一带一路"国际产能合作中，积极参与各国经济、社会、环境等领域的合作项目，拓展了自身的知识边界和市场空间。民营企业需要以"创新驱动"代替"惯性推动"，就是要去拓展知识的边界，这既是有效共建"一带一路"和构建人类命运共同体的客观需要，又是民营企业可持续发展的必然要求（柯银斌等，2019）。在创新生态系统知识边界拓展的进程中，我们从供给侧、需求方和中介三个角度分析。

（1）供给侧。

复星集团利用自身在医药、金融、旅游等领域的优势资源和技术，加强与共建各国的工业合作，推进中国"走出去"高质量产能和设备；提升自身的竞争力和创新能力。从供给侧角度，复星集团不仅进行了知识边界多样性拓展，开发了不同类型的新知识，涵盖"科学、技术和产品市场"三种类型的知识，充分提高了知识多样性程度，而且在知识距离维度也保持了较大的知识距离。

（2）需求方。

复星集团根据沿线国家的工业化发展阶段和市场需求，为客户提供个性化的产品和服务，帮助相关国家提升工业化水平和民生福祉，实现互利共赢。从需求方角度来看，复星集团的知识边界拓展也充分具备了知识多样性拓展和知识距离远两个维度。

（3）中介。

复星通过与政府、金融、社会组织等多方合作，建立了良好的交流与信任，为"一带一路"国际产能合作搭建平台和桥梁，促进各方利益协调和风险分担。我们认为，复星集团符合"距离远—类型多"这样一种充分的知识边界拓展，实现了健康、可持续的"走出去"模式（刘祥，2018）。

四、结论

复星是一个以健康、快乐、富足、智造为核心的综合型公司，它在"一带一路"共建国家开展了多项国际产能合作项目，例如在葡萄牙建设医疗中心等。其国际产能合作项目充分符合"一带一路"共建国家的发展需求和战略目标，也符合"共商、共享"的原则，实现了开放包容、互利共赢和可持续发展，有助于增强共建国家的自生能力和经济竞争力，同时有利于推动中国与共建国家之间的政治互信、经济融合和文化交流，在进行"一带一路"国际产能合作中的创新生态系统主体协同时，呈现出"制度—组织—知识"三维度非线性边界拓展，实现海外创新生态系统的融合、创新和发展。

第十章

母国—东道国制度协同与创新生态系统领军企业的制度战略

基于第九章提出的创新生态系统主体协同过程中"制度—组织—知识"三维度框架,本章重点聚焦关注母国—东道国制度协同的制度维度议题。首先,基于中国区域市场制度环境的差异性、复杂性、多维性与多层次性,以及各制度因素间相互依存、交互作用的特征,从区域制度与企业政治关联视角探讨中国企业海外投资的母国制度解释。其次,以外国环境监管和客户压力作为强制性和规范性制度压力的典型代表对制度压力进行区分,并考察它们在积极的环境战略与中国中小企业国际化之间的关系中的调节作用。最后,从制度与企业创新战略互动视角,探讨东道国制度环境复杂性对中国民营企业在共建"一带一路"东道国"走进去"的影响机制,以及民营企业主动获取内外部组织合法性的制度战略选择。

第一节 母国的区域制度、政治关联
与民营企业"一带一路"投资

一、引言

由于新兴经济体正在经历规范性、价值观和监管环境的重大转变,具有独特的制度特征，这会影响嵌入其中的各类组织做出的战略选择，因此，制度理论已成为新兴经济体企业国际商务与创新战略管理研究的重要理论视角（Luo and Zhang，2016）。现有研究认为企业国际化的关键驱动力是发展中国家环境本身，而关于新兴经济体跨国企业所嵌入的母国制度对其海外研发投资的影响作用存在不一致的观点：一是由母国制度不完善和约束而引起的制度逃离，即海外研发投资可以为新兴经济体跨国企业提供一条绕过国内制度约束的途径；二是良好的母国制度安排会驱动企业开展海外研发投资。有学者认为同构压力可能已经成为海外研发投资决策背后的主要驱动因素，大多数企业会模仿其他企业在其制度环境下的国际化行为（曾华，2017）。

因此，本节基于中国区域市场制度环境的差异性、复杂性、多维性与多层次性，以及各制度因素间相互依存、交互作用的特征，从区域市场化制度与企业政治关联视角探讨中国企业海外投资的母国制度解释，以更有效和更有针对性地进行制度分析，促进企业开展海外研发投资，提升企业的创新能力，增强国际竞争力。

二、研究假设

1. 区域市场化制度与企业海外研发投资

在中国，关于市场发展的政策和法规是政府正式制度的重要组成部分，中国从计划经济体制向市场经济体制转轨的改革已经进行了40多年，市场化改革不是简单的几项规章制度的变化，而是涉及体制的方方面面，是一系列经济、社会、法律制度的变革。同时，市场化改革进程在各地区之间存在着巨大的不平衡，也就是说，即使面对共同的国家法律法规，由于地方政府对规则和条例的执行程度不同，一些地区拥有比其他地区更好的市场化制度，例如在一些东部沿海省市，市场化已经取得了重要性的进展，而在另外一些省份，经济中非市场因素还占有主导的地位。

市场化制度有助于降低交易成本，通过减少和降低寻找贸易伙伴、比较其价格、评估待售商品质量、谈判协议、监控业绩和解决争端所花费的时间和费用，确保产权得到尊重和保护，承诺得到信任和执行，培养竞争氛围，促使信息畅通。因此，一方面，虽有少数学者认为企业对外投资是对母国不完善制度的逃避，但大多学者基于新兴经济体国家的实证研究表明，政府政策的自由化和放宽对离岸投资的监管促进了新兴经济体企业对外直接投资的增加，良好的母国制度安排会成为驱动企业对外直接投资的重要变量（付宏、王建茗、张志伟和汪金伟，2018）。有学者利用1984~2001年关于中国对外直接投资的数据，也发现中国的市场化改革积极地促进了中国跨国企业的对外直接投资（杨立卓、刘雪娇，2021）。另外，促进要素自由流动、产权保护和金融市场化，鼓励效率与竞争的市场化制度，能够减少交易主体间的机会主义行为，降低道德风险和企业研发活动的资源获取成本，对企业研发投资具有显著的促进作用。具体来说，政府通过规范市场竞争机制、促进资源合理有效分配和加强企业公平良性竞争等措施来对市场进行适当干预，可以缓解市场风险不确定性对企业研发投资的抑制作用；有市场效率意识的政府能够直接减轻企业研发活动的税费负担，行政审批效率的提高能够间接降低企业研发成本；成熟、完善的金融市场可为企业研发提供外部融资，提高融资效率，增强企业的研发意愿并加大研发投入。健全完善的知识产权保护法律制度能有效避免企业研发机密外泄，降低研发成果的负外部性，保护企业的研发成果并促进企业开展研发投资活动。有效的市场中介可以显著降低从外部获取知识来源所涉及的交易成本，并帮助企业进行适应和重组工作，例如聘请高质量的研发人员、研究动态市场条件、调整或进一步改进产品、寻找当地供应商或财务支持等。也有学者（Buckley and Tian，2017）通过对印度跨国企业实证研究发现，在国际化过程中，国内有利的制度促使企业将研发资源投入创业实验和冒险创新。基于此，我们提出如下假设。

假设 10 - 1：区域市场化制度对企业海外研发投资倾向（a）与强度（b）有显著的积极影响。

2. 区域企业家精神与企业海外研发投资

企业家精神是企业家群体所共有的特质和价值观体系，属于非正式制度范畴，包含企业家创新精神、冒险精神、风险承担以及机会识别能力等四个方面，其含义具有广泛性、不稳定性和多层次性。企业家精神作为无形要素，既属于个人与组织特质，还与特定的地域文化相联系，其在地理空间的集聚很大程度上体现了一种区域性现象，在各个不同的地区呈现出差异化。有学者分别对中国20个中心城市、30个省市的企业家精神进行了评价，发现各城市与地区的企业家精神差异显著并且差异在不断扩大（冯伟、李嘉佳，2019）。

一方面，企业研发投入是创新的基础，而企业研发投入取决于企业家的决策，其中企业家精神是影响其决策行为的关键因素，有学者研究发现企业家的创业和创新精神会显著增加企业研发投入。另一方面，目前关于企业家精神影响企业国际化的研究，主要集中在企业家精神与出口贸易的关系，例如基于 The World Bank、The OECD 和 Compendia 三个数据库，研究发现国家层面的企业家精神促进了企业出口倾向和提高了企业的出口强度；也有学者认为企业家精神（主动性、冒险和创新）是企业进入国外市场的决定性因素，他们使用来自全球创业观察（Global Entrepreneurship Monitor，GEM）2001～2008 年美国和欧盟创业企业的相关数据，通过实证表明创业企业出口倾向与企业家的主动性和创新能力正相关（武莉莉，2015）；国内学者李小平和李小克（2017）通过构建省级层面的企业家精神指数和显示性比较优势指数，发现企业家精神显著提升了中国地区出口比较优势。同时，也有学者基于中国制造业微观企业数据，采用生存分析方法验证了企业家精神有利于延长中国制造业企业的出口持续时间（苏振东、洪玉娟和刘璐瑶，2012）。因此，区域企业家的创新意识和品质、敢于积极竞争和承担风险精神以及机会识别能力，使得企业更有可能实施海外研发投资战略、积极探索国际市场的机会、及时引进独特的产品和生产服务技术，以及善于寻找针对销售和生产问题的新颖解决方式。企业家精神一般可分为企业家创业精神（体现在建立新企业或子企业的行为）与企业家创新精神（体现了企业创新的意愿）。基于此，我们提出以下假设：

假设 10 - 2：区域企业家精神对企业海外研发投资倾向（a）与强度（b）有显著的积极影响。

假设 10 - 2a：区域企业家创业精神对企业海外研发投资倾向（a）与强度（b）有显著的积极影响。

假设 10 - 2b：区域企业家创新精神对企业海外研发投资倾向（a）与强度（b）有显著的积极影响。

3. 政治关联与企业海外研发投资

政治关联（political connection）是指企业与政府之间的紧密联系。国内外关于政治关联的定义界定较多且不一致，本书借鉴高炜和黄冬娅（2018）的研究界定，认为政治关联应包括企业通过有政治背景的股东或高管和政府建立的联系以及基于所有制安排的国有企业与政府建立的联系，即中国企业的政治关联不仅包括基于个人私人关系的政府关系，还应包括基于所有制因素产生的政治关系。

政治关联作为企业重要的资源之一，是影响企业战略决策选择的一个关键因素。首先，一方面，从制度理论视角来看，企业通过发展与国家的关系，更好地建立企业合法性，为企业开展海外研发投资提供各种所需的重要资源与条件。例如，国外有学者基于对巴基斯坦的研究表明，政治关联企业的银行借款是非政治关联企业的 2 倍（林韩，2018）；另一些学者也发现，有政治关联的企业比无政治关联的企业获得更多的银行贷款和更长的贷款期限（蔡文怡，2017）；于蔚等（2012）基于信息效应和资源效应理论，证明政治关联确实能缓解企业融资约束。另一方面，政治关联可以帮助企业获得海外研发需要的相关创新资源，增强了企业更好地开展海外研发投资活动的意愿和能力。例如，政府能促进政治关联企业与高校或研发机构等"产学研"平台单位合作，从中获得知识等创新资源和优惠政策，使企业积累更多的创新研发基础，促进企业开展海外研发投资。又如，通过政治关联，企业可以提前了解政府的相关政策导向，便利获取政府提供的海外运营所需支持和知识，通过政府支持还可以快速寻找到更多技术领先的合作伙伴，获得更多、更好的海外研发投资机会。如以民营企业为研究样本，研究发现企业政治关联对国际化深度具有显著的正向促进作用（缪宇佳，2019）。

虽然政治资源能帮助企业降低融资成本，获得更快发展，但也给企业带来一些负面效应，即存在政治资源诅咒效应（袁建国等，2015）。例如，研究表明政治关联会干扰和削弱企业在核心能力建设方面的努力：（1）为了建立和维护特殊的政治关联，企业家和高管必须耗费大量的精力和资源，从而减少了在企业能力建设上的投入；（2）诱使企业进入非核心业务的领域，导致过度的"非关联多元化"经营而侵蚀核心能力；（3）软化了企业的预算约束和市场竞争压力，从而弱化了企业进行能力建设的动力；（4）政府官员往往迫使企业形成特殊的治理结构以维护其利益，从而对企业的组织、激励机制和文化建设造成持久的负面影响（程度君，2017）。袁建国等（2015）从企业资源禀赋、市场竞争、企业投资行为以及地方官员晋升的"锦标赛理论"等几个方面分析了政治关联对企业技术创新行为的阻碍作用：（1）政治资源越丰富的企业，可能越容易诱发企业通过寻租活动来提升企业绩效，这样就减弱了有政治关联企业的管理者通过创新活动来提升企业绩效的激励。如有研究也表明有政治关联的企业更愿意通过多元化的扩张行为来提升企业绩效，或更偏好通过并购的方式来扩张企业规模，这类企业可能并不关注技术创新活动（刘锦、叶云龙和李晓楠，2018）。（2）企业政治关联的存在可能会缓解市场竞争对于企业技术创新的激励，导致企业创新压力和动力不足。相比于无政治关联的企业，有政治关联的企业更易获得地方政府的贸易保护，从而降低了企业技术创新的压力。（3）从企业的投资结构视角来看，有政治关联的企业更容易获得银行信贷支持，融资约束程度低，这类企业有更多的冗员，关注短期产能的提升，从而加剧了其过度投资行为，而过度投资行为导致企业投资结构失调，降低了创新资源投入水平。（4）由于我国地方政府官员晋升机制，有政治关联的企业为了迎合地方官员促进本地经济增长的需求，也会进行过度投资并诱发产能过剩的风险，从而牺牲企业长期发展能力，这就要求有政治关联的企业更多地关注短期产能水平的提升以及吸收更多的本地剩余劳动力等。这些事项会耗费企业有限的资源，造成企业创新投入不足或投入产出效率低下。有学者通过对通信行业的上市企业研究发现政治关联对企业的国际化经营并没有带来竞争优势，相反在一定程度上还带来竞争劣势，对企业的国际化广度拓展有抑制作用（潘镇、杨柳和殷华方，2020）。

基于上述分析，本节提出以下假设：

假设 10 - 3：政治关联显著影响企业海外研发投资倾向（a）与强度（b），但影响方向不确定。

假设 10 - 3a：政治关联对企业海外研发投资倾向（a）与强度（b）有着显著的积极影响，即相对于无政治关联的企业，有政治关联的企业的海外研发投资可能性更高，强度更大。

假设 10 - 3b：政治关联对企业海外研发投资倾向（a）与强度（b）有着显著的消极影响，即相对于无政治关联的企业，有政治关联的企业的海外研发投资可能性较低，强度较小。

4. 区域市场化制度、政治关联的交互作用与企业海外研发投资

虽然上述分析提出区域市场化制度，企业家创业精神、创新精神以及企业政治关联各自对企业海外研发投资的影响作用，但制度系统的多样性与复杂性需要考虑制度因素间的相互影响关系，因此，我们继续探索区域层面的制度因素与企业层面的政治关联的交互作用可能对企业海外研发投资产生的影响。

从资源依赖理论视角分析，位于市场支持制度缺乏或薄弱地区的企业，通过发展与政府的关系，政治关联会发挥替代性作用以弥补制度支持的缺失，即企业在金融发展越落后、政府越腐败、法律规制越弱、产权保护越不充分的国家或地区越有可能投入资源去建立与政府之间的关联，以减少不确定性，促进企业获取各种关键资源。相对于无政治关联企业，在市场化制度质量较低与企业家精神较少的地区，政治关联企业更有可能开展海外研发投资活动。但是经营政治关联需要付出一定的成本代价，比如承担地方经济增长和就业的"政治包袱"、助长过度投资、资源分散等现象（袁建国等，2015）。因此，相对于政治关联企业，区域市场化制度质量与企业家精神的提升会对无政治关联企业的海外研发投资产生更大的积极影响。基于此，我们提出如下假设。

假设 10 - 4：区域制度与企业的政治关联的交互作用对海外研发投资倾向（a）与强度（b）之间起着消极影响。

假设 10 - 4a：区域市场化制度与企业的政治关联的交互作用对海外研发投资倾向（a）与强度（b）之间起着消极影响，即相对于有政治关联的企业，区域市场化制度对无政治关联企业海外研发投资倾向（a）与强度（b）的积极影响会更大。

假设 10 - 4b：区域企业家创业精神与企业的政治关联的交互作用对海外研发投资倾向（a）与强度（b）之间起着消极影响，即相对于有政治关联的企业，区域企业家创业精神对无政治关联企业海外研发投资倾向（a）与强度（b）的积极影响会更大。

假设 10 - 4c：区域企业家创新精神与企业的政治关联的交互作用对海外研发投资倾向（a）与强度（b）之间起着消极影响，即相对于有政治关联的企业，区域企业家创新精神对无政治关联企业海外研发投资倾向（a）与强度（b）的积极影响会更大。

基于上述理论与假设，构建本节内容的理论研究模型，如图 10 - 1 所示。

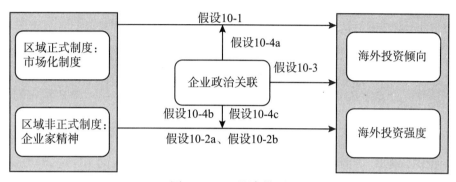

图 10 - 1　理论模型

三、研究设计

1. 样本说明

本研究关注的是母国区域制度与企业政治关联对企业海外研发投资倾向与强度的影响，中国所具有的各地区正式制度与非正式制度的较大异质性以及比其他国家更具特色的企业政治关联，成为本研究的合适情境。基于数据的可获得性，本研究选取 2009 ~ 2015 年海外研发投资活动较为频繁的医药制造业（C27），通用设备制造业（C34），专用设备制造业（C35），汽车制造业（C36），电气机械及器材制造业（C38），计算机、通信和其他电子设备制造业（C39）这六个制造行业的 A 股上市企业作为研究样本，从国泰安 CSMAR 数据库下载这六个行业 A 股上市企业 2009 ~ 2015 年的行业、注册地、经营范围等基本信息，获取原始样本企业 1 290 家，观测值 5 656 个，并按以下原则对原始样本企业进行删除：

（1）经营范围（所在行业）发生重大变更的；

（2）有重大重组行为的；

（3）注册地或总部办公地发生跨省变更的；

（4）2014 年后上市的；

（5）主要变量数据缺失的。

为了减少因果关系内生性问题，在回归模型中本节把主要的自变量、调节变量和控制变量滞后一年，最终得到一份包含 607 家样本企业、3 670 个观测值的非平衡面板数据。

2. 模型设定

第一个因变量海外研发投资倾向为 0 与 1 的虚拟变量，应用 Probit 模型分析区域制度与企业政治关联的影响效应，模型设定如式（10.1）所示。第二个因变量海外研发投资强度为海外研发投资数量，是大于等于 0 的删截计数变量，因此选择 Tobit 模型进行估计分析（布林，2012），如式（10.2）所示。

$$\Pr(R\&D\_ip_{it} = 1) = f(\alpha_0 + \alpha_1 institution_{it} + \alpha_2 politics_{it} + \alpha_3 institution_{it} \times politics_{it}$$
$$+ \alpha_4 Z_{it} + \varepsilon_{it}) \tag{10.1}$$

$$R\&D\_ii_{it} = \beta_0 + \beta_1 institution_{it} + \beta_2 politics_{it} + \beta_3 institution_{it} \times politics_{it} + \beta_4 Z_{it} + \mu_{it}$$
$$\tag{10.2}$$

下标 i、t 为企业、年份；$R\&D\_ip$ 为海外研发投资倾向，表示是否开展海外研发投资，为 0、1 的虚拟变量（开展海外研发投资为 1，反之为 0）；$R\&D\_ii$ 为海外研发投资强度，以企业海外研发投资的数量衡量；$institution$ 为区域正式制度（区域市场化制度）与非正式制度（区域企业家精神），$politics$ 为企业的政治关联；$institution \times politics$ 为区域制度与企业政治关联的交互项；Z 为控制变量，包含企业规模、企业年龄、财务杠杆、盈利能力、研发能力、政府补贴、组织冗余等变量以及年份与产业的虚拟变量；ε 和 μ 分别为两个方程的随机扰动项。α_i 与 β_i 分别为各变量的估计系数。

3. 变量测量

（1）因变量。

海外研发投资倾向与强度。本研究采用海外研发投资倾向与投资强度两个变量来衡量企业海外研发投资。研究聘用了 4 名研究助理，分为 A、B 两组，每组两人，从上海与深圳证券交易所手工下载了 607 家样本企业 2009～2015 年的年度报告，两个小组分别仔细阅读年报，结合企业官网与相关新闻，从中挖掘企业海外研发投资的信息，两小组独立对海外研发投资倾向与投资强度进行编码，参照过往研究的做法，如果企业海外子企业的经营范围里包含"研发""技术开发"等关键词，则认为其是开展海外研发投资的（不包含开曼群岛和英属维尔京群岛等以避税为目的开展研发投资的样本），则投资倾向为 1，否则为 0；投资强度为企业海外研发投资项目的数量。研究对两组整理的编码进行比较，95.6% 的编码都是一致的，分析 4.4% 的差异背后的原因，一起解决分歧，最后完成了对企业海外研发投资倾向与强度的测量。

（2）自变量。

①区域市场化制度。市场化作为一种从计划经济向市场经济过渡的体制改

革，不是简单的几项规章制度的变化，而是一系列经济、社会、法律制度的变革。四十多年来中国经历了显著的市场化转型，但从地区发展的角度看，市场化进程仍然是不均衡的。总体而言，东部地区保持了较快的市场化进展，西部地区相对较慢。母国区域市场化制度质量采用先前研究开发的市场化指数来衡量，该指数主要由政府与市场的关系、非国有经济的发展、产品市场的发育程度、要素市场的发育程度以及市场中介组织的发育和市场的法制环境5个方面指数组成，每个方面由若干分项指数组成，有些分项指数下面还设有二级指数，共由18项基础指数构成。基础指数的计算全部基于权威机构的统计数据或企业调查数据，能够比较客观全面地反映各区域正式制度，已有诸多学者采用该指数来衡量区域市场化制度质量。

②区域企业家精神。借鉴过往研究对企业家精神内涵的界定，把区域企业家精神划分为企业家创业精神与企业家创新精神。企业家创业精神是指任何建立新（子）企业的行为，基于数量效应与就业效应（李小平和李小克，2017），采用式（10.3）构建测量区域企业家创业精神，i、t 分别表示省份和年份，Qu_{it}、Pop_{it}、Em_{it}、Tem_{it} 分别为 i 省 t 年的私营企业和个体户数量、总人口数、私营企业和个体户就业人数、就业总人数，$\dfrac{Qu_{it}}{Pop_{it}}$ 表示省级层面人均企业数量，体现了企业家创业精神的数量效应；$\dfrac{Em_{it}}{Tem_{it}}$ 表示省级层面的企业的就业人数比例，体现了就业效应。

$$BE_{it} = \frac{Qu_{it}}{Pop_{it}} \times \frac{Em_{it}}{Tem_{it}} \tag{10.3}$$

创新精神是企业家精神的核心，有学者采用区域专利或发明申请数量来衡量区域企业家创新精神，但专利或发明申请量只是反映了创新的积极性，并不能真实反映创新能力和水平，可能会高估企业家创新精神（李小平和李小克，2017），因此本书使用各省每万人的专利授权量来衡量区域企业家创新精神。

③企业政治关联。本节基于高炜和黄冬娅（2018）对政治关联概念的界定，是指企业与母国各级政府之间建立的政治关系，主要包括两部分：一是基于所有制安排的国有企业拥有天然的政治关联；二是非国有企业有政治背景的股东或高管和政府建立的联系。研究从国泰安数据库获取样本企业所有制性质与高管政治背景的相关资料，对所有制性质为国有企业以及非国有企业的董事长或总经理具有政治背景（曾在各级政府部门任过职或为人大代表、政协委员）的赋值为1，反之无政治关联的赋值为0。

（3）控制变量。

另外，本节还对可能影响企业海外研发投资决策的企业异质性变量进行控制，这些变量包括：

①企业规模。先前研究提出企业规模对研发活动有着积极和单调的影响（李笑、华桂宏，2020），这是因为大企业能够更好地将固定的研发成本分摊到大的销售量上，并通过进行各种研发来对冲风险。组织文献则认为大企业受市场竞争的影响往往较小，这限制了它们对技术改进的激励。因此，根据近期对中国企业创新活动的实证研究，我们使用总资产的自然对数作为企业规模的衡量。

②企业年龄。企业年龄对研发活动也会产生显著影响。一方面，随着企业年龄的增加，积累更多的经验、知识和其他特定资产，能够获得更高的单位投资回报率。另一方面，年龄较大的企业遭受更多的组织惯性，并且不能将新产品与组织资源、流程和策略联系起来。本节计算观测年份与企业成立以来的年份之差来测量企业年龄。

③财务杠杆。可运用的资本数量可能会影响企业海外研发投资的战略决策。我们使用资产负债率变量来控制这种影响。

④盈利能力。一般高营利性企业拥有更多的资源来进行海外研发投资，我们采用企业净利润除以总资产的比重（ROA）来测量企业的盈利能力。

⑤研发能力。已有较多研究表明企业的研发能力会对海外研发投资产生积极的影响（李笑、华桂宏，2020），我们采用企业研发投入取对数来测量研发能力。

⑥政府补贴。政府补贴会对企业的海外研发投资决策产生促进或挤出效应，我们对企业取得的政府补贴取对数来控制政府补贴的影响。

⑦组织冗余。组织冗余通常被定义为实际或潜在资源的缓冲，允许组织成功地适应内部压力调整或外部压力以改变政策，以及启动关于外部环境的战略的变化，组织冗余的测量如下：吸收冗余与未吸收冗余取均值，吸收冗余为（销售费用＋财务费用＋管理费用）÷销售收入，未吸收冗余为流动比率；

⑧行业和年份的虚拟变量。另外，我们还考虑到不同行业和时间对企业海外研发投资战略的影响，控制了行业和年份的效应。

各变量的含义与数据来源见表 10 - 1。

表 10 - 1　　　　　　　　主要变量含义及数据来源

变量类别	变量	含义	数据来源
因变量	海外研发投资倾向	虚拟变量，有开展海外研发投资的企业赋值为1，否则为0	上市企业年报手工整理
	海外研发投资强度	海外研发投资项目数	

变量类别	变量		含义	数据来源
自变量与调节变量	区域市场化制度		区域制度质量，以各省市场化指数衡量	中国分省份市场化指数报告（王小鲁等，2016）
	区域企业家精神	创业精神	建立新（子）企业的行为，数量效应与就业效应的乘积	各省统计年鉴
		创新精神	区域企业家创新精神，以各省人均专利授权量衡量	
	企业政治关联		虚拟变量，所有制性质为国有企业以及非国有企业的董事长或总经理具有政治背景（曾在各级政府部门任过职或为人大代表、政协委员）的赋值为1，反之为0	
控制变量	企业规模		企业总资产取对数	国泰安数据库
	企业年龄		企业成立以来的年数	
	财务杠杆		企业的资产负债率（总负债÷总资产）	
	盈利能力		企业的资产收益率（净利润÷总资产）	
	研发能力		企业的研发投入取对数	
	政府补贴		政府补贴额取对数	
	组织冗余		吸收冗余与未吸收冗余的均值，吸收冗余为（销售费用＋财务费用＋管理费用）÷销售收入，未吸收冗余为流动比率	

四、实证结果分析

1. 描述性统计与相关性矩阵

表 10 - 2 报告各变量的描述性统计结果，可以看出，开展海外研发投资的企业占总样本数的 16.5%，总样本海外研发投资强度平均为 0.344。表 10 - 3 报告了各变量的相关系数，除了两个因变量海外投资倾向与投资强度存在较强的相关

251

性（相关系数为 0.801）外，区域制度变量区域市场化制度、企业家创业与创新精神也存在较强的显著相关性，考虑在后续回归分析中进行标准化处理。其他变量间的相关系数的绝对值大都较小，不存在较强的相关性。同时，我们使用方差膨胀因子（VIF）检验了变量间潜在的多重共线性，在模型中获得的 VIF 最高不超过 3.88，均小于门槛值 10，说明变量之间不存在多重共线性现象。

表 10 - 2 　　　　　　　　　变量的描述性统计

变量	样本数	均值	标准差	最小值	最大值
海外研发投资倾向	3 670	0.165	0.372	0.000	1.000
海外研发投资强度	3 670	0.344	0.956	0.000	9.000
区域市场化制度	3 670	7.654	1.517	2.870	9.950
区域企业家创业精神	3 670	0.017	0.012	0.001	0.050
区域企业家创新精神	3 670	13.789	10.710	0.398	36.804
企业政治关联	3 670	0.400	0.490	0.000	1.000
企业规模	3 670	21.604	1.095	17.879	26.751
企业年龄	3 670	13.481	5.201	2.000	40.000
财务杠杆	3 670	0.377	0.203	0.008	1.201
盈利能力	3 670	0.052	0.052	- 0.312	0.390
研发能力	3 670	17.774	1.323	11.432	23.225
政府补贴	3 670	16.043	2.017	0.000	21.706
组织冗余	3 670	0.115	0.401	- 0.001	19.443

2. 回归结果分析

因变量海外研发投资倾向是 0 或 1 的虚拟变量，我们采用面板的非线性 Probit 回归模型进行估计，而因变量海外研发投资强度是左侧截尾的受限变量，因此采用面板的非线性 Tobit 回归模型进行估计。考虑到各自变量对因变量影响的滞后性，我们对自变量、调节变量和控制变量均采用滞后一年的做法，并在模型估计中包括了行业和年份的虚拟变量。另外，在检验调节效应时，为了避免交互项带来多重共线问题，自变量和调节变量先进行中心化后再乘积。本研究应用 Stata 15.0 进行数据处理和模型拟合估计，表 10 - 4 报告了企业海外研发投资倾向作为因变量的 Probit 模型回归结果，表 10 - 5 报告了企业海外研发投资强度作为因变量的 Tobit 模型回归的结果。

表10-3 变量相关系数矩阵

变量	1	2	3	4	5	6	7	8	9	10	11	12	13
1. 海外研发投资倾向	1.000												
2. 海外研发投资强度	0.801***	1.000											
3. 区域市场化制度	0.093***	0.143***	1.000										
4. 企业家创业精神	0.060***	0.118***	0.765***	1.000									
5. 企业家创新精神	0.062***	0.111***	0.863***	0.853***	1.000								
6. 企业政治关联	0.051***	0.006	0.040*	0.003	0.058***	1.000							
7. 企业规模	0.260***	0.335***	-0.025	0.042*	-0.001	0.056***	1.000						
8. 企业年龄	0.013	0.047***	0.069***	0.085***	0.047***	-0.019	0.263***	1.000					
9. 财务杠杆	0.047***	0.116***	-0.093***	-0.064***	-0.088***	-0.048***	0.485***	0.242***	1.000				
10. 研发能力	0.044***	0.011	0.032*	0.005	0.012	0.083***	-0.031*	-0.118***	-0.345***	1.000			
11. 盈利能力	0.318***	0.377***	0.115***	0.140***	0.111***	0.048***	0.779***	0.183***	0.306***	0.105***	1.000		
12. 政府补贴	0.184***	0.180***	0.054***	0.095***	0.072***	0.061***	0.479***	0.108***	0.216***	0.038**	0.479***	1.000	
13. 组织冗余	-0.016	-0.007	-0.019	-0.007	-0.02	-0.005	0.034***	0.066***	0.182***	-0.109***	0.002	0.016	1.000
VIF			4.120	6.100	3.750	3.440	1.030	1.110	1.610	2.910	1.220	1.380	1.040

注：***、**、* 分别表示在 1%、5%、10% 的显著水平下通过显著性检验；样本数为 3 670。

表 10 - 4　　企业海外研发投资倾向的 Probit 模型回归结果

变量		海外研发投资倾向（Probit 模型）						
		模型 1	模型 2	模型 3	模型 4	模型 5	模型 6	模型 7
区域市场化制度			0.480 ***	0.524 ***				
			(0.127)	(0.135)				
区域企业家精神	创业精神				10.710	15.219		
					(14.149)	(13.301)		
	创新精神						0.035 **	0.041 **
							(0.015)	(0.017)
企业政治关联				1.226 ***		1.455 ***		1.292 ***
				(0.423)		(0.350)		(0.415)
区域市场化制度 × 政治关联				-0.593 ***				
				(0.245)				
企业家创业精神 × 政治关联						-63.193 ***		
						(23.981)		
企业家创新精神 × 政治关联								-0.090 ***
								(0.032)
企业规模		1.499 ***	1.553 ***	1.815 ***	1.467 ***	1.517 ***	1.565 ***	1.863 ***
		(0.234)	(0.235)	(0.257)	(0.242)	(0.234)	(0.216)	(0.262)
企业年龄		-0.112 ***	-0.114 ***	-0.129 ***	-0.106 ***	-0.112 ***	-0.103 ***	-0.142 ***
		(0.036)	(0.036)	(0.041)	(0.038)	(0.037)	(0.038)	(0.044)
财务杠杆		-1.626 **	-2.007 **	-2.101 **	-1.626 **	-1.956 **	-1.592 **	-2.170 **
		(0.821)	(0.846)	(0.895)	(0.821)	(0.832)	(0.733)	(0.927)
研发能力		0.199 ***	0.233 ***	0.245 ***	0.192 ***	0.201 ***	0.191 ***	0.251 ***
		(0.012)	(0.015)	(0.016)	(0.014)	(0.013)	(0.012)	(0.017)
盈利能力		2.124 ***	2.260 ***	2.346 ***	1.924 ***	2.126 ***	2.064 ***	2.326 ***
		(0.521)	(0.532)	(0.572)	(0.532)	(0.523)	(0.504)	(0.562)
政府补贴		0.2559 **	0.2576 **	0.26019 **	0.2538 **	0.2567 **	0.2534 **	0.2612 **
		(0.1186)	(0.1189)	(0.1195)	(0.1156)	(0.1192)	(0.1175)	(0.1201)
组织冗余		0.0690	0.0693	0.0695	0.0687	0.0685	0.0676	0.0671
		(0.2870)	(0.2871)	(0.2872)	(0.2867)	(0.2867)	(0.2872)	(0.2885)
常数项		-43.554 ***	-44.5334 ***	-49.125 ***	-42.464 ***	-43.6524 ***	-45.382 ***	-48.321 ***
		(4.066)	(4.1433)	(5.044)	(4.054)	(4.086)	(4.462)	(4.942)

变量	海外研发投资倾向（Probit 模型）						
	模型 1	模型 2	模型 3	模型 4	模型 5	模型 6	模型 7
产业	Yes	Ycs	Yes	Yes	Yes	Yes	Yes
年份	Yes	Yes	Yes	Yes	Yes	Yes	Yes
Loglikelihood	−455.984	−448.821	−445.722	−453.411	−450.151	−449.78	−446.26
N	3 670	3 670	3 670	3 670	3 670	3 670	3 670

注：括号内为稳健标准误；***、**、*分别表示在 1%、5%、10% 的显著水平下通过显著性检验。

表 10 – 5　企业海外研发投资强度的 Tobit 模型回归结果

变量		海外研发投资强度（Tobit 模型）						
		模型 8	模型 9	模型 10	模型 11	模型 12	模型 13	模型 14
区域市场化制度			0.071 *** (0.014)	0.071 *** (0.014)				
区域企业家精神	创业精神				8.065 *** (1.722)	8.027 *** (1.723)		
	创新精神						0.007 *** (0.002)	0.008 *** (0.002)
企业政治关联				0.119 *** (0.034)		0.114 *** (0.034)		0.111 *** (0.034)
区域市场化制度×政治关联				−0.036 ** (0.016)				
企业家创业精神×政治关联						−1.708 ** (0.828)		
企业家创新精神×政治关联								−0.021 *** (0.002)
企业规模		0.205 *** (0.017)	0.208 *** (0.017)	0.207 *** (0.017)	0.202 *** (0.017)	0.202 *** (0.017)	0.204 *** (0.017)	0.204 *** (0.017)
企业年龄		0.015 *** (0.005)	0.016 *** (0.005)	0.016 *** (0.005)	0.015 *** (0.005)	0.015 *** (0.005)	0.016 *** (0.005)	0.016 *** (0.005)
财务杠杆		0.103 *** (0.030)	0.104 *** (0.030)	0.106 *** (0.030)	0.101 *** (0.030)	0.101 *** (0.030)	0.103 *** (0.030)	0.103 *** (0.030)

续表

变量	海外研发投资强度（Tobit 模型）						
	模型 8	模型 9	模型 10	模型 11	模型 12	模型 13	模型 14
研发能力	0.119 ***	0.117 ***	0.117 ***	0.117 ***	0.117 ***	0.117 ***	0.117 ***
	（0.005）	（0.005）	（0.005）	（0.005）	（0.005）	（0.005）	（0.005）
盈利能力	0.470 ***	0.472 ***	0.474 ***	0.476 ***	0.476 ***	0.477 ***	0.477 ***
	（0.173）	（0.172）	（0.172）	（0.172）	（0.172）	（0.172）	（0.172）
政府补贴	0.0176 ***	0.0177 ***	0.0181 ***	0.0182 ***	0.0181 ***	0.0180 ***	0.0181 ***
	（0.0059）	（0.0059）	（0.0061）	（0.0062）	（0.0060）	（0.0059）	（0.0061）
组织冗余	0.0002	0.0002	0.0002	0.0002	0.0002	0.0002	0.0002
	（0.0211）	（0.0211）	（0.0211）	（0.0211）	（0.0211）	（0.0211）	（0.0211）
常数项	− 4.639 ***	− 5.192 ***	− 5.195 ***	− 5.065 ***	− 5.078 ***	− 5.172 ***	− 5.173 ***
	（0.358）	（0.370）	（0.378）	（0.359）	（0.360）	（0.361）	（0.361）
产业	Yes	Yes	Yes	Yes	Yes	Yes	Yes
年份	Yes	Yes	Yes	Yes	Yes	Yes	Yes
Loglikelihood	− 13 018.155	− 3 005.659	− 3 002.968	− 3 007.158	− 3 003.732	− 3 005.616	− 3 002.375
N	3 670	3 670	3 670	3 670	3 670	3 670	3 670

注：括号内为稳健标准误；*** 、** 、* 分别表示在 1%、5%、10% 的显著水平下通过显著性检验。

在表 10 - 4 中，模型 1 为基准模型，是所有控制变量（包括产业与年份）对因变量海外研发投资倾向的 Probit 模型的回归结果，显示除了组织冗余并不显著影响企业海外研发投资倾向外，企业规模、企业年龄、财务杠杆、研发能力、盈利能力和政府补贴都显著影响企业的海外研发投资倾向，说明本研究的控制变量选择是比较有效的。其中企业规模、研发能力和盈利能力的系数都在 1% 水平下显著为正，表明促进了企业海外研发投资倾向，表示企业规模越大，企业海外研发投资可能性越高；企业的研发能力越强，企业海外研发投资可能性越高；企业盈利能力越好，企业海外研发投资可能性越高。政府补贴的系数在 5% 水平下显著为正，表明促进了海外研发投资倾向，说明政府补贴越多，企业海外研发投资可能性越高。而企业年龄的系数在 1% 水平下显著为负，表明企业的年龄阻碍了海外研发投资倾向，说明年轻企业更有海外研发投资倾向。财务杠杆的系数在 5% 下显著为负，表明对企业海外研发投资倾向有消极影响，说明高资产负债率的企业，企业海外研发投资可能性越低。

在模型 1 的基础上，模型 2 加入区域市场化制度，结果显示区域市场化制度系数为 0.480，在 1% 水平下都显著为正，验证了本书的假设 10－1 中区域市场化制度对海外研发投资倾向积极影响的假设。模型 3 加入了政治关联和政治关联与区域市场化制度的交互项，结果显示政治关联的系数为 1.226，在 1% 的水平下显著为正，验证了本书的假设 10－3 中企业政治关联对海外研发投资倾向积极影响的假设，而政治关联与区域市场化制度的交互项的系数为 －0.593，在 1% 水平下显著为负，这验证了本书的假设 10－4a 中企业政治关联与区域市场化制度的交互作用对海外研发投资倾向消极影响的假设。模型 4 加入了区域企业家创业精神，结果显示创业精神的系数为 10.710，但在 10% 水平下并不显著，表明企业家创业精神并不显著影响企业海外研发投资倾向，这拒绝了假设 10－2a 中区域企业家创业精神对海外研发投资倾向积极影响的假设。模型 5 加入了政治关联和政治关联与区域企业家创业精神的交互项，结果显示政治关联的系数为 1.455，在 1% 的水平下都显著为正，这验证了本书的假设 10－3 中企业政治关联对海外研发投资倾向积极影响的假设。政治关联与区域企业家创业精神的交互项的系数为 －63.193，在 1% 水平下显著为负，这表明虽然区域企业家创业精神不对企业海外研发投资产生积极影响，但政治关联与区域企业家创业精神的交互作用是阻碍企业的海外研发投资倾向的，这验证了本书的假设 10－4b 中企业政治关联与区域企业家创业精神的交互作用对海外研发投资倾向消极影响的假设。模型 6 加入了区域企业家创新精神，结果显示创新精神的系数为 0.035，在 5% 水平下为正，这验证了假设 10－2b 中区域企业家创新精神对企业海外研发倾向积极影响的假设。模型 7 加入了政治关联和政治关联与区域企业家创新精神的交互项，结果显示政治关联系数为 1.292，在 1% 的水平下都显著为正，这验证了本书的假设 10－3 中企业政治关联对海外研发投资倾向积极影响的假设。政治关联与区域企业家创新精神的交互项的系数为 －0.090，在 1% 水平下显著为负，这验证了本书的假设 10－4c 中政治关联与区域企业家创新精神的交互作用对海外研发投资倾向消极影响的假设。

在表 10－5 中，模型 8 为基准模型，是所有控制变量（包括产业与年份）对因变量海外研发投资强度的 Tobit 模型的回归结果，显示除了组织冗余并不显著影响企业海外研发投资倾向外，企业规模、企业年龄、财务杠杆、研发能力、盈利能力和政府补贴都显著影响企业的海外研发投资倾向，说明了本研究的控制变量是比较有效的。与模型 1 一样的是企业规模、研发能力、盈利能力、政府补贴的系数都在 1% 水平下显著为正，表示促进了企业海外研发投资强度，表示企业规模越大，企业海外研发投资强度越高；企业的研发能力越强，企业海外研发投资强度越高；企业盈利能力越好，企业海外研发投资强度越高，政府补贴越多，企业海外研发投资强度越高。而企业年龄与财务杠杆则与模型 1 不同，在 1% 水平下显著为正，说明年龄较大的企业，虽然初始海外研发投资倾向较低，但后续海外研发投资强度较高；高资产负债率的企业，虽然初始海外研发投资倾向较低，但后续海外研发投资强度较高。

在模型 8 的基础上，模型 9 加入区域市场化制度，结果显示区域市场化制度系数为 0.071，在 1% 水平下都显著为正，验证了本书的假设 10 - 1 中区域市场化制度对海外研发投资强度积极影响的假设。模型 10 继续加入了政治关联和政治关联与区域市场化制度的交互项，结果显示政治关联的系数为 0.119，在 1% 的水平下显著为正，验证了本书的假设 10 - 3 中企业政治关联对海外研发投资强度积极影响的假设，而政治关联与区域市场化制度的交互项的系数为 - 0.036，在 5% 水平下显著为负，这验证了本书的假设 10 - 4a 中企业政治关联与区域市场化制度的交互作用对海外研发投资强度消极影响的假设。模型 11 加入了区域企业家创业精神，结果显示创业精神的系数为 8.065，在 1% 水平下显著，这验证了假设 10 - 2a 中区域企业家创业精神对海外研发投资强度积极影响的假设。模型 12 加入了政治关联和政治关联与区域企业家创业精神的交互项，结果显示政治关联的系数为 0.114，在 1% 的水平下都显著为正，这验证了本书的假设 10 - 3 中企业政治关联对海外研发投资强度积极影响的假设。政治关联与区域企业家创业精神的交互项的系数为 - 1.708，在 5% 水平下显著为负，这验证了本书的假设 10 - 4b 中企业政治关联与区域企业家创业精神的交互作用对海外研发投资强度消极影响的假设。模型 13 加入了区域企业家创新精神，结果显示创新精神的系数为 0.007，在 1% 水平下显著为正，这验证了假设 10 - 2b 中区域企业家创新精神对企业海外研发强度积极影响的假设。模型 14 加入了政治关联和政治关联与区域企业家创新精神的交互项，结果显示政治关联系数为 0.111，在 1% 的水平下都显著为正，这验证了本书的假设 10 - 3 中企业政治关联对海外研发投资强度积极影响的假设。政治关联与区域企业家创新精神的交互项的系数为 - 0.021，在 1% 水平下显著为负，这验证了本书的假设 10 - 4c 中政治关联与区域企业家创新精神的交互作用对海外研发投资强度消极影响的假设。

3. 稳健性检验

上述模型可能存在双向因果关系。一方面，区域市场化制度、企业家精神与企业政治关联影响企业的海外研发投资；另一方面，在海外进行研发投资的企业也可能会影响当地的制度与企业的政治关联，区域制度、企业政治关联与海外研发投资之间可能存在内生性问题，产生样本选择性偏误可能会带来实证估计偏差。因此，我们借鉴其他学者的研究，应用 Heckman 两阶段法做本研究的稳健性检验：第一步，利用 probit 模型预测企业开展海外研发投资的选择模型，即估计企业参与海外研发投资的概率，并得到逆米尔斯比（Inverse Mills Ratio）λ；

第二步，把逆米尔斯比 λ 的估计值作为修正的解释变量放入企业海外研发投资强度的方程中。具体模型设定如下：

$$Pr(R\&D\_ip_{it} = 1) = \phi(\alpha_0 + \alpha_1 institution_{it} + \alpha_2 institution_{it} \times politics_{it} + \alpha_3 Z_{it} + \varepsilon_{it})$$

$$(10.4)$$

$$E(R\&D\_ii_{it} \mid R\&D\_ip_{it} = 1) = \beta_0 + \beta_1 institution_{it} + \beta_2 institution_{it} \times politics_{it}$$
$$+ \beta_3 Z_{it} + \lambda + \mu_{it}$$
$$(10.5)$$

式（10.4）为海外研发投资的选择方程，式（10.5）为海外研发投资强度方程，λ 为式（10.4）计算出来的逆米尔斯比，其他变量的含义见上文式（10.2）。

基于式（10.4）和式（10.5），构建 6 个模型，每个模型包含选择方程和强度方程。首先，表 10 - 6 和表 10 - 7 各模型的逆米尔斯比（λ）都在 1% 水平下显著，说明存在样本选择偏误问题，采用 Heckman 两阶段法进行稳健性检验是合理的。从表 10 - 6 模型 15 可以看出，选择方程与强度方程的区域市场化制度的系数分别为 0.1948 和 0.5279，在 1% 水平下显著为正，这说明区域市场化制度对企业海外研发投资倾向与强度都有显著的促进作用，这验证了本书的假设 10 - 1；模型 16 显示，区域企业家创业精神的选择方程系数 3.9969，在 10% 水平下并不显著，说明对企业海外研发投资倾向没有显著影响，而在强度方程中的系数为 35.1058，在 5% 水平下显著，说明对企业海外研发投资强度有显著积极影响，这部分验证了假设 10 - 2a；模型 17 显示，区域企业家创新精神在选择方程与强度方程中的系数分别为 0.006 和 0.0522，都在 5% 水平下显著为正，表明企业家创新精神对企业海外研发投资倾向与强度都有显著的积极影响，这验证了假设 10 - 2b。

表 10 - 6 **Heckman 两阶段结果（一）**

变量		模型 15		模型 16		模型 17	
		选择方程	强度方程	选择方程	强度方程	选择方程	强度方程
区域市场化制度		0.1948*** (0.0605)	0.5279*** (0.1892)				
区域企业家精神	创业精神			3.9969 (2.4631)	35.1058** (17.1300)		
	创新精神					0.0060** (0.0027)	0.0522** (0.0212)
企业规模		0.4010*** (0.0489)	0.2051*** (0.0571)	0.4152*** (0.0483)	0.1912*** (0.0543)	0.4186*** (0.0485)	0.1839*** (0.0516)

续表

变量	模型 15		模型 16		模型 17	
	选择方程	强度方程	选择方程	强度方程	选择方程	强度方程
企业年龄	−0.089***	−0.0667***	−0.0871***	−0.0755***	−0.0842***	−0.0709***
	(0.0157)	(0.0268)	(0.0147)	(0.0369)	(0.0157)	(0.0258)
财务杠杆	−0.9252***	−2.4167***	−0.9220***	−2.3426***	−0.9288***	−2.3273***
	(0.1916)	(0.6605)	(0.1908)	(0.6868)	(0.1912)	(0.6472)
研发能力	0.3985***	1.3617***	0.4114***	1.4268***	0.4112***	1.4119***
	(0.0419)	(0.4236)	(0.0415)	(0.4935)	(0.0416)	(0.4678)
盈利能力	1.4841**	1.2810**	1.3841**	1.3579**	1.4147**	1.3185**
	(0.6254)	(0.5505)	(0.6204)	(0.5442)	(0.6219)	(0.5358)
政府补贴	0.0409**	0.0113	0.0392**	0.0179	0.0395**	0.0131
	(0.0191)	(0.0985)	(0.0188)	(0.1346)	(0.0188)	(0.1326)
组织冗余	−0.0796	−1.5608	−0.0851	−1.6132	−0.0865	−1.7884
	(0.2047)	(1.3081)	(0.1999)	(1.7374)	(0.2062)	(1.7295)
常数项	−9.6715***	−35.5612***	−8.7115***	−39.6984***	−8.7734***	−39.7972***
	(0.6590)	(12.4031)	(0.6171)	(14.5370)	(0.6193)	(14.1417)
λ	3.6560***		4.9134***		4.8516***	
	(1.3050)		(1.3778)		(1.2995)	
产业	Yes		Yes		Yes	
年份	Yes		Yes		Yes	
Wald chi^2	46.38		25.76		27.93	
N	3 670		3 670		3 670	

注：括号内为稳健标准误；***、**、*分别表示在1%、5%、10%的显著水平下通过显著性检验。

其次，从表10-7的3个模型6个方程中可以看出，政治关联的系数在1%水平下都显著为正，表明企业政治关联对海外研发投资倾向与强度都有积极的促进作用，这验证了假设10-3。模型18显示，政治关联与区域市场化制度交互项系数在选择方程与强度方程中分别为−0.1702和−0.2806，都在1%水平下显著为负，说明政治关联与区域市场化制度交互作用对企业为海外研发投资倾向与强度存在消极影响，这验证了本书的假设10-4a。模型19显示政治关联与区域企业家创业精神交互项系数在选择方程与强度方程中分别为−9.5835和−0.6074，都在5%水平下显著，这说明政治关联与区域企业家创业精神交互作用对海外研发投资倾向与强度存在消极影响，验证了本书的假设 10 - 4a。模型 20 显示，政治关联与区域企业家创新精神交互项系数在选择方程与强度方程中分别为 - 0.0105 和 - 0.0653，都在 5% 水平下显著为负，说明政治关联与区域企业家精神交互作用对企业为海外研发投资倾向与强度存在消极影响，验证了本节的假设 10 - 4c。

表 10 - 7　　　　　　　　　Heckman 两阶段结果（二）

变量		模型 18		模型 19		模型 20	
		选择方程	强度方程	选择方程	强度方程	选择方程	强度方程
区域市场化制度		0.1348*** (0.0329)	0.6970** (0.2937)				
区域企业家精神	创业精神			9.5812** (3.9199)	28.2951** (14.8978)		
	创新精神					0.0122*** (0.0043)	0.0520** (0.0250)
企业政治关联		0.4091*** (0.1231)	1.6472** (0.4074)	0.4141*** (0.1073)	1.7359*** (0.4448)	0.4016*** (0.1007)	1.5439*** (0.4497)
政治关联 × 区域市场化制度		- 0.1702*** (0.0347)	- 0.2806*** (0.0966)				
政治关联 × 企业家创业精神				- 9.5835** (4.7744)	- 0.6074** (0.3135)		
政治关联 × 企业家创新精神						- 0.0105** (0.0052)	- 0.0653** (0.0323)
企业规模		0.4515*** (0.0494)	0.2718** (0.1143)	0.4032*** (0.0489)	0.2835** (0.1144)	0.4195*** (0.0490)	0.2823** (0.1209)
企业年龄		- 0.0867*** (0.0157)	- 0.0695*** (0.0263)	- 0.0866*** (0.0157)	- 0.0627*** (0.0255)	- 0.0652*** (0.0152)	- 0.0694*** (0.0272)
财务杠杆		- 0.9530*** (0.1912)	- 2.6033*** (0.9337)	- 0.9404*** (0.1913)	- 2.3722** (0.9716)	- 0.9593*** (0.1910)	- 2.6246*** (0.9365)
研发能力		0.3926*** (0.0420)	1.3827*** (0.4229)	0.4020*** (0.0416)	1.3806*** (0.4732)	0.4035*** (0.0417)	1.4715*** (0.4243)
盈利能力		1.4370** (0.6292)	1.9804*** (0.6720)	1.3597** (0.6246)	1.9044*** (0.5665)	1.3732** (0.6260)	1.9416*** (0.6388)

变量	模型 18		模型 19		模型 20	
	选择方程	强度方程	选择方程	强度方程	选择方程	强度方程
政府补贴	0.0435**	0.0276	0.0411**	0.0291	0.0410**	0.0211
	(0.0193)	(0.1053)	(0.0189)	(0.1015)	(0.0189)	(0.1080)
组织冗余	−0.0704	−1.7022	−0.0810	−1.9999	−0.0771	−2.1018
	(0.1859)	(1.3622)	(0.1970)	(1.2942)	(0.1884)	(1.3800)
常数项	−10.2502***	−38.9155***	−9.1245***	−31.5077***	−9.1670***	−34.0895***
	(0.7037)	(14.7163)	(0.6323)	(11.5113)	(0.6330)	(11.7378)
λ	3.8287***		3.6303***		3.9027***	
	(1.3414)		(1.4495)		(1.6003)	
产业	Yes		Yes		Yes	
年份	Yes		Yes		Yes	
Wald chi²	42.46		49.11		43.68	
N	3 670		3 670		3 670	

注：括号内为稳健标准误；***、**、*分别表示在1%、5%、10%的显著水平下通过显著性检验。

五、本节小结

本节基于 2009~2015 年医药制造业（C27），通用设备制造业（C34），专用设备制造业（C35），汽车制造业（C36），电气机械及器材制造业（C38），计算机、通信和其他电子设备制造业（C39）这六个制造行业的 607 家 A 股上市企业数据，探究了中国这一全球最大新兴经济体国家的区域市场化制度、企业家精神以及企业政治关联对企业"一带一路"海外研发投资决策的影响关系。本节研究发现：（1）中国的区域市场化制度质量会对企业海外研发投资决策产生积极的影响，即随着区域市场化制度质量的改善，会促进企业的海外研发投资倾向与强度；当前区域企业家创业精神不会影响企业海外研发投资倾向，但会对企业海外研发投资强度产生积极影响；区域企业家创新精神则对企业海外研发投资倾向与强度都会产生积极的促进作用；企业的政治关联也会促进企业海外研发投资倾向与强度，即相对于无政治关联企业，政治关联企业更有可能开展海外研发投资；（2）企业的政治关联与区域市场制度质量的交互作用消极影响企业海外研发投资倾向与强度，即相对于有政治关联的企业，区域市场化制度质量的改善会对无政治关联企业的海外研发投资倾向和强度有着更为显著的积极影响；区域企业家创业精神与政治关联的交互作用对海外研发投资倾向与强度有着消极影响；区域企业家创新精神与政治关联的交互作用对海外研发投资倾向有着消极影响。

第二节　东道国制度压力、民营企业国际化与积极的环境战略

一、引言

　　追求积极的环境战略和国际化是发达国家中小企业（SMEs）实践的两大趋势（Ko et al.，2021）。积极的环境战略是指企业采取的一系列做法，即以采取积极的立场，将环境可持续性纳入其业务运营中。近年来环境问题的出现促使中小企业更加努力地实施积极的环境战略。国际化是指越来越多地参与国际业务的过程（Bagheri et al.，2019）。中小企业面临越来越大的压力，需要将其活动国际化以扩大业务。例如，英国国家统计局的研究表明，2017 年英国中小企业的出口数量增长了 6.6%。研究发现，参与积极的环境战略能够帮助发展中国家中小企业提高其在国际市场上的竞争力（王成岐等，2016）。

　　然而，令人惊讶的是，关于积极的环境战略是否以及在什么条件下影响新兴经济体民营企业国际化的理论和实证数据非常有限。因此，尽管研究发达国家企业的结果可能在某种程度上适用于不同的环境，但新兴经济体的民营中小企业在其活动的国际化方面面临着广泛的不同情况。首先，研究表明，新兴经济体制度（如法律等）的不完善阻碍了知识和资源的发展，并限制了经济机会，这反过来又促使企业将其活动国际化到发达国家（李雅婷等，2023）。因此，新兴经济体的民营企业更有可能寻求以内向为重点的国际化活动，例如学习外国技能和技术及进行外国直接投资，以及外向型国际化活动，例如出口并发展与外国的联盟关系。

　　其次，本章的研究推进了使用符合资源基础观的制度理论来解释企业的国际化战略（He et al.，2013）。传统上，理论家认为同构和制度距离会影响企业从国际业务中基于资源的优势而产生的价值（He et al.，2013）。然而，这种外国环境压力如何影响新兴经济体中小企业追求国际化的机制尚未得到实证核实。此外，我们建议新兴经济体中小企业挑战这种综合理论的观点。这是因为：（1）作为中小企业，在面临不同层次的制度压力时，它们的资源限制可能会阻止它们充

分发挥其采取积极的环境战略的优势，以及（2）作为新兴经济体的中小企业，它们面临来自外国监管机构的环境挑战和客户基于对其原籍国的负面刻板印象而对其企业的看法。外国监管和客户压力是对积极的环境战略与中国中小企业国际化之间的关系具有非线性调节作用的关键工具。低水平和高水平的外国环境压力都不会最大限度地发挥这种关系的强度。当国外环境压力处于中等水平时，积极的环境战略对中国中小企业国际化的有益作用最强。因此，本章研究有助于丰富关于东道国是新兴经济体中小企业合法化挑战的文献，以及根据资源基础观扩展制度理论的适用性，以解释制度环境对促进或阻碍中小企业利用积极的环境战略追求国际化的影响，拓展了民营企业"一带一路"海外制度协同的文献。

二、研究背景

积极主动的环境战略和国际化是当代商业实践的两大趋势。因此，这两种活动之间的关系在学术文献中引起了越来越多的关注。在国际商务文献中，研究人员投入大量精力探索积极的环境战略如何影响大型跨国企业的国际化实践。然而，只有少数研究在中小企业背景下探讨了这种关系。例如，有开创性研究表明，中小企业的环境实践和出口强度具有积极影响，其强度根据感知的不确定性程度和大小而变化（谭劲松、赵晓阳，2019）。这些研究人员对积极的环境战略如何影响中小企业国际化提供了持久的见解，他们还展示了这种关联的强度如何取决于各种偶然因素。然而，他们主要以发达国家中小企业为研究对象。

我们的研究建立在这些见解的基础上，但侧重于新兴经济体中小企业利用其积极的环境战略将其活动拓展到发达国家。这种观点在两个方面是重要且独特的。第一，发达国家中小企业追求国际化主要着眼于确保业务增长。然而，新兴经济体相对不发达的制度环境阻碍了知识的发展和金融资本的流动，制约了经济机会。因此，新兴经济体中小企业在追求国际化的过程中，往往强调内向型和外向型的国际化活动，不仅要获取国外资源，还要增加收入和利润。

第二，新兴经济体企业经常面临发达国家监管机构和客户在环境问题上的合法性挑战，因为它们的母国机构没有执行或促成良好的治理。因此，新兴经济体的中小企业追求国际化需要考虑来自国外监管机构和客户的环境压力。

到目前为止，由现有文献可知，有学者探索环境导向发展的潜在过程及其对新兴经济体中小企业出口绩效的影响，这与本研究的主题密切相关。然而，他们的工作主要集中在参与国际化活动（即出口）所取得的财务绩效，以及对母国机构（中国当地生态基础设施）的影响。因此，积极的环境战略是否对内向型/外向型国际化活动的参与有预期的影响，以及东道国机构对这种关系的环境可持续性的影响，还有待探索。我们通过研究中国中小企业针对发达国家的积极环境战略和国际化活动来弥补这些空缺。中国中小企业采取了各种行动来制定积极的环境战略，以管理其运营对自然环境的影响（Li et al.，2019）。与其他新兴经济体一样，中国的市场制度环境有待进一步完善，这可能会促使中小企业在进入发达国家时寻求内向型和外向型的国际化活动。国外监管机构和发达国家客户已经对中国中小企业的环境可持续性形成了一些负面的刻板印象（Li et al.，2019）。这种情境化使我们能够研究积极的环境活动和外国制度压力在新兴经济体中小企业国际化活动中对环境问题的作用，并为新兴经济体中小企业提供管理见解。

三、理论和假设

1. 积极的环境战略和国际化

我们利用资源基础观理论，认为积极的环境战略会影响中小企业国际化（见图 10 – 2）。该理论假设企业宝贵的、稀有的和不可模仿的独特资源会影响它们的战略行动。由于资源是企业在市场上优势的来源，因此管理者更可能根据企业资源的优势来规划开发商业机会的行动。借鉴资源基础观，我们将积极的环境战略概念化为我们框架中的预测因素。积极的环境战略反映了企业在其业务运营中纳入了一系列环境可持续的做法，以改善它们与自然环境的互动。参与积极的环境战略可被视为重要的企业资源。以往的研究表明，中国中小企业越来越多地采用积极主动的环境战略来"绿化"其运营，并将环境威胁转化为实施商业战略的优势（孙金花，2022）。

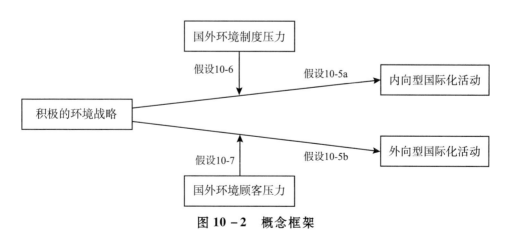

图 10 – 2　概念框架

同时，我们将内向型和外向型国际化活动概念化以作为我们概念框架中的因变量（参见图 10-2）。这种考虑也建立在资源基础观之上，该观点认为企业的各种战略行动，例如国际化，可以被认为是实现其纳入绿色运营的价值所产生的重要后果。本研究重点关注内向型和外向型的国际化活动，具有积极的环境可持续发展战略的中国中小企业将更加积极主动，更愿意为克服寻求市场和与发达国家合作伙伴建立联盟的挑战而付出努力。结合以上讨论，我们相应的假设如下：

假设 10-5：在中国民营中小企业背景下，积极的环境战略与（a）内向型和（b）外向型国际化活动正相关。

2. 国外环境监管和客户压力

制度理论表明，行动者必须遵守制度环境的规则，这主要是由强制性和规范性压力造成的。强制压力来自可以通过法院执行法律的地区（即监管机构）。相比之下，来自公众舆论（即客户）的规范压力可以创造规范和期望。行动者必须顺应这些压力才能获得合法性。本章研究重点关注监管者（强制压力）和客户（规范压力）在不同成分之间产生的外国制度压力。这一观点也得到了先前研究的支持，表明国际化组织将面临由东道国政府法规产生的强制性压力和来自外国客户的规范压力所形成的制度环境。

在本研究中，我们将国外环境监管压力称为国外监管机构对环境行为实施的法规，而国外环境客户压力是指国外客户对保护自然环境的期望。遵守这些制度压力的行为者可能会获得环境合法性。由于对环境记录不太理想的负面刻板印象，中国中小企业经常面临合法化挑战（Li et al.，2019），它们更有可能面临有利于环境友好型商业运营的制度环境（如发达国家）。

有学者认为结合资源基础观和制度理论为理解制度环境如何影响企业对其资源的优化利用提供了一个全新的理论视角（周琦玮、刘鑫和李东红，2022）。如果不考虑企业经营所处的制度环境所造成的外部条件，资源基础观会得出一个结论，即强调企业由于拥有独特的资源而具有的竞争优势。借鉴制度理论的不同方面——同构和制度距离（He et al.，2013）——我们认为发达国家的环境可持续性的制度压力会影响中国中小企业在国际化活动中实施积极的环境战略，从而发挥优势的能力。

更具体地说，我们假设外国环境监管压力会影响积极的环境战略与中国中小企业的内向型国际化活动之间的关系。我们的论点建立在制度理论的一个方面，它表明环境监管压力可以导致组织采用类似的做法（同构）来获得合法性。内向型国际化活动涉及获取外国知识（关于先进的管理技能或技术）和直接投资（Bagheri et al.，2019）。发达国家与内向型国际化相关的参与者是：（1）作为先进知识创造者的组织（例如私营企业）和（2）做出外国直接投资决策的投资者。环境法规对这两个行为者的行为影响很大，因为负责批准这两个行为者开展业务活动的监管机构（例如自然资源监管部门）可以制定法律程序，让行为者对其环境影响负责（Aragon - Correa et al.，2020）。

当国外环境监管压力由低向中等（即自愿的环境法规）转变时，发达国家的组织将开发必要的管理技能和技术，以促进环境可持续的商业活动，使其业务运营合规（Aragon - Correa et al.，2020）。此外，发达国家投资者会根据自愿性环境标准评估潜在的投资机会，以保护其声誉。在这种情况下，具有积极环保战略的中国中小企业更有可能获得国外先进的管理技能、技术和外国金融资本。国外环境监管压力的增强提升了各种"绿色"管理技能和技术的"供给"。这为可持续发展的中国中小企业提供了更多机会来寻找合适的技能和技术以用于其业务运营。外国环境监管压力的增加促进了投资者对与环境实践相关的融资企业的激励。因此，发达国家的投资者在进行投资决策时会更加关注中国中小企业是否采取了积极主动的环境战略。

一个很好的例子是 ISO 14001 认证，这是一种关于环境管理相关标准的自愿环境法规，它迫使发达国家的企业创造必要的管理技能和技术来支持其实施，并激励发达国家投资者选择实践其原则的外国投资目标。这为可持续发展的中国中小型企业提供了更多机会，以学习与其所在行业相关的 ISO 14001 标准实施的管理技能和技术，并吸引希望为环境可持续发展企业提供融资的外国投资者加入。上述讨论的结论是，外国环境监管压力的增加改善了积极的环境战略与中国中小企业向内国际化活动之间的关系。

相比之下，当国外环境监管压力由中等向高度（即强制性的环境法规）转变时，企业被迫开发更复杂和针对特定国家的管理技能和技术，以支持发达国家的可持续商业运营，以使其商业运营合法化（Aragon - Correa et al.，2020）。作为回应，发达国家投资者被迫采用更严格和针对特定国家的环境标准来评估投资目标，以在本国获得合法性。例如，美国联邦清洁空气法案的出台（一种强制性环境法规——国家环境空气质量各种污染物的最大浓度标准）促进了现代污染控制技术的发展，并影响了机构投资者的决策。

在这种情况下，实施积极的环境战略并不能使中国中小企业更容易利用这些知识（管理技能和技术）。这是因为：（1）它们更复杂，这可能需要企业进行更多投资才能将这些知识用于其业务运营，以及（2）它们是针对特定国家的，这要求企业将其部分业务转移到东道国，以便在采用这些知识后充分发挥潜力。它还增加了新兴经济体企业（例如中国企业）满足发达国家投资者要求的障碍。当企业是中小企业时，这一挑战会加剧，因为它们通常缺乏必要的资源来升级其当前的环境实践。将这一点应用到本研究的背景下，我们认为，当外国环境监管压力很大时，中国中小企业不太可能从发达国家获得外国直接投资。结合以上讨论，我们正式提出不同程度的环境监管压力会影响可持续的中国中小企业从发达国家获取和利用国外先进的管理技能、技术和金融资本。

假设10-6：在中国民营企业背景下，外部环境监管压力对积极的环境战略与内向型国际化活动之间的正相关关系具有倒"U"型调节作用。

我们还预计，外国环境客户压力会影响积极的环境战略与中国中小企业外向型国际化活动之间的关系。我们的论点建立在制度理论基础上，表明制度距离会影响企业的国际化（He et al.，2013）。如果企业来自制度差距更大的母国，则企业的国际商业活动不太可能在东道国获得合法性。本研究重点关注母国和东道国之间关于公民社会（例如客户）共同价值观和信仰的制度设置差异。外向型国际化活动涉及出口和与外国合作伙伴建立联盟（供应商—买方）关系。发达国家与外向型国际化相关的参与者是购买出口产品/服务的客户和选择中国中小企业作为外包合作伙伴的外国企业。外国客户环境压力对这两个行为体的行为影响很大，因为外国客户环境压力反映了外国客户（集体）和企业与东道国自然环境互动相关的共同价值观和信念。这种压力也影响了外国企业的行为，因为它们是新兴经济体企业（例如中国中小企业）和外国客户之间的"中间人"。外国客户可能会挑战其外包合作伙伴（新兴经济体企业）的环境绩效。

国外环保客户压力由低水平向中等水平转变，表明绿色消费开始成为发达国家的趋势和时尚活动，以及一些（即高收入）外国客户将绿色消费视为展示其地位和环境立场的一种方式。这将引发公民社会（例如客户）关于企业与自然环境互动的共同价值观和信念的转变，并激励发达国家企业采取积极主动的环境战略。为了获得其国际运营的合法性（例如，出口或建立跨境联盟），制度理论认为新兴国家的企业需要模仿发达国家企业的做法。在这种情况下，实施了积极环保战略的中国中小企业更有可能抢占国外市场份额或与发达国家的企业建立联盟。它们如同发达国家企业一般从事环保实践，并变得对外国客户和企业（潜在的外包合作伙伴）更具吸引力。过往有研究显示了这一点，该研究表明，由于外国客户的担忧，可持续发展的中国企业（作为外国企业）更有能力向处于供需关系的外国企业出口或销售产品（林桂军，2010）。因此，国外环境客户压力的增加积极调节了积极的环境战略与外向型国际化活动之间的关系。

然而，这种积极的调节作用可能会随着外国环保客户压力的上升而降低。发达国家客户环境压力的进一步增加拉大了新兴国家与发达国家之间的制度距离。消费者环保意识的增强最终会形成强有力的绿色消费社会规范。发达国家的每个人（所有客户）都需要遵守这些社会规范，更加偏爱环保产品，以在同行和家庭成员中获得合法性，并对自己的行为感到满意。这也促使发达国家的企业采用更高水平的环境标准来开展业务，通过引入环保产品和开发（或寻找具有）绿色生产流程的外包合作伙伴来相互竞争。

我们认为，中国中小企业跟上这些流程，并取而代之地继续升级它们的环境实践有两个原因。首先，为了效仿采用更高环境标准的发达国家企业，中国中小企业需要对其当前的环境实践进行重大改变，并为其实施分配更多资源。它们较小的规模使得管理者难以进行投资。例如，有学者研究表明，成本是阻碍中国中小企业进一步投资环境实践的关键障碍（刘新华、线文，2005）。其次，采用更高环保标准的产品或生产工艺可能会导致中国中小企业失去其产品在国内市场的竞争优势。这是因为它们通常与高成本（价格）有关，由于新兴经济体的平均收入水平较低且客户的环保意识较低，国内市场的客户无法或不愿意支付这些成本（价格）。例如，实地研究表明，大部分中国消费者（尽管他们有环保意识）不愿意为价格更高的绿色产品买单（王琰，2015）。因此，中国中小企业在与环境意识日益增强的发达国家客户开展业务，以及在外国环境客户压力处于中高水平时，与要求"更绿色"运营流程的发达国家企业建立供应商—买方联盟方面处于劣势。结合以上讨论，我们正式提出不同程度的环境客户压力会影响可持续的中国中小企业寻求国外市场并与发达国家的外国合作伙伴建立联盟。

假设10-7：在中国民营企业背景下，国外环境客户压力对积极的环境战略与外向型国际化活动之间的正相关关系具有倒"U"型调节作用。

四、研究设计

1. 问卷开发和数据收集

我们对中国的民营企业（多数是中小企业，本节以下简称"中小企业"）进行了问卷调查。中国中小企业的类型是根据企业从业人员人数、营业收入、资产等指标划分的，与其他国家使用员工人数对中小企业进行分类相比，这种分类方法相当复杂。尽管如此，一个来自工业部门（例如制造业）、员工少于2 000人的组织通常可以被定义为中小型企业（SME）。

我们在查阅相关文献后设计了问卷，使用李克特七点量表来捕捉被评估者关于多项目结构的意见。为了衡量积极的环境战略，我们采用了过往学者成熟的量表，这些量表最初旨在评估求职者对组织环境实践的看法。我们对这些进行了修改，以评估中小企业高管对企业环境实践的看法，涉及管理原则的配置、企业行为和可观察的结果，以解决自然环境问题。为了衡量国际化活动，我们采用了现有学者（Zhou et al.，2007）开发的量表，以评估中小企业积极利用外国知识（即先进的管理技能和技术）和金融资本（外国直接投资）作为对内国际化活动的程度，以及中小企业积极寻求国外市场（出口）和业务合作伙伴（供应商—买方关系）作为外向型国际化活动的程度。我们研究了中小企业管理团队评估发达国家政府和客户施加的感知压力的外国环境监管和客户压力。

我们还考虑了几个可能影响中小企业国际化活动的潜在的控制变量，如行业类型、企业规模、企业年龄、竞争强度、技术动荡和市场动荡（Bagheri et al.，2019）。我们遵循之前的研究，将企业规模作为员工人数来衡量，将企业年龄作为企业成立以来的年数（Bagheri et al.，2019）。关于企业规模和企业年龄的对数转换可以避免极端值并解释分布尾端的边际效应递减。最后，我们通过多项目量表来衡量竞争强度、技术动荡和市场动荡。

我们通过参考英文文献用英文制作了问卷，然后将其翻译成中文。参与本研究的所有作者都是双语作者，可以用两种语言正式和流利地说和写。我们轮流将中文译本与英文原版问卷进行比较，以确保它们是等效的。然后，我们进行了一项试点研究，涉及来自不同中国中小企业的两名代表。试点测试促成了进一步修订，最终形成了主要数据收集的问卷（见表 10 – 8）。

表 10 – 8 因子荷载

测量	因子荷载
国外环境监管压力	
政府机构的监管极大地影响了我们组织对环境问题的关注	0.741
更严格的环境监管是我们组织关注其对自然环境影响的主要原因	0.650
本组织的环境工作可以帮助塑造我们行业未来的环境立法	—
我们的行业面临着严格的环境法规	0.741
国外环境消费者压力	
我们的客户认为环境保护是当今世界面临的一个极其重要的问题	0.669
我们的客户对环保产品和服务的要求越来越高	0.719
我们的顾客期望我们的组织是生态友好型的	0.740
内向型的国际化活动	
我们采用国外先进的管理技术	0.687
我们采用国外先进的新技术	—
我们利用外国直接投资	0.748
外向型国际化活动	
我们积极开拓国外市场	0.818
我们发展与国外合作伙伴的联盟	0.718

续表

测量	因子荷载
积极的环境战略	
我们有良好的环境政策	0.733
我们关注环境的可持续性	0.717
我们努力减少对环境的影响	0.733
我们是一家环保公司	——

完成问卷后，我们邀请了与国内多所大学和科研院所合作的第三方独立研究机构来收集我们的调查数据。在合同中，我们明确提出了数据收集要求，包括针对中小企业高管（例如 CEO）的定义，在中国长三角、珠三角和京津冀三大经济集群不同行业 2 000 家中小企业的随机抽样和两轮调查。由于我们无法从不同来源获取同步数据，因此决定在数据收集过程中引入时间延迟。我们要求中小企业高管在发达国家选择外国市场，并基于他们的企业已经国际化这个角度回答问题（例如，关于国际化活动和外国制度压力）。在时间 1，我们向 2 000 名中小企业高管（每家企业一位）发送了调查问卷，以了解主动的环境战略、国外环境监管和客户压力以及控制变量。我们收到了 542 条回复。在时间 2（6 个月后），我们向参与第一轮调查数据收集（时间 1）的 542 名中小企业高管发出了问卷，其中包括评估内向型/外向型国际化活动的项目。我们收到了 217 条回复。对不完整的问卷进行匹配和删除后，获得有效回复 211 份（回复率为 10.55%）。

这个响应率不一定是理想的。然而，在进行基于组织的调查时，将调查问卷定向到高管级别的受访者时，低调查回复率是典型的，并且无回复并不一定表明存在抽样偏差。此外，低响应率也是对严格的数据收集方法的权衡。双波调查设计是导致整体响应率低的一个因素，因为一些中小企业高管在第二轮调查数据收集期间由于各种原因（例如他们离开了企业）而无法取得联系。这表明，虽然第一轮调查数据收集的回复数量为 542 条，但这些中小企业高管中只有 217 人决定参与第二轮调查数据收集。我们还采用了过往研究中学者提出的程序来评估无反应偏差，可以发现早期和晚期受访者的答案之间没有显著差异。因此，我们得出结论：无响应偏差的可能性很小。

2. 测量信度和效度

使用验证性因素分析，我们评估了变量测量的可靠性和有效性。根据海尔等（Hair et al.，2010）的研究，我们的整体模型显示了与数据的满意拟合（$\chi^2 = 100.516$；df = 55；$\chi^2/df = 1.828$；p = 0.000；拟合优度指数—GFI = 0.932；归一拟合指数—NFI = 0.910；比较拟合指数—CFI = 0.956；均方根误

271

差为近似值—RMSEA0.063）。我们的量表表现出足够的心理测量特性。框架中主要变量之间的相关性小于 0.700，这证明了足够的区分效度——变量不同和不相关的程度。我们还检查了方差影响因子（VIF），它们远低于建议的临界值 10（最高 VIF = 2.261），表明没有严重的多重共线性问题。提取的复合可靠性和平均方差的值分别超过了推荐的阈值 0.600 和 0.500。此外，每个变量的测量项目都有足够的因子载荷（所有载荷都大于 0.500，每个变量的平均载荷大于 0.700）。总之，这些发现证明了足够的可靠性——单个因素内题项的一致性和收敛效度——因此单个因素内的变量高度相关。我们还发现每个构念的平均提取方差值（AVE）都大于它与其他构念的所有相关性。这是充分区分效度的另一个标志。总的来说，测量的可靠性、收敛效度和区分效度是足够的。表 10 – 9 呈现结果。

表 10 – 9 　　　　　　　　　　描述性统计

	均值	标准差	复合可靠性	平均提取方差值	1	2	3	4	5
1. 信息技术	—	—	—	—	—				
2. 机器和设备	—	—	—	—	- 0.389*	—			
3. 研究产品	—	—	—	—	- 0.157*	- 0.318*	—		
4. 消费品	—	—	—	—	- 0.142*	- 0.287*	- 0.116	—	
5. 企业规模	2.341	0.423	—	—	- 0.190*	0.229*	- 0.056	- 0.134	—
6. 企业年龄	3.293	0.121	—	—	0.034	- 0.078	0.027	0.02	- 0.026
7. 竞争强度	5.431	1.183	—	—	- 0.040	0.161*	0.122	- 0.091	0.047
8. 市场动荡	5.190	1.147	—	—	- 0.061	0.045	0.006	0.116	0.010
9. 国外环境监管压力	5.447	0.922	0.758	0.511	- 0.092	0.125	0.069	0.013	0.133
10. 国外环境客户压力	5.562	0.843	0.753	0.504	- 0.084	0.046	0.121	0.027	0.102
11. 内向型国际化活动	4.882	1.222	0.680	0.516	0.016	0.106	0.053	- 0.055	0.192*
12. 外向型国际化活动	5.133	1.149	0.743	0.592	- 0.062	0.230*	0.037	- 0.052	0.196*
13. 积极的环境战略	5.597	0.865	0.772	0.531	- 0.019	0.009	0.052	- 0.043	0.121

	6	7	8	9	10	11	12	13
6. 企业年龄	—							
7. 竞争强度	0.086	—						
8. 市场动荡	- 0.048	0.318*	—					
9. 外国环境监管压力	0.034	0.386*	0.304*	0.715				

	6	7	8	9	10	11	12	13	
10. 外国环境客户压力	0.049	0.386*	0.342*	0.645*	0.710				
11. 聚焦国内的国际化活动	−0.059	0.184*	0.250*	0.351*	0.277*	0.718			
12. 对外聚焦的国际化活动	−0.048	0.191*	0.248*	0.266*	0.263*	0.621*	0.769		
13. 积极主动的环境战略	0.050	0.151*	0.191*	0.605*	0.667*	0.239*	0.191*	0.729	

注：＊表示在 10% 的显著水平下通过显著性检验。

为了控制共同方法偏差，我们采用了以下补救措施：采用程序补救措施来收集自变量。因变量使用时间间隔（时间滞后）并使用多项目量表为受访者提供匿名性，以最大限度地减少共同方法偏差。我们还应用了多种统计补救措施。首先，通过对所有项目进行探索性因素分析来进行哈曼单因素检验。其次，进行了进一步的验证性因素分析，将所有项目加载到确认性因子分析（CFA）中的单个因素上。我们发现，在这两种方法中，共同方法偏差对于我们的数据来说并不是一个严重的问题。最后，本研究中测试的复杂数据关系（即非线性调节效应）有助于缓解可能存在的共同方法偏差问题，因为受访者无法猜测研究假设或以社会期望的方式做出回应。

五、分析和结果

1. 主要发现

我们通过平均剩余的尺度项来计算变量分数遵循每个变量的有效性和可靠性测试，用这些变量分数使用多变量进行数据分析回归。表 10 - 10 显示了我们的回归分析结果。假设 10 - 5 假设积极的环境战略与国际化活动之间存在正相关关系。模型 1 确认这种关联（$\beta = 0.217$，$p < 0.050$）。积极的环境战略增加 1% 将导致内向型国际化活动增加 0.217%。效应量（Cohen's $f^2 = 0.023$）大于 0.020（小效应量的下限）。这些发现支持假设 10 - 5（a）。模型 4 证实了这种关联（$\beta = 0.214$，$p < 0.050$），并表明积极的环境战略增加 1% 将导致外向型国际化活动增加 0.214%。效果大小（Cohen's $f^2 = 0.026$）大于 0.020。这些发现支持假设 10 - 5（b）。

表 10 – 10   **回归结果**

	模型 1	模型 2	模型 3	模型 4	模型 5	模型 6
	内向型的国际化活动			外向型国际化活动		
控 制						
信息技术	0.482 (1.761)	0.438 (1.690)	0.374 (1.421)	0.478 (1.880)	0.343 (1.387)	0.399 (1.660)
机械设备	0.359 (1.601)	0.291 (1.364)	0.266 (1.233)	0.727* (3.497)	0.643** (3.193)	0.617 (3.138)
电子产品	0.488 (1.607)	0.223 (0.762)	0.199 (0.675)	0.550 (1.951)	0.421 (1.537)	0.354 (1.314)
消费产品	0.144 (0.449)	0.068 (0.223)	0.065 (0.212)	0.367 (1230)	0.292 (1.015)	0.331 (1.183)
企业规模	-0.540 (-0.813)	0.428 (2.287)	0.415 (2.204)	0.403* (2.210)	0.292 (1.015)	0.362* (2.109)
企业年龄	0.501* (2.552)	-0.604 (-0.962)	-0.607 (-0.959)	-0.385 (-0.624)	-0.363 (-0.609)	-0.446 (-0.772)
竞争强度	0.048 (0.615)	-0.056 (-0.725)	-0.063 (-0.792)	0.085 (1.167)	0.020 (0.265)	0.014 (0.197)
技术动荡	0.067 (0.712)	0.021 (0.224)	0.034 (0.344)	-0.124 (-1.426)	-0.151 (-1.753)	-0.210* (-2.326)
市场动荡	0.191 (2.485)	0.070 (0.917)	0.074 (0.954)	0.211** (2.959)	0.177 (2.481)	0.131 (1.849)
自变量						
主动环境策略（PES）	0.217 (2.139)	0.246 (1.877)	0.331 (2.082)	0.214* (2.278)	0.229 (1.735)	0.401** (2.763)
调节变量						
国外环境监管压力（ERP）		0.367* (2.597)	0.370* (2.526)			0.050 (0.370)
国外 ERP						
国外 ERP^2		-0.039 (-0.700)	-0.014 (-0.231)			0.065 (0.448)
国外环境客户压力（ECP）			-0.003 (-0.020)		0.189 (0.327)	-0.118* (-2.143)
国外 ECP^2			-0.168 (-1.093)		-0.373** (-2.998)	-0.101 (-0.718)

	模型 1	模型 2	模型 3	模型 4	模型 5	模型 6
	内向型的国际化活动			外向型国际化活动		
交互作用						
PES × 国外 ERP		-0.255 (-1.849)	-0.236 (-1.384)			0.182 (1.166)
PES × 国外 ERP2		-0.138 (-3.725)	-0.126^{*} (-3.062)			-0.043 (-1.141)
PES × 国外 ECP			-0.011 (-0.056)		-0.142 (-0.935)	-0.520 (-2.879)
PES × 国外 ECP2			-0.122 (-1.264)		-0.236^{**} (-2.635)	-0.195^{**} (-2.206)
截距	3.563 (1.530)	5.552^{*} (2485)	5.624^{*} (2.491)	4.075 (1.885)	5.124 (2.437)	5.967 (2.896)
F 值	3.859	5.175	4.134	4.494	4.975	2.052
P 值	0.000	0.000	0.000	0.000	0.000	0.000
R^2	0.162	0.270	0.279	0.183	0.262	0.321
调整 R^2	0.120	0.218	0.212	0.143	0.209	0.258

注：* 表示在 10% 的显著水平下通过显著性检验。

假设 10-6 和假设 10-7 预测了外国环境监管和客户压力对主动环境战略和国际化活动之间关系的非线性调节作用。我们在计算交互项和二次项之前对自变量进行均值中心化，以减少主效应和交互效应之间可能的共线性。此外，我们计算了交互项的 VIF：所有交互项和二次项中的最高 VIF 为 2.260——远低于截止值 10——因此多重共线性不是问题。我们也测试了这些非线性调节效应。进一步来说，等式（10.6）表示线性调节效应。在此模型中，3 个先行变量预测因变量 Y—X、Z 和 XZ（X 和 Z 的乘积）——其中 α 是截距，$\beta_1 \sim \beta_3$ 是 X、Z 和 XZ 的回归系数，ε 是残差项。乘积项（XZ）允许研究人员测试 Z 对 X 和 Y 之间关系是否存在线性调节效应。

$$Y = \alpha + \beta_1 X + \beta_2 Z + \beta_3 XZ + \varepsilon \tag{10.6}$$

相比之下，等式（10.7）表示非线性调节效应。在这个模型中，5 个先行变量——X、Z、Z^2（Z）、XZ（X 和 Z 的乘积）和 XZ^2（X 和 Z^2 的乘积）预测因变量 Y，其中 α 是截距，$\beta_1 \sim \beta_5$ 是 X、Z、Z^2、XZ 和 XZ^2 的回归系数，ε 是残差项。乘积项 XZ^2 允许研究人员测试 Z 对 X 和 Y 之间关系的非线性调节效应。

$$Y = \alpha + \beta_1 X + \beta_2 Z + \beta_3 Z^2 + \beta_4 XZ + \beta_5 XZ^2 + \varepsilon \tag{10.7}$$

本研究采用这种方法来检验国外环境监管压力（ERP）对主动环境战略

（PES）与内向型国际化活动之间关系的非线性调节作用，以及国外客户压力
（ECP）对主动环境战略和外向型国际化活动之间关系的影响。具体方程式如下：

$$内向型国际化活动 = \alpha + \beta_1 PES + \beta_2 国外 ERP + \beta_3 国外 ERP^2$$
$$+ \beta_4 PES \times 国外 ERP + \beta_5 PES \times 国外 ERP^2 + \varepsilon$$

$$(10.8)$$

$$外向型国际化活动 = \alpha + \beta_1 PES + \beta_2 外来 ECP + \beta_3 外来 ECP^2$$
$$+ \beta_4 PES \times 国外 ECP + \beta_5 PES \times 国外 ECP^2 + \varepsilon$$

$$(10.9)$$

假设 10 - 6 假设外国环境监管压力对积极的环境战略与内向型国际化活动之间的关系具有倒 "U" 型调节作用。表 10 - 10 中模型 2 表明主动环境战略与国外环境监管压力的交互作用平方显著（$\beta = -0.138$，$p < 0.001$），因为效应大小（Cohen's $f^2 = 0.148$）大于 0.020。此外，图 10 - 3（a）和 10 - 3（b）展示了外国环境监管压力对主动环境战略与内向型国际化活动之间关系的非线性调节作用。这些发现支持假设 10 - 6。

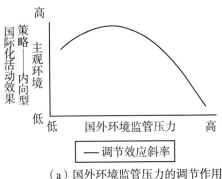

（a）国外环境监管压力的调节作用

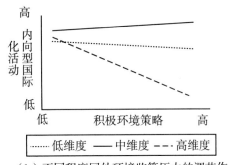

（b）不同程度国外环境监管压力的调节作用

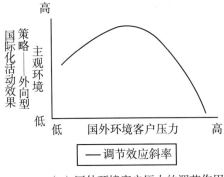

（c）国外环境客户压力的调节作用

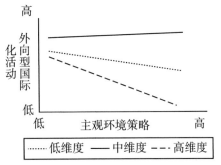

（d）不同程度国外客户压力的调节作用

图 10 - 3　调节效应

假设 10 – 7 假设外国环境客户压力对主动环境战略与外向国际化活动之间的关系具有倒 "U" 型调节作用。表 10 – 10 中模型 5 表明主动环保战略与国外环保客户压力的交互作用平方显著（$\beta = -0.236$，$p < 0.010$），效应大小（Cohen's $f^2 = 0.107$）大于 0.020。此外，交互作用在图 10 – 3（c）和 10 – 3（d）展示了外国环境客户压力对主动环境战略和外向型国际化活动之间关系的非线性调节作用。这些发现支持假设 10 – 7。

2. 稳健性分析

我们进行了多项稳健性检查，以验证数据分析的严谨性。首先，验证了国外监管压力主要影响主动环境战略与内向型国际化活动之间的关系，外国客户压力主要影响主动环境战略与外向型国际化活动之间关系的论点。为此，我们估计了两个包含所有交互效应的回归模型。表 10 – 10 中模型 3 表明主动环境战略与国外环境监管的交互作用压力平方仍然显著（$\beta = -0.126$，$p < 0.010$），但主动环境策略与国外环境客户压力平方的交互效应不显著（$\beta = -0.122$，n. s.）。模型 6 显示了主动环境与国外环境客户压力平方的相互作用效应策略仍然显著（$\beta = -0.195$，$p < 0.050$），但主动环境策略与国外环境的相互作用效应调节压力平方不显著（$\beta = -0.043$，n. s.）。结果符合我们的假设。

其次，由于我们的数据不是随机实验的结果，内生性可能是一个问题，因此采用两种方法来纠正潜在的内生性。第一种方法是使用一套全面的控制变量——例如行业、企业规模，企业年龄和技术湍流——来降低未观察到的行业和资源（包括经验）差异可能影响我们结果的可能性。第二种方法是进行两阶段回归，以减轻潜在的内生性问题。我们针对企业规模、竞争强度、技术湍流和市场湍流，对主动环境策略进行回归，以获得变量的残余，不受资源限制和市场不确定性的影响。然后，使用主动环境策略的残差作为新的自变量，使用这些新变量执行相同的回归分析。如表 10 – 11 显示，新结果与我们的原始表 10 – 10 结果匹配。因此，内生性不是我们研究关注的问题。

表 10 – 11　　　　　　　　事后分析——两阶段回归

	模型 7	模型 8	模型 9	模型 10	模型 11	模型 12
	内向型国际化活动			外向国际化活动		
控制变量						
信息技术	0.482 (1.761)	0.395 (1.502)	1 (1.417)	0.478 (1.880)	0.358 (1.446)	0.432 (1.783)
机械设备	0.359 (1.601)	0.244 (1.124)	0.226 (1.027)	0.727** (3.497)	0.660** (3.267)	0.602** (3.034)

续表

	模型 7	模型 8	模型 9	模型 10	模型 11	模型 12
	内向型国际化活动			外向国际化活动		
控制变量						
电子产品	0.488 (1.607)	0.225 (0.758)	0.202 (0.675)	0.550 (1.951)	0.414 (1.510)	0.347 (1.282)
客户产品	0.144 (0.449)	0.050 (0.162)	0.052 (0.167)	0.367 (1.230)	0.304 (1.054)	0.327 (1.166)
企业规模	0.554** (2.842)	0.466* (2.441)	0.462* (2.373)	0.454* (2.513)	0.381* (2.166)	0.462** (2.635)
企业年龄	−0.540 (−0.813)	−0.676 (−1.066)	−0.672 (−1.044)	−0.385 −0.624)	−0.374 (−0.625)	−0.507 (−0.874)
竞争强度	0.044 (0.559)	−0.042 (−0.546)	−0.045 (−0.566)	0.081 (1.108)	0.017 (0.233)	0.013 (0.180)
技术动荡	0.134 (1.526)	0.054 (0.554)	0.056 (0.538)	−0.058 (−0.713)	−0.129 (−1.514)	−0.142 (−1.531)
市场动荡	0.201** (2.629)	0.093 (1.221)	0.093 (1.179)	0.221** (3.112)	0.177* (2.482)	0.142* (2.006)
自变量						
主观环境策略残留 （PESResidual）	0.217* (2.139)	0.234 (1.773)	0.267 (1.639)	0.214* (2.278)	0.235 (1.746)	0.389** (2.654)
调节变量						
国外环境监管 压力（ERP）		0.353** (2.511)	0.351 (2.414)*			0.078 (0.597)
Foreign ERP2		0.033 (0.633)	−0.029 (−0.185)			−0.011 (−0.078)
国外环境客户压力 （ECP）			0.043 (0.747)		0.146 (1.057)	−0.051 (−0.985)
Foreign ECP2			−0.094 (−0.682)		−0.356** (−3.396)	−0.118 (−0.948)

续表

	模型 7	模型 8	模型 9	模型 10	模型 11	模型 12
	内向型国际化活动			外向国际化活动		
交互作用						
PESResidiul × Foreign ERP		-0.319 (-2.222)	-0.241 (-1.433)			0.158 (1.040)
PESResid ual × Foreign ERp2		-0.140^{**} (-3.536)	-0.125^{**} (-2.977)			-0.050 (-1.331)
PESResid ual × Foreign ECP			-0.095 (-0.484)		-0.131 (-0.906)	-0.541^{**} (-3.059)
PESResid uml × Foreign ECP2			-0.059 (-0.558)		-0.229 (-2.424)	-0.157 (-1.662)
截距	3.054 (1.328)	5.320 (2.350)	5.395 (2.330)	3.572 (1.674)	4.971^{*} (2.354)	5.502^{**} (2.636)
模型总结 F - Value	3.859	4.768	3.739	4.494	4.885	5.007
P - Value	0.000	0.000	0.000	0.000	0.000	0.000
R^2	0.162	0.254	0.260	0.183	0.259	0.319
Adjusted R^2	0.120	0.201	0.190	0.143	0.206	0.256

注：***、**、*分别表示在 1%、5%、10% 的显著水平下通过显著性检验。

为了检查回归分析的稳健性，我们还进行路径分析以同时检查所有效应。我们将所有尺度相加以表示相关构造并计算二次项和乘积项。这种方法有助于我们解决与构造中的相互作用和二次项中所有可能的乘积项的估计相关的非线性估计困难。当使用相对较小的样本量测试多个交互作用和二次项时，此问题将会增加。表 10 – 12 呈现结果。模型 13 表明，积极主动的环境战略可以影响内向型（$\beta = 0.155$，$p < 0.010$）和向外型（$\beta = 0.162$，$p < 0.010$）活动同时进行。模型 14 表明，积极的环境战略与二次外国环境监管压力影响向内的国际化活动（$\beta = -0.487$，$p < 0.001$），而积极的环境战略和二次外国环境客户压力的乘积影响向外的国际化活动（$\beta = -0.280$，$p < 0.050$）。我们还估计了一个包含所有变量和交互项的完整模型（模型 15）。研究结果见表 10 – 12。

在发展我们对倒 "U" 型调节效应的假设时，我们认为外国环境监管压力将调节积极的环境战略对中国中小企业获取外国知识（例如管理技能和技术）和金融资本（例如投资）能力的影响。我们还建议，外国环境客户压力将调节积极的环境战略对中国中小企业建立外国供应商—买方关系（例如联盟）和出口（例如

279

表 10 – 12 事后分析——路径分析

路径关系	模型 13	模型 14	模型 15
控制路径：			
信息技术→向内聚焦的国际化活动（IFIA）	0.147* (1.807)	0.141 (1.770)	0.115 (1.512)
信息技术→向外聚焦的国际化活动（OFIA）	0.154* (1.928)	0.127 (1.634)	0.128 (1.767)
机械设备→IFIA	0.148 (1.643)	0.124 (1.407)	0.110 (1.314)
机械设备→OFIA	0.316*** (3.590)	0.288*** (3.359)	0.268** (3.344)
电子产品→IFIA	0.129 (1.648)	0.080 (1.053)	0.053 (0.725)
电子产品→OFIA	0.153* (2.001)	0.129 (1.728)	0.098 (1.412)
消费者产品→IFIA	0.035 (0.462)	0.017 (0.235)	0.016 (0.224)
消费者产品→OFIA	0.094 (1.264)	0.079 (1.083)	0.085 (1.251)
企业规模→IFIA	0.176** (2.637)	0.156 (2.398)	0.146* (2.352)
企业规模→OHA	0.149* (2.283)	0.136 (2.133)	0.134 (2.250)
企业年龄→IFIA	− 0.054 (− 0.835)	− 0.061 (− 0.967)	− 0.061 (− 1.012)
企业年龄→OFIA	− 0.041 (− 0.641)	− 0.040 (− 0.645)	− 0.047 (− 0.815)

续表

路径关系	模型 13	模型 14	模型 15
竞争强度→IFIA	0.047 (0.631)	−0.023 (−0.308)	−0.063 (−0.896)
竞争强度→OFIA	0.088 (1.197)	0.042 (0.586)	0.015 (0.222)
技术动荡→IFIA	0.058 (0.781)	0.027 (0.373)	0.030 (0.430)
技术动荡→OHA	−0.113 (−1.564)	−0.148* (−2.095)	−0.192* (−2.909)
市场动荡→IFIA	0.181* (2.554)	0.110 (1.590)	0.071 (1.068)
市场动荡→OFIA	0.211** (3.040)	0.192** (2.840)	0.131* (2.071)
假设检验：主观环境策略（PES）→IFIA	0.155* (2.428)	0.117 (1.362)	0.239 (2.237)
PES→OFIA	0.162* (2.585)	0.130 (1.477)	0.303* (2.968)
国外环境监管压力（ERP）→IFIA		0.272** (3.142)	0.285** (2.770)
Foreign ERP→OFIA			0.040 (0.406)
Foreign ERP2 − IFIA		0.017 (0.222)	−0.023 (−0.255)
Foreign ERP2 − OFIA			−0.207* (−2.365)
国外环境客户 Pressure（ECP）→IFIA			−0.002 (−0.022)
Foreign ECP − OFIA		0.129 (1.559)	0.048 (0.484)
Foreign ECP2 − IFIA			−0.145 (−1.202)

路径关系	模型 13	模型 14	模型 15
Foreign ECP2 – OFIA		− 0. 231 * (− 2. 533)	− 0. 091 (− 0. 790)
PES × Foreign ERP – IFIA		− 0. 343 * (− 2. 419)	− 0. 277 (− 1. 465)
PES × Foreign ERP→OFIA			0. 223 (1. 234)
PES × Foreign ERP2 – IFIA		− 0. 487 *** (− 3. 678)	− 0. 542 ** (− 3. 280)
PES × Foreign ERP2 – OFIA			− 0. 193 (− 1. 223)
PES × Foreign ECP→IFIA			− 0. 009 (− 0. 062)
PES × Foreign ECP – OFIA		− 0. 166 (− 1. 613)	− 0. 432 ** (− 3. 184)
PES × Foreign ECP2→IFIA			− 0. 189 (− 1. 349)
PES × Foreign ECP2→OFIA		− 0. 280 * (− 2. 361)	− 0. 315 * (− 2. 353)
适合指数		247. 161	222 675
卡方检验（χ^2）	42. 957	89	81
自由度（df）	84. 773	2. 777	2. 749
χ^2/df	0. 000	0. 000	0. 000
p-value 相对适合指数（CFI）	0. 917	0. 928	0. 936
	0. 087	0. 093	0. 091
均方根误差			
近似值（RMSEA）			

注：***、**、* 分别表示在 1%、5%、10% 的显著水平下通过显著性检验。

市场）能力的影响。为了证实我们的论点，我们使用了测量中的一个项目来捕捉不同的内向型（运用国外管理技能和投资）和外向型（寻求国外联盟和市场）

活动。然后执行额外的回归分析来测试调节效果。表 10 – 13（模型 16 ~ 模型 23）和图 10 – 4［（a）~（f）］表明结果与我们的论点一致，只有外国客户环境压力对主动环境战略与寻求外国联盟的活动之间的关系没有倒"U"型调节作用（模型 20 和模型 21）。一种可能的解释是，中国中小企业以联盟（供应商—买方）关系向发达国家的企业供应产品或（产品的）零部件。先前的研究表明，在这种情况下，发达国家企业（在某种程度上）充当了新兴国家企业应对客户合法性挑战的盾牌。将其应用到我们研究的背景下，由于中国中小企业并不直接面对发达国家的客户，外国环境客户的压力对它们如何利用积极的环境战略来寻求国际供应商—采购商关系的影响较小。

表 10 – 13　　　　　　　　事后分析——个人国际化活动

	模型 16	模型 17	模型 18	模型 19	模型 20	模型 21	模型 22	模型 23
	管理技能		投资活动		联盟		市场	
控制变量								
信息技术	0.496 (1.920)	0.476 (1.802)	0.379 (1.086)	0.272 (0.769)	0.104 (0.348)	0.174 (0.597)	0.582 (2.159)	0.624 (2.341)
机械设备	0.101 (0.474)	0.083 (0.384)	0.481 (1.672)	0.449 (1.548)	0.553 (2.269)	0.524 (2.196)	0.734 (3.340)	0.711 (3.259)
电子产品	− 0.010 (− 0.035)	− 0.014 (− 0.048)	0.456 (1.155)	0.412 (1.040)	0.444 (1.339)	0.379 (1.160)	0.398 (1.333)	0.329 (1.102)
消费者产品	0.329 (1.082)	0.329 (1.069)	− 0.193 (− 0.470)	− 0.199 (− 0.482)	0.425 (1.221)	0.464 (1.369)	0.159 (0.507)	0.198 (0.637)
企业规模	0.513 (2.749)	0.510 (2.706)	0.343 (1.357)	0.319 (1.261)	0.510 (2.402)	0.525 (2.522)	0.195 (1.020)	0.199 (1.047)
企业年龄	− 0.595 (− 0.951)	− 0.634 (− 0.998)	− 0.612 (− 0.723)	− 0.580 (− 0.682)	− 0.301 (− 0.418)	− 0.393 (− 0.562)	− 0.424 (− 0.654)	− 0.499 (− 0.779)
竞争强度	− 0.086 (− 1.125)	− 0.087 (− 1.084)	− 0.025 (− 0.242)	− 0.040 (− 0.369)	− 0.029 (− 0.318)	− 0.037 (− 0.423)	0.069 (0.840)	0.066 (0.816)
技术动荡	0.017 (0.176)	0.009 (0.093)	0.026 (0.202)	0.059 (0.442)	− 0.157 (− 1.508)	− 0.247 (− 2.253)	− 0.145 (− 1.543)	− 0.174 (− 1.732)
市场动荡	0.047 (0.616)	0.052 (0.672)	0.093 (0.904)	0.096 (0.917)	0.208 (2.410)	0.157 (1.831)	0.146 (1.877)	0.105 (1.333)

续表

	模型 16	模型 17	模型 18	模型 19	模型 20	模型 21	模型 22	模型 23
	管理技能		投资活动		联盟		市场	
自变量积极的环境策略（PES）	0.310 (2.369)	0.350 (2.196)	0.182 (1.031)	0.312 (1.460)	0.199 (1.249)	0.384 (2.182)	0.258 (1.797)	0.419 (2.598)
调节变量国外环境压力（ERP）	0.537 (3.813)	0.535 (3.640)	0.196 (1.029)	0.205 (1.042)		0.078 (0.482)		0.021 (0.141)
Foreign ERP^2	−0.022 (−0.407)	−0.018 (−0.299)	−0.055 (−0.737)	−0.010 (−0.120)		−0.157 (−2.362)		−0.078 (−1.283)
国外环境客户压力（ECP）		0.062 (0.395)		−0.069 (−0.325)	0.092 (0.534)	−0.064 (−0.365)	0.287 (1.842)	0.193 (1.207)
Foreign ECP^2		−0.004 (−0.024)		−0.333 (−1.608)	−0.371 (−2.462)	−0.037 (−0.217)	−0.375 (−2.767)	−0.165 (−1.058)
交互作用 PES × Foreign ERP	−0.152 (−1.104)	−0.149 (−0.869)	−0.357 (−1.925)	−0.324 (−1.412)		0.209 (1.110)		0.154 (0.890)
PES × Foreign ERP^2	−0.121 (−3.274)	−0.120 (−2.905)	−0.155 (−3.100)	−0.132 (−2.388)		−0.048 (−1.056)		−0.038 (−0.904)
PES × Foreign ECP		−0.077 (−0.388)		0.055 (0.206)	−0.118 (−0.643)	−0.553 (−2.529)	−0.166 (−1.002)	−0.486 (−2.427)
PES × Foreign ECP^2		−0.077 (−0.796)		−0.167 (−1.288)	−0.167 (−1.539)	−0.112 (−1.043)	−0.305 (−3.126)	−0.278 (−2.838)
截距	5.913 (2.652)	6.081 (2.685)	5.191 (1.722)	5.167 (1.703)	4.714 (1.854)	5.786 (2.317)	5.534 (2.415)	6.148 (2.689)
模型总结 F – Value	6.729	5.182	5.639	2.289	3.565	3.836	4.642	4.246
p – Value	0.000	0.000	0.001	0.003	0.000	0.000	0.000	0.000
R – Square	0.325	0.327	0.159	0.177	0.203	0.265	0.249	0.285
Adjusted R – Square	0.276	0.264	0.099	0.100	0.146	0.196	0.195	0.218

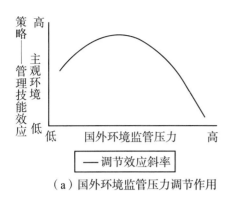

（a）国外环境监管压力调节作用

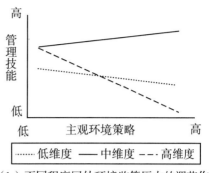

（b）不同程度国外环境监管压力的调节作用

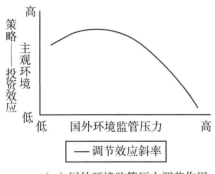

（c）国外环境监管压力调节作用

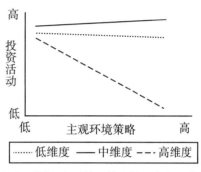

（d）不同程度国外环境监管压力的调节作用

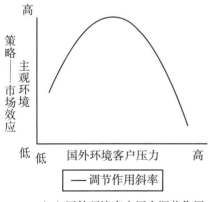

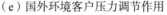

（e）国外环境客户压力调节作用

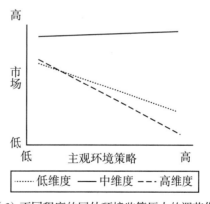

（f）不同程度的国外环境监管压力的调节作用

图 10 -4　事后分析——图形表示

六、结论

目前的研究区分了国外环境监管和客户压力，分别代表强制性和规范性制度压力，并考察它们在积极的环境战略与中国中小企业国际化之间的关系中的调节作用。我们认为，了解国外制度压力如何影响中小企业利用其积极的环境战略来支持其国际化努力的方式对于新兴经济体（例如中国）的中小企业尤为重要。新兴经济体企业（如中国中小企业）经常面临来自发达国家监管机构和客户关于环境问题的合法化挑战，因为这些企业的集体环境记录通常存在负面刻板印象。我们的研究表明，国外环境监管压力对主动环境战略与内向型国际化活动之间的关系具有倒"U"型调节作用，而国外环境客户压力对主动环境战略与外向型国际化活动之间的关系具有倒"U"型调节作用。积极的环境战略对新兴经济体民营企业的各种国际化活动的有益影响取决于不同的外国制度压力。

此外，我们推进使用符合资源基础观的制度理论来解释企业的国际化战略（He et al.，2013），表明新兴经济体中小企业的环境代表了一个挑战。我们还建议，一旦对多个领域给予足够的关注，就可以利用这一挑战来扩展和概括该理论。第一，由于不发达制度，新兴经济体的中小企业同时关注内向型和外向型国际化活动。新兴经济体的中小企业需要利用其资源优势（即积极的环境战略）从发达国家获取资源（即先进的管理技能和投资），并在外国（发达国家）市场增加收入。因此，我们需要运用制度理论的不同方面来解释制度环境在这种情况下的影响。借鉴制度理论的同构逻辑，我们认为发达国家的资源提供者（即知识创造者和投资者）倾向于采用类似的做法（同构）来顺应监管压力（获得合法性）以追求环境可持续性。这将影响新兴经济体中小型企业利用积极的环境战略所产生的资源优势，追求以内部为重点的国际化活动。另外，借鉴制度理论的制度距离逻辑（He et al.，2013），我们认为新兴经济体的中小企业可以利用其积极的环境战略（资源）来应对发达国家客户的合法化挑战（减轻客户对企业环境记录的负面看法并获得合法性）。第二，我们确定外国制度的调节作用与资源基础观和制度理论相结合的理论家的线性效应假设不同，关于环境可持续性的压力不是线性的（He et al.，2013）。我们的理由是，新兴经济体的中小企业代表着独特的背景。作为新兴经济体的中小企业，由于缺乏资源，它们无法对当前的做法进行重大改变，以适应严格的环境监管压力（例如，采用更复杂和针对特定国家的环境做法）或充分实现变革带来的潜在利益（例如，将部分业务转移到发达国家）。此外，新兴经济体和发达国家在制度设置上的差异可能会导致选择在环境实践方面进行额外投资（以适应严格的环境客户压力）的新兴经济体中小型企业在国内市场失去竞争优势（例如，国内市场客户不愿意为环保产品付出高昂的代价）。新兴经济体的中小企业将选择不改变现有的做法，最终失去获取国外资源和在国外市场发展竞争优势的资源优势。因此，调节效应是非线性的。总体而言，研究结果支持了我们将资源基础观和制度理论相结合得出的论点，即新兴经济体民营中小企业通过积极的环境战略的最佳利用来追求不同的国际化活动需要与某些制度条件保持一致。

第三节 海外创新生态系统建构中民营企业的东道国制度战略与领军企业组织合法性策略

海外创新生态系统的核心企业在共建"一带一路"东道国需要同时应对"制度环境复杂性"（非市场战略）和"技术环境复杂性"（市场战略）。从制度与企业创新战略互动的视角，需要探讨东道国制度环境复杂性对中国民营企业在东道国"走进去"的影响机制，以及民营企业主动选择制度战略，同时寻求在创新生态系统内部和东道国外部的双重组织合法性（陈衍泰等，2021）。

一、引言

新兴经济体跨国企业（EMNEs）不断向世界展示着它们的全球化动力、潜力以及实力。研究不能再将它们归类为来自不发达国家的不寻常个例，更需要对其国际化背后的动机、过程、制约因素以及微观基础等进行深度的思考。尤其在全球竞争日趋被时间、空间和资源所约束的情况下，EMNEs 有时在一些制度环境也是相对不成熟的国际市场中寻求机会，本书将这类"从新兴经济体到新兴经济体"的国际化现象简化为"EM–EM"。而目前我们对这类现象的理解仍极其有限。可以通过构建海外创新生态系统以实现 EMNEs 在弱制度环境下的生存和发展需求，为 EM–EM 的研究开拓了全新视角。但仅将制度因素作为国际化背景考虑还不够深刻，需要进一步基于制度理论视角下的深度研究，而这将会是 EM–EM 区别于其他国际化过程，克服其独有"来源国劣势"的最重要命题之一。

作为制度理论的核心内容，组织合法性被学术界和产业界共同关注。自柯斯托娃和查希尔（Kostova and Zaheer，1999）的整合框架后便一直是国际商务（IB）研究中的关键问题之一。参照有学者提出的"合法性—资源—成长"的经典理论框架（彭伟、于小进和郑庆龄，2018），"合法性—资源—海外创新生态系统构建与发展"的逻辑可能被用于解释海外创新生态系统的构建过程。然而目前却鲜有针对生态系统层面的组织合法性研究。过往研究形象地用既非"一劳永逸"又非"一蹴而就"来描述组织合法性的获取。一方面，"一劳永逸"的观点支持了仅单一合法性阈值存在的假说，认为合法性一旦获取便不再重要。然而，在新兴经济体市场构建海外创新生态系统的过程中，EMNEs 将面临制度缺乏或不完善、合法性评估者多元且多变的复杂情况，因此合法性标准（或阈值）必然会随合法性评估者阶段性地转变而发生变化，即印证了多个合法性阈值的存在，并打破了"一劳永逸"的遐想。另一方面，"一蹴而就"的观点无法解释多战略获取合法性的必要性。在海外创新生态系统的构建过程中，组织只有灵活运用多种合法性战略才能有机会跨越每一个合法性阈值，这在以往的研究中已经得到充分证实。由此可见，海外创新生态系统的组织合法性动态获取过程不仅需要长期的部署，更需要多元的能力。但当前不仅缺乏从生态系统层面剖析多个合法性阈值产生的理论研究，对于合法性战略得以成功实施的微观基础也仍未可知。

有学者从动态能力视角诠释了跨国并购合法性聚焦点的动态变化过程（王杨眉、吴琪和罗景涛，2019）。遗憾的是，他们的研究结果并不完全适用于创新生态系统国际化的情境，尤其是忽略了"伙伴间合法性"这一合法性聚焦点的存在。同时，其依旧停留在国际化动态能力程度高低或强弱的修辞上，未能真正打开如何利用不同动态能力以跨越多个合法性阈值、实现组织合法性动态获取的"黑箱"。基于此，本节尝试结合国际双元理论，探讨海外创新生态系统构建过程中合法性阈值跨越和动态能力培养之间的内在逻辑关系。本节认为与跨国企业相比，在 EM－EM 情境下构建的海外创新生态系统将面临更为严峻的外部环境动态性、利益相关者需求多样性以及组织内外间结构复杂性等直接或间接阻碍合法性阈值跨越的关键性问题，并由此产生了生存和发展两大压力。而国际双元理论作为解决动态环境下创新生态系统国际化生存和发展的基础，既能清晰勾画合法性阈值跨越前后的不同压力，又能嵌入动态能力——一种具有区分探索性和利用性行为的潜在能力——形成动态利用能力和动态探索能力，为系统内企业在弱制度情境下适应、整合，以及重新配置内外和伙伴间资源以巩固海外创新生态系统的可持续发展提供理论基础。

二、研究设计

1. 方法选择

本研究的目的是考察在弱合法性场域下海外创新生态系统构建组织合法性的时间动态。考虑到所调查现象的新颖性和研究问题的归纳性，本研究采用了探索性单案例研究方法，通过使用广泛的数据来源，使现象能够在其上下文中进行探索，从动态和演化的角度对业务场景进行描述、解释和理解。选择该方法理由如下：（1）基于案例的方法特别适合解决"如何型"问题，而本节的研究主题正是新兴经济体跨国组织"如何"在弱合法性场域下构建海外创新生态系统，尤其是其"如何"获取组织合法性的问题;(2)在异域构建创新生态系统本身就是一个具有制度复杂性、成员复杂性、过程复杂性的过程,而这正是单案例研究方法的适用前提之一,更为强调对调查中问题的洞察力;(3)通过在纵向案例研究中引入时间维度,可以对组织合法性构建过程中关键事件的促发条件进行逻辑演绎,以进一步挖掘国际双元动态能力的内部因果关系,提升研究的效度和结论的普适性;(4)与"无情境"概括的实证主义方法相比,基于过程的研究视角更侧重于提供与海外创新生态系统组织合法性研究相关的"情景化知识",有利于研究在全面考虑合法性评估者多元性、异质性、时迁性影响的前提下对理论模型进行更为生境化的动态建构。

2. 案例选择

本研究将海外园区视为海外创新生态系统的一个典型模式,主要基于两方面原因。其一,在国际化的背景下,以开放式创新为特征的创新生态系统允许跨国组织在不断突破地域及组织边界的前提下与各类型、各地区、各国家的互补性利益相关者群体产生联结,以此获取异质性资源和国际差异化竞争优势(葛安茹和唐方成,2019)。而这种优势对于在弱制度情境下开展跨国活动的新兴经济体企业来说至关重要。因此培养海外创新生态系统是跨国组织在部分共建"一带一路"国家等市场制度相对不完善国家建立可持续、高质量海外园区的"最佳实践"和长久之计(郭金明等,2018)。其二,从本质上来说,目前海外园区的建设与运营过程也基本符合学界对创新生态系统的定义,即存在领军企业,通过松散互联的开放系统整合各方利益相关者资源(包括入园企业、双边政府、高校及研究院、本地竞争者、东道国民众等),形成长期可依赖、能共赢的超越市场的合作关系,并最终实现价值共创和价值获取。基于以上两方面原因,我们认为将海外园区作为研究海外创新生态系统"如何"构建的突破口是极其适合的。因此,遵循典型性原则、复制逻辑原则和数据完整性原则,我们选取泰中罗勇工业园区为主要研究案例,并以其领军企业——股份有限公司(以下简称"华立集团")为重点研究对象,深入探究其在构建海外园区过程中动态获取组织合法性的非连续阈值产生机制及其跨越的微观动力。

此外,依据海外园区的建设过程和集群内合法性扩散机理,我们有理由相信海外园区的整体合法性获取将最大限度地取决于领军企业合法性获取的程度,因此以领军企业的合法性获取为切入点对于未来解析园区整体的合法性构建具有重要意义。为了更为直观地了解华立集团构建泰中罗勇工业园的动态过程,我们绘制了相关关键时间脉络图(见图10-5)。

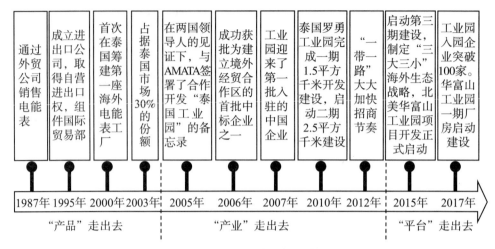

图 10 - 5 关键时间脉络

资料来源：《泰国建厂工业园区介绍：泰中罗勇、金池、304、洛加纳工业园【泰国投资指南】》，https：//www.sohu.com/a/734735001_121717612，2023 年 11 月 8 日。

3. 数据收集和分析

为了保证研究的信效度水平，本研究使用了多元化的定性资料分析来源，其中包括以半结构访谈、焦点访谈、现场观察为主要渠道的一手数据，并结合会议纪要、档案文件、二手出版资料、网络宣传资料等二手数据进行"三角验证"，整体数据收集过程可以分为 3 个阶段。第一阶段，基于地缘和学缘关系，自 2007 年起，课题组就陆续对华立集团在泰国建立海外园区的过程进行跟踪调研，收集了大量早期的二手资料，为本研究理论设计提供了思路，更作为补充数据验证了课题组收集数据的可靠性。第二阶段重点采取半结构访谈方法进行最新的一手数据收集，根据 3 个标准（负责审视和解读商业环境、参与组织事务并作出策略性决策、能够代表各个功能区梯队）筛选出本案例的主要受访者，并依次展开访谈，主要包含了两轮阶段性访谈。第一轮为探索性访谈，主要围绕华立集团作为泰中罗勇工业园的领军企业在"进入"东道国着手构建海外园区过程中如何克服某些必要的合法性缺失劣势这一话题展开，通过确认关键事件和关键任务对构建海外园区整体过程在系统梳理的基础上进行阶段性划分。此阶段，依靠社会资源，课题组采访到了华立集团股份有限企业董事局主席和泰中罗勇工业园时任总裁，以及其他参与园区规划、建设、决策的 3 位中层干部和 5 位基层管理人员。在此基础上，从 2016 年 4 月到 2019 年 10 月我们展开了为期三年半的第二轮针对性访谈。此阶段访谈主要针对园区如何与入园企业、本土竞争对手、东道国社会认知系统等创新生态系统利益相关者群体协同共生的建成后阶段相关话题展开了详尽的探讨。进一步，课题组对园区不同职能部门员工进行了 3 次正式访谈和多次非正式访谈，其中中高层管理人员 5 人、部门基层管理人员 12 人以及多名普通员工。第三阶段主要进行相关案例访谈所得资料的准确性确认工作。为了提高调查的可靠性和有效性，同时避免回顾和印象管理可能导致偏差的危险，我们采用了文字复制逻辑，并将这些注释提交给受访者进行可靠性检查，且将其修改纳入我们的数据资料中。通过以上三阶段的访谈过程，我们共累计访谈时间 33.5 小时，并由此整理出一手资料文本字数共 33.6 万字。

为交叉参考质性资料，增加数据外部和内部的有效性，我们还进行了来源和数据的三角验证。首先，由于行业固有的保密性和应对偏差，我们对华立集团构建泰中罗勇工业园区的一系列主要数据进行了补充，并采访了参与园区构建、发展的其他人员（具体见表 10 – 14）。这样做是为了对华立集团泰中罗勇工业园区首席执行官提供的数据进行来源三角化验证，因为有时企业高层不愿意透露他们所认为的敏感信息。其次，为了最大限度地减少选择偏差，同时确认以上访谈提供的数据准确性，我们补充了部分二手数据，对相关数据库进行了较为全面的搜索工作，包括国务院、商务部、国家发展和改革委员会（以下简称"国家发改委"）、财政部等有关海外园区的政策法规、《对外投资合作国别（地区）指南——泰国》《中国境外经贸合作区投资指南（2018）》《中国对外投资发展报告》《中国商务年鉴》《中国统计年鉴 2018》以及其他部门编制的各类相关统计数据以及如企业网站、政府网站（包括一带一路统计数据库、中国海外园区官网、中国一带一路网等）、年度报告及 PPT、财务状况和国内外新闻文章（包括

表 10 – 14　　　　　　　　　访谈情况汇总

访谈阶段	访谈时间	访谈人数	录音时长（分钟）	录音字数（万字）	受访者职位统计
第一阶段	2011 年 10 月	2	180	3.1	华立集团股份有限公司董事局主席，泰中罗勇工业园时任总裁
第二阶段（第一轮）	2013 年 9 月	10	480	7.8	华立集团股份有限公司董事局主席、泰中罗勇工业园时任总裁、开发部经理、人力资源部经理、市场拓展部经理、科技招商岗负责人、产业投资岗负责人、产业服务岗负责人、客户服务岗负责人、工程项目岗负责人
第二阶段（第二轮）	2016 年 4 月 ~ 2019 年 10 月	30	1 350	22.7	泰中罗勇工业园时任总裁

人民日报、国际商报、曼谷邮报、暹罗早报等）等在内的 300 多页的二手数据资料，并进行了实地参观考察。这组丰富的数据提供了对东道国制度环境和园区领军企业内、外、伙伴间利益相关者的洞察。

基于从多个来源收集的数据，本研究采用探索性单案例研究方法，将泰中罗勇工业园组织合法性构建的全过程分成 3 个阶段，并进一步按照以下步骤提取定性数据进行映射和分析。第一步，对泰中罗勇工业园领军企业——华立集团的利益相关者进行归类，如双边政府、入园企业、合作开发企业、园区服务企业、高校及科研机构、东道国民众等，并在此基础上绘制了其在东道国的创新生态系统（见图 10 - 6）。然后通过专家评分法识别海外创新生态系统的阶段性合法性聚焦点，从而区分不同阶段的合法性阈值改变的触发因素。第二步，关注动态能力视角下的合法性阈值跨越机制，通过对数据的格式化整理和叙述性精简为本案例建立数据库并形成完整的描述文件。第三步，借助图表演绎的方法将数据和现有研究成果进行循环往复地分析和比较，直至能够精练出潜在的稳健且普适的理论框架。我们使用交叉参考分析方法来确定协作的阶段和细节，从而提高了研究结果的可靠性和稳健性。

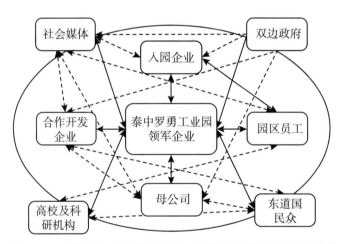

图 10 - 6　境外经贸合作区领军企业的创新生态系统结构

三、案例发现

1. 领军企业的合法性阈值异质机制

我们将华立集团构建海外园区过程中合法性评估者的变化视为其多个合法性阈值产生的触发因素，同时以合法性聚焦点的阶段性转移视角进一步凝练触发因素，为个体案例分析的普适性奠定基础。借鉴过往研究对合法性及合法性判断受众的定义，本研究运用专家打分法对制度复杂性情境下的海外园区领导型企业在东道国的合法性判断受众进行了识别。一共邀请了3位政府机构的专家、7位中国大学/机构的专家、5位跨国企业的专家、5位泰国政府/大学/机构的专家参加研讨会，并从之前进行的访谈和文献综述中收集了17种合法性生态系统成员的名单。

为了便于分析，我们将50%作为选择标准，最后得到9类海外园区领军企业合法性评估群体，并归类为内部合法性评估者（包含母企业、员工）、伙伴间合法性评估者（跨国联盟伙伴、入园企业）和外部合法性评估者（包含双边政府、民众、媒体、高校及研究院）。

本研究对各不同分类的合法性评估者在不同阶段角色的动态变化进行三维描绘，按照研究利益相关者动态变化的研究思路和框架，构建了一个海外创新生态系统合法性评估者随不同阶段担任不同角色的三维空间框架（见图10-7），并最终归纳为3个阶段：探索期、成长期和深耕期。另外就角色而言，不同类别的评估者也会随着生态系统阶段的不断演化而发生变化。因此将成员角色划分为主导者——兼具以上3种属性，对于企业整体合法性的构建起到决定性的作用，其结果还将进一步影响其他评估者的评估结果；参与者——只具备两种属性，在主

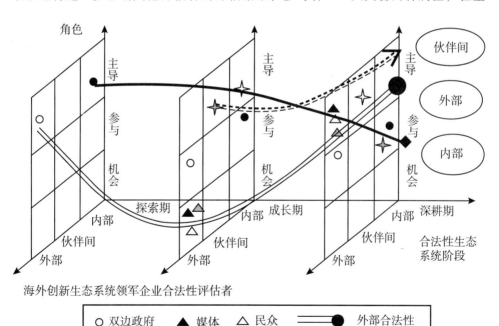

图10-7 海外创新生态系统不同阶段合法性评估者（群体）角色的变化

导者的领导下，参与某项合法性的决定或者提供某种支持；机会者——只具备其中一种属性，不产生实质性的结果，但是仍停留在合法性生态系统内，在必要时进行适当引导和补充。以此为依据我们进行了有关各阶段合法性聚焦点的问卷调研。

在探索期（2000～2006年）阶段，由于此时经贸合作区尚未建立，因此许多相关合法性评估者并未在此阶段形成作用。只有母企业、东道国政府和母国政府在该阶段起到了决定性的主导作用。由于海外园区项目集周期长、投资大、风险高等投资不利因素于一身，再加上两国投资环境、政策、文化、习俗等各方面大不相同，母企业在资源上的支持和政府在外交及政策上的作用极其重要。因此，从2000年华立集团开始"单枪匹马"进入泰国市场，到2006年规划建立工业园区的整个探索过程中，合法性的构建基础分别来源于以母企业、双边政府和跨国联盟伙伴为代表的内部合法性、外部合法性和伙伴间合法性。

在成长期（2007～2014年）阶段，跨国联盟伙伴、入园合作伙伴和工会所代表的伙伴间合法性占据了主导地位，同时在该阶段，对于员工作为内部合法性评估者的重视也逐渐提高。因为在该阶段，园区已经确定建立，对于领军企业——华立集团来说，最紧迫的任务就是寻找当地可靠合伙人，并大力吸引优质企业入驻园区。随着园区的不断壮大，两国的员工数目均急剧增长，尤其是泰籍员工，如何更好地管理员工，实现高效有序的生产也是当下最棘手的问题之一。对当地工会性质、内容、作用的了解也是影响园区能否正常运营的合法性所在，但是由于工会权力有限，因此属于参与者地位。同时由于泰国对环境保护的足够重视，因此环保组织也成为参与者一员。然而，此阶段下双边政府和司法制度的紧迫程度有所下降，由主导者转变为参与者。另外，在此阶段虽然民众、媒体、高校及研究院也都在一定程度上做出其合法性评估，但是权威性尚且不足且并不紧迫，因此都属于机会者。

在深耕期（2015年至今）阶段，民众、媒体、高校及研究院、环保组织作为外部合法性评估者的地位明显升高，从机会者转变为主导者。因为在此阶段园区的发展已经步入相对稳定阶段，此时的园区功能逐步升级，开始重视媒体宣传、校企合作、企业社会责任等获取社会合法性的相关战略，无论是权威性、正当性和紧迫性都兼而有之。而相对来说，由于前期的铺垫，合作伙伴和员工的紧迫性有所降低，因此转为参与者，而工会则在嵌入期转为机会者。另外，自习近平总书记提出"一带一路"倡议以来，两国政府又相继签订了许多利好协议，但是此阶段下园区的发展主要力量还是来自企业自身，因此当地政府还是参与者的角色。

总体而言，由图10-7可知，在探索期，内、外部合法性占据主导地位；在成长期，伙伴间、内部合法性占据主导地位；而伙伴间、外部合法性则随着阶段的变化显现得越来越重要，在深耕期成为绝对主导。

2. 海外创新生态系统中民营领军企业的制度战略与组织合法性策略

国际化战略中组织合法性的获取、维持与提升被公认为是跨国组织在东道国的生存之本，以往的研究表明合法性绝对不是或有或无的二分法，而是涉及多个群体系统，拥有绝对动态属性的过程化问题，而新兴经济体跨国组织选择在弱制度环境下构建海外创新生态系统的国际化新模式，为探究我们海外创新生态系统的复杂合法化过程提供了机遇。本节通过对泰中罗勇工业园的纵向单案例分析，旨在回答"新兴经济体跨国组织在弱制度情境下如何获取、维持和提升其构建海外创新生态系统所必需的组织合法性"这一核心问题，试图通过识别多个合法性阈值的阶段性转变，并剖析其跨越所需的国际动态能力匹配过程来寻找答案。

新兴经济体跨国组织在弱制度情境下构建海外创新生态系统的过程中，由于创新生态系统具有生命周期的生物学隐喻以及多利益相关群体协同共生的重要特性，海外创新生态系统的多合法性阈值明显存在，并经历了聚焦点从以内、外部合法性为主过渡到以伙伴间、内部合法性为主并最终发展到以外部合法性为主的演变过程。

首先，作为境外经贸合作区的领军企业，中国跨国企业是否得到母企业和双边政府的认可与支持是其在新兴经济体国家构建园区——这一海外创新生态系统载体的必要条件。虽然海外子企业在法律上拥有独立法人资格，却在一般情况下（尤其在海外子企业成立不久的语境下）受到国内母企业的绝对管辖，还有财政、技术、人力等诸多问题，因此若无法获取母企业的组织合法性将直接导致项目流产概率的大幅提升。其次，境外经贸合作区的构建跨越两国甚至多国边界，不同于常规的海外并购或绿地投资，与政府间的政治联系能极大地促成项目落地，并成为园区可持续发展的有效背书。因此不难理解探索期的合法性阈值由来自母企业和双边政府的内、外部合法性所决定。而从聚焦内、外部合法性过渡到伙伴间和内部合法性的过程，则是境外经贸合作区在成长期实践目标、全面推进的必然选择。需要注意的是，该阶段下的内部合法性主要来自园区员工而非母企业。一方面，境外经贸合作区的愿景之一就是带动更多中国企业赴泰投资，因此入园企业作为其园区领军企业的主要合作伙伴具有重要意义；另一方面，考虑到园区的"本地化"嵌入程度是其能否成功的决定性因素，泰籍员工的组织合法性构建至关重要。此外，在该阶段来自双边政府的外部合法性仍起到一定的促进作用，但强度明显减弱。由此可以得出，来自入园企业和园区员工的伙伴间、内部合法性成为境外经贸合作区在成长期合法性阈值的主要元素。最后，在园区构建的深耕阶段，领军企业不仅需要持续聚焦来自入园企业的伙伴间合法性，为强化集聚效应、提升产业能级奠定基础，更需要重点关注东道国主流媒体、高校及研究所以及当地民众的合法性认同，以期真正根植异域使其成为"本土园区"，打造园区品牌。基于此，以主流媒体、高校及研究院、当地民众为主的外部合法性和来自入园企业的伙伴间合法性成为在深耕期衡量合法性阈值的主要因素。综上所述，我们发现境外经贸合作区领军企业在不同阶段的合法性阈值迥然不同，以合法性聚焦点的视角来解读，则发现领军企业对于外部合法性的聚焦呈现出"U"型的先抑后扬过程，而内部合法性的重要性则出现随时间推移逐渐减弱的态势。与前两者相比，领军企业聚焦伙伴间合法性的时间相对较短，却始终占据主导地位，足以体现出赢得入园企业高度的认可和支持对于园区发展问题的重要意义。

四、结论

本研究回应了帕伦特等（Parente et al., 2019）有关创新生态系统方法在其制度范围内也受到限制，这可能对跨越国家背景的价值创造和获取活动产生深远影响的结论，首次从组织合法性的视角对跨国组织如何嵌入弱制度情境东道国市场构建、维持其创新生态系统并逐步得到相关利益群体认同的全过程进行探讨。目前，学者们已经认识到早期的传统阶段理论已然无法很好解释"EM-EM"这类国际化模式的出现，因此学者们开始引入创新生态系统的概念，认为其是跨国组织嵌入弱制度东道国市场得以生存和发展的核心所在。但是，对组织合法性的忽略将直接影响我们对创新资源获取、创造的来源及路径的深刻理解，而这种组织合法性的缺失正是导致其开展国际化活动失败的重要原因之一（程聪，2020）。本节通过识别海外创新生态系统在不同阶段的关键合法性来评估群体异质性，并以聚焦点不同而分为内部、外部和伙伴合法性三类，有力支持了费舍尔等（Fisher et al., 2016）有关"多合法性阈值"的理论假设，进一步强调了对于中国民营企业来说，获取内部（母企业）及外部（双边政府）合法性是其是否有能力在弱制度下构建生态系统的关键；而在不断根植的过程中，伙伴间合法性将后来居上持续占据主导地位，而合法性阈值跨越在"EM-EM"模式下海外创新生态系统构建、维持乃至升级的整个周期中都具有重要意义。本结论是对以往关于创新生态系统国际化研究忽略组织合法性重要地位的有效补充。

因此，首先，民营企业需要区分共建"一带一路"东道国正式制度（如政府有效性、政治稳定性、法律保护程度、公共服务完善程度、腐败水平等）和非正式制度（如价值信念、风俗习惯、文化传统等）对我国民营企业国际化路径生成的作用机制，进而解析海外东道国正式制度、非正式制度对构建海外创新生态系统的结构、功能和演化的影响。

其次，中国民营企业应根据共建"一带一路"东道国环境、企业自身战略的匹配，进行制度套利或制度规避策略的选择。民营企业"一带一路"国际扩张的因素不仅包括前述的地理区位选择、国际化经验、产业选择，还包括东道国的市场竞争情况、国际化发展阶段等因素。

最后，海外创新生态系统的核心企业需要根据不同东道国制度环境，选择在共建"一带一路"国家的制度战略或政治战略的趋同策略或分散策略。开展国际产能合作的国际化企业趋同的制度战略节省了世界范围的相关成本，而分散的制度战略使企业对不同国家差异化制度条件的具体特征做出反应。

海外创新生态系统的领军企业如何在东道国市场构建的创新生态系统内部和外部形成合法性，并响应国内、国外两种制度情境（"双元情境"）下组织合法性的平衡，以开展可持续的国际产能合作和"走上去"战略？首先，中国民营企业海外创新生态系统的组织合法性获取过程中，领军企业在面对东道国和母国制度压力时，将采取被动默许或主动应对的策略；海外创新生态系统的组织合法性同样可以采取依从、选择、操控、创造等不同策略，形成管制合法性、规范合法性和认知合法性。其次，海外创新生态系统个体层面合法性影响子系统的价值标准的制定或改变；不同层次个体和子系统的组织合法性进行交互，从而影响整体创新生态系统的组合合法性过程。最后，基于创新生态系统核心企业的战略与组织合法性匹配的视角，形成创新生态体系内部合法性、外部合法性的双重合法性。

第十一章

海内外创新生态系统的
组织协同与价值共创机制

基于创新生态系统主体协同过程中"制度—组织—知识"三维度框架，本章聚焦海内外创新生态系统协同中的组织维度议题。具体而言，首先通过以电动汽车行业为例解析案例企业的创新生态系统，开发创新生态系统配置框架，并强调了三个关键的运行机制，即愿景发展、平台组织和制度重构，对先前研究进行了拓展。其次，分析了海外创新生态系统在融合"价值创造"和"价值获取"的演化发展过程及领军企业的协同创新机理，为海外生态系统中领军企业协同创新的内在机理和治理模式提供理论启示。进而，更深入分析了海外创新生态系统中领军企业与配套组织共生单元在不同共生环境下的演化路径、影响因素及共生模式选择策略。本章研究为中国民营企业参与"一带一路"国际产能合作中协同海内外创新生态系统的组织行为及价值共创策略提供启示。

第一节　创新生态系统组织协同机制的国内外
比较——以电动汽车行业为例

一、引言

创新生态系统被认为是一个相互依赖的社区，它通过让更多的利益相关者

（如大学与研究所、政府和行业协会等）参与网络来扩展传统的供应链合作伙伴。所有的利益相关者通过贡献他们互补的资源和能力来创造一个新的商业机会或一个新兴产业，从而分享一个共同的愿景和价值（Hu et al.，2014；Iansiti and Levien，2004；Moore，1993）。

本节以新兴电动汽车行业为例进行跨案例研究。选择电动汽车行业有两方面原因。一方面，电动汽车行业的出现可以说明创新生态系统的一些典型特征，该生态系统由电动汽车行业参与者之间的跨组织和跨行业合作组成，涉及不同级别的组织，例如工业参与者［原始设备制造商（OEM）、电池制造商、电子控制系统、电子设备和其他汽车零部件供应商，以及发电机和整个基础设施网络参与者］、政府机构、行业协会、客户和其他利益相关方。电动汽车行业的原始设备制造商是生态系统的基石（Iansiti and Levien，2004）或编排者（Dhanarag and Parkhe，2006；Hacki and Lighton，2001），协调其他利益相关方获得知识移动性（在新电动汽车设计期间）、创新专用性（在电动汽车生态系统中分享利润）和网络稳定性（选择电动汽车生态系统合作伙伴）。另一方面，日益增长的电动汽车行业具有丰富的多样化特征，非常适合研究不同类型的企业家和传统汽车公司所展示的各种创新生态系统的结构和配置。例如，一些像雷诺这样的跨国公司和像特斯拉这样的企业（最初是一家电池供应商，但现在正在成为一家高端电动汽车制造商）投入巨大，并开始迅速将产品商业化；而戴姆勒股份公司（Daimler AG）和宝马（BMW）等其他跨国公司则以更保守的心态，等待时机捕捉商机；一些像比亚迪这样的中国大公司不断加大关键技术研发，以自上而下的创新模式实施电动汽车试点项目；而在中国的一些地区，草根企业家专门针对市场需求，进行了适度的创新，利用现有的成熟技术，成功地将经济型电动汽车（规格为最高时速80千米/小时，120千米距离/收费）商业化。

与经典的供应链结构模型不同，电动汽车行业还展示了由创新生态系统支持的价值流（Shang and Shi，2013）。首先，供应方决定生态系统将提供何种类型和水平的电动汽车。例如，他们的目标是取代现有的内燃机或提供一个经济版本，旨在小范围驾驶。其次，需求端将显示电动汽车行业的驱动力。例如，中国电动汽车产业早期发展主要由政府推动，而欧洲电动汽车产业则由市场力量推动。最后，中介在需求端和供给端之间架起桥梁。例如，电动汽车充电站和网络的基础设施发展，以及调整后的产业政策、法律法规和标准。

因此，本节将解决以下研究问题：在中国和欧洲电动汽车产业的比较中，领军企业如何管理它们的创新生态系统并组织价值共创活动的？本部分结构如下：首先，提出了一个概念性的研究框架。其次，提出了研究策略、数据收集和分析方法。接下来，我们将从电动汽车生态系统的四个范式来开展跨案例研究，通过提出的概念框架来展示不同类型的生态系统创新场景。最终确定了创新生态系统的结构、机制和配置。

二、研究框架

1. 组织创新生态系统的运作协同机制

运作协同机制在组织构成整个生态系统的结构性因素方面发挥着关键作用。为了鼓励生态系统伙伴的参与，重点介绍了三种运作协同机制：愿景发展（Chesbrough，2003；Reid and Roberts，2011）、平台组织（Gawer and Phillips，2013；Iansitiand Levien，2004）和制度重构（Howells，2006；Lu et al.，2014）。

（1）创新生态系统愿景发展：愿景启动与扩散。

公司制定愿景分两个阶段：在第一阶段，公司必须通过公司愿景、市场愿景和技术愿景等方式启动愿景，以吸引公司内部的员工。这些愿景被认为是公司的价值观、使命、目标，特别是对于产品环境，公司可以提供什么样的产品。在第二阶段，这些愿景在企业与其他合作伙伴之间的新产品开发过程中共享。例如，在开放式创新系统中，愿景在外部和内部资源和合作伙伴之间共享（Chesbrough，2003）。此外，摩尔（Moore，1996）提出，生态系统合作伙伴的共同演化也是由直接或非直接业务合作伙伴的共同愿景驱动的。公司的愿景是鼓励潜在合作伙伴将领军公司的想法商业化。因此，愿景共享可以通过整合客户价值、产品规格和供应链系统促进并加强协作创新（Swink，2006）。因此，这一部分可以称为"愿景扩散"。

（2）平台组织：网络治理，核心业务流程。

平台是一个界面，领军企业通过平台来管理不同的合作伙伴，并使生态系统合作伙伴能够协同工作来识别和形成核心业务流程，从而打破障碍并提高生产率（Cacciatori and Jacobides，2005；Gawer and Phillips，2013）。例如，阿德纳和卡普尔（Adner and Kapoor，2010）提出了技术相互依赖的结构，它描述了拥有技术平台的重点企业与供应商和客户之间的关系。没有这种合作，焦点公司产品的商业化进程将会放缓。然而，在新兴生态系统中，平台通常不是作为一个多边平台建立的（Rochet and Tirole，2003）；相反，平台是分散的，没有正式连接利益相关者。因此，先前的研究未能解决关键企业如何鼓励部分非直接合作者（如补充者）合作的问题。故而，在网络治理机制中强调了管理那些具有不同角色的合作伙伴的方式。

领军企业花费时间考虑它们的核心业务流程和商业模式（Chesbrough，2010；Guo et al.，2017），即交付产品和制定合作伙伴关系（Iansiti and Levien，2004）。解决方案平台形成了合作伙伴互动的模型，并支持产品解决方案的多样性，以便更好地接近主导设计（Rong et al.，2015a）。换句话说，核心业务流程是与关键公司新产品开发和商业化相关的流程，它沿着行业成熟的道路管理着基于平台的灵活网络。

（3）制度重构：政策灵活性、社会适应性。

新兴产业比成熟产业需要更多的政策和监管支持（Li and Garnsey，2014；Rong et al.，2015a），因为个体利益相关者无法分辨出明确的产业发展方向（Kley et al.，2011）。就新兴的电动汽车行业而言，新政策涵盖了关于充电基础设施建立、商业模式价值分配和行业标准实施的各种规则（San Román et al.，2011；Chen et al.，2014）。然而，只有一些政策能够促进电动汽车行业的发展，而另一些政策却不成功。例如，在中国山东省，当地企业家已经生产了经济型电动汽车，并成功将其商业化；而这种产品在其他省份被禁止销售，因为该产品的规格元素，如速度和续航，不符合中国的最低国家标准。对企业家来说足够幸运的是，由于当地政策的灵活性，这些产品得以幸存（王梦菲、张昕蔚，2020）。

新兴产业也必须满足文化期望，比如社会规范和生活方式选择。在2010年之前大多数汽车用户不愿意使用电动汽车，因为电动汽车行业还不成熟（San Románet al.，2011）。如何告诉客户使用新产品也是一项具有挑战性的任务。电动汽车应该适应社会规范和文化。以中国山寨手机为例，当地一家手机制造商生产了一款价格实惠、定制化的大扬声器手机，以满足农民在田间劳作的需求。研究表明用户对这种小众产品有需求（Rong et al.，2011）。除了客户影响外，其他中间体如标准化组织和服务机构在重塑产品方面也很重要（Howells，2006）。

2. 研究框架

本节概念研究框架的开发如图 11 - 1 所示。水平维度被视为包含供给方、中介方和需求方合作伙伴的结构部分（Shang and shi，2013）。纵向维度包括不同的生态系统运行机制，包括愿景发展、平台组织和制度重构。该矩阵框架旨在展示领军企业如何通过协调其合作伙伴并实施这些机制来培育其生态系统。因此，整合这些合作伙伴和运营机制的方式不同将产生不同的商业生态系统配置。

从该框架中，可以得出三个研究结果：第一，创新生态系统的结构包含供应伙伴、需求伙伴和中介机构；第二，领军企业组织其生态系统时，突出三种运行机制——愿景发展、平台组织和制度重构；第三，可以通过整合两个维度——结构和机制因素来识别创新生态系统的配置。

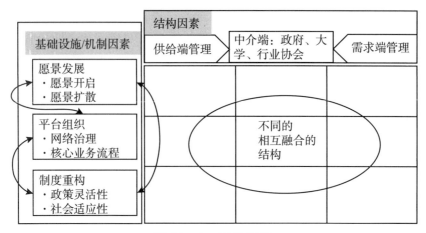

图 11 -1　研究框架

三、研究设计

本研究的目的是探索管理创新生态系统的过程，适合采用案例研究方法（Yin，2008），因为它本质上是理论建构（Miles and Huberman，1994）。

1. 实证背景

我们的研究重点是纯电动汽车，而不是插电式电动汽车或混合动力电动汽车，因为与其他类型相比，纯电动汽车占主导地位。根据该框架，我们使用了两个维度，通过针对目标市场的创新模式（主流或小众创新）和增长背景（发达经济体或新兴经济体），对现有电动汽车生态系统的不同场景进行分类（Bohnsack et al.，2014），如图 11 - 2 所示。伯恩赛克等（Bohnsack et al.，2014）声称，在主导创新方面，公司开发了多用途、全容量的纯电动汽车产品，以取代现有的主导内燃机汽车；而小众创新意味着新的电动汽车产品是为了特定的目的而创造的（Bohnsack et al.，2014；Shang and Shi，2013；Orsato and Wells，2007），这通常是对现有主流产品的补充，例如戴姆勒开发的 Car2Go 电动汽车，是一款以短途驾驶为目的的产品。

这两个维度产生了电动汽车生态系统的四种场景：

（1）一些欧洲传统汽车制造商热衷于替代传统汽车（发达经济体的主流市场）。

（2）通过小众创新逐步进入电动汽车行业的其他欧洲保守汽车制造商（发达经济体中的小众市场）。

（3）中国等新兴经济体的一些汽车制造商希望取代现有的内燃机汽车（新兴经济体的主流创新）。

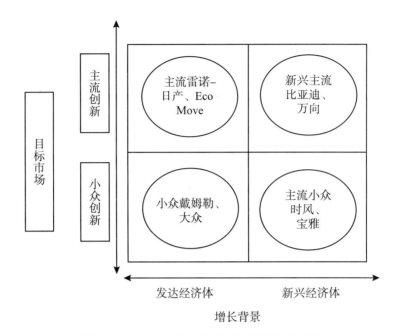

图 11 – 2　电动汽车行业的四种案例情况

（4）新兴经济体的其他电动汽车制造商旨在通过整合现有技术，开发经济型的电动汽车（规格较低），以满足当地居民的需求（新兴经济体的小众创新）。

两个原始设备制造商作为领军企业及其延伸的价值链已从每个场景中选出，寻求探索四种不同类型的创新生态系统：

（1）雷诺—日产和 Eco - Move——发达经济体主流电动汽车生态系统；

（2）戴姆勒和大众——发达经济体小众电动汽车生态系统；

（3）比亚迪和万向——新兴经济体主流电动汽车生态系统；

（4）时风和宝雅——新兴经济体小众电动汽车生态系统。

每个拥有典型项目的案例公司都可以展示它们构建生态系统的过程。有两个策略有助于确保收集的数据是全面的：首先，关于时间维度，每年访问一次，2010 年、2012 年和 2014 年获取历史数据；其次，使用了三角测量策略（Miles and Huberman，1994；Gibbert et al.，2008）选择三组受访者：项目经理（熟悉项目实施）、领军企业主管（拥有培育自身生态系统的总体战略）及其生态系统合作伙伴（参与项目并能够验证我们在前两组中收集的数据）。总之，从 2010 年到 2014 年，我们对来自 41 个组织的 59 名受访者进行了深入访谈，共计 161 个小时，对象是焦点公司（项目经理和总监）及其生态系统合作伙伴（行业协会、服务提供商、大学、客户和政府机构）。

表 11 - 1 呈现了这八个案例情况的不同特征。欧洲电动汽车公司瞄准的是城

市市场，而中国公司更偏好在不同地区将电动汽车用于不同的目的。由于在2013年之前电动汽车产品没有最终形成主导设计，这些案例公司提出的产品规格没有标准化。

表 11 – 1 案例选择

案例公司的商业生态系统	公司描述	产品系列	市场定位	规格（大约）
案例 1：雷诺—日产	合资企业	Fluence	城市	135 千米/小时；185 千米/次充电
案例 2：Eco – Move	丹麦电动车原始设备制造商	QBEAK	城市	120 千米/小时；300 千米/次充电
案例 3：戴姆勒股份公司	德国汽车原始设备制造商	Smart ED	城市/特定地区	120 千米/小时；140 千米/次充电
案例 4：大众汽车	德国汽车原始设备制造商	E – Golf	城市/附加汽车	140 千米/小时
案例 5：比亚迪	中国汽车原始设备制造商	E6	城市	150 千米/次充电；140 千米/小时
案例 6：万向集团	中国汽车原始设备制造商	客车	城市	110 千米/小时
案例 7：时风	中国低速电动车	农用汽车	农村/小地区	150 千米/次充电；80 千米/小时
案例 8：宝雅	中国低速电动车	环保汽车	特定地区	80 千米/小时

2. 数据收集

访谈问题由四部分组成：公司背景、创新生态系统的结构、构建创新生态系统的方式以及创新生态系统的各种模式。就公司背景而言，这些问题旨在探索公司的一般信息，如公司产品和公司使命；而关于结构的问题，旨在更好地理解什么样的合作伙伴构成了创新生态系统。我们采用了组织的三类群体框架——供应链、需求方和中介。关于第三类群体的问题，目的是探讨重点企业如何实施一般项目来构建自己的创新生态系统，与直接合作伙伴以及生态系统合作伙伴互动。最后一组访谈问题鼓励受访者思考现有生态系统的各种模式，并分享他们可以采用的替代创新的想法。这些问题解决了研究框架等相关问题，确保了结构和内部有效性（Gibbert et al.，2008）。

3. 数据分析

数据分析遵循上述研究框架，以确保研究的可靠性和结构的有效性。所有数据都是分步骤分析的。通过采用特定的代码（Auerbach and Silverstein，2003），每个生态系统的结构组成都是按照供应、需求和中介进行编码的，如图 11 – 3 所示。

图 11 – 3　编码过程和地图

四、单案例研究

所有案例都按照图 11 – 1 中所示的研究框架进行了研究。

案例 1：雷诺—日产。

供应端。雷诺电动汽车的电动机由中国制造；然而，雷诺从 2013 年开始生产自己的汽车。关于电池供应，雷诺—日产联盟在整个电动汽车行业投资了 40 亿欧元[①]，其中很大一部分用于电池行业。日产和日本电气在日本成立了一家名为汽车能源供应公司（AESC）的合资企业，以生产电池。雷诺目前从 LG 化学采购电池。与此同时，雷诺—日产联盟提议在全球范围内建设电池制造设施，包括因卡西亚（葡萄牙）、桑德兰（英国）、布尔萨（土耳其）和弗林斯（法国）。

需求端。雷诺正在采用一种新颖的商业模式——电动车所有权和电池所有权分离。电动汽车出售给客户，而电池则采用出租方式。雷诺认为，做出这一战略选择主要是为了应对客户的负担能力。以法国为例，一个客户将为一个最大续航里程为每年 10 000 千米的 3 年合同每月支付 79 欧元。租赁电池的雷诺电动汽车车主与拥有电池的雷诺银行（RCI）有着合作伙伴关系。电池租赁合同包含保修条款，因此客户无须担心电池的老化和维护问题。

中介。政府正在现有电动汽车行业中发挥促进作用。在英国，购买电动汽车的客户激励措施已经到位，通过使电动汽车的价格接近同等的内燃机汽车，政府在其中扮演平衡作用。与此同时，雷诺正在与新的衍生企业 Better Place 合作，后者是以色列、澳大利亚和丹麦等国家的电动汽车基础设施和服务提供商。

[①] 《雷诺—日产"新震荡"》，https：//www.163.com/dy/article/HSFRJ56Q052787B0.html，2023 年 2 月 1 日。

案例 2：Eco – Move。

供应端。Eco – Move 直接与总体规模排名前 15 的供应商打交道。其确定其中的 5 家为关键供应商，并自行组装许多组件。通过向外部供应商提供设计和规格，Eco – Move 从它们那里购买大部分部件。标准化零部件采用"两个以上供应商"战略，关键零部件采用"一个供应商"战略。由 Eco – Move 生产的电动汽车 QBEAK 经过特殊设计，可与不同的电动机和电池配合使用；换句话说，如果有必要，Eco – Move 在与不同的关键组件供应商合作方面相对灵活。

需求端。Eco – Move 在向市场交付电动汽车时采用了不同的策略，包括企业对企业（B2B）、企业对政府（B2G）、企业对消费者（B2C）。它们主要针对政府和大公司，其目标是与零售商建立合作伙伴关系，销售 QBEAK，并将互联网营销作为主要销售策略。它们目前的主营业务是销售电动汽车和电池；然而，对其他选择也持开放态度，例如与外部金融公司合作租赁电动汽车电池。该公司还将与电动汽车租赁公司合作。

中介。Eco – Move 抱怨它们缺乏当地政府支持。标准化组织和政府有必要为当前的充电插头以及以后的无线充电制定标准。此外，Eco – Move 为加强电动汽车充电，正与能源公司合作，这些能源公司可能会成为 Eco – Move 的分销商。

案例 3：戴姆勒股份公司。

供应端。戴姆勒股份公司利用渐进式创新推出了其新电动汽车——智能电动汽车（Smart ED）。这款车是从其带有内燃机的智能汽车发展而来的，并保留了类似的车身设计。智能电动汽车被认为是城市汽车，供市内使用，而不是城市间使用。戴姆勒股份公司是一家一体化程度很高的制造商，对供应商拥有巨大的议价能力。他们遵循相同的集成模式来生产智能教育。事实上，大部分零部件都是戴姆勒股份公司自己及其合资伙伴开发的，例如，电池由与 Deutsche Accumotive GmbH & Co. KG 的合资企业开发、电动机与博世（Bosch）共同开发。

需求端。戴姆勒股份公司也渗透到需求端，推出了名为 Car2Go 的汽车共享服务。该公司利用智能教育实现快速租赁服务，任何注册的顾客都可以使用这辆车，并把它放在市内，且所有顾客都可以通过网上搜索找到一辆车。

中介。戴姆勒股份公司表示它们很少得到德国联邦政府的支持。智能电动汽车没有得到政府补贴，这导致它比同规格燃烧车更贵。由于缺乏政府的支持，戴姆勒股份公司希望通过服务运营获得运营电动汽车的第一手经验，他们希望 Car2Go 体验将有助于其汽车的商业化。

案例 4：大众汽车。

供应端。大众内部开发了三个关键的电动汽车部件：电池、电动机和控制系统。它还与一些外部合作伙伴建立了合作伙伴关系来开发这些关键组件，包括博世、三星和 LG 化学（LG Chem）。此外，大众汽车还采取了本土化战略，鼓励其全球合资企业开发纯电动汽车。由于中国市场的重要性，他们在上海大众引入了电动汽车生产。中国政府还通过一些优惠政策鼓励合资企业开展此类联合研发。

需求端。德国认为电动汽车只是传统燃烧汽车的附加工具，而不是替代品。充电基础设施通常由私营企业资助，如果没有政府的积极支持，私营企业不愿承诺对电力设施进行大规模投资。此外，德国联邦和州政府还没有为消费者提供补贴激励。因此，电动汽车的价格通常高于传统汽车。

中介。由于德国国内需求不足，大众汽车正瞄准全球扩张机会，尤其是在广阔的中国市场。利用中德电动汽车示范项目的优势，它正试图渗透包括中德"姐妹城市"在内的市场。此外，在双边汽车原始设备制造商和领先大学之间建立了中德电动汽车联合研究平台。

案例 5：比亚迪。

供应端。比亚迪采用了垂直整合的制造系统，几乎生产了电动汽车的每一个零部件。比亚迪认为，通过应用这一战略，可以解决电池稳定性和一致性问题，这是之前电动汽车面临的主要工业挑战。E6 是一款私人纯电动汽车，最高车速为 140 千米/小时，每次充电的最大续航里程超过 300 千米，为世界上电动汽车最长续航里程。使用特殊的充电设施，车辆可以在 15 分钟内充电至其电池容量的 80%。[①] 此外，比亚迪还与德国汽车制造商戴姆勒股份公司达成协议，合作开发电动汽车核心部件。

需求端。该公司与中国南方电网成立了一家合资出租车运营公司，使用比亚迪 E6 在深圳市提供电动出租车服务。该公司建造了一个集中式充电站，2011 年 10 月已经在我国上市。中央政府启动了"十城千车"工程，比亚迪被认为凭借其 E6 在该计划中发挥了关键作用。

中介。与西方的普遍做法相比，中国政府作为关键中介，在刺激电动汽车行业创新方面发挥了积极而重要的作用。中央和地方政府为比亚迪产业发展早期电动车商业化提供了强有力的支持。F3DM 是一款插电式混合动力电动汽车，在深圳公开销售，享有政府补贴。

案例 6：万向集团。

供应端。万向集团供应的电动汽车有两种：电动公交车和私人电动汽车。上海世博会期间，电动公交车在展区内充当公共交通工具。私人电动汽车每次充电续航里程 150 千米，充电时间 3 小时，最高时速 110 千米/小时。万向通过内部

---

① 《比亚迪电动车 E6 报价车型介绍》，太平洋汽车网，https：//baike. pcauto. com. cn/287161/549514. html，2022 年 12 月 8 日。

设计和生产电机、控制系统以及锂离子电池，采用了一种更加纵向一体化的战略。然而，该集团实际上并没有以自己的名义出售电动汽车；取而代之的是以电动汽车车身的供应商 HAIMA auto 作为品牌名称。

需求端。万向集团生产的 HAIMA 电动汽车早期可以从零售商那里以每月一定的价格租赁，而电池可以从国家电网那里以一定的价格租赁。此外，客户可以享受两年免费换电池服务的政府补贴，进而显著降低电动车的入门成本和使用成本。

中介。万向与国家电网合作开发一种标准化的电动汽车电池组，可以在杭州电池站快速更换电池。国家电网致力于通过使用更便宜的非高峰电力为电动汽车电池建设一个集中的电池充电设施。此外，针对用户的应急需求，企业所在城市杭州市周边还提供充电点和移动换电池车。

案例 7：时风。

供应端。时风生产的电动汽车分两类：2010 年一类最高时速 50 千米，每次充电续航里程 120 千米；而另一款最高时速 70 千米，每次充电续航里程 200 千米。此外，由于其制造能力，时风的电动汽车供应链是垂直整合的，因此它最终组装和生产除了外包给其他公司的电池和电机零件以外的所有组件，包括控制系统和车身。

需求端。时风零售商深受购车者欢迎，并在 2010 年销售了 5 000 辆电动汽车。[①] 由于之前的法规限制低水平生产，时风与政策制定者沟通，他们的电动汽车被贴上了"观光车"的标签。零售商记录了买方的相关个人信息，并将其传递给交通管制部门进行监控。此外，电动汽车使用铅酸电池，1 千米的成本只有 1元，而充电时间为 8～10 小时，可以在家里使用普通的电插头方便地充电，这使得这些电动汽车在消费者中相当受欢迎。

中介。这些电动汽车 2012 年之前不符合从中央政府获得官方许可所需的标准，因此不能合法生产。2016 年起，时风正密切关注中央政府的政策更新，同时积极与地方政府合作，实现其低速电动汽车的商业化。时风集团居 2014 年世界机械 500 强第 306 位，中国机械 500 强第 58 位。其三轮汽车、拖拉机产销量均居全国同行业前列。电动车产品远销美国、墨西哥等 50 多个国家。

案例 8：宝雅。

供应端。宝雅参与产品的最终组装和电机的设计，同时将牵引电池、电机和其他部件的生产外包给供应商。该公司是低速电动汽车商业生态系统的重要参与者。在山东建立电动汽车产业联盟后，它与许多其他公司和组织密切合作。对于其电控系统，宝雅与山东大学紧密合作，同时与九寨沟一机构成立合资公司，致力于电力管理系统的研发与应用。

---

① 来自时风集团时风商用车官网。

需求端。由于没有政府要求的许可证，宝雅面临着困境，这意味着宝雅无法将其产品销往国内市场。据此，宝雅已通过获得海外出口到欧洲、南美地区和美国的相关证书来开拓国外市场。海外市场有稳定的需求，因为这些国家的社区已经基本上接受了对环境友好的第二辆家庭汽车的概念。宝雅生产的这些低速电动车，有着时尚的外观和更好的技术性能。

中介。山东大学的两个实验室参与了宝雅电动汽车的开发。工程系动力系统实验室提高了电动汽车动力系统性能，并与山东电动汽车行业的原始设备制造商密切合作。此外，当地政府通过补贴为宝雅提供支持，例如为公司提供生产场地。

五、理论开发

1. 电动汽车行业创新生态系统的四个场景

按照目标市场和增长背景这两个维度对现有电动汽车生态系统的不同场景进行分类。电动汽车生态系统的四种场景被概括为发达经济体主流、发达经济体小众、新兴主流和新兴小众。

在西方国家，最受欢迎的场景是由市场驱动的。欧洲各国政府的积极性不高，当顾客购买时，绝大多数的汽车制造商都在提供补贴支持，并没有协调整个生态系统的合作伙伴一起工作。因此，欧洲汽车制造商在进入电动汽车市场之前，不得不考虑成本和收益。欧洲集团分裂成两个集团。一方面，就发达经济体主流场景而言——如雷诺—日产联盟和 Eco-Move，他们非常有激情，旨在用电动汽车取代现有的内燃机汽车。因此，他们已经推出了几款电动汽车，并与许多服务提供商合作。另一方面，发达经济体小众场景被传统的高层品牌所有者所使用，比如戴姆勒股份公司和大众汽车，因为它们可以在传统的内燃机汽车制造中获得竞争优势，不像第一种场景那样热衷于先进主流场景。它们从现有的内燃机车型中逐步开发出智能电动汽车，比如智能电动汽车，或者推出一些概念车。

然而，政府在推动电动汽车行业增长方面仍发挥了关键作用。政府不仅向供应商提供资金支持，还创造了与生产相匹配的需求容量。就政府支持的程度而言，也有两种不同的情况。在新兴主流场景方面，比亚迪、万向等公司参与了名为"十城千车"的试点项目。当顾客购买时，它也从中央和地方政府获得补贴，使电动车的价格与燃烧汽车的价格相当。此外，在新兴主流范式中，十大汽车制造商也形成了一个产业联盟，以依靠集体行动来助推电动汽车行业向前发展（Lu et al.，2014）。在"十城千车"计划中，中国顶尖高校主要负责与顶级汽车制造商共同合作开发下一代电动汽车，例如动力系统技术。新兴的小众场景——如时风和宝雅——应运而生，以满足小区域的日常交通需求。它们利用现有技术并生产低成本电动汽车，同时愿意改进这些技术。

因此，我们有以下命题：

命题 11 - 1：电动汽车生态系统主要可以根据其目标市场的维度（主流或小众）和增长背景的维度分为四种模式（发达经济体或新兴经济体），即发达经济体主流、发达经济体小众、新兴主流和新兴小众的范式。

2. 领军企业的创新生态系统的结构

从案例研究来看，创新生态系统的结构要素包含供应链、需求方和中介。然而，这四种情境与这三个结构性因素有不同程度的关联：发达经济体的主流电动汽车公司与需求方不同的供应商和服务提供商进行了强有力的合作，而政府也以补贴的形式提供了一些支持；发达经济体的小众电动汽车公司更加保守，不愿向前迈出一大步，它们主要在公司内部生产电动汽车，以避免任何高风险；新兴的主流电动汽车公司得到了中介机构的足够支持，政府协调了生产和销售电动汽车的供需关系；新兴的小众电动汽车公司非常愿意建立联盟，以缩短电动汽车制造的提前期，它们协调供应商，也在需求方面与服务提供商合作，同时获得当地政府和大学的帮助以持续发展。

因此，我们提出以下命题：

命题 11 - 2：电动汽车的创新生态系统由核心企业的供应商组成，而需求链由客户和服务提供商组成。中介的作用是连接供应链和需求链，包括政府、大学和行业协会。

3. 创新生态系统关键运行协同机制

（1）愿景发展。

领军企业将使用这个机制来鼓励创新生态系统中的其他利益相关者合作。特别是在电动汽车行业，最终用户产品没有确定，不确定性非常高。在这个阶段，领军企业将提出关于行业未来的愿景，并与合作伙伴分享，以便让他们参与创新。实现愿景发展的方式可以分为开放、部分开放和封闭。

（2）平台组织。

领军企业还必须管理利益相关者网络，以采用他们的平台并参与他们的生产系统。该平台可以是非常紧密和垂直整合的，也可以是非常开放和由不同的利益相关者参与的。基于平台的连接表明了这些利益相关者参与的核心业务流程。基于平台的生产系统可以分为三个等级：由利益相关者控制、横向整合和由核心公司垂直整合。

（3）制度重构。

政府应该尊重这些新兴产业发展的本质。由于行业的不确定性，不同的企业家和现有的大公司都在这个行业努力开发主导设计，因此政府应该确保政策的灵活性，并提供适应性的法规。此外，制度重构还要求生态系统伙伴实现社会适应，以便为当地和社会环境提供适当的产品。同样的原则也适用于其他中介机构。制度重构可以分为灵活型、部分灵活型和刚性型。

在中国方面，由于得到了政府的大力支持，总的来说，他们对电动汽车行业比欧洲的先进厂商更积极、更有激情。新兴的小众电动汽车制造商面临着非常灵活的监管环境，这刺激了他们的创新活动。就新兴的主流电动汽车制造商而言，他们拥有更集中的制造场景和外包的非核心流程，因为他们拥有充足的资源和政府支持。

总之，我们提出以下命题：

命题 11 - 3：管理创新生态系统动态有三个关键的运行机制，即愿景发展、平台组织和制度重构。市场驱动的生态系统更倾向于分享刺激生态系统创新的愿景，而政府驱动的生态系统则倾向于搭建工作平台和监管。

4. 电动汽车生态系统的四种典型协同机制

结构和机制的组成决定了具有不同策略的创新生态系统的各种配置（见图 11 - 4）。为了充分理解电动汽车生态系统的这四种不同配置，我们必须充分展示这些机制是如何协同生态系统的结构部分的。因此，最好通过与领军企业的组件供应商和客户的补充供应商进行整合，进一步细分我们框架的供应端和需求端（Adner and Kapoor, 2010）。因此，我们可以确定操作这些结构部分的机制，从而演示生态系统的不同配置是如何协同的，如图 11 - 5 至图 11 - 8 所示。

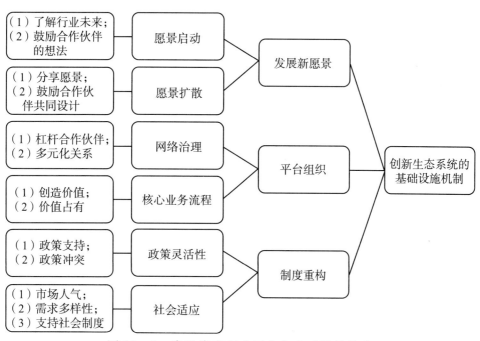

图 11 - 4　电动汽车行业四大生态系统的构建

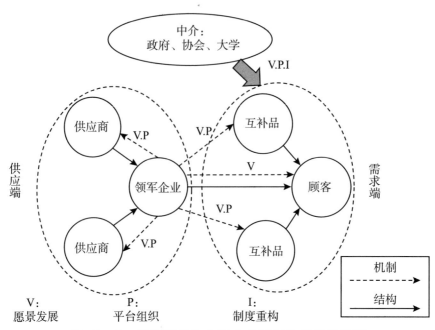

图 11-5 发达经济体主流电动汽车生态系统构建

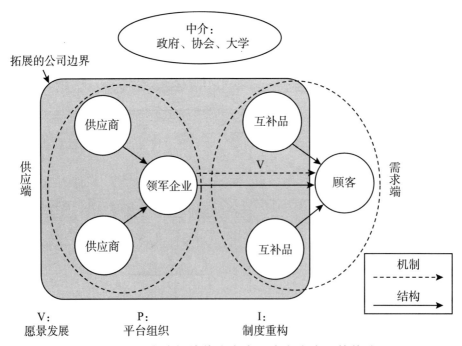

图 11-6 发达经济体小众电动汽车生态系统构建

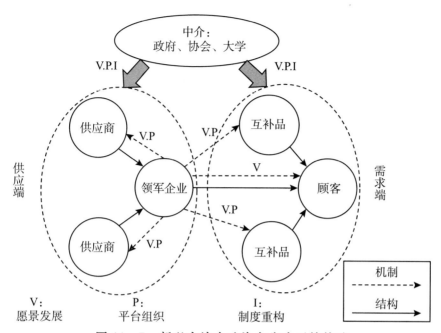

图 11 - 7　新兴主流电动汽车生态系统构建

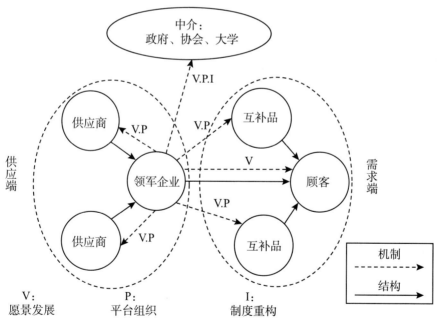

图 11 - 8　新兴小众电动汽车生态系统构建

就中介而言，内容差别很大。发达经济体主流构建从创新生态系统中介那里获得了一些子公司。而发达经济体小众构建几乎没有得到中介的支持。谈到中国

313

的生态系统构建，新兴主流电动汽车生态系统中的政府通过分享愿景、鼓励供应商与领军企业合作以及发布行业友好的法规，尽最大努力促进供需双方加快领军企业产品的商业化进程。正如我们所看到的，中国政府推出了"十城千车"计划并为中国顶级大学和顶级汽车制造商提供了巨大的资金支持（Lu et al.，2014）。而新兴小众（低速电动汽车）生态系统中的领军企业不得不说服政府允许他们生产低规格、经济的电动汽车模型。因为他们的产品不符合中央政府的最低标准，他们还成立了低速电动汽车行业协会，以分享他们对电动汽车发展的愿景。

因此，我们有以下命题：

命题 11 - 4a：作为一个追赶者，中国与成熟市场／发达经济体主流／小众范式相比，新兴的电动汽车范式在塑造生态系统动态方面比发达经济体更加活跃，包括愿景发展、平台组织和制度重构，如政府监管。

命题 11 - 4b：与新兴主流范式相比，新兴小众范式倾向于采用更开放的方式，通过发展共同的愿景、组织平台和制度重构来塑造生态系统动态性。

六、结 论

本研究丰富了组织结构理论（Cacciatoriand Jacobides，2005；Mintzberg et al.，1998；Zhang and Gregory，2011），通过研究重点组织的创新生态系统，开发创新生态系统构建框架，其中包含详细的结构部分（供给、需求和中介）和运行机制及其集成模型。最重要的是清楚地识别组织创新生态系统的一般构造元素，并通过研究这些元素的整合，发展了扬西蒂和莱维恩（Iansiti and Levien，2004）提出的松散网络的定义。重点公司在实现这种整合方面发挥着非常重要的作用，以便组织松散的生态系统合作伙伴并适当地创造价值（Iansiti and Levien，2004；Lu et al.，2014）。此外，构建研究通过增加更多的利益相关者（尤其是中介），还提出了技术相互依赖结构的思想（Adner and Kapoor，2010）。

此外，先前的研究介绍了在领军企业和它们的互补者之间保持一致协调的重要性（Gawer and Cusumano，2014），但他们未能采用一种程序来实现这一协同。本节强调了三个关键的运行机制，对先前研究进行了补充。此外，本节还介绍了新的利益相关者，如中介机构，并强调了鼓励这些利益相关者合作的重要性，而不仅仅是与技术相互依赖结构中的合作伙伴合作。

领军企业的任务不仅是提出新产品，而且还要说服生态系统合作伙伴共同开发。协同创新的触发方式不仅依赖于合同等正式关联，还依赖于声誉和品牌价值等非正式关联（Gulati et al.，2012）。非正式的关联可以用另一种方式来解释，就像运营机制一样——领军企业如何鼓励生态系统合作伙伴。他们发展

共同的愿景、组织平台和制度重构，使合作伙伴能够共同努力。以前的非正式
关联似乎相当静态，新的运作方式可被视为新的非正式关联的动态过程（Rong
et al.，2017）。

第二节　海外创新生态系统成员的价值共创与组织协同机制

一、海外创新生态系统成员的价值共创

关于企业在海外东道国同外部利益相关者协作创新的研究，产业生态系统和
创新生态系统的研究正是聚焦于企业同其海外产业伙伴开展协作创新、相互联系
的理论视角。从价值创造和价值获取的角度看，价值创造更多的是在一个创新生
态系统内所有主体共同创造的过程，其中创新生态系统中的领军企业在协调整个
生态系统、实现生态系统内的技术和商业整体目标中扮演着关键的协调者角色
（Isansitiand and Levien，2006；Teece，1986）；而从价值获取的研究看，已有的
战略管理理论偏向于强调企业在竞争中如何获取价值（Teece，1986）、培育竞争
力等（Adegbesani and Higgins，2010），但忽视了在整体创新生态系统中如何获
取价值的研究，相比之下，现有产业网络的研究则过于强调价值创造的问题
（Ritala et al.，2012）。因此，如何在海外创新生态体系中融合"价值创造"和
"价值获取"，分析海外创新生态系统演化发展过程及领军企业的协同创新机理，
成为本研究的主要理论问题。本节也为"一带一路"国际产能合作的海外生态系
统中领军企业协同创新的内在机理和治理模式，提供了理论启示。

在创新生态系统视角下，价值创造和价值获取是同一个协作演化的过程
（Ritala et al.，2009）。本研究提出海外创新生态系统"构建—管理"两阶段动
态过程的概念模型，探讨相关"价值创造"和"价值获取"的影响机制。在创
新生态系统的背景下，影响机制可以被归结为两类：有形的机制和无形的机制
（Ritala et al.，2009）。概念模型如图 11 - 9 所示（陈衍泰等，2015）。

1. 价值创造和获取过程机制的第一阶段

在海外创新生态系统第一阶段的价值创造机制中，有形的机制包括各主体的
业务方式，将生态系统中各参与者连接和吸引在一起，如论坛、协会等（Ritala
et al.，2009）。无形的影响机制包括生态系统的聚集和吸引机制（Dhanaraj and
Parkhe，2006）、培育领军企业的积极性、构建一个共同愿景，以及建立参与方

315

之间的信任。

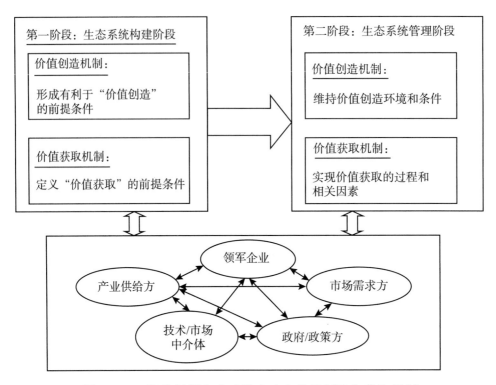

图 11 - 9　海外创新生态系统中动态价值创造和获取机制

在价值获取机制中，有形的机制主要指海外创新生态系统之间建立合同框架，就领军型企业特有的创新专属权指导早期计划（Dhanaraj and Parkhe，2006），规划海外创新生态系统中可能的知识产权。无形的机制在早期涉及考虑每个参与者的动机，其有助于解决一些潜在冲突，以及创建有不同参与者的共享愿景。

2. 价值创造和获取过程机制的第二阶段

在第二阶段的价值创造机制中，有形的机制与第一阶段非常相似，即将生态系统中各参与者连接和吸引在一起，但各主体之间的互动关系更稳定（Moller and Rajala，2007）。这些机制包括：增加不同主体之间合作的正式结构（如合同）、搭建稳定平台（Ritala and Hurmelinna，2009）。无形的机制包括企业之间、人与人之间的信任，领军型企业通过与生态系统参与者的互动，进行开放的持续沟通和维护一个共同的愿景（Ritalaand Blomqvist，2009）。这些机制可以帮助保持网络稳定和知识共享（Ritala and Hurmelinna，2009）。

在价值获取机制中，有形机制包括海外创新生态系统内部常见的指导方针、有关共同价值的专用性知识产权等（Ritala and Blomqvist，2009；Blomqvist and Levy，2006）。无形的机制涉及确保不同创新生态系统参与者关于商业目标和需求的理解和沟通。

3. 海外创新生态系统的价值共创基本命题

领军型企业在构建和管理海外创新生态系统时，价值创造和价值获取的主要实现机制包括有形和无形的机制。有形的机制是创造一个实体，为生态系统的创新活动和成员的聚集提供一个平台，共同探讨合作的具体事项及规则。而无形的机制是领军型企业创建一个共同的愿景，积极从事于各种各样的创新和价值创造活动。同时，有形和无形的机制是互补的，共同为创新领域创造显著价值。

海外创新生态系统中的合作竞争对价值创造和价值获取具有重要作用。合作竞争在创新环境中的价值创造（Gueguen，2009；Ritala and Hurmelinna - Laukkanen，2009；Gnyawali and Park，2011），这是保证公司价值创造广泛性和多样性并保持竞争性和收益性的前提条件。

二、海外创新生态系统的共生演化分析

海外创新生态系统的演化是促进网络中价值共创和价值获取的核心问题，但现有文献在研究创新生态共生演化的情境及影响路径方面相对缺乏。本部分构建海外创新生态系统的共生演化模型，分析共生演化模型的均衡点及其稳定性条件，对不同的共生演化模式进行计算机仿真。

已有关于创新生态系统的研究，从生态系统的内部结构和关系、价值创造、价值共享过程和相关因素等方面做了有益的探讨（欧忠辉等，2017），但对于海外创新生态系统内部核心企业和配套组织的共生演化的机制、影响机理和不同环境下的演化路径等问题研究相对较少，有待于进一步深入解构分析。

本节的核心研究问题是分析海外创新生态系统中核心企业与配套组织共生单元在不同共生环境下的演化路径、影响因素及共生模式选择策略。本部分研究的主要创新工作是通过解构海外创新生态系统内部主体、环境和演化模式选择的关系，利用描述有限资源约束下种群增长规律的 Logistic 方程，探讨配套组织共生单元和核心企业共生单元的质参量增长规律、共生演化模型的均衡点及其稳定性条件；通过计算机仿真分析核心企业、配套组织的共生演化过程以及共生演化的均衡状态，探讨推动海外创新生态系统互惠共生的演化机制和路径。本研究采用解剖海外创新生态系统演化"黑箱"的思路和研究路径。

1. 研究设计：海外创新生态系统共生演化的研究方法

本研究选择计算机仿真模拟分析的研究方法，探讨创新生态系统核心企业与

配套组织共生单元在不同共生环境下的演化路径、影响因素及共生模式选择策略。创新生态系统演化是一个复杂的过程，具备系统复杂性特征，采用计算机仿真研究的原因是，可在有效构建演化动力学模型基础上，较严谨地考察内生和外生机制中各种前因变量的交互作用对创新生态系统整体演化的影响，克服短时间内难以准确获取时间序列数据的不足。

创新生态系统是由核心企业及其配套组织共生单元组成的生态体系，研究其内部种群个体数量、结构和整体的演化规律，需要借鉴生态学一般的演化方法。生态学中关于生物种群的成长和变化规律，在短时间内，一般遵循 Malthus 模型增长规律，即种群规模按照指数规律增长；随着时间的推移，种群规模逐渐增大，密度制约的影响越来越大，迫使种群大小的增长速度变慢而逐渐达到饱和，表现出 Logistic 增长规律（王顺庆等，2003）。本研究首先借助生态学 Logistic 方程探讨配套组织共生单元和核心企业共生单元的质参量增长规律，在缺乏大量实证的时间序列数据情况下，数值模拟相对而言成为有效的实证方法，通过较多次的迭代次数探析创新生态系统演化的宏观表征规律。

2. 海外创新生态系统共生演化的研究模型

（1）共生视角下海外创新生态系统的基本要素、共生模式及演化概念模型。

海外共生系统由共生单元、共生环境和共生模式三个要素构成，三个要素之间相互影响、相互作用，影响着共生体的动态演化及规律。在这三个要素中共生单元是基础，共生模式是关键，共生环境是重要外部条件。在海外创新生态系统中，核心企业、配套组织（上下游企业、用户、高校与科研机构、其他中介机构等）等共生单元在一定的共生环境中，通过各种共生模式在所形成的共生界面上从事价值创造和价值获取等共生活动，如图 11 – 10 所示。

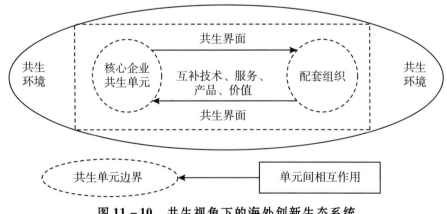

图 11 – 10　共生视角下的海外创新生态系统

共生单元是指构成共生体的基本物质生产和能量交换单位。本节提出的海外创新生态系统由核心企业共生单元和配套组织共生单元构成，共生系统中核心企业与配套组织共生单元之间属于权力导向型关系，核心企业处于主导地位，在合作伙伴选择、价值创造和价值分配过程中起到至关重要的作用；配套组织共生单元则是处于从属地位，通过互补性技术、产品创新与增值服务等提供配套价值，形成"核心—外围"的创新生态圈。但核心企业往往依赖于合作伙伴的异质性资源，共同完成价值创造过程；配套组织共生单元在海外生态系统演化过程中依赖其拥有的异质性资源规模地增长，争取与核心企业平等创造价值、获取价值的地位，这促进了海外创新生态系统的共生演化。

共生单元的质参量代表共生单元的物质和能量。共生单元的基本活动反映了其物质和能量在海外创新生态系统中的流动和转化，为核心企业和配套组织共生单元的物质和能量提供了兼容的可能性。共生单元的质参量通常可用共生单元的投入产出关键指标来表征。在海外创新生态系统中，核心企业的关键投入主要为关键而独特的产业技术以及配套组织的创新知识和服务，通过创新平台将这些要素整合为满足客户需求的整体解决方案；配套组织的关键投入主要为人力资源、核心企业及自身的资金投入和技术供给等，通过其经营活动转化为与核心企业互补的技术和服务等。在核心企业和配套组织的质参量之间存在着多种质参量相容关系。例如，核心企业的资金投入特别是技术供给可成为配套组织的关键投入，推动配套组织提供更高水平的与核心企业互补的技术和服务，而这些更高水平的与核心企业互补的技术和服务，势必推动核心企业提供更高质量的整体解决方案。核心企业和配套组织规模的扩大、异质性资源的增加是海外创新生态系统产生的新能量的表现。

共生环境是指共生模式存在发展的外在条件，由共生单元以外的影响因素构成。海外创新生态系统的共生环境主要包括共建"一带一路"东道国的政府政策环境、经济环境和社会规范环境等。共生界面是共生单元之间的接触方式和机制的核心因素，是共生关系形成和发展的基础。创新平台、技术与产品的接口、技术标准，以及技术转移中心、技术市场等中介服务机构等构成了海外创新生态系统的共生界面。核心企业单元与配套组织共生单元通过共生界面接触之后将产生资源互补、共同演化等作用。在两个共生单元相互适应、整合资源的过程中，如果新的创新资源不断产生，将促进共生模式不断演化与发展。

共生模式是指海外创新生态系统中核心企业和配套组织共生单元相互作用的方式。共生模式有寄生共生、偏利共生、互惠共生等模式。寄生共生模式表现为海外创新生态系统中的核心企业依赖配套组织的互补资源不断扩大其规模，所创造的价值不断提升，而配套组织对核心企业的依赖性却不断增强，所获取的价值减少；或者配套组织依托核心企业提供的资金投入和技术供给，不断增强其提供给核心企业的资源的互补性，规模不断扩大，配套组织讨价还价能力随之不断增强而导致核心企业所获取的价值减少。偏利共生模式是指海外创新生态系统中的核心企业，依赖配套组织的互补资源不断扩大规模和提升价值创造水平，而配套组织所获取的价值保持不变；或者配套组织依托核心企业提供的资金投入和技术供给，不断增强其提供给核心企业的资源的互补性，价值创造能力和获取能力不断提升，而核心企业所获取的价值保持不变。互惠共生模式则表现为核心企业和配套组织通过资源合理配置和整合，使得双方的价值创造和获取能力均不断提升。互惠共生模式包括非对称互惠共生模式和对称性互惠共生模式。非对称互惠共生是指双方的价值创造和获取能力获得不同程度的提升，对称性互惠共生模式是指双方的价值创造和获取能力协同提升。对称性互惠共生是海外创新生态系统进化的基本方向和根本法则。由寄生共生模式转变到互惠共生模式往往会出现过渡性的偏利共生模式。

（2）共生视角下海外创新生态系统的共生演化模型。

①研究假设。

假设 11-1：海外创新生态系统中存在由 l 个核心企业 $F_i(i=1,2,\cdots,l)$ 与 m 个配套组织共生单元 $G_j(j=1,2,\cdots,m)$ 组成的两类共生主体开展协作创新，核心企业和配套组织共生单元的种群数量受到资源、制度等环境因素的制约，与自然界生态系统的成长过程一样，需要经历从幼年到消亡的过程。

假设 11-2：以海外创新生态系统中配套组织共生单元 G_j（核心企业 F_i）的规模变化表示配套组织共生单元（核心企业）的成长过程，规模越来越大表示配套组织共生单元（核心企业）成长良好、配套组织共生单元（核心企业）对海外创新生态系统内创新资源的占有率越大，所创造和获取的价值越大；配套组织共生单元（核心企业）规模越来越小，表示配套组织共生单元（核心企业）趋于消亡、对创新生态系统的创新资源占有率就越来越小，所创造和获取的价值越小；创新资源占有率为零则表示配套组织共生单元（核心企业）消亡。

假设 11-3：海外创新生态系统配套组织共生单元（核心企业）的成长过程均服从 Logistic 成长规律。由于海外创新生态系统的资源总量有限，在长时间的动态演化过程中，增长率受到配套组织共生单元（核心企业）密度的影响，配套组织共生单元（核心企业）密度增加，则配套组织共生单元（核心企业）的增长率下降。

假设 11-4：当海外创新生态系统中配套组织共生单元（核心企业）的边际产出等于边际投入时，配套组织共生单元（核心企业）停止增长，达到最大规模。

②海外创新生态系统共生演化模型。

设 $y_1(t)$、$y_2(t)$ 分别是海外创新生态系统中配套组织共生单元和核心企业的规模，r_1 和 r_2 分别是两个共生单元规模的自然增长率，N_1、N_2 分别是特定资源约束下配套组织共生单元和核心企业规模的最大值。那么，海外创新生态系统中配套组织共生单元和核心企业的演化动力学方程组为：

$$\begin{cases} \dfrac{\mathrm{d}y_1}{\mathrm{d}t} = r_1 y_1 \left(1 - \dfrac{y_1}{N_1} \right), & y_1(0) = y_{10} \\ \dfrac{\mathrm{d}y_2}{\mathrm{d}t} = r_2 y_2 \left(1 - \dfrac{y_2}{N_2} \right), & y_2(0) = y_{20} \end{cases} \quad (11.1)$$

其中，y_{10} 和 y_{20} 分别表示海外创新生态系统中配套组织共生单元和核心企业的初始种群规模；$r_1 y_1$ 和 $r_2 y_2$ 分别反映海外创新生态系统中配套组织共生单元和核心企业自身发展趋势；$1 - \dfrac{y_1}{N_1}$ 和 $1 - \dfrac{y_2}{N_2}$ 是 Logistic 系数，分别表示由于配套组织共生单元和核心企业对有限资源的消耗而产生的对其本身规模增长的阻滞作用。

当配套组织共生单元和核心企业在海外创新生态系统中生存时，可能存在寄生共生、偏利共生、非对称互惠共生和对称性互惠共生关系。当配套组织共生单元和核心企业相互作用时，配套组织共生单元（核心企业）的增长率不仅受自身种群规模的影响，还与核心企业（配套组织共生单元）种群的规模有关。因此，配套组织共生单元和核心企业规模的增长，将受到共生系数的影响。共生系数的大小表示共生效应大小。在共生条件下，海外创新生态系统中配套组织共生单元和核心企业的演化动力学方程组为：

$$\begin{cases} \dfrac{\mathrm{d}y_1}{\mathrm{d}t} = r_1 y_1 \left(1 - \dfrac{y_1}{N_1} - \dfrac{\alpha y_2}{N_2} \right), & y_1(0) = y_{10} \\ \dfrac{\mathrm{d}y_2}{\mathrm{d}t} = r_2 y_2 \left(1 - \dfrac{y_2}{N_2} - \dfrac{\beta y_1}{N_1} \right), & y_2(0) = y_{20} \end{cases} \quad (11.2)$$

其中，α 表示核心企业共生单元对配套组织共生单元的共生系数，β 表示配套组织共生单元对核心企业共生单元的共生系数。

3. 海外创新生态系统共生演化分析

（1）海外创新生态系统共生演化稳定性分析。

针对第 2 部分的理论模型构建的公式（11.1）和公式（11.2），采用数字模拟方式探析创新生态系统动态演化规律和发展趋势。根据 α 和 β 不同的取值组合，可以判断海外创新生态系统的共生模式，如表 11 - 2 所示。

表 11 - 2 海外创新生态系统的共生演化模式

取值组合	海外共生演化模式
$\alpha = 0$, $\beta = 0$	独立共存模式，两个单元互不影响，独立发展
$\alpha > 0$, $\beta > 0$	当共生系数相等，则为平等竞争模式；当共生系数不相等，且任意一个共生系数大于1，则为恶性竞争模式
$\alpha \times \beta < 0$	寄生共生演化模式，共生系数为正的单元受损，而共生系数为负的单元受益
$\alpha < 0$, $\beta = 0$ 或 $\alpha = 0$, $\beta < 0$	偏利共生演化模式，共生系数为负的单元受益，共生系数为0的单元无影响
$\alpha < 0$, $\beta < 0$	当两个共生系数不相等，则为非对称互惠共生演化模式；当两个共生系数相等，则为对称互惠共生演化模式

为了探讨海外创新生态系统中共生单元之间的演化动态，应对方程组 (11.2) 的平衡点进行稳定性分析。令 $\frac{dy_1}{dt} = 0$，$\frac{dy_2}{dt} = 0$，得到海外创新生态系统中配套组织共生单元和核心企业共生演化的 4 个局部均衡点：$E_1(0, 0)$；$E_2(N_1, 0)$；$E_3(0, N_2)$；$E_4\left(\frac{N_1(1-\alpha)}{1-\alpha\beta}, \frac{N_2(1-\beta)}{1-\alpha\beta}\right)$。

海外创新生态系统动态演化系统的雅可比矩阵为：

$$J = \begin{bmatrix} r_1(1 - 2y_1/N_1 - \alpha y_2/N_2) & -r_1\alpha y_1/N_2 \\ -r_2\beta y_2/N_1 & r_2(1 - 2y_2/N_2 - \beta y_1/N_1) \end{bmatrix}$$

雅克比矩阵的行列式和迹分别记为 $Det(J)$ 和 $Tr(J)$。当系统均衡点使得 $Det(J) > 0$ 且 $Tr(J) < 0$ 时，则它就是稳定的均衡点。海外创新生态系统共生演化各均衡点及其稳定性条件，如表 11 - 3 所示。

表 11 - 3 海外创新生态系统共生演化均衡点及其稳定性条件

均衡点	$Det(J)$	$Tr(J)$	稳定性条件
$E_1(0, 0)$	$r_1 r_2$	$r_1 + r_2$	不稳定
$E_2(N_1, 0)$	$-r_1 r_2(1-\beta)$	$-r_1 + r_2(1-\beta)$	$\beta > 1$
$E_3(0, N_2)$	$-r_1 r_2(1-\alpha)$	$-r_2 + r_1(1-\alpha)$	$\alpha > 1$
$E_4\left(\frac{N_1(1-\alpha)}{1-\alpha\beta}, \frac{N_2(1-\beta)}{1-\alpha\beta}\right)$	$\frac{r_1 r_2(\alpha-1)(\beta-1)}{1-\alpha\beta}$	$\frac{r_1(\alpha-1) + r_2(\beta-1)}{1-\alpha\beta}$	$\alpha < 1$, $\beta < 1$

（2）海外创新生态系统共生演化模型计算机仿真分析。

假设海外创新生态系统中配套组织共生单元和核心企业物质与能量的自然增长率分别为 0.1 和 0.05，即 $r_1 = 0.1$，$r_2 = 0.05$，特定资源约束下配套组织共生单元和核心企业独立发展的规模的最大值为 1 000，即 $N_1 = N_2 = 1 000$，演化周期 t 为 800。利用 Matlab 2008 对方程组（11.2）进行模拟，探讨在共生系数 α 和 β 不同取值组合下，配套组织共生单元和核心企业共生关系的演化过程。仿真结果如下。

独立共存模式：海外创新生态系统中配套组织共生单元和核心企业独立共存的演化结果如图 11 – 11 所示。配套组织共生单元和核心企业之间的共生系数均为零，两个单元互不影响，独立发展。当两个单元处于平衡状态时，其规模上限为独立发展时的最大规模。

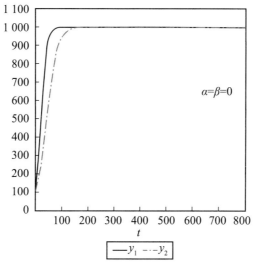

图 11 – 11　独立共存模式

恶性竞争模式：海外创新生态系统中配套组织共生单元和核心企业恶性竞争的演化结果如图 11 – 12 所示。配套组织共生单元和核心企业之间的共生系数均大于零，且核心企业单元对配套组织共生单元的共生系数大于 1。共生系数大于 1 的配套组织共生单元因被核心企业共生单元消耗大量资源而率先衰亡，核心企业共生单元则得以继续生存和发展。

寄生共存模式：海外创新生态系统中配套组织共生单元和核心企业寄生共存的演化结果如图 11 – 13 所示。配套组织共生单元和核心企业之间的共生系数一个大于零，另一个小于零。被寄生的配套组织共生单元的资源受到核心企业的消耗，其规模上限低于独立发展时的最大规模；核心企业因受益于配套组织共生单元，其规模上限高于独立发展时的最大规模。

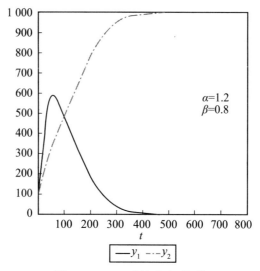

图 11 - 12　恶性竞争模式

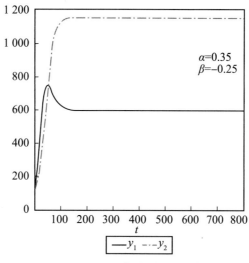

图 11 - 13　寄生共存模式

　　偏利共生模式：海外创新生态系统中配套组织共生单元和核心企业偏利共生的演化结果如图 11 - 14 所示。配套组织共生单元和核心企业之间的共生系数一个等于零，另一个小于零。共生系数为零的配套组织共生单元的规模上限等于独立发展时的最大规模，共生系数为负的核心企业因受益于配套组织共生单元，其规模上限大于独立发展时的最大规模。

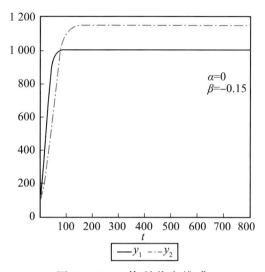

图 11 − 14　偏利共生模式

　　互惠共生模式：海外创新生态系统中配套组织共生单元和核心企业互惠共生的演化结果如图 11 − 15 和图 11 − 16 所示。配套组织共生单元和核心企业之间的共生系数均为负数。两个单元物质和能量规模上限大于独立发展时的最大规模。各单元规模上限的增幅与共生系数有关，共生系数的绝对值越大，规模上限增幅越大。

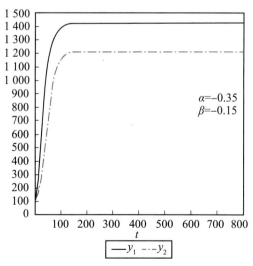

图 11 − 15　非对称互惠共生模式

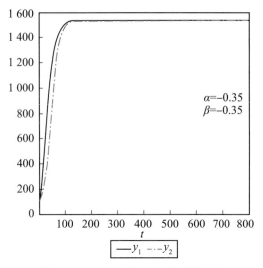

图 11 – 16　对称互惠共生模式

　　由上可知，海外创新生态系统是由核心企业和配套组织共生单元之间共生演化的复杂系统，其演化的结果取决于配套组织共生单元和核心企业之间的共生关系，即共生系数。不同的共生关系会导致动态系统朝不同的方向演化，最终达到均衡状态。互惠共生是海外创新生态系统演化的最佳方向。作为外部干预的政策，应致力把海外创新生态系统中各共生主体的寄生共存和偏离共生模式转型到互惠共生模式。

4. 本节结论

　　本节在共生理论分析海外创新生态系统基本要素的基础上，建立海外创新生态系统的共生演化模型，求解得到核心企业和配套组织共生单元之间共生演化模型的均衡点及其稳定性条件；对不同的共生演化模式进行仿真分析。研究结果表明：（1）海外创新生态系统是由核心企业、配套组织等共生单元在一定的共生环境中，通过各种共生模式在所形成的共生界面上从事价值创造、价值获取等共生活动的复杂系统；（2）海外创新生态系统演化的均衡结果取决于核心企业、配套组织共生单元之间共生系数的取值；（3）互惠共生是海外创新生态系统演化的最佳方向，应致力于把寄生共生和偏离共生模式转换到互惠共生模式。

　　海外创新生态系统共生单元应采取演化共生激励策略，使得共生模式向互惠共生这一高效行为模式演化。一是提升质参量兼容度。海外创新生态系统共生单元要提高创新为核心的发展战略的契合度，重视海外创新生态系统的顶层设计和行动指南；配套组织共生单元应以市场需求为导向参与价值共创、提供互补性的资源；核心企业要增强价值创造、创新资源整合和科研经费投入的能力，并为此提供制度性保障。二是优化共生环境。加强在共建"一带一路"东道国的信息平台建设，为海外创新生态系统共生提供透明通畅的信息环境，通过提升共生单元之间的信任水平来减小共生单元机会主义行为发生概率。三是优化海外创新生态系统的共生界面。促进海外创新生态系统协作创新的标准化，减少形成共生界面的阻力，降低共生成本；不断完善海外创新平台使更多的海外共生主体更容易加入共生系统。最终有利于民营企业参与"一带一路"国际产能合作的海外生态系统的组织协同与价值共创。四是参与"一带一路"国际产能合作过程中，实现价值共创之后，民营企业（特别是领军企业）要与海外创新生态系统所有成员分享价值。分享价值的基本原则是按照价值共创过程中的贡献度。当然，生态系统成员自身也要培育"从创新中获得收益"的能力。领军企业要有开放的心态和包容心，保障所有价值共创成员均能受益，秉持可持续发展和长期主义。

第十二章

国际产能合作中海外创新生态系统的
边界非线性拓展与知识协同

基于创新生态系统主体协同过程中"制度—组织—知识"三维度框架，本章聚焦母国—东道国制度协同的知识维度议题。具体而言，首先，充分利用知识基础观探索海外创新生态系统动态拓展的规律，揭示海外创新生态系统边界拓展的演化状态及其内在作用机制，发现中国民营企业海外创新生态系统的边界拓展具有非线性特征，即在不同知识能力水平下，各边界维度的拓展呈现出非贯序性和不同步性。其次，从政策评估的视角实证检验"一带一路"倡议的提出对于中国对共建"一带一路"的新兴市场国家知识扩散的促进效应。结果表明共建"一带一路"对中国向共建"一带一路"的新兴市场国家的技术转移具有正向促进作用，但考虑到制度环境、文化认同以及经济发展等方面的异质性问题，政策的积极作用并非完全同质。

第一节 民营企业国际产能合作过程中的创新生态系统边界
"知识—地理—组织"非线性拓展与知识协同机制

一、海外创新生态系统的边界非线性拓展

海外创新生态系统的构建与拓展实际上是通过地理边界、组织边界和知识边

界的拓展实现的。不同的企业由于自身特性和面临的外部环境存在较大差异，因而构建创新生态系统的内容和形式也存在区别，从而带来了不同形态的边界拓展路径；企业在不同发展阶段，其创新生态系统边界拓展也会呈现出不同的阶段型特征。这些个体差异和阶段性特征表现在边界拓展维度上，使得企业在地理边界、组织边界和知识边界的拓展上呈现出非贯序性、不同步性和阶段性的特征。

1. 地理边界

地理边界是创新生态系统边界拓展的重要维度，随着创新生态系统边界的不断拓展，其地理边界也会不断被突破而向外拓展。企业国际化过程中的海外地理组合引起学者们的重视，被认为对创新绩效的提升有重要影响。东道国与投资企业的知识互补性（Duanmu，2012）、全球产业知识来源可获性（祝影和杜德斌，2005）、技术跟踪模仿对象差异性（陈学光等，2010）都会对海外创新生态系统地理组合产生影响。海外地理组合有利于雇用明星科学家（Lewin et al.，2009）、与当地大学和科研机构合作（Lam，2003）、发现互补性知识和资产（Teece，1986；Teece，2007）、不同研发中心之间的学习与知识转移，以及减少要素成本和汇率波动对研发投入的影响。然而，地理边界的扩展也要考虑边界问题带来的拓展悖论。一方面狭窄的地理边界会带来空间邻近，从而有利于降低交易成本以提高创新绩效，但也会带来知识上的同质性和技术上的同构性、锁定性；另一方面超本地以及全球化的合作网络也会带来较高的成本，但也能带来异质性的创新资源。综上所述，尽管学者们对创新生态系统地理组合做了较为系统的研究，但均属静态研究，且侧重于对地理组合的影响变量关系进行研究，对于创新生态系统地理边界动态演化的阶段特征与演化机制需要进一步深入分析。

2. 组织边界

早期组织边界的概念主要从经济学的成本效率角度出发，认为组织边界的本质是划定组织与环境的界限，为组织创造一个稳定的内部环境。近年来，随着开放式组织、无边界组织的出现，学者们对组织边界的认识也开始深化。丁雪等（2017）认为组织边界是保障各组织利益的必要界限，它有效区分了组织成员、工作任务、完成任务所必须遵循的流程以及最终的产物；什克纳斯等（Ashkenas et al.，2002）由此提出了四种类型的组织边界：垂直边界、水平边界、外部边界和地理边界。所谓垂直边界，主要指组织内部纵向层级之间的界限；水平边界主要是指组织内部不同部门、产品领域和项目组之间的界限；外部边界是组织与外部组织之间的界限。垂直边界和水平边界主要强调企业内部纵向和横向的组织结构形态，在中国企业构建海外创新生态系统的组织边界拓展中，这种内部纵向和横向的组织结构形态主要体现在企业对于内部一体化网络的整合；而外部边界描述的创新生态系统构建过程非常重要，它们的联动机制和演化轨迹是描述创新生态系统动态演化的重要指标。跨国企业创新生态系统组织边界的拓展主要是指不断打破供应链伙伴、客户、竞争对手、政府、高校及研发机构等外部环境的隔膜，与这些外部组织或个人建立海外联系，并将其嵌入创新生态系统的过程。

海外创新生态系统的组织边界一直是学者们研究的热点，早期的学者主要基于企业资源基础观，认为企业跨组织创新生态系统的构建和拓展有利于企业获取和整合各类研发资源（陈衍泰等，2020）；而基于学习理论的研究认为，跨组织创新生态系统的构建有利于企业在网络中学习构建知识，这种内外部网络的学习能够降低交易成本（何郁冰，2012）。当然，创新生态系统组织边界的拓展还可以从组织控制关系视角切入，将研究边界拓展到与高校及研究机构、竞争对手及其他研发利益相关者之间的组织关系。

3. 知识边界

随着知识基础观视角在创新生态系统中的广泛运用，学术界对知识边界的研究也开始日渐增多。有影响力的研究学派主要有信息处理流派、解释学流派和政治学流派，分别从知识的信息处理、共同价值观的作用和利益冲突的影响等视角进行了研究（许晖等，2017）。知识边界拓展主要表现在知识边界拓展的深度和广度两个维度上。知识深度代表了企业在知识利用深度上的差距，表现在应用性知识、基础性知识和实验性知识；知识广度则代表了企业利用知识的领域和类型，而众多企业的多元化扩张，从知识搜索和利用的角度来说，就是代表了知识广度的扩展。

当前，在知识管理研究中对创新生态系统知识边界的研究仍然不足，特别是知识边界拓展的微观机制以及动态特征的研究，还存在一定的"黑箱"，有待进一步揭示。

二、研究框架

究竟有哪些因素影响了企业的创新生态系统边界拓展呢？企业国际化过程中的行为差异影响着国际化的模式选择，而行为差异受到组织内部知识本质、知识累积和知识产权保护措施使用程度等因素的影响。依据熊彼特主义传统，创新活动是由知识存量积累的状况决定的，企业自身拥有的知识基础构成了企业构建海外创新生态系统的制约因素。因此，知识在企业研发活动中起着重要的作用，企业获取新知识的行为需要建立在已经拥有的知识基础之上（Whittington et al.，2009）。现有研究表明，知识基础与企业技术创新绩效、知识获取方式（Ahuja，2001）、技术学习方式和组织结构密切相关。海外创新生态系统的构建涉及组织结构、知识获取和创新绩效等方面，因而知识基础和能力对企业海外创新生态系统拓展将起到重要的作用。

有学者认为，企业内部知识基础对研发网络边界的拓展起到调节作用（朱娜娜、徐奕红，2021）。但知识基础的概念在解释企业海外创新生态系统的拓展中仍存在着不足。首先，企业构建创新生态系统的过程是一个持续的过程，在此过程中创新生态系统构建规模和企业内部知识相互促进、动态提升，而知识基础概念的静态特征显著，强调的是企业内部知识基础。其次，在创新生态系统的动态演化过程中，除了需要企业的基础知识资源外，企业的动态能力以及企业知识组织机制也非常重要，而知识基础概念就显得太薄弱，无法体现企业的动态能力、知识机制和组织文化。因此，学者们引入知识能力的概念来弥补知识基础概念的不足（陈欣美，2020）。

知识能力是指一个组织所拥有的知识、资源和能力以及对组织内外知识、资源和能力进行协调、重构并更新的一种能力，它反映了一个组织不断从外界汲取知识能量，以实现与外界环境协调发展的能力（王磊等，2009）。知识能力包含三个方面的内容，即基础资源能力、知识运作能力和知识机制，其关系如图 12 - 1 所示。

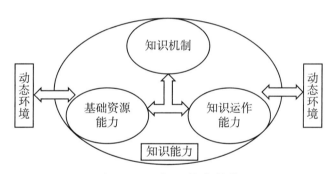

图 12 - 1　知识能力结构

其中，基础资源能力是知识能力的基础，它包括组织的技术专利积累、研发平台和技术平台、研发队伍和人力资本结构、知识网络和关系资本等基础资源所形成的能力；知识运作能力是将上述知识资源用于组织的技术创新活动和管理活动中，并对这些资源进行整合、管理和加工，使之不断更新，以提升创新产出、适应竞争的能力；知识机制可以促使知识能力充分发挥，并且促进知识能力内部与环境互动的关系，包括知识学习机制和知识匹配机制等。知识能力通过知识机制促进基础资源能力与知识运作能力的相互作用，并促使组织实现知识能力本身以及外部环境的协调发展。

在中国民营企业通过构建海外创新生态系统实现"一带一路"国际产能合作的过程中，知识能力起着重要的作用，它对企业自身的吸收能力、知识转移能力以及创新生态系统能力产生重要影响。知识能力也是企业的一种动态能力，在不同的阶段表现出不同的动态特征，从而带来了创新生态系统构建的阶段性特征。因此，知识能力是构建创新生态系统并不断进行边界拓展的重要影响因素。

现有的研究重点关注了海外创新生态系统边界拓展的影响因素和前提条件，也关注了研发创新生态系统和拓展的结果与影响，但对于创新生态系统边界拓展的过程和状态却很少关注。尽管学者们指出了海外网络拓展的维度，即组织边界、地理边界和知识维度，也考察了知识基础对海外研发网络拓展维度的影响以及对创新绩效的调节作用（成琼文、赵艺璇，2021），但对于海外创新生态系统拓展中知识边界、地理边界和组织边界三者之间的内在关系和作用机制尚不清楚，对于各边界在企业不同知识能力阶段的演化特征也缺乏动态描述，这些研究空白使得创新生态系统构建理论在中间环节存在理论缺口和"黑箱"。因此，在已有的研究基础上，充分利用知识基础观探索海外创新生态系统动态拓展的规律，揭示海外创新生态系统边界拓展的演化状态和内在作用机制，是打开中国民营企业创新生态系统构建"黑箱"的钥匙。相关研究框架如图 12 - 2 所示。

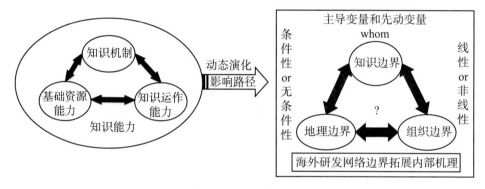

图 12 - 2　研究框架

三、案 例 研 究

1. 案例选择

本研究选择华为公司（简称"华为"）进行案例研究。华为公司一开始就走上了自主研发的道路，并注重在共建"一带一路"国家开展合作，三十余年的研发历程有比较清晰的路径和脉络可寻，从中可以辨析华为公司海外创新生态系统的阶段性特征。华为公司是中国企业国际化成功的典范，它的历程是企业"一带一路"国际化学习的最佳案例之一。此外，课题组多年来一直跟踪华为企业的国际化活动，积累了大量的数据资料。课题组也对企业高层及主管人员进行过相关的访谈，掌握了许多宝贵的一手资料，为本节研究提供了较为坚实的数据保障。

2. 数据收集与信度、效度保障

（1）数据收集。

数据收集分为一手数据收集和二手数据收集。一手数据收集主要通过访谈和问卷取得，主要通过当面对企业高层以及相关主管进行直接访谈，对创新生态系统的成员也选择代表性的人员进行了访谈；此外，还采取了邮寄和电话访谈的方式，进行特别性回访或者补充访谈；另外，也利用网络工具和网络社交媒体跟踪访谈了部分人员。

二手资料的收集信息量非常大，课题组收集了目标企业的内部刊物、企业年报以及内部文书。外部数据整理了相关网站、新闻报道、媒体宣传资料等；另外购置了系列介绍华为集团研发的书籍和学术期刊。多数据源和多层次的信息收集方法可以使信息交叉验证，并能控制回溯估损偏差，这种多角验证关系能够保障研究的准确性。

（2）信度、效度保障。

为了保证数据信度，研究团队制订了详细的调研计划，针对研究的方向对数据收集工作计划进行了反复的论证和完善；对收集的数据建立了完整的数据库，并对数据库信息进行了辨别与分析，也对不同源交叉信息进行取舍。在此基础上，对所有信息进行编码分类。

在构念效度方面，多重交叉数据反复核对验证，能最大限度上保证结果的合理性。此外，在不断的研究中，反复地验证理论、数据、案例和文献之间的匹配度，不断地实现理论与实践的有机结合，以保证研究结果的普适性。

3. 华为公司创新生态系统及海外边界拓展

1987 年华为公司成立，初创阶段通过代销香港鸿年公司的 HAX 交换机生存，随后开始研发交换机，1994 年公司完成了大型数字交换机的研发。1996 年华为开始实施国际化战略。华为在技术研发道路上呈现出三个明显的阶段特征：第一阶段是技术追赶阶段（1992~1999 年）。1992 年华为公司在技术领域便进入了大力追赶阶段。到了 2000 年，华为技术已经具备了较强的基础实力，国际竞争力大幅提高，于是大举进入国际市场。在 2000 年，华为举行第一次海外出征誓师大会，坚定地走上了国际化的道路；第二阶段是技术相持阶段，也可称为技术竞争阶段（2000~2013 年），此阶段是华为公司在国际大舞台中"与狼共舞"，逐步走上技术领先者角色的阶段。2013 年，华为公司营业收入超过爱立信，开始成为全球最大的通信设备供应商；至此，华为进入第三阶段——技术引领阶段（2014 年至今）。本阶段华为在众多领域开始引领技术发展潮流，华为公司的研发活动也开始进入"无人区"。下面对华为公司各阶段创新生态系统边界拓展状况进行总结。

华为公司的国际化之路是伴随着产品和营销体系的国际化而稳步拓展的。华为公司的国际化研发体系主要通过在海外建立研发中心和机构、技术性并购以及与运营商、竞争对手、国外大学和研发机构的合作研发项目逐步建立（见12-3）。截至2019年底，华为已建立了16个海外研发中心、28个合作研发中心，并与200多个大学建立合作项目。①

（1）技术追赶阶段。

①知识能力和公司战略描述。

在本阶段，华为公司产品逐渐由代理产品走向自主研发：1988～1990年，代理交换机业务；1989～1991年，简单组装用户交换机；1990～1992年，仿制研发用户交换机；1992～1995年，自主研发高级交换机；1994～1995年，由单一的交换机研发进入多个通信领域。因此，本阶段华为公司基础资源能力不断攀升，但从整体上看仍处于初级阶段，知识运作能力和知识机制也在不断攀升，但受基础资源能力的制约，处于初级阶段，知识能力比较低。

本阶段华为公司整体上处于战略转型阶段。随着华为公司从单一研发生产销售程控交换机产品逐渐进入移动通信、传输等多类产品领域，公司战略逐渐从集中化战略转向横向一体化战略，华为公司试图发展成为一个能提供全面通信解决方案的公司。

早期华为公司采取直线职能制的组织结构，这种结构可以集中调度公司任何资源，并在第一时间内形成对研发战略的支撑。随着华为公司战略的变化，公司组织结构也开始转变为事业部与地区部相结合的二维矩阵式组织结构。这种组织结构使华为公司可以及时响应客户多样化需求，并能通过事业部联合作战，共同拓展客户需求，从而适应了华为的战略转型。

此外，华为公司1996年开始进军国际市场，1997年在独联体国家取得突破。但截至1999年，华为公司海外业务仅占公司整体业务的4%。国际化程度相对低。

②海外创新生态系统边界拓展状况。

第一，知识边界拓展。

本阶段华为公司主要通过研发网络吸收初、中阶应用性知识。华为公司与技术领先的跨国公司合资建立研发机构或者通过直接引入技术的方法，消化吸收了

---

① 《华为铁军的锻造之道》，https://m.cyzone.cn/article/687072.html。

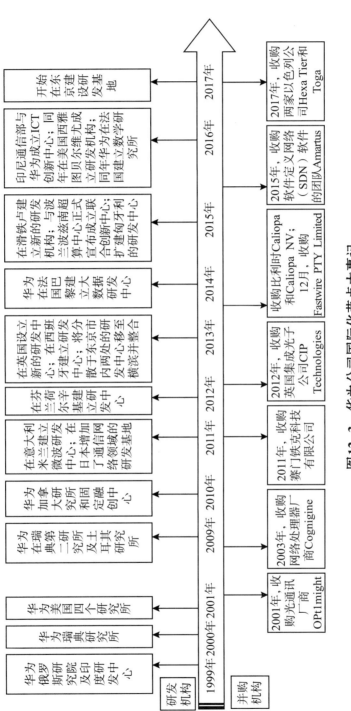

图12-3 华为公司国际化节点大事记

第十二章 国际产能合作中海外创新生态系统的边界非线性拓展与知识协同

大量成熟的应用性知识，从而加快企业技术追赶。本阶段华为的应用性知识主要是对应用技术的模仿和局部改进，创新程度较低。

在知识广度上，华为公司早期主要以交换机为主，主要集中在运营商业务领域，知识域较窄。

第二，地理边界拓展。

本阶段华为公司主要在国内拓展创新生态系统，地理范围狭窄，处于由民族中心型向地域中心型进行拓展的阶段。具体做法上主要通过与一些国内的外资公司建立合作研发机构，从而获取先进技术。在此期间与德州仪器（Texas Instruments）、摩托罗拉（Motorola）、国际商业机器公司（IBM）、英特尔（Intel）、杰尔系统（Agere Systems）、太阳微系统（Sun Microsystems）、阿尔特拉（Altera）、高通（Qualcomm）、英飞凌（Infineon）和微软（Microsoft）一起成立了联合研发实验室。但是在海外研发基地建设方面尚不突出，直到1999年才建立了印度班加罗尔研发中心，同年成立了俄罗斯数学所。

第三，组织边界拓展。

创新生态系统组织边界拓展：主要通过与其他公司的技术人员建立关联。在国内市场中，华为公司与外资公司进行合资研发或技术合作建立研发网络，网络组织的外部边界主要是技术人员。此外，华为的研发人员经常参加海外科技展和通信技术交流活动，并在海外销售中心搜寻先进技术，其间接触对象主要是外资企业技术人员。

创新生态系统组织内部边界拓展：各研发网络节点数量少，且呈孤点状态。

（2）技术相持阶段。

①知识能力和公司战略描述。

本阶段华为公司技术能力快速提升。截至2013年底，华为公司员工人数已增至15万人，其中研发人员占45%，累计申请中国专利44 168件、外国专利18 791件、国际PCT专利14 555件；研发投入常年维持在销售额10%以上，2013年投入高达307亿元，占全年销售收入的12.8%。[①] 在运营业务领域，华为在3G、4G方案方面开始领先；在企业业务领域，华为缩小了与世界一流公司的差距，核心路由器业界领先；消费者业务方面，手机研发走向主动研发，华为手机销量已跃升至全球第三位，仅次于苹果和三星。此外，华为公司从1998年开始引进IPD研发管理体系，并不断升级。截至2010年，华为IPD体系升级为6.0版本，提高了华为的研发效率和质量。由此可见，华为知识能力在本阶段已经大幅提高，

---

① 《华为2013年员工总数逾15万，研发占比45%》，http://www.c114.com.cn/news/126/a847235.html，2014年7月14日。

基础知识资源不断积累，知识运作能力也随之提高，华为的业务范围不断拓展，技术广度也越来越宽阔；随着 IPD 等体系的运用和升级，华为知识机制和运作能力也提高很快，研发效率、质量和协同能力大大提高。因此，本阶段华为知识能力已经在国内领先，在国际市场上与国际跨国巨头处在同一梯队，互争长短。

华为公司在发展战略上，采取纵向一体化、多元化和国际化并举的战略，截至 2008 年，华为公司的海外市场占有率已经增至 75%；在市场竞争战略上，采取与"合作伙伴"共赢的战略，进行大量的合作研发。[①] 公司愿景也由全面通信解决方案电信设备提供商向提供端到端通信解决方案和客户（市场）驱动型的电信设备服务商转型。在组织结构上，华为公司持续地进行动态调整，但基本保持了矩阵型的组织结构。同时，华为增加了组织中的数字化变革，在 IBM 进行的流程改造项目（主要内容涵盖集成产品开发 IPD；集成供应链 ISC；客户关系管理 CRM）的基础上，进行了持续升级，建设了支撑这种运作的完整 IT 框架。

②海外创新生态系统边界拓展状况。

第一，知识边界拓展。

本阶段华为公司知识边界开始由初级应用型知识向中高级应用型知识拓展。在部分技术领域，华为已经开始进行基础性的原创技术研究。本阶段华为在海外各地建立了众多研发中心和研发机构，并不断对这些研发中心进行功能升级，强化研发能力。

在知识广度上，华为公司知识域大大拓展。除了传统的运营商业务外，公司业务和消费者业务也开始崛起，华为公司的技术知识向着多领域发展。

第二，地理边界拓展。

由于获取技术的类型和复杂程度增加，需要在全球范围内利用各国知识禀赋，因此本阶段华为创新生态系统地理边界也大大拓展，研发中心已经遍布全球。地理边界拓展开始由多中心分散型向研发中心型拓展。本阶段地理边界拓展的突出特点是围绕发达国家或发达国家企业构建全球创新生态系统，研发中心地点选择的核心原则就是基于本地化的技术优势和人才；研发地理组合的目的就在于在全球范围内利用异质性知识，提高企业创新能力。

此外，华为在亚非拉等主要产品市场设立了很多支持型研发机构，主要是技术的本地化和售后基础支持。

第三，组织边界拓展。

创新生态系统外部边界拓展：本阶段华为公司的创新生态系统外部边界开始

---

① 《华为 2013 年员工总数逾 15 万，研发占比 45%》，http://www.c114.com.cn/news/126/a847235.html，2014 年 7 月 14 日。

多元化，由原来的行业技术人员、研发人员以及市场人员和客户，开始向社会研究机构、大学等拓展。华为公司向大学和研发机构的拓展体现了其由应用性知识向基础性知识的拓展。此外，与运营商和大客户之间的合作研发大大增加，节点对象向客户企业拓展，这体现出华为公司的市场不断壮大，知识输出为主的创新生态系统获得开始增加的特征。

创新生态系统内部边界拓展：本阶段华为海外研发节点持续增加，各研发节点与华为研发深圳总部的联系加强，但创新生态系统之间互动不多，网络孤点还存在，主要研发活动依赖本地研发网络。

（3）技术领先阶段。

①知识能力和公司战略描述。

本阶段华为公司技术水平已经达到全球引领水平。2018年华为全球研发投入近880亿元，占华为销售收入的14.7%，研发投资在全球排名第五，中国第一[①]；2022年，华为有研发人员8万多人，约占公司总人数的45%，其中博士学位获得者1万余人。在产品技术领域，华为持续加大对基础研究和创新的投入，并在众多技术前沿领域取得了众多成果。在5G移动通信领域取得重大突破，发布5G基站核心芯片"天罡"；在网络技术研究领域，华为发布业界首个VR Ready网络创新解决方案；在手机业务领域，华为智能手机超越苹果手机销量，取得3 550亿元营业收入，并发布了全球首款5G折叠屏手机。截至2017年底，华为公司累计获得专利授权74 307件；申请中国专利64 091件，外国专利申请累计48 758件，其中90%以上均为发明型专利。综上可知，华为公司在基础资源能力方面拥有了雄厚的积累，研发人员数量和质量在全球公司中处于领先地位，公司研发强度和研发投入处于全球前列。其知识运作能力也相应大幅提升，在众多技术领域取得原创性成果，引领了技术发展潮流。

战略上华为公司围绕数字化和智能化继续进行多元化的扩张，确立了"被集成+生态联盟"的经营战略，以打造平台，携手合作伙伴一起面向各行各业的需求，提供完整的解决方案。同时将"把数字世界带入每个人、每个家庭、每个组织，构建万物互联的智能世界"作为公司愿景。在组织结构上，积极推进华为公司内部管理的数字化和智能化变革，全面推动IT 2.0系统到WeLink系统的实现。

②海外创新生态系统边界拓展状况。

第一，知识边界拓展。

本阶段华为公司以吸收高级应用性知识和基础性知识为主。华为公司技术上

---

① 《华为发布2018年年报：全球销售收入7212亿元人民币 净利润593亿元人民币 增长25.1%》，来源于公司官网。

已经处在国际领先地位，自身研发能力非常强，但为了保持全球领先地位，开始大量吸收基础性知识，实现由"工程师的创新"到"科学家与工程师并重的创新"。其加大了基础科学技术和基础工程技术等领域研究力度，并取得了一系列原创性技术成果，例如 GSM 多载波干扰问题和 5G 通信解决方案的实现，均来自科学家的理论创新。

本阶段华为公司海外市场成为主要业务来源。海外研发机构的成立是为了输出应用型技术，进行开放式创新，以满足当地市场对技术的需求。为了支持海外市场业务，更好地适应当地市场，华为与海外市场的运营商及大客户建立了众多的合作研发机构，成立了大量的技术支持中心，特别是在亚非拉等发展中国家市场。

在知识域上，华为公司知识域得到空前拓展，其技术知识围绕企业业务高度多元化。

第二，地理边界拓展。

本阶段华为公司地理边界拓展由研发中心型向整合创新生态系统拓展。华为现已建立了 16 个研发中心、28 个合作研发中心，并与 200 多所大学建立合作项目。① 除了在发达国家进行技术搜寻、技术吸收为目的的研发外，华为还在非发达国家投资了以技术应用为目的的研发机构。从各节点优势上来讲，有的网络节点具备人才优势，有的具备特点技术优势，有的具备供应链优势，有的具备市场优势。研发节点的选择和布局在全球网络中的分布更加合理，充分发挥了各节点的互补性优势。

第三，组织边界拓展。

创新生态系统外部边界拓展：华为公司形成了三层框架的全球研发网络。第一层是以"2012 实验室"支持的基础研究，它的研究方向包括新一代通信、云计算、音频视频分析、数据挖掘、机器学习等，面向的是未来 5~10 年的发展方向。它的二级部门包括：中央硬件工程学院、海思、研发能力中心、中央软件院。第二层是以遍布全球的 16 个研发中心所支持的应用性研究和支持性研究，主要服务于商业应用和客户响应。第三层是以全球 36 个联合创新中心和联合实验室为基础的全球合作研发。在各研发节点的组织管理上，华为公司的研发网络节点对象呈现多元化，并由原来的行业技术人员、研发人员以及市场人员和客户，开始向社会研究机构、大学等拓展，以满足获取全球基础性知识资源的需求。

---

① 《华为的八大核心研究所，有力地支撑起了华为的现在与未来！》，https://www.sohu.com/a/677255336_121687414，2020 年 6 月 30 日。

创新生态系统内部边界拓展：创新生态系统向全球整合网络发展。华为各研发节点之间的互动和耦合加强，各节点合作研发开始增多，网络孤点越来越少，研发网络由过去的研发总部——各研发节点型，开始向全球整合网络发展。在创新生态系统网络的组织管理方面，利用领先世界的研发管理系统和 WeLink 数字化管理系统，将全球研发节点协同起来，在研发总部的统一管理下，形成了一个一体化的研发系统（见表 12-1）。

表 12-1　　　　　　　　各阶段网络拓展比较

阶段	知识能力	公司愿景	公司战略	知识边界拓展	地理边界拓展	组织边界拓展
追赶阶段	初级知识能力	能提供全面通信解决方案的公司	从集中化战略转向横向一体化战略	知识深度：初级应用型知识为主。知识广度：窄，集中在网络和通信技术领域	民族中心型向地域中心型拓展；海外研发节点少	外部边界：跨国企业国内分支机构；内部边界：网络孤点
相持阶段	中高级知识能力，国内领先	提供端到端通信解决方案和客户（市场）驱动型的电信设备服务商转型	采取纵向一体化、多元化和国际化并举的发展战略	深度：以中高级应用型知识为主；知识广度增宽，技术多元化	由多中心分散型向研发中心型拓展；海外研发节点大幅增多	外部边界：多元化，由企业研发机构，开始向社会研究机构、大学等拓展；外部边界：各研发节点与总部的联系加强，但研发网络之间互动不多，网络孤点还存在
领先阶段	高级知识能力，世界引领	把数字世界带入每个人、每个家庭、每个组织，构建万物互联的智能世界	围绕数字化和智能化继续进行多元化的扩张，确立了"被集成＋生态联盟"经营战略	深度：过渡型知识；知识广度宽阔；形成了三大业务群	向整合研发网络、一体化网络拓展；形成覆盖全球的体系完善的研发网络	外部边界：网络节点对象多元化，大学、研究机构逐渐成为重点；内部边界：构建数字化的全球研发体系，提高了网络的一体化程度

四、研究发现

1. 中国企业海外创新生态系统边界拓展的阶段性特征

以华为公司为代表的中国企业的创新生态系统拓展并非随着企业知识能力的提升而同步推进，创新生态系统边界拓展在不同的阶段具有非贯序性，在不同阶段首先启动的边界拓展维度不同,每个阶段居于核心拓展地位的边界维度也不相同。

(1)技术追赶阶段。由于知识边界拓展直接受企业知识能力限制,在企业能力较低的阶段,知识边界很难有太大的拓展。地理边界则不同,地理边界的拓展遵循的是根据全球各地知识资源禀赋差异及其分布,以最低成本获取企业所需知识资源的原则。因而地理边界具有相对的独立性,能够在知识能力很低的阶段率先进行跨区域的大幅度边界拓展。通过案例可以看出:在1999年(技术追赶阶段),华为公司海外业务仅占公司业务总量的4%,却在印度班加罗尔设立研发中心,这是华为第一次在海外设立研发中心;同年,在俄罗斯建立数学所。由此可见,在技术追赶阶段,中国跨国企业地理边界都进行了大幅度的拓展。因此,地理边界是在第一阶段率先进行显著拓展的边界维度。

(2)技术相持阶段。随着企业知识能力增强,企业知识边界开始显著拓展,华为公司知识深度开始向中高阶应用性知识攀升;知识广度也开始增加,技术多元化,因而本阶段知识边界的拓展最为显著。当然,知识边界的拓展也会带来地理边界、组织边界的拓展,然而本阶段显著性的拓展活动主要表现在知识边界的拓展上。

(3)技术领先阶段。在此阶段,企业已经处于全球领先地位,不少技术领域已经进入技术"无人区",企业只有持续开发原创技术才能保持"领跑者"角色。企业需要大量的基础性研究以支持原创技术的开发,为此,华为公司成立了一级研发机构"2012实验室",以支持公司进行原创性技术创新。在创新体系中,高校、独立实验室和基础性研发机构是进行基础研究的主力军。因此,在本阶段,华为公司边界拓展的显著变化是组织边界的拓展。组织外部边界和组织内部边界不断被打破,推动创新生态系统不断地向无边界网络拓展。2022年华为研发投入达到1 615亿元人民币,占全年收入的25.1%,十年累计投入的研发费用超过9 773亿元人民币。持续开放鸿蒙、鲲鹏、昇腾、云服务等平台能力,优化开发者体验,全方位赋能和支持生态伙伴,与900多万开发者、4万多生态伙伴一起释放生态创造力。① 因此,在技术领先阶段,组织边界的拓展是该阶段最显著的特点。由此可知,企业在构建海外创新生态系统的过程中,尽管在每个阶段都会伴随着企业边界的不断拓展,但每个阶段的重心是不同的。创新生态系统边界的拓展呈现出非贯序性和不同步性,整体而言按照地理边界—知识边界—组织边界的阶段特征来展开。

需要注意的是,在各个阶段各边界都会有所拓展,但这不影响企业拓展中遵

---

① 《华为发布2022年年度报告:全球营收6 423亿元,研发占全年收入四分之一!》,载于《文汇报》2023年4月6日,https://baijiahao.baidu.com/s?id=1762377713897604372&wfr=spider&for=pc。

第十二章 国际产能合作中海外创新生态系统的边界非线性拓展与知识协同

循地理边界—知识边界—组织边界的拓展逻辑。它代表企业在各个阶段的拓展中心和先动特征（见图 12 - 4）。

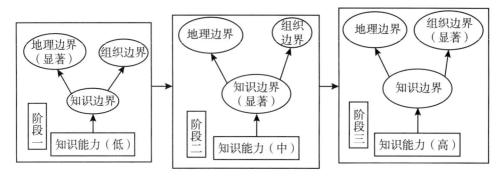

图 12 - 4　中国民营企业海外创新生态系统动态演化特征

2. 民营企业创新生态系统边界拓展的演化特征和演化机理

纵观华为公司构建创新生态系统的各阶段，随着知识能力的不断提升，华为公司不断地调整企业战略，这种企业战略的转变也必然会在创新生态系统构建层面体现出来，促使公司创新网络的拓展状态进行相应改变。而创新生态系统拓展战略的改变也影响着企业研发规模和效率，从而带来知识能力的提升。知识能力的提升不仅强化原有的网络嵌入关系和边界拓展形态，还会促使企业构建更高级别的创新生态系统，从而促使创新生态系统边界做更大的改变。由此可知，公司知识能力、企业战略和边界拓展之间是一种动态的演化关系。知识能力是企业的一种动态能力，尤其对知识密集型产业而言，它构成了企业的核心竞争能力。知识能力以及异质性是企业战略决策以及研发网络构建策略的前提，整个复杂系统通过"提升"与"构建"的持续循环，形成了一种适时的、有秩序的存在。这种秩序是一种新的非线性动态秩序，是基于内部适配机理不断地循环演化而达到的"稳态"。华为公司的创新生态系统演化过程是一种积极的正向演化，实现了创新生态系统和知识能力的螺旋上升。

生态系统各要素的初始状态会影响系统演化的方向和结果。华为公司早期阶段便走上了"技术研发"和"国际化"的道路，这种战略的初始设定和不断演化，形成了以构建全球创新生态系统为主要特征的开放式创新之路。尽管早期也有联想集团等一批企业走上了国际化的道路，但却选择了"贸工技"的战略，从而走上了完全不同的演化之路。对于企业来说，如果战略失误或者要素配置失当，也会出现负向演化的风险。因此，要在演化循环的过程中不断调整要素配置和战略设定，使之不断地适应环境。华为公司在每个阶段战略设定和公司愿景都不尽相同，每个阶段创新生态系统边界的拓展形态也不相同，这是一个相互耦合，与环境不断适配的过程（见图 12 - 5）。

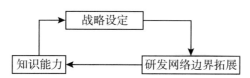

图 12 - 5　企业海外创新生态系统构建动态演化关系

3. 企业海外创新生态系统边界维度之间的关系和作用机制

对我国民营企业而言，构建全球创新生态系统的根本目的是搜寻并不断吸收异质性的知识资源，以提高企业创新水平并促进东道国发展。而知识边界的拓展直接体现企业获取知识的广度和深度，也最吻合企业构建全球创新生态系统的根本目的，因此知识边界的拓展在整个创新生态系统边界拓展中居于先导地位。

在实践中，当知识边界进行拓展时，企业为了搜索所需异质性知识，地理边界和组织边界必然会随之改变。例如，华为选择在印度建立研发中心，是为了获取当地 IT 人才；在俄罗斯建立数学所，是为了获取俄罗斯在数学算法方面的知识成果；在瑞典建立研发机构，是为了获取瑞典在通信技术方面的知识；而在法国设立美学研发中心，是为了吸收法国在设计方面的异质性知识等，其目的都是获取当地独特的知识资源。全球知识资源的分布在结构和类型上具有不均衡性，这就决定了华为必须进行地理边界和组织边界的拓展才能实现知识边界的拓展，进而满足企业对异质性知识资源的需要。由此可见，企业知识获取的动机和知识需求结构决定了知识边界的拓展，而知识边界的拓展就必须依靠地理边界拓展和组织边界拓展的支撑。企业海外创新生态系统边界拓展维度是以知识边界为先导的联动机制。据此可知：在创新生态系统的拓展过程中，知识边界的拓展居于核心地位，而组织边界拓展和地理边界拓展具有从动性（见图 12 - 6）。

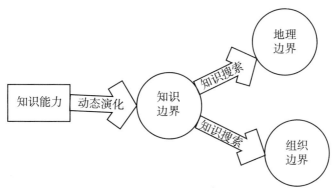

图 12 - 6　企业海外创新生态系统各边界维度互动关系

343

五、本节小结

1. 创新生态系统边界拓展的非线性和不同步性

本研究发现中国民营企业海外创新生态系统的边界拓展具有非线性特征，即在不同知识能力水平下，各边界维度的拓展呈现出非贯序性和不同步性。一般而言，在知识能力的"低—中—高"三个阶段，边界拓展普遍遵循"地理边界—知识边界—组织边界"的阶段典型特征来展开。这种拓展逻辑根植于知识基础观之内：地理边界的拓展体现的是在地理范围内对知识的搜寻；知识边界的拓展体现企业知识能力自身的膨胀；组织边界的拓展是在组织范畴上对知识的搜寻和吸收；而边界拓展又以企业自身知识能力为前提。

当前，创新生态系统边界拓展的内部"黑箱"并未揭示，本部分研究的重要发现在一定程度上打开了内部"黑箱"，揭示了海外创新生态系统边界拓展的动态特征和内在机理，这对于学界深化对该领域的认识具有重要理论价值。

2. 企业创新生态系统构建中的动态演化特征和演化机理

本研究发现：中国民营企业海外创新生态系统的构建过程受企业知识能力的制约，企业不能跨越知识能力的约束而无限升级创新生态系统等级，创新生态系统边界拓展的广度、深度和速度均受制于企业知识能力；另外，创新生态系统的构建形态和边界拓展状态会对公司知识能力提升的质量和能力结构产生影响，从而塑造出新的知识能力。这种演化关系表明：提升自身知识能力与提升创新生态系统构建等级是一对相互影响、相互依赖的"双螺旋"关系。当前，越来越多民营企业开展"一带一路"国际产能合作活动，业界专家也纷纷支招企业加快创新生态系统的构建，以获取知识资源，提高企业创新水平。但本研究告诉我们：企业不能大幅超越自身的知识能力在构建海外创新生态系统方面实现"大跃进"，否则结果可能适得其反。

此外，动态演化系统要素配置失当会造成负向演化，引起恶性循环。因此，企业要随着环境的变化调整系统要素的配置，不断地进行网络结构和构建策略的调整，使系统演化在良性循环的轨道上进行。

3. 各网络边界维度之间的相互作用机制不同，深化了对海外创新生态系统理论的认识

本部分研究发现知识边界拓展在整个边界拓展中占据主导地位，地理边界和组织边界的拓展是对知识边界拓展的回应。这在理论层面上理清了各边界之间的逻辑关系，为企业确立研发网络拓展战略提供理论向导。虽有学者提出了知识边界、地理边界和组织边界三个研究企业海外研发网络拓展的维度，但没有进一步

界定其内在关系。学界对各边界拓展究竟是"平行"还是"中心与支点"的结构尚未厘清,而本研究从内在结构和主从关系上对创新生态系统边界各维度进行界定,初步打开了企业海外创新生态系统各边界关系的"黑箱",深化了对海外创新生态系统边界拓展内在结构的认识。

第二节 "一带一路"倡议是否推动了中国企业对新兴经济体的知识扩散?

"一带一路"倡议的提出为中国向参与共建的新兴市场国家进行技术转移提供了机遇。基于政策评估的基本思想,本节采用双重差分模型,选取了 56 个狭义上的共建"一带一路"新兴市场国家和 89 个其他广义共建"一带一路"新兴市场国家作为研究样本,将"一带一路"倡议作为准自然实验,通过反事实推断法,实证考察了共建"一带一路"对中国向共建新兴市场国家进行知识扩散的政策效应,探讨中国企业与东道国的知识协同效果。

2017 年国务院印发《国家技术转移体系建设方案的通知》,明确提出要构建"一带一路"技术转移协作网络,发挥跨国技术转移对"一带一路"产能合作的先导作用。2022 年中国全球创新指数世界排名 11,我国发明专利有效量为 408.1 万件,有效商标注册 4 152.3 万件。[①] 进而,随着中国综合科技实力的不断增强,中国向共建"一带一路"新兴市场国家进行技术转移也具备了可行性(刘超和赵磊,2024)。然而经验的观察总是缺少对事件客观准确的研判,"一带一路"倡议对于推动构建中国同参与共建的新兴市场国家的技术转移网络、丰富"一带一路"国际产能合作主题是否具有积极的正向反馈作用尚不清晰(孙壮志等,2022)。因此,有必要从政策评估的视角实证检验"一带一路"倡议的提出是否促进了中国对参与共建的新兴市场国家的知识扩散。

一、理论分析与研究假设

从国家和区域科技发展水平来看,共建"一带一路"国家的技术发展水平不均衡,形成了以技术先发国家为核心的创新能力"高地"和以技术后发国家为核

---

① 《世界知识产权组织发布〈2022 年全球创新指数〉我国 9 项指标排名全球第一》,https://baijiahao.baidu.com/s? id = 1764223500683209049&wfr = spider&for = pc,2023 年 4 月 26 日。

心的创新能力"洼地"（朱永风等，2019），这就为跨国技术转移创造了"位势差"。一方面，技术势差和技术扩散通道以及制度距离构成了跨国技术转移得以进行的基础；另一方面，东道国的学习意愿、吸收能力和市场规模以及母国与东道国之间的地理距离同样对跨国技术转移的效果产生影响。因此基于已有研究，本节在实证研究部分将以上四个因素列为影响跨国技术转移的控制变量。

公共政策对跨国技术转移存在着"双刃剑"效应。一方面，公共政策可以被看作一系列政策工具的集合，多个部门制定的政策子系统构成了政策体系的复杂系统（刘华等，2012）。公共政策作为政府调控跨国技术转移的重要手段，倾向于通过一系列政策工具及其有机组合对跨国技术转移施加影响（顾建光等，2007）。而公共科技政策在整个公共科技管理制度设计中的基础地位同时影响着公共科技的外溢和正外部性表现（王焕祥等，2008）。另一方面，不同的政策工具会产生不同的政策效应。由于不同国家之间的文化、经济和法律制度存在较大差异，以及各国出于保护本国民族工商业利益的考量，其制定的公共科技政策往往存在差异，甚至相互冲突、对立，由此产生的制度壁垒，往往也会弱化技术转移通道，阻碍技术在不同国家和区域之间的转移和扩散。随着"一带一路"倡议上升到国家层面，其逐渐成为中国向新兴市场国家进行技术转移的宏观指导方针。因此，相关公共政策可以被看作"一带一路"倡议的微观构成。研究发现，供给型政策工具、环境型政策工具以及需求型政策工具可以很好地涵盖中国政府出台的向共建"一带一路"新兴市场国家技术转移的各类公共政策。因此，本研究将以三大类型的政策工具为切入点，剖析我国向新兴市场国家技术转移的政策性作用机理，并从宏观层面实证检验"一带一路"倡议对于我国向新兴市场国家技术转移的政策效应。

1. 单一政策效应

基于相关学者对政策工具划分的研究（黄萃等，2011），本节将专利政策、科技创新政策与知识产权政策纳入供给型政策工具，此类政策工具主要为跨国技术转移提供技术等要素支持；将财税政策、保险政策与投融资政策纳入环境型政策工具，主要为跨国技术转移提供财税等要素支持；将产业政策和进出口管制政策纳入需求型政策工具，此类政策工具主要起到稳定市场预期的作用。由于科技全球化趋势越来越成为影响跨国公司制定全球化战略的关键因素，设立海外研发机构成为其拓展海外市场、培育全球竞争优势（毛蕴诗等，2001）的重要方式。而东道国完善的专利政策可以为跨国公司海外研发机构提供 R&D 环境，保护跨国公司研发专利在东道国的合法权益。此外，母国和东道国开放健全的科技创新政策和知识产权政策也为跨国公司在海外设立研发机构提供了更加友好的环境。随着经济全球化和跨国公司生产全球化、一体化的深入发展，劳动力的跨国流动不再被各国严格管制而成为国家竞争优势的重要部分。东道国针对跨国劳动力的财税政策一方面可以有效降低劳动力尤其是高技能劳动力跨国流动的成本，强化东道国对劳动力的吸引力；另一方面，东道国实行较低的个人所得税率可以减少本国高技能劳动力的外流（郑榕，2001）。而东道国针对跨国劳动力的社会保障政策，也促进了高技能人才的双向流动，并带来了东道国技术发展的边际递增效应。投融资政策和产业政策优化了母国 OFDI 和国际贸易环境，进一步推动了母国跨国公司的对外直接投资。进出口管制政策会在一定程度上限制 OFDI 和国际贸易，但是此类政策主要作用于国家明确限制的产业和技术，中国向共建"一带一路"新兴市场国家技术转移的大部分产业技术不在管制范围内。跨国研发机构在东道国的技术转移带来了技术溢出效应，为东道国的产业和技术升级提供了可供切入的轨道路线。劳动力，尤其是高技能劳动力的跨国流动提升了技术后发国家的人才储备力量，并且拓展了其技术知识网络，由此带来的正外部性有助于缩短技术后发国家与技术先进国家之间的技术差距。

2. 政策组合效应

在一个由不同政策工具构成的政策系统中，政策工具的交叉组合使用使得整个政策系统产生了高于单个政策工具的正外部性。政策工具的组合包括政策工具之间的相互作用、与长期目标相对应的政策战略以及政策过程等（Flanagan et al.，2011；Rogge and Reichardt，2016）。在推动我国向共建"一带一路"新兴市场国家技术转移的语境下，供给型政策工具与环境型政策工具的配套组合应用使得技术要素在财税要素的保障下得以扩散进入技术后发国家，而技术要素在东道国的溢出效应又进一步激励了母国和东道国对环境型政策工具的使用。在一个由需求型政策工具保障的市场预期下，技术后发国家对于技术要素的吸引力将显著增强。环境型政策工具下的投融资政策与需求型政策工具下的产业政策相互配套、互为补充，这将进一步推动产业融合升级与技术扩散。在"一带一路"倡议下，通过环境型政策工具、需求型政策工具和供给型政策工具的交叉组合使用，政府放宽了中国向共建"一带一路"新兴市场国家技术转移的限制，并推动国内较多的资金、劳动力、知识以及相关产业、技术等资源要素向共建"一带一路"新兴市场国家倾斜，从而对中国向新兴市场国家的技术转移起到了正向激励作用。对于非共建"一带一路"新兴市场国家，政府政策更倾向于加大技术转移的审查力度，技术转移的资源要素也较少向这些国家倾斜，因此在一定程度上会对中国向非共建"一带一路"新兴市场国家的技术转移起到约束性影响。

综合来看，由三大类政策工具及其公共政策子类构建的政策网络系统为中国向共建"一带一路"新兴市场国家进行技术转移提供了基本的环境、财税、技术等要素支持。因此，本节结合有关中国向共建"一带一路"新兴市场国家技术转移的公共政策，构建了"一带一路"倡议影响中国向新兴市场国家技术转移的逻辑路径图，具体见图 12 – 7。

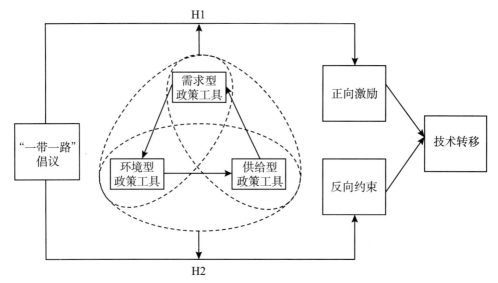

**图 12 – 7　共建"一带一路"影响中国向新兴市场
国家技术转移的逻辑路径图**

同时，基于以上分析，本节提出如下两个对立的假设：

假设 12 – 1："一带一路"倡议对中国向新兴市场国家的技术转移具有正向激励作用。

假设 12 – 2："一带一路"倡议对中国向新兴市场国家的技术转移产生了约束性影响。

二、研究设计

1. 模型建构

政策评估的双重差分模型（Difference in Difference，DID）可以很好地检验一项政策在实施前后的效果，因此本节采用政策评估的经典 DID 模型来考察"一带一路"倡议提出之后对中国向新兴市场国家技术转移的政策效应（陈衍泰等，2021）。基于国家数据的可得性和完整性，本节共选取了 145 个新兴市场国家的面板数据，其中共建"一带一路"56 个新兴市场国家作为实验组，另将 89个在 2018 年尚未成为共建"一带一路"新兴市场国家设定为对照组。在国家的选取标准上，新兴市场国家按照联合国统计司认定的标准选取，共建"一带一路"国家以中国政府 2018 年之前官方公布的文件为准。具体的模型构建如下：

$$TS_{it} = \beta_0 + \beta_1 State_{it} + \beta_2 Year_{it} + \beta_3 State_{it} Year_{it} + \beta_4 Con_{it} + \varepsilon$$

其中，i、t 分别表示 i 国家和第 t 年。被解释变量 TS_{it} 表示中国在第 t 年向第 i 个共建"一带一路"新兴市场国家的技术转移。$State_{it}$ 为国家虚拟变量，本节将"一带一路"新兴市场国家取值为 1，非"一带一路"新兴市场国家取值为 0；$Year_{it}$ 为时间虚拟变量，共建"一带一路"提出之前（2009~2013 年）取值为 0，共建"一带一路"提出之后（2014~2018 年）取值为 1；$State_{it} Year_{it}$ 为国家虚拟变量与时间虚拟变量的交互项，其系数 β_3 是本节的考察重点，度量了在"一带一路"倡议实施前后中国向共建"一带一路"新兴市场国家与 2018 年之前未参与"一带一路"新兴市场国家技术转移的差异。根据前文分析，共建"一带一路"提出之后国家各有关部门出台了一系列支持中国向新兴市场国家技术转移的公共政策，国家宏观层面激励性公共政策的出台使得本节预测 β_3 应该正向显著，即符合假设 12-1 的设定；Con_{it} 为一系列控制变量；ε 为随机扰动项。

2. 变量选取

（1）被解释变量。

根据已有文献的研究，对外直接投资和国际贸易是跨国技术转移的重要实现形式，母国通过对东道国的直接投资实现其技术实体、技术知识要素等的对外流动。因此本节将对外直接投资（OFDI）存量作为衡量中国向共建"一带一路"新兴市场国家技术转移的指标。

（2）解释变量。

本节的解释变量有两个，其中共建"一带一路"新兴市场国家和 2018 年之前未参与共建"一带一路"新兴市场国家，分别取值为 1 和 0；"一带一路"倡议实施前后的两个窗口期，2009~2013 年和 2014~2018 年，分别取值为 0 和 1。

（3）控制变量。

考虑到其他变量对模型的影响，本节选取以下控制变量：

①技术势差（Technology Gap，TG）。根据前文所述，技术势差的存在是跨国技术转移得以进行的基础。有学者证明了技术发展水平与经济发展水平之间存在着显著的正相关关系。本节借鉴范丹和刘宏（2015）的研究，采用人均 GDP 作为衡量技术势差的指标。

②技术扩散通道（Technology Transfer Channels，TTC）。技术扩散通道通常被认为是技术转移的内外部环境以及母国与技术转移授受双方的联系强度以及联系的便利性。母国与东道国之间的联系强度越大，越有利于技术扩散；反之，越不利于技术扩散。同时技术转移授受双方交互人员的流动也提升了组织和部门间

的关系质量，使得双方的行为变得更加具有预测性和易于理解，因此增加了东道国学习新技术的机会。本节用国家每百人拥有的移动电话数量来衡量东道国基础设施的完善程度以及对外联系的便捷度。

③地理距离（Geographical Distance，GD）。地理距离越近，技术扩散的地理成本越低，也就越有利于技术转移和扩散；反之，地理距离越远，技术扩散的地理成本越高，越不利于技术扩散。现有研究表明，地理距离越近的两个区域，技术外溢程度越高，技术扩散和转移活动越频繁；地理距离越远的两个区域，技术转移下降的速度也越快，技术外溢和扩散的频率也有所降低。

④制度距离（Institutional Distance，ID）。东道国的制度质量在技术发展水平与中国企业海外研发投资之间起着正向调节作用。本节借鉴邵军（2007）等的研究，将考夫曼建构的治理指标体系（governance indicator）中的"法制情况"作为本节衡量制度距离的指标。该指数的值在 $-2.5 \sim 2.5$ 之间，指数越大，国家的制度质量越好；反之，则越差。

⑤东道国的吸收能力（Absorptive Capability，AC）。东道国的吸收能力越强，就越有可能整合、消化和重新建构由于母国对外直接投资带来的异质性知识和复杂技术体系。本节用国家贸易开放自由度衡量东道国的吸收能力。贸易开放自由度用进出口贸易额占 GDP 的比重衡量。

⑥东道国学习意愿（Learning Willingness，LW）。学习意愿指东道国愿意接受母国技术的积极性，东道国学习意愿对跨国技术转移有着显著影响。作为技术接受方，东道国的学习意愿越强，越有利于技术在东道国的内化建构，因而也就越有利于跨国技术转移。徐笑君（2010）构建了子公司知识吸收意愿的三个维度，其中影响因子最大的维度是鼓励学习和创新的文化。基于此，本节采用东道国实际知识产权付费来衡量东道国的学习意愿。

⑦东道国市场规模（Market Size，MS）。东道国市场规模的大小决定了市场需求，对于跨国公司海外研发投资和设立海外研发机构具有关键性的作用，因而对跨国技术转移起着导向作用。本节用一国每年的 GDP 总量来衡量东道国技术引进的潜在市场规模。

3. 样本选择与数据来源

因为"一带一路"倡议提出的时间为 2013 年，所以本节选取 2013 年前后 5 年作为研究的窗口期。历年对外投资存量数据取自《中国对外投资公报》，知识产权付费、制度距离指数、每百人拥有的移动电话数量数、国家人均 GDP、进出口贸易额占 GDP 比重以及国家 GDP 总量取自世界银行数据库（WBD）。国家间的地理距离用谷歌地图（Google Map）计算，测量标准为两个国家首都之间的直线距离。其他数据均取自相关国家的官方网站及统计年鉴。

三、实证检验与结果分析

1. 描述性统计

表 12 – 2 列出了主要变量的描述性统计情况。变量 Treat 为分组标志，最大值为 145，所以共有 145 个国家样本，样本观测值为 1 450。变量 State 的均值为0.386，因此共有 38.6% 的样本国家为共建"一带一路"新兴市场国家。为了使计算结果具备更好的可读性，本节对被解释变量 OFDI 做了对数处理。处理后的结果为：被解释变量 OFDI 的均值为 9.241，但是标准差为 2.530，这说明中国的对外直接投资存在一定程度的波动，且存在重点针对的国家和地区。控制变量TG 的均值为 1.313，但是标准差为 1.205，说明各新兴市场国家之间的技术发展水平存在较大差异，存在技术"高原地带"和"低洼地带"。控制变量 TTC、GD、ID 以及 AC 的标准差分别为 0.564、0.523、0.723 和 0.488，说明各新兴市场国家之间在承接技术转移的通道、制度环境以及技术引进吸收等方面的能力差异较小。控制变量 LW 和 MS 的均值分别为 7.816 和 5.485，标准差分别为 2.782以及 1.966，说明在学习意愿方面各新兴市场国家之间存在较大差异，同时技术引进的潜在市场并不均衡。

表 12 – 2　　　　　　　　　主要变量的描述性统计

Variables	Obs	Mean	Std. Dev	Min	Max	Skew	Kurt
Treat	1 450	73.000	41.871	1.000	145.000	0.000	1.800
State	1 450	0.386	0.487	0.000	1.000	0.467	1.218
Year	1 450	0.501	0.500	0.000	1.000	– 0.003	1.000
lnOFDI	1 402	9.241	2.530	0.000	14.167	– 0.620	3.068
TG	1 450	1.313	1.205	– 1.551	4.444	– 0.100	2.254
TTC	1 430	4.460	0.564	– 0.001	5.360	– 1.971	10.633
GD	1 450	2.217	0.523	0.318	2.951	– 1.684	6.038
ID	1 450	– 0.373	0.723	– 2.339	1.481	0.226	2.479
AC	1 439	4.037	0.488	1.767	5.297	– 0.222	3.330
LW	1 083	7.816	2.782	– 5.924	13.638	– 0.388	3.620
MS	1 448	5.485	1.966	0.281	10.211	– 0.080	2.774

2. 平行趋势检验

使用 DID 模型进行政策效果分析的基本前提是实验组和对照组要满足平行趋

势假设，即在政策颁布之前实验组和对照组要具备相同的发展趋势，否则可能会导致使用 DID 模型进行政策评估时的结果是非无偏估计。平行趋势检验的普遍做法是在回归方程中加入事件各时间节点虚拟变量和政策虚拟变量，并考察两者交互项的回归系数。如果两者交互项的回归系数在政策颁布前不显著，而在政策颁布后显著，则认为实验组和对照组具备平行趋势，即具备了使用 DID 模型进行政策分析的前提。本节选取了"一带一路"倡议提出的前后 4 年（2009～2017 年）作为时间段，考察时间节点虚拟变量与政策虚拟变量交互项回归系数的动态变化，检验对照组与实验组在前后 4 年时间段中是否满足平行趋势假设。将在政策颁布之前（2009～2012 年）两者交互项的回归系数定义为 Before1—Before4，在政策颁布之后（2014～2017 年）两者交互项的回归系数定义为 After1—After4，政策颁布当期（2013 年）两者交互项的回归系数定义为 Current。根据表 12－3 和图 12－8，可以观察在政策颁布之前两者交互项的回归系数在 ［－0.05，0.05］之间浮动，不显著。而在 2013 年"一带一路"倡议提出之后，两者交互项的回归系数有了较为明显的变化，从 After1 的 0.169 上升到了 After4 的 0.187，正向显著。所以在政策颁布前后实验组和对照组符合平行趋势的设定。根据图 12－8，可以观察政策的冲击性效果明显出现在 2013 年，即"一带一路"倡议提出之后。

表 12－3 共建"一带一路"政策效应的回归趋势演变

lnOFDI	Coef	St. Err	t-value	p-value	［95% Conf. Interval］		Sig
Year	0.253	0.014	17.620	0.000	0.225	0.281	***
Treat	0.000						
Before4	－0.015	0.585	－0.970	0.334	－0.465	0.158	
Before3	－0.001	0.577	0.000	0.997	－0.312	0.311	
Before2	0.013	0.890	0.950	0.344	－0.161	0.461	
Before1	0.054	0.633	0.340	0.732	－0.257	0.365	
Current	0.066	0.765	0.440	0.663	－0.240	0.377	
After1	0.169	0.875	0.440	0.658	－0.238	0.376	
After2	0.193	0.932	0.590	0.552	－0.214	0.400	
After3	0.202	0.946	0.580	0.543	－0.211	0.411	
After4	0.187	0.879	0.580	0.535	－0.210	0.423	
Constant	－500.264	28.923	－17.300	0.000	－557.024	－443.503	***
R-squared	0.499		SD dependent var			2.486	

注：*** 表示在 1% 的显著水平下通过显著性检验。

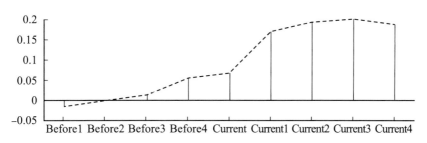

图 12 - 8　共建"一带一路"倡议实施前后交互项回归系数的变化

3. 实证结果分析

通过对共建"一带一路"倡议影响中国向参与共建的新兴市场国家的政策效果进行 DID 检验，对比在共建"一带一路"提出前后中国向新兴市场国家的技术转移效果，研究发现在 90% 的置信区间上，技术转移的效果增加了 8%。表 12 - 5 说明"一带一路"倡议对中国新兴市场国家的技术转移具有正向促进效应。这一检验结果也验证了假设 12 - 1，即"一带一路"倡议对中国向新兴市场国家的技术转移具有正向促进作用。表 12 - 4 为本节基准方程未控制分组变量的计算结果。结果显示在未考虑国家样本特征时，我国向新兴市场国家技术转移的政策性效果并不是非常明显。Post 为政策冲击发生的标志，表 12 - 5 为考虑了国家特征时的计算结果，两者的交互项系数仍然显著为正。所以"一带一路"倡议对于我国向新兴市场国家的技术转移具有正向促进作用。从而可以接受假设 12 - 1，拒绝假设 12 - 2。

表 12 - 4　　　共建"一带一路"倡议政策效应的 DID 检验

Outcome var	lnOFDI	S. Err	t	$P > t$
Before				
Control	- 317. 234			
Treated	- 477. 648			
Diff（T - C）	- 160. 414	94. 033	- 1. 710	0. 088 *
After				
Control	- 317. 072			
Treated	- 477. 406			
Diff（T - C）	- 160. 334	93. 986	1. 710	0. 088 *
Diff - in - Diff	0. 080	0. 047	1. 710	0. 087 *
R - square：0. 06				

注：* 表示在 10% 的显著水平下通过显著性检验。

表 12 - 5   **"一带一路"倡议与技术转移**

Variables	对外技术转移	
	(1)	(2)
	y	y
Treat	10.665	0.000
	(0.10)	(·)
Post	0.863***	
	(9.07)	
Treat × Post	0.001	0.640***
	(0.01)	(4.15)
Control	是	是
Constant	-57.938	-1 221.203
	(-0.07)	(-1.48)
Group	否	是
R - squared	0.910	0.309

注：*** 表示在 10% 显著水平下通过显著性检验。

4. 稳健性检验

为了缓解由于政策非随机性选择导致的内生性偏差问题，本节通过倾向得分匹配（PSM）进行稳健性检验。先通过 Probit 模型计算每个样本的倾向得分，此时的被解释变量为基准回归模型中的 Treat 虚拟变量，解释变量为基准模型包含的各控制变量。然后按照近邻匹配（1∶2）和匹配距离为 0.05 的卡尺匹配对实验组和对照组进行匹配。U 和 M 分别表示每一个变量未匹配成功和匹配成功。在进行稳健性检验时由于部分样本数据的不完整，所以本节将原始数据中信息缺失的样本进行了剔除和清洗以提高匹配结果的精确度。数据清洗后共留下 104 个样本，经过匹配后，共有 892 个观测值匹配成功，148 个观测值未匹配成功。表 12 - 6 表明样本的标准化偏差在匹配后相对于匹配前明显减小，标准化偏差的绝对值基本都在 10% 以内，可接受程度较高。匹配前后实验组和对照组之间无明显差异，因此认为匹配结果是均衡的。在此基础上，本节用匹配后的样本进一步检验"一带一路"倡议对我国向新兴市场国家技术转移的政策效果。经过检验，匹配之后 Treat 虚拟变量与 Post 虚拟变量两者的交互项系数依然正向显著，说明本节之前的结论仍然成立。具体结果见表 12 - 7。

表 12 − 6　　　　　　　　　均衡性检验结果

Variables	Matched Unmatched	Mean Treated　Control		% bias	t	p > t	V(T)/ V(C)
TG	U	8. 568	8. 148	39. 400	5. 340	0. 000	0. 740*
	M	8. 595	8. 754	1. 500	− 2. 130	0. 033	1. 510*
TTC	U	18. 069	16. 569	60. 400	8. 240	0. 000	0. 840
	M	17. 604	17. 003	24. 200	2. 670	0. 008	0. 790
GD	U	4. 220	4. 007	48. 100	6. 630	0. 000	1. 050
	M	4. 233	4. 291	− 12. 900	− 1. 510	0. 131	1. 330*
ID	U	24. 892	23. 703	66. 100	8. 950	0. 000	0. 740*
	M	24. 557	23. 904	3. 630	3. 780	0. 000	0. 400*
AC	U	4. 661	4. 445	50. 600	6. 680	0. 000	0. 430*
	M	4. 632	4. 719	− 10. 020	− 2. 940	0. 003	1. 480*
LW	U	− 0. 273	− 0. 305	4. 800	0. 650	0. 514	0. 940
	M	− 0. 234	− 0. 053	− 2. 650	− 2. 610	0. 009	1. 320
MS	U	8. 812	9. 408	130. 100	− 19. 380	0. 000	5. 390*
	M	9. 159	9. 122	8. 000	1. 600	0. 111	0. 350*

注：* 表示在 10% 的显著水平下通过显著性检验。

表 12 − 7　　　　　　　　　PSM—DID 回归检验结果

lnOFDI	Coef	St. Err	t-value	p-value	[95% ConfInterval]		Sig
Treat	− 1. 695	0. 218	− 7. 770	0. 000	− 2. 123	− 1. 267	***
Post	0. 500	0. 168	2. 970	0. 003	0. 170	0. 830	***
Treat × Post	0. 437	0. 259	1. 690	0. 092	− 0. 071	0. 945	*
TG	− 0. 475	0. 095	− 4. 980	0. 000	− 0. 663	− 0. 288	***
TTC	0. 006	0. 003	2. 330	0. 020	0. 001	0. 011	**
GD	− 1. 575	0. 147	− 10. 710	0. 000	− 1. 863	− 1. 286	***
ID	− 0. 331	0. 124	− 2. 670	0. 008	− 0. 575	− 0. 088	***
AC	0. 270	0. 160	1. 690	0. 092	− 0. 044	0. 584	*
LW	0. 056	0. 043	1. 300	0. 193	− 0. 028	0. 141	
MS	0. 711	0. 061	11. 650	0. 000	0. 592	0. 831	***
Constant	7. 417	0. 798	9. 290	0. 000	5. 851	8. 984	***
R − squared	0. 412		SD dependent var			2. 641	
F − test	71. 802		Prob > F			0. 000	

注：*** 、** 、* 分别表示在 1% 、5% 、10% 的显著水平下通过显著性检验。

5. 进一步讨论

本节的实证结果显示，相较于 2018 年之前未参与共建"一带一路"的新兴市场国家，我国对于参与共建的新兴市场国家的技术转移效果更加明显，这说明通过不同的政策工具及其交叉组合使用，"一带一路"倡议对于我国向新兴市场国家的技术转移起到了正向促进作用。这与王桂军和卢潇潇（2019）、李军等（2016）的研究结果相契合，即"一带一路"倡议促进了中国企业的技术创新，而这为中国向新兴市场国家进行技术转移提供了可操作的空间及可能性。同时本节研究也印证了前文所述相关学者的观点，即通过"一带一路"倡议，中国借助国际贸易和对外直接投资等形式推动了同共建国家的多边贸易互动以及以中国为核心的跨国技术转移网络的建构。

刘凤朝等（2017）指出，由于创新能力和技术研发能力的增强以及知识存储量的增加，中国正在从早期的创新追随者转变为创新领导者，国内大量产业和技术步入了产业生命周期中的成熟阶段。因此"一带一路"倡议的提出加速了技术在以中国为代表的新兴市场国家之间的扩散，技术的跨国转移也因此呈现出了不同于传统跨国技术转移方向的"逆向流动"特征。基于傅帅雄和罗来军（2017）、周云波等（2017）对技术差距理论的延伸性拓展，本节认为技术后发国家对技术引进的需求所产生的"拉力"和由于中国产业升级所导致的外向"推力"使得技术正在从以中国为核心的技术"高地"向以共建"一带一路"新兴市场国家为核心的技术"洼地"转移。自"一带一路"倡议提出以来，中国参与全球产业分工和价值体系创造的程度在不断加深，中国对新兴市场国家的技术转移表明传统意义上的技术扩散方向已经发生了改变，从单纯的"由发达国家扩散至新兴市场国家"转向"由发达国家和新兴市场国家扩散至新兴市场国家"。由此"一带一路"倡议所倡导的"共享""共商"以及"共建"原则得到了共建新兴市场国家的广泛支持，正在成为助推全球经济发展和打破科技共享壁垒的"新引擎"。然而同样需要指出的是，在技术可替代性程度具有差异性的环境中，技术转移授受双方对技术转移的"推力"和"拉力"也会产生错位现象（Mehmet et al.，2018）。

四、本节结论

本节通过整合影响跨国技术转移的因素，分析了"一带一路"倡议对中国向参与共建的新兴市场国家进行技术转移产生的政策效应。本节的实证结果表明共建"一带一路"对中国向新兴市场国家的技术转移具有正向促进作用。但是由于制度环境、文化认同以及经济发展等方面的不同而导致的异质性和内生性差异，政策作用于中国向新兴市场国家的技术转移并非产生了同质性效果。中国的对外投资和技术转移也存在着"热区域"和"冷区域",因此未来更进一步的研究可以将不同区域和国家的异质性差异纳入考察范围。

本节研究的理论贡献在于:进一步梳理整合了影响跨国技术转移的关键因素,将"一带一路"倡议作为准自然实验,运用政策评估的双重差分模型(DID)实证考察了在"一带一路"倡议下公共政策对于中国向新兴市场国家技术转移的冲击性影响;从政策评估的角度实证考察"一带一路"倡议对中国向新兴市场国家技术转移的效果,为"一带一路"相关领域的研究,尤其是对以中国为代表的新兴市场国家之间的技术转移,提供了新的研究视角。

第十三章

民营企业参与"一带一路"国际产能合作的协同绩效研究

在深入探讨了有关创新生态系统主体海内外协同过程中"制度—组织—知识"三维度框架下不同影响路径及其影响效应的基础上，本章关注民营企业参与"一带一路"国际产能合作在"制度—组织—知识"三维度协同下的绩效提升问题。首先，研究了民营企业"一带一路"海外区位组合与创新绩效关系，引入动态视角，构建了以知识价值、国际化程度以及海外区位组合为核心的三维模型。其次，探讨了新兴经济体企业国际化多样性、企业创新绩效、东道国制度以及国有股权控股之间的内在关联。最后，基于知识基础观、资源基础观、交易成本等理论，构建中国跨国公司海外研发广度、强度与母公司创新绩效之间的非线性关系，以及企业吸收能力、投资区位组合与制度距离的调节效应，发现中国跨国公司海外研发广度和强度与企业创新绩效之间存在倒"U"型和"U"型曲线关系，为民营企业"一带一路"国际产能合作活动提供实践启示。

第一节 民营企业"一带一路"海外区位组合与创新绩效关系研究

本节以中国汽车行业上市公司的国际化数据为基础，将静态与动态视角相结合，构建了一个综合考虑知识价值、海外经验以及海外研发区位组合的三维模型，并根据企业嵌入海外研发网络的行为特性，将嵌入行为划分阶段，从知识观视角对各阶段的动态变化进行研究，以发现海外研发网络演化对企业的影响，剖析其作用机制及影响因素，并为企业"一带一路"实践提供管理启示。

一、理论框架与假设的提出

1. "海外—本土"耦合网络动态演化阶段

对于努力建立海外研发网络的跨国公司而言，海外研发行为属于资源获取导向中的战略性资产（技术）获取导向（杨震宁，2010）。技术获取导向形成的海外研发网络会发生知识的传导，但是不同时期知识传导发生情况不同。本节认为，对于因为技术获取导向进入海外研发市场的跨国公司而言，在一个文化、氛围完全不同的地区组建研发网络需要一个循序渐进的过程，每个过程也有差异性的知识获取机制，在这里将这个过程分为两个阶段：探索阶段和获取阶段。

探索阶段：属于企业进行海外研发的初期，企业刚刚开始适应海外当地环境，对东道国的文化、制度还不了解。此时海外子公司分布零散，通常都是直接与母国公司进行联结，知识溢出相对较少（陈衍泰等，2019）。

获取阶段：属于企业进行海外研发的发展成熟期，经过一段时间的积累与适应，企业对东道国当地环境有了一定了解，已经融入东道国的文化、制度。此时海外子公司已经在东道国当地形成了企业集群或是战略联盟，通过各类渠道向母国传递溢出的知识。

知识基础观将企业看作一个小型"知识容器"，那么企业海外研发网络构建的实质是一个更大型的知识集合，联结了各个小型"知识容器"。因此，企业"海外—本土"耦合网络动态演化的实质就是企业国际化知识整合，其中，知识价值关系到知识整合的难易度，是影响知识整合最直接的因素。更进一步讨论，知识的获取方式与知识来源也会影响知识整合。从知识获取方式上来看，我国不同于西方发达经济体，是从代工、构建海外情报中心开始一步步获取海外有价值的知识。相比于西方发达国家，最大的差别是我国企业的国际化程度，国际化程度也会大大影响企业整合知识的能力；从知识来源的角度看，由于海外国家之间的知识种类不一样，技术先进水平也存在差异，这导致知识具有异质性，因此，我国企业在海外构建研发网络时选择的区位组合直接关系到接触的知识，也会对企业知识整合产生影响。综上所述，本节将从知识价值、企业的国际化程度以及海外研发网络区位选择三个维度探究"海外—本土"耦合网络的动态演化及其影响。

359

2. 知识价值

（1）知识价值的概念与特性。

在企业的创新网络中，知识是企业获得先发优势的关键性因素。有价值的知识资源相当于一种货币，企业通过它可以获得并保持相对的权力。知识价值具有四个重要表征特性：科学性、系统性、创新性以及应用性，而从知识价值的本质来讲，知识与价值是两个不可分割的主体，一旦分开考虑就没有了存在的意义，价值的实质就在于利益。

本书根据企业海外研发网络的特性以及上述相关研究，结合企业获取外部知识的过程，认为应该以知识的技术含量来区别知识价值的高低。技术是企业先进生产力的来源，也是企业竞争力的支撑因素。知识价值高也就意味着知识的技术含量较高，主要是领域中的核心技术，其次是先进的文化、制度以及品牌等因素。高价值的知识具有网络中心性，并不是通过简单的面对面交流可以吸收，而是要通过深入而系统的学习才可以获得。高价值的知识往往以隐性知识为主，具有默会性、稀缺性、文化性以及个体性等特点，这也意味着这部分知识的获取方式比较复杂，传导比较困难；低价值的知识主要以显性知识为主，技术含量较低，大体上是为了获取核心技术而铺垫的通用知识，这部分知识比较基础，也不会直接带来超额收益。

（2）各阶段动态演化分析——知识价值视角。

探索阶段。此阶段企业刚开始通过海外子公司或者战略联盟与东道国的技术领先者进行接触，以融入、适应东道国环境为主。此时，企业海外子公司对东道国创新网络的嵌入度还不高，与东道国当地的文化、制度还未达成共识，东道国企业也未给予海外子公司充分信任（陈衍泰等，2019）。在这种情况下，海外子公司获取的知识仅停留在简单交流与接触过程中获取的显性知识，知识的技术含量低，获利性较低，知识价值也较低。而对于知识接收方的母国企业来说，此时海外研发网络联结度较低，通过简单的远距离交流（如通过传递说明书、技术档案、机器设备、使用手册或企业知识共享平台等）就可以充分接受海外子公司获取的显性知识（李欠强等，2019）。母公司接收这部分技术含量较低的知识主要是为获取能创造更高价值的核心知识做积累与准备。虽然这部分低价值的显性知识传导速度快，传播渠道也多，但是对企业知识基础的扩展和吸收能力的提升帮助较小，因此对创新绩效的提升影响也较小。

获取阶段。此阶段企业通过海外子公司或者战略联盟与东道国的技术领先者有了较长时间的合作，已经不断融入东道国，成为东道国企业不可或缺的生意伙伴和研发合作者。此时，子公司在与东道国企业长时间的交流与合作中，已经拥有了较为完备的知识积累，具备过滤冗余知识的能力。其在东道国学习到并逆向溢出的知识以具有较高技术含量的隐性知识为主，具有较高的知识价值（李欠强等，2019）。而对于知识接收方的母国企业来说，经过长时间的知识积累，此时低价值的通用知识已不再具有重要意义，海外子公司逆向溢出的高价值隐性知识为企业带来了先进技术，是企业获得领域竞争优势的关键。企业借此进行技术攻关来保持已有优势或者突破当前技术壁垒，并获得技术优势以获取竞争优势。母国企业获取逆向溢出的知识价值越高，越能提高企业的知识基础，从而提升企业的吸收能力和创新能力。

（3）知识价值演化与母国企业的耦合作用机制。

在企业构建海外研发网络嵌入东道国的不同时期，企业获取的知识价值具有差异性，会不同程度地对企业的知识基础产生影响，从而影响企业的吸收能力，改变企业的创新能力。综上所述，本书提出假设：

假设13-1：随着企业国际化经验积累，企业在海外研发网络中获取的外部知识价值越高，则企业的创新能力越强。

3. 企业的国际化程度

（1）国际化程度及其影响因素。

对于国际化程度的测度，邓宁（1993）在测度国际化程度时提出了六个指标：①企业实际控制或有参股的海外子公司数量或规模；②企业海外业务涉及的国家数目；③企业海外经营的收益在企业总收益中的比例；④企业高层或实际控制人的国际化程度；⑤高附加价值业务的国际活动地理界限（如进行海外投资、研发等）；⑥企业国际化业务取得收益的范畴与形态。还有其他研究将企业国际化程度用"国际业务销售收入"和"国际化业务收入在企业营业总收入中的占比"进行测度；有学者指出，企业的国际化程度从0到1的过程可以进行切分，每个阶段可以有不同的国际化程度（李冯坤，2020）。从对以往文献的分析中发现，海外员工人数占企业员工总数量的比例、海外子公司数量占企业公司总数量的比例以及海外子公司营业收入占企业总营业收入的比例等，都是经常用来衡量企业国际化程度的指标，其中"海外子公司营业收入占企业总营业收入的比例"是使用频率最高的指标。

综上所述，之前的研究主要是以企业在国外从事的经营活动的相关指标来描述企业的国际化程度，这归根结底是衡量企业的国际渗透能力，也就是企业的对外开放程度，因此本节认为影响企业国际化程度的因素主要是企业的开放程度。

（2）企业国际化程度与知识价值的影响机制分析。

在进入阶段，企业刚刚接触到东道国创新网络主体，对东道国的制度、文化都不是很了解，也无法和东道国企业建立起信任关系，所以在进入阶段，海外子公司亟待解决的问题就是如何与东道国创新主体建立紧密联系。

企业国际化程度代表着企业的开放程度，也代表了企业对外界复杂环境的适应能力。企业的国际化程度是影响企业融入陌生环境的重要影响因素之一，国际化程度越高，企业越能够融入陌生环境，利用陌生环境中的资源，与其他企业分享海内外领域的知识与信息，依据产业价值链分配外界的要素和资源，从而实现国与国之间效益最大化（Porter，1990）；有学者指出企业的国际化会正向影响企业在海外积极环境战略的进程（吴琴、张骁和王乾，2019）。

企业国际化程度越高，企业的开放程度越高，这意味着企业与东道国企业之间的距离（包括制度距离、文化距离、技术距离）越小，更容易与东道国企业交流，并建立联系，这有益于互惠关系的建立，从而提高企业融入东道国研发网络的速度，进而加速此阶段的低价值知识获取，快速实现知识积累。所以企业国际化程度越高，企业与东道国企业建立紧密联系的速度越快，缩短了从探索阶段进入获取阶段的时间，从而提高知识价值演化速度。

综上所述，在海外研发网络构建的不同进程情境下，企业国际化程度会影响企业的海外子公司在东道国的知识获取进程，影响东道国研发网络的知识价值演化效率，从而产生一种调节作用。本书提出假设：

假设13-2：企业国际化程度对企业获取的知识价值与创新能力之间的关系有显著的正向调节作用。

4. 海外研发网络区位选择

（1）海外研发网络区位选择和区位组合。

塞拉皮奥（Serapio，1999）指出企业的海外投资是一种高附加价值的行为，为企业的发展提供了协作性资源，而这些协作性资源是企业海外投资取得超额收益的关键性因素。跨国企业通过在海外拥有先进技术的区域建立研发中心组建自己的创新网络，以从这些协作性资源中获取尽可能多的利益。目前关于企业海外区位选择影响因素的研究指出，最重要的是东道国技术水平因素，其他诸如东道国市场规模与开发度等因素、东道国政策因素（如知识产权、研发政策等）、母国与东道国距离因素（如心理、制度、文化等）以及企业战略需求因素等也会对企业海外研发区位选择产生影响。

中国企业进行海外投资，往往会选择多个地区进行区位组合投资，因为单一的区位选择投资往往风险较大，选择区位组合可以帮助企业更好地规避风险。同时便于更好地寻找潜在市场，形成多地区之间的联系有利于优劣势的互补。结合我国企业海外研发的目的与特征，本节认为影响企业海外研发网络区位选择的最关键因素是东道国的技术先进性。技术先进性决定了企业通过整合、吸收东道国的先进知识所能达到的技术领先度，同时技术先进性差距也决定了企业获取的外

部知识的上限和学习速率。其他影响因素（如政策、制度、文化等环境因素）主
要影响了企业适应东道国当地环境的难易度。

（2）海外研发网络区位组合与知识价值演化的影响机制分析。

在探索阶段，企业刚刚进入东道国研发网络。此阶段对于海外子公司来说最
重要的事就是与东道国企业建立相应的联系，建立起信任和合作。此阶段获取的
大多为基础的显性知识，东道国不论具有何种核心技术，此时都难以迅速获取，
只能通过并购的方式获取。

而在获取阶段，企业已经不断深入融入东道国企业的研发网络，与东道国
企业的合作已经达到一个很深的程度。东道国的环境与母国的环境差异不会再
对海外子公司与东道国企业之间的联结产生影响，而会对技术先进性导向的海
外研发网络区位组合产生积极影响（李永强等，2019）。此时因为经过一段时
间的通用价值知识积累，企业已经有了一定的知识基础，如果东道国企业的技
术先进性低，会大大制约获取知识的价值。企业海外研发的目的在于获取领先
知识，此时可接触到的知识先进性越高，企业提高得也就越快。所以在此阶
段，技术领先的区域比例越大，越容易产生对知识价值的调节作用，越有利于
提高海外子公司获得的外部知识的知识价值，从而提高逆向溢出的知识价值，
对母国产生积极影响。另外，不同国家的领先科技知识具有互补性，区位组合能
提升互补性。

综上所述，本书提出假设：

假设13-3：企业海外研发网络区位组合的技术先进性导向对企业获取的知
识价值与创新能力之间的关系有显著的正向调节作用。

本节研究框架与研究假设总结如图13-1所示。

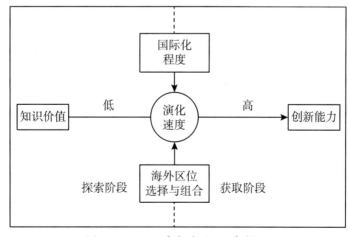

图 13 - 1　研究框架与研究假设

363

二、研究设计

1. 研究对象

本书认为汽车及其零部件产业具有很强的代表性和典型性，并将其选作案例产业进行深度分析，其具体原因如下：

首先，汽车及其零部件产业作为我国的重点产业发展迅猛。中国汽车及其零部件产业是制造业的支柱行业，经过几十年的积累已经拥有完善的产业脉络，其产量、利润增速巨大，在各行业中独树一帜。其次，近年来汽车及其零部件产业企业也不断进行外延式研发活动，带有强大的海外投资预期。德勤公司最新数据显示，2022～2023 年我国汽车及其零部件产业相关企业完成进行了 70 起海外并购，涉及金额达到 263 亿美元；而以海外新建工厂和已有项目扩建为主的绿地投资也达到 101 起，投资金额达到 200.1 亿美元，汽车及其零部件产业海外并购的交易数量和规模呈现上涨趋势，海外研发网络已经达到一定规模，是行业中的佼佼者，可作为本研究的样本行业。

2. 研究方法

本节采用面板数据回归分析法进行实证研究。面板数据回归模型考虑了时间与截面。模型中为了控制个体之间的差异设置了虚拟变量以减少异质性的影响，同时考虑了不同截面个体的时间影响，增加了自由度，减少了各个个体变量的共线性。其误差项由两方面组成：一方面是不随时间变化的误差，是影响所有变量但又跟时间变化无关的影响因子；另一方面是随着截面时间变化而不可量化的影响因子，也称为特异性误差或特异扰动项。针对某一个体来讲，那些不随时间改变的影响因素，如某个人的生活习惯、某个地区的经济结构等，被称为"个体效应"。对于这种效应的解释有两种方式，第一可以将它当作不随时间变化的影响因子，对应的模型即"固定效应"模型；第二可以将它当作无规律的影响因子，对应的模型即"随机效应"模型。本节使用 Hausman 检验解决这个问题。如果随机变量与其他变量关系不大，采用 OLS 估计固定效应模型和随机效应模型参数应该相近，应采用固定效应模型估计。反之，如果两者的估计参数差别较大，则应该使用随机效应模型，这个临界值一般取 0.05。

本节的数据由不同的个体企业在各个年度的相关数据组成，不但具有截面属性，也同时具有时间跨度，属于由截面与时间组合而成的面板数据。此外，由于本节模型中的变量涉及了不同时间截面的比较，故将应用面板数据回归模型对其进行综合分析。

3. 数据来源

本节主要数据来源于公开资料与公共数据，有行业和企业两个层面的数据，包括中国商务部的中国企业对外投资数据库、中国 A 股上市公司年报（巨潮资讯网）、Zephyr 海外并购数据库、Mergermarket 数据库、国泰安数据库、同花顺数据库相关研究报告以及新闻媒体报道等。上述数据基本都是官方公布的二手数据。作为上市公司、国家机构以及权威媒体网站的公开数据，具有客观性与真实性。本节多种来源的二手数据可以互相佐证，提高了研究的科学性。同时，如果采用访谈、问卷等方式对各个企业进行调研以求获得一手数据，并不能保证获得充足的资料与数据，也不能保证其准确性，而二手数据具有可获得性以及样本充足性等特点，更适合本节研究。

三、实证分析

1. 变量说明

（1）因变量。

企业创新能力：与企业的创新绩效不同的是，企业的创新能力是一种投入与产出的转化能力。曹洪军等（2009）在研究企业创新能力体系时提出了创新投入与创新产出概念。在此基础上，本节以企业每年专利增加量与研发投入的比值作为衡量企业创新能力的指标，数据来源于国泰安数据库和同花顺 IFIND 数据库。

（2）自变量。

知识价值：本节以企业每年获取专利数中非外观专利占比来衡量企业每年获取的外部知识价值。非外观专利包括发明专利与实用新型专利，相比外观设计类专利，这两类专利具有更高的技术性，可以衡量专利中的技术含量。

（3）调节变量。

海外研发网络区位组合：本节用企业海外子公司设立的国家性质区分海外研发网络区位组合的导向。发达国家普遍为先发国家，具有较多拥有相对先进技术的企业，具备较好的技术先进性；发展中国家普遍为后发国家，拥有的核心技术较少。因此，企业海外子公司设置的国家中发达国家占比越高，则意味着企业海外研发网络区位组合的技术先进性导向越强。

国际化程度：本节以企业每年海外营业收入在总营业收入中的占比衡量企业国际化程度。一般认为海外收入占比代表了企业的开放程度与企业结构，符合前文的假设。

（4）控制变量。

企业年龄：企业年龄越大，企业就有越长的时间可以积累人才学习知识，提

365

高企业的知识水平，从而影响企业的创新能力。本节以企业的成立年份到当年的年份差值作为企业年龄。

企业规模：企业的规模越大，企业资金越充足，越有可能增大投入进行研发活动以提高自身创新能力。本节以企业当年的营业收入衡量企业规模。

知识基础：企业的知识基础影响企业的创新绩效与能力（陈劲，2011）。本节以企业当年拥有的专利数量来衡量企业的知识基础。

2. 模型分析

本节采用面板数据回归模型探究知识价值、国际化程度以及海外研发网络区位组合动态变化对企业创新能力的影响，选择 2009 ~ 2015 年汽车及其零部件产业的面板数据进行 min - max 极差标准化处理，通过面板数据回归模型进行回归分析，最后通过使用 Hausman 检验来确定选用固定效应还是随机效应。

本节中面板数据分析的基本模型为：

$$Y_{able} = \alpha_1 X_1 + \alpha_2 X_2 + \alpha_3 X_3 + \alpha_4 X_4 + \alpha_5 X_5 + \alpha_6 X_6$$
$$+ \alpha_7 (X_5 \times X_1) + \alpha_8 (X_6 \times X_1) + \delta$$

式中，Y_{able} 指创新能力变化，C 为截距，α_1、α_2、α_3、α_4、α_5、α_6、α_7、α_8 为各自变量系数，X_1 代表知识价值，X_2 代表企业年龄，X_3 代表企业规模，X_4 代表知识基础，X_5 代表国际化程度，X_6 代表海外研发网络区位组合，δ 为随机扰动项。

3. 结果分析

（1）多重共线性、数据信度与效度的检验。

首先我们采用 min - max 极差标准化法对数据进行处理，然后计算各变量之间的 VIF 值。经检验，本节各个变量之间的 VIF 值都在 0 ~ 5 之间，Alpha 值都在 0.7 以上，标准化负载值都在 0.9 以上，因此，各个变量间并不存在多重共线性，信度与效度也符合要求。

具体检验结果如表 13 - 1 所示。

表 13 - 1　　　动态分析变量多重共线性、信度与效度检验结果

变量	VIF 值	Cronbach's Alpha 值	标准化负载值
知识价值	3.37	0.5143	0.7649
公司年龄	1.16	0.5645	0.7921
公司规模	2.76	0.5804	0.9696
知识基础	4.26	0.5457	0.7936
国际化程度	1.60	0.6093	0.8033
区位组合	1.55	0.5513	0.9063

（2）描述性分析（见表13－2）。

表13－2　　　　　　　　各变量均值、方差以及相关性分析

	知识价值	企业年龄	企业规模	知识基础	区位组合	国际化程度	创新能力
均值	0.742	18.803	4.05	899.319	4.828	0.871	3.58
标准差	0.243	4.120	1.13	1 603.856	4.402	0.189	5.59
1	0.1058						
2	－0.6972	－0.1310					
3	0.8217	0.0826	－0.7284				
4	0.2551	0.0608	0.0113	0.3419			
5	－0.3389	－0.3380	0.1690	－0.3372	－0.4675		
6	0.3486	0.3160	－0.0574	0.3141	0.3021	－0.1614	

注：样本数为568。

（3）回归结果及分析。

回归结果如表13－3与表13－4所示。

表13－3　　　　　　　　动态分析回归结果（一）

变量	创新能力	
	模型（1）	模型（2）
知识价值	0.474***	0.477***
	(2.66)	(2.90)
公司年龄	0.272***	0.271***
	(3.95)	(4.25)
公司规模	0.196***	0.271***
	(3.14)	(3.40)
知识基础	0.181	0.177*
	(1.63)	(1.66)
国际化程度	0.126	0.127*
	(1.57)	(1.66)
海外区位组合	0.085*	0.086**
	(1.82)	(2.01)
Within－R^2	0.3133	0.3133
类别	FE	RE
Hausman-p	1.0000	

注：FE和RE表示固定效应与随机效应；***、**、*分别表示在1%、5%、10%的显著水平下通过显著性检验，括号内为t检验值。

表 13 - 4   动态分析回归结果（二）

变量	创新能力		变量	创新能力	
	模型（3）	模型（4）		模型（5）	模型（6）
知识价值	0.867 *** (4.15)	0.853 *** (4.41)	知识价值	- 0.063 (- 0.27)	- 0.060 (- 0.27)
公司年龄	0.302 *** (4.55)	0.301 *** (4.89)	公司年龄	0.302 *** (4.55)	0.301 *** (4.89)
公司规模	0.180 *** (3.01)	0.176 *** (3.20)	公司规模	0.180 *** (3.01)	0.176 *** (3.20)
知识基础	0.155 (1.46)	0.157 (1.54)	知识基础	0.155 (1.46)	0.157 (1.54)
国际化程度	0.102 (1.34)	0.101 (1.38)	国际化程度	0.102 (1.34)	0.101 (1.38)
区位组合	0.649 *** (3.62)	0.638 *** (3.73)	区位组合	0.649 *** (3.62)	0.638 *** (3.73)
国际化程度 × 知识价值	0.687 *** (3.24)	0.675 *** (3.33)	区位组合 × 知识价值	0.921 *** (3.24)	0.903 *** (3.33)
Within - R^2	0.3805	0.3804	Within - R^2	0.3805	0.3804
类别	FE	RE	类别	FE	RE
Hausman-p	1.0000		Hausman-p	1.0000	

注：FE 和 RE 表示固定效应与随机效应； *** 表示在 1% 的显著水平下通过显著性检验，括号内为 t 检验值。

根据 Hausman 检验的结果，创新能力层面的回归模型应该选择随机效应模型（2）、模型（4）、模型（6）。

模型（2）中，企业的知识价值、公司年龄以及公司规模在 1% 的水平上显著，知识基础与国际化水平在 10% 水平上显著，区位组合在 5% 水平上显著，且各个变量的系数都为正，这也证明了知识价值、企业年龄、企业规模、知识基础、国际化程度以及海外研发网络区位组合都会对创新能力产生正向影响。假设 13 - 1 得证。

模型（4）与模型（2）相比加入了国际化程度与知识价值的交互项，其在 1% 水平上显著，且系数为正，这也证明了国际化程度的调节作用，说明企业国际化程度越高，海外研发网络中的知识价值演化速度越快。假设 13 - 2 得证。

模型（6）与模型（2）相比加入了海外研发网络区位组合与知识价值的交

互项，其在 1% 水平上显著，且系数为正，这也证明了海外研发网络区位组合的调节作用，说明在企业海外研发网络中，海外研发网络区位组合技术先进性导向越高，海外研发网络的知识价值演化速度越快。假设 13 - 3 得证。

四、讨论

本节在理论假设的基础上，通过对 81 家中国汽车行业上市公司的二手数据进行实证分析，检验了企业海外研发网络动态演化对企业的作用机制以及影响因素，得出以下结论：

第一，通过海外研发网络的二阶段（探索阶段、获取阶段）演变，企业海外研发网络产生的动态变化对企业创新能力产生影响，发现随着企业海外研发的深入（探索阶段—获取阶段），企业在海外研发网络中获取的外部知识价值越高，且本土吸收能力越强，则企业的创新能力越好。魏江等（2014）从知识的性质以及嵌入视角研究了对企业创新能力的影响，而本节引入知识价值对创新能力的影响，与魏江的观点互为补充。

第二，企业国际化程度与企业海外研发网络区位组合的技术先进性导向都对企业获取的知识价值与创新能力之间的关系有显著的正向调节作用。企业在选择海外研发网络区位时，选择的技术水平高的地区越多，获取的知识价值增加越快，同时国际化程度也会对知识价值的演化产生正向影响。这也说明企业在构建研发网络时首先考虑东道国的技术水平，要以技术先进性为导向，与先发国家的公司建立长期合作的深度关系，获取其内隐的核心知识。当然，企业也应该重视并提高自身的开放程度，提高自身的国际化程度，这会帮助企业减少融入东道国研发网络的障碍，从而提高企业获取的外部知识的价值演化速度。本节针对国际化程度与海外研发网络区位组合对知识价值的调节作用在以往理论的基础上进行了更细化的研究，不仅验证了这些理论的正确性，也更深入说明了后发国家创新网络的演化及作用机制。

五、本节小结

1. 结论

本节引入了动态视角，构建了以知识价值、国际化程度以及海外区位组合为核心的三维模型，对上市公司国际化数据进行了实证分析，发现随着企业海外研发的深入（探索阶段—获取阶段），企业在海外研发网络中获取的外部知识价值越高，且本土吸收能力越好，则企业的创新能力越好；此外，企业国际化程度与企业海外研发网络区位组合的技术先进性导向都对企业获取的知识价值与创新能力之间的关系有显著的正向调节作用。

本节的创新之处在于从动态角度分析企业海外研发网络，将企业海外研发划分成两个不同阶段，基于不同阶段的特点动态分析了知识价值、国际化程度以及海外研发网络区位组合带来的影响，弥补了已有文献往往只从静态方面进行研究而忽略了动态研究的缺陷。此外，本节将后发国家情境的因素考虑其中，着重研究了企业海外研发网络的具体属性因素（国际化程度、区位组合等）产生的影响，对主体之间的情境匹配进行了聚焦，弥补现有研究的不足。

2. 启示

基于上述实证研究结果，本研究结论在实践方面对企业管理具有如下启示：

第一，企业应当注重海外研发的区位组合选择。首先，企业应结合自身发展需求，有意识地选择海外研发的国家，在技术水平高的国家要增大投入力度。德国、法国等国家不仅是技术先发国家，更是我国多个产业的集中合作对象，进入壁垒较低，有利于企业快速建立合作关系。其次，对于进入国家的具体区域也应有意识地选择。例如，集聚核心人才与资源的产业合作园区、产业联盟，这些区域更有利于企业提高自己的知识获取效率。另外，企业应选择在研发氛围较好、先发企业集聚的国际中心城市设立附属研究机构，扩大企业自身影响力的同时更加方便交流与学习。"一带一路"共建国家与技术先发国家的区位组合具有良好的效应。

第二，企业应当提高国际化程度。首先，企业要提高其国际化意识，多与母国产业网络内国际化程度较高的企业交流，获取其走出去的宝贵经验。其次，企业应有意识地增加海外人才引进。海外人才的实地经验能够助力企业整体对外水平的提高。最后，企业应不惧失败大胆进行海外投资。企业投资在国际化道路上不免受挫，应多与东道国政府以及其他合作者沟通，提高企业解决问题的能力，才能在海外市场建立更多的合作关系。

第三，企业应提升自身的知识基础。海外研发能够有效增加企业知识积累，但并非知识的全部来源，相较于海外研发，母国产业网络中的企业具有更高的可达性。国内后发企业可以与国内产业网络中的先发企业建立起合作关系，一方面有利于产业网络关系的积累，拓宽企业业务渠道；另一方面也有利于知识的分享与转移，形成知识的集聚效应，为整合"一带一路"及全球知识的获取打下良好的基础。

第二节 企业国际化多样性与创新绩效关系研究

起初的国际化研究多是围绕着发达国家企业展开的，这是因为国际化实践是由发达国家企业率先发起的。随着经济全球化的进一步发展，众多的发展中国家企业也开始参与到全球竞争中，国际化不再是发达国家企业的专属。

在市场环境日益复杂的今天，实现国际化多样性的企业拥有的市场空间更为广阔，投资的分散更加有助于降低单个国家经济波动带来的风险。同时，由于跨国公司往往实行产品的多元化经营，实行国际化多样性能够帮助企业实现不同产品的分销匹配，从而促进利润的最大化。在国际化研究早期，学者们多以企业绩效作为研究的结果变量，探索国际化对于企业绩效的影响。这些研究基于各自的学术背景与样本，产生了丰富的研究结果，极大补充了学者们对于国际化与企业绩效之间的认识。但也正是由于学术背景、样本、变量衡量方法之间的不同，学者们之间出现了诸多的争议。

一、概念模型和研究假设

1. 概念模型

结合前人的研究以及前文的理论分析，我们得出了图 13 – 2 中的理论模型。国际化多样性对于创新绩效有着一定的影响，而国有股权与东道国制度会对国际化多样性与创新绩效间的关系有调节作用。

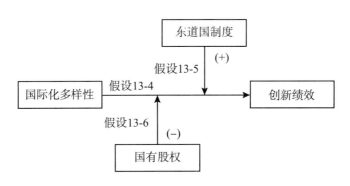

图 13 – 2   研究概念模型

2. 研究假设

（1）国际化多样性与创新绩效。

国际化多样性与企业绩效之间的关系备受战略管理和国际商务学者的重视。当前研究对国际化多样性与企业绩效的关系进行了大量检验，但出于样本、背景、时间以及变量定义等方面的差异，学者们各自掌握着自身的证据，观点未能达成统一。库尔马（Kumar，1984）在其专著《规划，贫困和经济发展》中指出，国际化多样性对于企业绩效有着负面影响。后续一些学者的研究却得出了相反的结论，认为国际化多样性对于企业绩效有着正向影响。随着研究的不断进展，争议也不断扩大，不少学者提出这两者之间的关系具有不确定性，甚至存在着复杂的"U"型、倒"U"型或"S"型关联（关涛，2006）。由于企业绩效会受到诸多变量的干扰，而学术研究往往需要在特定的假设前提下开展，故而跨研究得出相悖的结论是难以避免的。于是不少学者开始直接探索企业国际化多样性对创新绩效的影响机制以排除部分外生因素的干扰（张艺、龙明莲和朱桂龙，2019）。

理论上而言，国际化多样性对于企业创新绩效应当有着一定的正向影响。首先，在当今世界，企业在发展到一定阶段时，为了获得持续的竞争优势，国际化多样性是一项可行且备受投资者与经理人欢迎的增长战略。其次，资源基础观认为，企业的持续竞争力来自异质性资源的获取与持续，故而不断地获取资源尤其是异质性的战略资源，对于企业保持竞争力有着重要的意义。国际化多样性无疑扩展了企业的资源获取范围，地理异质与资源异质之间存在着密切联系，拥有国际化多样性的企业能够获取利用不同国家的优势资源。例如在拥有高教育水平与研发人才的国家，企业更容易得到丰富的人力资源以促进自身的创新，而在原材料丰富的国家，企业能够降低在原材料上的成本，为企业研发提供足够的资金。这两点与内部化理论不谋而合，内部化理论认为，非国际化多样性的企业同样可以通过市场获得这些资源，但其交易成本可能是巨大的。但除此之外，企业与当地企业和研发机构的合作，也会随着国际化多样性的开展而变得容易。海外直接投资是最受东道国欢迎的国际化模式之一，能够帮助企业获得当地的好感与支持。

此外，组织学习理论将学习视为国际化的主要目标。而国际化多样性能够从以下几个方面显著地增强学习效果：第一，国际化多样性扩大了企业接触的知识库，不同的东道国之间存在着知识差异，差异化的知识不仅能够带来组织学习能力的提升，也能够提高创新的效率（Castellani，2007）。第二，基于随机事件学习，国际化多样性相比于非国际化多样性能够接触更多的事件与机会，这些事件与机会能够带来更多的创新契机，也能够通过倒逼机制提高管理者与员工的创新能力（Walsh，1995），从而提升企业的创新绩效。第三，国际化多样性能够促进海外子公司的体验式学习，相比于传统学习，体验式学习更为深刻，在体验式学习过程中，企业的创新能力也能够得以激发（Barkema and Vermeulen，1998）。第四，由于市场的不完全性，基于内部化理论，企业能够获得交易成本下的差价收益（见图13-3）。

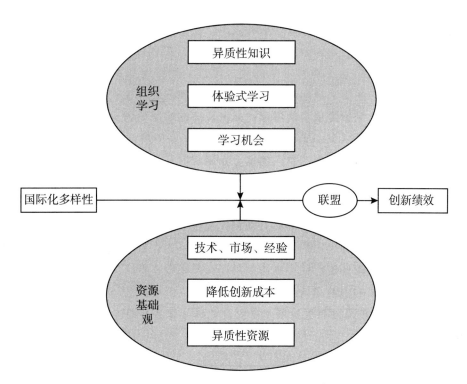

图 13 - 3　不同视角下的国际化多样性对创新绩效的影响

因此，对国际化多样性与创新绩效的关系需要进一步的实证检验，我们提出假设：

假设 13 - 4：企业国际化多样性水平对创新绩效的关系具有正向作用。

（2）东道国制度的调节效应分析。

随着经济全球化的进一步发展，新兴经济体企业也越来越多地开展国际化。不同于发达国家，新兴经济体企业的母国市场制度往往不够健全，这对其创新能力造成了一定的制约。故而弱母国制度下的企业更愿意采取国际化战略，东道国制度水平是吸引企业投资的重要影响因素。然而，我们对企业国际化之后东道国制度是否真的能够促进企业创新绩效以及如何促进企业创新绩效知之甚少。

对于国家制度水平的衡量包括多项维度：话语权和问责制、政治稳定、政府效率、监管质量和控制等。第一，话语权和问责制是反映国家民主程度的关键维度。一般而言，民主制度能够促进督促政府控制权力，以确保政府的政策（包括创新政策）与创新者和公众的利益一致。第二，政治稳定是有形资本与人力资源投资的必要条件（Aisen and Veiga，2013）。稳定的政治环境能够帮助企业减少环境不确定性，鼓励新的创新举措。第三，东道国政府同样会对东道国制度水平产生重要影响。完善而高效的政府能够为企业提供适当的创新政策、高水平的教育与完善的法律制度等，降低腐败带来的成本，甚至能够为企业间创新提供合作中介，帮助企业形成或融入创新网络（Hiit，1997）。第四，监管质量有助于企业降低交易成本、克服信息不对称带来的负外部性，间接地帮助企业实现创新。第五，明确、透明的法律法规能够帮助投资、创业和创新活动的开展。以知识产权法为例，知识产权保护度更高的国家，非法模仿的情况更为少见，创新者更有利可图，更具创新动力（Maskus，2000）。第六，良好的腐败控制意味着企业不需要为了顺利开展创新活动而花费大笔资金贿赂政府官员，因而降低了不确定性和交易成本，最终降低创新成本，提高创新产出。此外，在制度发展较强的东道国，企业可以利用机构优势来发展更强的技术能力（Makino et al.，2002）。在这样的市场中，外国子公司有更多机会获得先进技术，拓宽创新网络，并从创新中介中获益，进而提高母公司的创新绩效。相比之下，在制度发展水平较低的东道国，外国子公司可能会进行代价高昂的市场交易和效率低下的转型，从而阻碍了创新能力与母公司的创新绩效的提高（见图13-4）。由此，我们提出假设：

假设13-5：东道国制度发展水平对企业国际化多样性与创新绩效的关系起正向调节作用。

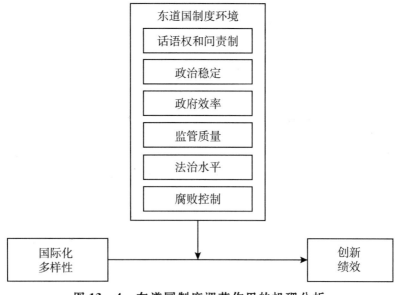

图13-4 东道国制度调节作用的机理分析

（3）国有股权的调节效应分析。

委托代理理论认为，相比于私人股权，在国际化进程中国有股权可能产生更严重的代理问题，对企业国际化有着不利影响。代理问题的出现源自所有权与管理权的分离，由于双方的目标不一致，管理者不会追求公司的最佳利益而转于追求自身利益的最大化。部分国有企业由于官僚主义和陈旧的治理方式而存在着潜在的代理问题。在全球竞争加剧的情况下，诸多企业被迫或主动地展开国际化，这又促使着全球化竞争的进一步加剧。在此情景下，国有跨国公司的代理问题变得尤其复杂。

当运用代理理论研究国家持股对国际化多样性的影响时，代理问题的存在可能会对国际化战略产生重大的负面影响，国有企业在全球化竞争中存在着更高的代理成本。企业目标是追求利益的最大化，但是国家目标却不尽然。例如，当企业的国际化扩张需要通过裁员来节约资源时，政府可能会阻碍其发生。国有股权比例越高，企业追求效益与国际化的目标就越容易受到阻碍。另外，在国际化多样性过程中，管理者目标与国际目标、企业目标之间的冲突同样存在。在国际目标与企业目标的冲突中，职业经理人没有得到为解决这种矛盾的补偿（Zou and Adams，2008），也就不会采取措施解决此类矛盾以使国际化获得最大化收益。由此可知，在决定是否开展国际化时，职业经理人更少地关注企业盈利。因此，管理者的行为可能不是以利润为导向的，也不是以企业成长机会为导向的，而是利用国际扩张的战略决策来促进自身利益增长。

当国有企业进入国际市场时，由于内部和外部的复杂性，企业在战略制定和实施上面临着比私营企业更高的难度。随后，由于管理多样化经营的成本，国际多样化变得昂贵，尤其是对国有企业而言。因此，国有企业的公司治理要比私营企业的治理复杂得多，相关的代理成本预计会很高。然而，在企业背景下，当国家不拥有多数股权时，国家持股对国际多元化的负面影响可能不会持续。首先，有远见的政府努力减少对治理的干预，可能会在一定程度上缓解相关的代理问题。为了提高国家竞争力，各国政府可以鼓励国有企业进入国际市场并与外国企业合作，例如通过国际战略联盟。为了在国际市场上成功竞争，企业通常需要的政府控制比在国内市场竞争的国有企业更少（见本书第二章），因此，政府在公司治理方面可能赋予国有跨国公司更高的自主权和灵活性。其次，企业管理者可能会有更多的激励，更愿意主动地投资于创新和冒险的活动，比如国际扩张，以提高他们的绩效。

第一，在国际扩张的决策上有更高的自主权，管理者可能会抓住国际机会，让民营企业享受国际化多样性的好处，从而提高盈利能力（Luo and Tung，2007）。第二，在私有化和市场自由化之后，有更多的激励机制来监督企业的管理效率（例如，机构所有权的增加和监管机构的激励），这减少了管理者在国际扩张过程中的机会主义行为。因此，管理者将更有动力通过国际化多样性来提高企业的盈利能力，而政府也通常会为国有跨国公司提供支持以确保公司业绩的增长（Luo and Tung，2007）。各国政府依靠国有或控制的跨国公司来改善国家的国际地位，获得资源和提高国家的技术能力。因此，企业一般会得到政府的良好支持（如从政府中获得资金、人员、国际贸易政策等）。因此，企业能够建立起在国际竞争中取得成功所需的资源和竞争能力。因此，本节认为不同程度的国家所有制可能对民营企业的国际战略产生不同的影响。在国家所有权水平较低的情况下，这种所有权的存在可能被视为国家支持国际战略的信号，特别是当一个国家跨国公司在国际上扩张并在外国遇到困难时。随着国家持股比例的增加，对公司治理的负面影响可能会逐渐主导对民营中小企业国际多元化的整体影响。所以我们提出假设：

假设 13 - 6：国有股权对企业国际化多样性与创新绩效的关系起负向调节作用。

二、研究设计

1. 研究方法

计数模型用于被解释变量为非负整数的情形。考虑到本节因变量为企业授予的专利个数，该数据属于非负整数，故采用计数模型进行分析和检验。基于计数数据建立的模型主要有泊松回归模型、负二项回归模型等。

（1）泊松回归模型与负二项回归模型的选择。

所谓泊松回归模型，即假定被解释变量服从泊松分布。

$$P(Y_{it} = y_{it}) = \frac{e^{-\lambda_{it}} \lambda_{it}^{y_{it}}}{y_{it}!}, \ y_{it} = 0, \ 1, \ \cdots, \ n \tag{13.1}$$

$$\lambda_{it} = \exp(\beta_i X_{it}) \tag{13.2}$$

$$E(y_{it} \mid X_{it}) = \mathrm{Var}(y_{it} \mid X_{it}) = \lambda_{it} = \exp(\beta_i X_{it}) \tag{13.3}$$

式中，λ_{it} 为泊松分布的均值。泊松回归的一个较大的缺陷是，更高阶矩阵完全由其均值决定，尤其是均值等于条件方差。本节中用泊松回归模型得到的均值和方差不相等，故不考虑泊松回归模型，采用负二项回归模型，即假定被解释变量服从负二项分布。负二项分布从泊松分布出发，假定泊松分布的均值忽略了一个服从 Gamma 分布的随机项。

$$\lambda_{it} = \exp(\beta_i X_{it} + u_{it}) \tag{13.4}$$

$$\exp(u_{it}) \sim Gamma(1, \ \delta) \tag{13.5}$$

式中，u_{it} 为样本的个体未观测效应，且与 $\exp(u_{it})$ 独立同分布，则：

$$P(Y_{it} = y_{it}) = \frac{\Gamma(\lambda_{it} + y_{it})(\delta)^{\lambda_{it}}}{\Gamma(\lambda_{it})\Gamma(y_{it} + 1)(1 + \delta)^{(\lambda_{it} + y_{it})}} \tag{13.6}$$

$$E(y_{it} \mid X_{it}) = \lambda_{it} \tag{13.7}$$

$$\text{Var}(y_{it} \mid X_{it}) = \left(\frac{1+\delta}{\delta}\right)\lambda_{it} \tag{13.8}$$

当 $\delta > 0$ 时，负二项分布的条件均值小于条件方差；当 $\delta \to \infty$ 时，负二项分布等于泊松分布。可通过如下负二项极大对数似然函数求得 δ 和 β 的估计值：

$$\ln L(\beta) = \sum_{i=1}^{N}\sum_{t=1}^{T}\big[\ln\Gamma(\lambda_{it}+y_{it}) + \lambda_{it}\ln(\delta) - \ln\Gamma(\lambda_{it})$$
$$- \ln\Gamma(y_{it}+1) - (\lambda_{it}+y_{it})\ln(1+\delta)\big] \tag{13.9}$$

（2）固定效应模型与随机效应模型的选择。

由于面板数据存在个体未观测效应，所以还需对样本进行固定效应模型与随机效应模型间的选择。

固定效应模型：

$$y_{it} = \alpha_i + \beta_1 x_{1,it} + \beta_2 x_{2,it} + \cdots + \beta_k x_{k,it} + \varepsilon_{it} \tag{13.10}$$
$$i = 1, 2, \cdots, N$$
$$t = 1, 2, \cdots, T$$

固定（fixed）的含义是指：模型中截距项 α_i 为常数项，不随时间的变化而变化，表示个体的异质性，观测不到。

随机效应模型如下：

$$y_{it} = \alpha_i + \beta_1 x_{1,it} + \beta_2 x_{2,it} + \cdots + \beta_k x_{k,it} + \varepsilon_{it} \tag{13.11}$$
$$i = 1, 2, \cdots, N$$
$$t = 1, 2, \cdots, T$$

随机（random）的含义是指：截距项 α_i 是一个随机变量，其均值为 α，ν_i 是一个随机变量。

$$\alpha_i = \alpha + \nu_i \tag{13.12}$$
$$E(\nu_i) = 0 \quad \text{Var}(\nu_i) = \delta_\nu^2 \tag{13.13}$$

泊松回归要求数据的方差与均值相等，而研究的数据不具备这一特征，因此我们选择了负二项回归模型。在负二项回归模型选择随机效应模型还是固定效应模型时，考虑到我们在选择样本时，虽然制定了严格的标准，但对研究本身并不具有固定特征，且属于随机选样。同时使用 Stata 15 对固定效应模型与随机效应模型进行比较，检验时发现 Chi 较小，因此认为随机效应模型比固定效应模型更为适合。综上所述，本节最终选取负二项回归的随机效应模型作为研究模型。本节以母公司专利数为自变量，是因为专利数不是连续型变量而是离散型变量，更适用于负二项模型。基本模型如下：

$$Y_{it+1} = \beta_0 + \beta_1 X_{it} + \beta_2 X_{it} \times M1_{it} + \beta_3 X_{it} \times M2_{it} + \beta_4 Z_{it} + \varepsilon_{it} \tag{13.14}$$

考虑到海外研发投资对母公司创新绩效的影响具有一定的滞后性，对自变量采用滞后一年的做法。因变量 Y_{it+1} 是指企业 i 在 $t+1$ 年的专利数量。自变量 X_{it}

是指企业 i 在 t 年的海外投资进入的市场数，用以衡量国际化多样性。调节变量 $M1_{it}$ 指东道国制度环境。调节变量 $M2_{it}$ 指国有股权占比。控制变量 Z_{it} 指企业 i 在 t 年的年龄、规模、国际化经验与高管政治关联。ε_{it} 则是干扰项。

2. 变量测度及数据获取

（1）被解释变量。

创新绩效。国际通用的测量创新绩效的方法有两种，一是以专利活动为依据的测量，包括专利申请数、专利授予数或专利引证总数；二是采用新产品销售收入进行测量。考虑数据可获得性，本节选取企业专利授予数量表示企业创新绩效。由于企业创新绩效往往存在 1 年滞后效应，最终选择滞后 1 年的企业专利授予数作为因变量的具体指标。数据源于国家知识产权局的专利检索网站。

（2）解释变量。

国际化多样性。文献中经常采用计数法、会计比例法、赫芬达尔指数和熵指数法、虚拟变量法这四类方法度量国际化多样性。由于中国上市公司年报中并没有披露国外附属单位的资产、收入等方面的信息，因此本研究无法采用赫芬达尔指数和熵指数法。虽然部分上市公司公布了国外的销售收入，但这部分收入无法同出口区别开来，因此本研究不拟采用会计比例法。考虑数据可获得性，本节用企业在 2009～2015 年内海外投资国的数量来衡量企业国际化多样性程度。数据源于国泰安数据库、公司年报。

（3）调节变量。

东道国制度环境。我们用世界治理指标（WGI）来测量东道国制度环境。WGI 包括六个维度：话语权与问责制、政治稳定、政府效率、监管质量、法治水平和腐败控制，世界银行数据库提供了各国这六项指标的得分，分数越高代表制度环境越好。我们取这六项指标的平均得分作为东道国制度环境指标，数据源于世界银行。

企业国有股权。我们用企业的国家持股与国有法人持股之和所占的比重表示，数据来源于企业年报和 CSMAR。

（4）控制变量。

①企业规模。以往研究证实企业规模与企业创新绩效正相关。因此本节对企业规模进行控制，用企业统计当年的总人员数表示企业规模。

②企业年龄。参考过往实证研究，企业年龄会影响企业创新绩效，本节将其纳入控制变量，用成立至观测年度经历时间取自然对数表示。

③国际化经验。丰富的国际化经验能帮助企业应对复杂和动态的国际环境，有利于企业的海外研发活动从而促进创新。可用企业对外直接投资的海外子公司（或机构）总数衡量，也可用企业国际化的深度和广度测量。深度是指企业在某

个国家海外子公司（或机构）的个数，广度是指企业对外直接投资的国家个数。本节用企业对外直接投资的海外子公司（或机构）总数衡量企业的国际化经验。一般来说，国际化经验越丰富，企业创新绩效越好。

④高管政治关联。以往研究表明，高管政治关联可能影响企业创新绩效。高管的政治关联的测量根据衡量的精度不同大致可分为三类：第一类是虚拟变量。这类测量精度较差，遵从二分法原则，1 代表有高管在政府等任职，0 代表没有。第二类是在第一类的基础上，测算有政治关联的高管人数占总高管人数的比重。第三类则进一步分析了高管的行政层级影响。通过对不同行政层级设置比重，求加权平均数。本节选取第二类测量方法进行分析。

各变量测量与数据来源如表 13 – 5 所示。

表 13 – 5　　　　　　　　各变量测量与数据来源

一级变量	二级变量	数据来源
企业国际化多样性	企业海外投资国的数量	公司年报/Wind 数据库
东道国制度发展水平	世界治理指标（WGI），WGI 包括六个维度：话语权与问责制、政治稳定、政府效率、监管质量、法治水平和腐败控制，取这六项均值	世界银行
国有股权	企业国有股权占比	国泰安数据库
企业规模	企业统计当年的总人员数	Wind 数据库
企业年龄	企业成立以来到统计当年的累积年数	Wind 数据库
国际化经验	统计当年前已有的海外研发子公司数	公司年报/官网
高管政治关联	企业高管在统计当年前担任过政府官员、人大代表、政协委员的人数占总高管人数的比重	国泰安数据库/公司年报
企业创新绩效	母公司专利授予数（滞后期为 1 年）	Wind 数据库

（5）样本选择。

本节从沪深两市 A 股上市企业中，筛选出 2009～2015 年具有 1 个及 1 个以上的海外子公司（或机构）的上市企业共 138 家。为了保证数据的有效性，样本选择不包括中国香港、百慕大群岛、英属维尔京群岛、开曼群岛等以避税为目的的海外研发投资地。由于 4 家企业专利数据的缺失，最终确定研究样本企业为 134 家，共计 960 条数据（见表 13 – 6）。

表 13 - 6　　　　　　样本企业所属行业与企业数量

上市公司所属行业	企业数量	占样本总企业数比重（%）
化学原料及化学制品制造业	4	2.99
医药制造业	18	13.43
通用设备制造业	10	7.46
专用设备制造业	20	14.93
汽车制造业	12	8.96
电气机械及器材制造业	8	5.97
计算机、通信和其他电子设备制造业	43	32.08
软件和信息技术服务业	19	14.18
样本总数	134	100

资料来源：笔者通过上市公司年报、国泰安数据库、Wind 数据库自行整理所得。

三、实证结果及分析

1. 描述性统计及相关性结果（见表 13 - 7）

表 13 - 7　　　　　　　　描述性统计及相关性结果

变量	均值	标准差	VIF	1	2	3	4	5	6	7	8
1. 专利授予数	898.059	4 476.170		1							
2. 国际化多样性	1.390	1.578	3.32	0.201	1						
3. 企业年龄	14.832	4.452	1.16	0.073	0.293	1					
4. 企业规模	7.881	1.826	1.18	0.282	0.379	0.281	1				
5. 国际化经验	0.127	0.106	1.02	-0.047	0.063	0.092	0.186	1			
6. 高管政治关联	2.846	4.651	2.92	0.203	0.792	0.244	0.364	0.027	1		
7. 东道国制度发展水平	29.381	19.621	1.53	0.062	0.539	0.333	0.413	0.124	0.378	1	
8. 国有股权	0.035	0.1120	1.02	-0.009	-0.019	0.022	0.122	0.035	-0.015	0.088	1

可以看出，样本企业的平均专利授予数为 898.059 项，平均有 1.390 家海外子公司，企业高管政治关联比重为 2.846，东道国制度发展水平为 29.831、国有股的平均股比为 3.5%。全部变量的方差膨胀因子（VIF）均小于 10，说明变量之间不存在多重共线干扰。

2. 回归分析结果

由于衡量企业创新绩效的专利数是典型的计数数据，因此需要应用计数模型进行回归分析，一般可选择泊松模型或负二项回归模型进行估计。由于表13-7显示专利平均值和方差相差较大，因此采用负二项回归模型进行检验。负二项回归模型放松了泊松分布要求的均值和方差必须相等的假设，当变量存在过度分散时，运用负二项模型估计会更有效率。实证分析时以一年后的专利授予数作为被解释变量，以及模型中所有解释变量实际滞后一年，这一方面是考虑到企业国际化多样性对创新绩效的影响存在一定滞后效应；另一方面，将解释变量作滞后一年的处理有助于控制其潜在内生性。

表13-8显示了企业国际化多样性与创新绩效的负二项模型回归结果，其中，因变量均为滞后一年的专利授予数。各模型的似然比检验表明各模型均通过了显著性检验，且加入关键解释变量后模型（模型3~模型5）的拟合优度相比于模型1和模型2的拟合度提高了。模型1只包含基本控制变量，结果显示企业年龄、规模显著提升创新绩效，而国际化经验与高管政治关联对母公司的创新绩效影响不显著。模型2加入国际化多样性变量，其系数在1%水平下显著为正（0.232），且这种正向效应在模型3~模型5中一直保持，证实了研究假设13-4，即企业国际化多样性水平对母公司创新绩效具有正向作用。模型3~模型5加入了各调节变量和国际化多样性的交叉项。模型3中的交叉项在10%水平下显著为正，表明东道国制度环境正向调节国际化多样性与创新绩效的关系，研究假设13-5得到证实。模型4中的交叉项系数为负但不显著，研究假设13-6并未得到支持。这可能是因为虽然国有股权会导致企业在对外投资初期面临更多的东道国合法化压力与代理成本，不利于企业在东道国获取创新资源以及技术合作；但随着创新活动的深入，国有企业可以借助母国的政治资源获取东道国的优惠政策，减少整合摩擦，降低创新成本，从而平衡国有股权带来的负面效应。模型5将所有调节变量与国际化多样性的交叉项全部纳入，结果与上述模型基本保持一致。

表13-8 回归分析结果

	模型 1	模型 2	模型 3	模型 4	模型 5	模型 6
constant	-3.557***	-2.848***	-2.380***	-2.665***	-2.379***	-2.664***
	(0.858)	(0.721)	(0.724)	(0.709)	(0.719)	(0.711)
年龄	0.140***	0.112***	0.089**	0.093**	0.089**	0.090**
	(0.043)	(0.038)	(0.038)	(0.038)	(0.038)	(0.038)
规模	0.304**	0.232**	0.183**	0.184**	0.183**	0.184**
	(0.086)	(0.083)	(0.082)	(0.084)	(0.083)	(0.085)

	模型 1	模型 2	模型 3	模型 4	模型 5	模型 6
国际化经验	-0.837 (0.824)	-0.594 (0.776)	-0.756 (0.788)	-0.692 (0.772)	-0.754 (0.784)	-0.691 (0.084)
高管政治关联	0.013 (0.034)	-0.025 (0.023)	-0.013 (0.024)	-0.019 (0.024)	-0.019 (0.024)	-0.019 (0.024)
国际化多样性		0.252*** (0.058)	0.141*** (0.054)	0.069** (0.108)	0.140** (0.058)	0.068** (0.107)
东道国制度			0.020*** (0.006)	0.029** (0.012)	0.020*** (0.006)	0.029** (0.012)
国有股权			-0.689** (0.323)	-0.663** (0.312)	-0.693 (0.331)	-0.667 (0.324)
多样性 × 东道国制度				0.209* (0.229)		0.219* (0.107)
多样性 × 国有股权占比					-0.005 (0.076)	-0.004 (0.076)
Year	yes	yes	yes	yes	yes	yes
N	134	134	134	134	134	134
Log likelihood	-5 637.373	-5 686.859	-5 514.441	-5 511.756	-5 514.43	-5 511.75
Wald chi^2	69.89	193.08	266.76	273.38	271.98	274.13
Prob > chi^2	0.000	0.000	0.000	0.000	0.000	0.000

注：***、**、*分别表示在1%、5%、10%的显著水平下通过显著性检验。

3. 稳健性检验

稳健性检验考察的是评价方法和指标解释能力的鲁棒性，也就是当改变某些参数时，评价方法和指标是否仍然对评价结果保持一个比较一致、稳定的解释。为了保证研究结论的可靠性，对创新绩效衡量指标进行更换，即运用专利申请数作为创新绩效的另一代理指标进行稳健性检验。上述近似结果说明模型具有较好的稳健性（见表13-9）。

表 13-9　　　　　　　稳健性检验结果

	模型 1	模型 2	模型 3	模型 4	模型 5	模型 6
constant	-1.722*** (0.284)	-1.658*** (0.293)	-1.38*** (0.296)	-1.378*** (0.289)	-1.401*** (0.290)	-1.272*** (0.333)

	模型 1	模型 2	模型 3	模型 4	模型 5	模型 6
年龄	0.061*** (0.019)	0.056*** (0.022)	0.037* (0.021)	0.037** (0.021)	0.038** (0.021)	0.038* (0.021)
规模	0.155*** (0.032)	0.151*** (0.029)	0.129*** (0.030)	0.130*** (0.030)	0.129** (0.030)	0.130** (0.030)
国际化经验	0.689 (0.521)	0.678 (0.526)	−0.535 (0.525)	0.530 (0.520)	−0.528 (0.530)	0.518 (0.521)
高管政治关联	0.006 (0.018)	−0.003 (0.021)	0.008 (0.022)	0.011 (0.023)	0.009 (0.022)	0.012 (0.024)
国际化多样性		0.051** (0.084)	0.051** (0.108)	−0.015** (0.080)	0.045* (0.107)	0.010* (0.080)
东道国制度			0.011*** (0.003)	0.007 (0.008)	0.011*** (0.003)	0.007 (0.008)
国有股权			−0.059* (0.234)	−0.045 (0.224)	−0.137 (0.254)	−0.123 (0.248)
多样性× 东道国制度				0.102* (0.200)		0.100* (0.198)
多样性× 国有股权占比					−0.053 (0.060)	−0.053 (0.059)
Year	yes	yes	yes	yes	yes	yes
N	134	134	134	134	134	134
Log likelihood	−4 248.082	−4 246.865	−4 229.733	−4 229.3657	−4 229.214	−4 228.8341
Wail chi^2	77.34	78.14	111.29	106.13	129.35	131.39
Prob > chi^2	0.000	0.000	0.000	0.000	0.000	0.000

注：***、**、*分别表示在1%、5%、10%的显著水平下通过显著性检验。

东道国制度的正向调节作用得到了显著性检验的支持。制度是企业重要的外部影响因素，东道国制度向来受到学者们的重视。对于中国企业而言，良好的东道国制度可以使企业的合法权益得到保证，降低腐败等带来的额外成本，同时也有助于知识产权的保护，从而提高企业的创新绩效。当企业选择国际化多样性时，东道国制度有助于提高国际化多样性对创新绩效的影响。

国有股权的调节作用并不显著。与以往研究不同，我们的研究表明国有股权对国际化多样性—企业创新绩效的关系并无显著性的影响。导致国有股权调节效应不明显的因素可能很多。这可能是因为国有股权有所影响需要一定的临界值，例如达到控股才能够决定企业的战略制定与实施，而大多数的国有股权比例均达不到如此的程度。在很多企业中，国有股权与普通的企业股权或个人股权相同，仅仅是持股以分享利润。此外，造成国有股权调节效应不显著也有可能是国有股权比例高的国有企业在国际化过程中得到了更多的政策、资源倾斜，从而抵抗由代理关系与外来者劣势带来的额外成本，进而使其效应并不明显。虽然如此，但可以看到国有股权的交叉项的系数是 - 0.004，这说明国有股权即使有负面调节作用，也十分微小。因此，实施国际多元化的企业并不需要刻意关注国有股权的影响。但是国有股权本身可能对创新绩效有着负面效应，当国有股权增多时，可能会导致企业的作风保守或是因为政策与资源的倾斜而丧失了创新的动力。

四、本节小结

本节以 2009～2015 年沪深两市 A 股中有海外子公司的上市公司为样本，从资源基础观与组织学习角度探讨了新兴经济体企业国际化多样性、企业创新绩效、东道国制度以及国有股权控股的关系。结果表明：

第一，国际多元化对创新绩效有着正向的促进作用。在五个模型中，国际化多样性对创新绩效都有着显著性影响，系数均为正，最大系数为 0.252。结合我们的样本选取来看，可以认为包括"一带一路"共建国家在内，国际化多样性对企业创新绩效有着显著而有效的作用。随着国际化多样性的不断提高，有可能出现倒"U"型或是"S"型的曲线，我们的研究结论在适用于其他国家或其他时间的企业国际化时，需要慎重考虑变量的变化而可能引起的变化。

第二，东道国制度在这一关系中，有着正向调节作用。当国际化多样性水平相同时，企业进入的东道国制度环境强，能够显著提高国际化多样性带来的创新绩效提升。东道国制度是企业在选择进入国家时需要获取的重要信息。我们的研究结果反映出东道国制度的调节效应为正向调节，且系数为 0.209。考虑到国际化过程中的影响因子众多，这个系数已经相当可观。故而我们认为选择东道国制度更强的国家进行国际化，有助于企业创新能力的提高。

第三，国有股权的调节效应不明显。虽然国有股权对于国际化多样性与创新绩效之间关系的调节作用在统计学意义上并不显著，但是在经济学上可能具有一定的负面意义。在我们的模型中，国有股权无论是直接效应还是调节效应，系数均为负数。因此，基于本节的研究结果，我们认为国有股权可能会对企业国际化过程中的创新行为造成阻碍。这种阻碍可能并不具有普遍现象。因为国有股权的存在可能带来一定的政策倾斜或是国内资源的支持，这使得其负面影响并不明显。

第三节　民营企业"一带一路"研发国际化
是否提升了企业创新绩效？

之前的研究大多是把开展海外研发投资作为一维概念，设置为虚拟变量，探讨是否影响企业创新绩效，由于一维结构的狭窄范围无法捕捉到全球研发组合的不同方面，因此它们的使用限制了我们理解如何影响海外研发投资与企业创新绩效之间的关系。因为不同的企业在海外研发投资的地理配置组合存在较大的差异性，所以这种差异性可能会影响跨国公司可获得的知识库的规模和多样性，并导致企业创新结果大不相同。例如公司 A 和公司 B 在海外同样有 5 个研发机构，公司 A 把 5 个研发机构分散于 5 个国家，而公司 B 则把 5 个研发机构集中于一个国家，这两个公司海外研发投资的地理配置差异会对企业创新带来什么不同的结果，两者之间的关系还会受到什么因素的影响，有待进一步的学术探索。

因此，本研究拟以已开展海外研发投资的企业为研究样本，从海外研发投资强度与广度这两个维度探讨对企业创新绩效的影响效应，并从企业能力、组织学习与制度理论等多个视角分析，引入企业吸收能力、海外研发投资区位组合以及母国与东道国之间的制度距离作为调节变量，探索其是如何影响海外研发投资与企业创新绩效的关系的。本研究跳出传统关于企业特定特性与外生决定因素之间相互作用的思考，并通过将重点从是否开展海外研发投资转移到投资广度与强度，为国际商务与创新管理领域提供新的理论启示。从理论的角度来看，海外研发的地理分散和集中度差异以及规模强度会对企业自身的研发和外部技术知识与企业创新绩效两者之间关系产生影响。从实践的角度来看，这项研究可以帮助企业了解分散和集中以及强度之间的权衡，从而以优化公司研发和全球分散的技术知识所产生的增值的方式构建海外研发组合。启示可用于"一带一路"国际产能合作。

我国广泛欢迎包括发展中国家和发达国家在内国家参与共建"一带一路"，中国民营企业无论是在发展中国家开展"开发利用型"研发还是在发达国家开展"探索学习型"为主的研发国际化，是否提升了自身的创新绩效？本节重点关注这个问题。

一、研究假设

1. 海外研发投资广度与企业创新绩效

海外研发投资广度是指跨国企业为了获得全球各种不同的知识源，在不同国家或地区进行研发投资，表现为企业在各个国家或地区扩展其研发单位的范围有多广，即地理的分散程度。已有研究表明，更分散的海外研发投资能够促进企业创新绩效的提升，例如，魏江等（2014）通过对两家大型民营企业的纵向比较案例研究，得出新兴经济背景下的企业，研发网络地理边界拓展对创新绩效的提升有拉动作用，跨国家边界的拓展比跨区域边界的拓展拉动作用更显著的结论。

　　首先，从知识基础观视角分析，研发活动越分散，在各个位置获得的知识可以用作企业的研发工作输入的可能性越大。海外研发机构在地理上的分散可以使公司识别和整合遍布全球不同地点的多样化知识，增加公司从研发投资中获取创造价值所需的资源、优势和投入的多样性与范围，使企业能够接触和利用更多国家的创新流和技术轨迹，从而利用"多个国家的选择性优势"，增加新的和不同的知识到企业的知识集，提高发现新的有价值的想法组合的可能性，最终提高企业的整体研发能力和创新绩效。其次，地理分散的海外研发投资可以通过改进某些研发组合来创造价值。地理分散通过增加部署互补投入的可能性，通过增加研发单位与国外研发机构合作的机会，为企业提供新的技术路径，从而帮助研发部门形成新的技术组合（Teece，1986），为企业创新做出贡献。再次，更高水平的研发投资广度能使企业在其更多国家的研发单位中分散其技术，并利用这种地理上的分散性来防止竞争对手模仿，因为更高程度的国家异质性会增加因果模糊性并阻止竞争者了解技术的哪些方面是有价值的，从而使竞争对手获取全球分散的技术变得困难和昂贵，有助于企业保护其创新并从研发投资中获取更多价值。最后，基于投资组合理论，更高水平的海外研发投资广度也有助于跨国公司避免一个国家的缺陷和风险，提高了海外研发投资操作灵活性和对冲风险的能力（Tang and Tikoo，1999），从而增加研发投资受益的可能性。

　　另外，也有学者从信息处理理论视角分析，过于分散的海外研发投资可能会破坏企业的创新绩效（黄晓芬、彭正银，2018）。企业海外研发投资过程中会产生协调成本和通信成本两种不同的成本（Asakawa，2001），有研究表明，随着跨国公司的研发活动在地理上高度分散，知识搜索和整合的过程更加复杂，使企业增加的创新成本以及面临的各种不确定因素与挑战将呈指数级增长，为了避免不必要的工作重复而进行更高层次的协调和沟通可能很难实现（叶江峰、陈珊和郝斌，2020）。科塔比等（Kotabe et al.，2007）利用专利数据分析了研发的地理分布，提出高度分散的国际知识来源可能会增加复杂性，超出有效沟通和协调所能接受的水平，造成企业创新绩效的下降。同时，由于过于广泛地分配公司研发投资，无法实现规模经济效应。最后，蒂斯（Teece，1986）指出，过度依赖地理上分散的知识来源可能会抑制国际知识的进一步转移，因为所产生的知识过度适应当地的需要，并可能降低企业将新知识转化为创新的能力。

综上所述，海外研发投资广度既带来机遇也存在挑战，我们认为中国跨国企业海外研发广度与创新绩效不是简单的线性关系，而是存在倒"U"型关系。在海外研发投资广度较低的情况下，跨国公司可以利用研发机构地理分散性带来的边际创新绩效是增加的。然而，在广度达到一定的阈值之后，随着研发机构分散程度的增加，各种成本急剧上升，造成企业边际创新绩效下降。因此，本节提出以下假设：

假设13-7：中国跨国企业海外研发投资广度与创新绩效之间存在着倒"U"型曲线关系。

2. 海外研发投资强度与创新绩效

海外研发投资强度是指跨国企业在海外开展研发投资占所有跨国投资的比重，即海外研发投资的程度。已有部分研究表明海外研发强度能积极影响企业的创新产出，较高的海外研发强度能带来更好的创新绩效（王遂昆、郝继伟，2014）。从知识基础观的角度分析，知识可以划分为隐性知识与显性知识，显性知识能被高度编码，可以以较低成本扩散转移，而与创新活动相关的往往是隐性知识，隐性知识具有"集聚"和"粘着"的特征，转移的难度和成本会很高，企业不能通过阅读科学论文、参加会议和引用专利来进行吸收。中国跨国企业大多扮演后发追赶者的角色，采用的是通过主动搜寻和吸收海外研发节点新知识的扩张战略（Kuemmerle，1997），每个东道国都有自己独特的资源和区位优势，海外研发子公司必须通过与当地利益相关者建立关系，如供应商、客户和研究机构来嵌入东道国国家创新体系，但由于"外来者劣势"的存在，可能使中国跨国企业初始海外研发投资成本较大，从而将其海外研发投资局限于开发或适应性活动，初始阶段的低强度海外研发投资并不能有效地提高母公司的创新绩效，随着海外研发强度的增加，跨国企业能从东道国获取更多创新需要的隐性知识，实现研发规模效应和必要的门槛效应，使得创新绩效大于外来者劣势带来的高成本，从而获得更高的创新绩效。

组织理论也表明，为了获取东道国的创新资源，海外研发子公司通常在管理决策和当地适应方面需要享有高度的自主权，这是以牺牲组织整体的一致性为代价的。这种自主权可能会导致对技术发展失去战略控制和不必要的重复工作，以及子公司的寻租行为（Mudambi et al.，2004）。但在经历开始阶段的混乱后，随着海外研发投资强度的增加，企业可以追求一致的整合战略，同时重组其内部研发组织结构，促使一些单位成为卓越中心，负责全球特定的产品组或技术领域。通过世界范围研发网络的高度协调实现规模经济和协同效应，减少重复的开发工作和跨越边界的内部技术转移，有助于控制协调和通信成本，因此，促进企业边际创新绩效的提升。

综上所述，我们认为中国跨国企业海外研发强度与创新绩效不是简单的线性关系，而是存在"U"型曲线关系。在海外研发投资强度较低的情况下，跨国公司由于缺乏国际化经验，外来者劣势带来的挑战以及组织协调成本超过可能的收益，企业边际创新绩效是下降的。然而，当强度达到一定的阈值之后，随着海外研发投资经验的增加，以及组织管理的整合协调，企业的收益将会大过成本，边际创新绩效上升。因此，本书提出以下假设：

假设13-8：中国跨国企业海外研发强度与创新绩效之间存在着"U"型曲线关系。

3. 企业吸收能力的调节作用

吸收能力是指企业"识别新信息的价值，吸收它并将其应用于商业目的"的能力，这种能力对企业的创新能力至关重要。扎赫拉和乔治（Zahra and George，2002）除了将吸收能力分为取得、消化、转化与利用之外，并且进一步将吸收能力分为潜在性的吸收能力（potential absorptive capacity）与实现性的吸收能力（realized absorptive capacity），前者是指知识的取得与消化，后者则指知识的转化与利用。从吸收能力的概念可以看出，企业从外部获取知识仅仅是企业创新的前提，并不确保一定获得实质效益，更重要的是将知识转化为创新产出的能力。即企业的吸收能力越强，则从外部获得的技术知识越能获得充分利用，进而促进企业创新能力的提升。

中国企业海外研发投资的基本动机是获取海外知识和技能。已有研究表明，更强的吸收能力使公司能够更好地解释和评估来自公司外部的知识，吸收能力的作用对于跨国企业能够享受和交流海外学习至关重要（田家欣、贾生华，2008）。基于知识的技能和能力不是简单地获得并转移回母公司，企业必须具有一定的吸收能力，才能从参与国际研发中充分受益。有学者指出企业必须拥有类似于它们在海外所寻求知识和技能的现有研究能力，或具有与它们在海外所寻求知识和技能相辅相成的研究能力，如此海外研发投资才能取得比较好的创新绩效。企业的吸收能力越强，就越有能力识别、消化、整合和应用海外研发广度带来的丰富的异质性知识，促进企业创新绩效的提升；企业的吸收能力越强，就越有能力识别、消化、整合和应用海外研发强度获取的东道国隐性知识，促进企业创新绩效的提升。

综上所述，通过海外研发投资取得的技术知识能为企业的创新绩效提供多少帮助取决于企业吸收、消化、转化与应用这些外部知识的能力，因此，我们得出以下假设：

假设13-9a：中国跨国企业的吸收能力能积极调节海外研发广度对创新绩效的影响。

假设13-9b：中国跨国企业的吸收能力能积极调节海外研发强度对创新绩效的影响。

4. 投资区位组合的调节作用

关于海外研发投资区位选择的影响因素研究已经有很多，而投资区位组合如何影响海外研发投资与企业创新绩效关系的研究还较少。本章第二节我们做了专门讨论。基于知识基础观与组织学习理论，海外研发投资不仅是为了获取国外各种来源的异质性知识，更是为了构建一个海外学习网络来整合利用来自国外的知识（Asakawa and Lehrer，2003），但当东道国并不特别提供技术能力方面的领先环境，研发主要依靠母公司的知识，海外研发投资主要是以使技术适应东道国的本地制造和市场条件为目的。过往的研究发现中国企业在欧美技术能力较强的工业化国家开展技术探索活动。还有学者提出生产支撑型的中国企业海外R&D 机构倾向于选择市场规模较大、接近海外生产基地的国家或地区；技术跟踪型的海外 R&D 机构倾向于选择技术水平较高、接近竞争对手 R&D 机构的国家或地区；人才和资源利用型的海外 R&D 机构倾向于选择人才资源丰富、技术环境良好的国家和地区（丁绒、罗军，2022）。

综上所述，我们认为中国企业在开展海外研发投资活动时，投资区位组合会调节海外研发广度、强度对企业创新绩效的影响，即相对于投资地区是新兴经济体或发展中国家，如果投资地区是发达国家，接近企业所需的先进技术、知识等战略性创新资源，更有利于企业通过海外研发提升企业的创新绩效。因此我们提出如下假设：

假设 13 – 10a：中国跨国企业海外研发投资区位组合中发达国家的比例积极地调节了海外研发广度对创新绩效的影响。

假设 13 – 10b：中国跨国企业海外研发投资区位组合中发达国家的比例积极地调节了海外研发强度对创新绩效的影响。

5. 制度距离的调节作用

制度构成一个社会或国家内的经济、政治和社会关系的博弈规则，在新制度经济学中，制度被划分为正式制度与非正式制度。国家创新系统的文献表明，教育、法律、知识产权、金融以及价值观和文化等国家层面的正式与非正式制度会影响企业创新绩效（Nelson，1993），由于跨国公司在多个制度环境中运作，母国与东道国制度距离会影响海外研发子公司的人员配置策略、工作系统以及知识吸收和转移。

正式制度距离主要反映在母国与东道国在"监管（规制）"层面的差异，反映了在例如就业法规、知识产权制度、商业制度、规则和法规、金融市场运作以及财政和经济稳定性方面的国家差异（North，1990）。这种差异影响着企业资本和劳动力的组织和控制方式、经济交流和相互竞争的利益。从"外来者劣势"视角可以分析跨国企业在东道国环境运营时面临的困难，正式制度距离使跨国企业难以在东道国获得合法性，增加了跨国公司在新环境学习当地"游戏规则"（North，1990）的相关成本（Kostova et al.，2008），加大了跨国直接投资的风险，会对跨国研发投资创新绩效产生负面影响。组织学习与技术创新理论也表明彼此更相似的知识成分更有可能被集成，海外研发投资可以使跨国企业获得并吸收不同类型的知识，而正式制度距离可能会导致不同的技术和组织问题，要求企业创新的激励计划和组织结构不同，这会大大降低跨国公司从东道国获得的知识和它们从本土获得的知识之间的相关性，难以取得彼此间的一致性（Lane and Lubatkin，1998）。已有研究证明当海外市场与本国的正式制度距离较大时，企业通常难以重新组合从不同的环境中获得的知识，这为跨国企业的创新增加了困难（关涛，2006）。

非正式制度距离主要是指母国与东道国在"规范"与社会"认知"层面的差异，体现在社会规范、价值观、信仰和集体理解中的具有共同含义的、没有成文的规则和标准（North，1990），文化是其主要因素。母国与东道国非正式制度距离是影响企业跨国活动和绩效的关键因素，已有研究表明非正式制度距离降低了跨国企业在东道国获取合法性的能力，阻碍了跨国公司对东道国规范的评价和内部化，使其商业行为难以调整到符合当地文化价值观的状态，增加了海外研发直接投资过程的不确定性以及跨国公司与海外子公司之间的协调成本，阻碍母子公司间的知识转移、共享和整合，不利于跨国公司通过海外研发投资促进企业创新水平的提升（衣长军、刘晓丹和王玉敏，2019）。

综上所述，我们提出以下假设：

假设13-11a：正式制度距离消极地调节海外研发广度对企业创新绩效的影响。

假设13-11b：正式制度距离消极地调节海外研发强度对企业创新绩效的影响。

假设13-12a：非正式制度距离消极地调节海外研发广度对企业创新绩效的影响。

假设13-12b：非正式制度距离消极地调节海外研发强度对企业创新绩效的影响。

基于上述假设，构建理论框架模型，如图13-5所示。

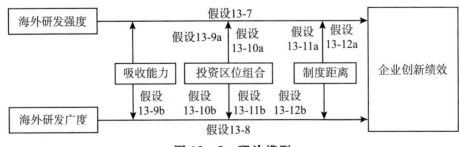

图13-5　理论模型

二、研究设计

1. 样本说明

为了更好验证上述假设，在前两个子研究样本的基础上，筛选出开展海外研发的企业作为本研究的样本，即选取海外研发投资活动较为频繁的医药制造业（C27），通用设备制造业（C34），专用设备制造业（C35），汽车制造业（C36），电气机械及器材制造业（C38），计算机、通信和其他电子设备制造业（C39）这六个行业开展海外研发投资的上市公司作为研究样本。因为中国企业海外研发投资活动主要发生在 2008 年金融危机后，故我们选择时间范围为 2009～2015 年，共有 104 家样本公司、608 个观测值，构成非平衡面板数据。

2. 模型设定

因变量——企业创新绩效以各样本公司的专利申请数来测量，是非负整数的离散变量，因此采用面板的负二项回归模型。基于前文的研究假设，构建基本模型如下：

$$
\begin{aligned}
E(Pantents_{it} \mid X_{it}) = \exp(& \alpha_1 + \beta_1 Breadth_{it-1} + \beta_2 Strength_{it-1} + \beta_3 M_{it-1} \\
& + \beta_4 Breadth_{it-1} \times M_{it-1} + \beta_5 Breadth_{it-1}^2 \times M_{it-1} \\
& + \beta_6 Strength_{it-1} \times M_{it-1} + \beta_7 Strength_{it-1}^2 \times M_{it-1} + \beta_8 Z_{it-1} + \xi_{it})
\end{aligned}
$$

$$(13.15)$$

其中 i 和 t 分别表示企业和年份，被解释变量 $Pantents$ 为企业的创新绩效，$Breadth$ 和 $Intensity$ 为核心自变量，$Breadth$ 为海外研发投资广度，$Strength$ 为海外研发投资强度，M 为企业吸收能力、投资区位组合和制度距离三个调节变量，Z 为控制变量。考虑到企业海外研发投资及其他控制变量对企业创新绩效的滞后效应，本研究对自变量和控制变量均采用 $t-1$ 年的数据对 t 年因变量进行回归分析。具体变量含义详见表 13-10。

表 13-10 　　　　　　　　　　变量定义与数据来源

变量类别	变量	含义	数据来源
因变量	企业创新绩效（patents）	以企业的专利申请量来表示	国泰安数据库
自变量	海外研发投资（oversea_R&D）	虚拟变量，有开展海外研发投资的企业赋值为 1，否则为 0	上市公司年报手工整理

续表

变量类别	变量	含义	数据来源
控制变量（匹配变量）	企业规模（size）	企业总资产取对数	国泰安数据库
	企业年龄（age）	企业成立以来的年数	
	财务杠杆（lev）	企业的资产负债率（总负债÷总资产）	
	盈利能力（roa）	企业的资产收益率（净利润÷总资产）	
	研发能力（lnrd）	企业的研发投入取对数	
	政府补贴（lnsub）	政府补贴额取对数	
	组织冗余（slack）	吸收冗余与未吸收冗余的均值，吸收冗余为（销售费用＋财务费用＋管理费用）÷销售收入，为吸收冗余为流动比率	
	政治关联（gov）	虚拟变量，国家参股或控股的赋值为1，否则为0	
	区域市场化制度（lmkt）	区域制度质量，以各省市场化指数衡量	中国分省份市场化指数报告（王小鲁等，2016）
	区域企业家创新精神（ppat）	区域企业家创新精神，以各省人均专利授权量衡量	各省统计年鉴

3. 变量定义与测量

（1）因变量。

企业创新绩效的定义与测量参考本章第二节。

（2）自变量。

关于海外研发投资广度，较多的做法是采用 BLau 多元化指数来衡量。但由于本研究的一部分样本公司海外研发子公司只有一个，这样计算出来的 BLau 多元化指数为 0，会影响实证估计结果，因此本节采用公司在海外研发投资子公司的国家或地区数量来衡量海外研发广度，捕捉了海外研发投资活动的范围和分散程度。

关于海外研发投资强度，我们将公司的海外研发子公司的数量除以给定年份中的外国子公司总数来测量这个变量，这个值表明了公司在其国外扩张中的研发活动的规模和强度。

（3）调节变量。

企业吸收能力。根据过往研究，研发支出被认为是企业投资吸收能力的意愿。我们用研发强度（研发费用除以营业收入）来衡量吸收能力。

投资区位组合。首先把海外研发投资子公司按所在国家和地区划分为发达国家和发展中国家两类，再计算每个企业位于发达国家子公司数量在全部海外研发子公司的占比。

制度距离。制度划分为正式制度与非正式制度，相应的母国制度与东道国的制度距离也可分为正式制度距离与非正式制度距离。本节拟采用世界银行的全球治理指数（The Worldwide Governance Indicators，WGI）来衡量各国正式制度质量，该指数包括话语权和问责、政治稳定和暴力、政府效率、监管质量、法治和腐败控制五个维度子指标，分值越高代表各维度正式制度质量越高，该指数能全面反映一国或地区行政和司法治理水平。非正式制度主要是指文化维度，如管理理念、风险规避以及团队合作等态度和看法，本节拟采用 Hofstede 文化评价指数来衡量各国的文化特征，该指数包括个人主义（individualism）、权力距离（power distance）、男性主义（masculinity）和不确定性避免（uncertainty avoidance）四个维度。

在得到中国与各东道国（地区）的正式制度与文化特征的各维度子指标后，本节借鉴科格特和辛格（Kogut and Singh，1988）开发的方法测量各国的正式制度距离与文化距离，公式如下：

$$Ins\_dis_i = \sum_{j=1}^{n} \left[(I_{ij} - I_{cj})^2 / V_j \right] / n \qquad (13.16)$$

其中 Ins_dis_i 为中国与 i 国的制度距离，j 代表第 j 项子指标，I_{ij} 表示第 i 国的第 j 项子指标数值，I_{cj} 表示中国的第 j 项子指标数值，V_j 表示第 j 项子指标的方差，n 代表指标维度，正式制度为6，文化为4。

（4）控制变量。

我们采用了开展国际化的企业的四个特征变量来控制它们对创新绩效的潜在影响。企业的规模（size），我们使用企业总资产的自然对数来度量；企业年龄（age），是母公司成立以来的年数；所有权性质采用国有持股比重（state ownership）；资产负债率（tdr）为总负债除以总资产。

三、实证结果分析

1. 描述性统计与相关性矩阵

表 13 - 11 与表 13 - 12 报告了各变量的均值、标准差和 VIF 以及各变量的相关性。样本企业平均专利被引数量为 173.2845，海外研发平均广度为 22.2422，平均强度为 0.4033，平均吸收能力为 0.06，平均海外投资经验为 18.7124。各自

变量的 VIF 值在 1.09 ~ 3.18，均小于门槛值 10，说明变量之间不存在多重共线性。为了避免交互项带来多重共线问题，自变量和调节变量先进行中心化后再乘积。

表 13 - 11　　　　　　　　　　变量的描述性统计

	全样本 (N = 3 670)		处理组（海外研发） (N = 608)		对照组（无海外研发）(N = 3 062)		处理组与对照组差异	
	均值	标准误	均值	标准误	均值	标准误	均值	标准误
patents	173. 2845	12. 6186	523. 17192	67. 7910	94. 1386	6. 2520	429. 5806 ***	32. 7560
size	21. 6035	0. 0181	22. 2422	0. 0546	21. 4770	0. 0179	0. 7652 ***	0. 0469
age	13. 48116	0. 0858	13. 6277	0. 1982	13. 4519	0. 0950	0. 1757	0. 2311
lev	0. 3785	0. 0034	0. 4033	0. 0095	0. 3736	0. 0037	0. 0298 ***	0. 0093
roa	0. 0521	0. 0008	0. 0572	0. 0020	0. 0511	0. 0010	0. 0062 ***	0. 0023
lnrd	17. 7744	0. 0223	18. 7124	0. 0616	17. 5860	0. 0222	1. 1264 ***	0. 0569
lnsub	16. 0427	0. 0333	16. 8770	0. 0823	15. 8774	0. 0357	0. 9997 ***	0. 0881
slack	0. 1151	0. 0066	0. 1008	0. 0033	0. 1179	0. 0079	0. 0172	0. 0178
gov	0. 3341	0. 0078	0. 3081	0. 0188	0. 3392	0. 0086	0. 0311	0. 0210
lmkt	7. 6540	0. 0250	7. 9718	0. 0519	7. 5910	0. 0280	0. 3808 ***	0. 0671
ppat	21. 8853	0. 2770	23. 7772	0. 6567	21. 5104	0. 3049	2. 2669 ***	0. 7447

注：*** 表示在 1% 的显著水平下通过显著性检验。

2. 回归结果分析

（1）主效应分析。

表 13 - 13 为海外研发投资广度与强度对企业创新绩效的负二项层次回归结果，模型 1 是基础回归，仅包括控制变量，没有加入与假设有关的变量，从结果看，除了盈利能力外，其他控制变量对企业创新绩效的影响都是显著的。模型 2 和模型 4 在模型 1 的基础上加入海外研发广度与强度两个自变量，结果显示广度的系数为 0.0671，在 5% 水平下显著为正，说明在平均意义上，随着海外研发投资广度的增加，企业创新绩效是提升的；海外研发投资强度的系数为 0.0150，虽然为正，但不显著，说明在平均意义上，海外研发投资强度对企业创新绩效的影响不存在显著的线性关系。

表 13－12　变量的相关系数矩阵表

变量	1	2	3	4	5	6	7	8	9	10	11
1. 专利申请量	1										
2. 海外研发投资广度	0.346***	1									
3. 海外研发投资强度	-0.107***	-0.198***	1								
4. 吸收能力	0.507***	0.500***	-0.329***	1							
5. 区位组合	-0.097**	-0.139**	0.063	-0.0010	1						
6. 正式制度距离	-0.140***	-0.204***	0.154***	-0.243***	0.318***	1					
7. 非正式制度距离	-0.103**	0.046	-0.026	0.045	0.055	-0.090**	1				
8. 企业规模	0.462***	0.491***	-0.382***	0.571***	-0.031	-0.255***	0.001	1			
9. 企业年龄	0.079*	0.147***	-0.053	0.169***	0.155***	-0.094*	0.027	0.213***	1		
10. 财务杠杆	0.301***	0.345***	-0.318***	0.502***	-0.102*	-0.250***	0.021	0.598***	0.313***	1	
11. 盈利能力	-0.108*	-0.070*	0.060	0.146***	0.160*	0.067	0.050	0.009	-0.187***	-0.301***	1
VIF		3.98	3.9	2.61	1.55	1.44	1.44	1.34	1.28	1.24	1.22

注：***、**、* 分别表示在1%、5%、10%的显著水平下通过显著性检验。

第十三章　民营企业参与"一带一路"国际产能合作的协同绩效研究

表 13 - 13 主效应回归结果

变量	创新绩效				
	模型 1	模型 2	模型 3	模型 4	模型 5
海外研发投资广度		0.0671** (0.0306)	0.3227** (0.1511)		
海外研发投资广度平方			-0.0732** (0.0358)		
海外研发投资强度				0.0150 (0.0919)	-1.8268** (0.8684)
海外研发投资强度平方					1.6587*** (0.6276)
企业规模	0.0771** (0.0376)	0.0683* (0.0371)	0.0670* (0.0371)	0.0671** (0.0279)	0.0671* (0.0301)
企业年龄	0.0577** (0.0276)	0.0586** (0.0280)	0.0585** (0.0280)	0.0582** (0.0282)	0.0587** (0.0283)
企业年龄平方	-0.0015* (0.0009)	-0.0020** (0.0009)	-0.0019** (0.0009)	-0.0021** (0.0009)	-0.0020** (0.0009)
财务杠杆	-0.4071** (0.1652)	-0.4789*** (0.1652)	-0.4809*** (0.1652)	-0.4737*** (0.1671)	-0.4823*** (0.1678)
盈利能力	-0.3242 (0.4407)	-0.3087 (0.4383)	-0.3389 (0.4387)	-0.3009 (0.4438)	-0.3365 (0.4446)
常数项	1.8980*** (0.6092)	1.8757*** (0.5985)	1.8775*** (0.6075)	1.8735*** (0.6014)	1.8774*** (0.5839)
Industrial_dum	Yes	Yes	Yes	Yes	Yes
Year_dum	Yes	Yes	Yes	Yes	Yes
Loglikelihood	-2 295.3827	-2 291.3827	-2 275.1336	-2 291.2673	-2 274.3035
Wald chi^2	1 296.83	1 356.83	1 378.41	1 357.54	1 388.25
N	608	608	608	608	608

注：***、**、*分别表示在1%、5%、10%的显著水平下通过显著性检验。

为了检验假设 13 - 7 和假设 13 - 8，模型 3 和模型 5 在模型 2 和模型 4 的基础上分别增加了广度和强度的二次项。下面本研究借鉴利德和麦伦姆（Lind and Mehlum，2010）的做法，分三步检验海外研发投资广度、强度与企业创新绩效

的倒 "U" 型与 "U" 型的非线性关系：

第一步，倒 "U" 型曲线关系要求自变量一次项系数显著为正，平方项系数显著为负；"U" 型曲线关系要求一次项的系数显著为负，平方项系数显著为正。模型 3 和模型 5 的回归结果显示，海外研发投资广度的一次项系数为 0.3227，在 5% 水平下显著，平方项系数为 -0.0732，在 5% 水平下显著；海外研发投资强度的一次项系数为 -1.8268，在 5% 水平下显著，平方项系数为 1.6587，在 1% 水平下显著。回归结果满足该条件。

第二步，要求曲线的两个端点斜率要明显陡峭，要求当海外研发投资广度取最小值时，曲线斜率为正，取最大值时，曲线斜率为负；当海外研发投资强度取最小值时，曲线斜率为负，取最大值时，曲线斜率为正。本研究只关注海外研发投资广度、强度与企业创新绩效的曲线关系，而控制变量不影响曲线关系的形态，因此在分析曲线形态时，模型 3 和模型 5 可简化为公式 （13.17）。对公式 （13.17） 的自变量海外研发投资广度 （强度） 求一阶导数为企业创新绩效的曲线斜率，见公式 （13.18）。根据表 13 - 11 的描述性统计与表 13 - 12 回归结果，我们可以计算出：当海外研发投资广度取最小值时，企业创新绩效的斜率为 0.1763，取最大值时，斜率为 -0.2629；当海外研发投资强度取最小值时，企业创新绩效的斜率为 -1.5614，取最大值时，斜率为 1.4906。满足第二步的条件。

$$企业创新绩效 = \beta_0 + \beta_1 海外研发广度（强度） + \beta_2 \left[海外研发广度（强度）\right]^2$$

$$(13.17)$$

$$企业创新绩效' = \beta_1 + 2\beta_2 研发国际化广度 （强度） \qquad (13.18)$$

第三步，要求拐点取值位于各自的取值范围内。由于海外研发投资广度与强度的拐点为企业创新绩效斜率为 0 时的取值，因此令公式 （13.18） 等于 0 即可求得广度与强度的拐点，见公式 （13.19）。分别计算得出，海外研发投资广度的拐点为 2.2042，强度拐点为 0.5507，在各自取值范围内，满足第三步条件。

$$研发国际化广度 （强度）^* = -\frac{\beta_1}{2\beta_2} \qquad (13.19)$$

因此，根据上述三个步骤的检验，可得出海外研发投资广度、强度分别与企业创新绩效存在倒 "U" 型与 "U" 型曲线关系，验证了本研究内容的假设 13 - 7 和假设 13 - 8。

（2）调节效应分析。

对 "U" 型与倒 "U" 型曲线关系的调节效应需要从曲线拐点偏移（左移还是右移）以及陡峭程度的变化（平缓还是陡峭）进行分析。首先，拐点偏移方向是由自变量与交互项系数共同决定的 ［见式 （13.20）］，若 Z 值为正，表明拐点右移，反之左移。其次，通过自变量平方项与调节变量的交互项系数符号分析曲线形态的变化程度判断调节效应。

$$Z = \beta_1 (\text{自变量一次项系数}) \times \beta_4 (\text{自变量平方项与调节变量交互项的系数}) -$$
$$\beta_2 (\text{自变量平方项系数}) \times \beta_3 (\text{自变量与调节变量交互项的系数})$$

$$(13.20)$$

① 吸收能力的调节效应检验（见表 13 - 14）。

表 13 - 14　　　　　　　　　调节效应结果（一）

变量	创新绩效			
	模型 6	模型 7	模型 8	模型 9
海外研发投资广度	0.3217 ** (0.1501)	0.3009 ** (0.1568)		
海外研发投资广度平方	- 0.0726 ** (0.0355)	- 0.0611 ** (0.0311)		
海外研发投资强度			- 1.8118 ** (0.8548)	- 1.6283 ** (1.1654)
海外研发投资强度平方			1.6754 *** (0.6165)	1.5587 ** (0.6276)
吸收能力	0.0564 ** (0.0255)	0.0518 ** (0.0249)	0.0555 ** (0.0250)	0.0509 ** (0.0245)
海外研发投资广度 × 吸收能力		0.0701 ** (0.0284)		
海外研发投资广度平方 × 吸收能力		0.0075 * (0.0040)		
海外研发投资强度 × 吸收能力				0.1468 ** (0.0737)
海外研发投资强度平方 × 吸收能力				0.1606 ** (0.0765)
企业规模	0.6253 * (0.0325)	0.0679 * (0.0360)	0.0618 * (0.0320)	0.0595 * (0.0319)
企业年龄	0.0654 ** (0.0293)	0.0624 ** (0.0294)	0.0727 ** (0.0295)	0.0719 ** (0.0295)

变量	创新绩效			
	模型 6	模型 7	模型 8	模型 9
企业年龄平方	− 0.0018 ** (0.0009)	− 0.0020 ** (0.0009)	− 0.0022 ** (0.0009)	− 0.0022 ** (0.0009)
财务杠杆	− 0.4333 ** (0.1776)	− 0.3633 ** (0.1792)	− 0.4565 ** (0.1800)	− 0.4854 *** (0.1818)
盈利能力	− 0.3580 (0.4670)	− 0.3407 (0.4614)	− 0.3802 (0.4720)	− 0.3899 (0.4717)
常数项	1.8368 *** (0.5960)	1.8204 *** (0.5619)	1.8769 *** (0.5942)	1.8697 *** (0.5660)
行业	控制	控制	控制	控制
年份	控制	控制	控制	控制
Loglikelihood	− 2 168.1988	− 2 114.9846	− 2 167.4444	− 2 115.3035
Wald chi^2	1 411.35	1 456.41	1 432.95	1 476.25
N	608	608	608	608

注：*** 、** 、* 分别表示在 1%、5%、10% 的显著水平下通过显著性检验。

模型 6 在模型 3 的基础上加入调节变量——吸收能力，发现企业的吸收能力的系数为 0.0564，并在 5% 水平下显著为正，表明吸收能力对企业的创新绩效有着显著的正向影响。模型 7 在模型 6 的基础上加入吸收能力与海外研发投资广度及其平方项的交互项，结果显示吸收能力与海外研发投资广度交互项的系数为 0.0701，在 5% 的水平下显著为正，吸收能力与海外研发投资广度平方的交互项的系数为 0.0075，在 10% 的水平下显著为正，表明吸收能力对海外研发投资广度与企业创新绩效有着显著的调节效应；模型 8 在模型 5 的基础上加入吸收能力，模型 9 在模型 8 的基础上加入吸收能力与海外研发投资强度及其平方项的交互项，结果显示吸收能力与海外研发投资强度交互项的系数为 0.1468，在 5% 的水平下显著为正，吸收能力与海外研发投资强度平方的交互项的系数为 0.1606，在 5% 的水平下显著为正，表明吸收能力对海外研发投资强度与企业创新绩效两者关系有着显著的调节效应。

上述回归结果虽然说明了吸收能力对海外研发投资广度、强度与企业创新绩效的显著调节效应，但还不能说明该调节效应是否与本研究假设符合。为此，我们首先按照式（13.20），计算出海外研发投资广度与强度的 Z 值分别为 0.021 与 − 0.042，表明海外研发投资广度与企业创新绩效的倒"U"型曲线拐点右移，而海外研发投资强度与企业创新绩效的"U"型曲线拐点左移。再者，调节变量吸收能力与自变量海外研发投资广度与强度平方的交互项系数都为正。因此，可判断吸收能力积极调节海外研发投资广度、强度与企业创新绩效的曲线关系，验证了假设 13 - 9a 和假设 13 - 9b。

②区位组合的调节效应检验（见表 13 - 15）。

表 13 - 15　　　　　　　　　调节效应结果（二）

变量	创新绩效			
	模型 10	模型 11	模型 12	模型 13
海外研发投资广度	0.3238 ** (0.1502)	0.2765 *** (0.1038)		
海外研发投资广度平方	- 0.0731 ** (0.0354)	- 0.0466 ** (0.0228)		
海外研发投资强度			- 1.8016 ** (0.8428)	- 1.6739 ** (0.8502)
海外研发投资强度平方			1.6587 *** (0.6412)	1.4273 *** (0.6408)
区位组合	0.4759 *** (0.1275)	0.4399 ** (0.2087)	0.5087 *** (0.1293)	0.4399 ** (0.2093)
海外研发投资广度 × 区位组合		0.1524 *** (0.0540)		
海外研发投资广度平方 × 区位组合		0.0408 ** (0.0202)		
海外研发投资强度 × 区位组合				- 0.1468 ** (0.0737)
海外研发投资强度平方 × 区位组合				0.1606 ** (0.0765)
企业规模	0.0692 * (0.0365)	0.0695 * (0.0374)	0.0683 * (0.0358)	0.0673 * (0.0355)
企业年龄	0.0606 ** (0.0282)	0.0593 ** (0.0285)	0.0646 ** (0.0283)	0.0627 ** (0.0290)

变量	创新绩效			
	模型 10	模型 11	模型 12	模型 13
企业年龄平方	− 0.0020 (0.0009)	− 0.0025 *** (0.0008)	− 0.0021 ** (0.0008)	− 0.0024 *** (0.0009)
财务杠杆	− 0.3890 ** (0.1635)	− 0.3930 ** (0.1653)	− 0.4070 ** (0.1660)	− 0.4250 ** (0.1750)
盈利能力	− 0.3762 (0.4435)	− 0.3486 (0.4347)	− 0.3466 (0.4489)	− 0.3558 (0.4404)
常数项	1.6785 *** (0.5944)	1.6961 *** (0.5909)	1.6744 *** (0.5959)	1.6991 *** (0.5754)
行业	控制	控制	控制	控制
年份	控制	控制	控制	控制
Loglikelihood	− 2 175.7588	− 2 112.8912	− 2 173.6067	− 2 115.3035
Wald chi^2	1 421.24	1 465.56	1 434.43	1 485.34
N	608	608	608	608

注：*** 、** 、* 分别表示在 1%、5%、10% 的显著水平下通过显著性检验。

模型 10 在模型 3 的基础上加入调节变量——区位组合，发现区位组合的系数为 0.4759，并在 1% 水平下显著为正，表明区位组合中发达国家比例对企业创新绩效有着显著的正向影响。模型 11 在模型 10 的基础上加入区位组合与海外研发投资广度及其平方项的交互项，结果显示区位组合与海外研发投资广度交互项的系数为 0.1524，在 1% 的水平下显著为正，区位组合与海外研发投资广度平方的交互项系数为 0.0408，在 5% 的水平下显著为正，表明区位组合对海外研发投资广度与企业创新绩效之间关系有着显著的调节效应；模型 12 在模型 5 的基础上加入区位组合，模型 13 在模型 12 的基础上加入区位组合与海外研发投资强度及其平方项的交互项，结果显示区位组合与海外研发投资强度交互项的系数为 − 0.1468，在 5% 的水平下显著为负，区位组合与海外研发投资强度平方的交互项系数为 0.1606，5% 的水平下显著为正，表明区位组合对海外研发投资强度与企业创新绩效之间关系有着显著的调节效应。

上述回归结果虽然说明了区位组合对海外研发投资广度、强度与企业创新绩效之间关系的显著调节效应，但还不能说明该调节效应是否与本研究假设符合。为此，我们按照式（13.20），首先计算出海外研发投资广度与强度的 Z 值分别为 0.0184 与 − 0.059，表明海外研发投资广度与企业创新绩效的倒 "U" 型曲线拐点右移,而海外研发投资强度与企业创新绩效的"U"型曲线拐点左移。再者,调节变量区位组合与自变量海外研发投资广度与强度平方的交互项系数都为正。因此,可判断区位组合积极调节海外研发投资广度、强度与企业创新绩效的曲线关系,验证了假设 13 – 10a 和假设 13 – 10b。

③制度距离的调节效应(见表 13 – 16)。

表 13 – 16　　　　　　　　　　调节效应结果(三)

变量	创新绩效			
	模型 14	模型 15	模型 16	模型 17
海外研发投资广度	0.3126 ** (0.1528)	0.2968 ** (0.1432)		
海外研发投资广度平方	– 0.0718 ** (0.0364)	– 0.0536 ** (0.0238)		
海外研发投资强度			– 1.7153 ** (0.8402)	– 1.6153 ** (0.7102)
海外研发投资强度平方			1.5456 *** (0.3277)	1.3193 *** (0.3408)
正式制度距离	– 0.0881 *** (0.0266)	– 0.0839 *** (0.0245)	– 0.0708 *** (0.0296)	– 0.0695 ** (0.02913)
海外研发投资广度 × 正式制度距离		0.0512 *** (0.0154)		
海外研发投资广度平方 × 正式制度距离		– 0.0671 ** (0.0232)		
海外研发投资强度 × 正式制度距离				0.1047 ** (0.0537)
海外研发投资强度平方 × 正式制度距离				– 0.1306 *** (0.0506)
企业规模	0.0690 * (0.0390)	0.0688 * (0.0370)	0.0692 * (0.0360)	0.0721 * (0.0369)
企业年龄	0.0584 ** (0.0281)	0.0598 ** (0.0283)	0.0627 ** (0.0283)	0.0604 ** (0.0280)
企业年龄平方	– 0.0020 ** (0.0009)	– 0.0019 ** (0.0008)	– 0.0021 ** (0.0009)	– 0.0019 ** (0.0009)

续表

变量	创新绩效			
	模型 14	模型 15	模型 16	模型 17
财务杠杆	− 0.4745***	− 0.4548***	− 0.5078***	0.4890***
	(0.1654)	(0.1658)	(0.1680)	(0.1667)
盈利能力	− 0.3284	− 0.3587	− 0.3661	− 0.3604
	(0.4391)	(0.4385)	(0.4451)	(0.4393)
常数项	1.6730***	1.6743***	1.7620***	1.6686***
	(0.6047)	(0.6081)	(0.6058)	(0.645)
Industrial_dum	Yes	Yes	Yes	Yes
Year_dum	Yes	Yes	Yes	Yes
Loglikelihood	− 2 179.9885	− 2 118.9245	− 2 165.6324	− 2 117.2547
Wald chi^2	1 411.24	1 461.41	1 429.57	1 479.36
N	608	608	608	608

注：***、**、*分别表示在 1%、5%、10% 的显著水平下通过显著性检验。

正式制度距离的调节效应。模型 14 在模型 3 的基础上加入调节变量正式制度距离，发现母国与东道国的制度距离对企业创新绩效有着负向影响。模型 15 在模型 14 的基础上加入正式制度距离与海外研发投资广度及其平方的交互项，结果显示正式制度距离与海外研发投资广度交互项的系数为 0.0512，在 1% 的水平下显著为正，正式制度距离与海外研发投资广度平方的交互项系数为 − 0.0671，在 5% 的水平下显著为负，表明正式制度距离对海外研发投资广度与企业创新绩效两者关系有着显著的调节效应；模型 16 在模型 5 的基础上加入正式制度距离，模型 17 在模型 16 的基础上加入正式制度距离与海外研发投资强度及其平方项的交互项，结果显示正式制度距离与海外研发投资强度交互项的系数为 0.1047，在 5% 的水平下显著为正，正式制度距离与海外研发投资强度平方的交互项系数为 − 0.1306，在 5% 的水平下显著为负，表明正式制度距离对海外研发投资强度与企业创新绩效两者关系有着显著的调节效应。

上述回归结果虽然说明了正式制度距离对海外研发投资广度、强度与企业创新绩效关系的显著调节效应，但还不能说明该调节效应是否与本研究假设符合。为此，我们按照式（13.20），首先计算出海外研发投资广度与强度的 Z 值分别为 − 0.0172 与 0.0729，表明海外研发投资广度与企业创新绩效关系的倒 "U" 型曲线拐点右移，而海外研发投资强度与企业创新绩效关系的 "U" 型曲线拐点左移。再者，调节变量正式制度距离与自变量海外研发投资广度与强度平方的交互项系数都显著为负。因此，可判断正式制度距离消极调节海外研发投资广度、强度与企业创新绩效的曲线关系，验证了假设 13 - 11a 和假设 13 - 11b。

④文化距离的调节效应（见表 13 - 17）。

表 13 - 17　　　　　　　　　　调节效应结果（四）

变量	创新绩效			
	模型 18	模型 19	模型 20	模型 21
海外研发投资广度	0.3155 ** (0.1517)	0.2905 ** (0.1475)		
海外研发投资广度平方	- 0.0737 ** (0.0369)	- 0.0522 ** (0.0237)		
海外研发投资强度			- 1.7475 *** (0.5027)	- 1.6525 ** (0.5103)
海外研发投资强度平方			1.5714 *** (0.3209)	1.5222 *** (0.6475)
文化距离	- 0.0412 ** (0.0192)	- 0.0464 ** (0.0231)	- 0.0410 *** (0.0293)	- 0.0466 ** (0.0295)
海外研发投资广度 × 文化距离		0.0561 ** (0.0277)		
海外研发投资广度平方 × 文化距离		- 0.0542 ** (0.0262)		
海外研发投资强度 × 文化距离				- 0.1425 ** (0.0726)
海外研发投资强度平方 × 文化距离				- 0.1435 ** (0.0608)
企业规模	0.0698 ** (0.0372)	0.0684 ** (0.0375)	0.0686 * (0.0372)	0.0690 * (0.0372)
企业年龄	0.0603 ** (0.0294)	0.0588 ** (0.0292)	0.0558 * (0.0301)	0.0529 * (0.0300)
企业年龄平方	- 0.0021 ** (0.0009)	- 0.0024 ** (0.0009)	- 0.0026 *** (0.0009)	- 0.0025 *** (0.0009)

变量	创新绩效			
	模型 18	模型 19	模型 20	模型 21
财务杠杆	-0.5040^{***} (0.1815)	-0.5010^{***} (0.1820)	-0.5046^{***} (0.1849)	-0.5053^{***} (0.1851)
盈利能力	-0.3807 (0.4845)	-0.3709 (0.4860)	-0.3761 (0.4910)	-0.3730 (0.4910)
常数项	1.7728^{***} (0.6054)	1.7109^{***} (0.6072)	1.7629^{***} (0.6034)	1.7155^{***} (0.6098)
Industrial_dum	Yes	Yes	Yes	Yes
Year_dum	Yes	Yes	Yes	Yes
Loglikelihood	-2178.2456	-2116.4276	-2163.4835	-2118.4802
Wald chi^2	1 408.27	1 463.56	1 415.56	1 466.47
N	608	608	608	608

注：***、**、* 分别表示在 1%、5%、10% 的显著水平下通过显著性检验。

模型 18 与模型 20 分别在模型 3 与模型 5 的基础上加入调节变量文化距离，发现文化距离的系数分别为 -0.0412 与 $-0.0.410$，并在 5% 与 1% 水平下显著，表明母国与东道国的文化距离对企业的创新绩效有着显著的负向影响。模型 19 在模型 18 的基础上加入文化距离与海外研发投资广度及其平方的交互项，结果显示文化距离与海外研发投资广度交互项的系数为 0.0561，在 5% 的水平下显著，文化距离与海外研发投资广度平方的交互项系数为 -0.0542，在 5% 的水平下显著，表明文化距离对海外研发投资广度与企业创新绩效两者关系有着显著的调节效应；模型 21 在模型 20 的基础上加入文化距离与海外研发投资强度及其平方项的交互项，结果显示文化距离与海外研发投资强度交互项的系数为 -0.1425，在 5% 的水平下显著，文化距离与海外研发投资强度平方的交互项系数为 -0.1435，在 5% 的水平下显著，表明文化距离对海外研发投资强度与企业创新绩效两者关系有着显著的调节效应。

上述回归结果虽然说明了文化距离对海外研发投资广度、强度与企业创新绩效关系的显著调节效应，但还不能说明该调节效应是否与本研究假设符合。为此，我们按照式（6），首先计算出海外研发投资广度与强度的 Z 值分别为 -0.0172 与 0.4540，表明海外研发投资广度与企业创新绩效关系的倒 "U" 型曲线拐点右移，而海外研发投资强度与企业创新绩效关系的 "U" 型曲线拐点左移。再者，调节变量文化距离与自变量海外研发投资广度与强度平方的交互项系数都显著为负。因此，可判断文化距离消极调节海外研发投资广度、强度与企业创新绩效的曲线关系，验证了假设 13 - 12a 和假设 13 - 12b。

四、本节小结

本部分基于知识基础观、资源基础观、交易成本等理论，构建中国跨国公司海外研发广度、强度与母公司创新绩效之间的非线性关系，以及企业吸收能力、投资区位组合与制度距离的调节效应，并利用中国 2009～2015 年海外研发活动比较频繁的 6 个制造业行业上市公司作为研究样本进行实证检验，得到以下结论：第一，中国跨国公司海外研发广度与企业创新绩效之间存在着倒"U"型曲线关系，当企业的海外研发投资在适当的广度（倒"U"型的拐点左边）时，海外研发获取先进知识、技术带来的创新绩效超过企业各种投入的成本，对企业创新绩效是有积极作用的，但随着海外研发投资广度的分散（拐点右侧），外来者劣势、经营管理以及沟通等带来的成本超过获得的收益，企业创新绩效反而就会受到消极影响；第二，海外研发投资强度与企业创新绩效之间存在着"U"型曲线关系。当企业刚开始在海外加大研发投资力度时，投入成本大于获得的收益，并不能有效提升母公司的创新绩效（"U"型拐点左侧），随着研发投资强度的增加，在达到一定阈值（拐点右侧）后，获得的收益逐渐超过成本，能显著促进母公司的创新绩效。第三，企业吸收能力、投资区位组合中发达国家比例能积极调节海外研发投资广度、强度与企业创新绩效之间的关系，而母国与东道国的正式制度距离与文化距离消极调节海外研发投资广度、强度与企业创新绩效之间的关系。

虽然以往较多的研究认为海外研发投资能显著提升企业创新绩效，但很少从海外研发投资组合结构（广度和强度）来探讨对企业创新绩效的影响。本节得出海外研发投资广度与母公司创新绩效存在倒"U"型曲线关系，海外研发投资强度与母公司创新绩效存在"U"型曲线关系的结论，并可以对表 13 - 13 中的模型 3 和模型 5 通过求偏导计算出倒"U"型与"U"型的拐点值，为新兴经济体跨国企业在开展海外研发投资时提供一定的借鉴。

当企业刚开始进行海外研发投资活动时，先在一定的广度（小于拐点值）下开展投资，但要注意的是不能过于分散（超过拐点值），在广度接近拐点值时，接下来可以考虑加大海外研发投资的强度，当强度超过拐点值时，能显著提升给母公司的创新绩效。我们还发现企业的吸收能力与投资区位组合中发达国家的比例能积极地调节海外研发广度、强度与母公司创新绩效之间的关系，随着企业自身吸收能力的增强，可以进一步地扩大海外研发投资的广度与加大投资强度，使企业通过海外研发投资更好地提升创新绩效；为了更好地通过海外研发投资提升企业创新水平，当前海外研发投资区位选择还应以发达国家为主。而制度距离消极调节海外研发广度、强度与企业创新绩效之间的关系，在开展海外研发投资时，要充分权衡母国与东道国的制度差异。

另外，本节研究也验证了海外投资区位组合对海外研发广度、强度与开展国际化企业的创新绩效起到调节作用；第二节研究发现了国际化多样性对于国际化企业创新绩效的正向效应。中国首倡的共建"一带一路"倡议，不仅欢迎新兴经济体或发展中国家参与共建，也同样欢迎包括发达国家在内的全球各经济体参与共建。共建"一带一路"给民营企业国际产能合作带来了增加国际化多样性和海外投资区位组合的更多机会。只要民营企业善于把握"一带一路"国际产能合作的市场和创新机遇，减少或规避相关风险与不确定性，将可能从"一带一路"倡议中获得更大成功。当然，本节研究样本的时间为 2009～2015 年，而"一带一路"倡议在 2013 年提出，因此鼓励未来研究进一步探讨和检验共建"一带一路"倡议实施十年之后，民营企业海外研发国际化是否以及如何影响企业创新绩效。

第四篇

民营企业参与"一带一路"国际产能合作中的能力体系构建

环境感知能力、产品制造能力、供应链调整能力等能力体系构建是保证产业体系适宜、灵活，平衡产业体系完整、高效的关键所在（林雪萍，2023）。本篇讨论中国民营企业参与"一带一路"国际产能合作中的能力体系与能力建构问题，主要探讨"走上去"过程中企业自身能力建设相关问题，也就是开展国际产能合作"走出去""走进去"之后企业内部如何建构能力体系，以实现在东道国的嵌入、本地学习和竞争优势获取，以及实现母国与东道国的有效整合。本篇内容包括第十四章和第十五章。

早期在共建"一带一路"参与国进行国际产能合作主要是"开发利用型"国际化。这里的"开发利用型"国际化主要是指以中国民营企业为代表的新兴经济体企业，到其他新兴经济体进行经营活动，通过开发利用母国自有的技术、制造、品牌等能力获得经济优势的国际商务活动类型。由于作为全球化的后来者，中国民营企业国际化同时面对着"外来者劣势""来源国劣势"和"东道国弱制度"三重挑战，加之不断深化的科技革命进一步加剧了外部环境的动荡性，中国民营企业国际化过程中应该具备什么样的能力以获取动态竞争优势？另外，民营企业在共建"一带一路"国开展国际产能合作的过程中，为了能够发挥中国母国已有的独特优势，还需要具备哪些异质性的能力？

　　本篇沿着民营企业在共建"一带一路"东道国应对"制度环境复杂性"（非市场战略）、"技术环境复杂性"（市场战略）所需要的企业能力两个思路展开。第十四章主要探讨民营企业国际动态能力建构问题，也就是"改变国际化运营能力的能力"内涵与形成机制，并以案例研究方法探讨国际动态能力的构建路径。制度环境、企业组织创新和高管/个体三维度互动，建构民营企业"高阶能力/一阶能力"的过程。同时民营企业国际化过程也需要构建技术创新、营销能力等运营层面的"低阶/零阶能力"，特别是结合中国母国庞大市场拥有的较系统成熟的行业标准、不断增加的创新能力、知识产权和专利基础，在"一带一路"共建国国际产能合作和市场拓展过程中，民营企业应建构行业标准能力、知识产权能力和国际市场需求创造能力。在此基础上，第十五章主要聚焦于民营企业"一带一路"国际产能合作中的区域创新系统国际化能力评价及其提升的相关问题展开探讨。在探讨区域创新系统国际化能力对区域民营企业参与"一带一路"国际产能合作的支持作用基础上，重点关注了以浙江三个不同区域为代表的地方创新系统能力建设进展与民营企业国际化的关系。最后实证解析了区域创新生态系统协同度、创新能力异质性与国际产能合作绩效的关系。

第十四章

民营企业参与"一带一路"国际产能
合作中的企业能力体系构建

考虑到能力体系构建是中国民营企业参与"一带一路"国际产能合作过程中实现适应性生存、可持续竞争优势以及获取东道国话语权，即"走上去"的关键动力机制，本章节重点从以下几方面展开讨论。首先，为整体把握国际动态能力的已有研究基础及其发展脉络，本章对"国际动态能力"概念进行了全面系统的梳理与分析。其次，以浙江吉利汽车为例，详细阐述了民营企业"一带一路"国际产能合作中动态能力的动态构建路径。再次，聚焦民营企业参与"一带一路"国际产能合作获取东道国话语权的问题，从"全球价值网络升级""行业标准话语权获取机理""知识产权战略布局机理"和"市场定价权获取与新需求创造机理"等多方面关键运营能力培育视角展开分析。最后，检验并讨论了中国民营企业参与"一带一路"国际产能合作过程中的可持续发展能力提升问题。

第一节　民营企业国际化中的国际动态能力构建与升级

为了从整体上了解企业国际化中的动态能力的国内外研究发展脉络，找出相应的研究空白点，本研究选用 Web of Science 核心合集数据库作为检索平台，对包含"international*"和"dynamic capabilities*"的文献进行高级检索，搜索时

411

间确定为 1997～2023 年，然后通过对 724 篇文献的标题、摘要和正文进行人工核对，剔除不相关文献后，最后得到 689 篇文献。通过对 689 篇文献的分析，我们发现对于动态能力和国际化的融合最早可以追溯到 2000 年，麦多克和奥塞戈维奇（Madhok and Osegowitsch，2000）在《国际商业研究杂志》（*Journal of International Business Studies*，JIBS）上发表了《国际生物技术产业：动态能力视角》（The International Biotechnology Industry：A Dynamic Capabilities Perspective），作者基于动态能力的视角分析了国际生物技术产业的国际扩散问题。紧随其后，格里菲斯和哈维（Griffith and Harvey，2001）在 JIBS 上发表了《全球动态能力的资源视角》（A Resource Perspective of Global Dynamic Capabilities），认为全球动态能力能够整合基于市场和资源的资产以增强企业在国际市场中的力量。这两篇文章虽然最早将动态能力与国际化现象进行融合分析，但更多还是停留在了动态能力的概念层面，并未真正从动态能力的本质或内涵上进行深入分析。相比较而言，陆亚东（2000）在世界商业杂志（*Journal of World Business*，JWB）上发表的《国际扩张的动态能力》（Dynamic Capabilities in International Expansion）则更为具体，他提出了动态能力的三个基本要素——能力拥有（特色资源）、能力部署（资源配置）和能力升级（动态学习），并认为这三者已经日益成为国际扩张和全球运营的基础，同时绘制了一个以知识为基础的国际化扩张和动态能力的整合性框架，为后续的研究奠定了基础。李巍（2012）将动态能力观引入国际营销研究领域，提出"国际营销动态能力"概念，并对其内涵和结构维度进行理论探索和实证检验，这不仅拓展和深化了动态能力观的分析边界，更是将国际营销能力的研究视角从以往聚焦于静态资源禀赋，转向了关注和考察建立、整合和重构国际化企业资源基础的内部组织流程或惯例。此外，还有研究针对某些特殊情境下的动态能力加以分析，如跨国并购的能力更新（吴先明和苏志文，2014）、天生国际化企业动态能力（朱弘一，2017）等。近几年，席尔克等（Schilke et al.，2018）开发了一个元框架，综述了动态能力的前因、维度、机制、调节因素和结果，将动态能力视角统一为一个连贯的总体模型；陈衍泰等（2022）结合生态系统观，将动态能力和平台生态系统相结合，探究了数据驱动的动态能力在国际化平台企业中的重要性；陈衍泰等（2023）使用文献计量和内容分析的混合方法，描述了动态能力微观基础中涉及的主要组成部分和机制，开发了一个多层次的理论框架，加深和拓宽对动态能力微观基础的理解。此外也有关于动态能力演化的综合分析研究，例如惯例、企业家精神和即兴能力视角下构建的动态能力螺旋演化模型研究等（张靖雯等，2023）。

根据陆亚东（2019）结合动态能力理论与国际商务理论提出的分析框架，国际动态能力的三个关键组成部分包括：建构能力系统（也就是独特性的资源及其能力)、国际部署能力（也就是在海外配置、转移、分享和利用现有主要资源的能力）和升级能力（也就是根据动荡的海外环境进行应配、动态学习与建构新能力）。

首先，民营企业不仅要拥有独特的资源以在母国获得经济回报和竞争优势，而且要在国际化过程中进行有效部署和配置其独特资源。企业能力建构过程应促进企业拥有独特的资源，包括关键的资产和知识等，使得企业自身维持独特竞争优势、获得经济回报。通过学习或快速创新等举措获得核心知识或技术使得竞争对手难以模仿。民营企业国际化过程所需的操作能力或低阶能力包括：技术和运营能力、管理和组织能力、资本运作和财务能力等专有能力。其中，技术能力如专利、产品开发和流程创新等是重要基础；市场营销、市场开发、在东道国的商业实践知识、与东道国创新生态系统成员的网络关系等默会知识是运营能力的核心；国际管理能力不仅包括国际人力资源管理、财务资本、海内外组织构架协同与信息流动共享，还包括在特定海外市场和行业的国际化经验等。从演化经济学视角看，动态能力的根本是企业的惯例化和制度化过程，因此需要对中国民营企业在"一带一路"国际产能合作运营中的子公司进行组织惯例化和制度化，将个体或海外子公司的海外业务知识内部化，并转化为母公司在其他海外子公司可以共享的组织动态能力。

其次，民营企业"一带一路"国际产能合作中的能力跨境转移、组织动态与全球能力配置，也就是在海外配置、转移、分享和利用现有主要资源的能力。为了确保在"一带一路"海外市场的生存与发展，民营企业需要将其在国内的关键能力进行有效的跨境转移，才能使其在东道国的业务具有竞争优势。第一，企业的关键能力通常在母公司，可以通过外派关键管理人员和团队，输送技术、管理模式或其他默会知识等形式进行海外能力转移。第二，由于市场和技术动态性与不确定性，特别是"一带一路"国际产能过程中的环境不确定性较大，需要民营企业在东道国的资源和能力构建、配置和利用上与全球、"一带一路"东道国外部环境各种新形势不断动态应配，根据实际情况进行再布置和应配。根据北欧学派的"国际化过程理论"，民营企业国际化过程中在当地的投入应参考积累的有关共建"一带一路"国家特定市场、实践和环境的知识。第三，协同好母国与东道国市场是民营企业的重要配置能力，需要考虑"一带一路"目标国的环境条件和潜在动荡性，并分析母公司的应对和资源重新配置策略；另外，母公司各种操作或低阶能力的可转移性或"粘性"存在着一定的差异，例如技术能力、资本或现金流管理技能、国际声誉等相比组织能力、运营能力更容易转移，需要民营企业根据在"一带一路"共建国的进入模式、海外战略目标等权变地进行全球能力配置的选择。

最后，民营企业应根据"一带一路"共建国海外环境动荡程度进行动态学习、应配与建构新能力，不断进行能力升级。民营企业"一带一路"国际产能合作"走上去"获得成功不仅取决于静态的资源占用和部署能力，还取决于根据海外环境动荡程度进行不同的学习和能力动态的升级过程。企业在不同的海外东道国区域需要的知识和能力体系存在着差异性（Andreas et al.，2019）；而在同一个东道国，具备更好学习能力的企业更容易获得新知识和能力的更新。根据马奇（March，1991）教授的观点，学习可以区分为探索式学习和开发利用式学习的"双元"学习；民营企业应根据海外进入模式和发展阶段选择和平衡"双元"学习。学习的过程涉及高管或员工个体、团队或子公司不同层面。学习的渠道涉及东道国子公司的组织内部开发和从顾客、供应商和合作伙伴等创新生态系统的其他成员中学习，通过学习扩充新知识、重新配置资源和不断更新能力。民营企业可以通过创新能力、学习能力和知识共享制度化、惯例化，并不断地更新母公司和海外子公司的知识库，来实现源源不断的能力更新和升级（Peter，2016）。

第二节 民营企业"一带一路"国际产能合作中动态能力构建路径：以浙江吉利汽车为例

一、案例国际化背景介绍

浙江吉利控股集团（以下简称"吉利"）始建于1986年，从生产电冰箱零件起步，1997年进入汽车行业，现已发展成为一家集汽车整车、动力总成和关键零部件设计、研发、生产、销售和服务于一体，并涵盖出行服务、数字科技、金融服务、教育等业务的全球创新型科技企业集团。在2020年《财富》世界500强排行榜中，吉利控股集团以478亿美元（约3 308亿元人民币）营收位列第243。这是吉利控股连续第9年位列《财富》世界500强，也是其中唯一上榜的中国民营汽车集团。①

自2010年并购沃尔沃汽车以来，吉利抓住机遇、深化海外布局，不断强化旗下各品牌间协同的内生力，逐渐发展为一家研发国际化、营销国际化、管理国

---

① Geely Holding 11th Year on Fortune Global 500，https：//zgh.com/media－center/news/2022－08－03/？lang＝en，2022－08－03.

际化的全球型企业。在研发方面，吉利在中国上海、杭州，西班牙巴塞罗那、美国加州、德国法兰克福、马来西亚吉隆坡等地设立造型设计和工程研发中心，研发、设计人员超过 2 万人，拥有大量发明创新专利。在营销方面，吉利在中国、美国、英国、比利时、马来西亚建有世界一流的现代化汽车整车和动力总成制造工厂，拥有各类销售网点超过 4 000 家，产品销售及服务网络遍布世界各地。[①]在管理方面，吉利是沃尔沃集团第一大持股股东和戴姆勒股份公司第一大股东。吉利不仅推动了沃尔沃汽车品牌的复兴和持续发展，还实现了吉利汽车与沃尔沃汽车、宝腾汽车、路特斯汽车和伦敦电动汽车的文化融合、人才融合和技术融合，并逐步建立全球化采购供应链体系，发挥巨大的协同效应。

本部分选取吉利为案例，分析其在"一带一路"国际化进程中的动态能力构建路径，主要基于以下两个原因：第一，吉利国际化发展迅速，作为中国民营汽车制造企业重要代表，其动态能力研究具有典型性与有效性；第二，该企业发展年份较长，大量相关新闻资讯及学术研究积累，品牌官网搭建完善，为研究奠定了丰富的资料基础。

二、案例研究发现

蒂斯等（1997）将动态能力定义为"企业整合、构建和重新配置内部和外部能力以迅速应对不断变化环境的能力"。在开放且高度动态的全球经济中，动态能力使企业能够创造、部署和保护资源能力，支持企业取得长期的卓越绩效及持续的竞争优势。企业的成功取决于发现和发展机会，有效地组合内部和外部的发明创造，在企业内部和企业之间高效地知识共享，对企业惯例进行升级换代，以及塑造新的全球市场游戏规则（Teece，2007）。

蒂斯（2007）从过程视角出发指出动态能力包括感知机会和威胁的能力、捕捉机会的能力以及重新配置资源的能力。本节立足该观点，从机会识别能力、机会捕捉能力和资源重置能力三个维度对吉利不同阶段的国际化举措进行分析，解析民营企业"一带一路"企业国际动态能力构建路径。

1. 机会识别能力

在国际化的过程中，需要不断识别新的机会与威胁，才能更好地进行业务调整与技术创新。2003 年 8 月，首批吉利轿车出口海外，实现吉利轿车出口"零的突破"。随着吉利国际化程度的增加，面对来自不同国家和地区的客户以及不同的竞争对手，吉利发现现有产品不能完全满足差异化的顾客需求，技术水平与国际同

---

① 《吉利控股集团》，https：//zgh. com/our‑business/。

行有差距，存在缺乏国际型创新人才等问题。吉利意识到要想融入国际竞争，与国外同行企业竞争，必须要扩大企业的信息搜索空间，主动掌握行业内技术创新、国际发展动态，缩小与国际同行的技术差距。鉴于此，吉利在国际和国内市场上开展了一系列的创新机会搜索行为。首先，吉利积极参加行业产品博览会，向世界一流的同行业企业学习。如 2009～2010 年间，通过参加各种汽车展示会，吉利先后与中国台湾的裕隆公司、江森自控、法国佛吉亚集团建立了深层次的战略合作关系。其次，吉利积极聘请国际化高端人才进入研发、管理等岗位，提高企业智力资本创新水平。如 2013 年任命方浩瀚（Mats Fägerhag）为吉利控股集团欧洲研发中心 CEO 及吉利控股集团研究院执行副院长。此外，吉利积极与国内外高校和科研机构建立了多样化的合作关系，合作项目包括人才培养、共建研究院、研究中心、联合实验室等，为企业创新发展嵌入高质量的人才动力。

通过在全球范围内搜索，吉利实现对行业技术发展动态更好的感知，对新知识价值更好的识别，并且更快地找到合适的合作伙伴及高端对口人才，这些机会识别能力是成功研制开发新产品的开始。

2. 机会捕捉能力

尽管吉利通过国际化获取了大量的创新资源和信息，但企业需要通过整合内部资源、调整组织结构来把握机会，制订国际化战略升级计划。

（1）制定战略。

2007 年 5 月，吉利公开宣布进入战略转型期，从"低价"战略向"技术领先、质量可靠、服务满意、全面领先"战略转型，确立了"总体跟随、局部超越、重点突破、招贤纳士、合纵连横、后来居上"的企业发展战略。为实现上述目标，通过产业结构调整、技术体系整合、采购体系整合、营销体系整合，通过推进用户满意度工程、质量精致化工程和品牌塑造，实施产品线利润中心管理模式等，吉利企业管理和经营战略路线图更加清晰。

（2）国际研发协同。

在 2007 年进入研发战略的转型期后，企业加快了全球研发网络的布局，企业自主研发能力不断提升。作为中国最大的私营汽车集团，吉利将自主创新和知识产权置于其商业战略的核心位置，截至 2023 年 6 月底，过去 10 年，吉利控股集团总研发投入约 2 000 亿元，近 5 年则达 1 100 亿元左右；2023 年上半年，吉利汽车研发总投入同比增长 62.8%，达到 59.1 亿元。[1] 人才方面，吉利目前有来自 40 多个国家的近 2 万名研发人员[2]，集合了众多汽车创新领域的顶级专家。

---

① 《吉利控股集团加大自主研发投入　全力转向智能新能源》，中国经济网，http：//www. ce. cn/xwzx/gnsz/gdxw/202309/14/t20230914_38714438. shtml，2023 年 9 月 14 日。
② 吉利控股集团官方网站，https：//zgh. com/our－business/。

高水平的自主研发能力助力了吉利对国际化创新机会的捕捉，该机制主要通过内外部协同效应实现。

通过加强内外部协同效应，吉利提升了旗下所有品牌的创新能力，并领导开发基于模块化架构的通用标准化技术，旨在实现高度的零件通用性和成本优化。首先，为了充分利用全球智慧，吉利建立了一个遍布全球的研发与造型网络，在全球拥有五大研发中心和五大造型设计中心，专注于核心汽车技术的发展和未来出行。其次，在研发人才及研发中心的支持下，吉利已形成四大基础架构平台体系布局——BMA（覆盖 A0 到 A + 级车）、CMA（覆盖 A0 到 B 级车）、SPA（覆盖中大型车）及 PMA（全新一代电动汽车专属架构平台），适合多种车型及不同动力，为吉利全面参与全球市场竞争提供了重要战略支撑。2017 年 9 月首次推出的 CMA 架构平台就是 CEVT 提供实际解决方案能力的一个例子。该架构具备了国际领先水平，可以根据不同汽车品牌的具体需求和品牌价值进行定制，使吉利汽车的品牌价值和技术含量都得到了很大的提升。

（3）国内资源协同以捕捉市场机会。

除了外部协同效应外，吉利还通过加强内部协同效应整合国内研发资源，并通过组织内部流程管理实现对国际化创新机会的捕捉。首先，通过与高校合作，促进高校的智力资源流向企业以及技术前沿和最新动态的交流，与吉利的生产制造技术相结合，产生技术的新组合。其次，吉利还通过内部管理的方式促进了企业知识的搜索与整合，提高机会捕捉能力。例如员工在参加世界顶级车展后，按惯例要求进行总结汇报；按照国际主流厂商的标准，将企业的研发体系整合到一起，所有研发中心成果共享、分工明确；在内部积极实行电子档案优化管理，改善企业知识搜索、储存、更新、转移和分享的效率。

3. 资源重置能力

秉承"让世界充满吉利"的国际化愿景，吉利在发展过程中动态配置企业资源与能力，积极应对动态的外部环境，通过全球资源编排开展创新活动和开拓全球市场，实现企业战略升级，主要通过海外建厂、合资建企、海外收购的途径推进国际化战略实施，其发展大事件如表 14 - 1 所示。

表 14 - 1　　　　　　　　　　吉利国际化主要事件

时间	事件
2006 年	吉利控股集团与英国锰铜控股公司成立合资公司——上海英伦帝华公司，正式签署合资生产名牌出租车 TX4 车型的协议
2009 年	吉利收购了世界第二大自动变速器公司澳大利亚 DSI 并在中国成立工厂生产
2010 年	吉利从福特集团手中全资收购沃尔沃汽车

417

续表

时间	事件
2013 年	吉利汽车将伦敦标志性黑色出租车生产商英国锰铜公司全部纳入旗下
2017 年	吉利与马来西亚 DRB–HICOM 集团签署最终协议，收购 DRB–HICOM 旗下宝腾汽车（PROTON）49.9% 的股份以及豪华跑车品牌路特斯（Lotus）51% 的股份
2017 年	吉利汽车宣布与美国 Terrafugia 飞行汽车公司达成最终协议，将收购 Terrafugia 的全部业务及资产，布局飞行汽车事业
2018 年	吉利有限公司宣布，已通过旗下海外企业主体收购戴姆勒股份公司 9.69% 具有表决权的股份，成为戴姆勒股份公司的最大股东，并承诺长期持有其股权
2018 年	戴姆勒移动出行与吉利科技集团宣布，将在中国成立一家高端网约车合资公司
2019 年	戴姆勒股份公司与浙江吉利控股集团宣布成立一家全球各持股 50% 的合资企业，共同拥有、运营和进一步发展小型城市车辆的先驱 smart，成为高端电动汽车的领导者
2020 年	吉利和梅赛德斯－奔驰股份公司宣布：双方组建的 smart 品牌全球合资公司"智马达汽车有限公司"正式成立，在全球范围内联合运营和推动 smart 品牌转型升级
2022 年	吉利宣布，其已完成对英国超豪华性能品牌阿斯顿·马丁·拉贡达国际控股 7.60% 股份的收购
2022 年	吉利汽车集团与匈牙利格兰德汽车中欧公司在布达佩斯举行战略合作签约仪式，标志着吉利汽车将首次进入欧盟市场
2022 年	吉利与雷诺将成立新合资公司，生产下一代混合动力系统
2023 年	吉利从 YewTree 投资集团收购阿斯顿马丁股份，将对阿斯顿·马丁的持股比例增至 17%，成为第三大股东

资料来源：笔者根据相关资料整理。

（1）海外建厂。

海外建厂是吉利"走出去"的第一步。2007 年开始，吉利在俄罗斯、乌克兰、印度尼西亚等国家建厂散装件（CKD）、半散装件（SKD）生产销售，改变了以往以整车出口为主的单一贸易形式，它绕开部分国家对中国整车出口所设的贸易壁垒，更好地抓住海外市场机会。以在印度尼西亚落户的自由舰 CKD 组装项目为例，吉利在印度尼西亚设立项目工厂，有利于吉利进一步进军东南亚和进入全球右舵汽车市场。此外，吉利熊猫以"CKD + 地产化"的形式走进中国台湾市场后，经过其合作伙伴裕隆汽车的修改，衍生出吉利熊猫电动车"酷比"，并先后在越南、菲律宾、中国台湾等地上市，随后返销。

（2）合资建企。

通过合资建企，吉利零距离接触和吸收到世界汽车工业的前沿技术并整合到自身的技术体系中去，积累吉利的全球化运作经验，为后续的收购奠定了基础。2006 年，吉利与英国锰铜控股公司成立合资公司上海英伦帝华公司，正式签署合资生产名牌出租车 TX4 车型的协议。与美国锰铜控股公司的合作助力吉利抓住机会，进军国内外出租车细分市场，这也为吉利后续在英国出租车市场的发展奠定基础。2013 年，吉利汽车将伦敦标志性黑色出租车生产商英国锰铜控股公司全部纳入旗下。① 2017 年，投资 3.25 亿英镑，考文垂工厂正式建成投入使用，随后公司正式更名为伦敦电动汽车公司，并发布了全新品牌商标（logo）。② 2018 年 10 月，戴姆勒移动出行与吉利科技集团宣布，将在中国成立一家高端网约车合资公司，并于 2019 年推出"StarRides"高级网约车服务。③2019 年戴姆勒股份公司与浙江吉利控股集团宣布成立一家全球各持股 50% 的合资企业，共同拥有、运营和进一步发展小型城市车辆的先驱 smart，成为高端电动汽车的领导者。④2022 年 11 月 8 日，吉利与雷诺将成立新合资公司，生产下一代混合动力系统。⑤

（3）海外收购。

吉利的海外收购开始于 2009 年收购澳大利亚自动变速器（DSI）公司。随着国际化程度加深以及企业资源积累，吉利将海外收购目光放到整车品牌，2010 年，吉利以 15 亿美元收购沃尔沃 100% 的股份⑥，是我国首例海外车企并购案，也是迄今为止最成功的海外车企并购案之一。吉利通过与沃尔沃在产品研发、供应链设计、技术核心等多领域的合作，推出高度模块化结构的 CMA 平台以及双方共同出资组建的领克汽车，助力吉利突破 20 万元的价格壁垒，实现品牌升级。与此同时，沃尔沃技术的加持让吉利的营销有了更大的发展空间，自上而下地带动吉利相关车型的销量提升。2017 年，吉利与马来西亚 DRB – HICOM 集团签署最终协议，收购 DRB 旗下宝腾汽车 49.9% 的股份以及豪华跑车品牌路特斯 51% 的股份⑦，并成为宝腾汽车的独家外资战略合作伙伴，吉利收购宝腾，完成了技术换市场的又一次布局。同年，吉利汽车宣布与美国 Terrafugia 飞行汽车公司达成最终协议，将收购 Terrafugia 的全部业务及资产，布局飞行汽车事业。2018 年 2 月 24 日，吉利通过旗下海外资金主体收购戴姆勒股份公司 9.69% 具有表决权的股份。⑧此次收购完成后，吉利将成为戴姆勒股份公司最大的股东，并承诺长期持有其股权。2020 年，吉利和梅赛德斯 – 奔驰股份公司宣布：经相关监管部门批

---

① ③ ④ ⑤ ⑥ ⑦ ⑧　吉利控股集团官方网站信息，https：//zgh.com/geely – history/。

②　吉利控股集团官方网站信息，https：//zgh.com/our – brands/condon – ev – company/。

准，双方组建的 smart 品牌全球合资公司"智马达汽车有限公司"正式成立，在全球范围内联合运营和推动 smart 品牌转型升级。[1] 2022 年 9 月 30 日，吉利宣布，其已完成对英国超豪华性能品牌阿斯顿·马丁·拉贡达国际控股 7.60% 股份的收购。[2] 2023 年 5 月 18 日，吉利从 YewTree 投资集团收购阿斯顿马丁约 4 200 万股现有普通股，并认购约 2 800 万股新股，将对阿斯顿·马丁的持股比例增至 17%，成为第三大股东。[3] 国际化事业的全面起航为吉利带来了巨大的经济效益（见图 14 - 1）。通过多途径配置全球资源，吉利汽车不断提升了国际动态能力。

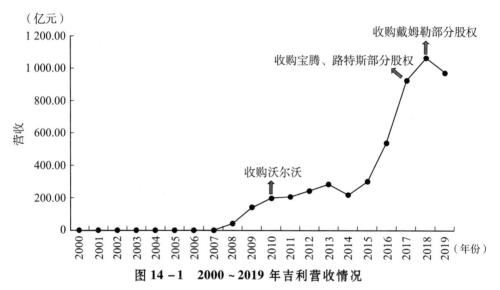

图 14 - 1　2000～2019 年吉利营收情况

资料来源：《吉利汽车年报》，东方财富网，http：//emweb. securities. eastmoney. com/PC_HKF10/NewFinancialAnalysis/index？type = web&code = 00175&color = b。

三、案例小结

作为国际化较为成功的汽车企业，在接连进行国际并购之后，吉利的国际化之路再加速，自主品牌实现了跨越式的发展。在这个过程中，国际动态能力是推进吉利国际化战略实现的关键，国际化程度的提高又提高了企业识别机会、捕捉机会、重新配置资源的国际动态能力。通过对吉利国际化案例中的动态能力构

① 吉利控股集团官方网站信息，https：//zgh. com/geely - history/。

② 《官宣！吉利控股收购阿斯顿·马丁·拉贡达 7.6% 股份》，每日经济新闻，https：//baijiahao. baidu. com/s？id = 1745378420603911180&wfr = baike。

③ 《买买买！吉利控股成为阿斯顿·马丁"三当家"》，封面新闻，https：//baijiahao. baidu. com/s？id = 1766281407815869584&wfr = baike。

建机制挖掘，本节认为民营企业"一带一路"国际产能合作中动态能力构建路径，通常包括以下三个方面来不断获取国际化的动态竞争优势：

首先，企业需要在国际化进程中不断提高机会的识别能力。中国企业要想实现国际化创新赶超，管理者不仅要认识到国际市场能为企业提供直接的创新源，更要认识到国际化能够提高机会识别能力，这对于企业持续提升创新绩效具有重要意义（陈再齐、李德情，2023）。另外，企业也应该意识到持续提升国际化竞争优势的动力来源于对机会的动态识别能力，国际化企业只有在准确识别市场需求、预测市场风向的前提下，才能对组织战略进行更好的布局。尤其是随着移动互联、大数据、云计算、AI、新能源等技术的不断推陈出新，汽车行业正在经历最为深刻的变革，世界汽车市场重心向东转移以及汽车产业智能化和新能源汽车等发展的趋势凸显，中国有机会在全球智能科技发展和应用方面捷足先登，这将是一条具有更多机会的国际化发展道路。

其次，企业需要在国际化进程中提高机会的捕捉能力。当企业敏锐地感知到国际化市场变化及对应的市场需求时，对机会的捕捉能力能够让企业更快地占领先机。对于吉利来说，国际研发协同和国内资源整合是提升其全球机会捕捉能力的关键策略。包括全球研发网络布局、技术共享与资源整合、市场需求快速响应、产学研合作、品牌协同以及软件开发等多个方面的协同和集成，吉利应进行全方位的技术研发，强化自身在全球汽车行业中的竞争力，以期在未来的汽车市场中保持持续增长和影响力的提升。同时，吉利通过这种全球研发网络实现了资源的优化分配和知识的共享，为公司提供了强大的技术支撑和灵活的市场适应力。这种全球化的投资和产品开发策略，帮助吉利在全球范围内建立了一个坚实的品牌基础，为其在激烈的国际汽车市场中占据一席之地提供了有力支撑。此外，国内的资源协同也不可忽略，广泛的产学研合作以及自主办学为吉利搭建了完善的人才供给体系及国内研发系统，结合组织内部员工的高效率管理，为吉利的国际化提供了坚实的内部基础。

最后，企业需要在国际化进程中提高全球资源的重新配置能力。民营企业应意识到持续提升企业创新绩效的动力来自企业动态能力的建立，国际化企业在获取创新资源的过程中应积极对内外部资源进行整合，对组织结构进行重构，使得企业能够提高资源的创新效率。在不同阶段，吉利采取了不同的国际化措施，实现对全球资源的重新配置，提高组织国际化效率。从早期的海外建厂到合资出租车公司再到后来的收购中高端汽车公司，吉利的国际化战略方向愈加明晰。海外收购等措施不仅在绩效上为吉利带来了提升，也在舆论上提高了企业知名度，沉淀企业无形资产，这又进一步推动了企业国际化，实现良性循环。

第三节 中国民营企业参与"一带一路"国际产能合作中的关键运营能力培育

民营企业参与"一带一路"国际产能合作获取东道国话语权的关键运营能力，主要从"全球价值网络升级""行业标准话语权获取""知识产权战略布局"和"市场定价权获取与新需求创造"等方面来建构（见图 14 - 2）。

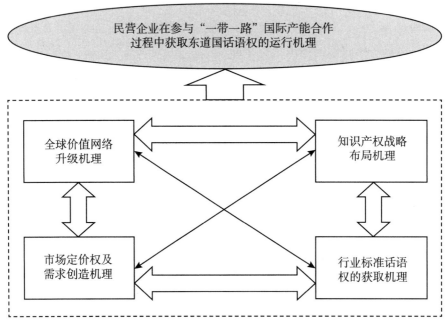

图 14 - 2 参与"一带一路"国际产能合作的关键运营能力及获取东道国话语权机理

一、从产品内分工理论和全球价值链理论视角看，民营企业参与"一带一路"国际产能合作需要具备在全球价值网络升级的运营能力

改革开放 40 多年来，特别是中国 2001 年加入 WTO 以来，伴随着全球价值链条的不断延伸和国内创新能力不断提升，我国成功承接了国际先进企业的产业

转移，嵌入全球价值链，但嵌入全球价值链过程往上游升级时中国企业被"俘获"，"锁定"在全球价值链的中低端位置。

"一带一路"倡议的实施为我国经济高质量发展、重塑国际分工格局的目标创造了重要机遇。除了在发达国家主导的全球价值链中，通过不断提升自主创新能力解决"卡脖子"问题；进一步引进、吸收发达国家先进技术外；致力于构建以我国为主导的"一带一路"区域价值链成为促进我国产业结构高端化、提高在全球价值链地位的重要途径。当价值链的终端市场变为新兴国家后，由于新兴国家对产品种类或质量的要求较发达国家宽松，能够激励我国民营企业和"一带一路"本地企业构建区域价值链，我国民营企业开始有机会从事产品开发设计等高附加值环节。通过我国企业在区域价值链中的主导地位，推进我国产业结构高端化，进而提升我国企业在全球价值链中的地位。

近年来，随着以美国为代表的少数西方国家政客采取一系列打压我国的举措，包括实施"小院高墙"和"脱钩"等举措，以及全球范围内暴发的公共卫生突发事件，这一系列事件对中国全球价值链的安全和稳定产生了深远的影响。首先，西方国家采取的"小院高墙"和"脱钩"等举措加剧了全球价值链的不确定性。这些国家通过加强对我国的技术、贸易和投资限制，试图在全球产业体系中减少对中国的依赖。这导致了全球价值链的重新调整，一些企业被迫重新考虑供应链战略，寻找替代来源。中国企业在全球价值链中的地位受到挑战，面临更大的市场风险和不确定性。[①]

其次，全球疫情对中国全球价值链的稳定造成了巨大冲击。疫情暴发导致全球生产链、供应链和物流链的严重中断，中国作为全球制造业中心的地位受到了挑战。因为疫情防控措施，一些工厂停工，交通受限，导致产能下降和物流延误。这对中国企业的生产和出口带来了极大的困扰，同时也加剧了全球价值链的不稳定性；后疫情时代全球价值链有所恢复，但数年中断之后恢复有一个过程。

再者，西方国家对中国的打压政策可能导致我国在一些关键领域的科技创新受到制约。由于技术转让受到限制，中国企业可能面临更大的挑战，尤其是在新兴技术领域。这可能影响中国在全球价值链中的竞争力，使其难以在高附加值的产业中取得更大份额。在这种情况下，中国需要积极应对，加强自主创新，拓展国际合作，稳固全球价值链地位，确保经济的持续健康发展。

因此，中国民营企业参与"一带一路"国际产能合作的过程中，需要直面以上问题，通过构建包括共建"一带一路"国家市场在内的全球创新生态系统；开

---

① 《舆论观察 | 小院高墙、产业回流、重塑关系：美国"对华脱钩"三板斧效果几何?》，中国工信新闻网，https://www.cnii.com.cn/gxwww/tx/202308/t20230818_496559.html，2023 年 8 月 18 日。

展价值共创活动；特别是针对研发技术、品牌和设计等价值链高端环节。

以浙江为代表的"全球链主"等地方举措展现了提升全球网络升级所需的战略目标。首先，"全球链主"战略彰显了地方政府积极参与全球价值链构建的决心。通过制定政策、提供支持，浙江等地鼓励本地企业主导全球价值链，促进本地产业的国际化。这需要政府具备有效的产业政策制定和执行能力，以确保企业在全球价值链中发挥主导作用。"全球链主"战略更是对本地企业的创新能力提升提出世界级的要求。为了在全球价值链中占有主导地位，企业需要不断创新，提升产品和服务的附加值。地方政府通过设立创新基金、科研机构，支持企业进行研发和技术创新，使其在全球市场中更具竞争力。此外，"全球链主"战略要求企业具备国际化运营的管理水平。这包括对国际市场的深刻了解，以及跨文化沟通和合作的能力。地方政府通过提供培训和咨询服务，协助企业构建国际化团队，提升在全球价值链中的交流和合作效率。最重要的是，"全球链主"战略倡导可持续发展和绿色生产。在全球关注环境可持续性的趋势下，地方政府通过设立绿色产业园区、推动清洁能源技术研发等手段，鼓励企业在全球价值链中发挥领先角色，提高产业链的环保水平（张建忠，2014）。

总体来说，以浙江为代表的"全球链主"等举措，通过政府引导、企业创新、国际化运营和可持续发展等方面的努力，展示了提升全球网络升级所需的关键能力。这些努力旨在使地方企业更好地融入全球价值链，实现推动"一带一共"共建国产业的可持续发展，并为全球产业升级做出积极贡献。

二、民营企业在参与"一带一路"国际产能合作过程中知识产权战略布局的能力建构

与多数共建"一带一路"国家相比，我国企业的总体创新能力较强。由于当前部分"一带一路"国家知识产权保护制度不健全，我国民营企业在进行产能合作过程中会面临较大的知识产权风险。不过，"一带一路"区域广阔的市场为我国企业进行海外知识产权战略布局、打造创新专利优势平台提供了重要机遇。

结合不同产业的技术特点和现状，在共建"一带一路"国家布局因地制宜的知识产权战略，通过知识产权经营、完善东道国知识产权制度环境，为我国企业打造创新专利优势平台，是我国民营企业开拓"一带一路"市场亟待研究解决的问题。民营企业缺乏独自进行海外知识产权战略布局的能力，需要与龙头企业、政府部门、行业协会和中介服务机构合作，确立中国企业的专利权优势。

确保知识产权战略布局的能力建构，既要关注合作与竞争的动态关系，也要考察技术与资产的互补与替代动态关系。标准知识产权及权利主体的增多分散，

要求企业将知识产权战略关注范围扩大到整个创新生态系统，既要关注标准创新主体间的合作竞争关系，又要关注分散的互补与替代性资产。企业在构建独占机制时需结合技术在整个系统中的生态位，系统规划互补与替代技术的独占机制，并可加以战略组合利用；在达到巩固提升自身生态位的同时，最大限度制约竞争标准的实施。这对企业创新价值独占导向的专利申请、许可和收购的战略制定实施提出了更高要求。知识产权管理战略阶段演化规律表明，知识产权管理范式已经从主要围绕专利保护、侵权指控等传统事务，延伸至更为复杂的专利许可收购和诉讼战略管理。企业的知识产权管理重心从保护转向价值，对企业的知识产权管理远见能力和准备提出了更高的要求。企业可以通过知识产权战略构建起或强或弱的价值独占机制，达到从不同形式的开放或封闭的创新中获利（詹爱岚、陈衍泰，2021）。

三、民营企业参与"一带一路"国际产能合作过程中创新生态系统协同获取行业标准话语权的能力建构

每个产业都是基于若干个行业技术标准建立起来的。技术标准作为技术创新链条中的重要环节，逐渐成为基础产业专利技术追求的最高体现形式，"技术专利化、专利标准化、标准垄断化"演变成为知识经济时代国际市场竞争游戏的新规则。国际标准的制定决定了相关产业的主导权，最终内化为一国的竞争优势。发达国家利用科技创新先发优势，垄断全球工业产业链中各个行业的科技标准制定权，从而控制全球产业链、打压竞争对手，阻碍后发国家自主构建标准体系，进而维护本国在各行业的技术垄断优势。这种科技标准霸权意味着，后发国家要进入由既有强国控制的产业链，就必须接受这种不平等的知识产权分配关系，不仅默认既有强国在标准体系中的特权地位，更被锁定在国际产业链的下游地位，成为既有强国科技霸权的附庸。国际标准的制定权已经成为既有大国与新兴大国的核心博弈议题。

技术标准竞争实质是争夺包括制造标准产品、为标准产品提供配套产品或服务的厂商在内的标准使用者，标准竞争的结果最终仍通过消费者选择的结果即标准产品的市场份额来实现，因此，技术标准具有极强的网络效应特征，中小企业基于与平台企业、龙头大企业的合作等形成网络效应。受网络效应影响，用户在评价某个技术标准优劣时很大程度上依赖于该技术标准用户基础的大小。一旦某种技术标准的用户基数或者标准产品的市场占有率超过了市场临界容量，就会产生自我增强的反馈机制，更多的消费者将会选择使用该项技术标准。专利联盟作为企业推广技术标准，获取经济利益的重要工具，可以通过扩大用户的安装基础、影响消费者

的预期、增强技术标准的正反馈机制以及提高市场进入壁垒等方面，对标准的国际化产生重要影响。民营企业首先要掌握国际行业标准话语权的形成机制。

为了突破发达国家的科技标准霸权和技术壁垒，树立中国标准的国际话语权，唯有走技术标准国际化这条道路。发达国家是通过跨国公司以及构建标准联盟获取国际标准话语权的，这一标准国际化经验对于我国具有一定的借鉴意义。但是，我国民营企业参与"一带一路"产能合作过程受到既有发达国家科技霸权的影响，还面临着其他一系列特殊情境。因此在借鉴发达国家经验基础之上，还必须探索出适合自身情况的建立行业标准权的理论、机理和实施路径。

四、民营企业参与"一带一路"国际产能合作过程中市场定价权获取及新需求创造的能力

发达国家目前在国际贸易市场中拥有定价优势及完善的期货金融体系，能够有效规避国际市场价格波动。尽管中国出口规模已经居世界第一位①，但是中国企业在全球，特别是共建"一带一路"东道国对国际贸易中的定价权尚未形成，导致中国民营企业在国际贸易中长期处于不利地位，对我国企业的经营效益产生不利影响。

根据垂直产业内贸易理论，行业技术水平越高，其产品的技术含量和品质水平越高，从而出口价格越高。我国之所以在共建"一带一路"国家国际贸易市场中缺失定价权与企业产品缺乏核心技术有关。此外，中国是在国际贸易规则既定的情况下参与到国际贸易中的，因此，中国民营企业在海外不得不接受少数贸易强国制定的现有游戏规则。定价权缺失还与企业间恶性竞争有关。

"一带一路"倡议的实施为重构国际贸易规则、提升我国和其他新兴国家在国际市场的定价权创造了重要机遇。在参与"一带一路"国际产能合作过程中，民营企业一方面要与龙头大企业协同获取"一带一路"区域已有市场的定价权；另一方面要创造新需求，开拓"利基"新市场。

在面对新需求创造的时候，商业模式创新成为关键的核心思路。商业模式创新是企业适应快速变化市场环境、满足消费者需求的一种有效途径。首先，企业需要深刻理解市场变化和消费者期望，通过调查和分析发现新兴需求。这可能包括对数字化技术、社会趋势以及竞争对手动向的全面洞察，为构建新商业模式奠定基础。商业模式创新要求企业敢于打破传统框架，采用灵活的方法，包括但不限于采用数

---

① 《我国进出口规模首次突破 40 万亿元　连续 6 年保持世界第一货物贸易国地位》，中华人民共和国中央人民政府网，https://www.gov.cn/xinwen/2023－01/14/content_5736849.htm，2023 年 1 月 14 日。

字化技术、云计算、AI 等前沿科技，以创造新的价值链和商业生态系统。例如，通过构建平台模式、订阅模式、共享经济等新型商业模式，企业能够更灵活地满足多样化的用户需求，提高市场竞争力。同时，企业需要注重用户体验，通过提供个性化、定制化的产品或服务，更好地迎合用户的需求。通过创新的商业模式，企业可以在产品、服务、交付方式等方面提供独特价值，从而吸引更多用户。最后，商业模式创新需要企业保持敏捷性和开放性，及时调整策略以适应市场的变化。不断学习和调整，与合作伙伴建立良好的生态系统，可以帮助企业更好地适应新需求的产生，并迅速做出相应的创新调整。总体而言，商业模式创新是应对"新需求创造"挑战的有效途径，能够为企业提供创新的竞争优势，推动其在快速变化的市场中取得成功（王福、高化、刘俊华和长青，2023）。

在大数据、人工智能等新科技快速发展的背景下，中国企业如何构建基于数据驱动的动态能力并结合当地市场需求进行商业模式创新成为关键问题。首先，企业应加强数据收集和分析能力，通过大数据技术挖掘潜在商机。了解客户行为、市场趋势、竞争情况等数据，有助于企业更精准地把握当地市场需求。其次，人工智能技术可以应用于数据分析和预测，为企业提供智能决策支持。通过深度学习算法，企业可以从庞大的数据中提取有价值的信息，预测市场趋势，为商业决策提供科学依据。这样的数据驱动动态能力使企业能够更迅速地适应市场变化，满足不断变化的需求（顾丽敏、张骁，2023）。

结合当地市场需求进行商业模式创新是关键的一环。企业应了解不同地区的文化、习惯、经济水平等因素，根据这些因素调整产品、服务或营销策略。同时，通过人工智能等技术的个性化推荐、定制服务等手段，企业可以更精准地满足当地消费者的需求，提高产品或服务的市场适应性（顾丽敏、张骁，2023）。

另外，建议企业建立开放性合作机制，与东道国企业、科研机构等建立紧密的合作关系，共同探索市场需求，分享数据资源，推动创新。这种合作可以加速技术创新和商业模式的演进，形成更具竞争力的解决方案。

综合而言，中国民营企业在新科技背景下应注重构建基于数据驱动的动态能力，通过对东道国市场的深度数据分析等现代科技的应用，结合"一带一路"当地市场需求进行商业模式创新，以更好地适应和引领不断变化的市场趋势。

第四节　境外经贸合作区建设、东道国话语权获取与可持续发展目标实现

在前文研究结论的基础上，我们对于中国民营企业参与"一带一路"国际产

能合作过程中东道国话语权运行机理的关键运营能力进行了初步探讨。但到目前
为止，我们对于中国民营企业在"一带一路"国际产能合作中如何建构上述能力
的过程机理仍未可知。本节将进一步透过中国在非洲的境外经贸合作区的建设，
阐释中国民营企业参与"一带一路"过程中的国际话语权运行问题。

一、中非经贸合作区发展简介

中非经贸合作区（China – Africa Economic and Trade Cooperation Zone）是中
非经贸关系发展到新的历史阶段的产物，其建设过程大体经历了三个阶段（见
表 14 – 2）。对中国而言，经济增长和市场变化在不同程度上增加了对非洲投资
的需求，不仅是对非洲能源、市场和人力等资源的需求，更是对成熟技术、管理
能力输出以构建全球价值链的内在动力。而对非洲而言，通过增加出口、引进外
资以大力发展制造业是其一直以来的重要目标。因此中非经贸合作区的设立是中
非经济优势互补、发展有机衔接、多领域深化合作以更好服务双方经济和社会发
展的必然趋势。据不完全统计，截至 2021 年，现有园区已基本完成了初期建设
和招商工程，吸引了超过 430 家企业入园，累计总投资额超过 66 亿美元，占中国

表 14 – 2　　　　　　　　　　　中非经贸合作区发展阶段

阶段	时间跨度	产业园特征
第一阶段	20 世纪 90 年代初至 2005 年	从早期的园区雏形转变为单一功能性的产业园区，共四种模式——中国贸易类企业依托中国商务部贸易促进中心建设的初级产业园；由非洲政府主动邀请中国企业参与建设的产业园区；由中国贸易企业独自建设的工业园区；由中国大型国有企业自发兴建的产业园区
第二阶段	2006～2015 年	机制化运行的产业集聚园区，得到中非政府双方的制度保障与政策支持，首批在非洲备案建立七个经贸合作区，分别是赞比亚中国经贸合作区、埃及苏伊士经贸合作区、埃塞俄比亚东方工业园、毛里求斯晋非经贸合作区、尼日利亚莱基自由贸易区、尼日利亚奥贡广东经贸合作区和阿尔及利亚江铃经贸合作区（有些园区由于后来自身的建设问题而没有通过之后的考核）
第三阶段	2016 年至今	产业链整体规模化发展的多功能经贸合作区，在基础设施建设、投资环境、产业合作、职业培训、环境保护等方面进行园区升级改造

全部境外合作区投资总额的 17.3%；其中通过中国商务部考核的国家级园区投资总额为 39.9 亿美元，占中国对非洲合作区投资的 2/3 以上，而且每个园区对于基础设施的投资都在 1 亿美元以上，创造了约 4 万多个就业岗位，为东道国纳税近 11 亿美元（厉婧，2021），增加了一大批外汇收入，同时更推动了"三网一化"（高速铁路网、高速公路网、区域航空网、工业化）和中非产能合作，为非洲的工业化发展开启了加速模式（姚桂梅和许蔓，2019）。

二、中非经贸合作区建设影响民营企业在东道国话语权的内在因素分析

在前文理论分析的基础上，我们解析了中国民营企业参与"一带一路"国际产能合作过程中东道国话语权运行机理的关键运营能力包括全球价值网络升级能力、知识产权战略布局能力、基于创新生态系统协同获取行业标准话语权能力以及市场定价权获取与新需求创造能力。因此本部分重点探讨境外经贸合作区建设中上述四种具体运营能力的影响因素。

第一，民营企业在"一带一路"沿线构建的境外经贸合作区将通过经济集聚提升企业全球价值网络升级的运营能力。主要是因为境外经贸合作区的建立可以通过激发欠发达国家的经济竞争力、降低交易成本，产生溢出效应（孟广文，2018）；利用特定的法律和经济政策鼓励外商直接投资等（李金叶和李春莹，2020）促进经济发展。在这一过程中，将实现中国劳动密集型制造业向共建"一带一路"国家转移，这不仅为东道国带来了设备和技术，更带动了完整产业链的快速构建和发展。以埃塞俄比亚东方工业园为例，从 2012 年开始投入生产以来，2016 年已经扩展至 6 条生产线，年出口鞋类达 200 万双（刘晨和葛顺奇，2019），并计划将制鞋、服装等上下游产业引入园区，形成更为完整的埃塞俄比亚皮革产业链。类似这样的案例，在境外经贸合作区的案例中比比皆是。

同时，经济发展对基础设施有反馈效应，即在大多数情况下，因果关系的方向是从经济发展到交通基础设施（Maparu and Mazumder，2017），而东道国基础设施建设水平，将有效带动经济增长（卢潇潇和梁颖，2020）、强化全球价值链参与能力（张中元，2019），实现全球价值链的升级。从具体传导机制上，已有研究已经证实物质和非物质资本积累、外商直接投资的技术扩散以及进出口中间品的技术外溢是基础设施建设促进全球价值网络升级的内在传导机制（郝晓等，2019）。邱雪情等（2021）发现通过资源配置、技术溢出和市场扩张三条路径可以解释基础设施建设和全球价值网络升级之间的内在关联度。在"一带一路"情境下，赵妍（2023）实证研究发现最早一批参与国际产能

合作的国家、新兴市场和发展中经济体，在基础设施依赖行业，通过共建基础设施使全球价值链分工地位攀升的效果更为明显。由此可见，境外经贸合作区的建设将有效促进民营企业全球价值网络升级的运营能力，进而有助于在共建"一带一路"东道国话语权的获取。

第二，民营企业在共建"一带一路"国家构建的境外经贸合作区将大大提升隐性知识的聚集程度和流通效率，有利于民营企业在"一带一路"知识产权战略布局的运营能力构建。具体而言，一直以来，人口密度和城市化水平是一组息息相关的共生体。由区位理论和新古典经济学理论可知，一定程度的产业集聚会导致搜寻成本的降低，从而使劳动力在该区域出现集聚。而且由于规模报酬递减和正反馈机制形成的自我强化效应，劳动力熟练程度、专业化程度、知识溢出能力也都会有不同程度的提升，进而推动产业结构转型，加快城市化进程（赵磊，2017）。因此研究认为，境外经贸合作区的设立可以促进特定区域的人口集中和城市化水平。而城市化的形成意味着人口聚集、分工水平提高、交易网络扩大，因此城镇化水平越高的经济体对知识流动和知识共享的依赖越强，进一步会激发知识产权保护的战略意识和战略布局行为（尹向来和黄彩虹，2018）。因此，境外经贸合作区的建设将有助于民营企业在"一带一路"知识产权战略布局的运营能力提升，进而有助于"一带一路"沿线东道国话语权的获取。

第三，民营企业在"一带一路"共建国构建的境外经贸合作区将通过构建海外集群式创新生态系统战略，最大限度实现生态系统价值共创、利益相关者协同共生，这将有利于民营企业在"一带一路"创新生态系统协同获取行业标准话语权的运营能力构建。具体而言，近年来，中国经贸合作区已经成为中国对"一带一路"共建国投资的重要依托，产业集聚效应逐渐显现（孟广文等，2018），这进一步带来的产业协作、分工细化、产业链衍生等外部化特征还会促进熟练劳动市场和先进附属产业的发展，进而确保区域行业、产业的转型升级。此外，由于集群特有的互动学习过程和优越学习能力，产业集群的网络效应更为显著，有助于为"一带一路"国家的产业转型和可持续发展引入创新技术、改善服务和减少管理障碍。正因为如此，民营企业尤其是领军企业在共建"一带一路"国家的组织合法性和产业影响力水平都有了明显的提升，这为其获取东道国行业标准话语权奠定了基础。

同时，文献表明中国经贸合作区作为中国对外投资的新模式，不仅可以通过增加对共建"一带一路"国家的FDI存量（非洲债务金融资源的重要来源），直接或间接地扩大对基础设施投资（Wang，2019），还能够通过IFDI的集聚为东道国带来大量的技术和管理创新（李金叶和李春莹，2020）。而这无疑为东道国产业升级转型提供了充足的资本保障，同时更加解决了本地产业发展的创新技术"瓶颈"。也正因如此，中国境外经贸合作区的成功建设将有望为中国民营企业在共建"一带一路"国家建立产业层面的行业标准话语权提供支持。综上所述，境外经贸合作区的建设将有助于民营企业在"一带一路"共建国获取行业标准话语权的运营能力提升，进而有助于"一带一路"东道国话语权的获取。

第四，民营企业在"一带一路"共建国构建的境外经贸合作区将有利于民营企业在"一带一路"市场定价权的获取、新需求创造的运营能力构建。具体而言，中国民营企业可以通过参与基础设施建设、投资设厂、参股等多种方式，加强对资源供给端的影响（胡俞越和刘志超，2015）。同时加强与"一带一路"共建国家的贸易往来关系，形成以中国为主导的国际贸易关系，整合"一带一路"沿线的既有市场需求，并逐步将中国需求与海外市场需求融合，将单一的中国需求变成"一带一路"的区域性需求，在需求端创造新的机会和影响力（肖宁和崔迎秋，2022）。另外，输出产能有助于在中国与沿线国家之间形成新的领头羊模式。在供给端和需求端的双向影响下构建我国民营企业在"一带一路"市场定价即需求创造的运营能力，提升东道国话语权（来爱梅，2018）。同时，为更好支持中国企业赴"一带一路"投资，亚洲基础设施投资银行借鉴全球其他组织通行的经验和做法，形成了更符合"一带一路"共建国家的投融资规则，进而也逐步形成了由亚洲人主导的区域性贸易规则（胡俞越等，2017）。其中最为关键的就是有望推动人民币国际化，以国际主要结算、计价货币作为主要切入口，进一步构建市场定价的能力。由此可见，境外经贸合作区的建设将有助于民营企业在"一带一路"市场定价权的获取、新需求创造的运营能力构建，进而有助于共建"一带一路"东道国话语权的获取。

综上所述，境外经贸合作区的建设将从不同角度推动民营企业在"一带一路"东道国话语权的获取与运行。

三、中非经贸合作区建设与东道国可持续发展的实证研究

中国"一带一路"倡议的实施其本质是促进人类命运共同体的构建，东道国话语权的获取是为了更有效地在"一带一路"倡议指引下促进东道国可持续发展目标实现。作为 2015 年后发展议程的一部分，联合国促进了可持续发展目标（SDGs）的制定，将社会、经济和环境三方面紧密结合，更具有普适性，与发达国家、发展中国家乃至最不发达国家都息息相关（United Nations，2015）。尤其对于非洲——一个拥有了全球 2/3（34 个）最不发达国家的大陆来说，SDGs 的实现难度更大。2019 年中国商务部发布了《中国"一带一路"境外经贸合作区

助力可持续发展报告》，明确指出了境外经贸合作区的发展将以"可持续性"作为目标，在实现园区自身可持续发展的同时，更致力于助力共建"一带一路"国家的可持续发展目标（SDGs）的实现。然而报告中以政策和案例为主，并未从实证角度切实检验其助力效果。本节以此为研究问题，检验中非经贸合作区的建构举措是否正向促进了非洲SDGs的实现。

1. 研究设计

有观点提出现有基础设施落后是非洲可持续发展的重要制约因素（Van Timmeren et al.，2004；陈衍泰和张侬，2019）。根据非洲基础设施国家诊断（AICD）结果，基础设施投资占非洲最近经济增长改善的50%以上。而2023年其融资缺口仍在680亿至1 080亿美元的高位之间。[①] 因此，非洲SDG目标9就是旨在"建设有弹性的基础设施、促进可持续工业化和促进创新"。这也是本节的核心所在，并非关注SDGs指标本身，而是找寻其可行的实现之路——提升基础设施建设水平。

中国境外经贸合作区的建立是国家推进"一带一路"的重要政策试验，以往我们最常用如VAR模型、联立方程模型、DSGE模型等回归模型以评估相关公共政策的执行效果。但其弊端在于这些方法均需依赖于强的外生变量假设条件，且估计结果的有效性、稳健性以及经济解释的困难性常受人诟病。因此，本节首先采用由阿巴迪和加西亚代尔巴（Abadie and Gardeazabal，2003）开发并由阿巴迪等（Abadie et al.，2010）加以扩展的合成控制法（SCM），该方法的基本思想是通过匹配目标结果变量的预处理趋势，为目标国构建合成的反事实合成国，而两者之间的差异即建立境外经贸合作区对非洲国家基础设施建设水平的影响。

虽然中国商务部2019年的官方发言中提及共有24个中非经贸合作区，但很多名录没有公布，同时也未完全通过审核。因此为了研究对象的数据可用性与结果可靠性，我们还是选取以中国商务部公布的4个国家级中非经贸合作区为准（见表14-3）。另外，以2007年作为效果区分年份既是因为2007年是第一批中非经贸合作区通过审核允许建立的年份（包含4个园区），也是因为可以保留相当长的时间样本进行分析与评估，数据可观测性较强。因此本节主要选取2007年中非经贸合作区的建立与中方建构举措对非洲基础设施建设水平的影响。

---

① 《非洲国家加快推进基础设施建设》，载于《北京日报》2023年10月11日，https：//baijiahao. baidu. com/s？id＝1779413146625059387&wfr＝spider&for＝pc。

表 14 - 3 **通过审核的国家级中非经贸合作区名录**

合作区名称	开发企业	年份	国家	类型	开发企业投资（亿美元）	发展情况
埃及苏伊士经贸合作区	中非泰达投资股份有限公司	2007	埃及	加工制造型	1.56	共吸引企业近 80 家，实际投资额超 10 亿美元，销售额超 10 亿美元，上缴税收累计 10 亿埃镑
赞比亚—中国经济贸易合作区	中国有色矿业集团有限公司	2007	赞比亚	资源利用型	1.90	入区企业 50 余家，吸引投资近 19 亿美元，区内企业累计实现销售收入超过 140 亿美元，为当地创造了近 8 000 个就业岗位
尼日利亚莱基自由贸易区	中非莱基投资有限公司	2007	尼日利亚	加工制造型	2.13	入园企业累计完成投资 1.92 亿美元，实现总产值 2.61 亿美元，上缴尼日利亚政府税费 124 亿奈拉，直接带动国内出口超过 2.64 亿美元，为当地提供直接就业岗位 1 500 多个
埃塞俄比亚东方工业园	江苏永元投资有限公司	2007	埃塞俄比亚	加工制造型	1.07	入园企业总投资达 6.4 亿美元，累计总产值 8.5 亿美元，累计上缴税收 7 000 万美元，解决埃塞俄比亚当地就业 1.5 万人

资料来源：笔者根据相关资料整理得到。

2. 数据来源与变量说明

考虑到数据的可得性和真实性，本节收集了 2003 ~ 2019 年共 17 年 54 个非洲国家级面板数据开展研究分析，其原始数据源于世界银行和非洲发展银行，部分缺失数据通过非洲各年统计年鉴补齐。对控制组样本我们还做了如下处理：（1）由于南苏丹经过多年内战直到 2011 年才正式通过公投宣告独立，成为非洲大陆的第 54 个国家，因此其相关数据严重缺失；（2）SCM 方法在选择控制组时，要求其与处理组存在着较为相似的区域特征，因此本节删除了与处理组国家相似性较低及联系度较少的部分非洲海岛国家（如塞舌尔群岛）。最终本节通过权衡国家数量和时间长度，选择 2003 ~ 2019 年具有较为完整数据的 52 个国家。主要变量的选取、计算方法及其相关描述性统计具体见表 14 - 4 和表 14 - 5。

表 14 - 4 主要变量及其计算方法

被解释变量	变量释义	计算方法	数据来源
index	基础设施建设水平指数	AIDI2019 指数	Africa Infrastructure Development Index (AIDI), 2019
tread	中非经贸合作区	虚拟变量 (0, 1)	中华人民共和国商务部网站
lnpergdp	经济发展水平	国家人均 GDP 取自然对数	World bank open data AFDB Socio Economic Database
padegdp	政府国防、军事支出规模（逆向反映基础设施建设支出规模）	国防、军事支出总额/GDP	World bank open data AFDB Socio Economic Database
indusgdp	工业化水平	工业增加值/GDP	World bank open data AFDB Socio Economic Database
density	国家人口	国家人口密度	World bank open data AFDB Socio Economic Database
urban	城市化水平	城市人口/总人口	World bank open data AFDB Socio Economic Database
FDI	外商直接投资水平	FDI 取自然对数	UNCTAD
ODA	官方发展援助水平	ODA 取自然对数	World bank open data AFDB Socio Economic Database

资料来源：笔者根据相关资料整理得到。

表 14 - 5 各变量说明及描述性统计

变量性质	变量名称	样本数	平均值	标准值	最小值	最大值
被解释变量	index	832	19.093	15.632	0.37	87.23
解释变量	tread	832	0.105	0.307	0	1
控制变量	lngdpp	832	23.032	1.608	18.608	27.216
	padegdp	832	2.5e + 09	5.01e + 09	9 921 267	4.02e + 10
	density	832	107.624	125.373	2.863	613.484
	urban	832	50.004	20.308	10.601	95.668
	indusgdp	832	0.273	0.166	0.515	0.945
	lnFDI	832	7.743	2.019	0.290	11.726
	lnODA	832	19.702	1.308	13.162	23.160

资料来源：笔者根据相关资料整理得到。

根据 AIDI，本部分还绘制了 2003～2019 年赞比亚、尼日利亚、埃塞俄比亚、埃及四个国家的基础设施发展指数趋势图（见图 14 - 3）。可以看出四个国家的基础设施发展指数 10 多年来都呈现出了上升的趋势，而其中中非经贸合作区的成立是否发挥了相关作用，有待进一步的计量验证。

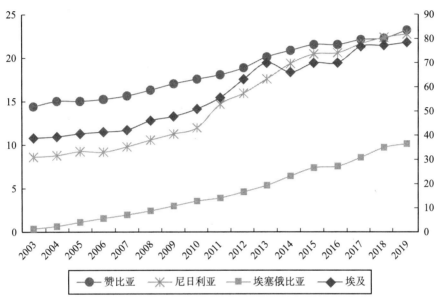

图 14 - 3　四国基础设施发展指数趋势

资料来源：笔者根据相关资料整理得到。

3. 实证研究与结果分析

（1）合成结果分析。在政策效果评估前，需先基于"反事实"特征拟合一个合成控制组（合成赞比亚、合成尼日利亚、合成埃塞俄比亚、合成埃及），以反映设立中非经贸合作区情况下的基础设施建设现状。表 14 - 6 显示了中非经贸合作区设立前真实四国与合成四国各特征的拟合效果。其中人均 GDP、人口密度、行政和国防支出规模、城市化水平和工业化水平等预测变量的真实值和合成值差距均较小，拟合效果理想。只有埃塞俄比亚的整体拟合效果不太好，这可能是在对其进行拟合的过程中只有尼日尔相匹配所造成的，因此在后面的研究中我们用其他方法对其进行效果观测。总体而言，合成国家较好地拟合了建立中非经贸合作区的真实变动路径，因此可将合成国家的结果作为真实国家的反事实进行效果评估。同时，在合成过程中对照组的每个省份均会产生一个权重，表 14 - 7 列出了 4 个合成国家的基础设施建设水平相应的合成权重值。以赞比亚为例，数据说明在赞比亚—中国经济贸易合作区设立前，喀麦隆、中非共和国、毛里求斯和纳米比亚四个国家与赞比亚的基础设施建设水平最为相似。

表 14 - 6   预测变量对照表

变量	埃及		赞比亚		尼日利亚		埃塞俄比亚		53 个控制国家均值
	实际值	拟合值	实际值	拟合值	实际值	拟合值	实际值	拟合值	
lngdpp	25.36	24.65	22.81	22.69	25.94	25.44	23.21	22.03	23.03
density	21.78	20.40	21.12	22.78	180.16	179.14	89.93	12.45	107.62
pagegdp	0.09	0.08	0.03	0.04	0.05	0.04	0.04	0.02	0.08
urban	51.17	51.39	43.64	43.64	45.99	44.66	18.57	19.33	50.01
indusgdp	0.34	0.41	0.27	0.27	0.27	0.29	0.08	0.10	0.27
index	43.13	43.14	14.42	14.42	8.61	8.62	0.37	2.23	19.09

表 14 - 7   控制组权重 （Unit Weights）

	埃及	赞比亚	尼日利亚	埃塞俄比亚
权重	毛里求斯 0.515；利比亚 0.485	毛里求斯 0.106；纳米比亚 0.03；喀麦隆 0.45；中非共和国 0.414	卢旺达 0.309；安哥拉 0.503；刚果（金）0.188	尼日尔 1.000

结果分析。图 14 - 4 至图 14 - 7 分别显示了埃及、赞比亚、尼日利亚、埃塞俄比亚的合成基础设施建设水平，其中实线代表了这一区域的真实值，虚线代表控制组国家的拟合值，可以看出，在中非经贸合作区政策实施前，除了埃塞俄比亚外，各个区域的拟合效果都比较好，说明拟合区域基本可以反映对照组相应区域的产业结构转型升级情况。埃塞俄比亚由于在上述合成结果中只有尼日尔一个国家与之相匹配，导致了图中的前期拟合效果不佳，因此我们稍后将讨论用 DID 对其开展进一步分析。综合其他三个国家来看，中非经贸合作区的成立对埃及和尼日利亚的基础设施建设水平提升的影响比较显著，对赞比亚基础设施建设水平的提升效应则不是十分明显。同时，可以发现无论是埃及还是尼日利亚，中非经贸合作区对于基础设施建设水平的提升效应都有明显的三年左右的滞后情况，可能是因为两个合作区都是最早成立的境外经贸合作区，从建设投入、招商引资、科学运营到辐射当地都没有成熟的经验可循，故在合作区成立之初可能对当地基础设施建设水平的提升并没有明显的正向效果，产生了一些滞后效应。

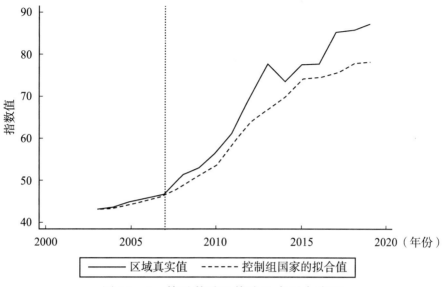

图 14 - 4　埃及基础设施建设水平合成图

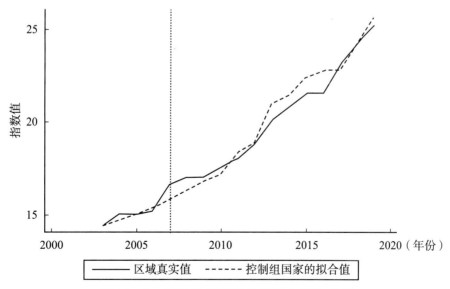

图 14 - 5　赞比亚基础设施建设水平合成图

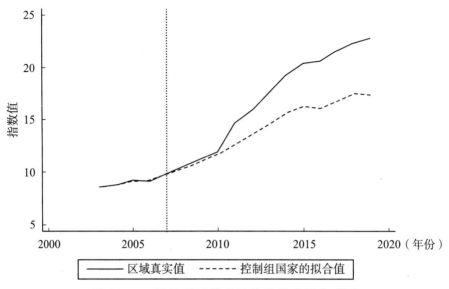

图 14 - 6　尼日利亚基础设施建设水平合成图

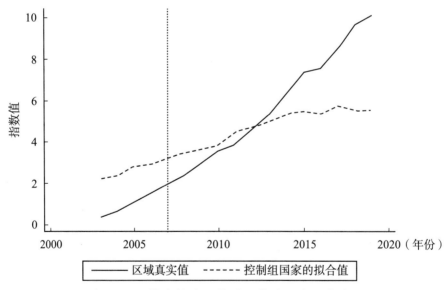

图 14 - 7　埃塞俄比亚基础设施建设水平合成图

（2）差值分析。由于赞比亚—中国经济贸易合作区和埃塞俄比亚东方工业园的上述拟合效果都不是很好，无法通过合成控制法对其进行合理、可靠的判断，因此在后面的分析中并未涉及这两个园区。而对于另外两个园区，为了更清楚地表明其对非洲基础设施建设能力的影响，研究进行了差值分析（见图 14 - 8 和图 14 - 9）。由图可知，在 2007 年以前，差值均在横轴上下波动，也就是在 0 值左

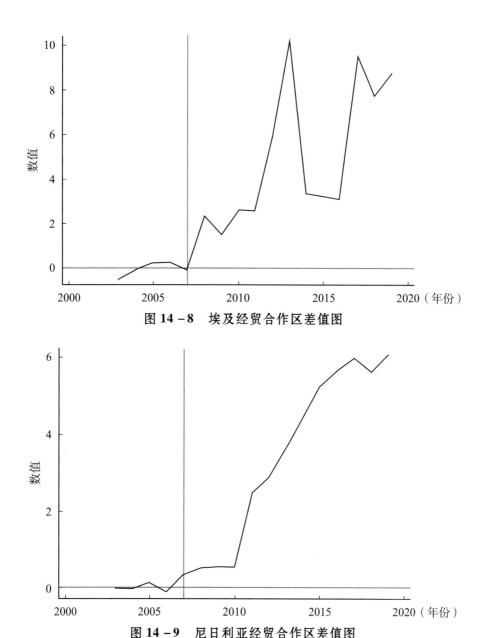

图 14 - 8 埃及经贸合作区差值图

图 14 - 9 尼日利亚经贸合作区差值图

右徘徊，说明拟合埃及和尼日利亚的基础设施建设能力与实际两个合作区的曲线几乎重合，拟合效果很好。在各自的合作区成立后，相应的差值曲线显著上升并持续扩大。不过图 14 - 8 显示，埃及苏伊士经贸合作区在 2013 年后呈现出了大幅度的直线下降，这可能与 2013 年埃及经历的由军方发动的政变有关，由于政变的影响具有滞后效应，因此下降从 2014 年开始持续到 2016 年左右，之后又重新恢复了强劲的上升趋势。经测算，中非经贸合作区使埃及和尼日利亚基础设施建设能力指数分别提升了 14.16% 和 59.23%，说明中非经贸合作区对非洲基础设施建设水平的提升产生了较大的影响。

（3）DID 补充分析（赞比亚和埃塞俄比亚）。由于用合成控制法无法对赞比亚和埃塞俄比亚的园区效应进行合理研究，因此本节利用 DID 方法对两个园区基础设施建设能力的影响效应进行分析。根据 DID 的分析原理，研究设置了两个虚拟变量——cocz 和 time，建立 DID 模型。若国家 i 在年份 t 建立或者已经建立境外经贸合作区，则 $DIDi_t$ 的值为 1，其他情形为 0。

具体模型如式（14.1）所示：

$$Yi_t = \beta_0 + \beta_1 DIDi_t + \beta_2 Z_{it} + \gamma_t + \mu_t + \varepsilon_{it} (i = 1, \cdots, 54; \ t = 1, \cdots, 18)$$

$$(14.1)$$

其中，Yi_t 为被解释变量，下标 i 和 t 分别表示第 i 个非洲国家和第 t 年，γ_t 为个体固定效应，μ_t 为时间固定效应，Z_{it} 为一系列其他控制变量，系数 β_1 是本研究的主要待估参数，体现了中非经贸合作区建立前后非洲国家基础设施建设能力的变化。表 14-8 显示了赞比亚（模型 1 和模型 2）和埃塞俄比亚（模型 3 和模型 4）的园区效应。模型 1 和模型 3 代表不加控制变量的情况，模型 2 和模型 4 代表加入控制变量的情况。由数值可知，赞比亚和埃塞俄比亚都满足共同趋势假设，虽然都有正向提升作用，却均不显著，这和之前用合成控制法的结果相符。不过从共同趋势检验中还是可以发现园区对基础设施建设能力的正向提升作用。

（4）稳健性分析。

首先采用安慰剂检验（Placebo Test）。由于赞比亚和埃塞俄比亚都未能很好地通过"反事实"拟合，因此接下来的稳健性检验也主要针对埃及和尼日利亚展开。由表 14-7 得到了与埃及和尼日利亚相似度较高的两个国家，分别是利比亚和安哥拉，并通过合成控制法评估其园区对东道国基础设施建设能力的效果，具体见图 14-10 和图 14-11。由图可见，两个园区基础设施建设能力真实路径与合成路径的变动趋势基本相似，园区效果非常小。由此证明之前的结论是有效的。

其次采用排列检验法（Permutation Test）。本节采用敏感性分析中的 leave-one-out test 方法以避免因控制组以及估计方法选取不当导致结果存在偏差。剔除 2007 年前拟合效果不佳的样本（即剔除中非经贸合作区设立前合成控制组 RM-SPE 高于实验组 2 倍以上的国家）后，图 14-10 和图 14-11 分别呈现了所有控制组样本假设情况下非洲基础设施建设能力所呈现的真实值与合成值之差的变化趋势，其中实线表示真实建立园区的国家（图 14-12 和图 14-13 分别是埃及和尼日利亚），虚线则表示对照组国家。假如四个处理区域成立自贸区无任何效应，则在各自所有的试验国家中，埃及的处理效应最大的概率仅为 0.036，尼日利亚的处理效应最大的概率仅为 0.042，都通过了 5% 的显著性水平检验，说明实证结果不随控制组国家的不同而发生改变，上述结论通过稳健性检验。

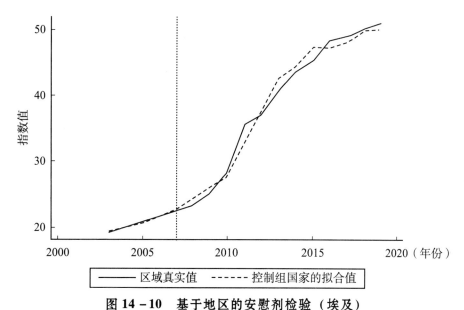

图 14 – 10　基于地区的安慰剂检验（埃及）

注："安慰剂"检验是一种稳健性检验方法，为了排除非政策因素对研究结果的影响。

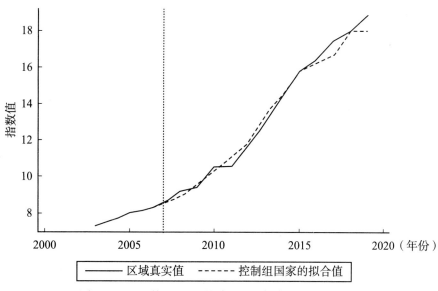

图 14 – 11　基于地区的安慰剂检验（尼日利亚）

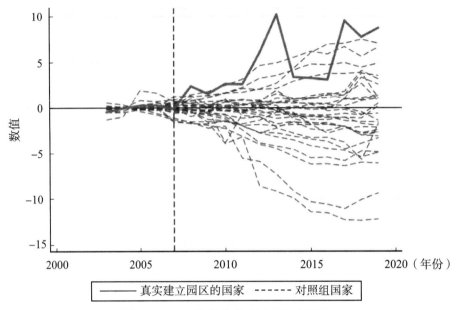

图 14 – 12　迭代差值分布图（埃及）

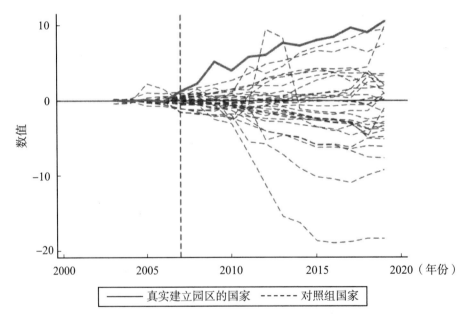

图 14 – 13　迭代差值分布图（尼日利亚）

（5）中非经贸合作区设立促进东道国基础设施建设能力提升的机制检验。

根据以上实证分析可知，中非经贸合作区会增进非洲的基础设施建设能力，这正好印证了前文的理论分析。为进一步验证其不同影响路径的正确性，本节将做进一步检验。借鉴中介效应模型的分析思路,参考宋丽颖和郭敏(2019)的做法,依次将国家经济发展水平(lnpergdp)、工业化水平(indusgdp)、城市化水平(urban)、国家人口(density)、内向吸引对外直接投资水平(lnIFDI)、官方开发受援助水平(lnODA)作为被解释变量进行回归,结果中交互项(treat)是关注的重点,其显示了中非经贸合作区的设立对于非洲基础设施建设能力提升的各驱动因素的净影响,回归结果如表14-8所示。由表可知,中非经贸合作区的设立对于东道国经济发展水平、吸引外资水平和官方开发受援助水平都在1%以内显著为正,说明中非经贸合作区的设立可以在一定程度上实现以上理论分析的经济集聚、外资集聚和信用集聚。值得注意的是,对于工业化水平的影响系数目前并不显著,且略为负向,说明中非境外经贸合作区的产业集聚效应尚未显现。最后研究将非洲接受的来自中国的FDI和其他国家的FDI进行了分别检验,发现中非经贸合作区的设立更多吸引了来自全球各地的优质投资,而对于中国对非投资的影响虽不显著但仍为正向,这也逆向说明了合作区形成了信用集聚,从而更好地带动了当地的基础设施建设。

表 14 - 8 中非经贸合作区(赞比亚和在埃塞俄比亚)
对基础设施的影响

Variables	Index (赞比亚) 模型 1	Index (赞比亚) 模型 2	Index (埃塞俄比亚) 模型 3	Index (埃塞俄比亚) 模型 4
Treat	- 1. 673 (- 0. 69)	1. 600 (0. 67)	- 1. 673 (- 0. 69)	2. 793 (1. 19)
lngdpp		- 5. 091 *** (- 5. 55)		- 10. 006 *** (- 5. 27)
density		- 0. 035 *** (- 3. 44)		- 0. 033 *** (- 3. 27)
padvagdp		10. 986 (1. 39)		- 0. 213 (- 0. 35)
urban		0. 074 (0. 71)		0. 072 (0. 71)
indusgdp		20. 110 *** (4. 10)		3. 632 *** (2. 64)
2004. year	0. 275 (0. 28)	0. 971 (1. 02)	0. 275 (0. 28)	1. 357 (1. 45)

续表

Variables	Index (赞比亚) 模型 1	Index (赞比亚) 模型 2	Index (埃塞俄比亚) 模型 3	Index (埃塞俄比亚) 模型 4
2005. year	0.743 (0.74)	2.021 (2.08)	0.743 (0.74)	2.789 (2.89)
2006. year	1.104 (1.11)	3.003* (3.00)	1.104 (1.11)	3.978** (3.99)
2007. year	1.610* (1.61)	4.058*** (3.89)	1.610* (1.61)	5.362*** (5.13)
2008. year	2.147** (2.15)	5.382*** (4.87)	2.147** (2.15)	7.051*** (6.31)
2009. year	2.889*** (2.89)	6.313*** (5.71)	2.889*** (2.89)	7.887*** (7.02)
2010. year	3.690*** (3.69)	7.324*** (6.40)	3.690*** (3.69)	9.242*** (7.91)
2011. year	5.129*** (5.13)	9.080*** (7.54)	5.129*** (5.13)	11.382*** (9.23)
2012. year	6.506*** (6.51)	10.588*** (8.53)	6.506*** (6.51)	13.078*** (10.27)
2013. year	7.846*** (7.85)	12.019*** (9.41)	7.846*** (7.85)	14.678*** (11.20)
2014. year	8.645*** (8.65)	12.836*** (9.77)	8.645*** (8.65)	15.650*** (11.62)
2015. year	9.810*** (9.81)	13.735*** (10.47)	9.810*** (9.81)	16.388*** (12.21)
2016. year	9.976*** (9.98)	13.879*** (10.26)	9.976*** (9.98)	16.733*** (12.11)
2017. year	10.379*** (10.38)	14.788*** (10.47)	10.379*** (10.38)	17.848*** (12.30)
2018. year	11.105*** (11.11)	15.872*** (10.74)	11.105*** (11.11)	19.209*** (12.63)

Variables	Index （赞比亚） 模型 1	Index （赞比亚） 模型 2	Index （埃塞俄比亚） 模型 3	Index （埃塞俄比亚） 模型 4
2019. year	11. 483 *** （11. 49）	16. 651 *** （10. 87）	11. 483 *** （11. 49）	20. 175 *** （12. 75）
Constant	12. 499 *** （17. 72）	39. 147 *** （5. 44）	12. 499 *** （17. 72）	162. 137 *** （8. 88）
Observations	784	784	784	784
R – squared	0. 509	0. 567	0. 509	0. 580

注：***、**、*分别表示在1%、5%、10%的显著水平下通过显著性检验。

4. 研究结论

本节以非洲为例，利用 2003 ~ 2019 年 52 个国家的面板数据，基于合作区这一准自然实验，采用合成控制法和双重差分法检验了合作区设立对东道国基础设施建设水平提升的影响效应和微观机制。研究发现，境外经贸合作区的设立对提升东道国基础设施建设水平发挥积极的促进作用。说明合作区可以成为凝聚中国发展经验、助力所在国可持续发展目标实现、构建人类命运共同体的重要载体和平台。

四、本节小结

基于上述有关中国民营企业参与"一带一路"国际产能合作过程中境外经贸合作区构建、东道国话语权获取与东道国可持续发展三者之间的内在关联研究，得出以下几方面启示：

一是境外经贸合作区的建设是中国民营企业参与"一带一路"国际产能合作过程中在东道国获取并运行话语权的重要战略。通过在"一带一路"共建国建设境外经贸合作区，通过民营企业全球价值网络升级、知识产权战略布局、创新生态系统协同获取行业标准话语权以及市场定价、新需求创造的运营能力等运营能力提升，不仅促进中国民营企业全球竞争力提升，而且也推动东道国可持续发展。

二是进一步引导能够促进经济效率提升的相关密集经济活动在本地的空间集聚，强化其在资源配置过程中的核心位置，促进空间结构的本地化协同调整，不断增强区域内外城市间经济的联系，可以有效巩固集聚经济在东道国的可持续发展，促进民营企业在"一带一路"共建国的全球价值网络升级。

445

三是鼓励国际化、本地化人才培养和人才引进，加强高知识储备、高创新能力的人才培养和储备，因地制宜制定相关人口政策、加强软硬件设施的配套、重视教育培训机制的长效开展，有助于民营企业在"一带一路"共建国知识产权战略的全面布局。

四是大力发展产业关联度高、产业带动力强、具有动态比较优势的相关园区主导产业，尤其重视各地区在地理位置、环境资源、创新技术等方面的差异性，将园区产业的差异性、特色化选择和产业结构的持续升级定位作为其提升当地及国际竞争力的有力武器，以进一步促进民营企业在"一带一路"共建国的行业标准话语权构建。

五是进一步强化在价值链需求端和供应端的双向需求匹配，通过金融和数智科技赋能民营企业商业模式创新，推动共建"一带一路"国家的"利基"需求创造。通过对基础设施投资、资本嵌入、市场贸易往来以及更多以人民币为计价方式的金融产品推出等方式促进人民币国际化的进程，以进一步提升中国在共建"一带一路"国家的市场定价能力；在大数据、AI等新兴科技发展背景下培育基于数据驱动的动态能力，同时在共建"一带一路"国家加强人民币为主要结算货币的金融支持体系建设和数字化、智能科技基础设施合作，在共建"一带一路"国家开展国际产能合作中创造更多基于互联网和大数据的商业模式创新的新市场需求。

第十五章

区域创新系统国际化能力评价与"一带一路"国际产能合作支持

在上述企业能力体系构建的研究基础上，本章聚焦区域创新系统国际化能力的相关问题。具体而言，首先，将区域创新系统国际化的运行机理具化为区域内部和国际上的创新主体通过构建创新平台、建设基础设施，在国际制度环境、市场环境和政策环境等创新环境的支持下，按照特定的创新网络结构将双方的创新资源进行国际互动，产生影响和效用的过程，并在此逻辑下构建区域创新系统国际化运行机理框架。其次，实证分析中国 24 个城市的区域创新系统国际化能力，结果表明中国区域创新系统国际化水平呈现明显的地域性，东部沿海地区的城市具有较高的创新系统国际化能力。再次，以浙江区域创新生态系统国际化能力建设为例，探讨区域创新生态系统的能力构建模式。研究结论为未来进一步从整体上规划中国各区域共建"一带一路"产能合作提供启示。最后建构了"区域创新生态系统协同度—创新能力异质性—国际产能合作绩效"分析框架，并以中国 29 个省份数据进行实证分析，旨在为我国各区域创新能力提升、规划"一带一路"国际产能合作提供学理启示。

第一节 区域创新系统国际化运行机理与能力评价研究

一、区域创新系统国际化的运行机理框架构建

本节综合相关学者对于区域创新系统和国家创新体系国际化的研究，认为区

447

域创新系统国际化是指一定区域范围内的创新主体在内外部创新环境构建的支持下主动参与全球创新网络，通过交换、整合和优化配置区域内外的创新资源，从而提升区域创新系统的创新能力及国际竞争力。形成区域创新系统国际化，需要包含创新主体、创新资源和创新环境三个基本要素，三者缺一不可。创新主体包括政府、企业、高校、科研机构、市场中介组织等。政府是区域创新系统国际化的制度政策创新主体，负责制定国际知识产权制度、海外金融风险保障制度、市场管理制度等政策法规来协调和引导其他创新主体积极参与国际创新活动，并保证国际创新活动持续顺利进行；企业是区域创新系统国际化的技术创新主体，技术创新是区域创新系统国际化的核心内容，企业通过与国际企业、高校和科研机构的交流合作，不断学习、吸收、消化、再创新，进行国际知识和技术的转移与创造，促进相关产业发展；高校和科研机构是区域创新系统国际化的知识创新主体，通过开展海外高层次人才交流、国际合作论文、国际合作专利等活动，推动区域内外的知识和技术的流动、组合与创新；市场中介组织是区域创新系统国际化的创新服务主体，通过为企业、高校及科研机构等创新主体提供国际贸易服务、海外金融风险服务、人才国际流动服务等，发挥其桥梁纽带的作用，进一步保障其他创新主体参与区域创新系统国际化（Isaksen et al.，2022）。

区域创新系统国际化中的创新资源包括区域内外部的创新人才、新技术、新知识、资本和数据等各种要素。区域内部需要累积并整合本土的创新资源，通过国际创新活动为国外的跨国企业配置新的创新要素，并引进国际创新人才、新技术等创新资源进入本土区域，提升本区域的创新质量和创新效率。

区域创新系统国际化中的创新环境指创新主体利用创新资源进行国际创新活动和行为所需的条件，分为区域内部创新环境和区域外部创新环境。区域内部创新环境指市场环境、政策环境、文化环境、基础设施及创新平台建设等环境；区域外部创新环境指国际政治环境、国际经济环境、国际安全环境以及合作方政治、经济、文化等环境。创新环境主要由政府和市场中介组织营造，政府通过建立相关制度、出台相关政策，完善基础设施建设；市场中介组织通过提供创新平台如国外风险投资平台、人才国际流动平台、国际贸易法律咨询平台等促进企业、高校及科研机构参与全球创新网络。

区域创新系统国际化是在区域创新系统的基础上，进一步与其他国家或地区发生联系和互动，它是一个创新主体参与和融入全球创新网络的过程。本节认为区域创新系统国际化的运行机理指区域内部和国际上的创新主体通过构建创新平台、建设基础设施，在国际制度环境、市场环境和政策环境等创新环境的支持下，按照特定的创新网络结构将双方的创新资源进行国际互动，产生影响和效用的过程（见图 15-1）。

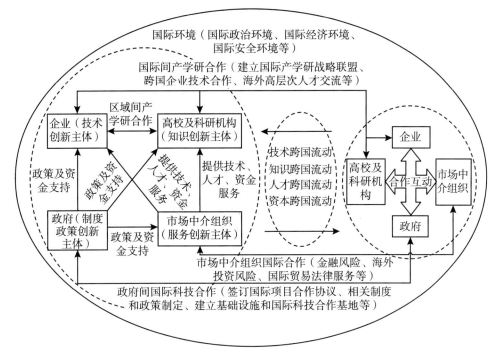

图 15 - 1　区域创新系统国际化运行机理

首先，在区域创新系统国际化的过程中，创新主体进行国际化行为的基本目的是集聚和整合更加优质的创新资源，即技术、知识、人才、资本和数据等要素。这些要素通过国际产学研政合作等途径实现跨国流动和扩散，以促进区域内创新资源迭代更新。其次，要素的配置是按照一定的创新网络结构进行的。在这里，可以将创新网络结构分为技术创新网络和知识创新网络。技术创新网络以企业为主体，进行技术研究、开发、运用与扩散，将研究产品投入相关产业和领域中；知识创新网络以大学和科研机构为主体，进行知识创造与供应，通过研究报告和论文的形式为技术研究提供理论基础。在区域创新系统国际化的创新网络结构中，所有创新主体都以国际产学研政合作的方式开展国际化活动，企业和高校通过建立国际产学研战略联盟、跨国企业技术合作、举行海外高层人才交流会议等途径促进技术、知识、人才等要素的互动；政府之间则采取签订国际项目合作协议、制定国际贸易相关制度和规定、建立基础设施和合作基地等行动以保障国际合作开展；市场中介组织就金融风险、海外投资风险、国际贸易法律服务等方面进行合作和支持。再次，要素的跨国流动与创新网络结构的水平影响区域创新系统国际化的整体功能，主要表现为技术创新国际化功能和知识创新国际化功能（廖凯诚等，2023）。最后，创新环境是保证区域创新系统国际化进行的必要条件，对要素跨国流动、创新网络结构水平和国际化功能都有着较大作用。总而言之，区域创新系统国际化是以创新网络结构为基础的，创新网络结构决定了创新要素的配置及相应的国际化行为，从而会产生相应的功能绩效，创新环境又影响着要素跨国流动、创新网络结构水平和创新国际化功能发挥，所以本书提出"要素—结构—功能—环境"四个维度来构建评价指标体系对区域创新系统国际化能力进行评价分析。

二、区域创新系统国际化能力评价指标体系构建

相比较之下，刘云等（2014）、柳卸林和胡志坚（2002）也有相关的评价指标体系，近年来，陈强等（2023）也构建了区域创新生态系统相关评价指标体系，但本研究主要针对区域创新系统国际化能力的评价，既不同于刘云等（2014）对国家创新系统国际化评价的指标（其主要涉及制度问题等），也不同于柳卸林和胡志坚（2002）对区域创新能力评价的指标（其主要关注区域内部的创新系统），更不同于陈强等（2023）重点关注对区域创新生态系统的评价。本书结合刘云构建的国家创新体系国际化"要素—制度—功能—阶段"四维模型和柳卸林提出的评价区域创新能力构建的指标体系，依据杨博旭等（2023）的理论基础，遵循科学性、系统性、权威性和可行性等原则从"要素—结构—功能—环境"四个维度来建立区域创新系统国际化的评价指标体系。

（1）要素。

要素分为要素投入与要素的跨国流动。要素投入是区域创新的基础，包括资金、人才、技术、数据等的投入，本节选取"全社会 R&D 经费投入占全市 GDP 比重""地方财政科技拨款占财政支出比重""全社会研发人员占就业人数比重""教育经费实际投入占财政支出比重"这四个指标来衡量要素投入。而要素的跨国流动是一个区域创新系统国际化的重要表现，选取"国外技术引进合同数""国外收录我国科技论文数""实际利用外资额""外商直接投资合同项目数"和"全年新批外商投资企业数"来表示区域与国外的创新要素流动。

（2）结构。

区域创新系统中的创新网络结构主体是企业、大学及科研机构。从以企业为主的技术创新网络结构中可选取"新认定国家级高新技术企业数量""世界 500 强企业在华各城市研发中心数量"这两个指标来表示区域内企业的技术研发发展情况。从以大学和科研机构为主的知识创新网络结构中可选取"国际科技交流合作研究派遣人次"和"国际学术会议交流论文数"这两个指标衡量区域内的大学和科研机构与国际进行知识合作的情况（陈强等，2023）。

（3）功能。

功能是区域创新系统国际化绩效的体现，涵盖了技术创新国际化和知识创新国际化，因此，选取"全球 2 500 强研发企业中的本土企业数""世界 500 强本土企业数""高新技术产品出口额占出口总额比重"和"高新技术产品进口额占进口总额比重"这四个指标衡量科技创新国际化；选取"国际论文发表数""国际专利申请量"表示知识创新国际化。

（4）环境。

环境指区域创新系统国际化进程中所建设和提供的基础设施、服务平台等，主要由基础设施、国际市场和金融环境三部分构成。基础设施选取"互联网宽带接入用户数"和"基础设施投资占全社会固定资产投资比重"为考核指标；国际市场选取"进出口差额"和"全市进出口总额增长率"为考核指标；金融环境主要考虑银行在国内外的贷款金额，而企业是银行贷款的主体，因此选取"金融机构境内贷款余额"和"金融机构境外贷款余额"为考核指标。

区域创新系统国际化评价指标体系如表 15 – 1 所示。

表 15 – 1　　　　　　区域创新系统国际化评价指标体系

一级指标	二级指标	三级指标	数据来源
要素	要素投入	全社会 R&D 经费投入占全市 GDP 比重（％）	城市统计年鉴
		地方财政科技拨款占财政支出比重（％）	城市统计年鉴
		全社会研发人员占就业人数比重（％）	城市统计年鉴
		教育经费实际投入占财政支出比重（％）	城市统计年鉴
	要素的跨国流动	国外技术引进合同数（个）	各省、市科技统计年鉴
		国外收录我国科技论文数（篇）	各省、市科技统计年鉴
		实际利用外资额（亿美元）	城市统计年鉴
		外商直接投资合同项目数（个）	城市统计年鉴
		全年新批外商投资企业数（家）	城市统计年鉴
结构	技术创新网络	新认定国家级高新技术企业数量（家）	高新技术企业认定管理工作网
		世界 500 强企业在华各城市研发中心数量（家）	根据世界 500 强企业名单筛选
	知识创新网络	国际科技交流合作研究派遣人次（人）	各省、市科技统计年鉴
		国际学术会议交流论文数（篇）	各省、市科技统计年鉴

一级指标	二级指标	三级指标	数据来源
功能	技术创新国际化	全球2 500强研发企业中的本土企业数（家）	根据欧盟委员会公布的全球2 500强研发企业名单筛选中国企业名单所得
		世界500强本土企业数（家）	《财富》世界500强排行榜
		高新技术产品出口额占出口总额比重（%）	城市统计年鉴
		高新技术产品进口额占进口总额比重（%）	城市统计年鉴
	知识创新国际化	国际论文发表数（篇）	Web of science统计整理
		国际专利申请量（件）	WIPO官网统计信息
环境	基础设施	互联网宽带接入用户数（万户）	城市统计年鉴
		基础设施投资占全社会固定资产投资比重（%）	城市统计年鉴、城市统计公报
	国际市场	进出口差额（出口额 - 进口额）（亿美元）	城市统计年鉴
		全市进出口总额增长率（%）	城市统计年鉴
	金融环境	金融机构境内贷款余额（亿元）	城市统计年鉴
		金融机构境外贷款余额（亿元）	城市统计年鉴

三、数据来源与研究方法

本部分的研究对象为中国24个城市，涵盖了东部、中部和西部地区。其中选取的城市以东部地区为主，中西部地区的城市较少，主要是因为缺乏中西部城市的相关指标数据，同时这些城市与国际创新资源的互动交流并不密切，且创新系统国际化水平也相对较弱。本节的数据来源为2012～2016年各城市统计年鉴、科技统计年鉴、统计公报、WIPO官网数据库、Web of Science、《财富》世界500强排行榜、全球2 500强研发企业名单、高新技术企业认定管理工作网等。

本部分通过借鉴学习相关学者的理论和方法，运用因子分析法对24个城市2012～2016年的截面数据进行分析得出因子综合得分及排名，并在此基础上进一步通过topsis综合评价法对每年的因子综合得分的最大值、最小值进行计算，得出每个城市因子综合得分与理想解的贴合度，以贴合度的高低来描述各个城市的创新系统国际化能力。

第二节　区域创新系统国际化能力的实证研究

本部分将通过因子分析法和 topsis 综合评价法对中国 24 个城市 2012～2016
年的创新系统国际化能力进行实证研究，分析各城市创新系统国际化的差异性，
并进行综合评价，以全面掌握中国 24 个城市创新国际化能力的综合情况。

一、因子分析

本节借助 SPSS 20.0 软件对 2012～2016 年 24 个中国城市的创新系统国际化
的截面数据进行因子分析，以得到各城市的综合因子得分和排名，并探究区域创
新系统国际化能力的影响因素。相关机理与学理见上一节。

1. KMO 检验和 Bartlett 检验

KMO 检验和 Bartlett 检验是描述各变量间相关性强弱的指标，KMO 值越接
近 1，说明变量之间相关性越强，则越适合进行因子分析。Bartlett 检验主要看
Sig. 值是否小于 0.05，Sig. 值小于 0.05，则适合做因子分析。从表 15-2 可知，
2012～2016 年每一年度的 KOM 度量均大于 0.5，且 Bartlett 检验的显著性概率小
于 0.05，拒绝零假设，说明变量之间有较强的相关性，选取的指标数据适合进行
因子分析。

表 15-2　　　　2012～2016 年 KMO 检验和 Bartlett 检验结果

项目		2012 年	2013 年	2014 年	2015 年	2016 年
KMO 度量		0.610	0.595	0.600	0.546	0.661
Bartlett 球形度检验	近似卡方	86.980	113.880	136.103	167.295	112.322
	df	16	25	18	33	18
	Sig.	0.000	0.000	0.000	0.000	0.000

资料来源：笔者计算整理而得。

2. 公共因子提取及综合得分的计算

本节采用因子分析法对 2012～2016 年的样本数据进行分析，得到了一个因
子载荷矩阵，该矩阵中前 5 个公共因子累计方差贡献率达到 80% 以上，说明这 5
个公共因子可以解释城市创新系统国际化能力，而其他因子的影响较小，可以忽

453

略不计。为了使公共因子更具有实际意义的合理解释，需要对初始因子载荷矩阵进行方差最大的正交旋转，旋转后的因子载荷矩阵中的公共因子对应少数几个变量且更具有高载荷，说明其公共因子更具有典型性和代表性。本节以 2016 年的因子载荷矩阵为例进行解释。

从表 15 - 3 可知，第一个公因子在全社会研发经费投入占全市 GDP 比重、国外收录我国科技论文数、新认定国家级高新技术企业数量等 12 个指标上具有较大的因子载荷量，涉及要素投入、要素流动、企业创新、知识创造、金融环境，可以定义为创新系统国际化综合因子；第二个公因子在地方财政科技拨款占财政支出比重、全年新批外商投资企业数、国际专利申请量指标上的因子载荷量较高，可以定义为资金要素因子；第三个公因子在高新技术产品出口额占出口总额比重和高新技术产品进口额占进口总额比重上具有较大的载荷量，反映一个城市技术的输入和输出情况，可以定义为高新技术因子；第四个公因子的载荷量主要体现在国外技术引进合同数和外商直接投资合同项目数，可以定义为国际合作项目因子；第五个公因子在该城市进出口总额增长率上的因子载荷量较大，可定义为贸易出口因子。

表 15 - 3   **2016 年各指标旋转后在公因子上的载荷量**

项目	1	2	3	4	5
全社会 R&D 经费投入占全市 GDP 比重	0.694	0.480	- 0.006	0.208	0.107
地方财政科技拨款占财政支出比重	0.052	0.584	0.268	- 0.067	0.280
全社会研发人员占就业人数比重	0.181	0.498	- 0.487	0.047	0.401
教育经费实际投入占财政支出比重	- 0.174	- 0.406	- 0.634	- 0.178	- 0.005
国外技术引进合同数	0.482	0.093	0.169	0.782	0.135
国外收录我国科技论文数	0.959	0.031	0.043	0.183	- 0.014
实际利用外资额	0.651	0.004	0.316	0.554	0.006
外商直接投资合同项目数	0.255	0.496	0.222	0.730	0.020
全年新批外商投资企业数	0.001	0.876	0.279	0.223	0.043
新认定国家级高新技术企业数量	0.734	0.511	0.142	0.170	- 0.114
世界 500 强企业在华各城市研发中心数量	0.824	0.340	0.192	0.366	- 0.041
国际科技交流合作研究派遣人次	0.904	0.036	0.084	0.322	0.063
国际学术会议交流论文数	0.952	0.055	0.041	0.244	0.004
全球 2 500 强研发企业中的本土企业数	0.866	0.390	0.019	0.162	- 0.121
世界 500 强本土企业数	0.948	0.178	- 0.101	- 0.106	- 0.098

项目	1	2	3	4	5
高新技术产品出口额占出口总额比重	0.102	0.111	0.907	0.155	0.055
高新技术产品进口额占进口总额比重	-0.109	0.278	0.906	0.047	0.089
国际论文发表数	0.948	0.004	0.071	0.127	-0.058
国际专利申请量	0.315	0.845	0.162	0.125	-0.098
互联网宽带接入用户数	0.269	0.102	0.558	0.570	-0.216
基础设施投资占全社会固定资产投资比重	0.094	-0.118	-0.170	0.195	-0.857
进出口差额（出口额 - 进口额）	-0.798	0.229	0.050	0.197	-0.115
全市进出口总额增长率	0.035	-0.001	-0.126	0.384	0.652
金融机构境内贷款余额	0.757	0.261	0.132	0.410	0.019
金融机构境外贷款余额	0.778	0.290	-0.020	0.402	0.093

资料来源：笔者计算整理而得。

为了分析各城市创新系统国际化能力，利用 SPSS 软件提取的因子载荷量，对 2016 年的数据进行因子分析，进一步得到 2016 年的公共因子得分。要计算出综合得分，则根据因子分析得出每个因子的特征根值，分别计算出每个因子的权重，为各自的特征根值/各个因子特征根值之和，而综合因子得分 $F = F_1 \times$ 对应权重 $+ F_2 \times$ 对应权重 $+ \cdots + F_n \times$ 对应权重，由此可得 2016 年因子得分函数为：$F = 0.586F_1 + 0.184F_2 + 0.102F_3 + 0.068F_4 + 0.06F_5$。根据此函数可计算出 24 个城市在 2012 ~ 2016 年每一年度的创新国际化能力综合因子得分及排名，结果如表 15 - 4 所示。

3. 因子分析法结论

由表 15 - 4 可以看出，中国 24 个城市在 2012 ~ 2016 年中每一年的综合因子得分的最高分与最低分差距较大，且每一年至少有超过一半的城市的得分为负值，这表明中国整体城市创新系统国际化能力较低，且城市之间的创新系统国际化能力差异性明显。其中，每年排名前十的城市基本上处于东部沿海地区，主要是因为地域交通上的便利性和经济上的发达性，加强了与国外的创新资源互动和国际的产学研合作，而中部地区则相对落后，因此城市的综合因子得分较低，排名靠后。另外，从 2012 ~ 2016 年的排名变化趋势可以看出，北京、深圳、上海的排名较稳定，占据前三位，而苏州、南京的排名总体呈上升趋势，在 2016 年分别上升至第 4 名和第 8 名，将来可能会继续上升，将重新定义城市创新系统国际化能力的排名。

表 15-4

2012~2016 年 24 个城市综合因子得分及排名

城市	2012 年	2013 年	2014 年	2015 年	2016 年	2012 年排名	2013 年排名	2014 年排名	2015 年排名	2016 年排名
北京	4.14163550	2.62172498	2.5823067	2.48435337	2.46089184	1	1	1	1	1
深圳	0.98831741	0.94131977	0.94545709	0.93466343	1.04014844	2	2	2	2	2
上海	0.02564075	0.30759311	0.21548825	0.44900032	0.60892976	6	3	3	3	3
苏州	-0.13117865	0.0637157	0.03129668	-0.00033534	0.13787908	10	4	8	9	4
广州	0.11844779	0.02381833	0.06158921	0.16022192	0.09587708	3	6	6	7	5
天津	0.04841722	-0.00241868	0.13855462	0.16296796	0.08275076	5	7	4	6	6
武汉	0.08572728	0.02751078	0.13135428	0.16705685	0.0566517	4	5	5	5	7
南京	-0.15288266	-0.50387705	-0.17774496	0.14051345	0.0154264	11	9	12	8	8
杭州	-0.00610700	-0.07069897	0.03617956	0.19382121	-0.04778996	7	8	7	4	9
佛山	-0.03907788	-0.0790494	-0.06349242	-0.01556995	-0.09883178	9	10	10	10	10
济南	-0.19462843	-0.2867792	-0.3326833	-0.19786085	-0.14426024	12	19	20	13	11
珠海	-0.21023413	-0.179665	-0.20527785	-0.22011345	-0.17853778	13	14	13	14	12
成都	-0.23741692	-0.27400486	-0.27704419	-0.37232382	-0.18104664	14	17	16	19	13
青岛	-0.02004207	-0.11027769	0.00858365	-0.25451075	-0.24819296	8	12	9	16	14
大连	-0.44690704	-0.09398151	-0.32305003	-0.16899457	-0.26304068	18	11	19	11	15

续表

城市	2012 年	2013 年	2014 年	2015 年	2016 年	2012 年排名	2013 年排名	2014 年排名	2015 年排名	2016 年排名
宁波	−0. 34756786	−0. 22194524	−0. 22323854	−0. 26944583	−0. 264456	16	16	15	17	16
长沙	−0. 25499649	−0. 07749337	−0. 08430552	−0. 19684827	−0. 26586318	15	18	11	12	17
南昌	−0. 50227485	−0. 27912726	−0. 4403074	−0. 5226237	−0. 26865322	21	24	23	23	18
重庆	−0. 41081102	−0. 22150932	−0. 34164972	−0. 40621046	−0. 30022918	17	15	21	20	19
福州	−0. 51326192	−0. 43927472	−0. 47769375	−0. 51459751	−0. 35761274	22	23	24	22	20
石家庄	−0. 52487500	−0. 17572765	−0. 20772549	−0. 46162702	−0. 39570256	23	13	14	21	21
哈尔滨	−0. 45916428	−0. 29187449	−0. 29505886	−0. 25031887	−0. 44353882	19	20	17	15	22
合肥	−0. 48556032	−0. 31623532	−0. 30306338	−0. 28351184	−0. 47576906	20	21	18	18	23
贵阳	−0. 66583574	−0. 36173873	−0. 39846556	−0. 55769954	−0. 56503646	24	22	22	24	24

资料来源：笔者计算整理而得。

同时，从表中观察可知，在 2012 ~ 2016 年这 5 年期间，每个城市的综合得分每一年都不相同，并且在排名上大部分城市在 5 年里都有一个起伏波动，这主要是因为本节搜集的是由截面数据构成的面板数据，在进行因子分析时是按照每一年的数据计算的，而截面数据之间的关系是相互独立的，因此为了保证数据结果的准确性与客观性，本节采取 topsis 法进行综合评价，以反映城市创新系统国际化能力的综合排名。

二、基于因子分析法的 topsis 综合评价法

按照 topsis 综合评价法运用 Excel 软件对因子分析的综合因子得分进行处理，由此可算出 24 个城市在 2012 ~ 2016 年创新国际化能力的综合评价结果及排名（见表 15 – 5）。从表 15 – 5 可以看出，贴合度 C_i^+ 较高的是处于东部经济发达地区的城市，排名前 10 的城市中有 9 个城市处于东部，武汉是唯一一个进入前 10 的内陆城市，中部地区的城市贴合度 C_i^+ 较低，排名大多靠后，创新系统国际化能力相对较差。这一结论与上文因子分析的结果相似，也与实际情况较符合，说明 topsis 法准确地反映了数据结果。

表 15 – 5　　　2012 ~ 2016 年 24 个城市创新国际化水平综合评价结果及排名

城市	C_i^+	排名	城市	C_i^+	排名
北京	1.00000	1	珠海	0.25663	13
深圳	0.77875	2	济南	0.24875	14
上海	0.66471	3	大连	0.23676	15
武汉	0.48431	4	宁波	0.22701	16
天津	0.43311	5	成都	0.22602	17
广州	0.42311	6	石家庄	0.18860	18
苏州	0.40697	7	重庆	0.16767	19
杭州	0.38466	8	哈尔滨	0.13539	20
佛山	0.33707	9	合肥	0.11815	21
南京	0.33265	10	南昌	0.09590	22
青岛	0.28668	11	福州	0.07492	23
长沙	0.26477	12	贵阳	0.04339	24

资料来源：笔者计算整理而得。

三、区域创新系统国际化能力与区域民营企业参与"一带一路"国际产能合作的关系

近年来，我国一直把科技创新视为共建"一带一路"的重点领域，主要是考虑到了科技创新在促进经济发展、民生改善和应对全球挑战中的关键作用。截至2023 年 6 月底，我国已与 80 余个共建"一带一路"国家签署政府间科技合作协定，与 50 余个共建"一带一路"国家建立知识产权合作关系。在卫生、交通、材料、能源等领域共建 50 多家"一带一路"联合实验室，在非洲共建国家建成20 多个农业技术示范中心和 70 多个海外产业园。中国面向东盟、非洲、拉丁美洲等建设了 9 个跨国技术转移中心，累计举办技术交流对接活动 300 余场，促进千余项合作项目落地。支持逾万名共建"一带一路"国家青年科学家来华从事短期科研工作和交流，累计培训共建"一带一路"国家科技与管理人员 1.6 万余人次。① 结合上述 25 个城市的区域创新能力分析，下面将重点从以下两个典型城市案例中进一步挖掘区域创新系统国际化能力与区域民营企业参与"一带一路"国际产能合作的关系。

（1）深圳。深圳市商务局的数据显示，2023 年 1～11 月，深圳实际对外投资 107.8 亿美元，对外承包工程完成营业额 105.2 亿美元，居国内城市首位。深圳市商务局表示，深圳市"走出去"业务稳步健康发展、支持服务体系得到完善，有力地促进了深圳市经济增长、产业发展和国际开放，同时，在以"一带一路"为重点的开放型经济发展中积极探索，形成新的优势。② 具体到"一带一路"共建国家，据深圳海关统计，2013～2022 年，深圳市与共建国家进出口总额累计 8.63 万亿元，年均增长 5.1%，占深圳市进出口比重从 2013 年的 22.4%提升至 2022 年的 32.5%。其中，出口值从 2013 年的 2 990.2 亿元增长至 2022 年的 6 047.1 亿元，年均增长 7.2%，2022 年首次突破 6 000 亿元。③

在区域创新国际化能力提升的大背景下，区域内的民营企业"一带一路"国际产能合作能力和绩效也得到了显著的提升。以传音公司（以下简称"传音"）为例。传音是一家以手机为核心的高新技术企业，被誉为"非洲手机之王"，稳

---

① 《携手共建创新丝绸之路——首届"一带一路"科技交流大会侧记》，载于《科技日报》2023 年11 月 7 日，https：//www. yidaiyilu. gov. cn/p/07F94I9L. html。

② 《2022 年 1～11 月深圳实际对外投资 85.6 亿美元》，金融界，https：//baijiahao. baidu. com/s？id =1755229896729332403&wfr = spider&for = pc。

③ 深圳市商务局：《深圳与共建"一带一路"国家贸易蓬勃发展》，http：//commerce. sz. gov. cn/szsswjwzgkml/szsswjwzgkml/yshjjc/content/post_10902559. html。

居非洲手机市场占有率第一。近几年，传音已经开始逐渐提升其国际产能合作能力。一方面在市场边界拓展上，传音开始在深耕非洲市场的基础上，实施多元化战略布局，打造了基于家电、配件以及移动互联业务的第二增长曲线。另一方面，在地理边界拓展上，传音也开启全球化扩张之路，将有望在未来深度受益于"一带一路"倡议和新兴市场国家需求崛起。

（2）上海。10 年来，上海服务"一带一路"建设成效卓著。在共建"一带一路"国家投资超过 300 亿美元，承包工程合同额超过 800 亿美元，货物贸易总额超过 1.5 万亿美元。① 其中上海自贸区的变化尤其显著。通过制度创新、商业创新、组织创新、思维创新，上海自贸区这块大"试验田"里，外资不断涌入，经济规模和能级不断提升。数据显示，10 年来，上海在共建"一带一路"国家累计投资超 336 亿美元，承包工程合同额超过 811 亿美元。打造了中国—印尼综合园区青山园区、以色列海法新港等一批标志性工程。② 此外，上海还通过深化贸易投资互利合作、打造跨境金融服务功能高地、提升基础设施互联互通水平等多种方式协同助力"一带一路"共建国家快速高质量发展。

10 年来，上海电气积极践行共建"一带一路"倡议，推动中国技术、中国标准在"一带一路"共建国家乃至全球的应用，其企业的国际业务发展也在此过程中取得新成效。数据显示，2022 年上海电气已经在巴基斯坦、迪拜、塞尔维亚等 35 个国家构建了 145 个办事机构或分支机构，海外员工数量超 6 000 人。其中，巴基斯坦塔尔煤电一体化项目，已经成为国家共建"一带一路"倡议在能源领域的重点项目。项目以投建营模式建设，包括 2 台 660MW 高参数超临界清洁能源项目和配套的年产 780 万吨露天煤矿项目当前的稳定运行。③

由此可见，区域创新系统国际化能力与区域民营企业参与"一带一路"国际产能合作密切相关，且通常为正向的积极促进作用。这主要是因为区域创新系统国际化能力的提升将一方面有利于为区域民营企业创造良好的国际环境，减轻市场低效、市场失灵以及制度复杂性对参与共建"一带一路"国际产能合作的外部干扰。另一方面，区域创新系统国际化能力的提升，也预示着区域内国际化知识、国际化人才、国际化资源等高度集聚、频繁流动，这将显著提升民营企业在"一带一路"的共建能力，提升其总体绩效。当然，在这个过程中，仍然存在很多异质性条件，如区域内民营企业的景气情况在第五节将进一步讨论。

---

① 《共建"一带一路"·上海说|在上海，遇见世界》，上观新闻，https：//export. shobserver. com/baijiahao/html/663766. html。

② 《上海为"一带一路"提供高水平开放平台、高能级服务支撑》，上观新闻，https：//export. shobserver. com/baijiahao/html/663478. html。

③ 上海市国有资产监督管理委员会：《把握共建"一带一路"机遇，上海电气打好中国企业"硬实力"输出牌》，https：//www. gzw. sh. gov. cn/shgzw_zxzx_gqdt/20231018/c7581927a6ed44878e6e7c1a01c4d1e6. html。

第三节　浙江区域创新系统国际化能力的典型案例分析

一、浙江区域创新系统国际化现状

浙江处于中国东部沿海地区，有着良好的区位优势和资源优势，凭借杭州、宁波、义乌等城市在技术研发创新、国际港口、对外贸易等方面的发展，浙江与国际的互动合作越来越频繁，区域创新系统国际化发展水平也逐渐提升。在创新要素层面上，浙江创新要素投入力度较大，集聚了丰富的创新资源。2022 年，浙江的全社会研究与试验发展（R&D）费用支出 2 416.8 亿元，财政科技支出 476.94 亿元，从事科研活动人员 77.58 万人，居于全国第三位。[①] 在吸收外资上，浙江新批外商直接投资项目 2 910 个，外商直接投资额达 130 亿美元，吸引了较多的外商企业投资。[②]

在创新网络结构层面上，各创新主体蓬勃发展，技术和知识创新网络结构构建较为完善。浙江的高新技术企业从 2017 年的 9 152 家增至 2022 年的 3.54 万家，年均增长 17.8%。2022 年科技型中小企业新增 2 519 家，年均增长 48.6%。浙江高校与科研机构国际合作交流日益密切。截至 2023 年底，浙江省的研发机构已经超过 10 000 个，在境外设立研发机构达 300 家，全省有 33 所高校的国际合作拓展到 10 个国家以上，其中浙江大学、浙江师范大学和宁波大学在合作国家与合作机构方面名列前茅。浙江有 100 多个国际合作科研平台，全年高校主办或承办国际学术会议达 210 场。在浙江高校中外合作办学上，全省共有 43 所高校经批准设立了 138 个中外合作办学项目。少数高校已在国外设立中外合作办学机构或办学项目，不少高校提出配合国家"一带一路"倡议赴国外设立办学机构或办学项目的设想。[③] 在对外投资上，如今浙江对外投资的市场不仅仅是亚洲和欧洲，在共建"一带一路"的新兴经济体投资的企业数量也迅速增长（潘冬青，

---

① 国家统计局：《2022 年全国科技经费投入统计公报》，https：//www. stats. gov. cn/sj/zxfb/202309/t20230918_1942920. html，2023 年 9 月 18 日。

② 浙江省统计局：《2022 年浙江省国民经济和社会发展统计公报》，https：//tjj. zj. gov. cn/art/2023/3/16/art_1229129205_5080307. html，2023 年 3 月 16 日。

③ 浙江教育厅：《2017 浙江省高等教育国际化发展年度报告》，http：//jyt. zj. gov. cn/art/2018/7/20/art_1532978_27486425. html，2018 年 7 月 20 日。

2017）。2016年，浙江省乌兹别克斯坦鹏盛工业园通过考核，成为浙江省第4家国家级境外园区，浙江省境外园区数量成为全国第1。这些境外园区拥有良好的浙江产业配套优势，已经成为浙江中小企业海外集群发展的重要平台。

在创新功能层面上，创新绩效成就显著，科研实力跟上国际步伐。目前，浙江拥有国际注册商标达到上万个，高新技术和自主品牌产品出口占比持续提升。2022年，全省出口高新技术产品3 453.6亿元，增长26.8%，较整体高12.8个百分点，占全省出口比重提升1.1个百分点至10.1%，首次超过10%。太阳能电池、电动载人汽车等新能源产品快速增长，分别增长1.1倍、1.7倍。

在创新环境层面上，浙江主要依靠杭州发达的萧山国际机场，宁波和舟山的国际港口，以及台州港和温州港等沿海港口的优势，为集聚国际高端创新要素提供了便利，也为创新主体走出去开展创新国际化活动提供了便捷。另外，浙江在海外创新孵化中心建设、国际科技合作基地建设、海外高层次人才引进和人才内部培育等方面出台了专门的政策文件，营造了适合各个创新主体发展的制度环境与政策环境。虽然浙江整体的区域创新系统国际化发展水平较快，但也存在着各地区发展不平衡的现象，因此为了了解浙江各地级市的区域创新系统国际化能力情况和政府在其中发挥的职能与作用，本节选取了杭州、温州和衢州三个城市作为案例进行分析。

二、杭州市区域创新系统国际化概况

杭州作为浙江省会城市，是浙江的经济、文化和科教中心，杭州市委、市政府高度重视城市国际化的发展，把推进城市国际化列为城市发展的重大战略之一。在政府的引导下，各创新主体积极参与，相互协作，国际化能力发展较快。

在创新要素上，杭州在资金的投入、人才的引进、外商投资上都有较好的表现。杭州2022年全年研究与试验发展（R&D）经费723.03亿元，比上年增加56.04亿元，增长8.4%；支出占生产总值的3.86%，比上年提高0.2个百分点，位居全省第一。另外在科技经费和教育经费上也有较大的资金投入，给予了企业、高校和科研机构充足的资金开展创新国际化活动。

在创新网络结构上，杭州统筹规划国家级高新区、"两廊两带"、特色小镇、众创空间等市域创新空间布局。杭州依托国家自主创新示范区、城西科创大走廊等科创平台吸引了一大批国内外企业和优秀的人才，截至2023年底，杭州拥有18家全国重点实验室、36家省级新型研发机构。城西科创大走廊沿线正在建设之江实验室、阿里达摩院、浙大超重力实验室、西湖大学等高端研究机构和高校。杭州高校和科研院所通过科技合作项目、人才交流互访、建设合作基地、开展国际论文交流会议的方式参与区域创新系统国际化。2022年，杭州高校承担国际科技合作项目达 375 项，政府性基金预算资助 14.22 亿元，其中浙江大学承担了 2/3 的科研项目，浙江工业大学、浙江省农业科学院位居其次（王小勇，2024）。项目经费主要源于欧美地区，占总量的 60% 以上；亚太地区占 35.6%，其中港澳、日韩的合作经费占比约为 80%。浙江大学、浙江工业大学、浙江工商大学、浙江理工大学、浙江海洋学院、浙江农科院和中国水稻研究所建立国际科技合作基地，通过举办国际会议、人才互访、项目合作等方式，主要与美国、加拿大、英国、俄罗斯等国家建立了较为稳定的国际科技合作关系。

在创新功能上，杭州高新技术企业发展快，科技与知识产出较为丰富。2022 年末全市累计拥有国家级企业技术中心 43 家，国家技术创新示范企业 14 家，国家高新技术企业达到 1.27 万家。科技企业孵化器 306 家，其中省级 127 家。众创空间 207 家，其中国家级 85 家，省级 156 家。全年技术交易总额 1 061 亿元，比上年增长 37.6%。2022 年杭州国际论文发表数超过 20 000 篇，全年新增发明专利授权量 3.0 万件，比上年增长 31.2%。PCT 国际专利申请量 2 305 件，增长 11.8%。年末有效发明专利拥有量 12.3 万件，增长 29.0%。①

在创新环境上，杭州具有完善的融投资环境、知识产权保护环境和海内外高层人才服务环境。在投融资上，杭州出台政策推动银行低息贷款和信用担保贷款项目，为高新技术企业提供创新贷款。另外，实施高新技术企业税收优惠政策，对符合条件的企业减免 20% 税收。杭州实行风险投资机制，鼓励风险投资基金在中小企业投资创新项目，为中小企业的技术创新融资提供渠道。在知识产权保护上，杭州通过出台《杭州市专利保险补贴资金管理暂行办法》，开展专利保险，与中国人民财产保险股份有限公司杭州分公司等保险公司开展合作，开展全市范围内的专利保险试点工作。坚决打击盗版侵权行为，出台了《杭州市知识产权执法维权"护航"专项行动方案》，对发现的假冒专利进行严厉处置。在人才服务上，不断健全并落实了海外高层次人才来杭创新创业的教育、医疗、交通、落户等方面的配套政策。

在如此夯实的区域创新生态系统构建基础上，杭州市进一步鼓励民营企业主动参与共建"一带一路"，大力培育本土民营跨国公司。如发挥中国（浙江）自由贸易试验区杭州片区与中国（杭州）跨境电子商务综合试验区叠加效应，支持民营企业开拓国际市场。完善"走出去"风险保障平台和信息服务平台，提高企业出口的抗风险能力。鼓励民营企业参与长三角区域一体化发展国家战略，深化"浙商回归""杭商回家"工程，抢占国内大循环制高点②等具体精神、举措已经

---

① 《2022 年杭州市国民经济和社会发展统计公报》，杭州市人民政府网，https：//www.hangzhou.gov.cn/art/2023/3/22/art_1229063404_4150909.html？eqid=f207cdc90000ee1b0000000464853e7a，2023 年 3 月 22。

② 《中共杭州市委　杭州市人民政府关于进一步推进新时代杭州民营经济高质量发展的实施意见》，浙江政务服务网，https：//www.hangzhou.gov.cn/art/2022/7/1/art_1345197_59060440.html。

下达。据统计，2022 年全市对共建"一带一路"国家进出口 1 688 亿元，同比增长 12.9%。恒逸文莱石油化工项目、金帝联合印尼油气田等一批"走出去"项目成功列入国家"一带一路"重大项目库。2023 年以来全球产业链布局不断深化，新引进投资总额 3 000 万美元以上大项目 32 个，涉及投资总额 42.73 亿美元。截至 2023 年 7 月，已有 134 家世界 500 强企业来杭投资 234 个项目。其中，全球领先的综合能源和化工公司之一沙特阿美（Armco）收购荣盛石化股份有限公司 10% 股份，预计金额高达 36 亿美元。①

相比其他外向型经济城市，杭州在产业结构优化、经济业态升级、城市能级提升的优势下以强劲的高增长态势，不断吸收全球高端资源要素。如 2023 年借助亚运会、亚残运会、"一带一路"倡议提出 10 周年等契机，让世界看见美好杭州，期望通过更多高端国际会展和国际性赛，全面提升城市及其城市民营企业的开放竞争力。杭州通过力争打造"一带一路"共建国家的明星城市，为更多杭州市民营企业带来了与"一带一路"乃至全世界深度沟通交流的机会。如作为国内首个全球城市网络"工艺和民间艺术之都"，杭州可以为更多非工业产业（丝绸、茶叶、印学和南宋官窑）等东方传统文化艺术提升世界知名度提供机会；借助达沃斯论坛、博鳌论坛、乌镇互联网大会等国际性高端论坛，杭州可以为文化创意产业企业在国际影视、动漫等多维度上提供先发优势；通过移动互联网和新媒体传播建设，杭州可以为民营企业打造沿线国家和地区交流和创新沟通的新平台，创造数字丝路之路的坚实基础。② 由此可见，杭州作为一个新兴的多元文化汇集、融合、包容与创新的魅力城市，将有望通过多层次合作机制、多维度合作平台，为民营企业提供多元合作机会，真正能够有机会实现各美其美、美美与共的可持续发展愿景。③

由世界知识产权组织（WIPO）发布的"全球创新指数"显示，杭州该指数已经在 2022～2023 连续两年位居全球第 14 位；这也与杭州作为民营企业重镇参与"一带一路"国际产能合作的总体地位相当。

三、温州市区域创新系统国际化概况

温州位于浙江东南部，是中国民营经济发展的先发地，温州的民营企业数量

---

① 《【学思想　见行动】市发改委以高水平对外开放助推杭州国际化大都市建设》，来源于杭州市发展与改革委员会官网。

② 《国际化　看杭州⑥|加强"一带一路"沿线城市交流合作，走杭州特色的国际化之路》，载于《杭州》2021 年第 17 期。

③ 杭州市发展和改革委员会：《亚运之城向未来　一带一路促共赢》，https://www.hangzhou.gov.cn/art/2023/9/6/art_1229243366_59087242.html。

非常多，对外经贸发展也比较快，然而温州整体的创新国际化能力相对有待提高。在创新要素上，2022年末温州R&D经费支出占GDP比重为2.5%；新引育人才23.7万人；每万人高价值发明专利拥有量为6.0件；在企业引进境外技术经费支出上也较少，说明温州企业在国际进行技术合作与创新的互动较少，也反映出企业在技术资金上匮乏，缺少创新动力。在引进外资上，温州2022年全年实际使用外资6.12亿美元，比上年增长12.5%，其中高技术产业外资额3.39亿美元，比上年增长94.5%。在"一带一路"共建国建成俄罗斯、越南、乌兹别克斯坦3个国家级境外经贸合作区，塞尔维亚、乌兹别克斯坦、印度尼西亚3个省级境外经贸合作区，印度尼西亚北加里曼丹园区投入建设。全市境外投资中方投资总额达9亿美元，比上年增长48%，其中对共建"一带一路"国家投资7.87亿美元，占全部境外投资的比重达87.4%。[①]

在创新网络结构上，温州还没有形成一个系统完备的产学研合作科创平台。2018年，温州获批国家自主创新示范区，现在已经提出了建设规划，将实施创新驱动发展战略，集聚国内和国际的优质创新要素，促进研发能力的提升与区域创新能力的提高。从高校和科研机构创新层面看，温州主要依托温州大学、温州医科大学等进行国际合作，温州大学建设有激光加工机器人示范性国际科技合作基地；与美国俄亥俄州立大学在金属零件和陶瓷防护领域开展国际合作研究；在与韩国木浦大学合作的基础上，成功开发出了用于节能降耗的燃料电池混合动力汽车动力控制系统与摩托车发动机ECU电控系统（李校堃和李鹏，2018）；在与Driker Design Inc公司合作中，提出研制CORT精密减速器传动性能的综合测试系统，该项目申请发明专利2项，实用新型4项，获国家高技术研究发展计划（863计划）课题资助，目前已进入产业应用。[②] 温州目前有4个境外经贸合作区，分别为位于"一带一路"共建国的俄罗斯的乌苏里斯克工业园、越南的龙江工业园、乌兹别克斯坦的鹏盛工业园、塞尔维亚的贝尔麦克园区，其中前3个合作区都是正式获批的国家级境外经贸合作区，温州成为全国唯一拥有3个国家级境外园区的地级市（哲信，2018）。

在创新功能上，温州在国际论文与国际商标上成果较为丰厚，而在国际专利申请和高新技术产品出口上还有所不足。2022年末，温州全市拥有国家高新区1家、省级高新区6家；国家级孵化器4个、国家级大学科技园1家、国家级众创

---

① 温州市统计局：《2022年温州市国民经济和社会发展统计公报》，https：//wztjj.wenzhou.gov.cn/art/2023/3/23/art_1479961_58727726.html? eqid = f2429a9e00000c6b00000004642646be&wd = &eqid = 93236cb60004bc4000000004645b43ea，2023年3月23日。

② 《需求导向提升人才培养质量——贯彻落实国务院办公厅〈关于深化产教融合的若干意见〉笔谈（下）》，中国教育新闻网，http：//www.jyb.cn/zgjyb/201808/t201808131188874.html，2018年8月11日。

空间（星创天地）22 个，省级孵化器 8 个、省级众创空间（星创天地）54 个，市级科技企业孵化器 16 家、众创空间 38 家、科创园 5 家、示范孵化基地 10 个；省级产业创新服务综合体创建 14 家；国家级企业技术中心 6 家，省级企业研究院 213 家（其中省级企业重点研究院 20 家）、省级高新技术企业研发中心 373 家、市级企业研发中心 1 358 家。全市累计高新技术企业 3 723 家、省级科技型中小企业 14 730 家。全年专利授权量 55 500 件，其中发明专利授权量 3 835 件。①

在创新环境上，温州的创新环境不断努力支持各创新主体顺利开展各类创新国际化活动。一方面，温州尝试对区域内外投融资环境的建设，针对中小企业在海外进行投融资、进行科技研发探讨提供制度保障；另一方面，温州努力搭建国际化的创新平台与相应的基础配套设施。

在区域创新生态系统构建基础上，2022 年，温州实现货物贸易进出口总值 2 949.6 亿元，同比增长 22.4%。其中，对"一带一路"共建国家进出口额从 2013 年的 650.2 亿元增长至 2022 年的 1 760.3 亿元。另一组数据同样值得关注。2022 年，全市实现对外直接投资备案额 9 亿美元，其中对"一带一路"共建国家和地区投资额 7.87 亿美元，占全市中方投资总额的 87.4%。② 此外，2022 年，温州港完成海港集装箱 117.86 万标箱，同比增长 13.8%。温州港近洋航线现已联通俄罗斯、韩国、菲律宾等国家，外贸航线累计增至 15 条。新开国际（地区）客运航线 3 条，加密 1 条。截至 2022 年 9 月，中欧班列"温州号"整体到发运量 98 列，服务企业 952 家，货值 3.25 亿美元；海铁联运共完成 4 112 标箱，同比增长 23.7%，南昌至温州、上饶至温州海铁联运实现常态化运行，区域物流枢纽地位进一步提升。③ 而在温州，如正泰集团这样一批率先跳出浙江，走向全球的民营企业，是温州"一带一路"巨大成果的重要贡献者。正泰集团已经与 80% 以上的"一带一路"共建国家建立了不同程度的合作关系，其下柬埔寨达岱河水电站 BOT 项目，成为柬埔寨国家电网具有支撑性作用的主要电源点，更是成为"一带一路"中柬合作典范。④

温州的区域创新系统能力建设模式与杭州略有不同。温州巩固并提升城市国际（"一带一路"）竞争力的首要策略就是锚定差异化发展道路，拉长自身长板。作为一座一直具有"开放"基因的城市，温州因商而荣，截至 2023 年底，70 多万温州人在世界各地发展，建立了 350 个温籍侨团，其中 38 万人活跃在"一带

---

① 温州市统计局：《2022 年温州市国民经济和社会发展统计公报》，https：//wztjj. wenzhou. gov. cn/art/2023/3/23/art_1479961_58727726. html？ eqid = f2429a9e00000c6b00000004642646be&wd = &eqid = 93236cb60004bc4000000004645b43ea，2023 年 3 月 23 日。

②③④ 温州市人民政府：《"世界的温州"阔步而行》，https：//www. wenzhou. gov. cn/art/2023/10/18/art_1217829_59224158. html。

一路"57 个共建国家，青山集团、正泰集团产业覆盖众多国家和地区。① 温州的
"一带一路"之路不是单纯的经济往来，更是民心相通的故事，是海上丝绸之路
的情感纽带带动并助力温州成为共建"一带一路"的主力军。这是"软实力"
的体现，更是温州共建"一带一路"的独有底色。

四、衢州区域创新系统国际化概况

衢州位于浙江西部，钱塘江上游，是浙、闽、赣、皖四省边际交通枢纽和物
资集散地，素有"四省通衢、五路总头"之称。由于衢州经济总量较小，高新技
术企业创新能力较弱，高校院所人才资源匮乏，与国际进行产学研合作的机会也
较少，因此衢州整体的区域创新系统国际化能力还有待于大幅提升。在创新要素
上，2022 年底衢州 R&D 经费支出占 GDP 比重为 2.2%，显著低于浙江全省平均
水平 3.11%，衢州吸引国内外创新要素的主要方式是通过衢州海创园、山海协作
产业园等平台集聚资金和人才，在杭州未来科技城附近打造创新飞地，依靠杭州
汲取丰富的创新资源，引进海内外高层次人才和科研项目。

在创新网络结构上，衢州重点打造"两园一楼一镇六飞地"的重要平台，通
过建设花园 258 创新创业园、大学生创业园来孵化产业，发展电子商务、科技创
新、金融等产业；将衢时代创新大厦作为培养高端产业的基地，重点发展数字经
济、智慧产业、高端研发类产业；以科创金融小镇为依托，重点引培科技创新、
企业总部、金融类产业。发挥其产业化基地的功能；"六飞地"包括衢州海创园、
杭州绿海飞地、北京中关村产业协作园、深圳前海创业园、上海张江生物医药孵
化基地、柯城科创园，衢州在各个发达城市设立创新创业平台，吸引海外企业投
资落户，进行科技创新互动与合作，促进科研成果与知识产权顺利转化。另外，
衢州建立了科技大市场这一中介平台，目的在于促进技术转移、产权交易，加强
对中小企业创新的支持，促进科技成果转化。然而，衢州的创新平台主要针对区
域内部创新的发展，与国际进行科技合作还比较少，也很少在海外进行研发、投
资，正在努力建立起海外的创新网络结构。

在创新功能上，衢州海创园开园以来，共引进项目 136 个，总注册资本 7.01
亿元，衢州海创园内的浙江纽顿医疗集团将医疗设备生产线落户衢州。上海张江的
衢州生物医药孵化基地正在研制一批比肩国际生物医药巨头的项目。借助创新飞
地，短期内已吸引了 60 多位"海外引才计划"人才、浙江省"海外引才计划"人

---

① 《如何更好地融入和参与"一带一路"高质量发展？温州两大"特长"巩固提升城市竞争力》，
温州新闻网，https：//finance.66wz.com/system/2023/11/27/105611401.shtml。

才带着高端项目回归衢州创业。中澳联合创新中心落户衢州绿海飞地（深圳），依托中澳（悉尼）海外创新中心在生物医药、科技医疗研发等方面的优势，引进海外的高端孵化器、创新创业团队、科研成果和知识产权在深圳创新中心落户与转化。① 从技术和知识产出来看，衢州 2022 年发表国际论文仅百篇，创新产出相对来说较少。

在创新环境上，衢州侧重于基础设施发展，衢州是浙江首个"县县通高铁（动车）、高速公路"的地级市，加大了杭衢高铁等项目建设力度，使到杭州时间从 80 分钟缩短至 41 分钟。但衢州在创新制度和政策环境的构建上还在积极探索中。

虽然衢州整体的区域创新国际化能力与上述两个城市之间存在一定差距，但其将共建"一带一路"国家视为对外贸易实现合作共赢、发展的新机遇。据衢州海关统计，2023 年前 9 个月，衢州外贸进出口总额 521.6 亿元，同比增长 17.4%，其中面向共建"一带一路"国家进出口总额为 313.3 亿元，同比增长 22.5%。② 衢州已与国外 13 个城市建立友好城市关系，与数十个国家的驻沪总领馆保持友好关系，为加速迈向国际化奠定了坚实基础。建设衢州市"一带一路"商贸合作平台（南南合作）、浙江开山压缩机股份有限公司投资印度尼西亚地热项目和龙游新丝带商贸公司建设哥伦比亚公共海外仓项目三项工作，列入"一带一路"倡议提出 6 年来浙江省推进建设成果清单。③

与上述两个城市不同的是，衢州依托区域国际化产业集群式的创新生态系统构建，通过打造面向共建"一带一路"国家的经贸交流合作的新通路，打开了线上线下展销和对内对外双向开放的双窗口。一方面，有效推动"一带一路"有关国家与以衢州为据点的浙、闽、赣、皖四省九地市近 3 000 万人口大市场的经贸合作，对中国与共建"一带一路"国家的各类产品、投资环境、国家（城市）形象做了很好的展示；另一方面，也是衢州及周边地区打开国际市场、走向全球的重要平台。

通过比较浙江省内杭州、温州、衢州三个创新条件差异化程度较大的城市创新生态系统，旨在解析不同创新资源与区位禀赋的城市，可以根据区域城市独特综合优势，选择多样化的能力建设路径和"一带一路"国际战略。

---

① 《打造创新飞地：衢州创新驱动发展的探索与实践》，载于《浙江经济》2018 年第 20 期，第 24 ～ 25 页。

② 《衢州对外贸易打开崭新局面》，人民网，http：//zj. people. com. cn/n2/2023/1020/c186327 - 40610186. html。

③ 《衢州拥抱丝路经济 超过三分之一的进出口额和一带一路沿线国家有关》，浙江新闻，https：//zj. zjol. com. cn/news. html？ id = 1231017。

第四节　区域创新系统国际化能力评价的讨论

前三节通过构建区域创新系统国际化水平的评价指标体系，运用因子分析法和 topsis 综合评价法计算出了中国 24 个大中城市的创新国际化能力，并解析了浙江区域 3 个不同创新资源禀赋城市的能力建设路径。结果表明中国区域创新系统国际化能力呈现明显的地域性，东部沿海地区的城市具有较高的创新系统国际化能力，而中西部地区城市的创新系统国际化能力则相对较低。通过因子分析法可得出如下结论：（1）城市的区域创新系统国际化能力与其综合创新能力呈正相关。其综合创新能力与创新系统国际化综合因素、资金要素、高新技术、国际合作、出口贸易有关，后 5 者在 2016 年对整体的解释方差分别为 36.16%、19.7%、13.6%、10.96%、5.51%，其中创新系统国际化综合因素对一个城市的创新系统国际化能力起着关键性的作用，主要表现为创新系统国际化能力强的城市在要素投入、要素跨国流动、企业创新能力、知识创造、金融环境的因子得分高于较为落后的城市。（2）区域创新系统国际化能力受创新要素、创新网络结构、创新国际化功能和创新生态环境等综合因素影响。在因子分析中提取的 5 个公共因子都涉及本节构建的"要素—结构—功能—环境"四个维度中的因素，这些因素在不同程度上都影响着区域创新系统国际化能力，其中要素跨国流动、技术创新网络、技术创新国际化功能和创新环境与一个区域的创新国际化有着密切的关系。（3）城市圈辐射效应显著，大城市带动提高了相邻城市的创新系统国际化能力。如上海、南京、苏州、杭州、宁波处于长三角地区，形成了长三角城市圈，而上海这个超大城市拥有丰富的创新资源和优良的创新环境，与周围的城市形成了良好的互动与交流，使双方提升了自身的创新能力，进一步与国际发生了更多的联系，从而提高了创新系统国际化能力。

基于以上分析，本节认为要提升区域创新系统国际化能力需要注重以下方面：

（1）促进创新要素在区域之间和区域及国家之间的流动。每个城市的经济、科技、教育、文化等都有差异，要充分发挥一个区域内创新极的辐射带动作用，实现区域间的创新要素流动，从而促进区域间的优势互补和协调发展。政府要积极引导区域内的创新要素与国际接轨，实现区域与国家间的知识、技术、人才和资金等创新要素的转移及扩散，共同提升双方的创新系统国际化水平。

（2）创造良好的创新环境。政府要为企业、大学、中介机构提供便利的创新平台，促成区域与国家间的产学研合作，通过制定相应的财政、金融和税收政策，更好地保障高新技术企业和研发机构进行国际化知识创新和技术创新。

（3）不同区域应结合自身特点制定不同的创新国际化战略。东中西部地区在创新国际化水平上存在着较大的差异性，东部地区经济较发达，已经具备较好的创新资源与创新环境，应朝着自主研发创新的发展战略努力；中部地区应以获取优质的创新资源为目标，通过引进人才和技术，吸引外资，提升自身的创新能力和影响力，进一步提高创新国际化水平；西部地区应营造一个良好的创新环境，通过加强基础设施的建设，制定优惠的创新政策吸引企业和人才，凝聚较好的创新资源以提高自身创新能力。

（4）区域创新生态系统作为提升区域全球竞争力的重要支撑，将有望通过邻近性、多样性、自组织和开放型等特征赋能区域内民营企业的国际化综合实力提升。但这一过程机制并不是必然发生的，需要更多关注如何提升区域创新生态系统内不同主体间的协同共生，挖掘区域资源禀赋、产业结构以及文化底蕴等的特色性，打造区域之间的差异化竞争格局，避免产生不必要的区域创新生态系统同质化现象，强化区域内的特色产业优势，发挥区域内领军企业的模范带头引领作用等，都是将区域创新生态系统国际化能力更好赋能区域内民营企业国际化成长的关键所在。

（5）考虑到"一带一路"共建国家在制度、经济、基础设施等不同层面与发达经济体之间的差距，民营企业在参与共建"一带一路"国际产能合作过程中势必会遇到从制度风险到经营困境的阻碍。区域创新生态系统国际化能力的构建将从本质上提升区域内民营企业"一带一路"国际产能合作能力基础，降低产能合作风险，为民营企业更好了解沿线国家政策特点、投资项目需求、扩大生产要素跨国优化配置比例、提升"一带一路"海外市场竞争力等提供助力。

（6）不同的城市有着不同的区域创新系统国际化水平，政府的角色定位也有所不同，因此政府的政策施策也要依据实际情况，发挥独特优势，以保证各个创新层面和创新主体均衡发展，以有效促进区域创新系统的国际创新能力和国际竞争力。如杭州这样比较发达的城市，其自身就有着较为完善的市场机制，市场能够有序地配置国际创新资源和开展创新国际化活动，政府主要加强基础研究投入并精准施策，因此政府的职能主要就在于提供创新服务，从宏观上调控，在中观上协调，在微观上进行补充完善，是新公共服务型政府的主要行为方向。具体而言，可以通过全面建设创新国际化平台，集聚国际高端创新要素；形成国际产学研合作机制，支持创新主体国际互动；搭建全球信息交流平台，提供信息服务等多种方式进一步升级区域创新生态系统国际化能力。

（7）改革开放45年以及"八八战略"实施20年以来，浙江民营企业的转型发展经历了改革开放初期以生存型创业为主转向创业激活创新、创新创业同步发展进而到创新驱动创业，再发展为数字化转型背景下的创业创新的更迭。其中浙江的体制机制优势是浙江民营经济最大的优势与特色。浙江的实践充分表明，民营经济发展在改革开放以来"两大奇迹"的创造中功不可没。[①] 其中的制度体制优势体现在浙江坚持改革开放增动力，谋深攻坚性改革和提升性开放，深入实施营商环境优化提升"一号改革工程"，聚焦政务服务增值化改革，牵引重点领域关键环节改革，深入实施"地瓜经济"提能升级"一号开放工程"，大力弘扬"四千"精神，全力释放民营经济活力[②]……以上措施可以为其他城市、省份促进区域创新系统国际化能力建设和开展"一带一路"国际产能合作提供启示。

第五节 区域创新国际化能力、生态系统协同度与区域民营企业国际产能合作绩效

一、区域创新生态系统协同度对民营企业国际产能合作绩效的影响机制

1. 区域创新生态系统协同度与国际产能合作绩效

国际产能合作绩效是在一定程度的政策支持、企业经营和技术投入组合下，各国在产能合作中获得的经济效益，以达到利益最大化和双赢为终极目标。国际产能合作在对区域经济发展产生带动效应的过程中，基于市场交易原则，根据国际市场规律匹配国际市场需求，提高我国与其他共建国家的国际竞争力。

我国参与"一带一路"国际产能合作的过程是与共建国家实现合作共赢的过程。然而，在国际市场中，世界各国为获取有利于本国经济发展的国际社会资源，尤其是以企业为代表的创新主体要取得利于本企业发展的资源或知识，必须提高企业自身的国际竞争力，增强自身经济发展效益，从而提高产能合作绩效。以企业为代表的创新主体在积极"走出去"，迎接全球竞争的过程中不断提升跨国经营能力、管理能力、研发创新能力等。然而，提升国际产能合作绩效是一项综合工程，仅依靠企业自身一个创新主体的力量是有限的，除企业依靠自身力量加大研发创新投入以提高本企业的科技水平外，还需要研发创新等研究机构的协

---

① 浙江省社会科学界联合会：《专家观点|强化优势 促进民营经济高质量发展》，载于《钱江晚报》2023 年 7 月 3 日，https：//baijiahao. baidu. com/s？ id =1770381987845409809&wfr = spider&for = pc。

② 《浙江省委经济工作会议在杭召开 易炼红王浩讲话》，浙江省经济和信息化厅网站，https：//jxt. zj. gov. cn/art/2023/12/25/art_1660147_58931730. html，2023 年 12 月 25 日。

同参与（陈强等，2023）。研发机构在此过程中提供研发创新人才、研发平台和科技产品等配套服务，无论是协助企业自主研发还是技术引进后的消化吸收，都在一定程度上有利于企业赶超拥有国际先进技术的国际竞争者。但面对复杂的国际环境，除经济因素外，还需考虑政治、文化等诸多因素。企业开展的合作项目不仅需要东道国政府的支持，而且要保证东道国制度与政策的相对稳定（赫荣亮，2015）。此时，政府作为创新生态系统中的参与主体之一，在此过程中发挥着重要的作用。我国提出共建"一带一路"倡议，在外交方面积极与合作国家签订多边贸易协定，制定开展国际产能合作的法规，在解决国内外共赢问题的同时为企业"走出去"提供了巨大的契机。另外，其他中介机构也是海外创新生态系统重要互补者。政府—企业—研发机构等创新主体之间的协同作用不断提高了我国企业在国际产能合作过程中的经济效益和国际竞争力。

基于上述分析，提出如下假设：

假设 15 – 1a：区域创新生态系统协同度对国际产能合作竞争力的提升具有显著的正向影响。

假设 15 – 1b：区域创新生态系统协同度对国际产能合作效益的提升具有显著的正向影响。

2. 区域中小企业景气程度与国际产能合作

依据上述研究和文献分析可知，民营企业由于激励机制等区别于国有企业，其规模相对而言较小，自身资源有限，在面对国际市场的不确定性因素下更能积极调整经营管理理念，在国际产能合作中往往比规模较为庞大、机制较为复杂的国有企业更加灵活主动、更具活力（陈俊龙，2023）。现有研究大多通过"景气指数"来衡量区域民营企业的综合发展状况和活力程度。从区域分布来看，区域治理水平、创业文化和市场化程度等因素通过影响区域所有制结构，从而导致区域中小企业景气程度不同。并且，民营企业景气程度呈现出较强的区域集群特点，由东南沿海省份向中西部地区递减，具体呈现出"华东—华南—华北—华中—西南—东北—西北"的梯度递减模式。基于区域异质性，民营企业景气指数对区域经济发展活力进行了综合性描述（池仁勇等，2017）。

民营企业对"一带一路"国际产能合作的提升注入了更为新鲜的"血液"，也为区域创新生态系统参与国际产能合作绩效提升提供了更为有效的赋能作用。一方面，民营企业的参与在一定程度上提高了国际产能合作的效益。成熟的民营企业在"走出去"过程中更能遵循市场化准则，所进行的投资目标原则为利益最大化，相较于国有企业，受所有制约束更大，其非国有身份更有利于规避东道国的政治审查风险。这样的所有制特点更接近市场经济的要求，更易实现国际产能合作的经济效益。另一方面，民营企业的参与在一定程度上提高了国际产能合作的竞争力。与我国共建的"一带一路"国家大多属于发展中国家，产业发展水平和工业化水平有待于提高，市场需求强烈。而我国民营企业在长期发展中形成的良好的制造业产能优势、较为丰富的资金实力和相对先进的科技水平有利于构建国际产能合作的重要优势，加快合作国家的产业分工体系建设。

基于上述分析，提出如下假设：

假设 15 - 2a：区域中小企业景气程度正向调节创新生态系统对国际产能合作竞争力的影响。

假设 15 - 2b：区域中小企业景气程度正向调节创新生态系统对国际产能合作效益的影响。

3. 区域国际合作程度与国际产能合作绩效

"一带一路"倡议通过产能合作纽带将区域各创新主体联系在一起，促进各地区打破国内市场的局限，实现国内市场和国际市场的联动发展，在更广阔的空间格局内实现国际合作。区域创新生态系统走向国际化，是创新主体协同区域内资源能源合作、贸易投资融合、基础设施互通融合发展的重要保障。在共建"一带一路"倡议的推动下，我国不断完善对外开放区域布局，提高区域国际合作的水平和层次，构建优势互补的区域创新生态系统，巩固"一带一路"共建国家的产能合作基础。创新生态系统主体统筹区域内国际合作，推动合作要素间的流动、国际市场和国内市场的深度融合。生产要素的流动促进了海内外创新生态系统的资源优化配置；而合作双方市场融通则进一步推动了合作共赢，最终提升了国际产能合作绩效。

我国区域异质性发展具有一定的空间特征。区域内资本、资源、技术等要素相互作用形成异质性区域发展空间，城市和地区作为空间内发展的重要载体，城市群在竞争与合作下逐渐发展为集群发展，海内外集聚效应进一步形成了规模经济，促进了产能合作方的共同发展和竞争力的提升。

基于上述分析，提出如下假设：

假设 15 - 3a：区域国际合作程度正向调节创新生态系统对国际产能合作竞争力的影响。

假设 15 - 3b：区域国际合作程度正向调节创新生态系统对国际产能合作效益的影响。

4. 研究模型构建

解释变量为创新生态系统协同度，调节变量为区域异质性，最终被解释变量为国际产能合作参与绩效。其中，区域异质性表现为区域中小企业景气程度和区域国际合作程度；国际产能合作绩效表现为效益和竞争力。

依据以上分析，本节在研究假设的基础上构建了如图 15 - 2 所示的研究模型。

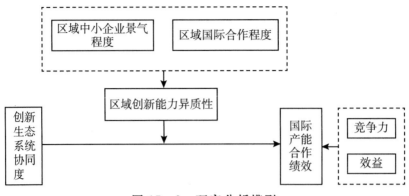

图 15 - 2　研究分析模型

二、区域创新生态系统协同度对区域民营企业国际产能合作绩效的实证研究

1. 样本选择与数据来源

本节选取 2014～2018 年 29 个省份的面板数据作为研究样本，共 145 组、1 450 个样本纳入研究。数据主要源于国家统计局、商务部商务数据中心、《中国统计年鉴》、各省市《统计年鉴》，民营企业景气指数源于浙江工业大学中国中小企业动态数据库，市场化指数源于《中国分省份市场化指数报告》。

为保证样本的规范性和准确性，本节对数据进行如下处理：（1）由于海南、西藏地区的数据缺失，难以计算国际产能合作绩效相关数据，故未纳入本节研究；（2）由于本节研究在进行中时 2017 年、2018 年两年的地区市场化指数有所缺失，因此采用江若尘（2013）的处理方法，将 2017 年、2018 年两年的地区市场化指数用 2016 年的数据近似替代；（3）由于人均 GDP（GDPPC）的数据项较大，为方便计算，缩小数据的绝对数值，同时为避免伪回归，在不改变时间序列的性质及相关性的前提下，对 GDPPC 取对数处理，得到 lnGDPPC；（4）剔除了关键指标缺失的数据。

2. 核心变量解释

（1）被解释变量的测度。

本节的被解释变量为国际产能合作绩效。国内学者尚未对国际产能合作绩效的测量方法形成一致意见。郭建民和郑慈（2019）对各地开展国际产能合作的评价主要从规模、效益、增速、竞争力等方面展开。考虑到数据的可获得性，本节主要以国际产能合作竞争力和效益作为国际产能合作绩效的研究对象。其中，国际产能合作竞争力（ICCC）参考赵东麒和桑百川（2016），以地区出口额与出口总额的比值衡量国际竞争力的比较优势；国际产能合作效益（BICC）参考郭建民和郑憨（2019）的指标，以对外承包工程完成营业率（对外承包工程完成营业额÷合同签订额）衡量。

（2）解释变量的测度。

本节的解释变量为各省份创新生态系统多元主体参与国际产能合作的协同度（SC），具体数值下文会详细介绍。

（3）调节变量的测度。

本节的调节变量之一为民营企业景气程度（PI）。参考《中国中小企业景气指数研究报告》，采用定性与定量结合的方法，通过衡量中小企业上市公司财务指标反映其经营现状和未来发展潜力，同时通过浙江工业大学中国中小企业研究院和景气调查问卷以及大数据计算三角验证得出。

本节的另一调节变量为国际合作程度，衡量指标为产业出口依存度（IC）（某一地区出口贸易总额÷地区生产总值）。产业出口依存度越大，受国际市场的影响越大，则地区国际合作程度越强。

（4）控制变量的测度。

为排除区域宏观要素对研究结果的影响，本节选择了相关的控制变量：人均GDP、市场化程度、产业结构、交通基础设施和能源资源禀赋，具体见表15-6。国际产能合作的开展依赖于一个地区的经济环境和基础设施环境，经济发展水平更高、市场化环境更优、基础设施建设更为完善的地区更有利于推动产业结构升级，更积极推动本地区产业对外转移。这些要素共同支撑区域产业发展及国际产能合作，但也有可能对国际产能产生影响。

表15-6 控制变量选取与说明

变量名称	符号	变量定义
人均 GDP	GDPPC	人均 GDP 取自然对数
市场化程度	MARKET	樊纲等（2011）编制的市场化指数
产业结构	IS	第二产业产值÷总产值
交通基础设施	TI	（公路里程＋内河道里程＋铁路里程）÷区域地理面积
能源资源禀赋	ENERGY	一次能源供应总量÷国内生产总值

3. 模型设定

基于上文的理论分析，本节将各省份多元主体构成的创新生态系统协同度对国际产能合作绩效的影响，加入区域创新能力异质性的变量，以探求区域中小企业景气程度与国际合作程度在创新生态系统协同度对国际产能合作绩效影响过程中是否具有调节效应。构建基本回归模型如下：

$$ICCC_{it} = \beta_0 + \beta_1 \ln(GDPPC_{it}) + \beta_2 MARKET_{it} + \beta_3 IS_{it} + \beta_4 TI_{it} + \beta_5 ENERGY_{it} + \lambda_i + \varepsilon_{it}$$

$$(15.1)$$

$$ICCC_{it} = \beta_0 + \beta_1 \ln(GDPPC_{it}) + \beta_2 MARKET_{it} + \beta_3 IS_{it} + \beta_4 TI_{it} + \beta_5 ENERGY_{it} + \beta_6 SC_{it} + \beta_7 PI_{it} + \beta_8 IC_{it} + \lambda_i + \varepsilon_{it}$$

$$(15.2)$$

$$ICCC_{it} = \beta_0 + \beta_1 \ln(GDPPC_{it}) + \beta_2 MARKET_{it} + \beta_3 IS_{it} + \beta_4 TI_{it} + \beta_5 ENERGY_{it} + \beta_6 SC_{it} + \beta_7 PI_{it} + \beta_8 IC_{it} + \beta_9 SC_{it} \times PI_{it} + \beta_{10} SC_{it} \times IC_{it} + \lambda_i + \varepsilon_{it}$$

$$(15.3)$$

$$BICC_{it} = \beta_{00} + \beta_{11} \ln(GDPPC_{it}) + \beta_{22} MARKET_{it} + \beta_{33} IS_{it} + \beta_{44} TI_{it} + \beta_{55} ENERGY_{it} + \lambda_i + \varepsilon_{it}$$

$$(15.4)$$

$$BICC_{it} = \beta_{00} + \beta_{11} \ln(GDPPC_{it}) + \beta_{22} MARKET_{it} + \beta_{33} IS_{it} + \beta_{44} TI_{it} + \beta_{55} ENERGY_{it} + \beta_{66} SC_{it} + \beta_{77} PI_{it} + \beta_{88} IC_{it} + \lambda_i + \varepsilon_{it}$$

$$(15.5)$$

$$BICC_{it} = \beta_{00} + \beta_{11} \ln(GDPPC_{it}) + \beta_{22} MARKET_{it} + \beta_{33} IS_{it} + \beta_{44} TI_{it} + \beta_{55} ENERGY_{it} + \beta_{66} SC_{it} + \beta_{77} PI_{it} + \beta_{88} IC_{it} + \beta_{99} SC_{it} \times PI_{it} + \beta_{1010} SC_{it} \times IC_{it} + \lambda_i + \varepsilon_{it}$$

$$(15.6)$$

其中，下标 i、t 分别表示我国 29 个省份和年份（2014～2018 年）。$ICCC_{it}$ 指 i 省在 t 年参与国际产能合作的竞争力；$BICC_{it}$ 指 i 省在 t 年参与国际产能合作的效益，以上两个变量均衡量国际产能合作绩效。SC_{it} 为 i 省在 t 年参与国际产能合作的创新生态系统协同度；PI 为民营企业景气程度；IC 为国际合作程度；$GDPPC$ 为人均 GDP，由于数据项较大，为方便计算，采取其对数形式 $\ln(GDPPC)$；$MARKET$ 为市场化程度；IS 为产业结构；TI 为交通基础设施；$ENERGY$ 为能源资源禀赋；λ 为个体的固定效应，ε 为随机误差项。

4. 实证分析及结果

（1）描述性统计。

本节采用 Stata 对数据进行处理，表 15－7 和表 15－8 为描述性统计结果。总体来看，民营企业景气指数的标准差最大，样本集的离散程度较高，体现了该项变量的地域性差异特点。其余变量的标准差较小，样本属于适度集中范畴。人均 GDP、产业结构、交通基础设施、市场化指数均值较高，在一定程度上体现了国际产能合作的整体经济环境较优，而能源资源禀赋最小值仅为 0.0009，与最大值之间有 10 倍左右的差距。国际合作程度的最大值与最小值差距最大，高达 59 倍。创新生态系统协同度均值仅为 0.0554，表明样本总体参与国际产能合作的协同度较低。国际产能合作效益与竞争力均值相近，但其最大值与最小值差距较大。国际产能合作竞争力最大值与最小值的差距大于国际产能合作效益最大值与最小值的差距，说明国际产能合作竞争力的样本跨度较大。

表 15 - 7 核心变量描述性统计结果

	观测数	均值	标准差	最小值	最大值
GDPPC	1 450	10.8900	0.4070	10.1700	11.9400
IS	1 450	0.4260	0.0726	0.1650	0.5410
TI	1 450	1.0670	0.6060	0.1050	2.7590
MARKET	1 450	6.8450	1.9720	2.5300	10.0000
ENERGY	1 450	0.0029	0.0019	0.0009	0.0088
SC	1 450	0.0554	0.0548	0.0006	0.2620
PI	1 450	57.5400	30.5500	12.4700	146.8000
IC	1 450	0.1330	0.1320	0.0109	0.5920
ICCC	1 450	0.0344	0.0586	0.0002	0.2860
BICC	1 450	0.0345	0.0375	5.53e - 06	0.1930

表 15 - 8 核心变量在不同区域的描述性统计结果

	东部地区			中部地区		
	均值	最小值	最大值	均值	最小值	最大值
GDPPC	11.33	10.60	11.94	10.69	10.45	11.17
IS	0.41	0.16	0.52	0.46	0.38	0.53
TI	1.55	0.89	2.76	1.33	0.97	1.72
MARKET	8.76	3.42	10.00	7.03	5.15	9.07
ENERGY	0.003	0.001	0.009	0.002	0.001	0.004
SC	0.11	0.02	0.26	0.05	0.01	0.10
PI	87.92	44.94	146.80	57.16	40.05	79.10
IC	0.27	0.06	0.59	0.07	0.04	0.13
ICCC	0.09	0.01	0.29	0.01	0.00	0.02
BICC	0.0694	0.0078	0.193	0.0316	0.0066	0.0652
	西部地区			东北地区		
	均值	最小值	最大值	均值	最小值	最大值
GDPPC	10.66	10.17	11.19	10.78	10.43	11.09
IS	0.43	0.34	0.54	0.39	0.26	0.53
TI	0.65	0.11	1.99	0.61	0.38	0.87
MARKET	5.27	2.53	8.15	6.48	6.00	6.88

	西部地区			东北地区		
	均值	最小值	最大值	均值	最小值	最大值
ENERGY	0.003	0.00	0.009	0.003	0.001	0.004
SC	0.02	0.00	0.06	0.029	0.011	0.07
PI	37.62	12.47	64.91	40.14	18.65	66.39
IC	0.07	0.01	0.28	0.06	0.02	0.13
ICCC	0.007	0.00	0.03	0.009	0.002	0.025
BICC	0.0131	5.53e − 06	0.0767	0.0140	0.00284	0.0257

分区域来看，核心变量之间仍然存在较为明显的差距：东部地区除第二产业产业结构比重、能源资源禀赋外，其余变量均值均高于中部、西部和东北地区，表明东部地区除能源资源环境外，国际产能合作的总体经济环境较优，尤其在国际产能合作竞争力均值方面，东部地区与最低的西部地区存在高达 12.8 倍的差距。而各区域均值在人均 GDP、能源资源禀赋方面的差距较小，但最大值和最小值之间差距较大，表明样本存在多样性。中部地区在产业结构均值上高于其余三个区域，具有一定优势。西部地区参与国际产能合作总体的经济环境和能源环境均处于劣势，东北地区情况较好于西部地区，但和东部地区仍有较大差距，在交通基础设施、国际产能合作竞争力方面尤其明显。

（2）回归结果分析。

本研究利用 Stata 采用多层回归的分析方法逐步对假设进行了验证，且对自变量与调节变量的乘积项进行了去中心化的处理，以降低潜在多重共线性问题。本节回归分析先对创新生态系统协同度对国际产能合作绩效的相关性进行实证，以检验假设 15 − 1a 与假设 15 − 1b，再分为两个部分：一是将民营企业与创新生态系统协同度的交叉项引入模型，检验假设 15 − 2a 与假设 15 − 2b 中民营企业对创新生态系统协同度和国际产能合作绩效的调节效应；二是将国际合作程度与创新生态系统协同度的交叉项引入模型，检验假设 15 − 3a 与假设 15 − 3b 中国际合作程度对创新生态系统协同度和国际产能合作绩效的调节效应。

表 15 − 9 为创新生态系统协同度与国际产能合作绩效的回归结果。从模型（15.2）和模型（15.5）的回归结果来看，创新生态系统协同度与国际产能合作竞争力和国际产能合作效益都呈现了统计意义上的正相关，说明创新生态系统协同度确实能对国际产能合作竞争力和效益起到促进作用，并且其正相关性在 1% 的统计水平上是显著的。从相关系数来看，创新生态系统对国际产能合作竞争力的相关系数是 0.601，而对国际产能合作效益的相关系数是 0.457，可见，创新

生态系统对国际产能合作竞争力的相关性更强。且模型 5 与模型 8 的 R^2 分别为 0.922、0.768，模型的拟合优度较高。由此我们可以认为，创新生态系统协同度与国际产能合作竞争力和国际产能合作效益之间存在显著的正相关关系，创新生态系统的协同度越高，则国际产能合作竞争力越强，国际产能合作效益越高，假设 15 – 1a 与假设 15 – 1b 成立。

表 15 – 9　创新生态系统协同度与国际产能合作绩效的回归结果

	因变量：国际产能合作竞争力（ICCC）		因变量：国际产能合作效益（BICC）	
	模型（15.1）	模型（15.2）	模型（15.4）	模型（15.5）
GDPPC	0.007	– 0.007	– 0.002	– 0.008
IS	0.170 ***	0.017	0.072 **	– 0.004
TI	– 0.002	– 0.022 ***	0.015 **	0.004
MARKET	0.018 ***	– 0.002	0.009 ***	– 0.000
ENERGY	8.425 ***	0.242	3.989 ***	0.795
SC		0.601 ***		0.457 ***
PI		0.000 ***		0.000 **
IC		0.205 ***		0.010
R^2	0.455	0.922	0.444	0.768
R^2_a	0.436	0.917	0.424	0.755
F	23.230	199.900	22.160	56.410

注：*** 、** 、* 分别表示在 1%、5%、10% 的显著水平下通过显著性检验。

其他变量方面，产业结构、市场化程度、能源资源禀赋在模型（15.1）中：对国际产能合作竞争力的相关性上，其相关系数分别为 0.170、0.018、8.425，且都在 1% 的水平上显著，说明以上三个控制变量有纳入模型的必要，产业结构良好、市场化程度越高、能源资源禀赋越强的省份其国际产能合作竞争力则越强。国际产能合作效益方面，模型（15.4）中产业结构、交通基础设施在 5% 的水平下显著，市场化程度、能源资源禀赋同样保持 1% 水平下的显著。产业结构、交通基础设施、市场化程度、能源资源禀赋同样能对国际产能合作效益产生积极的促进作用。

通过创新生态系统协同度与国际产能合作绩效的回归分析，我们认为本节的控制变量除人均 GDP 外，其余变量（产业结构、交通基础设施、市场化程度、能源资源禀赋）均对国际产能合作绩效具有一定程度的正向促进作用。创新生态系统协同度与国际产能合作绩效存在显著的正相关关系，各省份多元主体投入创新生态系统协同度越高，越有利于国际产能合作绩效的提升。因此，创新生态系统协同度与国际产能合作绩效之间存在紧密的联系。在此基础上，本节将继续探讨民营企业景气程度和国际合作程度是否对创新生态系统协同度与国际产能合作绩效的相关性产生调节作用。

为了研究民营企业景气程度和国际合作程度对创新生态系统协同度与国际产能合作绩效相关性的调节效应，在模型（15.2）和模型（15.5）的基础上分别引入民营企业景气程度、国际合作程度与创新生态系统协同度的交叉变量，构建了模型（15.3）和模型（15.6）。在得出交互项之前，本节对民营企业景气程度、国际合作程度、创新生态系统协同度进行了中心化处理，以避免引入交互项所产生的多重共线性问题，表 15-10 为模型的检验结果。

表 15-10　区域异质性对创新生态系统协同度与国际产能合作
绩效相关性的调节效应回归结果

	因变量：国际产能合作竞争力（ICCC）			因变量：国际产能合作效益（BICC）		
	模型（15.1）	模型（15.2）	模型（15.3）	模型（15.4）	模型（15.5）	模型（15.6）
GDPPC	0.007	− 0.007	0.002	− 0.002	− 0.008	− 0.002
IS	0.170 ***	0.017	0.012	0.072 **	− 0.004	0.009
TI	− 0.002	− 0.022 ***	− 0.006 **	0.015 **	0.004	0.007
MARKET	0.018 ***	− 0.002	0.002 *	0.009 ***	− 0.000	0.001
ENERGY	8.425 ***	0.242	− 0.095	3.989 ***	0.795	0.619
SC		0.601 ***	0.072		0.457 ***	0.345 ***
PI		0.000 ***	0.001 ***		0.000 **	0.000 ***
IC		0.205 ***	0.107 ***		0.010	− 0.059 **
SC × PI			0.004 ***			− 0.002
SC × IC			1.353 ***			1.296 ***
Constant	− 0.261 *	0.052	− 0.063	− 0.059	0.074	0.006
R^2	0.455	0.922	0.966	0.444	0.768	0.793
R^2_a	0.436	0.917	0.963	0.424	0.755	0.777
F	23.230	199.900	375.800	22.160	56.410	51.250

注：*** 、** 、* 分别表示在1%、5%、10%的显著水平下通过显著性检验。

首先，检验民营企业对创新生态系统协同度与国际产能合作绩效相关性的调节效应。将民营企业景气程度（PI）与创新生态系统协同度（SC）分别中心化后得到交互项（SC×PI），代入模型（15.3）。根据实证模型（15.3）的检验结果，民营企业景气程度与创新生态系统协同度的交叉项（SC×PI）的系数为0.004，并且在1%的水平下是显著的，说明民营企业对创新生态系统协同度与国际产能合作竞争力相关性具有正向调节作用。民营企业景气程度越高，越有利于创新生态系统多元主体之间协同效应的提升，对国际产能合作竞争力具有积极的促进作用。假设15－2a成立。

将交互项SC×PI代入模型（15.6），检验民营企业对创新生态系统协同度与国际产能合作效益的调节作用。根据实证模型（15.6）的检验结果：SC×PI的相关系数为－0.002，说明民营企业景气程度对创新生态系统协同度与国际产能合作效益没有正向调节作用，假设15－2b不成立。本节尝试解释其原因，可能的原因如下：（1）本节为测量国际产能合作效益选取的变量单一，无法全面涵盖国际产能合作效益的全部构念，因此测量结果可能产生偏差；（2）本节的实证数据选取29个省份5年的时间序列数据，包含的样本总量较少，延长数据的时间跨度可能会改变实证结果；（3）国际产能合作项目大多为国有企业主导的大型基础设施建设，民营企业发挥其优势特色主要集中在产业链中下游补充环节，对整体国际产能合作经济效益影响与国有企业相比较小，虽在提升国际产能合作竞争力方面有所优势，但对整体经济效益的影响相对较小。

因此，通过检验民营企业对创新生态系统协同度与国际产能合作绩效相关性的调节效应，我们发现：民营企业对创新生态系统协同度与国际产能合作竞争力相关性具有正向调节作用，而对创新生态系统协同度与国际产能合作效益相关性不具有调节效应。假设15－2a成立，假设15－2b不成立。

其次，检验国际合作情况对创新生态系统协同度与国际产能合作绩效相关性的调节效应。将国际合作（IC）与创新生态系统协同度（SC）分别中心化后得到交互项（SC×IC），代入模型（15.3）。根据实证模型（15.3）的检验结果，国际合作程度与创新生态系统协同度的交叉项（SC×IC）系数为1.353，并且在1%的水平下显著，说明国际合作程度对创新生态系统协同度与国际产能合作竞争力相关性具有正向调节作用。

将交互项SC×IC代入模型（15.6），检验国际合作程度对创新生态系统协同度与国际产能合作效益的调节作用。根据实证模型（15.6）的检验结果：SC×IC的相关系数为1.296，同样保持在1%的水平下显著，说明国际合作程度对创新生态系统协同度与国际产能合作效益同样具有正向调节作用。假设15－3a与假设15－3b同时成立。且在对ICCC的模型中，SC×IC的相关系数（1.353）大于SC×PI（0.004）的相关系数，说明国际合作程度相较于民营企业景气程度，对创新生态系统协同度与国际产能合作竞争力相关性的调节效应更强。

因此，通过检验国际合作程度对创新生态系统协同度与国际产能合作绩效相关性的调节效应，我们发现：国际合作程度不仅对创新生态系统协同度与国际产能合作竞争力相关性具有正向调节作用，而且对创新生态系统协同度与国际产能合作效益相关性也有调节效应。假设 15 - 3a、假设 15 - 3b 成立。

假设检验结果汇总如表 15 - 11 所示。

表 15 - 11   假设检验结果汇总

假设	研究假设	检验结果
假设 15 - 1a	区域创新生态系统协同度对国际产能合作竞争力的具有显著的正向影响	通过
假设 15 - 1b	区域创新生态系统协同度对国际产能合作效益的具有显著的正向影响	通过
假设 15 - 2a	区域中小企业景气程度正向调节创新生态系统对国际产能合作竞争力的影响	通过
假设 15 - 2b	区域中小企业景气程度正向调节创新生态系统对国际产能合作效益的影响	未通过
假设 15 - 3a	区域国际合作程度正向调节创新生态系统对国际产能合作竞争力的影响	通过
假设 15 - 3b	区域国际合作程度正向调节创新生态系统对国际产能合作效益的影响	通过

三、区域创新能力异质性调节效应分析

为进一步分析区域异质性作为调节变量对不同区域创新生态系统协同度与国际产能合作绩效相关性的调节效应，本节参考郭文钰和杨建君（2019）的研究方法，根据国家统计局 2011 年对我国经济区域的划分，将研究区域定位于东部、中部、西部和东北四大区域。基于此，本节进一步将总样本按四大区域划分为子样本后，再次分析区域异质性作为调节变量对不同区域的调节效应。

图 15 - 3、图 15 - 4、图 15 - 5、图 15 - 6 分别体现东部地区、中部地区、西部地区和东北地区民营企业景气程度、国际合作程度对创新生态系统协同度与国际产能合作竞争力的调节作用。

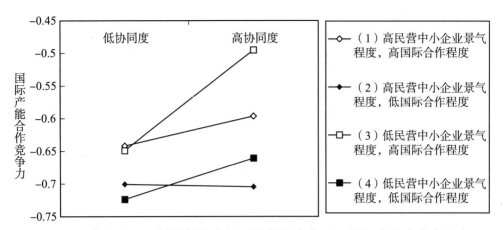

图 15 - 3　东部地区区域创新能力异质性的调节作用（国际产能合作竞争力）

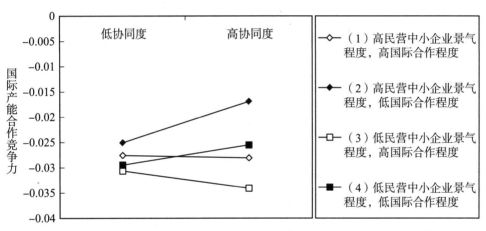

图 15 - 4　中部地区区域创新能力异质性的调节作用（国际产能合作竞争力）

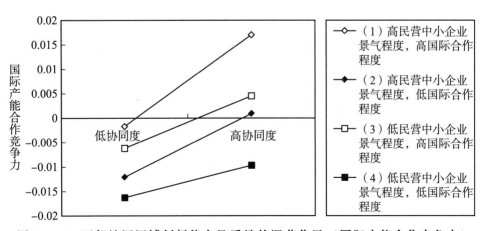

图 15 - 5　西部地区区域创新能力异质性的调节作用（国际产能合作竞争力）

第十五章　区域创新系统国际化能力评价与"一带一路"国际产能合作支持

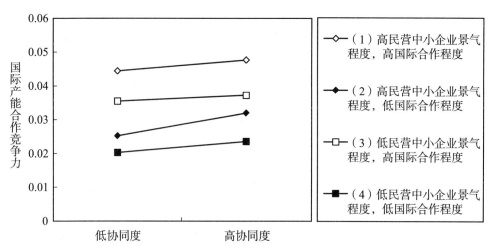

图 15 - 6　东北地区区域创新能力异质性的调节作用（国际产能合作竞争力）

如图 15 - 3 所示，东部地区随着创新生态系统协同度由低变高时，无论是民营企业景气程度均处于较高水平（比较线 1 和线 2）时，还是民营企业景气程度均处于较低水平（比较线 3 和线 4）时，国际合作程度越高的省份比国际合作程度越低的省份有更高的国际产能合作竞争力；而只有当创新生态系统协同度处于较低水平，并且国际合作程度也同样处于较低水平（比较线 2 和线 4）时，民营企业景气程度越高的省份才更具有国际产能合作竞争力。

就中部地区（图 15 - 4）而言，比较高民营企业景气程度（线 1 和线 2）和低民营企业景气程度（线 3 和线 4），可以发现，低国际合作程度的省份比高国际合作程度的省份更具有国际产能合作竞争力。因此，可以得出国际合作程度对中部地区等没有起一定的调节作用，但是民营企业景气程度的调节作用却凸显（比较线 1 和线 3、线 2 和线 4）的结论。这是一个值得注意的结论。

如图 15 - 5 和图 15 - 6 所示，西部地区和东北地区表现一致：随着创新生态系统协同度由低变高时，同样通过比较线 1 和线 2、比较线 3 和线 4，发现当民营企业景气程度处于同一水平时，国际合作程度越高的省份越具有国际产能合作竞争力，这与东部地区结果无异。但当国际合作程度处于同一水平时（比较线 1 和线 3、比较线 2 和线 4），民营企业景气程度越高，对国际产能合作竞争力影响越大。

综上所述，在创新生态系统协同度与国际产能合作竞争力的调节效应中，民营企业景气程度的调节作用对中部、西部、东北地区影响较大；国际合作程度的调节作用对东部、西部、东北地区影响较大。

图 15 - 7、图 15 - 8、图 15 - 9、图 15 - 10 分别为东部、中部、西部和东北地区民营企业景气程度、国际合作程度对创新生态系统协同度与国际产能合

作效益的调节作用。

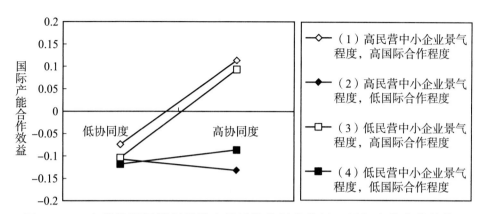

图 15 - 7　东部地区区域创新能力异质性的调节作用（国际产能合作效益）

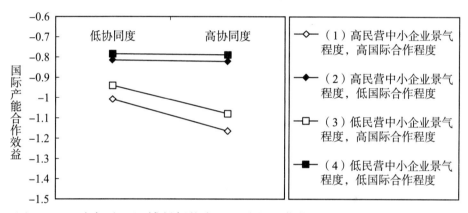

图 15 - 8　中部地区区域创新能力异质性的调节作用（国际产能合作效益）

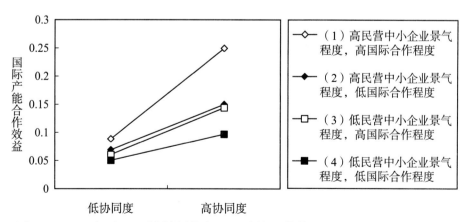

图 15 - 9　西部地区区域创新能力异质性的调节作用（国际产能合作效益）

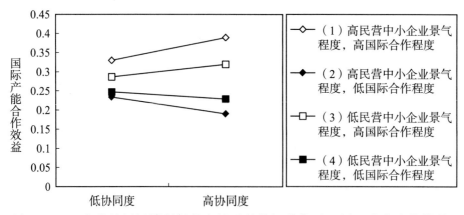

图 15 – 10　东北地区区域创新能力异质性的调节作用（国际产能合作效益）

如图 15 – 7 所示，东部地区随着创新生态系统协同度由低变高，国际合作程度处于较高水平时，民营企业景气程度较高（线 1）的省份比较低（线 3）的省份有更大的国际产能合作效益；当国际产能合作处于较低水平时，随创新生态系统协同水平由低变高，民营企业景气程度的调节水平逐渐减弱（比较线 2 和线 4）；而当民营企业景气程度处于同一水平时，比较线 1 和线 2，线 3 和线 4，国际合作程度越高，对国际产能合作效益影响越大。

对于西部地区而言，如图 15 – 8 所示。分别比较线 1 和线 2、线 3 和线 4；线 1 和线 3、线 2 和线 4，无论创新生态系统协同度处于何种水平，民营企业景气程度越高、国际合作程度越高的省份，其对国际产能合作效益始终具有越大的影响。即民营企业景气程度、国际合作程度对创新生态系统协同度与国际产能合作效益具有正向调节作用。

如图 15 – 10 所示，东北地区随着创新生态系统协同度由低变高，无论是民营企业景气程度处于较高（比较线 1 和线 2）水平，还是处于较低（比较线 3 和线 4）水平时，国际合作程度较高的省份比较低的省份均有更大的国际产能合作效益，因此国际合作程度对东北地区具有一定的调节作用；而当国际合作程度处于较低水平时，比较线 2 和线 4，民营企业景气程度越高，对国际产能合作效益影响越小，民营企业景气程度并不存在调节作用。

综上所述，在创新生态系统协同度与国际产能合作效益的调节效应中，处于高国际合作程度状态下，民营企业景气程度的调节作用对东部、西部、东北地区影响较大；处于低国际合作程度状态下，民营企业景气程度的调节作用对西部地区影响较大；而无论民营企业景气程度处于何种状态下，国际合作程度的调节作用对东部、西部、东北地区影响较大（见表 15 – 12）。

表 15 – 12   区域异质性对国际产能合作竞争力、效益的调节斜率检测

地区		对 ICCC 斜率	t 值检验	p 值检验	对 BICC 斜率	t 值检验	p 值检验
东部地区	线 1	1.483	0.062	0.951	1.483	0.062	0.951
	线 2	− 0.195	− 0.008	0.994	− 0.195	− 0.008	0.994
	线 3	1.550	0.142	0.888	1.550	0.142	0.888
	线 4	0.250	0.023	0.982	0.250	0.023	0.982
中部地区	线 1	− 0.115	− 0.008	0.993	− 3.531	− 0.256	0.801
	线 2	0.288	0.021	0.984	− 0.167	− 0.012	0.990
	线 3	− 0.166	− 0.018	0.986	− 3.132	− 0.343	0.736
	线 4	0.177	0.019	0.985	− 0.096	− 0.010	0.992
西部地区	线 1	0.650	0.064	0.949	5.586	0.550	0.586
	线 2	0.451	0.044	0.965	2.808	0.276	0.784
	线 3	0.372	0.076	0.940	2.891	0.588	0.561
	线 4	0.228	0.046	0.963	1.619	0.328	0.745
东北地区	线 1	0.107	0.009	0.993	1.967	0.164	0.885
	线 2	0.223	0.018	0.985	− 1.438	− 0.119	0.916
	线 3	0.059	0.014	0.989	1.076	0.266	0.815
	线 4	0.107	0.026	0.979	− 0.612	− 0.150	0.895

四、稳健性检验

为检验上述调节变量模型的稳健性，本节参考卢馨等（2017）的检验方法，替换调节变量进行再次检验。将调节变量——民营企业景气程度的景气指数取自然对数，国际合作程度的出口贸易总额与国内生产总值的比值改为出口贸易总额与国内生产总值比值的自然对数，对民营企业景气程度和国际合作程度对创新生态系统协同度与国际产能合作绩效关系的调节作用进行检验。鉴于本节的控制变量——市场化程度、人均 GDP 水平、交通基础设施、区域产业结构和能源资源禀赋，除交通基础设施在加入解释变量后显著外，其他控制变量并不影响对解释变量的显著性，因此，本节参考郭文钰和杨建君（2019）的检验方法，删除了控制变量后重新进行分步回归，进一步的稳健性检验回归结果见表 15 – 13、表 15 – 14。

表 15 – 13 稳健性检验结果 （1）

	因变量：国际产能合作竞争力 （ICCC）			因变量：国际产能合作效益 （BICC）		
	模型 （15.1）	模型 （15.2）	模型 （15.3）	模型 （15.4）	模型 （15.5）	模型 （15.6）
GDPPC	0.007	– 0.004	– 0.005	– 0.002	– 0.007	– 0.007
IS	0.170***	0.034	0.020	0.072**	0.005	– 0.001
TI	– 0.002	– 0.023***	– 0.007**	0.015**	0.004	0.007
MARKET	0.018***	0.000	0.003***	0.009***	– 0.000	0.000
ENERGY	8.425***	0.843	– 0.136	3.989***	0.857	0.708
SC		1.007***	– 0.104		0.557***	0.347***
LNPI		– 0.003	0.029***		0.007	0.014*
LNIC		0.012***	0.020***		– 0.001	0.000
SC × LNPI			0.384***			0.113
SC × LNIC			0.413***			0.051
Constant	– 0.261*	0.072	– 0.018	– 0.059	0.046	0.022
R^2	0.455	0.867	0.958	0.444	0.764	0.770
r^2_a	0.436	0.859	0.955	0.424	0.750	0.753
F	23.23	110.60	307.60	22.16	54.97	44.98

注：***、**、* 分别表示在1%、5%、10%的显著水平下通过显著性检验。

表 15 – 14 稳健性检验结果 （2）

	因变量：国际产能合作竞争力 （ICCC）		因变量：国际产能合作效益 （BICC）	
	模型 （15.2）	模型 （15.3）	模型 （15.4）	模型 （15.5）
SC	0.978***	– 0.122*	0.547***	0.403***
LNPI	– 0.013**	0.031***	0.007	0.013**
LNIC	0.007**	0.021***	– 0.001	0.001
SC × LNPI		0.445***		0.062
SC × LNIC		0.391***		0.049
Constant	0.047*	– 0.054***	– 0.026	– 0.040*
R^2	0.830	0.954	0.759	0.764
r^2_a	0.826	0.952	0.754	0.756
F	229.00	574.90	148.30	90.23

注：***、**、* 分别表示在1%、5%、10%的显著水平下通过显著性检验。

稳健性结果 （1） 为替换调节变量后的回归结果，稳健性结果 （2） 为删除控制变量后的回归结果。根据稳健性检验结果，创新生态系统协同度 （SC） 与国际产能合作竞争力 （ICCC） 和国际产能合作效益 （BICC） 的系数都呈现了统计意义上的正相关，且通过了显著性检验，达到 1% 的统计水平下的显著。假设 15 – 1a、假设 15 – 1b 验证结果再次得到验证。对于民营企业景气程度（LN-PI）与创新生态系统协同度（SC）的交互项 SC × LNPI，其结果对国际产能合作竞争力（ICCC）而言，表现为正向系数，且通过显著性检验，说明民营企业景气程度对创新生态系统协同度与国际产能合作竞争力具有正向调节作用，假设 15 – 2a 得到验证。交互项 SC × LNPI 对国际产能合作效益（BICC）而言，未通过显著性检验，与实证结果相同，再次验证假设 15 – 2b 未得到验证。对于国际合作程度（LNIC）与创新生态系统协同度（SC）的交互项 SC × LNIC，其结果对国际产能合作竞争力（ICCC）而言，在两次稳健性检验结果的系数分别为 0.413 和 0.391，且均在 1% 的水平下显著，假设 15 – 3a 得到验证。交互项 SC × LNIC 对国际产能合作效益（BICC）而言，未通过显著性检验，与预测结果相反。由此可见，各变量之间的显著性基本保持不变，本节的大部分结论通过稳健性检验。

五、讨论与小结

本节通过分析不同主体在创新生态系统中扮演的不同核心角色，将政府、企业、高校、研究机构等多重核心主体形成的创新生态协同度作为一个自变量进行整体研究，通过实证分析证明了多重主体构成的创新生态系统协同度与国际产能绩效存在显著的正相关关系，各省份多元主体投入创新生态系统协同度越高，就越有利于国际产能合作绩效的提升。政府、企业与研发创新机构等中介机构在影响国际产能合作绩效的过程中不再是独立的创新个体，而是相互作用、相互协同的统一整体。

根据本节实证研究可知，在创新生态系统协同度与国际产能合作竞争力的调节效应中，民营企业景气程度不仅起到了调节作用，而且在中部、西部、东北地区的影响较大；国际合作程度的调节作用不仅表现在国际产能合作竞争力方面，也表现在国际产能合作效益方面。同时，不同区域要取长补短：东部地区做好参与"一带一路"的经济融合，强化以整体东部沿海地区发达的协同体系带动部分协同化水平相对滞后的省份、以点带面的区域创新协同机制；中部与东北部地区应积极协调好地区间的差异化水平，带动其他省份创新主体间的整合和分工，加强与东部地区的交流合作，以形成区域国际产能合作高协同度，缩小与东部地区的差距；中央政府对西部地区参与"一带一路"的扶持力度和保障政策有待加强，加快西部地区产业结构升级以加大企业对西部地区的投资倾斜，共同促进区域间创新生态系统协同度的提升，从而提高区域国际产能合作绩效。

另外，区域创新能力不断提升是促进区域发展以及参与"一带一路"国际产能合作竞争力和效益提升的基础与关键。

第五篇

促进民营企业参与"一带一路"国际产能合作的治理机制

本篇讨论促进民营企业参与"一带一路"国际产能合作中的治理机制和相关政策问题，主要探讨民营企业"走出去""走进去""走上去"过程中国家层面、地方政府、相关公共部门和其他主体共同参与"一带一路"产能合作创新生态系统治理的相关问题。包括第十六章和第十七章。

由于具有促进全球发展等良好的正外部性效应，"一带一路"和国际产能合作不仅是中国与共建国家"共商、共建、共享"的过程，也是中国创新生态系统各主体共同参与的过程。这个过程需要国家层面、地方政府层面、企业主体、商会、行业协会、金融法律中介服务机构和高校科研机构等多主体共同参与。国家和地方政府部门等其他治理主体在促进中国民营企业"一带一路"国际产能合作过程中，如何发挥相应的重要作用？

为此，本篇主要分别探讨国家层面、地方政府和生态系统其他主体推动民营企业参与"一带一路"国际产能合作的思路与实践，并提出相关对策建议。结合案例研究、政策文本量化分析等方法，分别在第十六章和第十七章进行讨论。

第十六章

促进民营企业参与"一带一路"国际产能
合作的治理机制与对策建议

在上述有关民营企业参与"一带一路"国际产能合作"走出去""走进去""走上去"的深入探讨基础上，本章聚焦这一过程中的治理机制、制度与政策完善议题。具体从以下几个方面展开：第一，从国家层面视角提出了民营企业参与"一带一路"国际产能合作的困境、破局和具体策略。第二，针对共建"一带一路"背景下促进国际产能合作的政策文本进行量化分析，发现环境型、供给型和需求型政策工具均有所涉及，其中需求型政策工具亟待进一步完善。第三，在数字化的背景下，探讨了数字丝绸之路在理论和实践方面的支撑体系和治理机制，对共建数字时代"一带一路"新模式进行扩展。第四，结合工业互联网和"工业4.0"等技术变革及挑战，提出推进国际工业互联网建设，加快"一带一路"国际产能合作的对策建议。第五，进一步梳理了民营企业参与"一带一路"国际产能合作可能面临的在经济、政治、环境、文化等方面的风险，并提出相应的风险防控措施。第六，最终从匹配协同、优化供给、能力提升三个方面对民营企业参与"一带一路"国际产能合作提出进一步建议。

第一节　从国家层面推进民营企业参与
"一带一路"国际产能合作

国家"一带一路"国际产能合作倡议着力推动国际产能和装备制造业合作。

民营企业已是国际产能合作的重要组成部分，和我国签署了共建"一带一路"合作文件的 152 个国家的产能合作潜力巨大。① 根据研究团队近年对我国东部、中部、西部地区 18 个省份企业开展国际产能合作的调研发现，当前中东西部地区民营企业面临着"三贵四不高"困境：保费贵、融资贵、咨询费贵，以及国际化程度、应对东道国的危机管理能力、跨文化整理能力、企业海外凝聚合力不高。为了突破困境，本书根据我国一批领先型民营企业的实践，总结出数种成功的创新模式："抱团出海"、传统平台企业"以大带小"走出去、借助"互联网＋"联合平台企业跨境合作、中外合作开发第三方市场等。但仍需政府积极作为，具体政策建议有：完善立法和保障制度；加强顶层设计，有序引导地方；拓展第三方合作共同基金，疏通基金、信贷、保险多种融资渠道；完善公共服务提供机制；培育海外产能合作生态系统；积极推广已有创新模式等。通过上述举措使民营企业成为我国"一带一路"国际产能合作的一个重要抓手，合作的效果将可能快速激发出来。

我国民营企业已是国际产能合作的重要组成部分，和我国签署了共建"一带一路"合作文件的 152 个国家的产能合作既具有巨大潜力，其方式又灵活多样。另外，民营企业具有浓厚的民间色彩，以分散形式推动优质产能和装备制造业"走出去"，有利于淡化负面恶意言论，更易为国际社会和东道国所接受，营造良好的国际舆论环境。

一、现有困境：民营企业参与国际产能合作面临"三贵四不高"困境

根据对我国 18 个省份 125 家开展国际产能合作企业的调研发现，企业当前面临着"三贵四不高"的主要困境。

第一是"风险高、保费贵"：我国企业国际产能合作面临着巨大的海外风险，风险防范意识不强，海外保险渠道有限、保险费用贵。根据调查发现，在和全球三大新兴经济体板块开展国际产能合作过程中，有 28% 的企业开展国际产能合作受到东道国政治风险影响；有 17.6% 的企业受到东道国政治动荡、领导人更迭等原因影响而遭受损失；有 14.4% 的企业受到东道国法律和监管风险的困扰；而 78.4% 的企业没有主动建立海外保险机制。据部分企业反馈，海外保险机构少、保险品种少、保费高昂，是国际化过程中保险率不高的重要原因。

---

① 《国务院新闻办公室发布〈共建"一带一路"：构建人类命运共同体的重大实践〉白皮书》，中华人民共和国国务院新闻办公室，http：//www.scio.gov.cn/zdgz/gzdt1/202310/t20231010_773676.html，2023 年 10 月 10 日。

第二是"融资难、融资贵"：我国企业国际产能合作的融资渠道狭窄，海外融资难、融资成本高。由于在国内难以通过资本市场获得所需融资，东道国的金融机构难以授信给外国企业，而我国金融机构为海外开展国际产能合作的民营企业提供的融资渠道少、融资成本高。有85.6%的被调查企业反馈海外融资难、融资贵等原因导致我国企业在国际产能合作过程中缺乏竞争力。

第三是"公共服务不足、咨询费贵"：推动我国企业国际产能合作的公共服务供给不足，营利性专业中介服务机构有限，咨询费用贵。国内现有研究和咨询机构多是针对发达经济体的，但针对"一带一路"共建国中来自新兴经济体的公共信息服务不足，专业中介机构数量少，仅有少数国际咨询公司在华机构活跃，但咨询费用贵，高昂的费用是我国多数企业难以承担的。

第四是我国企业国际产能合作过程中面临的"四不高"：国际化程度不高、应对东道国的危机管理能力不高、跨文化整理能力不高以及企业海外凝聚合力不高。调查中发现：首先，我国企业的人才国际化程度不高，海外公司的员工、管理层、董事会国际化程度普遍偏低。其次，应对东道国面临的各种关系的危机管理能力较弱。例如，过度依赖东道国的政府高层关系，不重视非政府组织（NGO）、媒体等的意见和声音，一旦遇到危机就陷入困境。再次，民营企业跨文化沟通能力不高，往往对东道国的文化、宗教、习俗等缺乏了解，与东道国在消费者偏好、风俗习惯方面存在客观差异，导致中国企业融入东道国时普遍存在市场需求匹配度与文化融合较差等问题，沟通能力也不强，最终引发意外的风险（陈俊龙，2023）。最后，部分民企在海外缺乏合作精神，为了拿到订单，不惜采取一些恶性竞争等手段。

二、破局：我国民营企业参与国际产能合作突破困境的模式

我国一批先行先试的民营企业已逐渐摸索出一些参与"一带一路"国际产能合作的有效模式，我们总结如下（详见本书第二篇）：

第一，民营企业"抱团出海"，在境外建立产业集聚区、工业园区，开展"集群式"国际产能合作。境外经贸合作区成为中国企业对外投资合作的平台，也是产业集聚的平台；加工制造型境外经贸合作区是国际产能合作的主要载体。

第二，传统"平台型"大企业通过"以大带小"合作出海、全产业链"走出去"的方式推进国际产能合作。这类"平台型"大企业包括行业内龙头大企业、我国在海外的专业商品市场、海外工程总承包企业等。例如，浙江吉利汽车在印度尼西亚、俄罗斯等国家开展产能合作，带动了一批我国汽车零部件配套企业"走出去"；浙江在海外构建的专业商品市场，带动了我国轻纺、建材、化工等领域一大批中小企业"走出去"，将优质产能在海外直接投资利用；江苏、山

东和重庆等地的民营企业在海外承办相关建设工程，带动了我国水泥、平板玻璃等行业一大批中小企业开展产能国际合作。

第三，通过互联网平台企业开展"互联网＋"国际产能合作模式，借助互联网平台企业的境外市场、营销网络平台，开拓民营企业新的国际合作空间。我国一批以百度、阿里巴巴、腾讯（BAT）和字节跳动为代表的互联网平台企业，已在国内与传统制造企业深度融合，其业务也逐步拓展到全球新兴经济体。"互联网＋"国际产能合作不仅拓展了商贸流通领域，而且大大缩短了国内外需求方和制造商之间的沟通时间，这为我国中小企业开展国际产能合作提供了新的发展机遇。

第四，我国民营企业与发达国家企业联手开展国际产能合作、共同开发第三方市场的创新模式。我国一批领先型的民营企业通过海外并购或与发达国家的企业形成联盟，借助其相对先进的技术或品牌，结合我国的制造能力，共同开发其他国家的市场。例如，宁波均胜集团通过并购德国一家汽车零部件企业，为全球多家知名汽车企业提供配件供应。近年来，我国有大量主要来自浙江、广东、江苏和北京等地的民营企业，通过与发达国家的企业开展产能合作，共同开发全球市场。

三、加速立法、顶层设计、多措并举、发挥优势，从国家层面推动我国民营企业形成国际产能合作的重要力量

一要国家层面完善对外直接投资和国际产能合作的立法和保障制度。依据党的二十大精神，加快制定并实施《对外直接投资法》及相关的国际产能和装备制造合作规定，更新梳理已有对外直接投资的相关法律法规，明确规定我国民营企业和国有企业共同作为国际化投资主体，对投资形式、审批程序、融资税收政策、管理部门及其职能监管、中介服务机构、海外争端解决等进行明确规定，作为统一调整我国对外直接投资关系的基本法律。

二要加强顶层设计，有序引导地方各省份结合自身特色，推动民营企业参与"一带一路"国际产能合作。应由国务院层面领导和发展规划、产业发展、中小企业管理、外交等部门协同参与，避免地方政府"一窝蜂"无序开展和恶性竞争，从而增加海外投资风险；应立足地方各省市与三大新兴经济体板块的合作基础，并综合考虑地理临近性、产业关联度和互补性、传统友好城市和外交关系等因素，进行整体统筹。

三要不断完善金融、保险等综合支持体系促进"一带一路"国际产能合作，拓展第三方合作共同基金，通过基金、信贷、保险等多种融资渠道综合突破民营企业国际产能合作的融资困境。借助已有的"亚洲基础设施投资银行""丝路基

金"等基金，为民营企业国际化的活动提供一定固定比例的支持；加速建立和完善海外保险机制，设立对外直接投资救济基金，确保不高于国际标准的公平保费，以普惠广大民营企业开展国际产能合作；建立中央公共财政专项救济基金，补偿保险机构海外经营风险。

四要完善对外直接投资和"一带一路"国际产能合作的公共服务提供机制，培育良好的海外产能合作生态系统，推动我国大中小企业"海外抱团"。在国际产能合作的信息服务方面，改进信息服务及发布方式，通过国内主管机构、国家驻外使领馆、海外商会及海外平台型企业等机构，为广大民营企业提供投资信息。商务部等有关部门与"一带一路"更多共建国家签署双边投资保护协定、避免双边征税协议。在海外风险防范方面，建立政府、企业与第三方合作的风险防范与预警机制，实现三方的信息共享；支持建立分国别、分行业的海外商会等中介机构组织，规定其中必须由一定数量和比重的民营企业参与。

五要多措并举，既推广已有创新模式，又持续提升我国民营企业参与"一带一路"国际产能合作的竞争力。针对我国民营企业国际产能合作中的"四不高"问题，首先，坚持把培养国际化精英人才作为国家"人才战略"的核心，建立国内与新兴经济体东道国的联合培养机制、充分发挥海外华侨华人专业人士的作用，构建多层次培养体系，设立"新兴经济体"国际化人才培养专项基金。其次，建立常态化的境外风险防控机制、应急救助机制和经营风险化解机制；由国家外交、民政、新闻媒体等部门牵头，协同全国人大、政协、学者和社会知名人士，形成与共建国 NGO、媒体等的多层次立体交流机制，提高我国国际软实力，营造国际产能合作的舆论氛围。最后，加强对跨文化领域的研究、知识传播和应用，更好地推动跨文化融合。另外，推动海外商会等中介机构、"平台型"企业等做好民营企业的海外行为规范，避免恶性竞争，提升国际产能合作的合力。

第二节 共建"一带一路"下促进国际产能合作的政策文本量化研究

一、引言

经过不断地推进与完善，中国提出的"一带一路"倡议不断得到全球各国，特别是共建国的广泛认同与支持，与共建"一带一路"国家在国际产能合作领域的联系也更加紧密。由于各国制度、历史文化和工业化基础不同，各国的资源禀赋和工业化优先发展领域也存在差异，但促进发展，特别是工业化和信息化发展是共同目标。如何发挥各自优势、补齐短板是中国与共建"一带一路"国家共同面对的战略选择。参与共建"一带一路"的东道国要么在特定领域有产能合作和工业化的需求，要么在产能方面有一定的技术优势，因此"一带一路"倡议为中国与共建国的产能合作提供了对接的平台和机遇。得益于中国是"一带一路"倡议的发起国和关键倡议国，中国企业包括国有企业和民营企业以及其他中介机构和行业协会等在内的组织可能受益于母国政策的支持和便利性，进而同"一带一路"共建国家开展深入的产能合作。而在中国企业"走出去"开展国际产能合作的过程中，单一主体往往不能够完全承接国际产能合作项目，需要协同海内外创新生态系统的多个参与者共同实现，其中包括政府、企业、中介机构、供给方和需求方多个力量的参与。而创新生态系统中不同的行为主体对政策的需求偏好存在差异，因此，有必要系统梳理现有相关政策体系及其政策工具对政策对象的作用功效。

随着共建"一带一路"逐渐上升到国家战略层面，中央政府不断出台关于促进我国与"一带一路"共建国家产能合作的政策，而政策工具作为公共政策研究的重要问题揭示了公共政策产生的特定影响。基于罗思韦尔和泽福德（Rothwell and Zegveld，1988）将政策工具划分为"供给型、环境型和需求型"的"三维度"思想，黄萃等（2011）对中央政府出台的风能政策文本进行了编码和量化分析，认为风能政策中供给型政策工具运用过度而环境型和需求型政策工具则运用不足；王杨（2021）从政策工具视角出发，通过六个典型社区的多案例分析，总结归纳了基层政策实践者运用的结构、引领、协同和统合四类工具。黄萃等（2014）在政策工具分析的"三维度划分法"基础上，构建了"政策—市场—产品—技术"的四维"政策—技术路线图"（P—TRM），分别以产业规模的发展阶段和产业创新模式的发展阶段为依据，对我国风机制造业和光伏产业政策进行了分析，揭示了各类政策工具在产业发展不同时期的政策与技术创新之间的作用机制；陶如钰等（2023）运用政策工具理论，构建"政策工具—政策生命周期—政策作用力"分析框架，探讨政策的使用结构、分布状态和作用力度。宋伟和夏辉（2019）通过对省级政府层面出台的有关人工智能政策文本进行量化分析，在政策"目标—工具"的分析框架内，研究得出在省级政府层面出台的有关人工智能的政策中，政策目标和政策工具之间存在着某种程度的错配现象。陈衍泰等（2016）基于我国民营企业自身的独特优势，总结了民营企业在"走出去"同"一带一路"共建国家开展国际产能合作过程中的四种模式，认为要多措共举，在国家层面积极推动民营企业参与国际产能合作。

在政策工具的分析视角下，创新生态系统理论为研究者打开国际产能合作中不同行动者之间是如何构建生态网络从而进行合作的"黑箱"提供了分析的理论支撑。创新生态系统是由彼此联系、相互促进的主体构成的网络，目标是实现多主体之间的价值共创和共生演化（陈强等，2023）。陈衍泰等（2015）以创新生态系统中的龙头企业及其周围关联的行动者的生态网络为分析对象，对价值获取的方式进行探讨，认为建立合作伙伴关系以及不同合作伙伴之间的竞争合作对创新生态系统的价值创造和获取的动态过程以及作用机制有着重要影响。里塔拉等（Ritala et al.，2013）通过比较不同行业的创新生态系统来探索领先企业如何促进价值创造，他们认为价值共创是商业模式的新趋势。罗国锋和林笑宜（2015）认为创新生态系统在内部自主创新主体和外部创新环境两个动力源的推动下，通过对物质链、信息链、能量链的整合，形成不断演变的开放创新系统。

综上所述，政策工具已经被广泛应用于各类公共政策的分析中。然而，已有研究大都是以单维或二维的政策工具分析框架为基础，对政策工具和研究对象之间关系的讨论并不完善。借助于创新生态系统理论分析和讨论促进我国与共建"一带一路"国家开展国际产能合作的政策文本研究也较少。因此，本节将在政策工具的视角下，进一步拓展已有的研究框架，依托创新生态系统理论作为研究中央政府出台的促进国际产能合作的政策文本的理论支撑，尝试构建一个基于政策工具层次、治理主体与参与国际产能合作模式的三维度分析图，探讨公共政策在国际产能合作创新生态系统不同生态单元之间的覆盖面，以及分析中央政府的政策供给是否有效满足国际产能合作治理主体（生态系统成员）的政策需求。

二、研究方法与数据来源

1. 研究方法

本节在黄萃等（2011；2014）的研究基础上，进一步扩展了原有的分析框架，在以政策工具为研究视角的二维分析框架下，构建了基于"X—Y—Z"维度的政策工具三维度分析图，刻画出政策工具层次、治理主体与参与国际产能合作模式三者之间的关系。同时将创新生态系统理论嵌入政策工具的研究，分析公共政策在国际产能合作创新生态系统中不同生态单元之间的偏重，及其政策需求偏好。在政策文本的编码方面，借鉴刘云等（2014）及王杨（2021）针对政策文本进行分析时对分析单元的编码方法，将梳理的促进我国与共建"一带一路"国家产能合作的政策文本根据"政策编号—具体内容"进行编码。

2. 数据来源

本节通过中央政府网站、国家发改委、商务部、工信部等各部门官网以及北大法宝数据库进行政策文本的检索，筛选出了 2013～2019 年中央层面出台的关

499

于促进我国与共建"一带一路"国家产能合作的公开政策文本共计 38 份（见表 16-1）。之所以选取中央政府出台的政策文本作为统计分析样本，是因为由中国发起并推动的"一带一路"倡议是一个由中央到地方再到基层的自上而下的行为，所以"一带一路"倡议对促进我国国际产能合作的政策具有很强的"中央导向性"，地方政府以中央政府出台的政策为蓝本制定相关政策。另外，由于各省之间的省情差距较大，所以微观层面的政策文本具有比较大的差异性，仅在部分先行先试省域有部分探索性政策可供其他省域借鉴。

表 16-1　　　中国中央政府层面促进国际产能合作的政策文本

编号	政策名称	颁布部门
1	国务院关于促进光伏产业健康发展的若干意见	国务院
2	国务院办公厅关于印发能源发展战略行动计划（2014~2020年）的通知	国务院
3	国务院关于推进国际产能和装备制造合作的指导意见	国务院
4	国务院关于加快实施自由贸易区战略的若干意见	国务院
5	国务院办公厅关于推进线上线下互动加快商贸流通创新发展转型升级的意见	国务院
6	国务院关于推进国内贸易流通现代化建设法治化营商环境的意见	国务院
7	国务院关于加快培育外贸竞争新优势的若干意见	国务院
8	国务院办公厅关于促进进出口稳定增长的若干意见	国务院
9	中共中央　国务院关于构建开放型经济新体制的若干意见	中共中央、国务院
10	最高人民法院关于人民法院为"一带一路"建设提供司法服务和保障的若干意见	最高人民法院
11	国务院关于同意设立贵州内陆开放型经济试验区的批复	国务院
12	国务院关于深入推进实施新一轮东北振兴战略加快推动东北地区经济企稳向好若干重要举措的意见	国务院
13	国务院关于促进加工贸易创新发展的若干意见	国务院
14	国务院办公厅关于促进建材工业稳增长调结构增效益的指导意见	国务院
15	国务院关于深化制造业与互联网融合发展的指导意见	国务院
16	国务院关于深化泛珠三角区域合作的指导意见	国务院
17	关于加强国际合作提高我国产业全球价值链地位的指导意见	商务部、国家发改委、科技部等七部门

续表

编号	政策名称	颁布部门
18	国务院关于促进外贸回稳向好的若干意见	国务院
19	中共中央 国务院关于深入推进农业供给侧结构性改革加快培育农业农村发展新动能的若干意见	中共中央、国务院
20	国务院办公厅关于印发贯彻实施《深化标准化工作改革方案》重点任务分工（2017~2018年）的通知	国务院
21	国务院关于印发国家技术转移体系建设方案的通知	国务院
22	国务院关于印发全面深化中国（上海）自由贸易试验区改革开放方案的通知	国务院
23	国务院关于印发中国（辽宁）自由贸易试验区总体方案的通知	国务院
24	国务院关于印发中国（河南）自由贸易试验区总体方案的通知	国务院
25	推动丝绸之路经济带和21世纪海上丝绸之路能源合作愿景与行动	国家发改委、国家能源局
26	国务院关于印发中国（陕西）自由贸易试验区总体方案的通知	国务院
27	国务院关于印发中国（浙江）自由贸易试验区总体方案的通知	国务院
28	两部门关于开展支持中小企业参与"一带一路"建设专项行动的通知	工业和信息化部（以下简称"工信部"）、国际贸易促进委员会
29	关于进一步引导和规范境外投资方向的指导意见	国家发改委
30	关于加强分类引导培育资源型城市转型发展新动能的指导意见	国家发改委
31	关于成立中国轻工国际产能合作企业联盟有关意见的复函	国家发改委
32	中共中央 国务院关于建立更加有效的区域协调发展新机制的意见	中共中央、国务院
33	关于引导对外投融资基金健康发展的意见	国家发改委、财政部等六部委
34	国务院关于印发进一步深化中国（天津）自由贸易试验区改革开放方案的通知	国务院
35	工业和信息化部关于工业通信业标准化工作服务于"一带一路"建设的实施意见	工信部

501

第十六章 促进民营企业参与"一带一路"国际产能合作的治理机制与对策建议

编号	政策名称	颁布部门
36	国家发展改革委 财政部关于完善市场约束机制严格防范外债风险和地方债务风险的通知	国家发改委、财政部
37	国务院关于落实《政府工作报告》重点工作部门分工的意见	国务院
38	中共中央 国务院印发《粤港澳大湾区发展规划纲要》	中共中央、国务院

资料来源：中央政府各部门网站、北大法宝数据库。

三、基于政策工具的三维度分析框架

公共政策是政策制定者服务政策目标理念的政策工具的设计、选择和组合，因此政策工具可以被看作构成政策体系必不可少的元素。政府为实现一定的社会经济目标，会对政策工具进行配置和组合，从而保证政策能够在社会环境中有效推行。而不同的政策工具对政策的推行和实施会产生不同的效用，所以选择恰当的政策工具对于政府实现既定目标就显得尤为重要。通过政策工具来分析政府政策的优势在于，研究者可以通过政策工具将政府出台的政策文本划分为不同的分析单元，然后将隶属于同一类的政策分析单元归纳在相对应的政策工具下。通过对政策的归类和聚合，可以很清晰地揭示政府政策的侧重点，对政策供给是否有效对接政策需求、两者之间是否形成一般意义上的均衡形成清晰的了解。此外，在海内外创新生态系统中，不同生态单元之间在促进国际产能合作的过程中进行价值共创、共生演化和协同联动也需要不同政策工具的相互配合。而作为国际产能合作创新生态系统中的关键生态单元，国有企业、民营企业以及中介机构和行业协会等组织承接并推动了国际产能合作项目的开展和实施，在政府搭建的框架内通过不同的合作模式"走出去"开展合作，打通并整合了国际产能合作创新生态系统中上下游之间的产业链。而不同的合作模式适用于不同类型的行业和企业，也因此产生了不同的合作效果。我们可以看到，在整个国际产能合作创新生态系统中，政府通过不同的政策工具分别对不同的生态单元进行支持和规范，引导不同的行为主体通过不同的模式展开合作。而当政府政策滞后于实践时，可以根据实践中存在的问题更有针对性地出台相关政策以使用不同的政策工具。政府、企业和国际产能合作创新生态系统中的其他组织通过不同的模式进行联动、价值创造，从而维持了整个国际产能合作创新生态系统的效益最大化。因此，本节在罗思韦尔和策格韦尔德（1988）提出的三维度政策工具的基础上构建了基于"政策工具层次—治理主体—国际产能合作模式"的三维度分析框架图，试图从层次维度、治理主体维度、参与国际产能合作模式三个维度对我国中央政府层面出台的关于促进我国与共建"一带一路"国家进行产能合作的政策文本进行归类和统计分析（见图 16 – 1）。

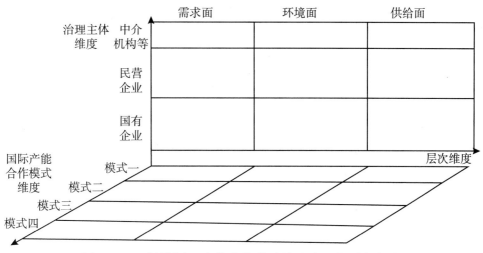

图 16 – 1　促进国际产能合作的政策文本三维分析框架

（1）X 维度：层次维度。

本节在构建三维度分析框架时，将 X 轴定义为基于"供给型、环境型和需求型"的结构维度。三种政策工具分别从不同的效用维度相互配合，共同作用于国际产能合作创新生态系统：环境型政策工具对促进我国与共建"一带一路"国家之间产能合作的影响主要表现在为我国企业"走出去"开展国际产能合作提供政策引导，既包括战略性和指导性的政策文本，也包括对国际产能细分产业的具体政策指引，搭建了创新生态系统中不同生态单元活动的规范性框架和目标引导；供给型政策工具主要是通过政策供给手段保障促进国际产能合作的要素供给，包括对直接促进国际产能合作的技术、创新、人才、资金等要素的供给，从而提供创新生态系统促进国际产能合作所需的要素支持；需求型政策工具对促进国际产能合作的效用主要体现在通过政府这只"看得见的手"对市场缺陷进行弥补，减少企业在"走出去"过程中所面临的来自母国和东道国两个方面的不确定性，从而稳定市场预期，为创新生态系统的纵向和横向延展提供政策保障（见图 16 – 2）。

（2）Y 维度：治理主体维度。

国有企业、民营企业以及中介机构和行业组织等是我国同共建"一带一路"国家开展国际产能合作最主要的三类主体。在一个由不同生态单元构成的创新生态系统网络中，三者在"走出去"开展国际产能合作的过程中分别扮演着不同的角色。一方面，国家之间开展的传统国际产能合作往往涉及有关国家战略安全的

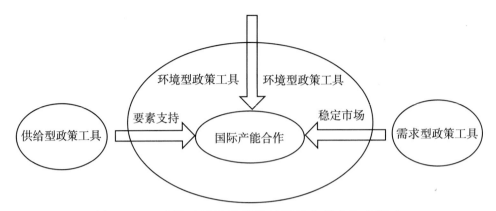

图 16 - 2 政策工具层次维度对国际产能合作的影响

资料来源：根据苏峻（2007）、黄萃（2014）等的研究整理而成。

领域，且项目资金巨大。而国有企业由于其天然具备的优势以及在国家经济安全领域占据关键地位，本身资金雄厚，资金链不容易断裂，信誉程度较高，因此常常承接传统国际产能合作中的一些大型项目。另一方面，民营企业是技术创新的主体、技术变革的重要推动者，在实施"开发利用型"研发国际化和国际产能合作方面有所有制优势；民营企业还具有组织结构方面的优势，其灵活的组织结构意味着民营企业在面对市场风险时具有更大的组织弹性来抵御风险。而中介机构和行业协会等往往扮演"桥梁"的角色，为企业从母国走向东道国开展国际产能合作提供专业化的渠道、咨询等服务。因此，根据国有企业和民营企业以及中介机构和行业协会自身的不同特点，有必要有针对性地出台相关政策，进而促进创新生态系统中不同单元之间的相互联动。

（3）Z维度：国际产能合作模式维度。

国际产能合作项目的推行往往不是依靠单一主体，而是通过创新生态系统网络中的不同参与者发挥各自优势，共同承接国际产能合作项目形成完整的产业链，共同推动国际产能合作。由此，不同生态单元之间的联动也形成了不同的合作模式。本部分基于上述国际产能合作过程中的四种不同合作模式来建立Z维度：第一种模式为民营企业通过"抱团出海"的方式在境外建立产业聚集区、工业园区，开展"集群式"国际产能合作；第二种模式是传统"平台型"大企业通过"以大带小"合作出海，以全产业链的方式推进国际产能合作；第三种模式是通过互联网平台企业开展"互联网＋"国际产能合作；第四种模式是中国民营企业与发达国家企业建立联盟或者合作关系，共同进入和开发第三方市场。

四、国际产能合作政策文本分析单元编码

本节针对中央政府层面出台的共计 38 份有关促进国际产能合作的政策文本，根据"政策编号—具体内容"的编码原则进行编码。分析单元为中央政府层面出台的有关国际产能合作的全部条款。通过筛选，共对 101 条涉及促进"一带一路"国际产能合作的政策条文进行了编码（见表 16 – 2）。

表 16 – 2　　　　　中央政府层面政策文本内容分析单元编码

编号	政策名称	促进国际产能合作政策文本的内容分析单元	编码
1	国务院关于促进光伏产业健康发展的若干意见	第三条　鼓励光伏企业创新国际贸易方式。优化产地分布，在境外开展投资生产合作。鼓励企业实施"引进来"和"走出去"战略，聚集全球创新资源，促进光伏产业国际化发展	[1 – 3]
		第四条　积极开展国际合作，鼓励企业加强国际研发合作，开展光伏产业前沿、共性技术联合研发	[1 – 4]
2	国务院办公厅关于印发能源发展战略行动计划（2014～2020 年）的通知	第四条　加强俄罗斯中亚、中东、非洲、美洲和亚太五大重点能源合作区域建设，深化国际能源双边多边合作，建立区域性能源交易市场	[2 – 4]
3	国务院关于推进国际产能和装备制造合作的指导意见	第五条　国际产能和装备制造合作要选择制造能力强、技术水平高、国际竞争优势明显、国际市场有需求的领域为重点	[3 – 5]
		第九条　结合当地市场需求，开展建材行业优势产能国际合作	[3 – 9]
		第十一条　积极参与有关国家风电、太阳能光伏项目的投资和建设，带动风电、光伏发电国际产能和装备制造合作	[3 – 11]
		……	……
		第三十九条　加大海外高层次人才引进力度，为国际产能和装备制造合作提供人才支撑	[3 – 39]
……	……	……	……

续表

编号	政策名称	促进国际产能合作政策文本的内容分析单元	编码
38	中共中央、国务院印发《粤港澳大湾区发展规划纲要》	第三条 支持粤港澳加强合作，共同参与"一带一路"建设，深化与相关国家和地区基础设施互联互通、经贸合作与人文交流	[38-9-3]
		第一条 加强法律事务合作。加快法律服务业发展，鼓励支持法律服务机构为"一带一路"建设和内地企业走出去服务。强化知识产权行政保护，更好地发挥知识产权法庭作用	[38-10-1]

资料来源：中央政府各部门网站。

五、频数统计分析

基于已编码的政策文本，本节分别对应划分出环境侧、供给侧、需求侧三种不同政策工具下的子工具，在以"政策工具、治理主体、参与国际产能合作的模式"为维度的三维分析框架图的基础上，对政策文本整合、归类，并对不同政策子工具下政策文本的分布进行频数统计分析。在划分供给侧政策工具的子工具时，借鉴了黄萃等（2011；2014）的划分依据。因为某些政策文本中政策对象的指向并不明确，所以本节在统计政策分布频数时，将涉及对象不明确的同一政策条款分别统计到对应的维度中去。例如涉及企业的政策条款，如没有特别指明则分别统计到国有企业和民营企业的维度下。另有一些条文既非涉及促进国际产能的合作者，也非参与国际产能模式，因此不做统计。最后，根据三维频数统计图来看，在促进国际产能合作的政策文本中，需求面、环境面和供给面三种类型的政策工具都有所涉及，但是需求面的政策工具较之环境面政策工具和供给面政策工具使用较少。国有企业、民营企业和中介机构、行业协会等组织作为促进国际产能合作创新生态系统中的三大主要治理主体，通过"走出去"过程中的四种不同模式，实现了较好的联动（见图16-3）。

1. 参与者维度分析

从表16-3至表16-5来看，中央政府层面出台的政策兼顾了国有企业（70.4%）和民营企业（69.4%）。其中，又以环境型政策工具使用次数最多，国有企业中占比43.6%，民营企业中占比44.6%。这说明国家更倾向于在宏观层面通过目标规划、法律规章等方式来构建促进国际产能合作的框架和约束体系，进而对国际产能合作施加影响。占比最小的为需求型政策工具，国有企业中占比4%，民营企业中占比2%。这说明政府对于需求型政策工具的运用是比较谨慎的，这是由于传统的能源市场因涉及国家的能源战略安全，往往由政府出面购买，而政府为了维护市场稳定而采取的贸易管制措施往往也是在两国企业发生不正当竞争，或者是东道国动用国家力量限制我国企业时才被采取的一种行为。关于中介组织和行业协会的政策条款则相对较少，仅占比 3.18%。而随着东道国国内的信息（包括国内政治信息、宏观经济走向、当地的文化传统等）对于企业"走出去"开展国际产能合作的重要性大大提升，所以关于专业化的中介组织和行业协会的政策扶持力度也要有所加强。

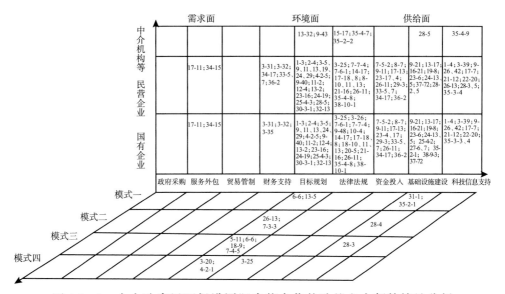

图 16 - 3　中央政府层面促进国际产能合作的政策文本频数统计分析

表 16 - 3　　　　　　　政策工具分配比例——国有企业

治理主体	工具类型	工具名称	政策文本编号	合计	百分比（%）
国有企业	供给型	科技信息支持	1 - 4；3 - 39；9 - 26、42；17 - 7；21 - 12；22 - 20；35 - 3 - 3、4	9	8.9
		基础设施建设	9 - 21；13 - 17；16 - 21；19 - 8；23 - 6；24 - 13、5；25 - 4 - 2；27 - 6、7；35 - 2 - 1；38 - 9 - 3；37 - 72	13	12.9
		资金投入	7 - 5 - 2；8 - 7；9 - 11；17 - 13；23 - 17、4；29 - 3；33 - 5、7；26 - 11；34 - 17；36 - 2	12	11.9

续表

治理 主体	工具类型	工具名称	政策文本编号	合计	百分比 （％）
国有 企业	需求型	政府采购	2－4；3－29	2	2
		服务外包	17－11；34－15	2	2
		贸易管制	Null	Null	Null
	环境型	目标规划	1－3；2－4；3－5、9、11、13、24、29；4－2－5；4－40；11－2；12－4；13－2；23－16；24－19；25－4－3；30－3－1；32－13	16	15.9
		金融支持	7－5－2；8－7；9－11；17－13；23－4、17；29－3；33－5－7；26－11；34－17；36－2	11	10.9
		税收优惠	Null	Null	Null
		法律规章	3－25；3－26；7－6－1；7－7－4；9－48；10－4；14－17；17－18、8；18－10、11、13；20－5；21－16；26－11；35－4－8；38－10－1	17	16.8

注："Null"表示没有数据。

表 16－4　　　　政策工具分配比例——民营企业

治理 主体	工具类型	工具名称	政策文本编号	合计	百分比 （％）
民营 企业	供给型	科技信息支持	1－4；3－39；9－26、42；17－7；21－12；22－20；26－13；28－3、5；35－3－4	11	10.9
		资金投入	7－5－2；8－7；9－11；17－13；23－17、4；26－11；29－3；33－5、7；34－17；36－2	12	11.9
		基础设施建设	9－21；13－17；16－21；19－8；23－6；24－13、5；37－72；28－2、5	10	9.9

治理主体	工具类型	工具名称	政策文本编号	合计	百分比（%）
民营企业	需求型	政府采购	Null	Null	Null
		服务外包	17－11；34－15	2	2
		贸易管制	Null	Null	Null
	环境型	目标规划	1－3；2－4；3－5、9、11、13、19、24、29；4－2－5；9－40；11－2；12－4；13－2；23－16；24－19；25－4－3；28－5；30－3－1；32－13	20	19.8
		金融支持	7－5－2；8－7；9－11；17－13；23－17、4；26－11；29－3；33－5、7；34－17；36－2	12	11.9
		税收优惠	Null	Null	Null
		法律规制	3－25；7－6－1；7－7－4；14－17；17－18、8；8－10、11、13；21－16；26－11；35－4－8；38－10－1	13	12.9

注："Null"表示没有数据。

表 16－5　　　　　政策工具分配比例——中介机构等组织

治理主体	工具类型	工具名称	政策文本编号	合计	百分比（%）
中介机构等组织	供给型	科技信息支持	36－4－9	1	0.09
		基础设施建设	28－5	1	0.09
		资金投入	Null	Null	Null
	需求型	政府采购	Null	Null	Null
		服务外包	Null	Null	Null
		贸易管制	Null	Null	Null
	环境型	目标规划	13－32；9－43	2	2
		金融支持	Null	Null	Null
		税收优惠	Null	Null	Null
		法律规制	15－17；35－4－7；35－2－2	3	3

注："Null"表示没有数据。

2. 参与国际产能合作模式维度分析

在 Z 维度上，中央政府出台的政策较少涉及参与国际产能合作的模式。经统计，共有 15 条政策条款涉及国际产能合作的四种模式，其中有 10 条为环境型政策工具中目标规划类子工具，有 4 条为供给型政策工具中基础设施类子工具，有 1 条为法律规制类子工具。由此可见，在促进国际产能合作的模式方面，宏观层面的政策引导仍然是政府主要采用的政策工具。值得一提的是，在 4 种国际产能合作的模式中，政策涉及最多的为第三种模式，即"互联网＋"模式，有 5 条政策条款有所涉及，其余的 3 种模式分别为第一种 4 条、第二种 3 条、第四种 3 条。由此可以预见，在互联网技术和人工智能革命的推动下，企业通过"互联网＋"模式"走出去"开展国际产能合作将是未来新的合作发展趋势。但是对于新的合作发展模式要通过公共政策对其加以规范和引导，使国际产能合作创新生态系统中的生态单元达到双赢的局面（见表 16 - 6）。

表 16 - 6   政策工具分配比例——参与国际产能合作模式

模式	科技信息支持	基础设施建设	资金投入	政府采购	服务外包	贸易管制	目标规划	金融支持	税收优惠	法律规制
模式一		2					2			
模式二		1					2			
模式三		1					4			
模式四							2			1

六、本节小结

通过统计分析，本节发现截至 2020 年底在中央政府出台的有关促进我国企业参与"一带一路"国际产能的政策中，环境型、供给型和需求型政策工具均有所涉及，但不论是在国际产能合作的治理主体维度还是参与国际产能合作的模式维度，环境型政策工具和供给型政策工具的运用明显要多于需求型政策工具。而且在环境型政策工具中，目标规划和法律规制类子工具的运用尤其频繁。作为中央层面指导促进国际产能合作的标志性政策文件，仅在国务院出台的《国务院关于推进国际产能和装备制造合作的指导意见》这一政策文本中，便有 6 条政策条款涉及目标规划，2 条涉及法律规制。因为宏观性的政策工具更多的是对企业"走出去"开展国际产能合作起到宏观指导作用，对于具体细节的落实需要出台更为具体细致的政策。在政策的涉及对象方面，政策对象的指向性并不明确，缺少具体针对民营企业或者国有企业、中介机构和行业协会等的政策条款。在中央层面出台的促进国际产能合作的政策文本中，仅有工信部和国际贸易委员会出台的《两部门关于开展支持中小企业参与"一带一路"建设专项行动的通知》是明确服务于民营中小企业的。对于需求型政策工具的运用，除了有少量的服务外包类子工具外，政府采购、贸易管制类子工具则鲜有涉及。供给型政策工具的运用较为均衡，但是对于科技、信息和人才的政策支持力度，要稍弱于对于资金和基础设施建设的投入支持力度。参与国际产能合作的模式在政策文本中较少明确涉及，已有的政策文本也大都是宏观指导性的政策条款。针对以上相对不足，本章第六节提出相关对策建议。

第三节 数字丝绸之路建设的支撑体系构建与治理机制研究

新一轮工业革命的显著特征是数智化与工业化融合发展。为了与"一带一路"共建国家分享中国推动数字经济、AI 和智慧城市建设等领域经验，缩小全球数字鸿沟，2017 年国家主席习近平在参加"一带一路"国际合作高峰论坛开幕式中提出"推动大数据、云计算、智慧城市建设，连接成 21 世纪的数字丝绸之路"[①]，数字丝绸之路理念由此提出。数字丝绸之路是共建"一带一路"和数字经济发展的结合，是在共建"一带一路"过程中，运用数字技术的优势打造的一整套解决问题、提高效率，从而优化资源配置的网络化信息资源系统。该系统涉及多元主体的互动合作，主要包括在共建"一带一路"国家构建的数字基础设施和合作共赢的数字经济形态及其相关机制（陈衍泰等，2019）。从本质上说，数字丝绸之路建设是我国提出的新型全球化方案的重要部分，通过数字经济的创新性、渗透性和可再生性为让共建"一带一路"国家分享全球化的红利做出贡献，促进全球经济的发展，提高我国数字经济的竞争力，从而提升我国全球影响力。共建"数字丝绸之路"既是数字经济背景下持续推进"一带一路"高质量发展的关键举措，也是新发展格局下积极践行人类命运共同体理念的一项生动实践（王业斌等，2023）。

由于数字丝绸之路理念提出的时间较短，国内关于数字丝绸之路的研究相对较少，已有的研究主要是从概念的内涵、动因、参与主体、存在的问题和发展路径等方面进行论述，缺乏系统的分析框架。全球治理委员会认为治理是各类主体，其中包括公共的、私人的个人和机构共同协调过程和互动的总和，是使利益

---

① 《习近平在"一带一路"国际合作高峰论坛开幕式上的演讲》，新华网，http://www.xinhuanet.com//politics/2017-05/14/c_1120969677.htm，2017 年 5 月 14 日。

得以调和并采取联合行动的持续过程。数字丝绸之路建设的治理主体众多，利益范围涉及广泛且联合行动的时间较长，因此，可通过"治理范式"构建数字丝绸之路建设的研究框架，以此分析其运行逻辑。治理体系可纵向解构为治理主体、治理机制和治理效果，它们是治理体系的有机统一，贯穿治理的全过程，只有当各类治理主体积极参与、有效协调、形成联动，治理机制才能有效运转，最终实现善治。因此，本节研究主要聚焦上述三个方面：数字丝绸之路建设包含的主体以及主体之间的相互关系，即支撑体系的构建；数字丝绸之路建设中各类主体的运作与协同方式，即治理机制研究；现有治理的优势、存在的问题以及应当如何解决，即由支撑体系和治理机制联动产生的治理效果。

一、数字丝绸之路建设中的支撑体系构建

治理是建立在公共利益、市场原则和社会认同之上的合作体系，它的理念基础是组织结构的非官僚化和社会结构的网络状，因此，治理理念强调的是多元主体的互动合作和参与式决策等（郁建兴，2018）。全球治理是治理理论在国际层面的延伸与运用，是多元行为体共商、共建、共享的合作治理，是国家各类行为体（包括非国家行为体）通过谈判协商、权衡利益而建立的为解决各类全球性问题的国际机制的总和（蔡拓，2016）。多元主体的合作治理是实施全球治理的基本形式，具体是指国内外不同行为体，即政府间组织、政府、社会组织和市场主体等，与同一行为体的不同部门、层次共同参与跨国合作，推进全球治理的机制与制度性安排。"一带一路"倡议是中国参与全球治理的顶层设计，是中国在新时期参与全球治理的重要平台，是以新型全球治理观为指导的国际实践，其主要目标是构建可持续发展的多元协商合作体系与开放包容的世界经济（谢来辉，2019）。数字丝绸之路建设作为"一带一路"倡议的重要组成部分，依托数字技术，通过各种相关机制将国内外政府、市场、社会的各类参与主体联系到一起，协同发挥作用，共同解决在数字丝绸之路建设过程中存在的问题，从而有效发挥数字丝绸之路的作用，最终实现公共利益和私人部门利益的提升。从数字丝绸之路建设的实践来看，其支撑体系主要包括两个部分：多元主体数字化合作联盟和数字化公共服务平台。

1. 多元主体数字化合作联盟

多元主体数字化合作联盟是"一带一路"建设的组织保障，同时也是数字丝绸之路建设的重要保障，主要包括共建"一带一路"国家和地区的国家政府部门、依靠市场运行的各类企业以及发挥自组织作用和构建公共话语体系的社会组织等。在数字时代下，作为"由内而外"的信息融通者和智慧型公共服务者，政

府的职能主要包括数据融通和智慧服务，以确保信息数据的畅通，提供更好的政府服务（戴长征和鲍静，2017）。企业是数字丝绸之路建设中最直接的参与者与潜在受益者，是推动数字基础设施建设和合作共赢的数字经济形态建设的核心力量，也是数字丝绸之路建设的主体。社会组织是制度现代化的重要结构组成，可以有效弥补市场失灵和政府失灵，实现社会资源的动员和整合，同时在参与对外公益服务时，有利于营造积极的国际舆论情境，因此应充分发挥其在数字丝绸之路建设中的协调、监督作用。在数字丝绸之路建设的治理中，利用数字技术能有效避免官僚机构职能重叠和决策对象边界模糊引发的恶性竞争及决策效率低效等问题，发挥出国内政府在政策沟通、战略布局以及平台建设等方面的主导作用，从而高效对接"一带一路"共建国各国政府，积极引导市场主体、社会主体深度参与数字丝绸之路的建设，努力形成内外政府、市场和社会相互联动的协同模式。

2. 数字化公共服务平台

数字丝绸之路的建设为共建"一带一路"带来了新的机遇，依托数字化发展的平台作为数字丝绸之路的重要组成部分，它具备以低搜索成本创建高匹配的结构以及通过降低搜索成本、复制成本和验证成本提高效率的特性，越来越多地被政府、企业或社会所建立。公共服务平台是指开放的支持和服务体系，即数字丝绸之路的信息支撑环境，大多是由本国政府发起和建立，目的是为国内外多元主体数字化合作联盟提供信息资源对接服务。

数字丝绸之路建设的支撑体系结构如图 16 - 4 所示。以往中国与共建"一带

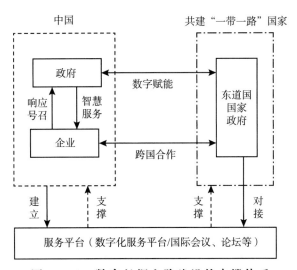

图 16 - 4　数字丝绸之路建设的支撑体系

资料来源：笔者根据治理理论整理。

一路"国家主要是通过政府间直接签订合作协议、备忘录等方式进行跨国合作。但随着数字丝绸之路倡议的提出，越来越多的企业与社会组织参与了数字化公共服务平台的建设，而搭建起的数字化公共服务平台不仅能支持国内多元主体的互动协作，还能有效对接共建"一带一路"国家政府，支持本国企业与东道国企业进行沟通合作。除此之外，社会组织依托平台参与数字丝绸之路建设也能在一定程度上传播中国和平发展的理念，有利于形成积极的国际舆论环境。

二、数字丝绸之路建设中的治理机制研究

如果将机制看成一套合乎逻辑地发挥其作用系统的装置，那么治理机制就是各类治理主体按照一定原则和程序（装置）设置议题达成共识或决策的互动关系（逻辑）。全球化的发展导致全球问题的出现，而全球性问题的解决是多元主体共同参与和互动的过程，强化国际规范与规则以形成具有规范力和约束力的治理机制，一般的跨国合作治理模式是实现这个过程的重要途径（陈伟光和王燕，2016）。然而，"一带一路"倡议作为全球治理的重要组成部分，倡导合作治理、协商治理路径，以利益协调和价值共享为基础，以实现构建人类命运共同体为目标，反映了治理主体间的价值生成与利益协调关系。数字丝绸之路建设作为"一带一路"倡议的重要组成部分，依托大数据、云计算等信息技术，整合国内外资源，高效对接各国的合作需求与利益诉求，优化沿线国家的要素禀赋，提高沿线各国整体的资源配置水平，带动生产力的提升，有助于完善"一带一路"的治理方式，从而形成数字丝绸之路特有的治理机制。

依照"一带一路"建设的价值生成和利益协调关系，本节将数字丝绸之路建设中的治理机制分为三个部分：第一是公共价值共创机制，是数字丝绸之路建设的出发点，重点研究公共价值的创造方式；第二是跨国协调机制，通过协调国内外多元主体的关系，打破数字丝绸之路建设中由于法律、政策等差异性带来的约束，为各类主体的价值获取奠定基础；第三是价值共享机制，是数字丝绸之路建设的落脚点，重点研究各类主体价值的获取方式，同时价值共享程度也是衡量其治理效果的重要依据。

1. 公共价值共创机制

公共价值共创是公共部门、私人部门以及社会组织的政策制定者和管理者整合众多资源共同创建公共价值的过程，多元行动者在创造和提升公共价值方面应当共同发挥作用（陈晓春和张雯慧，2019）。而数字化的发展带来的"平台效应"有利于国内外资源的整合、各国之间合作需求和利益诉求的对接，从而提高资源配置的效率。数字丝绸之路建设的公共价值共创主要通过搭建公共服务平台的方式实现，从平台搭建的持续时间上看，公共服务平台的搭建可分为两个部

分：一是国际会议、论坛等短期平台的搭建。利用国际会议、论坛等平台将国内外参与者联系到一起，通过对话、协商、谈判等方式互动达成各参与方都能接受的合作协议和行动准则或是在此基础上建立多元主体合作联盟，从而实现价值共创；二是持续性公共服务平台的搭建。持续性公共服务平台的搭建有助于建立双边或多边合作协议，制定国际规则和规范，推进基础设施标准建立和对接沿线国家贸易规则等事项的持续性推进。总之，数字化发展为国内外政府、社会及企业搭建平台从而共同创造公共价值提供了合作、互动的基础条件。

2. 跨国协调机制

在对数字丝绸之路建设的治理中，由于跨越了国家的地理和制度边界，不同国家、不同治理主体的价值共创过程会受到一些国家的法律、政策等相关因素的约束，因此数字丝绸之路建设需要从法律、政策等方面建立良好的协调机制。跨国协调机制是以相互承认对方特定法律行为、政策等在本国的效力为核心，通过推动各国法律制度和规则以及政策之间的协调发展，最终打破数字丝绸之路建设中的相关约束。跨国协调机制是建立在公共价值共创机制的基础上，依靠公共服务平台的建立，就数字丝绸之路建设的相关问题，通过与共建"一带一路"国家协商各类政策、法律，签署合作协议、备忘录等方式来实现的。

3. 价值共享机制

价值共享是价值达到获取的状态，与价值共创形成"创造—享有"一体两面，意味着创造阶段的结束即持续阶段的开始。价值共享机制通过公共价值创造机制创建的公共服务平台和依托跨国协调机制签订的各类文件，在愿景的共享、双边以及多边战略关系的建立、合作伙伴间信任度的加深以及规则、标准的设立等方面助力价值共享，并反馈到公共价值共创阶段。

数字丝绸之路建设中的治理机制如图 16-5 所示，通过多元主体数字化合作

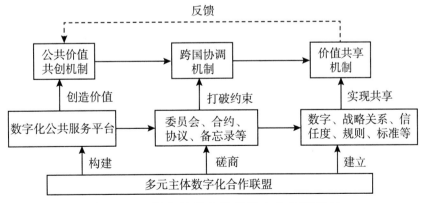

图 16-5 数字丝绸之路建设中的治理机制

资料来源：笔者根据全球治理理论整理。

联盟构建公共服务平台，从而实现公共价值的共创；通过磋商谈判，建立委员会，签订合约、协议以及备忘录等方式打破约束进行跨国协调；在公共价值共创、跨国协调的基础上，建立数字化共享愿景、战略关系、规则和标准等实现价值的共享。

三、数字丝绸之路建设支撑体系与治理机制的实践案例

从数字丝绸之路建设现有的支撑体系和治理机制（见表 16 - 7）来看，国内外的各类主体大多都是通过国际会议、论坛进行对话合作或是由企业或政府主导建立服务平台为相关主体提供支持，缺乏对数字丝绸之路建设自身优势的认识。除此之外，从"中国一带一路网"查询到的相关政策文件来看，虽然许多"一带一路"的政策文件里都有与数字丝绸之路建设相关的政策，例如《浙江省标准联通共建"一带一路"行动计划（2018～2020 年)》中提到通过电子世界贸易平台（eWTP）和"数字丝绸之路"经济合作区建设，探索制定全球电子商务新规则、新标准，但是缺乏与数字丝绸之路建设相关的战略性文件，不利于公共价值共创机制的发挥。因此，应当在审慎制定数字丝绸之路建设指导性文件的基础上，依托数字丝绸之路自身的数字化优势，形成数字丝绸之路建设特有的治理机制。

表 16 - 7　　　数字丝绸之路建设支撑体系与治理机制的实践

主办方	多元主体合作联盟	公共价值共创机制（公共服务平台）	跨国协调机制	价值共享机制
中国国家互联网信息办公室和浙江省人民政府	中国、老挝、土耳其、沙特阿拉伯等国家相关部门	第四届世界互联网大会——"数字丝绸之路国际合作论坛"	《"一带一路"数字经济国际合作倡议》	提高数字包容性、推进国际标准化合作、支持互联网创业创新等
浙江省人民政府、浙江省发展和改革委员会等	中国和"一带一路"国家的研究机构、行业协会、企业等组织	"数字经济暨数字丝绸之路"国际会议	"数字（网上）丝绸之路国际产业联盟"工作机制	推动数字经济产业的技术创新、共建良好的数字经济发展生态等
中国政府	中国工信部与匈牙利、巴西、智利等国家相关部门	第二届"一带一路"国际合作高峰论坛数字丝绸之路分论坛	"一带一路"国际智库合作委员会	11 个国家，22 家企业共同签署 10 个项目，达成战略合作关系

主办方	多元主体合作联盟	公共价值共创机制（公共服务平台）	跨国协调机制	价值共享机制
中国国家标准化管理委员会	国内外政府、企业	"一带一路"国家标准信息平台	国家间标准信息交换通道	及时跟踪各国及国际标准化组织的标准化动态，实现标准信息的互通
阿里巴巴	国内外政府、企业和国际组织	世界电子贸易平台（eWTP）	多方对话签订双边或多边协议	推动数字基础设施建设和相关贸易规则的建立等
中国信息化百人会	中国信息化百人会、国内外企业和萧山区人民政府	数字化"一带一路"国际高峰论坛	"数字经济出海推进中心"	向海外企业输出国内龙头企业的经验，同时为出海企业提供综合服务

资料来源：笔者根据网络资料整理。

数字化公共服务平台，作为一套大数据集成信息系统，可将其视作整体解决方案的供给方，为数字丝绸之路建设提供制度、技术、信息、融资和人力等服务。而这套信息系统应当在中国政府的主导下、企业和社会组织的支持下，联合"一带一路"共建国家和地区的政府、龙头企业和智库共同推动建立，并实施统一化管理、标准化开发和分布式部署，最终将平台打造成我国与共建国家和地区的"网络矩阵"。数字化公共服务平台的建构，应当整合现有的机制，通过国际会议、论坛等活动的开展以及依托现有平台的基础，统筹国内外各方关切，完善常设机构，妥善设置议程，收集并集成数字丝绸之路建设的相关数据，为参与数字丝绸之路建设的各类主体发布信息并提供整体解决方案，从而支撑多元主体的数字化合作联盟更加系统科学地实现最大化的公共价值共创与价值共享。

四、本节小结

本节在回顾数字丝绸之路建设研究的基础上，以治理理论为基础，结合全球治理理论以及现有数字丝绸之路建设的相关研究，提出数字丝绸之路建设的支撑体系和治理机制，以解释数字丝绸之路建设中不同主体参与共治的运行逻辑，弥补了已有研究缺乏系统分析框架和运行逻辑的缺陷。与此同时，从数字技术发展

517

层面拓宽全球治理理论，即从大数据、云计算、AI 等数智技术的出现有利于提升全球资源的配置效率和通过数字化平台能更好地建立多方对话机制，对全球治理理论进行扩展。

本节提出在多元主体数字化合作联盟的支持下，建立数字化公共服务平台作为数字丝绸之路建设的支撑体系，在支撑体系的基础上，重点讨论数字丝绸之路建设的三个治理机制，即公共价值共创机制、跨国协调机制和价值共享机制。通过实证研究发现，治理逻辑为多元主体数字化合作联盟通过公共服务平台建立合作委员会、形成工作机制、签订各类协议、条约以及备忘录等，从而实现数字化共同愿景、达成战略关系、建立对接规则、制定共同标准、提升信任度等。但是数字丝绸之路建设现有的支撑体系和治理机制缺乏政策文件的指导，且没有充分发挥数字丝绸之路自身的数字化优势，因此，应当充分利用现有的数字化优势，整合公共服务平台资源，打造集成的信息发布环境，形成一套系统的解决方案，打造数字丝绸之路建设和国际产能合作特有的治理机制。

第四节　推进国际工业互联网建设、加快我国国际产能合作步伐

一、国际工业互联网与国际产能合作的内涵

1. 工业互联网与工业 4.0 战略的异同

推进国际工业互联网建设，将为我国及广大新兴市场国家工业化和国际合作提供良好的契机。美国首倡的"工业互联网"与德国首倡的"工业 4.0"都是基于对互联网一体化的重要性、大数据及其更快速处理的认识，并且也都是为了争夺未来全球制造业的主动权而提出的，其共同愿景都是全球工业寻求价值、效率和创新再一次飞跃的变革。

但是工业互联网是由美国通用电气公司（GE）（以下简称"通用电气"）2012 年提出，并联合数家国际信息技术企业巨头组成的"工业互联网联盟"；工业 4.0 先由德国研究机构和企业代表 2013 年提出，最后由德国联邦政府提升到国家战略。两者在涉及领域上也有一定差异，工业 4.0 仅仅涉及工业部门，其最终目的是实现制造系统横向、纵向以及工程的端到端的集成，从而实现生产的优化；而工业互联网则是要实现不同产业间的融合，从而实现资源的优化。从建立

标准角度看，工业4.0致力于建立统一的标准，而工业互联网则致力于建立一个制定标准的平台。两者在实现途径上也存在着一定的差异："工业互联网"是通过全球工业系统与先进的计算、分析、低成本传感技术以及全新互联网连接融合，通过智能机器、高级分析、工作中的人等关键要素的融合，最终推动强劲的经济增长、提供更好的就业机会和提升生活水平。"工业4.0"的实现途径是通过提升制造业的智能化水平，建立智慧工厂，在商业流程中整合客户及商业伙伴。其技术基础是物联信息系统（CPS），将生产中的供应、制造、销售信息数据化、智慧化，最后达到快速、有效、个人化的产品供应。两者均有可能引发全球新一轮创新发展和工业变革（见表16-8）。

表16-8　　　　　　　工业4.0与工业互联网存在的异同

项目	工业互联网	工业4.0
共同点		
共同愿景	全球工业寻求价值、效率和创新再一次飞跃的变革	
差异性		
提出者	大型跨国公司（通用电气）	德国政府
利益相关者	商业、学术界、政府	政府、学术界、企业
变革的类型	第三次工业革命	第四次工业革命
支持平台	开放会员资格协会	政府产业政策
部门的重点	生产、能源、运输、医疗、公用事业、城市、农业	工业
技术的焦点	设备通信、数据流、设备控制和集成、预测分析、工业自动化	供应链协调、嵌入式系统、自动化、机器人
应用领域	在机械制造、电气工程、计算机等工程规划、制造、运营和物流过程中实施	涉及全球各个行业，包括铁路、航空、医疗、电力、石油、天然气等核心部门
整体的焦点	软件、硬件、集成	硬件
地理集中	全球市场	德国及德国公司
企业的焦点	各种规模的公司	中小企业
优化的焦点	资产优化	生产优化
标准化的焦点	对标准组织的建议	议程优化
经济方法	积极经济学	规范经济学
整体业务的方法	积极主动	响应式

资料来源：MAPI Foundation，https：//mapifoundation.org/，部分改动。

2. 全球主要经济体国际工业互联网相关发展战略的提出

近年来，全球主要大国纷纷针对先进制造业发展提出相关发展战略，其本质上都是与美国首倡的"国际工业互联网"和德国首倡的"工业4.0"具有相类似发展背景的发展战略。

无论是美国的工业互联网、德国的工业4.0、日本的工业再兴战略、韩国的制造业创新3.0还是中国制造2025，从最终目的上来说，都是要借助新工业革命带来的宝贵机遇，实现本国制造业的智能化升级。

美国工业互联网可以理解为是美国"再工业化"的进一步延伸，基于对2008年金融危机显现的"去工业化"弊端的认识，美国政府提出了"再工业化"战略，并先后出台了《重振美国制造业框架》（2009）、"先进制造伙伴计划"（2011）、"国家制造业创新网络"（2012）、《国家制造业创新网络初步设计》（2013）等一系列战略举措。2012年底，通用电气发布《工业互联网：突破智慧与机器的界限》白皮书，首次提出工业互联网的概念，2014年"工业互联网联盟"成立。而与美国"再工业化"战略差不多时间，德国政府于2010年提出了《德国2020高技术战略》，并于2012年发布"《德国2020高技术战略》行动计划"，在行动计划中首次提出了工业4.0一词；2014年，工业4.0平台发布了工业4.0实施计划。在美国、德国发展先进制造业战略的刺激下，其他国家结合本国制造业发展情况以及具有的产业优势先后提出了本国的先进制造业发展计划。

对比中国制造2025与美国、德国先进制造业发展规划可以发现存在一定的差异。中国制造2025是互联网与工业应用采购、设计、生产、销售、客服等多环节融合，最终要将互联网与传统产业融合，进一步提高生产效率，推动产业升级，提高我国服务水平和竞争力。而工业4.0是建立一个高度灵活的个性化和数字化的产品与服务的生产模式，美国则是要将大数据、传感器与人有机地结合起来，突破智慧和机器的界限，实现工业生产的网络化、智能化、柔性化和服务化。

3. 国际工业互联网建设与国际产能合作之间相辅相成

从两者的关系看，两者相辅相成、相互促进：一方面，国际产能合作，其基础是将一国（输出国）某特定行业的生产设备或生产线对需求国（输入国）的输出；双方需要在技术、管理和标准等领域的合作下，实现产业内和产品内的分工合作；国际产能合作也需要需求市场领域的合作，合作的前提是产能输入国拥有工业化过程中的市场需求，但有些输入国自身的国内需求小，也有可能与输出国在市场领域出现合作。另一方面，两者相互促进："国际工业互联网建设"是推动各国工业寻求价值、效率和创新再一次飞跃的战略抓手，既为输出国的国内产业发展和创新驱动提供了内生动力，又为国际产能合作的输入国工业化、信息化有效部署提供了国内保障。

当前，我国经济发展进入高质量发展阶段，对转变发展方式、调整经济结构提出了新要求。虽然中国已经是世界制造业大国，但是面临着传统劳动密集型优势的逐步丧失、发达国家制造业回流、数智技术快速发展带来的困境。《中国制造2025》的出台为制造业向中高端制造业转型提供了契机，同时"国际产能和装备制造合作的推进"对于加快工业设施（钢铁、水泥、化工等）、发电厂以及交通运输设备等"走出去"产生了助推作用，也对中国产业转型升级形成了倒逼机制。而发达国家"高端回流"、发展中国家"中低端分流"对我国制造业形成的"双向挤压"挑战，也为中国企业加速转型升级提供了外部宏观环境。同时，国内转型升级需求以及外部挤压挑战，又恰恰为工业互联网在国内、国外的建设提供了契机。借助工业互联网的智能设备、智能系统和智能决策推动了我国制造业效率的提升，很好地满足了我国转变发展方式、调整经济结构的新要求；而"走出去"的很多行业如传统的制造业、交通运输业又恰恰是国际工业互联网建设的核心行业，无疑国内的转型需求以及国外的"双向挤压"，对于我国建设工业互联网提出了放眼全球、国内国际同时战略部署的要求。

中国是世界上唯一拥有联合国产业分类中全部工业门类的国家，而"门类齐全、独立完整"的工业体系为国际工业互联网的建设奠定了良好的发展基础。随着生产制造向着数字化、网络化、智能化方向发展，工业信息系统通过互联网实现互联互通和综合集成。在工业数据充分流动的基础之上，企业生产分工可以更加专业和深入，使得协同制造成为重要的生产组织方式，而不同环节的企业间实现信息共享能够实现在全球范围内迅速发现和动态调整合作对象。"国际工业互联网"将为企业建立开放型产业生态体系，企业的生产率和能源效率以及创新效率都将得到提高，这为中国企业向中高端制造业的发展提供了一个机遇，加快了中国制造业的升级步伐。

"加快国际产能合作步伐"有利于我国产业走出去开展国际合作、提升整体效率，同时对国际工业互联网建设进行全球布局。当前我国铁路、建材、钢铁、有色、轻纺等行业正在不断深化与共建"一带一路"国家开展产能合作；应同步部署数智化融合策略共同走出去。另外，钢铁等工业设施、铁路等运输行业是工业互联网的核心行业，通过在这些"走出去"行业、企业建设工业互联网，不仅能够提高海外企业、项目的效率，同时也推动了国际工业互联网的全球布局。

二、国际"工业互联网"和"工业4.0"对民营企业"一带一路"国际产能合作的潜在影响

1. 国际"工业互联网"和"工业4.0"带来的机遇与优势

国际"工业互联网"和"工业4.0"的快速发展将对全球和我国均产生深刻

的影响，机遇与挑战并存。一方面，从国际上看，"工业互联网"将在工业、能源和服务业领域得到直接应用，大幅度提升全球各国的生产效率，给全球不同产业、国家或地区带来深刻的变化。

根据通用电气（GE）的分析，2022 年底全球经济规模为 101 多万亿美元，工业部门大约占 30%，约 30 万亿美元，其中，商品制造业大约占产出的 17%，而包括资源开采和建筑业在内的其他行业大约占产出的 13%，这些产业将成为工业互联网发展的基础。① 截至 2022 年，工业互联网目前已延伸至 40 个国民经济大类，涉及原材料、装备、消费品、电子等制造业各大领域，以及采矿、电力、建筑等实体经济重点产业，实现更大范围、更高水平、更深程度发展，形成了千姿百态的融合应用实践。通用电气已有的工业互联网实践显示，在航空领域，基于工业互联网的合作，缩短的维护周期时间达到 90%；在医疗方面，借助工业互联网大大保证了核心医疗设备从 CT 到核磁共振的临床设备开机率，开机率达到 99.5%。这将给全球工业化国家和新兴市场国家均带来巨大的效率提升，促进经济增长和增加就业。②

在第五届国际基础设施投资与建设高峰论坛上，著名学者约翰·斯科特（John M. Scott）表示，受城镇化、人口增长以及发达国家和发展中国家的需求促动，到 2030 年全球基础设施投资需求将达 57 万亿美元，相当于每年投入全球 GDP 的 2.5%。在 57 万亿美元的投资需求中，水和水处理、能源及交通建设约占 80%。③ 而能源、交通等是工业互联网的核心区域，建设工业互联网潜力巨大。

对于新兴市场国家工业化而言，发展机遇在于：可在大量的基础设施投资过程中，尽早采用工业互联网技术，跨越工业化国家所经历的某些阶段，缩短与工业化国家之间的生产力差距。2023 年 8 月 28 日，中国互联网络信息中心发布第 52 次《中国互联网络发展状况统计报告》。报告显示，截至 2023 年 6 月，中国工业互联网标识解析体系覆盖 31 个省份；具有一定影响力的工业互联网平台超过 240 家；国家工业互联网大数据中心体系基本建成。

从共建"一带一路"国家的需求端来看，无论是从国内需求或是未来区域经济合作的角度分析，这些国家对于基础设施建设的需求均极其旺盛。多数共建"一带一路"国家由于财政紧张的原因，基建投资支出不足，普遍呈现基础设施落后的现状：人均 GDP、人均公路里程、人均铁路里程等指标均远低于我国。亚

---

① 《工业互联网进入应用期，为制造业升级注入巨大动力!》，https://www.bilibili.com/read/cv28046412/。

② 通用电气公司：《工业互联网：打破智慧与机器的边界》，机械工业出版社 2015 年版。

③ 《全球基础设施投资需求 2030 年达 57 万亿美元》，中国建筑东北设计研究院有限公司网站，https://nein.cscec.com/zjdby/xwzx27/hydt27/201405/2785896.html，2014 年 5 月 13 日。

洲发展中国家较中国分别有 10%～20% 的城镇化提升空间，而中国在自身城镇化过程中累积的大量经验和产品、服务能力可以对外输出。在"一带一路"的大背景下，我国参与设立"金砖国家新开发银行"与"亚洲基础设施投资银行"，支撑"国际产能合作"。根据总体基建投入约占 GDP 的 5% 估算，"一带一路"共建国对基建的需求或达到每年 1.05 万亿美元。[①]

以目前参与共建的"一带一路"中的非洲国家为例，据非洲开发银行评估，非洲基础设施领域需要 1000 多亿美元的投资，并且到 2025 年前需要一直维持这种规模才能满足投资需求。[②]

从实施方面看，我国在建设"工业互联网"有以下优势。

一是大规模制造的组织能力和全球最大的制造基地。近年来，我国制造业持续快速发展，总体规模大幅提升，综合实力不断增强。目前我国是世界上"最大的制造工厂"，对于大规模制造有着较强的组织能力。从产品类别看，在联合国 11 个类别 500 多种工业品中，中国在 7 个类别 220 多种工业品上产量全球第一。[③]

二是具有良好的信息基础设施。工业互联网将需要建设适当的数据中心、宽带频谱和光纤网络等信息与通信技术基础设施。我国是制造业第一大国[④]，同时也是互联网第二强国。[⑤] 首先，我国拥有世界上第二位数量的数据中心。其次，在光纤网络覆盖上，我国已初步建成快速便捷的网络环境。再次，我国拥有丰富的互联网地址资源。最后，我国还有着庞大的互联网用户数量，并且中国互联网对经济增长的贡献率明显提升，位居全球前列。

三是综合劳动力成本优势依然存在。作为全世界的"制造工厂"，长期以来中国工业的增长主要依靠低成本策略得以迅速发展，近年来中国在劳动密集型产业上的竞争优势逐渐减小；而随着工业互联网的建设以及制造业机器人化的趋势，中国的配件成本以及人工成本有望下降，同时国家统计局数据显示，我国高中阶段教育毛入学率以及高等教育毛入学率均超过中高收入国家平均水平[⑥]，意

---

① 《"一带一路"给哪些产业发展带来多重机遇?》，载于《第一财经日报》，https://www.yicai.com/news/4580680.html。

② 《中非共谱"一带一路"合作新篇章》，https://www.investgo.cn/article/yw/tzyj/202004/482635.html。

③ 《中国成为唯一拥有全部工业门类国家》，中国政府网，https://www.gov.cn/xinwen/2019－09/21/content_5431829.htm。

④ 《中国制造业规模连续 13 年全球第一》，新华网，http://www.xinhuanet.com/2023－03/31/c_1129481817.htm。

⑤ 《中国这十年：从网络大国向网络强国阔步迈进》，人民网，http://finance.people.com.cn/n1/2022/0819/c1004－32506603.html。

⑥ 国家统计局：《2019 年〈中国儿童发展纲要（2011～2020 年）〉统计监测报告》，https://www.stats.gov.cn/xxgk/sjfb/zxfb2020/202012/t20201221_1810303.html。

味着随着人口、劳动力素质的提升，劳动力质量上升，岗位数量可能会减少，竞争加剧，我国总体劳动力成本优势依然存在。

四是具备一批工业互联网商业领域应用良好的实践场景和案例。中国互联网络信息中心的数据显示，随着新一代信息技术普及应用，众多新兴业态和服务模式快速涌现，给传统生产方式带来革命性变化，中国企业也在积极将互联网融入企业的日常经营中。例如，京东、百度等形成了企业间协同创新、资源整合共享的核心平台；海尔、树根互联等注重打造跨越企业边界、重塑供需关系的开放式创新平台；智慧联合则抓住企业对大数据情报的需求提供专业服务。这些经验和模式的积累为我国更好地开展工业互联网的建设起到了助推作用。

五是拥有全球最大的工业互联网需求市场。我国有着世界上最大的建设工业互联网的需求市场。在工业互联网建设的核心产业——交通运输、石油与天然气、发电厂、工业设施（钢铁厂、水泥厂等）、医疗设备等行业，中国有着巨大的消费量以及建设工业互联网的需求。巨大的工业产量及消费量，无疑也预示着中国对于建设工业互联网有着巨大的潜力。

2. 国际"工业互联网"与"工业4.0"对民营企业"一带一路"国际产能合作的潜在影响

（1）中国企业在工业互联网关键技术处于相对弱势地位。在我国创新发展的进程中，缺乏"自主创新的核心技术"始终是一个致命弱点，工业互联网的核心三要素是智能设备、智能系统和智能决策，其可以看作是数据、硬件、软件和智能的流通与互动，因而涉及的技术主要包括数据层面：数据的获取、存储与分析、云计算、网络安全管理等；硬件层面：网络基础设施、工业仪器仪表等；软件层面：工业系统平台及工业应用开发；智能层面：智能决策系统及软件、人工智能等。目前，基于物联网的数据获取以及相关芯片的部署，中国走在世界前列，已牵头制定物联网世界标准；同时中国在网络基础设施方面也有着充足的准备。但是在工业互联网发展的核心技术，诸如网络安全管理、数据分析、云计算、人工智能、工业系统平台及应用等方面的发展还十分欠缺，与发达国家的差距还很大。工业系统平台及应用方面，通用电气的 Predix 工业互联网平台早在2015 年向所有企业免费开放，作为一个工业 PaaS 平台，Predix 利用分布式计算、大数据分析、资产数据管理和机器到机器通信的领先技术，将机器、数据、人员和其他资产连接起来，提供大量能够帮助企业提高生产率的工业微服务[1]，并且

---

① 国家知识产权局：《GE 公司工业互联网技术专利布局分析与启示》，https：//www.cnipa.gov.cn/art/2019/5/29/art_1415_156949.html。

Predix 有望成为工业互联网的标准，目前国内比较知名的工业互联网系统是华为的 LiteOS 操作系统，但目前其在使用范围及影响力上远不如通用 Predix 大。在互联网领域，中国的百度、阿里巴巴、腾讯（BAT）虽然能够进入世界前十，但是在软件领域，全球软件前三十企业中中国企业较少。

（2）行业标准不统一及国际标准话语权小。工业互联网的核心是由机器、设备组、设施和系统网络所构成的物质世界与数字世界的深度融合，目前在工业不同层级、不同环节的信息系统间，软硬件接口、协议、数据结构纷繁复杂，多种标准并存应用，难以实现数据的互联互通。以工业互联网核心的物联网为例，思博伦通信（Spirent Communications）指出，目前全球各行各业标准众多，仅标准制定组织就有 143 个，此外还有超过 125 个 M2M（Machine–to–Machine）连接标准[1]，这不仅是中国发展工业互联网面临的挑战，也是世界其他国家发展工业互联网面临的挑战。而全球移动通信系统协会（GSM 协会）的报告显示，中国是全球最大的 M2M 市场，拥有 7 400 万个 M2M 连接，现已成为物联网（IoT）部署领域的全球领导者。[2] 同时中国先后提出的 67 项物联网标准体系、系统架构被国际标准组织采纳，数量居全球首位，推动了后期我国获得完善物联网体系架构国际标准的主导权。虽然我国目前在物联网建设上走在世界前列，但是工业互联网标准化还需要涉及工业自动化领域以及工业过程测量和控制系统、元件等的标准化，目前我国在这些领域并不占优势。以工业自动化领域为例，全球前十大工业自动化企业全是美国、日本、德国、法国企业，这之中并没有中国民营企业，并且我国工业互联网标准化还处于起步阶段，尚没有建立完整的顶层参考框架，这无疑对中国标准化主导权的争夺产生不利影响。

（3）产业生态系统尚未形成。从构成要素、核心技术和产业应用三个层面看，工业互联网是机器、数据与人的融合，是实现数据价值的技术集成，是基于互联网的巨型复杂制造生态系统。在机器方面，以工业机器人为例，我国目前面临着普通企业数量大而掌握核心技术企业少的困境，机器人的核心部件基本依赖进口。并且在国内机器人市场中，外资机器人普遍以高端工业机器人为主，几乎垄断了汽车制造、焊接等高端领域，而国产机器人则以搬运和上下料机器人为主，处于行业中低端。在目前前沿的人形机器人与通用 AI 融合等领域还未产生领军企业及构建较完整的生态系统。这无疑会对中国建立自身工业互联网生态系统产生阻碍。

（4）有利于引领全球发展的相关体制机制尚未健全。发展工业互联网同时也是为了引领全球制造业的发展趋势，并建立其相应的制度标准。而引领行业的发

---

[1] 《物联网标准不统一　安全性/可靠性受到挑战》，http：//www.d1net.com/iot/market/357514.html。

[2] 《中国物联网规模化发展之路》，CTI 论坛，http：//www.ctiforum.com/news/guonei/456929.html。

展是以技术发展为支撑的，当前中国企业在部分核心技术积累上尚与发达国家存在一定差距，并且长久以来中国的发展是以"追赶"发达国家的方式进行的，一直处于被引领状态，"并跑"和"领跑"的创新体制机制尚不健全。

我国智能制造标准规范体系不完善主要体现在两个方面。一是智能制造顶层参考框架欠缺。我国尚没有建立完整的智能制造顶层参考框架，智能制造框架逐层逻辑递进关系尚不清晰。德国电气电子行业协会已发布工业4.0的参考架构（RAMI4.0）并定义工业4.0组件，为企业发展未来智能产品和业务模式奠定基础。同时，以AT&T、思科、通用、IBM、英特尔等公司为首的美国工业互联网联盟从物理系统、传感器与执行器、设备管理、数据管理、分析服务、应用与集成、商业系统七方面构建工业互联网参考框架。二是智能制造关键技术标准尚不统一。与智能制造相关的物联网、智能装备及机器人、大数据、云计算、软件等关键技术的具体发展路径不够清晰，对应标准规范尚未统一，造成不同厂商产品间兼容性不足，集成难度高。

（5）民营企业对于网络安全和复杂性问题的管理能力较弱，国际互联网领域的高端人才不足。一方面，工业互联网的核心价值是对大数据收集后的分析挖掘，这就要求管理人员具备分析产生的海量数据的能力，并且工业互联网导致企业需要面对的问题更加多样、复杂，也对管理能力提出了更高的要求。另一方面，生产的海量数据的安全性也是工业互联网运行考虑的重点，这需要强大安全防护能力的支撑，目前民营企业在这方面同样较为落后。而人才团队的组建是工业互联网发展的关键要素，这是因为工业互联网的发展归根结底是人在使用设备，最终将信息从智能机器传递到人，让人和机器有机融合。只有组建数据分析挖掘的人才团队，才能真正大幅提高生产效率。而目前发展中国家在培养人才体系的建设上还较为欠缺，与发达国家相比，领军人才比较匮乏。一方面，尽管一些人口众多的新兴经济体，如中国、印度等，逐渐形成了较为完备的高等教育体系，在工业互联网相关的技术领域培养了一批理工科毕业生，但总体上高端人才还是相对欠缺，特别是领军型的高端人才不足。另一方面，多数发展中国家，特别是共建"一带一路"国家中的新兴经济体，尚未建立良好的高端人才培养体系，在云计算、大数据、物联网、人工智能等技术领域，以及复杂性系统管理等领域人才更是稀缺。高端人才缺失是短期内难以解决的问题。

三、推进国际工业互联网建设，加快民营企业"一带一路"国际产能合作的对策建议

一是顺应全球发展趋势，提前谋划，顶层设计，构建以我国为核心的国际工

业互联网，加快国际产能合作。我国已经成为全球三大生产网络中"亚洲/东亚生产网络"的中心节点，应当充分利用这一优势，提前谋划，使得中国设计处于国际工业互联网的核心位置。通过"顶层设计"充分调动"一带一路"共建国家参与工业互联网建设的积极性，并让全球国家（特别是发展中国家）分享成果。

二是加大对工业互联网关键技术的联合攻关力度，抢占我国国际工业互联网的全球技术高地，为国际产能合作提供高端技术保障。工业互联网的核心要素包括工业智能机器、高级分析和工作人员，其中智能机器包括传感器、控制器和软件应用程序，而高级分析是需要由具有深厚专业知识的专门人才进行的，工作人员应是专业确保智能设计运行的人才，在这些方面我国与发达国家的差距还比较大。因此建议应当由政府有关部门出资牵头建立工业互联网关键技术联合攻关研究中心，加大智能机器、高级分析、系统复杂性管理等核心技术要素攻关力度，抢占我国国际工业互联网的全球技术高地。

三是在与东道国开展国际产能和装备制造合作过程中，提前谋划，充分融合我国主导的工业互联网标准和技术。工业互联网、工业4.0是美、德两国推出的各自"制造业升级标准"，中国工业互联网战略的推进，应该借鉴美德经验，推出自己的工业互联网标准。政府部门要大力支持类似工业互联网联盟的国内开放性行业组织发展，并加快搭建产业生态体系中的各类标准制定框架，积极参与国际类似标准与规则的制定，抢夺未来产业发展的话语权与制高点。同时在开展国际产能合作过程中，对于工业互联网的核心行业，特别是铁路、商用飞机、电力设备等装备制造业的合作，要以采纳我国的工业互联网标准、相关技术作为先决条件，确保我国工业互联网标准、技术的世界地位。

四是充分发挥企业的市场主导地位作用，特别是民营企业的作用，推进国际工业互联网建设，加快国际产能合作步伐。民营企业的市场意识强、创新精神好，一直是中国"走出去"企业的主力军，同时民营企业不仅在研发的投入上不断加大，而且在资本运行效率上也较高，拥有良好的技术积累，并且近年来民营企业积极参与行业国际标准制定的案例也屡见不鲜。因而应激发民营企业建设国际工业互联网的积极性，加快国际工业互联网建设。

五是积极探讨与德国等发达国家开展工业互联网和国际产能合作，共同开发"第三方市场"的模式。目前，我国企业在"走出去"开展国际产能合作的过程中，已发展出借助发达国家企业相对先进的技术、品牌或销售网络，联手开展国际产能合作、开发第三方市场的创新模式。而在发展国际工业互联网上，发达国家有着明显的技术先进优势，因而在建设国际工业互联网时，我国应当积极探索与德国等发达国家开展合作的模式，充分发挥我国"制造大国"的制造能力，打造出与第三方合作建设国际工业互联网的新模式并积极推广。

六是构建"一带一路"海外综合服务体系，为国际工业互联网和国际产能合作提供海外信息采集、国际标准谈判、东道国海外人才输出和海外合法权益保护等保驾护航。由国家相关部门联合中国国际贸易促进委员会（以下简称"中国贸促会"）、国际商会、行业协会等机构在海外建立综合联络服务机构，为中国企业推进国际工业互联网建设、积极开展国际产能合作提供信息、咨询、援助等公共服务。在海外重要国家设立商务部对外分支机构，为海外企业在国际标准谈判、东道国海外人才输出以及海外合法权益保护等方面保驾护航。

第五节 民营企业参与"一带一路"国际产能合作的风险剖析与防控

我国民营企业积极参与"一带一路"国际产能合作，探索国际产能合作的支撑条件和政策体系，推进国际工业互联网建设，促进民营企业在"一带一路"共建国家开展国际产能合作的顶层设计方案，有许多企业取得了重大成就，在共建"一带一路"国家开阔市场，深入打造品牌效应，形成了很高的知名度，然而企业在经营过程中依旧不可避免地会面临许多风险，2020年以来新冠疫情的蔓延又给全球供应链体系带来深刻且长远的影响，这对于民营企业来说既是机遇也是挑战，民营企业参与"一带一路"国际产能合作还是面临很多问题，存在许多风险。民营企业需要进一步梳理其参与"一带一路"国际产能合作可能面临的风险，并对其进行防控，才能形成全方面可持续格局，降低生产成本，实现互利共赢。

一、民营企业参与"一带一路"国际产能合作风险剖析

相比其他合作，国际产能合作更强调合作的长期性和稳定性，共建"一带一路"国家众多、环境复杂，国际政治局势变动，技术条件发生调整，加上新冠疫情所造成的深远影响，使得国际经济政治形势持续动荡，产能合作面临的风险进一步加剧，下面将从经济、政治、产能和文化等方面对民营企业进行剖析，梳理其可能存在的风险。

1. 经济风险

经济风险是民营企业参与"一带一路"国际产能合作过程中面临的主要风险，新冠疫情对全球经济产生影响，全球经济发展缓慢，部分国家呈现逆全球化

趋势，使得民营企业国际产能合作的经济风险进一步加强。民营企业除了一般性的经营风险之外，还面临着融资风险和投资风险：

融资风险主要是由于企业融资出现问题，造成资金周转不灵或者资金断裂，从而使得企业项目停滞或者利益受损的风险，资金来源不同，所面临的融资风险也不同，许多民营企业组织和产权构成单一，管理分工不够明确，在国际化经营融资过程中容易造成决策错误，从而导致一系列融资风险；也有一些民营企业规模小，抵御风险能力弱，可能会存在资金不足、产品技术等较为落后的情况，在国际化过程中发展速度慢，缺乏担保和增信支持，融资较为困难，后续资金不足，使得资金链断裂，造成亏损；目前我国对于"一带一路"项目的优惠贷款主要集中在比较重大的项目上，对于民营企业融资需求关注不多，后续保障不够充分，容易形成融资风险（龙永图，2017）。

投资风险指的是由于企业没有合理规划其投资活动，从而造成企业亏损或者资金周转困难的风险，主要表现在企业盲目追求"一带一路"多国扩张，没做好风险防范工作，同时未根据实际情况进行市场调研和分析，对东道国法律、税收等重要信息了解不足；部分民营企业尚未形成系统的信息情报感知能力体系，特别是未借助不断涌现的大数据手段培养环境感知能力，未能全面收集和处理国际上的各种信息，缺少对国际市场动态变化情况的充分了解，未能从国际产能合作中获益（王文清，2022）。部分民营企业国际化程度不高，参与国际产能合作才刚起步，不熟悉国际市场的规则，未能对自身市场和投资方向进行准确定位，抵抗投资风险能力不强，无论在区位选择，还是海内外生态系统嵌入均不成功。

2. 政治风险

政治风险是由于国家政权变更或政策环境发生改变或者存在问题，使得民营企业利益受损的风险。当前全球化进入一个新阶段，中美竞争加剧，这对"一带一路"产能合作带来了干扰，也会破坏中国正在组建的国际产能合作网络。新冠疫情发生之后，形势更加严峻，一些国家对于中国的投资审查力度加强，合作门槛提高，使得民营企业要比以往面临更高的政治风险。这些风险体现在共建"一带一路"国家内部或者国家之间战争的风险（如俄乌冲突）；部分国家国内政局动荡，深受民族分裂势力、极端势力的影响，区域战争较为频繁，处于长期不稳定局面，存在较大的政治风险（翟昆等，2017）。政府失信和国家政策产生变化的风险：新冠疫情后，不少"一带一路"国家财政资金短缺，利率变动，经济政策不稳定，加上不同国家都有其不同的国家政策，参与国际产能合作过程中无法确保其政策不会发生变动，履约风险增大；同时，有些国家为了维护本国企业短期利益，会设置许多贸易壁垒，许多壁垒、标准、制度等会给民营企业造成巨大的经济损失，因此民营企业参与"一带一路"国际产能合作时可能会面临许多政治风险（国务院发展研究中心"一带一路"课题组，2020）。

3. 环境风险

在共建"一带一路"过程中，环境风险指的是与环境相关的潜在负面影响，可能包括但不限于自然生态破坏、空气和水污染、碳排放增加以及生物多样性的丧失。近年来，已经有不少"一带一路"共建国越来越意识到环境保护的重要性，并达成共识，即发展进程不应以牺牲环境和自然资源为代价。更有部分国家已经着手采取积极措施，实施符合本国情况的资源保护和可持续发展战略。此外，通过税收调整和市场调控，一些国家还致力于保护森林和其他生态系统。

在一些国家，非政府组织（NGO）和公众的环保意识逐渐增强。例如，在缅甸、中非共和国、刚果、智利和墨西哥等地，中国企业遇到了由环境问题引起的风险事件，其中缅甸的"密松大坝"项目就是一个标志性例子。同时，卫生和疾病风险也在那些卫生设施和饮用水状况较差的地区频繁出现。由于饮用水质量不佳，员工可能集体遭遇腹泻等疾病，情况严重时甚至需要住院治疗。这类事件的严重后果促使各国加强强制性要求，要求企业进行环境尽调，同时也越来越关注供应链的可持续性问题。

4. 文化等其他风险

文化风险指的是由于文化差异的存在而导致的风险。民营企业在参与"一带一路"国际产能合作时可能会接触不同的国家，不同的国家有其不同的文化差异，当地规章制度、法律体系、宗教信仰和文化习俗也可能有所不同，未因地制宜极易引发文化冲突，从而造成项目无法顺利实施；部分民营企业管理者水平较低，缺少跨文化整合能力，存在文化风险（龙永图，2017）。

同时大多数民营企业在国际市场品牌知名度不高，可能未能充分抓住国际市场需求，品牌知名度不高使得国际消费者对于品牌不信任或是持怀疑态度，可能会造成风险。

民营企业参与国际化产能合作需要国际化的一流技术人才、管理人才和经营人才，但民营企业人才素质不均，有些企业现有人才可能无法很好地适应国际产能合作的需要，不具备国际思维，现有组织管理能力难以适应国际化的需要，使得企业管理或者经营出现问题，对法律等重要信息认知不足，缺乏具备全球服务能力的人才，从而导致一系列风险的产生。

二、民营企业参与"一带一路"国际产能合作风险防控

面对外部环境变化带来的新矛盾和挑战，民营企业必须利用这些趋势调整发展模式，在努力参与合作的同时，提高发展的自主性、可持续性和弹性，保持稳

定健康发展，努力构建趋利避害、开放包容、互利共赢的产能合作新格局，建立一套包括投资前、投资中和风险发生后的风险管理体系：结合企业和行业背景，以及当前面临的环境局势，具体包括投资前的预防性策略、投资中的分散策略和风险发生后的补救策略，全面系统地了解和认识当前面临的国际政治经济形式，以及可能存在的风险，把握其形式、特征和规律，有效地实施风险管理。

1. 预防性策略

（1）面向国际市场前，应当制订适合企业自身的国际化计划，完善企业的项目投资机制，准确做出市场定位和科学决策，明确自身在国际市场上是否具有显著优势，不盲目依据经验，找到适合企业未来投资发展的正确道路。

（2）民营企业参与国际产能合作前，应对东道国的政治风险进行评估，了解产品发展相关制度政策和文化习俗等，进行前瞻性环境调查。构建并不断完善企业国际化感知能力体系，全面了解国际政治经济环境，特别是在当前中美大国博弈等的背景下格外重要，要积极进行风险评估，可以借助第三方咨询服务商等深入了解潜在风险和危险，降低因信息不对称造成的风险。同时也进一步探析自身优势是否适配东道国资源状况，判断开展多大规模的产能合作才能充分发挥优势，迎合市场，预判规模和优势是否能够支撑其克服产能合作可能面临的风险。

（3）我国应通过财政等公共资金支付设立专门的海外投资保险机构。国际上通行的海外投资保险的范围一般限于禁止汇兑险、国有化或征用险、战乱险、营业中断险四种基本类型，对于政治风险高的项目，企业可以进行投保，从而减少风险带来的负担（翁小丹，2020）。

（4）企业在外派员工参与国际合作之前，应对员工进行全面细致的培训，熟悉东道国的文化习俗和礼仪，尊重当地文化，降低文化冲突发生的概率。同时建构良好的企业文化，营造良好的企业氛围，更好地管理企业声誉，传播企业品牌，不断实现东道国的合法性跃迁。

2. 分散策略

分散及降低风险，包含：

（1）融资多元化。通过国家层面与共建国家沟通成立联合投资基金或促进信用互评互签体系建立并逐步推动实现在东道国债权或股权融资。合资经营，民营企业可以通过和共建"一带一路"国家的企业或个体合资设立企业进行生产经营，拉近海外创新生态系统主体的关系，分散企业经营风险。

（2）投资多元化。"鸡蛋不放在同一个篮子里"，根据第三篇的观点，推动海外区位组合投资、投资领域多元化、投资方式多元化。

（3）不断优化东道国创新生态系统建构，实施本土化经营。在海外从事生产经营活动，尽可能使用当地原材料、劳动力等资源，以促进当地经济发展，解决其劳动力就业问题，获得当地人民的好感，将企业与当地利益相关者捆绑在一起，增强风险抵抗能力。同时加强对人才的培养，改善民营企业运营管理水平，不断开展学习和培训工作，尤其企业领导者更应具备更多专业知识，提升协调能力，从而更好地实现"一带一路"东道国本土创新生态系统的嵌入、克服文化差异，减少因文化冲突导致的文化风险。

（4）组合开展"集中—分散"研发与知识产权战略。牢固地控制自主知识产权，也是企业保持长期竞争优势的战略环节，可以将关键部件放在每国生产。同时企业也应当积极提高科技创新能力，建立和完善企业技术创新管理体系，进一步完善海外园区建设，加快研发具有自主知识产权的技术和产品，也可以积极与"一带一路"东道国科研机构或大学进行合作，吸纳优秀人才进入企业，对一些关键技术进行攻关，实现技术上的进一步突破，从而切实推动东道国创新能力不断提升。

（5）更好地履行当地社会责任，高质量地开展环境、社会与治理（ESG）工作。取得东道国的信任，加强信任度，协调企业经营与东道国的利益，尽量与东道国的政府发展目标保持一致，积极参与东道国的发展建设。同时也可以通过第三方打造共担风险、共享受益的新发展模式，与国际多边组织合作，打造形成利益共同体，从而降低风险。

3. 补救策略

历史经验表明，海外投资的风险基本不可能杜绝，一旦风险发生，民营企业应及时采用补救策略来减少风险带来的损失。

（1）建立政策风险披露预警机制，一旦发现风险发生的苗头，及时做出处理。如果是由于东道国政策变化导致的风险，应当对政策进行研究，积极和东道国进行谈判，向东道国利益相关者阐述国际企业给当地社会经济带来的好处，同时积极寻求解决方案，以解决企业面临的政治或政策风险。另外，可通过当地以及母国法律或国际法等武器与东道国政府协商。

（2）相机抉择，民营企业动态选择在共建"一带一路"国家的实物期权战略。推动上下游产业良性生态建设，进一步推进成功项目盈利以及挽救失败项目，促进产品的流通，同时详细分析当前现状，当机立断、缩减产能；面对无法挽回的投资项目，应当及时处理，避免进一步的损失。

（3）面对文化等其他风险的产生，民营企业应当因地制宜，建立良好的激励机制和管理制度，恰当处理文化冲突，通过平时建构的 CSR 形象和当地加强联系，特别是东道国媒体、关键民间组织有效沟通、协调，促进可持续经营。

第六节　推动民营企业参与"一带一路"国际产能合作的其他相关对策建议

一、加强顶层设计与协调，推动中国各地方与共建"一带一路"国家协同合作

1. 推动中国各区域错位发展，匹配开展"一带一路"国际产能合作

充分利用各种有形资源和无形资源优化民营企业海外市场进入决策和海外并购战略。第二篇的实证研究已经充分证实了在中国企业国际化进程中，实施"开放创新战略"，进一步加速并购海外研发中心和战略性资源的重要性。但海外研发中心的建立动机应在准确评估自身技术能力、东道国市场特征、行业技术特性的基础上确定，绝非"人云亦云"。国家层面应进一步加强顶层设计，从对内自我审视、对外比较选择两方面实现错位发展。

前文通过构建区域创新系统国际化水平的评价指标体系，运用因子分析法和topsis综合评价法计算出了中国24个大中城市的创新国际化水平及排名，发现中国区域创新系统国际化水平呈现明显的地域性，东部沿海地区的城市具有较高的创新系统国际化水平，而中西部地区的城市则相对较低。因此，在政策上对内需要有序引导地方各省份结合自身特色，发挥各省域工业化基础、产业优势与当地特色。可以由中央各相关部门协同参与，避免地方政府"一窝蜂"地走出去开展恶性竞争，增加海外投资风险。

应立足地方各省市与三大新兴经济体板块的合作基础，并综合考虑地理临近性、产业关联度和互补性、传统友好城市、外交关系、民营企业国际化程度等因素，进行整体统筹。

以中西部地区为例，如支持重庆、四川、陕西发挥其综合优势和历史文化优势，成为丝绸之路的内陆开放高地和开放枢纽；支持贵州、青海发挥生态优势，深化海外生态合作，推动绿色国际产能合作进度；鼓励内陆地区形成多层次开放平台，鼓励重庆、成都、西安等加快建设国际门户枢纽城市，提高南宁、昆明、乌鲁木齐、兰州等省会（首府）城市面向毗邻国家的次区域合作支撑能力，有序推动国家级新区等功能性平台的建设，逐步优化西部地区国际人才招引、国际物

流升级、国际金融转型以全面提升西部地区国际影响力。

就东部地区国际产能合作方面在发展规模、速度以及产能转移范围上都较为领先的地区而言,则需要进一步提升企业国际化能力,督促领先企业从"做企业"的角度聚焦"做产业"的角度,促使原先以效率提升和成本降低为逻辑而形成的全球产业链格局发生转变,真正实现国际产能合作的高质量发展。

2. 引导与不同的"一带一路"共建国开展差异化产能合作重点

在第二篇研究中发现,共建"一带一路"国家中,除了 G7 工业国之外,东南亚传统制造业国家、部分东欧国家的工业化综合水平较高,非洲国家工业化综合水平最低。同时,在新兴经济体内部,拉大工业化发展水平差距的是工业竞争力水平和工业国际化水平,新兴经济体国家要提高工业化水平,必须要提升产品和创新的国际化水平,加强工业化强度。

首先,循序渐进推进各领域三方合作,积极与发达国家开展国际科技合作,加大对极具三方合作潜力国家的产业投资,参与这些国家的基础设施建设,充分挖掘"中国—发达国家—第三方国家"的三方合作潜力优势将是高质量国际产能合作的关键所在。例如,选择意大利、土耳其、埃及、苏丹、尼日利亚和埃塞俄比亚等潜力国家于重点行业领域(纺织业、非金属矿物制品业和废弃资源综合利用业等)推进国际产能三方合作,以点带面。

其次,与发达国家的工业化进程相比,目前新兴市场国家如需加快工业化进程,特别是包括中国在内的后发新兴经济体国家想要跃升为工业强国,必然要建立与该国制造业的核心能力相匹配的制度环境。因此需要强化遵循"互利共赢"的原则,处理好三方合作策略互动。如建立事实性的"中国—发达国家—第三方国家"的三方合作机制。例如,签署三方或多方合作备忘录,发表三方或多方联合声明,设立国际产能三方合作发展基金,提供政策指南,形成政府引导、市场主导和企业参与的合作模式等。

最后,中国在共建"一带一路"和国际产能合作过程中,不仅应选择东道国工业化水平适中、外交关系良好和风险相对小的国家,而且在合作过程中应注重培养东道国的内生能力、推动其工业化制度完善。因此需要协调好"中国—发达国家—第三方国家"三方竞合关系,坚持优势互补理念,巩固和深化三方经贸合作的既有成果,着眼于全球价值链,细化行业内分工,推动产业链上下游紧密合作,实现三方共赢。注重三方高层次交流互动,提升三方的政治互信与战略互信。

二、优化政策、制度和要素供给，推动"一带一路"国际产能合作高质量发展

1. 优化国家政策供给

国家层面应完善对外直接投资和国际产能合作的立法和保障制度，推动民营企业参与"一带一路"国际产能合作。在此过程中更要明确规定中国民营企业和国有企业一同作为国际化的投资主体，对投资形式、审批程序、融资税收政策、管理部门及其职能监管、中介服务机构、海外争端解决等进行明确规定，明确政府在风险防控、多边协调、信息指导、资源支持等方面的重要作用，强化"政府引导、企业主导、市场运营"的国际产能合作模式。具体而言：

第一，投资形式。从2022年的数据来看，中国对"一带一路"共建国家非金融类直接投资191.6亿美元，同比增长6.5%，占同期总额的18.7%。而对共建"一带一路"国家承办工程完成营业额719.5亿美元，占总额的54%（《"一带一路"建设发展报告》，2022）。由此可见，目前中国企业进入"一带一路"共建国家的投资形式主要有直接投资和对外承包两种。2022年10月国家发展改革委、商务部公开发布《鼓励外商投资产业目录（2022年版）》，按照"总量增加、结构优化"原则进一步扩大鼓励外商投资范围，与2020年版相比净增加239条、修改167条，如新增低碳环保绿色节能节水的先进系统集成技术及服务、环境友好型技术开发应用、海上风电装备和海洋新能源装备设计研发等条目。① 2023年是"一带一路"倡议提出10周年，面对外部环境的巨大变化，推动高质量共建"一带一路"成为新的议题，而共建"一带一路"也面临新的契机。一方面，随着中资企业"出海"投资的技术含量逐步提升，越来越多中国出海企业开始在高科技、电子商务、智能制造、医疗业、新能源企业等创新型领域进行海外拓展。尤其是2021年国家商务部、中央网络安全和信息化委员会办公室（以下简称"中央网信办"）、工信部印发了《数字经济对外投资合作工作指引》后，推进了企业开展数字经济领域的国际合作，未来有希望加速数字"一带一路"进程，中资企业可以同东道国一同试建"智能村庄"，探索弥补数字鸿沟路径，建立共享平台，便于共建"一带一路"国家分享数字治理经验。② 另一方面，当今世界，发展新能源、新基建、新产业面临着许多不确定性。近年来，中国同各方

---

① 《鼓励外商投资产业目录（2022年版）》，中华人民共和国中央人民政府网，https：//www.gov.cn/zhengce/2022－11/29/content_5730383.htm。

② 《数字经济对外投资合作工作指引》，中华人民共和国商务部网站，http：//mg.mofcom.gov.cn/article/jmxw/202107/20210703181569.shtml，2021年8月1日。

一道完善"一带一路"绿色发展合作机制，与 31 个共建国发起"一带一路"绿色发展伙伴关系倡议，实施"绿色丝路使者计划"等（《"一带一路"支持 2030年可持续发展议程进展报告》，2022），未来中资企业的科技力量将更多倾向于低耗能、低污染、高科技、高附加值等产业，在全球绿色经济的大赛道上找到"新发力点"和"新结合点"。

第二，审批程序。其实早在 2012 年国家发改委就发布了《关于进一步简化境外投资项目管理程序试点工作的通知》，从审批制到核准制再到备案制的简化历程，已经逐步将行政权力下放至地方。在回顾和梳理中国对外开放中的对外直接投资发展相关政策后发现，相关政策和管理机制已经从"谨慎"到"鼓励"、从"严格"到"简化"、从"起步"到"完善"，实践证明，外汇管理体制和对外投资审批制度的放松对中国企业在"一带一路"沿线国家的对外直接投资具有显著促进作用，因此有必要进一步维护并深化审批制度的简化（《共建"一带一路"倡议：进展、贡献与展望》，2019）。具体而言，一是应简化对外直接投资审批的政策方向，以为企业开展对外直接投资提供便利为导向设计审批方式，进一步探索简化对外直接投资审批的制度安排；二是在权限上应给予地方政府更多自主权，增加地方政府在行政审批中的角色设置，探索对外直接投资行政审批权限进一步下放至地级市政府部门的操作路径；三是应进一步完善当前备案制的操作流程，简化备案手续，加快备案审核速度，缩短企业开展对外直接投资的审批时间，加快投资速度；四是要进一步深化"不见面审批，全程网上办"改革，全面推行"一站式"集成服务，打造"一次都不用跑"品牌，构建审批最少、流程最简、效率最高的政务服务新模式。同时还可以深度结合大数据技术，深化对外直接投资企业名录建设应用，构建市场监管一体化信息平台，助力"一带一路"投资企业的快速、高质量发展。

第三，融资税收政策。自从我国提出共建"一带一路"倡议以来，国家税务机关在增值（营业）税免税及零税率、出口退税、所得税抵免及税收协定等方面都做出了相关税收规定，并在 2022 年底与共建"一带一路"国家和地区在内的 112 个国家（地区）签署了税收协定（安排），已公开发布 104 个国家（地区）的税收投资指南，系统归纳对外投资涉及税收的 99 个事项，形成《"走出去"税收指引》。税收协定生效后，可为纳税人跨境经营消除重复征税、提供税收确定性、减轻在东道国税收负担、推动涉税争议解决，为跨境经贸往来创造确定、有利、合作共赢的税收环境。[1] 发布《中国居民赴某国家（地区）投资税指

---

① 《中国税收协定网络已覆盖 112 个国家或地区》，中国新闻网，https://www.chinanews.com.cn/cj/2023/05-06/10002855.shtml，2023 年 5 月 6 日。

南》，涉及基本营商环境、显性税收制度、税收征管体制、特别纳税调整政策、双边税收协定以及投资涉税风险等内容。[①] 编制并定期更新《"走出去"税收指引》，旨在协助我国"走出去"纳税人规避税收风险。[②] 但在过程中仍有一些问题存在，如随着时代快速发展，一些税收协定条款不能很好适应市场和发展方向的改变；税收政策太过普适性，地方或行业针对性不强。基于以上问题，我们建议首先应该加快税收协定的签订与更新工作，与目前尚未与我国签署双边税收协定的国家尽早开展谈签工作。而对于已经签订协定的国家要认真研究条款内容与当今国际现状的契合程度，及时修改协议中不能符合当下发展的观点，并进一步明确协定条款中的文字描述，避免出现歧义。其次，可以参考我国西部大开发、东北振兴、中部崛起等战略实施过程中的税收优惠政策，结合"一带一路"实际情况不断优化税种结构，使税收制度更具针对性、管理更具系统性、制度更具规范性。如沿用增值税优惠政策，以差额征税、免税、零税率的方式直接减少纳税人的应纳税额；降低高新技术企业、技术先进型服务企业的企业所得税税率，支持企业创新，鼓励企业参与"一带一路"国际产能合作。最后，我国税务部门应当与沿线国家建立良好的税收沟通机制，提高各国税收的透明度，谨防有些国家税收监管水平不到位、条款理解不正确或者政策执行不落地等问题的出现，可以通过引入电子税务局、"互联网＋"云技术、大数据分析等方法提高沿线国家的整体税收征管水平，为中资企业"走出去"创造良好的税收环境。

第四，管理部门及其职能监管。2019 年成立的国家发展和改革委员会一带一路建设促进中心正式运转，主要配合开展共建"一带一路"重大问题、政策法规、轨迹合作研究和国际形势分析研判，推进相关政策落实、战略规划和重大合作对接，实施相关对外合作、援助、培训和宣传，承担推进"一带一路"建设工作领导小组办公室交办的其他任务等。此外，国务院、国家发改委、商务部、工信部、外交部、交通运输部等各部门都在各自工作领域落实"一带一路"相关建设任务，如 2022 年 5 月民航局、国家发改委联合印发的《"十四五"时期推进"空中丝绸之路"建设高质量发展实施方案》就是民航业发挥独特优势，主动融入共建"一带一路"的最好印证。[③] 根据上文对于政策的实证研究结果发现，虽然目前在环境型、供给型和需求型三类政策工具下均有一定的政策出台，但对于

[①] 《中国居民赴某国家（地区）投资税收指南》，https://www.chinatax.gov.cn/chinatax/c102035/gbtzsszn.html。

[②] 《"走出去"税收指引》，国家税务总局网站，https://www.chinatax.gov.cn/chinatax/n810219/n810744/n1671176/n2884609/c2884646/content.html，2021 年 11 月 22 日。

[③] 《民航局　国家发展改革委联合印发〈"十四五"时期推进"空中丝绸之路"建设高质量发展实施方案〉》，中华人民共和国中央人民政府网，https://www.gov.cn/xinwen/2022－05/08/content_5689164.htm，2022 年 5 月 8 日。

具体细节的落实仍需强化，如仅在国务院出台的《国务院关于推进国际产能和装备制造合作的指导意见》这一政策文本中，便有 6 条政策条款涉及目标规划，2条涉及法律规制，于宏观性的政策工具而言，更多的是对企业"走出去"开展国际产能合作起到宏观指导作用，但在涉及政策对象方面，政策对象的指向性并不明确，缺少具体针对民营企业或者国有企业、中介机构和行业协会等的政策条款。① 基于此我们考虑可以从以下几方面进行优化：首先，适当弱化目标规划和法律规制类等政策子工具的运用，但是对于知识产权的保护力度要适当加强，加快相关配套政策的制定与实施。其次，适当加强需求型政策工具中政府采购和服务外包子工具的运用，发挥政府在稳定市场、协助企业开拓第三方市场方面的作用，如可以将一些较大型项目的部分或者产业链中较低附加值的工作进行外包。考虑到我国与共建"一带一路"国家进行的国际产能合作更多的是"非零和"战略，国家之间的合作多于冲突，因此管制型政策子工具的运用可以适当弱化。最后，明晰参与国际产能合作的几种模式，并出台相关的政策配套措施。在区域创新生态系统和国际创新生态系统中，不同类型的企业（传统型企业、科技型企业等）通过不同的方式参与国际产能合作，产生了不同的效果。在整个创新生态系统中，不同生态单元之间通过不同互动方式开展合作，形成了不同的合作模式。对应于现有的四种国际产能合作模式，政府要出台更加细致化的政策。对于第一种"集群式"模式，政府要加强对基础设施和资金投入等政策子工具的运用；对于第二种"以大带小"模式，政府采购和服务外包类政策子工具的运用要适当加强；对于第三种"互联网＋"模式，政府要适当加大对资金投入、信息支持、人才引进等的扶持力度，加强对相应政策子工具的运用；对于第四种三方产能合作模式，政府要加强对知识产权的保护力度，减少贸易摩擦，切实维护企业和本国的利益。

在监管方面，2017 年 10 月商务部印发了《对外投资合作"双随机一公开"监管工作细则（试行）》，全面推行对外投资合作"双随机、一公开"监管工作，并在 2021 年对该细则进行了修订与完善，为进一步做好"一带一路"对外投资合作监管工作奠定良好基础（中华人民共和国商务部，2021）。未来，相关部门需要进一步建立项目透明机制。可以通过制定公开透明的项目建设信息发布机制，建设与国际资本市场接轨的投融资平台，推动"一带一路"项目的融资和实施。并在中央领导小组的领导下把各个部委的行动协调起来，做好人文交流工作。同时督促和要求企业在对外经营活动中遵守国际规则及各国国家法律规范，

---

① 《国务院关于推进国际产能和装备制造合作的指导意见》，中华人民共和国中央人民政府网，https://www.gov.cn/zhengce/content/2015 – 05/16/content_9771.htm，2015 年 5 月 16 日。

严守道德底线和法律红线，以此促进共建"一带一路"规则对接更好地深入底层、落到实处、惠及民生。引进具有公信力的第三方机构参与评估合作建设国家的债务可持续性也是当前所亟须的，这可以使"一带一路"建设在国际舆论和实际推进方面能取得比较好的效果。

第五，中介服务机构。考虑到部分共建"一带一路"国家国情较为复杂，基础设施投资面临较大风险，尤其是在新冠疫情冲击后，更是加剧了"一带一路"项目面临的债务风险。2015 年商务部走出去公共服务平台正式上线，是商务部为中国企业开展"走出去"相关业务提供政策咨询、业务办理、信息共享等公共服务产品的权威平台。除此之外，来自其他不同领域的"一带一路"中介服务机构比比皆是。如中国证券业协会在 2019 年就编写并发布了《中国证券业服务"一带一路"建设蓝皮书（2019）》（中华人民共和国自然资源部，2019），从行业层面为证券公司服务"一带一路"建设指明了方向，鼓励证券公司把握"一带一路"机遇，积极探索"一带一路"建设过程中的业务路径和项目机会。德勤中国为参与"一带一路"建设的国内外企业提供服务，协调全球 150 多个国家的跨部门团队和资源，深入研究市场和政策，积累了丰富的项目实施经验。"一带一路"律师联盟于 2019 年 12 月 8 日在广州正式宣布成立。中国出口信用保险公司可为企业"走出去"提供全方位的投融资保险解决方案。未来，需要进一步发挥专业机构在服务"一带一路"倡议中的作用，如中资金融机构作为资金流、信息流、客户流的枢纽，首先应加强与东道国政府、金融机构间的沟通与合作，为企业走出去提供包括投资引导、资金跨境监管、投资咨询、风险管理等在内的全方位金融服务，不断满足"一带一路"多元化综合金融需求。其次，也可以通过举办圆桌会议等形式，旨在为"一带一路"专业证券从业机构和监管机构的从业人员提供专业培训，或者加强共建"一带一路"国对于资本市场制度规则的统一性理论、协调与合作，以期促进合作国资本市场建设与完善监管管理体系。此外，可以强化科技计划项目管理等专业机构在"一带一路"建设中的作用，部署实施"一带一路"科技创新行动计划，推动我国高新技术服务共建"一带一路"国家的经济和社会发展，为我国高新技术及产业发展提供有利机遇，同时也会成为推进我国高新技术的国际化发展，加快高新技术成果的成熟与迭代，促进我国高新技术产业发展的一个有效途径。

第六，海外争端解决。共建"一带一路"国家间投资争端通常仍借助于政治解决（协商与调解、外交保护）、司法解决（国内司法救济、国际法院救济）以及仲裁解决机制，主要表现为申请国际投资争端解决中心（ICSID）或 WTO 仲裁、寻求东道国当地救济、签订双边及多边投资条约等方式。中共中央办公厅、国务院办公厅于 2018 年 6 月印发了《关于建立"一带一路"国际商事争端解决机制和机构的意见》（中华人民共和国国务院新闻办公室，2018）。该文件提出，建立"一带一路"国际商事争端解决机制和机构，依托我国现有司法、仲裁和调解机构，吸收、整合国内外法律服务资源，建立诉讼、调解、仲裁有效衔接的多元化纠纷解决机制，依法妥善化解"一带一路"商贸和投资争端。2023 年，中国司法部副部长强调，近年来，司法部深入学习贯彻习近平总书记关于共建"一带一路"的重要指示精神，认真贯彻落实党中央、国务院决策部署，制定《关于司法行政工作服务"一带一路"建设的意见》，指导各级司法行政机关扎实推进法治保障"一带一路"建设相关工作，在行政立法、涉外法律服务、国际法治交流合作、涉外法治人才培养等方面取得明显成效。[①] 但目前"一带一路"投资保护与纠纷解决机制仍以诉讼和仲裁为主，调解、和解等替代性争议解决方式的应用仍十分有限。在新时代下，一方面未来需要通过建立多元化的纠纷解决机制、创新"一带一路"商事仲裁机制、加快国际商事法庭的建设等措施，为"一带一路"国际商事争端解决机制和机构的建立与完善提供保障。另一方面要注重多方关系的协调，在规则对接过程中，应注重现有规则的整合，可在金融领域需要主动对接如国际货币基金组织债务可持续性规则等各领域国际机制的规则标准，并在此基础上积极推广准入前国民待遇、负面清单等好的做法，以助力贸易投资便利化水平不断提高。明确政府在风险防控、多边协调、信息指导、资源支持等方面的重要作用，强化"政府引导、企业主导、市场运营"的国际产能合作模式。

2. 优化"一带一路"国际产能合作公共服务制度供给

一方面，东道国和母国之间的协同以及海外创新生态系统主体间的协同是民营企业"走出去"并不断提升核心竞争力的重要保障。在民营企业参与"一带一路"国际产能合作过程中，既需要考虑国内产能输出与东道国需求的匹配、国内技术和品牌输出与东道国知识产权制度环境的匹配，同时还要考虑民营企业与领军企业、"一带一路"本土企业、国内外高校科研机构、政府、行业协会和中介服务机构协作创新以提升自身能力等问题。

另一方面，完善对外直接投资和参与"一带一路"研发国际化的公共服务提供机制，能够培育良好的海外产能合作生态系统，推动大中小企业海外抱团。在国际产能合作的信息服务方面，改进信息服务及发布方式，通过国内主管机构、国家驻外使领馆、海外商会及海外平台型企业等机构，为广大民营企业提供投资信息（罗来军和陈衍泰，2016），与共建"一带一路"国家特别是新兴经济体更

---

① 《〈中国法治〉|王振江：充分发挥司法行政职能优势，为共建"一带一路"提供法治保障》，中华人民共和国司法部网站，https://www.moj.gov.cn/pub/sfbgw/gwxw/xwyw/202310/t20231025_488376.html，2023 年 10 月 25 日。

多国家签署双边投资保护协定。在海外风险防范方面，建立政府、企业与第三方合作的风险防范与预警机制，实现三方信息共享；支持建立分国别、分行业的海外商会等中介机构组织，规定其中必须有一定数量和比重的民营企业参与。支持国内分国别、分行业的智库机构与东道国、第三方智库联合开展相关研究，为中国企业国际产能合作提供独立的咨询服务。

3. 优化高端要素供给，特别是高层次人才供给

本节第二部分中以中国 1 153 家上市公司（2008～2017 年）作为研究样本，对来自跨国并购目标国的海归高管作为人力资源属性如何影响公司完成跨国并购交易以及可能调理作用进行实证研究后，发现如果一家中国公司有更多来自跨国并购目标国的海归高管，特别是那些在跨国并购目标国家有工作经验的和在跨国并购目标国担任过执行董事的海归高管，那么该公司完成跨国并购交易的概率会更高。此外，当收购方缺乏国际经验以及目标国制度环境薄弱时，目标国海归的影响更大。但是并非所有的海归高管在他们成为相应的资源时都会有所作为，这与如何"用好"海归高管密不可分。近年来，虽然从中央到地方都出台了各类人才发展新政策，但人才引进，留得住、用得好才是关键。引才为先，留用为本，如何在引才的同时，多措并举优化人才发展生态，激发人才发展活力，才是当下需要考虑的关键问题。

基于此，我们建议各地各部门应进一步关注海外高层次人才，尤其是海外高管对于高质量商业、公共服务的需求，在休闲、社交、住房、教育、医疗、养老等各个层面满足其基本需求。此外，近年来的揽才政策更多聚焦在落户住房、薪资补贴等"真金白银"上，虽然有一定的效用，但长久来看，人才更看重的是生活、工作所带来的外部体制机制、服务保障、文化氛围等问题。因此各地在大力引才、发展对外开放的同时，需要进一步想方设法优化城市软实力、提升城市综合竞争力，才能"栽下梧桐树，引得凤凰来"。同时，对于我国跨国企业而言，需要在相关政策熟知与运用的基础上，切实结合企业自身发展需求，创造性地调整人才引进结构并优化激励机制，以进一步克服海归高管"水土不服"难题，强化知识与能力的双重高效溢出。同时更要注意一些人才引进过程中"以头衔定价格""反复性买卖""连锁端引聘"等不良现象的井喷式出现。要重新辩证审视高层次人才引进实现地区可持续发展的逻辑机制，打破高层次人才发展的认知局限。

三、能力体系提升，推动我国与共建"一带一路"国家共赢

1. 能力跃升，提升国际参与话语权

民营企业在共建"一带一路"东道国面对"制度环境复杂性"和"技术环

境复杂性"两大难题，能力的构建与跃升至关重要。分析可知跨国企业可以从制度环境、企业组织创新和高管/个体三维度及其互动过程中，逐步建构"高阶能力/一阶能力"。同时民营企业国际化过程也需要构建技术创新、营销能力等运营层面的"低阶/零阶能力"，特别是建构行业标准能力、知识产权能力和国际市场需求创造能力，因为以上是民营企业在"一带一路"国际产能合作过程中提升国际话语权的关键所在，也是构建海外创新生态系统的重中之重。具体而言，在全球价值网络升级方面，构建区域价值网络以及通过主导区域价值网络进而提升我国民营企业在全球价值网络中地位的路径；在知识产权战略布局方面，结合企业间的异质性，在共建"一带一路"国家布局因地制宜的知识产权战略，为我国企业打造创新专利优势平台；在行业标准话语权获取方面，主要思路是构建中国标准需求侧战略，依托国内和"一带一路"区域巨大市场，民营企业协同龙头企业和本土企业建立以专利联盟为基础的标准联盟，发挥技术标准的网络效应；在市场定价权获取和新需求创造方面，需要通过民营企业核心能力提升与核心资源要素控制及商业模式创新等路径来实现。

2. 多措并举，重视多维创新

多措并举，鼓励并推广已有创新模式，提升民营企业参与"一带一路"国际产能合作的竞争力。鼓励将浙江、广东等民营企业国际化模式拓展到全球，拓展第三方合作共同基金，通过基金、信贷、保险多种渠道综合突破民营企业国际产能合作的融资困境。借助已有的"亚洲基础设施投资银行""丝路基金"等，为民营企业国际化的活动提供固定比例的支持；加速建立和完善海外保险机制，设立对外直接投资救济基金，确保不高于国际标准的公平保费，以普惠广大民营企业参与"一带一路"国际产能合作。

第十七章

促进民营企业参与"一带一路"国际产能合作的区域实践与建议

考虑到中国民营企业参与"一带一路"国际产能合作是中国创新生态系统各主体共同参与的过程，需要国家层面、地方政府层面、企业主体、商会、行业协会、金融法律中介服务机构和高校智库机构等多主体共同参与。因此在第十六章针对制度建议的基础上，本章立足推动共建"一带一路"更高质量、更高水平的新发展视角，从宏观、区域和企业三个层面提出发展路径建议。以浙江为典型代表，分析了浙江开放强省与共建"一带一路"国际产能合作之间的紧密联系，并进一步提出新形势下的目标、任务、对策以及未来发展新方向。

第一节 民营企业参与共建"一带一路"的远景分析与发展路径

未来，共建"一带一路"将顺应世界经济、技术、产业、社会发展普遍规律和时代大势，在成熟合作模式稳步开展的基础上，更应该对绿色、数字、创新、健康等新领域进行探索，培育合作新增长点。这些未来发展新方向在《坚定不移推进共建"一带一路"高质量发展走深走实的愿景与行动——共建"一带一路"未来十年发展展望》中也被明确提出。结合本书主要研究发现，提出以下三方面的未来发展路径。

543

一、在宏观层面

（1）加强原有"五通"基础上，探索建立更多合作协调机制。"一带一路"背景下的国际交流与合作涉及多个区域，在政治、经济、文化等各方面都具有多样化、发展不同步、受政治因素影响较大等特点。且现存体系仍然在一定程度上无法完全解决国际贸易争端问题、机制失效或机制不匹配等问题。面临新的问题和挑战，面向未来一二十年，我们需要进一步明确机制建设战略价值，并充分将实践过程中的隐性知识转化为显性、有价值知识，更为注重日常工作经验积累问题，并从中提炼、总结出更具"一带一路"特征、符合"一带一路"惯例、推动"一带一路"高质量发展的多边协调机制优化路径。

（2）破除民营企业发展的各种显性和隐性体制障碍，依法强化民营企业国内及国际化发展保障。依法保障民营企业的产权和权益，严格保护知识产权，加强知识产权全链条保护，特别是数字化背景下的产权和知识产权。强化对涉外法律的研究、立法和司法程序优化。同时应对重大涉外法律项目进行深入研究，如企业走出去风险、自由贸易区建设困境、国际商事法律等。积极主动参与国际规则的研究和制定，培养更多高质量的涉外法制人才，贡献更多中国智慧。加大对涉企收费的监管，从源头上防范和治理各类腐败，强化民营企业的发展保障。各地区各部门要主动检视阻碍民营企业发展的各类体制问题，不断营造、优化良好的营商环境。建立公平竞争审查制度，严格实行行业投资和发展"非禁止即可准入"等举措。推广浙江实施的营商环境优化提升"一号改革工程"，营造民营经济高质量发展的创新生态。制定优化营商环境条例和促进民间投资健康发展的相关政策。鼓励并引导民营企业参与相关的产业链、供应链、创新链建设。

（3）推动民营企业以共建"一带一路"国家为基点主导构建全球创新生态系统、为进入未来国际前沿产业扫除国际歧视障碍，构建国内良好治理框架。面对以美国为首的少数西方国家"冷战思维"和"小院高墙"等设置壁垒、技术出口管制的行为，中国政府和相关行业协会应当坚定不移反对歧视性政策。充分利用包括WTO在内的规则，努力突破各类针对中国民营企业的技术壁垒和封锁。当然，更重要的是支持创新生态系统的发展，努力构建"以我为主，开放创新"的全球创新生态系统，重点提升企业原始创新能力和攻克"卡脖子"技术，全面提升民营企业国际综合竞争力。努力推动民营企业成为国家和区域自主可控、安全稳定和具有韧性的产业链供应链创新链的重要组成部分。面向未来产业前沿，顶层设计，同时坚持市场导向，建立技术创新、创新生态、配套服务、产业规则和监管等综合体系。特别是针对新兴的大数据、人工智能、现代生物技术等前沿产业领域，应提前布局。构建良好的数据要素交易市场并不断完善治理机制。大中小企业、高校科研院所、政府部门、行业协会等多元治理主体参与，协调促进良治。

（4）聚力聚焦高水平对外开放，对接国际发展前沿。深入推广浙江的"地瓜经济"发展模式提高升级效能，全力以赴稳外资、优外资，全方位参与"一带一路"国际产能合作，高标准推进区域一体化进程，进一步拓展市场空间、畅通经济循环。

（5）持续推进"一带一路"绿色低碳的新发展理念。将"绿色"作为共建"一带一路"底色，秉持基于绿色合作的可持续发展理念，将参与共建"一带一路"的项目在设计和运营过程中有意识、有战略、有阶段地与联合国可持续发展议程以及环境、社会、治理标准（ESG）深入对接，以期改变以往治理的固化思维，将负责任的绿色创新作为民营企业未来十年共建"一带一路"的基本战略导向，促进生产方式绿色低碳转型。

（6）要加快培育我国民营企业在数智领域与共建"一带一路"国家的新合作。充分利用人工智能（artificial intelligence）、区块链（block chain）、云计算（cloud）、大数据（big data）以及边缘计算（edge computing）等前沿数字技术，营造更为便捷、高效、透明的共建"一带一路"协同环境，不断拓宽与"一带一路"供应链合作者之间基于数据驱动的价值共创、生态共赢空间。另外，也需要更为重视数字治理问题，着力弥合数字鸿沟，在实现技术快速发展的同时，为联合国 2030 年可持续发展议程目标的实现贡献力量。

二、在区域与产业层面

（1）强化共建"一带一路"生态系统的共享理念，推动共生发展。以境外经贸合作区为主要表现形式的海外集群式创新生态系统可以在持续优化多利益相关者协调机制的基础上，更好地突破跨国企业固有的"认知偏见"和"认可障碍"，跨越由于国别、种族、信仰、习惯等因素而造成的藩篱，实现"一带一路"生态共同体的价值共创目标。在这方面，最为重要的是在新的地缘政治条件下处理好中国产业体系建设过程中效率和安全的对立统一问题。对于已经深度嵌入全球价值链的高技术行业的产品，要持续努力不断争取价值网络升级，并保持、提高自主可控地位，打造立足中国本土的全球价值链。公共部门要加强通用技术基础设施投资，特别是通用数字基础设施的投资，推动民营企业实现技术改造、原始技术创新、整合创新和数字化转型，不断实现增效减排等综合目标。在符合国际规范的前提下，公共部门需要加大对民营企业创新产品的政府采购力度。鼓励和支持民营企业参与国家重大战略及相关项目。

（2）夯实、扩大区域开放基础，强化、提升开放活力。切实充分利用国内经济、技术、民生、教育等方面的发展优势，将先进的理念、产品、技术、人才等"带出去"，并能够实现在当地"留下来""散出去"，真正为"一带一路"共建生态圈参与主体的知识积累、能力构建、优势提升带来助力。同时面向未来产业前沿，顶层设计，要坚持市场导向，建立技术创新、创新生态、配套服务、产业规则和监管等综合体系，构建良好的数据要素交易市场及其规则。在这方面，应深化落实党的二十大精神中关于"教育科技人才"一体化战略，不断提高区域创新能力，为广大企业提供全方位的知识服务。在现有我国科学技术发展实现良好积累的基础上，为区域知识创新主体原始创新创造更好的环境与条件。营造良好人才生态，提供便利性和相关条件，各区域要加大吸引全球优秀人才；打造全球人才"蓄水池"，不断提升本土人才培养的质量。进一步提升我国大学、公立科研机构和新型研发机构等具有原创性和前沿性机构的研究能力，与区域领导型民企共同提出并牵头解决重大原始创新问题，并推动为民营企业在内的广大企业提供领先的知识服务。

（3）聚焦绿色发展理念，推动区域成为实施 ESG 战略的典范。为了更好地应对全球环境和气候变化等共性问题，同时随着"创新、协调、绿色、开放、共享"的新发展理念深入贯彻和"双碳"战略推进落实，未来区域创新生态系统需要进一步成为绿色发展的典范，履行企业社会责任和走可持续发展之路。其核心是督促区域内民营企业主体践行 ESG 发展理念。

三、在企业层面

（1）中国民营企业首先要成为中国国家创新体系中更为重要的力量。虽然中国民营企业已经贡献了国家 70% 以上的技术创新成果，从科技集群看，世界五大科技集群中，中国独占 2 席，中国科技创新表现出了较高活跃度。但从中、美两国的民营科技企业的表现上来看，与具有先发优势的美国头部企业相比，中国行业头部领先企业在研发投入额、从"0 到 1"的原始创新、技术溢出效应和技术全球市场领先应用、行业多样性等方面仍存在一定差距。未来民营企业应进一步成为国家创新系统中更为重要的力量，特别是在从"0 到 1"的原始创新、技术溢出效应和技术全球市场领先应用等方面。民营企业要进一步发挥所有制优势，在原始创新和集成创新方面做重要探索，培育一批具有影响力的全球视野的战略科技型企业家。在共建"一带一路"开启新十年的节点上，民营企业应进一步在"创新、协调、绿色、开放、共享"的新发展理念基础上持续推动自身科技创新能力，为其所在的创新生态系统提供互补性资产。尤其是面临着瞬息万变、难于预测的国内外市场环境，擅于感知市场机会和潜在的趋势及存在的竞争威胁，通过利用资源的吸收与整合抓住机会以及通过学习、知识管理等方式提升自身的创新能力而获得新知识，逐步整合和改进现有的能力、提高效率并及时重新调整组织机构与资源配置，才能有望在更多"小而美"民生项目上获取动态竞争优势。

（2）中国民营企业不仅是全球开放创新的倡导者，更要努力成为主导"一带一路"开放创新生态系统的重要组成部分。改革开放40多年来，中国民营企业作为最大的受益方之一，未来仍要坚定不移扩大对外开放，建设更高水平的开放型经济新体制，形成国际合作和竞争新优势，为构建以国内大循环为主体、国内国际双循环相互促进的新发展格局提供强大动力。面向未来，广大民营企业应该继续成为全球开放创新的倡导者和重要生力军。广大民营企业应立足自身资源和能力基础，洞察共建"一带一路"国家的市场、技术、特殊资源等机会，积极开展国际贸易、对外直接投资、研发合作等开放活动。高标准提升企业内生能力，打造以技术、标准、质量、品牌、服务为核心的竞争力与新优势，获取动态竞争优势。要聚焦前沿技术，提升全球创新和整合能力，用包括数字技术在内的各种新技术赋能传统企业，以我为主融入全球创新生态系统，向全球产业链、创新链、价值链高端迈进。同时，民营企业要提高风险防范水平，全面强化风险防控，落实风险防控制度。

（3）让民营企业深刻认识到 ESG 发展理念聚焦环境、社会、治理等非财务指标，可以帮助我国民营企业管理层打破较关注短期财务指标的思维，完善企业治理体系，提升企业创新能力和经营效率水平，并助力我国民营企业实现健康、高质量、可持续的发展。在此基础上，不断助力未来民营企业在发展战略中应该充分纳入 ESG 战略，以创造价值和形成全球竞争优势并吸引潜在投资者和商业合作伙伴。具体而言，首先应充分重视 ESG，理解 ESG 及其相关理念，了解主要趋势与面临的风险，及时制定应对措施；其次，建立与 ESG 相关的管理制度和标准，制定一套有效的 ESG 监督、评估和改善机制；再次，不断完善现代公司治理体系，保障决策的合理性和透明性，建立有效的治理结构和流程，为 ESG管理提供内部制度保障；最后，健全 ESG 信息披露机制和定期发布相关报告，成为绿色和可持续发展的典范。

第二节 对浙江民营企业未来参与"一带一路"国际产能合作的建议

改革开放40多年来,特别是时任浙江省省委书记习近平2003年提出"八八战略"实施20年以来,浙江民营企业高质量发展和参与"一带一路"国际产能合作已经走在全国前列。但在国内外新形势下浙江开放强省和共建"一带一路"面临着一些新的挑战。浙江新一轮开放强省的目标,必须是深入推进"八八战略"以"一带一路"为引领的全方位对外开放,必须是宽领域的对外开放,必须是高层次的对外开放。新一轮开放强省的任务需要从平台和载体建设、促进区域内协调发展、多领域开展、着重治理体系和话语权建设等方面着手。以共建"一带一路"为统领推动开放强省应处理好四个关系:第一是"改革强省、创新强省、开放强省、人才强省"四个强省的关系;第二是开放强省与高质量发展、两个高水平建设之间的关系;第三是"走出去""走进去""走上去"的关系;第四是创新、改革、开放一体推进之间的关系。

一、当前浙江对外开放和共建"一带一路"中存在的主要问题

从总体来看,一是对外投资规模和体量还不够大。调查表明,浙江走出去的主体是民营企业,其海外投资额一般仅占其总资产的5%～10%,投资规模普遍较小。二是具有国际影响力和话语权的龙头企业还不多。尽管浙江拥有阿里巴巴、吉利汽车等代表企业,但位列全球500强的大型跨国企业数量仍然较少。三是软硬件基础还需进一步提升,国际互联互通的优势不明显。特别是在国际航空网络节点位置、参与对外开放的相关国际化指数制定的话语权还不够。四是参与共建"一带一路"的重点区域协调程度还不够高。以自由贸易港区建设为例,舟山的经济体量相对较小,难以发挥对全省的带动效应;宁波则由于计划单列等体制原因,在推进开放强省的过程中深度融入区域协调发展不足,协同效应有待增强。五是"一带一路"相关研究机构较少,缺乏相关浙江智库和高端培训机构,研究投入不足,尚未形成有影响力的话语体系。

从企业层面来看,浙江民营企业在参与共建"一带一路"中,也面临着不少问题和困境:一是金融支持不足。主要体现在民营企业对外投资担保难、获取银

行贷款难，且受制于外汇管制政策，资金进出不便，本节研究过程中开展调研得知企业对此反映最为强烈。二是跨国税收协调不够。一些对外投资项目资金回流存在双重征税的问题，许多民营企业不愿意把钱汇回来而停留在体外循环，这就一方面导致国内企业本身资金周转容易出现问题，另一方面影响了地方政府的税收收益，导致地方政府对企业走出去的支持力度和积极性减弱。三是地方政府支持不足。由于现行行政体制中财权、事权还不能精准匹配，地方的财政收入压力加大；尤其是营改增以后，地方市县政府基本上没有了主力税种，导致地方政府更加重视传统的招商引资，对推动企业"走出去"态度并不积极，出现了"上头热、下面凉""企业热、政府呼吁多"的现象。四是风险防范能力不足。"一带一路"部分国家政局不太稳定，政府变动往往直接影响企业投资项目的推进，同时，由于民营企业涉外投资规模不大，很多企业没有能力也没有动力在项目前期的风险评估中投入过多资金，导致前期准备不充分，在投资过程中容易遭遇各类法律风险。同时，《2023 年全球价值链发展报告》中更是提及了某些产品过度依赖小部分国家所产生的越来越大的风险。全球价值链链主建设和互补性资产、全球危机面前的脆弱性是未来"一带一路"投资亟须重点关注的。五是对非洲等发展中国家国际产能重视程度不够，投资项目还有较大潜力。

二、新形势下浙江高质量发展与对外开放强省的目标和任务

从具体目标指向看，浙江建设开放经济强省，重点要在国际规则秩序的话语权、资源要素的配置力、产品服务的竞争力和价值链的攀升上强起来，具体体现在：对外贸易和投资的规模要在全国处于领先地位；标志性主导产业的全球市场占有率要处于领先地位；跨国公司数量和比例要大幅提高；在参与全球治理体系中的话语权要显著提升。

从主要战略任务看，一要加强开放经济主体建设，要从以中小企业为主体，转向以开放经济平台为主体，重点以跨境电商等平台企业作为国际贸易的主体平台，同时，要大力培育实力强大的跨国公司和独角兽企业。二要加强主导产业培育，以数字经济、智能制造等优势特色产业为培育重点，努力达到国际领先水平，推进商品、服务全球竞争力的显著提升。三要加强体制机制创新，利用自贸区建设的有利契机，大胆推动对外开放的体制机制创新，在人民币国际化、石油期货、大宗商品交易等方面做出积极有益探索。四要积极参与全球治理体系构建，不断提升话语权，形成以我国为主的规则、制度，增强浙江故事和浙江经验在全球的吸引力。

三、以共建"一带一路"统领新一轮对外开放高质量发展需要把握好四大关系

在浙江新一轮对外开放中，共建"一带一路"正在发挥重要的统领和支撑作用。具体体现在：一是在规模总量上发挥支撑作用。据统计，浙江对共建"一带一路"国家进出口贸易总值从 2013 年的 9 165.4 亿元增长到 2022 年的 2.36 万亿元，对共建国家进出口年均增长 11.1%。浙江累计与共建国家实现进出口 13.66 万亿元，占同期全省外贸进出口总值的 46.6%；浙江对共建国家出口值占全国对共建国家出口总值的 15.4%，位列全国第 2。浙江与共建国家贸易对全省外贸增长贡献率连续 10 年超 40%，2023 年 1 ~ 9 月贡献率高达 105.8%。[①] 这体现了共建"一带一路"国家在浙江对外开放中的地位和作用越来越突出，支撑起浙江的新一轮开放。二是试验示范作用。"一带一路"是浙江对外开放战略实施的试验田和创新地，境外产业合作园区、海外仓、跨境电商、港口联盟、中欧班列等新模式、新机制都率先在"一带一路"进行探索实践，推动浙江对外开放走向深入。三是带动引领作用。通过在共建"一带一路"国家的投资贸易交流活动，有力地带动和引领了浙江在其他区域的企业、技术、项目、文化的交流与合作，加大了开放的力度和广度。

下一步，要强化共建"一带一路"统领浙江对外开放高质量发展，需要着重把握好四个方面的关系：

一要把握好"开放强省"与"改革强省""创新强省""人才强省"的关系。开放强省是四大工作导向的关键路径和重要支撑，具有牵一发而动全身的作用和效果。开放倒逼体制机制创新和政府改革，从而更好地与国际规则接轨；开放带来全球创新要素的流动和集聚，形成创新文化和生态；开放带来海内外优秀人才汇聚浙江，形成人才高地。

二要把握好开放强省与高质量发展、"两个先行"建设之间的关系。围绕浙江高质量发展和共同富裕先行、现代化先行谋篇布局，需要通过开放强省来增强动力和活力。一方面，促进浙江在开放的范围和层次上进一步拓展，以共建"一带一路"为重点，优化浙江对外投资结构，更广泛地参与国际产能合作，加快浙江制造和服务"走出去"的步伐；另一方面，在开放的思想观念、结构布局、体

---

① 《"一带一路"十周年 浙江与共建国家实现进出口 13.66 万亿元》，载于《钱江晚报》，https://baijiahao.baidu.com/s? id=1779991270098718563&wfr=spider&for=pc。

制机制上要进一步拓展，通过体制机制创新，促进高质量发展。

三要把握好"走出去"与"走进去、走上去"的关系。当前浙江已有一批先行企业走出去在共建"一带一路"国家等全球150个国家和地区开展对外直接投资。但其中90%多的浙江企业是以设立海外销售中心、海外制造基地、信息监听站为主，只有不到10%的企业涉及更加高级复杂的海外并购、设立海外研发中心等活动。因此，在参与共建"一带一路"中，浙江不仅要大力推动企业"走出去"，更要重视"走进去"和"走上去"，着力实现在全球价值链的融入和升级，重视知识产权或者技术在全球特别是"一带一路"共建国布局，在全球行业技术标准制定上争取话语权，在商品或原材料定价上争取话语权。

四要一体化推进创新深化、改革攻坚和开放提升走向纵深、取得更大实效。首先是不断突破在数字化、智能化、新材料、生物科技、量子科技在内的前端科技创新，不断提升产业链供应链韧性和安全水平；其次是面向未来和全球先进，构建高水平社会主义市场经济体制，不断优化营商环境，助力民营企业高质量发展；再次是做强载体，以制度性开放为抓手做实提能升级浙江"地瓜经济"。强化系统思维，一体落实推动浙江未来高质量发展。

四、以共建"一带一路"为统领推动浙江"两个先行"的路径选择和对策建议

第一，加强对共建"一带一路"和"两个先行"的总体谋划。加强浙江"一带一路"研究力量，建立开放强省与共建"一带一路"的产学研联盟，加强对浙江共建"一带一路"的政策研究以及对相关国家人文历史、法律、产业等方面的研究，支持鼓励相关高校、科研机构合作开展"一带一路"国际化人才培养、高端培训和智库服务，为企业"走出去"提供智力支持。制定出台浙江企业投资共建"一带一路"国家的指导意见，对企业对外投资行为进行引导和规范，努力提高浙江的形象、中国的形象。在高水平开放过程中促进浙江在建设共同富裕和中国特色社会主义现代化先行中的区域样本。

第二，进一步加快开放强省的平台载体和主体建设。借助2023年杭州亚运会等契机加快国际化基础设施和国际网络连接点建设，提升杭州、宁波等大都市区的国际化水平。高水平构筑义甬舟开放大通道，对内辐射长江经济带，对外辐射共建"一带一路"国家，建立"买全球、卖全球"的贸易格局。加速推进自贸区建设，充分发挥舟山港口、物流等集疏运优势，推进江海联运服务中心建设。在此基础上，积极谋划自由贸易港建设，推动浙江全面对外开放。充分发挥浙江全球领先的电子商务产业优势，加速电子世界贸易平台（eWTP）、跨境电商

综合试验区等建设，加快数字贸易发展，进一步推动建设"网上丝绸之路"，实现与共建"一带一路"的互动、互促、互补。大力支持提升对外开放主体能力建设，继续深化供给侧结构性改革，加大数智经济、智能制造等八大万亿产业培育力度，努力打造"走出去"支柱产业；深化推进"涅槃计划"，培育一大批浙江龙头跨国企业和独角兽型企业。

第三，内外互济推动国际产能合作。境内平台主要有中外产业合作园、宁波"一带一路"综合试验区、"义新欧"中欧班列、电子世界贸易平台、杭州宁波跨境电商综合试验区等。要加速形成以中意宁波生态园和中澳现代产业园（舟山）为引领、10 家经省政府认定的省级国际产业合作园为支撑以及若干家正在创建的国际产业合作园为补充的"2＋10＋N"发展格局，引进高质量的外资、技术、管理、高端人才等创新要素，推动全要素生产率提高。建设境外平台主要是大力鼓励浙江企业走出去建立境外经贸合作园区，开展国际产能合作。实践证明，以建立境外产业园的模式"抱团"走出去，能大幅度降低企业海外投资风险，显著提高企业投资的存活率，是目前比较理想的海外投资模式。现阶段浙江已有泰中罗勇工业园、越南龙江工业园、俄罗斯乌苏里斯克工业园、乌斯别克斯坦鹏盛工业园四个国家级境外工业园区，总数为全国第一，下一步要加大支持推动力度。

第四，要充分发挥多元创新主体知识与价值共创，作为民营企业从区域创新系统走向全球开放创新系统的驱动力。区域创新系统不断发展并融入全球创新生态系统，推动浙江民营企业的开放式创新和高质量发展。伴随着区域经济的不断发展，区域大学和科研院所的内生能力也在不断提升，广大民营企业也在加大与区域大学和科研院所的合作。从全球进行知识获取一定程度上可以弥补创新知识的来源，但在长期的经济发展中，自主创新始终应占据主要地位。区域主体和创新力量推动了科技领军企业和量大面广的高新技术企业、科技型民营企业的知识流动与合作，促进形成了从科技强到企业强、产业强、经济强的开放创新生态系统，才能有望推动区域创新能力进入全球第一梯队。

第五，不断提升民营企业国际动态能力及主导"一带一路"国际合作的能力。民营企业的发展，得益于民营企业不断构建动态能力以获得持续的动态竞争优势，而企业动态能力则是源于企业家的主动学习、认知敏锐性和行动力。以浙江为例，改革开放以来，浙江民营企业面临着瞬息万变、难于预测的国内外市场环境。浙江民营企业家秉承"四千"精神，擅于感知市场机会和潜在的趋势及存在的竞争威胁，通过利用资源的吸收与整合抓住机会以及通过学习、知识管理等方式提升自身的创新能力而获得新知识，逐步整合和改进现有的能力、提高效率并及时重新调整组织机构与配置资源，使民营企业在改革开放的大浪潮乃至"一带一路"国际产能合作过程中动态、复杂、不确定的环境下获得持续竞争优势。

而浙江民营企业的动态能力会受到企业家的人力资本、社会资本和管理认知三个潜在因素的影响，这三类因素单独或者共同起作用，决定了民营企业战略性和操作性管理能力。浙江民营企业家善于学习且富有远见、擅于试错又能从失败中快速调整战略，企业家及其管理层的学习能力，由此形成的惯例对于企业动态能力的形成，尤其是创新能力的形成至关重要。

第六，加强海外公共服务供给，完善"政府—中介—民间"多方协同服务机制。充分发挥工商联、中国国际贸易促进委员会、国际商会、行业协会等机构的影响力和号召力，扶持组建共建"一带一路"国家企业的投资协会及境外工业园协会，有利于企业间、园区间的相互交流和促进。充分发挥浙江籍华侨华人的纽带连接作用，推动"走出去"企业与海外浙江华侨华人的合作。截至2023年底，全球180多个国家和地区约有202万的浙江籍海外华侨华人，以浙江籍华侨华人为主要骨干的社团有735个。建议由各地市商会、外事侨务办公室等机构牵头，进一步借助"世界浙商大会"等平台，推动海内外浙企的合作。建立健全支持浙江企业参与"一带一路"国际产能合作的风险预警体系。由商务、外事、金融等部门牵头建立浙江企业海外投资的风险预警系统，加强对海外投资的浙江企业进行风险防范培训和预警，提升企业自身的风险防范意识和能力。鼓励中国出口信用保险公司浙江分公司等出口信保企业加强国际业务创新，让浙江企业享受分行业、分产品的更差异化的保险产品，简化担保程序，降低担保门槛；鼓励和放活浙江企业、中国进出口银行浙江省分行和商业银行等对外担保的自主决策。

第七，加强与共建"一带一路"国家的民间交流。由政府推动浙江各市县有意识地与共建"一带一路"国家的相关州县结对成友好城市，从目前主要以欧美国家为主逐步拓展到其他共建"一带一路"国家。在此基础上，鼓励和引导浙江高等院校、智库机构、海内外商会等民间力量开展与"一带一路"共建国家地区开展合作交流，促进民心相通。推动浙江高等教育机构、职业教育机构"走出去"，到共建"一带一路"国家开展合作办学，为共建"一带一路"提供人才队伍支撑；支持浙江智库"走出去"，到海外传播浙江故事、浙江经验，提升浙江的全球影响力。

第八，提升基于"一带一路"的全球价值链运营韧性，进一步防范和化解地缘不确定性风险。未来，在面临各种风险因素干扰时，企业提升供应链韧性的方式应更加多元。具体而言，一方面可以提高冗余资源的利用率，在生产过程中做好生产设施、库存量等用于缓冲风险、避免供应链中断的冗余资源配置，建立风险应对和缓冲机制，以有效降低不确定性冲击引发的各类损失。另一方面，应提高应对突发性供需变化的资源重组能力，运用好人工智能、大数据、云计算、区块链等数字技术，改变和重塑已有的生产模式和价值创造过程，以进一步提升全球价值链中的地位、参与度和话语权。

参 考 文 献

［1］安晓明、王海龙：《当前我国国际产能合作的几个认识误区》，载于《工业经济论坛》2016年第3期。

［2］蔡昉、马丁·雅克、王灵桂等：《"一带一路"手册（2020）》，中国社会科学出版社2021年版。

［3］蔡拓：《全球治理与国家治理：当代中国两大战略考量》，载于《中国社会科学》2016年第6期。

［4］曹洪军、赵翔、黄少坚：《企业自主创新能力评价体系研究》，载于《中国工业经济》2009年第9期。

［5］陈爱贞、陈凤兰：《中国与"一带一路"主要国家产业链供应链竞合：基础、发展与对策》，载于《厦门大学学报》2022年第11期。

［6］陈昌盛、许伟、兰宗敏、江宇：《"十四五"时期我国发展内外部环境研究》，载于《管理世界》2020年第10期。

［7］陈菲琼、钟芳芳、陈珧：《中国对外直接投资与技术创新研究》，载于《浙江大学学报》（人文社会科学版）2013年第4期。

［8］陈继勇、雷欣、黄开琢：《知识溢出、自主创新能力与外商直接投资》，载于《管理世界》2010年第7期。

［9］陈佳贵、黄群慧、钟宏武：《中国地区工业化进程的综合评价和特征分析》，载于《经济研究》2006年第6期。

［10］陈凯华、张超、薛晓宇：《国家创新力测度与国际比较：2006－2020年》，载于《中国科学院院刊》2022年第5期。

［11］陈劲、刘振：《开放式创新模式下技术超学习对创新绩效的影响》，载于《管理工程学报》2011年第4期。

［12］陈劲：《企业创新生态系统论》，科学出版社2017年版。

［13］陈俊龙、谢新然：《中国与"一带一路"沿线国家产能合作影响因素研究——基于宏观价值与微观绩效》，载于《技术经济与管理研究》2023年第8期。

[14] 陈立敏:《全球价值链的高嵌入能否带来国际分工的高地位——基于贸易增加值的视角的跨国面板数据分析》,载于《国际经贸探索》2016年第10期。

[15] 陈立敏:《外商来华直接投资与中国企业对外投资的差异分析》,载于《亚太经济》2008年第5期。

[16] 陈强、梁佳慧、敦帅:《创新生态评价研究:指标体系、区域差异和对策建议》,载于《科学管理研究》2023年第5期。

[17] 陈伟光、王燕:《共建"一带一路":基于关系治理与规则治理的分析框架》,载于《世界经济与政治》2016年第6期。

[18] 陈晓春、张雯慧:《价值共创视角下"三共"社会治理格局的大数据应用研究》,载于《湖南大学学报》(社会科学版)2019年第3期。

[19] 陈晓红、李杨扬、宋丽洁等:《数字经济理论体系与研究展望》,载于《管理世界》2022年第2期。

[20] 陈欣美:《开放式创新视角下软件企业知识协同概念模型及机制研究》,载于《农业图书情报学报》2020年第8期。

[21] 陈学光、俞红、樊利钧:《研发团队海外嵌入特征,知识搜索与创新绩效——基于浙江高新技术企业的实证研究》,载于《科学学研究》2010年第1期。

[22] 陈衍泰、李嘉嘉、范彦成:《中国企业国际化多样性与创新绩效——东道国制度与国有股权的调节效应》,载于《科技进步与对策》2019年第7期。

[23] 陈衍泰、李欠强、王丽等:《中国企业海外研发投资区位选择的影响因素——基于东道国制度质量的调节作用》,载于《科研管理》2016年第3期。

[24] 陈衍泰、李新剑、范彦成:《企业海外研发网络边界拓展的非线性演化研究》,载于《科学学研究》2020年第2期。

[25] 陈衍泰、厉婧、程聪、戎珂:《海外创新生态系统的组织合法性动态获取研究——以"一带一路"海外园区领军企业为例》,载于《管理世界》2021年第8期。

[26] 陈衍泰、罗来军、林泽梁:《中国企业海外研发的进入模式与研发强度关系——基于跨案例的研究》,载于《科学学研究》2011年第5期。

[27] 陈衍泰、孟媛媛、张露嘉等:《产业创新生态系统的价值创造和获取机制分析——基于中国电动汽车的跨案例分析》,载于《科研管理》2015年第S1期。

[28] 陈衍泰、倪琦、齐超:《数字丝绸之路建设的支撑体系与治理机制研究》,载于《浙江工业大学学报》(社会科学版)2019年第4期。

[29] 陈衍泰、齐超、厉婧、李欠强:《共建"一带一路"是否促进了中国

对沿线新兴市场国家的技术转移？——基于 DID 模型的分析》，载于《管理评论》2021 年第 2 期。

[30] 陈衍泰、吴哲、范彦成、戎珂：《研发国际化研究：内涵、框架与中国情境》，载于《科学学研究》2017 年第 3 期。

[31] 陈衍泰、夏敏、李欠强、朱传果：《创新生态系统研究：定性评价、中国情境与理论方向》，载于《研究与发展管理》2018 年第 4 期。

[32] 陈衍泰、朱传果、夏敏：《中国区域创新系统国际化评价——基于中国 24 个城市的实证分析》，载于《技术经济》2019 年第 2 期。

[33] 陈再齐、李德情：《数字化转型对中国企业国际化发展的影响》，载于《华南师范大学学报》（社会科学版）2023 年第 4 期。

[34] 成琼文、赵艺璇：《企业核心型开放式创新生态系统价值共创模式对价值共创效应的影响——一个跨层次调节效应模型》，载于《科技进步与对策》2021 年第 17 期。

[35] 程聪、谢洪明、池仁勇：《中国企业跨国并购的组织合法性聚焦：内部，外部，还是内部＋外部？》，载于《管理世界》2017 年第 4 期。

[36] 程聪：《中国企业跨国并购后组织整合制度逻辑变革研究：混合逻辑的视角》，载于《管理世界》2020 年第 12 期。

[37] 程度君：《政治关联、高管持股与企业并购——来自中国民营上市公司的经验数据》，山东大学硕士学位论文，2017 年。

[38] 池仁勇、刘道学、金陈飞等：《中国中小企业景气指数研究报告》，经济科学出版社 2021 年版。

[39] 池仁勇、刘道学、林汉川、秦志辉等：《中国中小企业景气指数研究报告（2017）》，中国社会科学出版社 2017 年版。

[40] 迟歌：《中国对外直接投资对全球价值链升级的影响研究——基于灰色关联理论的实证分析》，载于《工业技术经济》2018 年第 5 期。

[41] 代洪海、陈绪、王正：《南南合作推动发展中国家竹产业发展初步探索》，载于《林业经济》2014 年第 10 期。

[42] 戴长征、鲍静：《数字政府治理——基于社会形态演变进程的考察》，载于《中国行政管理》2017 年第 9 期。

[43] 戴翔、金碚：《产品内分工、制度质量与出口技术复杂度》，载于《经济研究》2014 年第 7 期。

[44] 丁雪、杨忠、张骁：《组织无边界化变革：情境与策略的匹配研究》，载于《南京大学学报》（哲学·人文科学·社会科学）2017 年第 6 期。

[45] 董雪兵、池若楠：《中国区域经济差异与收敛的时空演进特征》，载于

《经济地理》2020 年第 10 期。

[46] 杜德斌、马亚华：《"一带一路"——全球治理模式的新探索》，载于《地理研究》2017 年第 7 期。

[47] 杜奇睿：《民营企业"一带一路"实用投资指南》，中华工商联合出版社 2020 年版。

[48] 杜群阳、陈素泉、李中源：《ESG 表现对中国企业在"一带一路"沿线绿地投资的影响研究》，载于《浙江工业大学学报》2023 年第 5 期。

[49] 杜秀红：《"一带一路"与中国对外贸易发展》，东南大学出版社 2020 年版。

[50] 樊纲、王小鲁、马光荣：《中国市场化进程对经济增长的贡献》，载于《经济研究》2011 年第 9 期。

[51] 范丹、刘宏：《技术势差、OFDI 逆向技术溢出与母国技术进步》，载于《云南财经大学学报》2015 年第 2 期。

[52] 方宏、王益民：《基于深度与广度的国际化速度：过度自信与政治网络的作用》，载于《山东大学学报》（哲学社会科学版）2018 年第 1 期。

[53] 方慧、赵甜：《中国企业对"一带一路"国家国际化经营方式研究——基于国家距离视角的考察》，载于《管理世界》2021 年第 7 期。

[54] 冯春晓：《我国对外直接投资与产业结构优化的实证研究——以制造业为例》，载于《国际贸易问题》2009 年第 8 期。

[55] 冯伟、李嘉佳：《企业家精神与产业升级：基于经济增长原动力的视角》，载于《外国经济与管理》2019 年第 6 期。

[56] 傅梦孜：《共建"一带一路"的持续性》，时事出版社 2019 年版。

[57] 傅帅雄、罗来军：《技术差距促进国际贸易吗？——基于引力模型的实证研究》，载于《管理世界》2017 年第 2 期。

[58] 高国珍、崔樱兰：《政府干预与农业企业对外直接投资》，载于《国际经济合作》2020 年第 2 期。

[59] 葛安茹、唐方成：《合法性、匹配效应与创新生态系统构建》，载于《科学学研究》2019 年第 11 期。

[60] 葛璐澜、金洪飞：《"一带一路"沿线国家制度环境对中国企业海外并购区位选择的影响研究》，载于《世界经济研究》2020 年第 3 期。

[61] 葛顺奇、罗伟：《中国制造业企业对外直接投资和母公司竞争优势》，载于《管理世界》2013 年第 6 期。

[62] 共建"一带一路"工作领导小组：《共建"一带一路"：进展、贡献与展望》，中华人民共和国中央人民政府，2019 年。

［63］顾建光、吴明华：《公共政策工具论视角述论》，载于《科学学研究》2007 年第 1 期。

［64］顾丽敏、张骁：《数字经济驱动企业商业模式创新的动因、机理与路径》，载于《南京社会科学》2023 年第 5 期。

［65］关涛：《跨国公司内部知识转移过程与影响因素的实证研究》，复旦大学出版社 2006 年版。

［66］《〈关于加强和规范"一带一路"对外交流平台审核工作的通知〉要点解读》，中国一带一路网，https：//www. yidaiyilu. gov. cn/zchj/tjzc/47663. htm，2018 年 2 月 9 日。

［67］郭海、沈睿、王栋晗、陈叙同：《组织合法性对企业成长的"双刃剑"效应研究》，载于《南开管理评论》2018 年第 5 期。

［68］郭建民、郑懋：《开展国际产能合作评价指标体系及实证研究》，载于《宏观经济研究》2019 年第 9 期。

［69］郭金明、袁立科、王革、杨起全：《"一带一路"海外产业园创新生态系统培养前瞻性分析》，载于《科技管理研究》2018 年第 7 期。

［70］国务院发展研究中心"一带一路"课题组：《构建"一带一路"产能合作网络》，中国发展出版社 2020 年版。

［71］何郁冰、张思、林婷：《中国高技术产业创新生态系统效率测度及提升路径研究》，载于《系统工程理论与实践》2023 年第 11 期。

［72］赫荣亮：《以"一带一路"促进我国钢铁国际产能合作》，载于《国家治理》2015 年第 39 期。

［73］侯媛媛、刘云：《高新区创新国际化运行机制及绩效研究》，载于《中国管理科学》2013 年第 S2 期。

［74］胡必亮等：《综述"一带一路"》，中国大百科全书出版社 2018 年版。

［75］黄萃、苏竣、施丽萍：《政策工具视角的中国风能政策文本量化研究》，载于《科学学研究》2011 年第 6 期。

［76］黄萃、徐磊、钟笑天等：《基于政策工具的政策－技术路线图（P－TRM）框架构建与实证分析——以中国风机制造业和光伏产业为例》，载于《中国软科学》2014 年第 5 期。

［77］黄群慧：《中国的工业大国国情与工业强国战略》，载于《中国工业经济》2012 年第 9 期。

［78］黄胜、叶广宇、周劲波、靳田田、李玉米：《二元制度环境、制度能力对新兴经济体创业企业加速国际化的影响》，载于《南开管理评论》2015 年第 3 期。

[79] 黄速建、刘建丽:《中国企业海外市场进入模式选择研究》,载于《中国工业经济》2009 年第 1 期。

[80] 黄晓芬、彭正银:《管理者认知视角下网络组织演化的动因与模式研究:综述与展望》,载于《外国经济与管理》2018 年第 6 期。

[81] 冀相豹、葛顺奇:《母国制度环境对中国 OFDI 的影响——以微观企业为分析视角》,载于《国际贸易问题》2015 年第 3 期。

[82] 冀相豹:《中国对外直接投资影响因素分析——基于制度的视角》,载于《国际贸易问题》2014 年第 9 期。

[83] 江若尘、莫材友、徐庆:《政治关联维度、地区市场化程度与并购——来自上市民营企业的经验数据》,载于《财经研究》2013 年第 12 期。

[84] 姜广省、李维安:《政府干预是如何影响企业对外直接投资的?——基于制度理论视角的研究》,载于《财经研究》2016 年第 3 期。

[85] 解学梅、余泓、代梦鑫:《种群共生网络与知识溢出效应:基于共生行为视角的实证研究》,载于《南开管理评论》2023 年第 12 期。

[86] 蒋冠宏、蒋殿春:《中国对发展中国家的投资——东道国制度重要吗?》,载于《管理世界》2012 年第 11 期。

[87] 焦豪、杨季枫、应瑛:《动态能力研究述评及开展中国情境化研究的建议》,载于《管理世界》2021 年第 5 期。

[88] 柯银斌、翟昆、林子薇:《全球商业共同体 中国企业共建"一带一路"的战略与行动》,商务印书馆 2019 年版。

[89] 李冯坤:《国际化程度与企业价值关系——基于技术创新的门槛效应实证分析》,载于《湖北经济学院学报》2020 年第 2 期。

[90] 李逢春:《对外直接投资的母国产业升级效应——来自中国省际面板的实证研究》,载于《国际贸易问题》2012 年第 6 期。

[91] 李军、甘劲燕、杨学儒:《共建"一带一路"如何影响中国企业转型升级》,载于《南方经济》2019 年第 4 期。

[92] 李荣林、陈默:《中国对非承包工程区位选择的制度和禀赋因素》,载于《南开学报》2021 年第 5 期。

[93] 李梅、袁小艺、张易:《制度环境与对外直接投资逆向技术溢出》,载于《世界经济研究》2014 年第 2 期。

[94] 李美洲、韩兆洲:《新型工业化进程统计测度及实证分析》,载于《经济问题探索》2007 年第 6 期。

[95] 李欠强、陈衍泰、范彦成:《中国企业海外研发组合结构与创新绩效研究》,载于《科研管理》2019 年第 6 期。

[96] 李巍、许晖：《国际营销动态能力的制度驱动机制研究——基于四川长虹国际化进程的案例分析》，载于《管理案例研究与评论》2012 年第 6 期。

[97] 李向阳：《构建"一带一路"需要优先处理的关系》，载于《国际经济评论》2015 年第 1 期。

[98] 李小建、李二玲：《中国中部农区企业集群的竞争优势研究——以河南省虞城县南庄村钢卷尺企业集群为例》，载于《地理科学》2004 年第 4 期。

[99] 李小平、李小克：《企业家精神与地区出口比较优势》，载于《经济管理》2017 年第 9 期。

[100] 李晓华：《国际产业分工格局与中国分工地位发展趋势》，载于《国际经贸探索》2015 年第 6 期。

[101] 李笑、华桂宏：《中国高科技企业 OFDI 速度对创新绩效的影响——基于总体创新，颠覆式创新和渐进式创新视角》，载于《南方经济》2020 年第 11 期。

[102] 李新春、肖宵：《制度逃离还是创新驱动？——制度约束与民营企业的对外直接投资》，载于《管理世界》2017 年第 10 期。

[103] 李雪灵、万妮娜：《跨国企业的合法性门槛：制度距离的视角》，载于《管理世界》2016 年第 5 期。

[104] 李雅婷、张竹、武常岐：《绿色创新能否助力中国企业跨国并购？组织合法性视角》，载于《世界经济研究》2023 年第 4 期。

[105] 连立帅、朱松、陈超：《资本市场开放与股价对企业投资的引导作用：基于沪港通交易制度的经验证据》，载于《中国工业经济》2019 年第 3 期。

[106] 联合国贸易与发展会议：《2006 年世界投资报告》，冼国明等译，中国财政经济出版社 2007 年版。

[107] 廖凯诚、张玉臣、杜千卉：《创新生态系统内部耦合的区域差异及动态机制分析》，载于《管理科学》2023 年第 3 期。

[108] 林桂军：《我国外贸企业出口技能的识别与排序》，对外经济贸易大学出版社 2010 年版。

[109] 林韩：《浅析巴基斯坦政府换届及拟申请国际货币基金组织贷款对中资企业在巴业务的影响》，载于《中国建设信息化》2018 年第 20 期。

[110] 林润辉、李飞、薛坤坤：《管家还是代理人？——CEO 角色与企业国际化战略》，载于《管理工程学报》2021 年第 3 期。

[111] 林毅夫：《繁荣的求索——发展中经济如何崛起》，北京大学出版社 2012 年版。

[112] 林毅夫、王勇、赵秋运：《新结构经济学：理论溯源与经典文献》，

格致出版社 2021 年版。

[113] 刘超、赵磊:《债券市场促进"一带一路"多元化融资初探》,载于《当代经济研究》2023 年第 4 期。

[114] 刘凤朝、朱姗姗、马荣康:《创新领导者和追随者研发投入决策差异——基于产业生命周期的视角》,载于《科学学研究》2017 年第 11 期。

[115] 刘刚、刘静、程熙镕:《商业模式创新时机与强度对企业绩效的影响——基于资源基础观的视角》,载于《北京交通大学学报》(社会科学版)2017 年第 2 期。

[116] 刘洪愧、谢谦:《新兴经济体参与全球价值链的生产率效应》,载于《财经研究》2017 年第 8 期。

[117] 刘华、周莹:《我国技术转移政策体系及其协同运行机制研究》,载于《科研管理》2012 年第 3 期。

[118] 刘锦、叶云龙、李晓楠:《地区关系文化与企业创新——来自中国内地 120 个城市的证据》,载于《科技进步与对策》2018 年第 7 期。

[119] 刘清才、周金宁:《国际新秩序与全球治理体系建设——中国智慧与方案》,载于《吉林大学社会科学学报》2017 年第 3 期。

[120] 刘伟、郭濂:《"一带一路"全球价值双环流下的区域互惠共赢》,北京大学出版社 2015 年版。

[121] 刘伟、范欣:《以高质量发展实现中国式现代化,推进中华民族伟大复兴不可逆转的历史进程》,载于《管理世界》2023 年第 4 期。

[122] 刘祥:《共建"一带一路"下中国企业"走出去"》,中国经济出版社 2018 年版。

[123] 刘洋:《转型经济背景下后发企业启发式规则、研发网络边界拓展与创新追赶》,浙江大学博士学位论文,2014 年。

[124] 刘渝琳、梅新想:《中国对外直接投资的模式选择研究》,载于《国际经贸探索》2013 年第 4 期。

[125] 刘友金、周健、曾小明:《中国与"一带一路"沿线国家产业转移的互惠共生效应研究》,载于《中国工业经济》2023 年第 2 期。

[126] 刘云、李正风、刘立等:《国家创新体系国际化的理论模型及测度实证研究》,载于《科学学研究》2015 年第 9 期。

[127] 刘云、叶选挺、杨芳娟等:《中国国家创新体系国际化政策概念、分类及演进特征——基于政策文本的量化分析》,载于《管理世界》2014 年第 12 期。

[128] 柳卸林、杨培培、丁雪辰:《央地产业政策协同与新能源汽车产业发展:基于创新生态系统的视角》,载于《中国软科学》2023 年第 11 期。

［129］柳卸林、胡志坚：《中国区域创新能力的分布与成因》，载于《科学学研究》2002 年第 5 期。

［130］龙永图主编；查道炯、龚婷本册主编：《"一带一路"案例实践与风险防范　经济与社会篇》，海洋出版社 2017 年版。

［131］龙永图主编；敬云川、解辰阳本册主编：《"一带一路"案例实践与风险防范法律篇》，海洋出版社 2017 年版。

［132］陆亚东、孙金云、武亚军：《中国企业管理理论创新研究》，科学出版社 2019 年版。

［133］卢峰：《"一带一路"的经济逻辑》，载于《新金融》2015 年第 7 期。

［134］卢馨、张乐乐、李慧敏、丁艳平：《高管团队背景特征与投资效率——基于高管激励的调节效应研究》，载于《审计与经济研究》2017 年第 2 期。

［135］鲁桐：《WTO 与中国企业国际化》，经济管理出版社 2007 年版。

［136］吕萍、杨震宁、王以华：《我国高新技术企业研发国际化的发展与现状》，载于《中国软科学》2008 年第 4 期。

［137］吕越、马明会、李杨：《共建"一带一路"取得的重大成就与经验》，载于《管理世界》2022 年第 10 期。

［138］罗栋梁、窦宝琦：《产能过剩、股东社会网络与企业盈余管理关系研究》，载于《管理学报》2023 年第 1 期。

［139］罗来军、蒋承、王亚章：《融资歧视、市场扭曲与利润迷失——兼议虚拟经济对实体经济的影响》，载于《经济研究》2016 年第 4 期。

［140］罗来军、陈衍泰：《在国家层面推进民营企业国际产能合作》，载于《光明日报》2016 年 5 月 18 日，第 16 版。

［141］罗雨泽、罗来军、陈衍泰：《高新技术产业 TFP 由何而定？——基于微观数据的实证分析》，载于《管理世界》2016 年第 2 期。

［142］马建堂等：《推动共建"一带一路"高质量发展：进展、挑战与对策研究》，中国发展出版社 2021 年版。

［143］毛艳华、荣健欣、钟世川：《"一带一路"与香港经济第三次转型》，载于《港澳研究》2016 年第 3 期。

［144］毛蕴诗、王婕：《重构全球价值链理论的经验研究——以科达制造为例》，载于《中山大学学报》2022 年第 7 期。

［145］孟祺：《中国国际分工地位的演变——基于贸易附加值的视角》，载于《云南财经大学学报》2014 年第 6 期。

［146］穆荣平、郭京京、康瑾、马双、池康伟：《制造业开放创新趋势、问题和政策建议》，载于《中国科学院院刊》2022 年第 7 期。

[147] 欧忠辉、朱祖平、夏敏、陈衍泰：《创新生态系统共生演化模型及仿真研究》，载于《科研管理》2017年第12期。

[148] 潘镇、杨柳、殷华方：《中国企业国际化的社会责任效应研究》，载于《经济管理》2020年第9期。

[149] 裴长洪：《经济新常态下中国扩大开放的绩效评价》，载于《经济研究》2015年第4期。

[150] 裴长洪：《中国特色开放型经济理论研究纲要》，载于《经济研究》2016年第4期。

[151] 彭伟、于小进、郑庆龄等：《资源拼凑，组织合法性与社会创业企业成长——基于扎根理论的多案例研究》，载于《外国经济与管理》2018年第12期。

[152] 祁春凌、邹超：《东道国制度质量、制度距离与中国的对外直接投资区位》，载于《当代财经》2013年第7期。

[153] 曲如晓、王陆舰：《全球创新合作网络格局演化及驱动因素》，载于《经济地理》2023年第1期。

[154] 綦建红、杨丽：《文化距离与我国企业OFDI的进入模式选择——基于大型企业的微观数据检验》，载于《世界经济研究》2014年第6期。

[155] 秦琳、丁一、李晓燕等：《"一带一路"战略下充分用好"两种资源、两个市场"研究》，四川大学出版社2016年版。

[156] 商务部：《对外投资合作"双随机、一公开"监管工作细则（试行）》（附全文），中华人民共和国商务部网站，http://mg.mofcom.gov.cn/article/ddfg/202109/20210903202435.shtml。

[157] 邵军、刘志远：《"系族企业"内部资本市场有效率吗？——基于鸿仪系的案例研究》，载于《管理世界》2007年第6期。

[158] 沈桂龙：《中国"一带一路"跨境园区发展报告》，上海社会科学院出版社2020年版。

[159] 盛斌、陈丽雪：《多边贸易框架下的数字规则：进展、共识与分歧》，载于《国外社会科学》2022年第7期。

[160] 盛玉明、杜春国、李铮：《共建"一带一路"下的境外投资开发实务》，中国人民大学出版社2019年版。

[161]《数说共建"一带一路"2022》，中国一带一路网，https://www.yidaiyilu.gov.cn/xwzx/gnxw/299772.htm，2022年12月31日。

[162] 宋明顺、许书琴、郑素丽、周立军：《标准化对企业出口"一带一路"国家的影响——基于京津冀企业的分析》，载于《科技管理研究》2020年第3期。

［163］宋渊洋、李元旭、王宇露：《企业资源、所有权性质与国际化程度——来自中国制造业上市公司的证据》，载于《管理评论》2011 年第 2 期。

［164］苏振东、洪玉娟、刘璐瑶：《政府生产性补贴是否促进了中国企业出口？——基于制造业企业面板数据的微观计量分析》，载于《管理世界》2012 年第 5 期。

［165］孙楚仁、张楠、刘雅莹：《"一带一路"倡议与中国对沿线国家的贸易增长》，载于《国际贸易问题》2017 年第 2 期。

［166］孙翔宇、孙谦、胡双凯：《中国企业海外并购溢价的影响因素》，载于《国际贸易问题》2019 年第 6 期。

［167］孙晓华、李明珊：《国有企业的过度投资及其效率损失》，载于《中国工业经济》2016 年第 10 期。

［168］孙泽生：《一带一路倡议与国际产能合作风险研究》，中国财政经济出版社 2022 年版。

［169］孙志远：《"一带一路"战略构想的三重内涵》，载于《学习月刊》2015 年第 1 期。

［170］孙智君、戚大苗：《长江经济带沿江省市新型工业化水平测度》，载于《区域经济评论》2014 年第 5 期。

［171］孙玉涛、姚琳：《技术距离、经济差距与"一带一路"沿线国际技术合作》，载于《软科学》2022 年第 7 期。

［172］孙壮志、赵克斌、王晓泉：《"一带一路"蓝皮书："一带一路"建设发展报告（2022）》，社会科学文献出版社 2023 年版。

［173］隋广军：《"一带一路"十周年研究报告——高质量共建"一带一路"：国际环境、机遇挑战与未来 10 年》，广东国际战略研究院，2023 年。

［174］谭力文、刘林青、包玉泽：《改革开放以来中国管理学的发展研究》，人民出版社 2021 年版。

［175］谭劲松、宋娟、陈晓红：《产业创新生态系统的形成与演进："架构者"变迁及其战略行为演变》，载于《管理世界》2021 年第 9 期。

［176］谭劲松、赵晓阳：《企业专利战略与环境匹配：前沿述评与展望》，载于《外国经济与管理》2019 年第 1 期。

［177］唐震、张露、张阳：《基于创新生态系统的水电工程技术标准国际化路径——英国标准协会（BSI）案例研究》，载于《科研管理》2022 年第 12 期。

［178］陶平生等著：《共建"一带一路"国际规则研究》，中国发展出版社 2020 年版。

［179］陶如钰、赵哲、刘彦伯：《政策工具视角下辽宁省高端装备制造业产

学研协同创新公共政策作用力评价与反思》，载于《科技管理研究》2023 年第 14 期。

　　[180] 田家欣、贾生华：《网络视角下的集群企业能力构建与升级战略：理论分析与实证研究》，浙江大学出版社 2008 年版。

　　[181] 屠启宇、杨传开：《推动丝路城市网络建设的意义与思路》，载于《世界地理研究》2016 年第 5 期。

　　[182] 汪琦：《对外直接投资对投资国的产业结构调整效应及其传导机制》，载于《国际贸易问题》2004 年第 5 期。

　　[183] 汪涛、颜建国、王魁：《政企关系与产能过剩：基于中国制造企业微观视角》，载于《科研管理》2021 年第 3 期。

　　[184] 王桂军、卢潇潇：《共建"一带一路"与中国企业升级》，载于《中国工业经济》2019 年第 3 期。

　　[185] 王海军：《政治风险与中国企业对外直接投资——基于东道国与母国两个维度的实证分析》，载于《财贸研究》2012 年第 1 期。

　　[186] 王华、赖明勇、柴江艺：《国际技术转移、异质性与中国企业技术创新研究》，载于《管理世界》2010 年第 12 期。

　　[187] 王焕祥、段学民：《公共科技管理理论的最新发展述评》，载于《科学学与科学技术管理》2008 年第 6 期。

　　[188] 王健、梁正：《从 WAPI 看全球科技治理时代标准设定》，载于《科学学研究》2008 年第 1 期。

　　[189] 王金波：《全球价值链的发展趋势与中国的应对》，载于《国外理论动态》2014 年第 12 期。

　　[190] 王珏、黄怡、丁飒飒、朱章耀：《经验学习与企业对外直接投资连续性》，载于《中国工业经济》2023 年第 1 期。

　　[191] 王磊、张庆普：《动态环境下企业知识能力的自组织演化分析》，载于《图书情报工作》2009 年第 20 期。

　　[192] 王璐瑶、万淑贞、葛顺奇：《全球数字经济治理挑战及中国的参与路径》，载于《国际贸易》2020 年第 5 期。

　　[193] 王梦菲、张昕蔚：《微型电动汽车产业转型升级研究——以山东省为例》，载于《未来与发展》2020 年第 1 期。

　　[194] 王墨林、宋渊洋、阎海峰等：《数字化转型对企业国际化广度的影响研究：动态能力的中介作用》，载于《外国经济与管理》2022 年第 5 期。

　　[195] 王晟锴、李春发、孙雷霆、陶建强：《跨国公司研发本地化逆向创新的动因与启示》，载于《科学学研究》2020 年第 12 期。

[196] 王恕立、向姣姣：《制度质量、投资动机与中国对外直接投资的区位选择》，载于《财经研究》2015 年第 5 期。

[197] 王顺庆、王万雄、徐海根：《数学生态学稳定性理论与方法》，科学出版社 2003 年版。

[198] 王遂昆、郝继伟：《政府补贴，税收与企业研发创新绩效关系研究——基于深圳中小板上市企业的经验证据》，载于《科技进步与对策》2014 年第 9 期。

[199] 王文清主编：《一带一路税收政策解析与风险防范》，中国税务出版社 2022 年版。

[200] 王新谦：《马歇尔计划：构想与实施》，中国社会科学出版社 2012 年版。

[201] 王琰：《我国居民绿色消费影响因素的多层次分析：基于 CGSS2010 的实证研究》，载于《南京工业大学学报》（社会科学版）2015 年第 2 期。

[202] 王扬眉、吴琪、罗景涛：《家族企业跨国创业成长过程研究——资源拼凑视角的纵向单案例研究》，载于《外国经济与管理》2019 年第 6 期。

[203] 王杨：《政策工具与治理绩效：党建引领社区治理的多案例分析》，载于《东北大学学报》（社会科学版）2021 年第 5 期。

[204] 王业斌、高慧彧、郭磊：《"数字丝绸之路"的发展历程、成就与经验》，载于《国际贸易》2023 年第 10 期。

[205] 王义桅：《回应：关于"一带一路"的十种声音》，天津出版传媒集团、天津人民出版社 2020 年版。

[206] 王毅：《试论新型全球治理体系的构建及制度建设》，载于《国外理论动态》2013 年第 8 期。

[207] 王永贵、王节祥：《以"地瓜经济"引领更高水平开放》，载于《浙江日报》2023 年 7 月 15 日。

[208] 魏江、王丁、刘洋：《来源国劣势与合法化战略——新兴经济企业跨国并购的案例研究》，载于《管理世界》2020 年第 3 期。

[209] 魏江、徐蕾：《知识网络双重嵌入、知识整合与集群企业创新能力》，载于《管理科学学报》2014 年第 2 期。

[210] 魏江、刘洋、黄学、杨洋：《非对称创新战略：中国企业的跨越》（理论版），科学出版社 2018 年版。

[211] 魏礼群、郭濂、陈文玲、杜帅：《中国大宗矿产品来源和应对策略》，社会科学文献出版社 2014 年版。

[212] 翁小丹：《复杂国际形势下"一带一路"投资贸易国别风险评估与保险应对研究》，中国金融出版社 2020 年版。

［213］吴冰、阎海峰、杜子琳：《外来者劣势：理论拓展与实证分析》，载于《管理世界》2018 年第 6 期。

［214］吴航、陈劲：《新兴经济国家企业国际化模式影响创新绩效机制——动态能力理论视角》，载于《科学学研究》2014 年第 8 期。

［215］吴琴、张骁、王乾等：《创业导向、战略柔性及国际化程度影响企业绩效的组态分析》，载于《管理学报》2019 年第 11 期。

［216］吴先明：《企业特定优势、国际化动因与海外并购的股权选择——国有股权的调节作用》，载于《经济管理》2017 年第 12 期。

［217］吴先明、苏志文：《将跨国并购作为技术追赶的杠杆：动态能力视角》，载于《管理世界》2014 年第 4 期。

［218］吴先明、张玉梅：《国际化动因、生产率异质性与国有企业海外市场进入模式》，载于《系统工程理论与实践》2020 年第 10 期。

［219］吴晓波、白旭波、常晓然：《中国企业国际市场进入模式选择研究——多重制度环境下的资源视角》，载于《浙江大学学报》（人文社会科学版）2016 年第 6 期。

［220］武常岐：《中国企业国际化战略：理论探讨与实证研究》，北京大学出版社 2014 年版。

［221］冼国明、杨锐：《技术累积、竞争策略与发展中国家对外直接投资》，载于《经济研究》1998 年第 11 期。

［222］肖丁丁、王保隆、田文华：《海外技术并购对双元能力成长模式的影响研究》，载于《科学学研究》2020 年第 7 期。

［223］谢恩、傅宇、李垣等：《国际秩序演化下的中国企业全球化》，载于《管理科学学报》2021 年第 8 期。

［224］谢伏瞻：《论新工业革命加速拓展与全球治理变革方向》，载于《经济研究》2019 年第 7 期。

［225］谢洪明、章俨、刘洋、程聪：《新兴经济体企业连续跨国并购中的价值创造：均胜集团的案例》，载于《管理世界》2019 年第 5 期。

［226］谢来辉：《"一带一路"与全球治理的关系——一个类型学分析》，载于《世界经济与政治》2019 年第 1 期。

［227］徐康宁、陈健：《跨国公司价值链的区位选择及其决定因素》，载于《经济研究》2008 年第 3 期。

［228］徐笑君：《拥有智慧的平台企业：以拼多多、B 站和知乎为例》，载于《清华管理评论》2021 年第 7～8 期。

［229］徐照林、朴钟恩、王竞楠：《共建"一带一路"与全球贸易及文化交

流》，东南大学出版社 2016 年版。

[230] 许晖、单宇、冯永春：《新兴经济体跨国企业研发国际化过程中技术知识如何流动？——基于华为公司的案例研究》，载于《管理案例研究与评论》2017 年第 5 期。

[231] 许晖、丁超、刘田田、王亚君：《中国民营企业国际化的适应性成长路径与机制——基于华源集团的探索性案例研究》，载于《经济管理》2022 年第 7 期。

[232] 许晖、刘田田、丁超：《技术压力情境下中国企业国际化进程中资源杠杆的构建与作用机制——基于华源和银龙的双案例研究》，载于《管理学报》2021 年第 8 期。

[233] 薛澜、陈衍泰、何晋秋：《科技全球化与中国发展》，清华大学出版社 2015 年版。

[234] 薛求知、韩冰洁：《东道国腐败对跨国公司进入模式的影响研究》，载于《经济研究》2008 年第 4 期。

[235] 阎大颖、洪俊杰、任兵：《中国企业对外直接投资的决定因素：基于制度视角的经验分析》，载于《南开管理评论》2009 年第 6 期。

[236] 阎大颖：《中国企业对外直接投资的区位选择及其决定因素》，载于《国际贸易问题》2013 年第 7 期。

[237] 杨勃：《新兴经济体跨国企业国际化双重劣势研究》，载于《经济管理》2019 年第 1 期。

[238] 杨博旭、柳卸林、吉晓慧：《区域创新生态系统：知识基础与理论框架》，载于《科技进步与对策》2023 年第 13 期。

[239] 杨贵彬、李婉红：《知识溢出，地理邻近与区域异质性的空间关系》，载于《系统工程学报》2018 年第 2 期。

[240] 杨立卓、刘雪娇：《制度环境，禀赋差异与我国 OFDI 区位偏好》，载于《中国经济问题》2021 年第 2 期。

[241] 杨震宁、李东红、王以华：《中国企业研发国际化：动因、结构和趋势》，载于《南开管理评论》2010 年第 4 期。

[242] 姚威：《产学研合作创新的知识创造过程研究》，浙江大学博士学位论文，2009 年。

[243] 叶江峰、陈珊、郝斌：《知识搜寻如何影响企业创新绩效？——研究述评与展望》，载于《外国经济与管理》2020 年第 3 期。

[244]《"一带一路"支持 2030 年可持续发展议程进展报告》，联合国经社部，2022 年。

［245］衣长军、刘晓丹、王玉敏等：《制度距离与中国企业海外子公司生存——所有制与国际化经验的调节视角》，载于《国际贸易问题》2019年第9期。

［246］于蔚、汪淼军、金祥荣：《政治关联和融资约束：信息效应与资源效应》，载于《经济研究》2012年第9期。

［247］郁建兴：《中国地方治理的过去、现在与未来》，载于《治理研究》2018年第1期。

［248］喻世友、万欣荣、史卫：《论跨国公司R&D投资的国别选择》，载于《管理世界》2004年第1期。

［249］袁建国、后青松、程晨：《企业政治资源的诅咒效应——基于政治关联与企业技术创新的考察》，载于《管理世界》2015年第1期。

［250］袁丽梅、朱谷生：《我国开展国际产能合作的动力因素及策略》，载于《企业经济》2016年第5期。

［251］曾华：《母国制度环境对中国民营企业OFDI进入模式的影响机制》，广东工业大学2023年。

［252］翟昆、周强、胡然：《"一带一路"案例实践与风险防范　政治安全篇》，海洋出版社2017年版。

［253］詹爱岚、陈衍泰：《标准创新生态系统治理与知识产权战略演化》，载于《科学学研究》2021年第7期。

［254］张斌、武常岐、谢佩洪：《国有股东与战略投资者如何"混"与"合"？——基于中国联通与云南白药的双案例研究》，载于《管理世界》2022年第10期。

［255］张洪、梁松：《共生理论视角下国际产能合作的模式探析与机制构建——以中哈产能合作为例》，载于《宏观经济研究》2015年第12期。

［256］张辉、闫强明、李宁静：《"一带一路"倡议推动国际贸易的共享效应分析》，载于《经济研究》2023年第5期。

［257］张蛟龙：《参与全球治理：中国跨国企业的角色》，载于《国际关系研究》2017年第2期。

［258］张明玉：《价值网络演变与企业网络结构升级》，载于《中国工业经济》2014年第3期。

［259］张宁宁、张宏、杨勃：《"一带一路"沿线国家制度风险与企业海外市场进入模式选择：基于中国装备制造业上市公司的实证分析》，载于《世界经济研究》2019年第10期。

［260］张晓通：《百年变局下中美全球贸易治理的竞争与合作》，载于《国际贸易》2021年第10期。

[261] 张蕴萍:《公平竞争审查视野下中国政府规制治理体系的构建》,载于《理论导刊》2017年第5期。

[262] 赵东麒、桑百川:《共建"一带一路"下的国际产能合作——基于产业国际竞争力的实证分析》,载于《国际贸易问题》2016年第10期。

[263] 赵磊:《"一带一路"与西部大开发》,中信出版集团2021年版。

[264] 赵磊:《筑起"一带一路"文明互鉴的基石》,载于《前线》2017年第5期。

[265] 赵囡囡、卢进勇:《中国对外直接投资现状,问题及对策分析》,载于《对外经贸实务》2011年第12期。

[266] 赵筱媛、苏竣:《基于政策工具的公共科技政策分析框架研究》,载于《科学学研究》2007年第2期。

[267] 赵岩:《"一带一路"产业合作发展报告(2020~2021)》,中国工信出版集团、电子工业出版社2021年版。

[268] 赵曙明、张敏:《"乌卡时代"的组织应对:组织变革、管理者角色、员工素养》,载于《清华管理评论》2022年第3期。

[269] 中共中央办公厅、国务院办公厅:《关于建立"一带一路"国际商事争端解决机制和机构的意见》,中华人民共和国国务院新闻办公室,http://www. scio. gov. cn/xwfbh/xwbfbh/wqfbh/37601/38874/xgzc38880/Document/1636244/1636244. htm。

[270] 中国科技发展战略研究小组、中国科学院大学中国创新创业管理研究中心:《中国区域创新能力评价报告2021》,科学技术文献出版社2021年版。

[271] 中国社科院:《共建"一带一路"发展报告(2019)》,中华人民共和国自然资源部,2019. https://www. mnr. gov. cn/dt/hy/201904/t20190412_2405026. html。

[272] 中华人民共和国国务院新闻办公室:《共建"一带一路":构建人类命运共同体的重大实践》,人民出版社2023年版。

[273] 周凤秀、张建华:《贸易自由化、融资约束与企业创新——来自中国制造业企业的经验研究》,载于《当代财经》2017年第6期。

[274] 周劲、付保宗:《产能过剩的内涵、评价体系及在我国工业领域的表现特征》,载于《经济学动态》2011年第10期。

[275] 周茂、陆毅、陈丽丽:《企业生产率与企业对外直接投资进入模式选择——来自中国企业的证据》,载于《管理世界》2015年第11期。

[276] 周琦玮、刘鑫、李东红:《企业数字化转型的多重作用与开放性研究框架》,载于《西安交通大学学报》(社会科学版)2022年版。

[277] 周倩、刘鸿武、王珩:《浙江省参与共建"一带一路"发展报告

2022》，浙江大学出版社 2023 年版。

［278］周云波、田柳、陈岑：《经济发展中的技术创新、技术溢出与行业收入差距演变——对 U 型假说的理论解释与实证检验》，载于《管理世界》2017 年第 11 期。

［279］周青、陈静、杨伟、徐旺、欧阳晓：《后发企业如何提升国际技术标准话语权？——中车株洲所的探索性案例研究》，载于《管理世界》2023 年第 7 期。

［280］朱莉、兰京、戴齐等：《"一带一路"战略构想》，四川大学出版社2016 年版。

［281］朱娜娜、徐奕红：《TMT 网络特征，知识创造与企业双元创新——制度环境与企业性质的调节作用》，载于《重庆大学学报》（社会科学版）2021 年第 5 期。

［282］朱永凤、王子龙、张志雯等：《"一带一路"沿线国家创新能力的空间溢出效应》，载于《中国科技论坛》2019 年第 5 期。

［283］祝继高、孙玮、王稳华：《中国企业共建"一带一路"典型案例》，中国人民大学出版社 2023 年版。

［284］祝影、杜德斌：《跨国公司研发全球化的组织类型及其演化》，载于《科技管理研究》2005 年第 8 期。

［285］祝影、路光耀：《跨国公司研发全球化的国别类型研究》，载于《科技管理研究》2015 年第 21 期。

［286］宗芳宇、路江涌、武常岐：《双边投资协定、制度环境和企业对外直接投资区位选择》，载于《经济研究》2012 年第 5 期。

［287］Ahlstrom D. , Bruton G. D. Venture capital in emerging economies: Networks and institutional change [J]. *Entrepreneurship Theory & Practice*, 2010, 30 (2): 299 – 320.

［288］Ahuja G. , Katila R. Technological acquisitions and the innovation performance of acquiring firms: A longitudinal study [J]. *Strategic Management Journal*, 2001, 22 (3): 197 – 220.

［289］Aisen A. , Veiga F. J. How does political instability affect economic growth? [J]. *European Journal of Political Economy*, 2013, 29: 151 – 167.

［290］Almeida P. Knowledge sourcing by foreign multinationals: Patent citation analysis in the US semiconductor industry [J]. *Strategic Management Journal*, 1996, 17 (S2): 155 – 165.

［291］Andreas P. Distel, Wolfgang Sofka, Pedro de Faria, Miguel Torres Preto, António Sérgio Ribeiro. Dynamic capabilities for hire—How former host-country entrepreneurs as MNC subsidiary managers affect performance [J]. *Journal of International Business Studies*, 2019, 53 (4): 657 – 688.

[292] Aragon – Correa J. A, Marcus A. A. , Vogel D. The effects of mandatory and voluntary regulatory pressures on firms' environmental strategies: A review and recommendations for future research [J]. *Academy of Management Annals*, 2020, 14 (1): 339 – 365.

[293] Archibugi D. , Michie J. The globalisation of technology: a new taxonomy [J]. *Cambridge Journal of Economics*, 1995, 19 (1): 121 – 140.

[294] Arne Isaksen, Michaela Trippl & Heike Mayer. Regional innovation systems in an era of grand societal challenges: reorientation versus transformation [J]. *European Planning Studies*, 2022, 30: 11, 2125 – 2138.

[295] Asakawa K. , Lehrer M. Managing local knowledge assets globally: the role of regional innovation relays [J]. *Journal of World Business*, 2003, 38 (1): 31 – 42.

[296] Asakawa K. Organizational tension in international R&D management: the case of Japanese firms [J]. *Research Policy*, 2001, 30 (5): 735 – 757.

[297] Ashkenas R. , Ulrich D. et al. *The Boundary Less Organization: Breaking the Chains of Organizational Structure* [M]. USA: Jossey Bass, 2002.

[298] Athanassiou, N. , and Nigh, D. The impact of the top management team's international business experience on the firm's internationalization: social networks at work [J]. *Management International Review*, 2002, 42 (2): 157 – 181.

[299] Awate S. , Larsen M. M. , Mudambi R. Accessing vs sourcing knowledge: A comparative study of R&D internationalization between emerging and advanced economy firms [J]. *Journal of International Business Studies*, 2015, 46 (1): 63 – 86.

[300] Azam, A. , Boari, C. , and Bertolotti, F. Top management team international experience and strategic decision-making [J]. *Multinational Business Review*, 2018, 26 (1), 50 – 70.

[301] Bagheri M. , Mitchelmore S. , Bamiatzi V. et al. Internationalization orientation in SMEs: The mediating role of technological innovation [J]. *Journal of International Management*, 2019, 25 (1): 121 – 139.

[302] Baldwin, C. Y. Optimal sequential investment when capital is not readily reversible [J]. *Journal of Finance*, 1982, 37 (3): 763 – 782.

[303] Banalieva E. R. , Gregg G. , Sarathy R. The impact of regional trade agreements on the global orientation of emerging market multinationals [J]. *Management*

International Review, 2010, 50 (6): 797 – 826.

[304] Barkema H. G., Vermeulen F. International expansion through start-up or acquisition: A learning perspective [J]. *Academy of Management Journal*, 1998, 41 (1): 7 – 26.

[305] Barney, J. B. Resource-based theories of competitive advantage: A ten-year retrospective on the resource-based view [J]. *Journal of Management*, 2016, 27 (6): 643 – 650.

[306] Barney J. Firm resources and sustained competitive advantage [J]. *Journal of Management*, 1991, 17 (1): 99 – 120.

[307] Belderbos R., Tong T. W., Wu S. Multinationality and downside risk: The roles of option portfolio and organization [J]. *Strategic Management Journal*, 2014, 35 (1): 88 – 106.

[308] Belderbos, R., Tong, T. W., and Wu, S. Portfolio configuration and foreign entry decisions: A juxtaposition of real options and risk diversification theories [J]. *Strategic Management Journal*, 2020, 41 (7), 1191 – 1209.

[309] Belderbos R., Zou J. Real options and foreign affiliate divestments: A portfolio perspective [J]. *Journal of International Business Studies*, 2009, 40 (4): 600 – 620.

[310] Belderbos R., Tong T. W., Wu S. Multinational investment and the value of growth options: Alignment of incremental strategy to environmental uncertainty [J]. *Strategic Management Journal*, 2019, 40 (1): 127 – 152.

[311] Blomqvist, K. and Levy, J. Collaboration capability-a focal concept in knowledge creation and collaborative innovation in network [J]. *International Journal of Management Concepts and Philosophy*, 2006, 2 (1): 31 – 48.

[312] Blomstrom M., Kokko A., Zejan M. *Foreign Direct Investment: Firm and host country strategies* [M]. Springer, 2000.

[313] Bowman, E. H., Hurry, D. Strategy through the options lens: An integrated view of resource investments and the incremental-choice process [J]. *Academy of Management Review*, 1993, 18 (4): 760 – 782.

[314] Bridoux, F., Smith, K. G., and Grimm, C. M. The management of resources: temporal effects of different types of actions on performance [J]. *Journal of Management*, 2013, 39 (4): 928 – 957.

[315] Buckley, P., Clegg, L., Cross, A., Liu, X., Voss, H., and Zheng, P. The determinants of Chinese outward foreign direct investment [J]. *Journal*

of International Business Studies, 2007, 38 (4): 499 – 518.

[316] Buckley P. J., Casson M. A long-run theory of the multinational enterprise [M]//*The Future of the Multinational Enterprise*. Palgrave Macmillan, London, 1976: 32 – 65.

[317] Buckley P. J., Clegg L. J., Cross A. R. et al. The determinants of Chinese outward foreign direct investment [J]. *Journal of International Business Studies*, 2007, 38 (4): 499 – 518.

[318] Buckley P. J., Devinney T. M., Louviere J. J. Do managers behave the way theory suggests? A choice-theoretic examination of foreign direct investment location decision-making [J]. *Journal of International Business Studies*, 2007, 38 (7): 1069 – 1094.

[319] Buckley P. J., Tian X. Internalization theory and the performance of e-merging-market multinational enterprises [J]. *International Business Review*, 2017, 26 (5): 976 – 990.

[320] Campa J. M. Entry by foreign firms in the United States under exchange rate uncertainty [J]. *The review of Economics and Statistics*, 1993: 614 – 622.

[321] Cantwell J., Narula R. The eclectic paradigm in the global economy [J]. *International Journal of the Economics of Business*, 2001, 8 (2): 155 – 172.

[322] Cantwell J., Tolentino P E E. *Technological Accumulation and Third World Multinationals* [M]. Reading, UK: University of Reading, Department of Economics, 1990.

[323] Castellani D., Zanfei A. Internationalisation, innovation and productivity: how do firms differ in Italy? [J]. *World Economy*, 2007, 30 (1): 156 – 176.

[324] Caves R. E., Caves R. E. *Multinational Enterprise and Economic Analysis* [M]. Cambridge university press, 1996.

[325] Chang, W., Kogut, B., Yang, J. – S. Global diversification discount and its discontents: A bit of self-selection makes a world of difference [J]. *Strategic Management Journal*, 2016, 37: 2254 – 2274.

[326] Chao M. C., Kumar V. 2010. The impact of institutional distance on the international diversity-performance relationship [J]. *Journal of World Business*, 45 (1): 93 – 103.

[327] Chen C. J., Huang Y F, Lin B W. How firms innovate through R&D internationalization? An S – curve hypothesis [J]. *Research Policy*, 2012, 41 (9): 1544 – 1554.

［328］Chen, Q., Ning, B., Pan, Y., and Xiao, J., Green finance and outward foreign direct investment: evidence from a quasi-natural experiment of green insurance in China ［J］. *Asia Pacific Journal of Management*, 2021, 39: 899 – 924.

［329］Chen Yantai, Luo haibei, Chen J., Guo Y. Building data-driven dynamic capabilities to arrest knowledge hiding ［J］. *Journal of Business Research*, 2022, 139: 1138 – 1154.

［330］Chen Yantai, Liu Lu, Li W., Xie Z., Wei C. Microfoundations of dynamic capabilities: a systematic review and a multilevel framework ［J］. *Management Decision*, 2023, 61 (6): 1717 – 1753.

［331］Chi T., Li J., Trigeorgis L. G. et al. Real options theory in international business ［J］. *Journal of International Business Studies*, 2019, 50 (4): 525 – 553.

［332］Chi T., McGuire D. J. Collaborative ventures and value of learning: Integrating the transaction cost and strategic option perspectives on the choice of market entry modes ［J］. *Journal of International Business Studies*, 1996, 27 (2): 285 – 307.

［333］Chung K. L. *A Course in Probability Theory* ［M］. Academic Press, 2001.

［334］Cuervo – Cazurra, A., and Li, C. State ownership and internationalization: The advantage and disadvantage of stateness ［J］. *Journal of World Business*, 2021, 56 (1), 101 – 112.

［335］Cui, L., Li, Y., Meyer, K. E., and Li, Z. Leadership experience meets ownership structure: Returnee managers and internationalization of emerging economy firms ［J］. *Management International Review*, 2015, 55 (3): 355 – 387.

［336］Cummings J. L., Teng B. S. Transferring R&D knowledge: the key factors affecting knowledge transfer success ［J］. *Journal of Engineering and Technology Management*, 2003, 20 (1 – 2): 39 – 68.

［337］Dacin M. T., Oliver C., Roy J. P. The legitimacy of strategic alliances: An institutional perspective ［J］. *Strategic Management Journal*, 2007, 28 (2): 169 – 187.

［338］Davis J. C., Huston J. H. The shrinking middle-income class: A multivariate analysis ［J］. *Eastern Economic Journal*, 1992, 18 (3): 277 – 285.

［339］Deardorff A. V. Technology, trade, and increasing inequality: Does the cause matter for the cure? ［J］. *Journal of International Economic Law*, 1998, 1 (3): 353 – 376.

［340］Deng, P. Why do Chinese firms tend to acquire strategic assets in international expansion [J]? *Journal of World Business*, 2009, 44: 74 – 84.

[341] Dhanaraj, C. and Parkhe, A. Orchestrating innovation networks [J]. *Academy of Management Review*, 2006, 31 (3): 659 – 669.

[342] DiMaggio, P. J., Powell, W. W. *The New Institutionalism in Organizational Analysis* [M]. Chicago, IL: University of Chicago Press, 1991.

[343] Dimaggio P, Powell W. The iron cage revisited: Institutional isomorphism and collective rationality in organizational fields [J]. *American Sociological Review*, 1983, 48 (2): 147 – 160.

[344] Dixit, A. K., Pindyck, R. S. The options approach to capital investment [J]. *Harvard Business Review*, 1995, May/June: 105 – 115.

[345] Duanmu J. L. Firm heterogeneity and location choice of Chinese multinational enterprises (MNEs) [J]. *Journal of World Business*, 2012, 47 (1): 64 – 72.

[346] Dunning J. H. Internationalizing Porter's diamond [J]. *MIR: Management International Review*, 1993: 7 – 15.

[347] Dunning, J. H.. Location and the multinational enterprise: A neglected factor [J]? *Journal of International Business Studies*, 1988, 29 (1): 45 – 66.

[348] Dunning J. H., Lundan S. M. Institutions and the OLI paradigm of the multinational enterprise [J]. *Asia Pacific Journal of Management*, 2008, 25 (4): 573 – 593.

[349] Dunning J. H. Trade, location of economic activity and the MNE: A search for an eclectic approach [M]//*The International Allocation of Economic Activity*. Palgrave Macmillan, London, 1977: 395 – 418.

[350] Eisenhardt K. M., Martin J. A. Dynamic capabilities: what are they? [J]. *Strategic Management Journal*, 2000, 21 (10 – 11): 1105 – 1121.

[351] Fabian A. C., Zoghbi A., Ross R. R. et al. Broad line emission from iron K – and L – shell transitions in the active galaxy 1H 0707 – 495 [J]. *Nature*, 2009, 459 (7246): 540 – 542.

[352] Fearon, J. D. and Laitin, D. D. Ethnicity, insurgency and civil war [J]. *American Political Science Review*, 2003, 97 (1): 75 – 90.

[353] Filippaios F., Papanastassiou M, Pearce R, et al. New forms of organisation and R&D internationalisation among the world's 100 largest food and beverages multinationals [J]. *Research Policy*, 2009, 38 (6): 1032 – 1043.

[354] Filippaios, F., Papanastassiou, M., Pearce, R. The evolution of US outward foreign direct investment in the Pacific rim: a cross-time and country analysis

［J］. *Applied Economics*，2003，35（16）：1779－1787.

　［355］ Fisch J. H. Investment in new foreign subsidiaries under receding perception of uncertainty ［J］. *Journal of International Business Studies*，2008，39（3）：370－386.

　［356］ Fisher G.，Kotha S.，Lahiri A. Changing with the times：An integrated view of identity，legitimacy，and new venture life cycles ［J］. *Academy of Management Review*，2016，41（3）：383－409.

　［357］ Fjelstad，O.，Snow，C.，Miles，R. and Lettl，C. The architecture of collaboration ［J］. *Strategic Management Journal*，2012，33（6）：734－750.

　［358］ Flanagan K.，Uyarra E.，Laranja M. Reconceptualising the "policy mix" for innovation ［J］. *Research Policy*，2011，40（5）：702－713.

　［359］ Folta T. B.，O'Brien J. P. Entry in the presence of dueling options ［J］. *Strategic Management Journal*，2004，25（2）：121－138.

　［360］ Fosfuri A.，Motta M. Multinationals without advantages ［J］. *Scandinavian Journal of Economics*，1999，101（4）：617－630.

　［361］ Frost T. S. The geographic sources of foreign subsidiaries' innovations ［J］. *Strategic Management Journal*，2001，22（2）：101－123.

　［362］ Fu X. Foreign Direct Investment and Managerial Knowledge Spillovers through the Diffusion of Management Practices ［J］. *Journal of Management Studies*，2012，49（5）：970－999.

　［363］ Gani A. Governance and foreign direct investment links：evidence from panel data estimations ［J］. *Applied Economics Letters*，2007，14（10）：753－756.

　［364］ Garud R.，Hardy C.，Maguire S. Institutional entrepreneurship as embedded agency：An introduction to the special issue ［J］. *Organization Studies*，2007，28（7）：957－969.

　［365］ Giannetti，M.，Liao，G.，Yu，X. The brain gain of corporate boards：Evidence from China ［J］. *The Journal of Finance*，2015，70（4）：1629－1682.

　［366］ Gomes A. R.，Faria S.，Lopes H. Stress and psychological health：Testing the mediating role of cognitive appraisal ［J］. *Western Journal of Nursing Research*，2016，38（11）：1448－1468.

　［367］ Gordon Liu，Meng－Shan Sharon Wu，Wai Waiko，Cheng－Hao Steve Chen，Chen yantai. Led Corporate Social Rsponsibility in International Business－to－Business Markets：The Contigent Roles of Host－Country Sustainable Development ［J］. *International Marketing Review*，2020，37（3）.

［368］Griffith, D. A., and Harvey, M. G. A resource perspective of global dynamic capabilities ［J］. *Journal of International Business Studies*, 2001, 32 (3), 597 – 606.

［369］Gueguen G., Torres O. La dynamique concurrentielle des écosystèmes d'affaires ［J］. *Revue Française de Gestion*, 2004 (1): 227 – 248.

［370］Guillen, M. F.; Garcia – Canal, E. The American model of the multinational firm and the "new" multinationals from emerging economies ［J］. *Academy of Management Perspectives*, 2009, 23 (2): 23 – 35.

［371］Gunther McGrath R., Nerkar A. Real options reasoning and a new look at the R&D investment strategies of pharmaceutical firms ［J］. *Strategic Management Journal*, 2004, 25 (1): 1 – 21.

［372］Guo W., Clougherty J. A., Duso T. Why are Chinese MNES not financially competitive in cross-border acquisitions? The role of state ownership ［J］. *Long Range Planning*, 2016, 49 (5): 614 – 631.

［373］Hamel G., Prahalad C. K. Strategic intent ［J］. *Mckinsey Quarterly*, 1990 (1): 36 – 61.

［374］Han, Q., Jennings, J. E., Liu, R., and Jennings, P. D. Going home and helping out? Returnees as propagators of CSR in an emerging economy ［J］. *Journal of International Business Studies*, 2019, 50 (6), 857 – 872.

［375］Hatch, N. W., and Dyer, J. H. Human capital and learning as a source of sustainable competitive advantage ［J］. *Strategic Management Journal*, 2004, 25 (12), 1155 – 1178.

［376］Hegde D., Hicks D. The maturation of global corporate R&D: Evidence from the activity of US foreign subsidiaries ［J］. *Research Policy*, 2008, 37 (3): 390 – 406.

［377］Hennart, J. – F. A theoretical assessment of the empirical literature on the impact of multinationality on performance ［J］. *Global Strategy Journal*, 2011, 1: 135 – 151.

［378］Hennart J. F., Reddy S. The choice between mergers/acquisitions and joint ventures: The case of Japanese investors in the United States ［J］. *Strategic Management Journal*, 1997, 18 (1): 1 – 12.

［379］Herrmann, P., and Datta, D. K. CEO successor characteristics and the choice of foreign market entry mode: An empirical study ［J］. *Journal of International Business Studies*, 2002, 33 (3): 551 – 569.

［380］Herstad S. J. , Aslesen H. W. , Ebersberger B. On industrial knowledge bases, commercial opportunities and global innovation network linkages ［J］. *Research Policy*, 2014, 43 (3): 495 – 504.

［381］He X. , Brouthers K. D. , Filatotchev I. Resource-based and institutional perspectives on export channel selection and export performance ［J］. *Journal of Management*, 2013, 39 (1): 27 – 47.

［382］Hiley M. The dynamics of changing comparative advantage in the Asia – Pacific region ［J］. *Journal of the Asia Pacific Economy*, 1999, 4 (3): 446 – 467.

［383］Hitt M. A. , Hoskisson R. E. , Kim H. International diversification: effects on innovation and firm performance in product – diversified firms ［J］. *Academy of Management Journal*, 1997, 40 (4): 767 – 798.

［384］Hofstede, G. Introduction: Geert Hofstede's culture's consequences: international differences in work-related values ［J］. *The Academy of Management Executive*, 2004, 18 (1): 73 – 74.

［385］Hsu C. W. , Lien Y. C. , Chen H. R&D internationalization and innovation performance ［J］. *International Business Review*, 2015, 24 (2): 187 – 195.

［386］Huikkola, T. , Kohtamäki, M. and Ylimäki, J. Becoming a smart solution provider: Reconfiguring a product manufacturer's strategic capabilities and processes to facilitate business model innovation ［J］. *Technovation*, 2022, 118.

［387］Hymer S. H. *The International Operations of National Firms，a study of direct foreign investment* ［D］. Massachusetts Institute of Technology, 1960.

［388］Iansiti, M. , Levien, R. . *The Keystone Advantage: what the new dynamics of business ecosystems mean for strategy, innovation, and sustainability.* Harvard Business School Working Paper, 2004.

［389］Iansiti M. , Levien R. *The New Operational Dynamics of Business Ecosystems: Implications for policy, operations and technology strategy* ［M］. Boston, MA: Division of Research, Harvard Business School, 2002.

［390］Jhl, A. , Lyc, B. , Ssc, D. How outside directors' human and social capital create value for corporate international investments ［J］. *Journal of World Business*, 2019, 54 (2): 93 – 106.

［391］Jones E. E. *Interpersonal Perception* ［M］. WH Freeman/Times Books/Henry Holt & Co, 1990.

［392］J. Williamson. Globalization and the Poor Periphery before 1950 ［J］. *Economic Record*, 2009, 271 (85): 494 – 495.

[393] Kedia B. L. , Mukherjee D. 2009. Understanding offshoring: A research framework based on disintegration, location and externalization advantages [J]. *Journal of World Business*, 44 (3): 250 – 261.

[394] Ke Rong, Yongjiang Shi, Tianjiao Shang, Yantai Chen, Han Hao. Organizing business ecosystems in emerging electric vehicle industry: Structure, mechanism, and integrated configuration [J]. *Energy Policy*, 2017, 107: 234 – 247.

[395] Kim, D. – J. , Kogut, B. Technological platforms and diversification [J]. *Organization Science*, 2009, 7 (3): 283 – 301.

[396] Klaus E. Meyer, Saul Estrin, Sumon Kumar Bhaumik, Mike W. Peng. Institutions, resources, and entry strategies in emerging economies [J]. *Strategic Management Journal*, 2009, 30 (1): 61 – 80.

[397] Klein L. R. , Preston R. S. Some new results in the measurement of capacity utilization [J]. *The American Economic Review*, 1967, 57 (1): 34 – 58.

[398] Ko W. W. , Chen Y. T. , Chen C. et al. Proactive environmental strategy, foreign institutional pressures, and internationalization of chinese SMEs [J]. *Journal of World Business*, 2021, 56: 101247.

[399] Kogut, B. , Chang, S. – J. Platform investments and volatile exchange rates: Direct investment in the U. S. by Japanese electronic companies [J]. *Review of Economics and Statistics*, 1996, 78: 221 – 231.

[400] Kogut B, Chang S J. Technological capabilities and Japanese foreign direct investment in the United States [J]. *The Review of Economics and Statistics*, 1991: 401 – 413.

[401] Kogut B. Designing global strategies: profiting from operational flexibility [J]. *Sloan Management Review*, 1989, 27 (1): 27 – 38.

[402] Kogut B. Foreign direct investment as a sequential process. In *The Multinational Corporation in the 1980s* [M]. Kindleberger CP, Audretsch DB (eds). MIT Press: Boston, MA; 1983, 62 – 75.

[403] Kogut, B. Joint ventures and the option to expand and acquire [J]. *Management Science*, 1991, 37 (1): 19 – 33.

[404] Kogut B. Joint ventures: Theoretical and empirical perspectives [J]. *Strategic Management Journal*, 1988, 9 (4): 319 – 332.

[405] Kogut B. , Kulatilaka N. Operating flexibility, global manufacturing, and the option value of a multinational network [J]. *Management Science*, 1994, 40 (1): 123 – 139.

［406］Kogut B. Research notes and communications a note on global strategies ［J］. *Strategic Management Journal*, 1989, 10 (4): 383 – 389.

［407］Kogut B. , Singh H. The effect of national culture on the choice of entry mode ［J］. *Journal of International Business Studies*, 1988, 19 (3): 411 – 432.

［408］Kogut B. , Zander U. Knowledge of the firm, combinative capabilities, and the replication of technology ［J］. *Organization Science*, 1992, 3: 383 – 397.

［409］Kojima Y. , Kägi J. H. R. Metallothionein ［J］. *Trends in biochemical Sciences*, 1978, 3 (2): 90 – 93.

［410］Kostova, T. and Zaheer, S. Organizational legitimacy under conditions of complexity: the case of the multi-national enterprise ［J］. *Academy of Management Review*, 1999, 24 (1): 54 – 81.

［411］Kostova T. , Roth K. , Dacin M. T. Institutional theory in the study of multinational corporations: A critique and new directions ［J］. *Academy of Management Review*, 2008, 33 (4): 994 – 1006.

［412］Kotabe M. , Dunlap – Hinkler D. , Parente R. et al. Determinants of cross-national knowledge transfer and its effect on firm innovation ［J］. *Journal of International Business Studies*, 2007, 38 (2): 259 – 282.

［413］Kotabe M. , Srinivasan S. S. , Aulakh P. S. Multinationality and firm performance: The moderating role of R&D and marketing capabilities ［J］. *Journal of International Business Studies*, 2002, 33 (1): 79 – 97.

［414］Krause, R. , Chen, J. , Bruton, G. D. , and Filatotchev, I. Chief executive officer power and initial public offering underpricing: Examining the influence of demand-side cultural power distance ［J］. *Global Strategy Journal*, 2021, 11 (4), 686 – 708.

［415］Kuemmerle W. Building effective R&D capabilities abroad ［J］. *Harvard Business Review*, 1997, 75: 61 – 72.

［416］Kumar B. *Planning, Poverty and Economic Development* ［M］. Deep & Deep edition, 1984.

［417］Kumar, N. Emerging TNCs: trends, patterns and determinants of outward FDI by Indian enterprises ［J］. *Transnational Corporations*, 2007, 16 (1): 1 – 26.

［418］Kunisch, S. , Menz, M. , and Cannella, A. A. (2019). The CEO as a key microfoundation of global strategy: Task demands, CEO origin, and the CEO's international background ［J］. *Global Strategy Journal*, 2019, 9 (1): 19 – 41.

［419］Lall S. The rise of multinationals from the third world ［J］. *Third World*

Quarterly, 1983, 5 (3): 618 – 626.

[420] Lam A. Organizational learning in multinationals: R&D networks of Japanese and US MNEs in the UK [J]. *Journal of Management Studies*, 2003, 40 (3): 673.

[421] Lane P. J., Lubatkin M. Relative absorptive capacity and interorganizational learning [J]. *Strategic Management Journal*, 1998, 19 (5): 461 – 477.

[422] Le Bas C., Sierra C. Location versus home country advantages' in R&D activities: some further results on multinationals' locational strategies [J]. *Research Policy*, 2002, 31 (4): 589 – 609.

[423] Lee, J. M., Park, J. C., and Chen, G. A cognitive perspective on real options investment: CEO overconfidence [J]. *Strategic Management Journal*, 2023, 44 (4), 1084 – 1110.

[424] Lehrer M., Asakawa K. Offshore knowledge incubation: the "third path" for embedding R&D labs in foreign systems of innovation [J]. *Journal of World Business*, 2002, 37 (4): 297 – 306.

[425] Leiponen A., Helfat C. E. 2010. Innovation objectives, knowledge sources, and the benefits of breadth [J]. *Strategic Management Journal*, 31 (2): 224 – 236.

[426] Levitas, E., Chi, T. A look at the value creation effects of patenting and capital investment through a real options lens: The moderating role of uncertainty [J]. *Strategic Entrepreneurship Journal*, 2010, 4: 212 – 233.

[427] Lewin A. Y., Massini S., Peeters C. Why are companies offshoring innovation? The emerging global race for talent [J]. *Journal of International Business Studies*, 2009, 40 (6): 901 – 925.

[428] Li, J., Li, P., and Wang, B. The liability of opaqueness: State ownership and the likelihood of deal completion in international acquisitions by Chinese firms [J]. *Strategic Management Journal*, 2018, 40 (12): 303 – 327.

[429] Li, J., Meyer, K., Zhang, H., and Ding, Y. Diplomatic and corporate networks: Bridges to foreign locations [J]. *Journal of International Business Studies*, 2018, 49 (6): 659 – 683.

[430] Li, J., Qian, G., Zhou, K. Z., Lu, J., and Liu, B. Belt and Road Initiative, globalization and institutional changes: implications for firms in Asia [J]. *Asia Pacific Journal of Management*, 2021, 39 (3): 843 – 856.

[431] Li, J., Xia, J., and Lin, Z. Cross-border acquisitions by state-owned

firms: How do legitimacy concerns affect the completion and duration of their acquisitions [J]? *Strategic Management Journal*, 2017, 38 (9), 1915 – 1934.

[432] Lind J. T. , Mehlum H. With or without U? The appropriate test for aU – shaped relationship [J]. *Oxford Bulletin of Economics and Statistics*, 2010, 72 (1): 109 – 118.

[433] Lin, D. , Zheng, W. , Lu, J. , Liu, X. and Wright, M. Forgotten or not? Home country embeddedness and returnee entrepreneurship [J]. *Journal of World Business*, 2019, 54 (1): 1 – 13.

[434] Li, W. W. , Bruton, G. D. , and Filatotchev, I. Mitigating the dual liability of newness and foreignness in capital markets: The role of returnee independent directors [J]. *Journal of World Business*, 2016, 51 (5): 787 – 799.

[435] Li Y. , Ye F. , Dai J. et al. The adoption of green practices by Chinese firms: Assessing the determinants and effects of top management championship [J]. *International Journal of Operations & Production Management*, 2019, 39 (4): 570 – 572.

[436] Louis M. R. , Posner B. Z. , Powell G. N. The availability and helpfulness of socialization practices [J]. *Personnel Psychology*, 1983, 36 (4): 857 – 866.

[437] Lu, C. , Rong, K. , You, J. , Shi, Y. Business ecosystem and stakeholders' role transformation: evidence from Chinese emerging electric vehicle industry [J]. *Expert Systems with Applications*, 2014, 41, 4579 – 4595.

[438] Luehrman, T. Strategy as a portfolio of real options [J]. *Harvard Business Review*, 1998, 76 (5): 89 – 99.

[439] Lu, Hui, Charlene Rohr, Marco Hafner, and Anna Knack. *China Belt and Road Initiative: Measuring the impact of improving transportation connectivity on trade in the region* [M]. Santa Monica, CA: RAND Corporation, 2018.

[440] Lu J. W. , Beamish P. W. International diversification and firm performance: The S – curve hypothesis [J]. *Academy of Management Journal*, 2004, 47 (4): 598 – 609.

[441] Luo, Y. Dynamic capabilities in international expansion [J]. *Journal of World Business*, 2000, 35 (4): 355 – 378.

[442] Luo Y. , Tung R. L. International expansion of emerging market enterprises: A springboard perspective [J]. *Journal of International Business Studies*, 2007, 38 (4): 481 – 498.

[443] Luo Y. , Xue Q. , Han B. How emerging market governments promote out-

ward FDI: Experience from China [J]. *Journal of World Business*, 2010, 45 (1): 68 - 79.

[444] Luo Y., Zhang H. Emerging market MNEs: qualitative review and theoretical directions [J]. *Journal of International Management*, 2016, 22 (4): 333 - 350.

[445] Madhok, A., and Osegowitsch, T. The international biotechnology industry: a dynamic capabilities perspective [J]. *Journal of International Business Studies*, 2000, 31 (2), 325 - 335.

[446] Makino S., Lau C. M., Yeh R. S. Asset-exploitation versus asset-seeking: Implications for location choice of foreign direct investment from newly industrialized economies [J]. *Journal of International Business Studies*, 2002, 33 (3): 403 - 421.

[447] Maksimov V., Wang S. L., Luo Y. Institutional imprinting, entrepreneurial agency, and private firm innovation in transition economies [J]. *Journal of World Business*, 2017, 52 (6): 854 - 865.

[448] Malecki E. J. Industrial location and corporate organization in high technology industries [J]. *Economic Geography*, 1985, 61 (4): 345 - 369.

[449] March J. G. Exploration and exploitation in organizational learning [J]. *Organization Science*, 1991, 2 (1), 71 - 87.

[450] Maskus K. E. *Intellectual Property Rights in the Global Economy* [M]. Peterson Institute, 2000.

[451] Masulis, R. W., Wang, C., and Xie, F. Globalizing the boardroom - The effects of foreign directors on corporate governance and firm performance [J]. *Journal of Accounting & Economics*, 2012, 53 (3): 527 - 554.

[452] Mccarthy D. J, Puffer S M. Interpreting the ethicality of corporate governance decisions in Russia: utilizing integrative social contracts theory to evaluate the relevance of agency theory norms [J]. *Academy of Management Review*, 2008, 33 (1): 11 - 31.

[453] McGrath R. G. A real options logic for initiating technology positioning investments [J]. *Academy of Management Review*, 1997, 22 (4): 974 - 996.

[454] Mehmet Bağış. Dinamik Yeteneklerin Mikro Temelleri Olarak Etkileşimsel Yaratıcılık Yaklaşımı - Interactive Creativity Approach As Microfoundations of Dynamic Capabilities [J]. *Journal of Business Research/şletme Araştırmaları Dergis*i, 2018, 10 (4): 1163 - 1185.

［455］Meyer K. E., Ding Y., Li J. et al. Overcoming distrust: How state-owned enterprises adapt their foreign entries to institutional pressures abroad ［J］. *Journal of International Business Studies*, 2014, 45（8）: 1005 – 1028.

［456］Meyer, K. E., Estrin, S., Bhaumik, S. K. et al. Institutions, resources, and entry strategies in emerging economies ［J］. *Strategic Management Journal*, 2009, 30（1）: 61 – 80.

［457］Miles, M. B., Huberman, A. M. *Qualitative Data Analysis: An Expanded Sourcebook* ［M］. Sage Publications, Incorporated, US, 1994.

［458］Milgrom P., Roberts J. The economics of modern manufacturing: Technology, strategy, and organization ［J］. *The American Economic Review*, 1990: 511 – 528.

［459］Mintzberg, H. Patterns in strategy formation ［J］. *Management Science*, 1978, 24（9）: 934 – 948.

［460］Moore J. F. Predators and prey: a new ecology of competition ［J］. *Harvard Business Review*, 1993, 71（3）: 75 – 83.

［461］Mudambi R., Schründer C. P., Mongar A. How co-operative is co-operative purchasing in smaller firms?: evidence from UK engineering SMEs ［J］. *Long Range Planning*, 2004, 37（1）: 85 – 102.

［462］Myers S. C. Determinants of corporate borrowing ［J］. *Journal of Financial Economics*, 1977, 5（2）: 147 – 175.

［463］Naldi L., Davidsson P. Entrepreneurial growth: The role of international knowledge acquisition as moderated by firm age ［J］. *Journal of Business Venturing*, 2014, 29（5）: 687 – 703.

［464］*National Innovation Systems: a Comparative Analysis* ［M］. Oxford University Press on Demand, 1993.

［465］Noorizadeh, A., Kuosmanen, T., and Peltokorpi, A. Effective purchasing reallocation to suppliers: insights from productivity dynamics and real options theory ［J］. *International Journal of Production Economics*, 2021: 108002.

［466］North D. C. A transaction cost theory of politics ［J］. *Journal of Theoretical Politics*, 1990, 2（4）: 355 – 367.

［467］Nyberg A. J., Moliterno T. P., Hale D. et al. Resource – based perspectives on unit – level human capital: A review and integration ［J］. *Journal of Management*, 2014, 40（1）: 316 – 346.

［468］Odagiri H., Yasuda H. The determinants of overseas R&D by Japanese firms: an empirical study at the industry and company levels [J]. *Research Policy*, 1996, 25 (7): 1059 – 1079.

[469] Park B. I., Choi J. Control mechanisms of MNEs and absorption of foreign technology in cross-border acquisitions [J]. *International Business Review*, 2014, 23 (1): 130 – 144.

[470] Peter J. Williamson. Building and leveraging dynamic capabilities: insights from accelerated innovation in China [J]. *Global Strategy Journal*, 2016, 6 (3): 197 – 210.

[471] Picci L. The internationalization of inventive activity: A gravity model using patent data [J]. *Research Policy*, 2010, 39 (8): 1070 – 1081.

[472] Pinto, C. F., Ferreira, M. P., Falaster, C., et al. Ownership in cross-border acquisitions and the role of government support [J]. *Journal of World Business*. 2017, 52 (4): 533 – 545.

[473] Porter M. E. The competitive advantage of notions [J]. *Harvard Business Review*, 1990, 73: 91.

[474] Posen, H. E., Leiblein, M. J., and Chen, J. S. Toward a behavioral theory of real options: Noisy signals, bias, and learning [J]. *Strategic Management Journal*, 2018, 39 (4), 1112 – 1138.

[475] Potterie B. P, Lichtenberg F. Does foreign direct investment transfer technology across borders [J]? *Review of Economics and statistics*, 2001, 83 (3): 490 – 497.

[476] Ramamurti R., Hillemann J. What is "Chinese" about Chinese multinationals? [J]. *Journal of International Business Studies*, 2018, 49 (1): 34 – 48.

[477] Ramstetter E. D. *Does Technology Differ in Local Plants and Foreign Multinationals in Thai Manufacturing? Evidence from Translog Production Functions for* 1996 *and* 1998 [M]. Kitakyushu: International Centre for the Study of East Asian Development, 2002.

[478] Ritala, P. and Hurmelinna – Laukkanen, P. What's in it for me? Creating and appropriating value in innovation-related coopetition [J]. *Technovation*, 2009, 29 (12): 819 – 828.

[479] Ritala, P., Armila, L. and Blomqvist, K. Innovation orchestration capability-defining the organizational and individual level determinants [J]. *International Journal of Innovation Management*, 2009, 13 (4): 569 – 591.

[480] Ritala, P., Hurmelinna – Laukkanen, P. and Natti, S. Coordination in

innovation-generating business networks-the case of Finnish mobile TV development [J]. *Journal of Business & Industrial Marketing*, 2012, 27 (4): 324 – 334.

[481] Rogge K. S., Reichardt K. Policy mixes for sustainability transitions: An extended concept and framework for analysis [J]. *Research Policy*, 2016, 45 (8): 1620 – 1635.

[482] Rong K., Hu G., Lin Y. et al. Understanding business ecosystem using a 6C framework in Internet – of – Things-based sectors [J]. *International Journal of Production Economics*, 2015, 159: 41 – 55.

[483] Rong, K, Zhou, D*, Shi, X, Huang, W. Social information disclosure of friends in common in an e-commerce platform: An online experiment. *Production and Operations Management*, 2022, 31 (3): 984 – 1005.

[484] Ross, J. International Production Capacity Cooperation-a New Stage of China's Globalization [EB/OL]. *China Today*, 2016 – 5 – 51, http: //www. china. org. cn/opinion/2016 – 04/14/content_38242303. htm.

[485] Rothwell R. O. Y., Zegveld W. An assessment of government innovation policies [M]. *Government Innovation Policy*. Palgrave Macmillan, London, 1988: 19 – 35.

[486] Rugman A. M. Research and development by multinational and domestic firms in Canada [J]. *Canadian Public Policy/Analyse de Politiques*, 1981: 604 – 616.

[487] Sakhartov, A. V., Folta, T. B. Resource relatedness, redeployability, and firm value [J]. *Strategic Management Journal*, 2014, 35: 1781 – 1797.

[488] Santoro G., Thrassou A., Bresciani S. et al. Do knowledge management and dynamic capabilities affect ambidextrous entrepreneurial intensity and firms' performance? [J]. *IEEE Transactions on Engineering Management*, 2019, 68 (2): 378 – 386.

[489] Scott W. R. *Institutions and Organizations* [M]. Thousand Oaks, CA: Sage, 1995.

[490] Serapio Jr M. G., Dalton D. H. Globalization of industrial R&D: an examination of foreign direct investments in R&D in the United States [J]. *Research Policy*, 1999, 28 (2 – 3): 303 – 316.

[491] Shang, T., Shi, Y. The emergence of the electric vehicle industry in Chinese Shandong Province: a design for understanding business ecosystem capabilities [J]. *Journal of Chinese Entrepreneurship*, 2013, 5, 61 – 75.

[492] Sidhu J. S., Commandeur H R, Volberda H W. The multifaceted nature of exploration and exploitation: value of supply, demand, and spatial search for inno-

vation [J]. *Organization Science*, 2007, 18 (1): 20 – 38.

[493] Sidhu J. S., Volberda H. W., Commandeur H. R. Exploring exploration orientation and its determinants: Some empirical evidence [J]. *Journal of Management Studies*, 2004, 41 (6): 913 – 932.

[494] Siedschlag I., Smith D., Turcu C. et al. What determines the location choice of R&D activities by multinational firms? [J]. *Research Policy*, 2013, 42 (8): 1420 – 1430.

[495] Siegel, J. Can foreign firms bond themselves effectively by renting US securities laws [J]? *Journal of Financial Economics*, 2005, 75 (2): 319 – 359.

[496] Singh S., Loke Y. K., Furberg C. D. Long-term risk of cardiovascular events with rosiglitazone: a meta-analysis [J]. *Jama*, 2007, 298 (10): 1189 – 1195.

[497] Siotis G. Foreign direct investment strategies and firms' capabilities [J]. *Journal of Economics and Management Strategy*, 1999, 8 (2): 251 – 270.

[498] Smit, H. T. J., Kil, J. C. M. Toehold acquisitions as behavioral real options [J]. *California Management Review*, 2017, 59 (3): 42 – 73.

[499] Smit, H. T. J., Trigeorgis, L. *Strategic Investment: Real Options and Games* [M]. Princeton University Press: Princeton, NJ, 2004.

[500] Smit, H. T. J., Trigeorgis, L. Strategic NPV: Real options and strategic games under different information structures [J]. *Strategic Management Journal*, 2017, 38: 2555 – 2578.

[501] Song, S. Location-boundedness, investment irreversibility, and divestment of international joint ventures under host market demand uncertainty [J]. *Long Range Planning*, 2022, 55 (1): 102073.

[502] Stopford J. M., Wells L. T. *Managing the Multinational Enterprise* [M]. Basic Books: New York, 1972.

[503] Stphen Chen, Nidthida Lin. The effect of inter-and intra-organizational distances on success of off shored out sourced innovation: A configurational approach [J]. *Journal of Business Research*, 2008, 23 (3): 1 – 11.

[504] Suchman M. C. Managing legitimacy: Strategic and institutional approaches [J]. *Academy of Management Review*, 1995, 20 (3): 571 – 610.

[505] Tang C. Y., Tikoo S. Operational flexibility and market valuation of earnings [J]. *Strategic Management Journal*, 1999, 20 (8): 749 – 761.

[506] Tarba, S. Y., Fang, L. C., Weber, Y., Ahlstrom, D., Cooper, S.

C. , and Collings, D. G. Mergers and acquisitions in the global context: The role of human resource management [J]. *Journal of World Business.* 2020, 55 (2): 101048.

[507] Teece D. J. Explicating dynamic capabilities: the nature and microfoundations of (sustainable) enterprise performance [J]. *Strategic Management Journal*, 2007, 28 (13): 1319 – 1350.

[508] Teece D. J, Pisano G. , Shuen A. Dynamic capabilities and strategic management [J]. *Strategic Management Journal*, 1997, 18 (7): 509 – 533.

[509] Teece D. J. Profiting from technological innovation: Implications for integration, collaboration, licensing and public policy [J]. *Research Policy*, 1986, 15 (6): 285 – 305.

[510] Tolentino P. E. Home country macroeconomic factors and outward FDI of China and India [J]. *Journal of International Management*, 2010, 16 (2): 102 – 120.

[511] Tolentino P. E. *Technological Innovation and Third World Multinationals* [M]. Routledge, 2003.

[512] Tong, T. W. , Reuer, J. J. , Peng, M. W. International joint ventures and the value of growth options [J]. *Academy of Management Journal*, 2008, 51 (5): 1014 – 1029.

[513] Tong, T. W. , Reuer, J. J. Real options in multinational corporations: Organizational challenges and risk implications [J]. *Journal of International Business Studies*, 2007, 38: 215 – 230.

[514] Trigeorgis L. *Real Options: Managerial flexibility and strategy in resource allocation* [M]. MIT press, 1996.

[515] Trigeorgis L, Reuer J J. Real options theory in strategic management [J]. *Strategic Management Journal*, 2017, 38 (1): 42 – 63.

[516] Valkokari K. Business, innovation, and knowledge ecosystems: How they differ and how to survive and thrive within them [J]. *Technology Innovation Management Review*, 2015, 5 (8).

[517] Vassolo R. S. , Anand J. , Folta T. B. Non-additivity in portfolios of exploration activities: A real options-based analysis of equity alliances in biotechnology [J]. *Strategic Management Journal*, 2004, 25 (11): 1045 – 1061.

[518] Vernon R. Comprehensive model-building in the planning process: The case of the less-developed economies [J]. *The Economic Journal*, 1966, 76 (301): 57 – 69.

［519］Walsh J. P. Managerial and organizational cognition：Notes from a trip down memory lane ［J］. *Organization Science*，1995，6（3）：280 – 321.

［520］Wang，C. and Yu，L. Do Spillover Benefits Grow with Rising Foreign Direct Investment？［M］. An Empirical Examination of the Case of China，*Applied Economics*，2007，397：397 – 405.

［521］Wang，Q.，and Liu，B. State equity and outward FDI under the theme of belt and road initiative ［J］. *Asia Pacific Journal of Management*，2022，39（3），877 – 897.

［522］Wells K. D. The social behaviour of anuran amphibians ［J］. *Animal Behaviour*，1977，25：666 – 693.

［523］Wernerfelt B. A resource – based view of the firm ［J］. *Strategic Management Journal*，1984，5（2）：171 – 180.

［524］Westhead P.，Wright M.，Ucbasaran D. The internationalization of new and small firms：A resource-based view ［J］. *Journal of Business Venturing*，2001，16（4）：333 – 358.

［525］Whittington K. B.，Owen – Smith J.，Powell W. W. Networks，propinquity，and innovation in knowledge-intensive industries ［J］. *Administrative Science Quarterly*，2009，54（1）：90 – 122.

［526］*WIR*：*International tax reform and sustainable investment* ［M］. United Nations Publications，2022.

［527］Wooldridge，J. M. *Econometric Analysis of Cross Section and Panel Data* （4th ed. ）［M］. MIT Press：Cambridge，MA，2002.

［528］World Bank. 2022. *World Bank Annual Report* 2022 ［M］. Washington，D. C.：World Bank. doi：10. 1596/AR2022CH.

［529］Xie Z，Wang L. Returnee managers as an asset for emerging market multinational enterprises：Chinese cross-border acquisitions （2008 – 2017）［J］. *Journal of World Business*，2022，57（2）：101270.

［530］Yadong Luo，Huan Zhang. Emerging market MNEs：qualitative review and theoretical directions ［J］. *Journal of International Management*，2016，22（4）：333 – 350.

［531］Yan B. R.，Dong Q. L.，Li Q. Research on risk measurement of supply chain emergencies in international capacity cooperation ［J］. *Sustainability*，2019，11（19）：5184.

［532］Yang，X.，Jiang，Y.，Kang，R.，Ke，Y.. A comparative analysis of the internationalization of Chinese and Japanese firms [J]. *Asia Pacific Journal of Management*, 2009, 26 (1): 141–162.

[533] Zahra S. A., George G. The net-enabled business innovation cycle and the evolution of dynamic capabilities [J]. *Information Systems Research*, 2002, 13 (2): 147–150.

[534] Zedtwitz M. The evolution of research on R&D and technology management in China [J]. *Technology Analysis & Strategic Management*, 2005, 17 (3): 253–255.

[535] Zeschky M., Daiber M., Widenmayer B. et al. Coordination in global R&D organizations: An examination of the role of subsidiary mandate and modular product architectures in dispersed R&D organizations [J]. *Technovation*, 2014, 34 (10): 594–604.

[536] Zhang, H. J., Michael, N. Y., Justin, T. and Sun, W. Z. How Chinese companies deal with a legitimacy imbalance when acquiring firms from developed economies [J]. *Journal of World Business*, 2018, 53 (6): 752–767.

[537] Zhang, Z., and Chen, W. Embodied carbon transfer between China and the Belt and Road Initiative countries [J]. *Journal of Cleaner Production*, 2022, 378, 134569.

[538] Zheng S., Wu X., Du J. Knowledge-based dynamic capabilities and innovation in networked environments [J]. *Journal of Knowledge Management*, 2011, 15 (6): 1035–1051.

[539] Zingales, L. In search of new foundations [J]. *Journal of Finance*, 2000, 55: 1623–1653.

[540] Zollo M., Winter S. G. Deliberate learning and the evolution of dynamic capabilities [J]. *Organization Science*, 2002, 13 (3): 339–351.

[541] Zou H., Adams M. B. Debt capacity, cost of debt, and corporate insurance [J]. *Journal of Financial and Quantitative Analysis*, 2008, 43 (2): 433–466.

教育部哲学社会科学研究重大课题攻关项目
成果出版列表

序号	书　名	首席专家
1	《马克思主义基础理论若干重大问题研究》	陈先达
2	《马克思主义理论学科体系建构与建设研究》	张雷声
3	《马克思主义整体性研究》	逄锦聚
4	《改革开放以来马克思主义在中国的发展》	顾钰民
5	《新时期　新探索　新征程 ——当代资本主义国家共产党的理论与实践研究》	聂运麟
6	《坚持马克思主义在意识形态领域指导地位研究》	陈先达
7	《当代资本主义新变化的批判性解读》	唐正东
8	《当代中国人精神生活研究》	童世骏
9	《弘扬与培育民族精神研究》	杨叔子
10	《当代科学哲学的发展趋势》	郭贵春
11	《服务型政府建设规律研究》	朱光磊
12	《地方政府改革与深化行政管理体制改革研究》	沈荣华
13	《面向知识表示与推理的自然语言逻辑》	鞠实儿
14	《当代宗教冲突与对话研究》	张志刚
15	《马克思主义文艺理论中国化研究》	朱立元
16	《历史题材文学创作重大问题研究》	童庆炳
17	《现代中西高校公共艺术教育比较研究》	曾繁仁
18	《西方文论中国化与中国文论建设》	王一川
19	《中华民族音乐文化的国际传播与推广》	王耀华
20	《楚地出土戰國簡册［十四種］》	陈伟
21	《近代中国的知识与制度转型》	桑兵
22	《中国抗战在世界反法西斯战争中的历史地位》	胡德坤
23	《近代以来日本对华认识及其行动选择研究》	杨栋梁
24	《京津冀都市圈的崛起与中国经济发展》	周立群
25	《金融市场全球化下的中国监管体系研究》	曹凤岐
26	《中国市场经济发展研究》	刘伟
27	《全球经济调整中的中国经济增长与宏观调控体系研究》	黄达
28	《中国特大都市圈与世界制造业中心研究》	李廉水

序号	书　名	首席专家
29	《中国产业竞争力研究》	赵彦云
30	《东北老工业基地资源型城市发展可持续产业问题研究》	宋冬林
31	《转型时期消费需求升级与产业发展研究》	臧旭恒
32	《中国金融国际化中的风险防范与金融安全研究》	刘锡良
33	《全球新型金融危机与中国的外汇储备战略》	陈雨露
34	《全球金融危机与新常态下的中国产业发展》	段文斌
35	《中国民营经济制度创新与发展》	李维安
36	《中国现代服务经济理论与发展战略研究》	陈　宪
37	《中国转型期的社会风险及公共危机管理研究》	丁烈云
38	《人文社会科学研究成果评价体系研究》	刘大椿
39	《中国工业化、城镇化进程中的农村土地问题研究》	曲福田
40	《中国农村社区建设研究》	项继权
41	《东北老工业基地改造与振兴研究》	程　伟
42	《全面建设小康社会进程中的我国就业发展战略研究》	曾湘泉
43	《自主创新战略与国际竞争力研究》	吴贵生
44	《转轨经济中的反行政性垄断与促进竞争政策研究》	于良春
45	《面向公共服务的电子政务管理体系研究》	孙宝文
46	《产权理论比较与中国产权制度变革》	黄少安
47	《中国企业集团成长与重组研究》	蓝海林
48	《我国资源、环境、人口与经济承载能力研究》	邱　东
49	《“病有所医”——目标、路径与战略选择》	高建民
50	《税收对国民收入分配调控作用研究》	郭庆旺
51	《多党合作与中国共产党执政能力建设研究》	周淑真
52	《规范收入分配秩序研究》	杨灿明
53	《中国社会转型中的政府治理模式研究》	娄成武
54	《中国加入区域经济一体化研究》	黄卫平
55	《金融体制改革和货币问题研究》	王广谦
56	《人民币均衡汇率问题研究》	姜波克
57	《我国土地制度与社会经济协调发展研究》	黄祖辉
58	《南水北调工程与中部地区经济社会可持续发展研究》	杨云彦
59	《产业集聚与区域经济协调发展研究》	王　珺

序号	书　名	首席专家
60	《我国货币政策体系与传导机制研究》	刘　伟
61	《我国民法典体系问题研究》	王利明
62	《中国司法制度的基础理论问题研究》	陈光中
63	《多元化纠纷解决机制与和谐社会的构建》	范　愉
64	《中国和平发展的重大前沿国际法律问题研究》	曾令良
65	《中国法制现代化的理论与实践》	徐显明
66	《农村土地问题立法研究》	陈小君
67	《知识产权制度变革与发展研究》	吴汉东
68	《中国能源安全若干法律与政策问题研究》	黄　进
69	《城乡统筹视角下我国城乡双向商贸流通体系研究》	任保平
70	《产权强度、土地流转与农民权益保护》	罗必良
71	《我国建设用地总量控制与差别化管理政策研究》	欧名豪
72	《矿产资源有偿使用制度与生态补偿机制》	李国平
73	《巨灾风险管理制度创新研究》	卓　志
74	《国有资产法律保护机制研究》	李曙光
75	《中国与全球油气资源重点区域合作研究》	王　震
76	《可持续发展的中国新型农村社会养老保险制度研究》	邓大松
77	《农民工权益保护理论与实践研究》	刘林平
78	《大学生就业创业教育研究》	杨晓慧
79	《新能源与可再生能源法律与政策研究》	李艳芳
80	《中国海外投资的风险防范与管控体系研究》	陈菲琼
81	《生活质量的指标构建与现状评价》	周长城
82	《中国公民人文素质研究》	石亚军
83	《城市化进程中的重大社会问题及其对策研究》	李　强
84	《中国农村与农民问题前沿研究》	徐　勇
85	《西部开发中的人口流动与族际交往研究》	马　戎
86	《现代农业发展战略研究》	周应恒
87	《综合交通运输体系研究——认知与建构》	荣朝和
88	《中国独生子女问题研究》	风笑天
89	《我国粮食安全保障体系研究》	胡小平
90	《我国食品安全风险防控研究》	王　硕

序号	书　名	首席专家
91	《城市新移民问题及其对策研究》	周大鸣
92	《新农村建设与城镇化推进中农村教育布局调整研究》	史宁中
93	《农村公共产品供给与农村和谐社会建设》	王国华
94	《中国大城市户籍制度改革研究》	彭希哲
95	《国家惠农政策的成效评价与完善研究》	邓大才
96	《以民主促进和谐——和谐社会构建中的基层民主政治建设研究》	徐　勇
97	《城市文化与国家治理——当代中国城市建设理论内涵与发展模式建构》	皇甫晓涛
98	《中国边疆治理研究》	周　平
99	《边疆多民族地区构建社会主义和谐社会研究》	张先亮
100	《新疆民族文化、民族心理与社会长治久安》	高静文
101	《中国大众媒介的传播效果与公信力研究》	喻国明
102	《媒介素养：理念、认知、参与》	陆　晔
103	《创新型国家的知识信息服务体系研究》	胡昌平
104	《数字信息资源规划、管理与利用研究》	马费成
105	《新闻传媒发展与建构和谐社会关系研究》	罗以澄
106	《数字传播技术与媒体产业发展研究》	黄升民
107	《互联网等新媒体对社会舆论影响与利用研究》	谢新洲
108	《网络舆论监测与安全研究》	黄永林
109	《中国文化产业发展战略论》	胡惠林
110	《20 世纪中国古代文化经典在域外的传播与影响研究》	张西平
111	《国际传播的理论、现状和发展趋势研究》	吴　飞
112	《教育投入、资源配置与人力资本收益》	闵维方
113	《创新人才与教育创新研究》	林崇德
114	《中国农村教育发展指标体系研究》	袁桂林
115	《高校思想政治理论课程建设研究》	顾海良
116	《网络思想政治教育研究》	张再兴
117	《高校招生考试制度改革研究》	刘海峰
118	《基础教育改革与中国教育学理论重建研究》	叶　澜
119	《我国研究生教育结构调整问题研究》	袁本涛 王传毅
120	《公共财政框架下公共教育财政制度研究》	王善迈

序号	书　名	首席专家
121	《农民工子女问题研究》	袁振国
122	《当代大学生诚信制度建设及加强大学生思想政治工作研究》	黄蓉生
123	《从失衡走向平衡：素质教育课程评价体系研究》	钟启泉 崔允漷
124	《构建城乡一体化的教育体制机制研究》	李　玲
125	《高校思想政治理论课教育教学质量监测体系研究》	张耀灿
126	《处境不利儿童的心理发展现状与教育对策研究》	申继亮
127	《学习过程与机制研究》	莫　雷
128	《青少年心理健康素质调查研究》	沈德立
129	《灾后中小学生心理疏导研究》	林崇德
130	《民族地区教育优先发展研究》	张诗亚
131	《WTO 主要成员贸易政策体系与对策研究》	张汉林
132	《中国和平发展的国际环境分析》	叶自成
133	《冷战时期美国重大外交政策案例研究》	沈志华
134	《新时期中非合作关系研究》	刘鸿武
135	《我国的地缘政治及其战略研究》	倪世雄
136	《中国海洋发展战略研究》	徐祥民
137	《深化医药卫生体制改革研究》	孟庆跃
138	《华侨华人在中国软实力建设中的作用研究》	黄　平
139	《我国地方法制建设理论与实践研究》	葛洪义
140	《城市化理论重构与城市化战略研究》	张鸿雁
141	《境外宗教渗透论》	段德智
142	《中部崛起过程中的新型工业化研究》	陈晓红
143	《农村社会保障制度研究》	赵　曼
144	《中国艺术学学科体系建设研究》	黄会林
145	《人工耳蜗术后儿童康复教育的原理与方法》	黄昭鸣
146	《我国少数民族音乐资源的保护与开发研究》	樊祖荫
147	《中国道德文化的传统理念与现代践行研究》	李建华
148	《低碳经济转型下的中国排放权交易体系》	齐绍洲
149	《中国东北亚战略与政策研究》	刘清才
150	《促进经济发展方式转变的地方财税体制改革研究》	钟晓敏
151	《中国—东盟区域经济一体化》	范祚军

序号	书　名	首席专家
152	《非传统安全合作与中俄关系》	冯绍雷
153	《外资并购与我国产业安全研究》	李善民
154	《近代汉字术语的生成演变与中西日文化互动研究》	冯天瑜
155	《新时期加强社会组织建设研究》	李友梅
156	《民办学校分类管理政策研究》	周海涛
157	《我国城市住房制度改革研究》	高　波
158	《新媒体环境下的危机传播及舆论引导研究》	喻国明
159	《法治国家建设中的司法判例制度研究》	何家弘
160	《中国女性高层次人才发展规律及发展对策研究》	佟　新
161	《国际金融中心法制环境研究》	周仲飞
162	《居民收入占国民收入比重统计指标体系研究》	刘　扬
163	《中国历代边疆治理研究》	程妮娜
164	《性别视角下的中国文学与文化》	乔以钢
165	《我国公共财政风险评估及其防范对策研究》	吴俊培
166	《中国历代民歌史论》	陈书录
167	《大学生村官成长成才机制研究》	马抗美
168	《完善学校突发事件应急管理机制研究》	马怀德
169	《秦简牍整理与研究》	陈　伟
170	《出土简帛与古史再建》	李学勤
171	《民间借贷与非法集资风险防范的法律机制研究》	岳彩申
172	《新时期社会治安防控体系建设研究》	宫志刚
173	《加快发展我国生产服务业研究》	李江帆
174	《基本公共服务均等化研究》	张贤明
175	《职业教育质量评价体系研究》	周志刚
176	《中国大学校长管理专业化研究》	宣　勇
177	《"两型社会"建设标准及指标体系研究》	陈晓红
178	《中国与中亚地区国家关系研究》	潘志平
179	《保障我国海上通道安全研究》	吕　靖
180	《世界主要国家安全体制机制研究》	刘胜湘
181	《中国流动人口的城市逐梦》	杨菊华
182	《建设人口均衡型社会研究》	刘渝琳
183	《农产品流通体系建设的机制创新与政策体系研究》	夏春玉

序号	书 名	首席专家
243	《中华文化的跨文化阐释与对外传播研究》	李庆本
244	《世界一流大学和一流学科评价体系与推进战略》	王战军
245	《新常态下中国经济运行机制的变革与中国宏观调控模式重构研究》	袁晓玲
246	《推进21世纪海上丝绸之路建设研究》	梁　颖
247	《现代大学治理结构中的纪律建设、德治礼序和权力配置协调机制研究》	周作宇
248	《渐进式延迟退休政策的社会经济效应研究》	席　恒
249	《经济发展新常态下我国货币政策体系建设研究》	潘　敏
250	《推动智库建设健康发展研究》	李　刚
251	《农业转移人口市民化转型：理论与中国经验》	潘泽泉
252	《电子商务发展趋势及对国内外贸易发展的影响机制研究》	孙宝文
253	《创新专业学位研究生培养模式研究》	贺克斌
254	《医患信任关系建设的社会心理机制研究》	汪新建
255	《司法管理体制改革基础理论研究》	徐汉明
256	《建构立体形式反腐败体系研究》	徐玉生
257	《重大突发事件社会舆情演化规律及应对策略研究》	傅昌波
258	《中国社会需求变化与学位授予体系发展前瞻研究》	姚　云
259	《非营利性民办学校办学模式创新研究》	周海涛
260	《基于"零废弃"的城市生活垃圾管理政策研究》	褚祝杰
261	《城镇化背景下我国义务教育改革和发展机制研究》	邬志辉
262	《中国满族语言文字保护抢救口述史》	刘厚生
263	《构建公平合理的国际气候治理体系研究》	薄　燕
264	《新时代治国理政方略研究》	刘焕明
265	《新时代高校党的领导体制机制研究》	黄建军
266	《东亚国家语言中汉字词汇使用现状研究》	施建军
267	《中国传统道德文化的现代阐释和实践路径研究》	吴根友
268	《创新社会治理体制与社会和谐稳定长效机制研究》	金太军
269	《文艺评论价值体系的理论建设与实践研究》	刘俐俐
270	《新形势下弘扬爱国主义重大理论和现实问题研究》	王泽应